우리는 주인이 될 것이다

우리는 주인이 될 것이다
표트르 대제에서 푸틴까지 러시아 동진의 역사

2025년 12월 17일 제1판 1쇄 인쇄
2025년 12월 31일 제1판 1쇄 발행

지은이 크리스 밀러
옮긴이 김남섭
펴낸이 이재민, 김상미

편집 이지완
디자인 김다다, 정희정

펴낸곳 (주)너머_너머북스
주소 서울시 서대문구 증가로20길 3-12
전화 02) 335-3366, 336-5131 팩스 02) 335-5848
홈페이지 www.nermerbooks.com
등록번호 제313-2007-232호

ISBN 979-11-24105-02-3 03900

너머북스 | 현재를 보는 역사, 너머학교 | 책으로 만드는 학교
blog.naver.com/nermerschool

너머의
글로벌
히스토리
12

우라는 주인이 될 것이다

크리스 밀러 지음
김남섭 옮김

We Shall be Masters

표트르 대제에서 푸틴까지 러시아 동진의 역사

너머북스

리야에게

유럽에서 우리는 들러리이자 노예였지만,

아시아에서 우리는 주인이 될 것이다.

유럽에서는 우리가 타타르였지만, 아시아에서는 우리가 유럽인이다.

표도르 도스토옙스키, 《작가의 일기》

차 례

현대 러시아

아일랜드
더블린
영국
런던
북해
노르웨이해
스발바르제도
노르웨이
오슬로
스웨덴
바렌츠해
노바야 제믈랴제도
파리
벨기에
네덜란드
덴마크
프랑스
룩셈부르크
코펜하겐
스톡홀름
무르만스크
프랑크푸르트
베를린
핀란드
독일
리투아니아
러시아
라트비아
탈린
헬싱키
에스토니아
딕손
프라하
폴란드
리가
상트페테르부르크
아르한겔스크
암데르마
오스트리아
바르샤바
카우나스
빈
슬로베니아
크로아티아
슬로바키아
공화국
벨라루스
민스크
살레하르트
부다페스트
스몰렌스크
헝가리
고멜
야로슬라블
우랄산맥
오비강
우크라이나
모스크바
볼가강
러시아
키이우
키로프
루마니아
니즈니 노브고로드
몰도바
한티-만시스크
다뉴브강
페름
소피아
부쿠레슈티
키시너우
카잔
돈강
불가리아
오데사
하르키우
토볼스크
사마라
도네츠크
사라토프
볼가강
세바스토폴
첼랴빈스크
볼고그라드
톰스크
이스탄불
우랄강
옴스크
흑해
오르스크
이심강
앙카라
캅카스산맥
아스트라한
이르티시강
튀르키예
카자흐스탄
카스피해
조지아
세미팔라틴스크
키프로스
아르메니아
아랄해
시리아
아제르바이잔
레바논
발하시
바쿠
이스라엘
다마스쿠스
투란평원
암만
우즈베키스탄
요르단
알마티
투르크메니스탄
타슈켄트
비슈케크
아시가바트
부하라
키르기스스탄
바그다드
테헤란
톈산산맥
이라크
두샨베
자그로스산맥
이란
타지키스탄
카슈가르
타림분지
쿠웨이트
카불
힌두쿠시산맥
파키스탄
사우디 아라비아
아프가니스탄
쿤룬산
인도

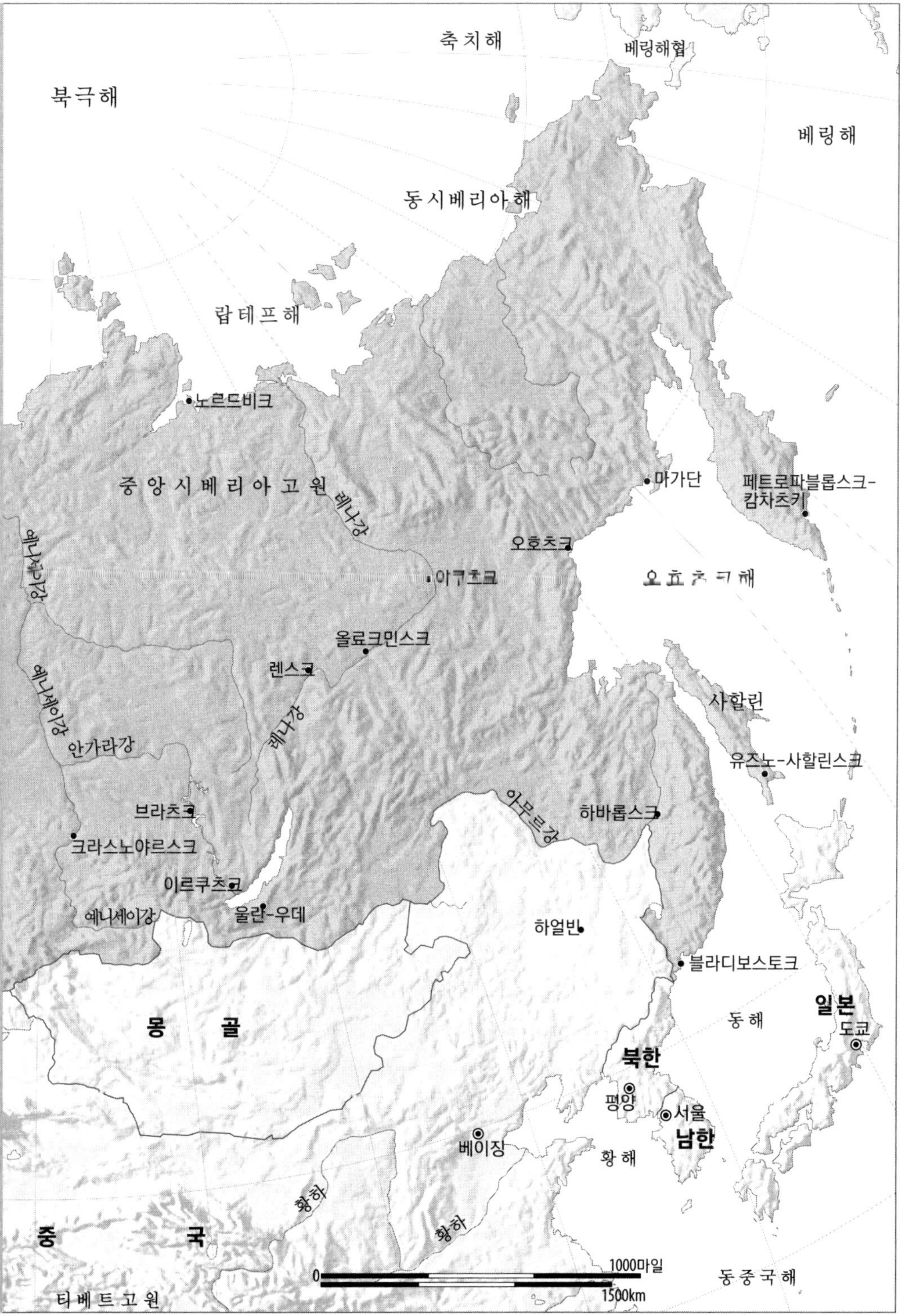
축치해
베링해협
북극해
베링해
동시베리아해
랍테프해
노르드비크
중앙시베리아고원
레나강
마가단
페트로파블롭스크-
캄차츠키
예니세이강
오호츠크
야쿠츠크
올료크민스크
렌스크
레나강
예니세이강
사할린
안가라강
유즈노-사할린스크
아무르강
브라츠크
하바롭스크
크라스노야르스크
이르쿠츠크
예니세이강
울란-우데
하얼빈
블라디보스토크
일본
몽골
동해
도쿄
북한
평양
서울
베이징
남한
황해
황하
황하
중국
1000마일
0
1500km
동중국해
티베트고원

서언

"얼마 안 떨어져 있는 거리일 뿐"

러시아의 태평양 연안 도착

아나디르스크 요새는 그리스인을 발견하기에는 이상한 장소였다. 이차 강가에 위치한 이 얼어붙은 전초기지는 감히 상상조차 할 수 없을 만큼 아테네에서 먼 곳이었다. 차르 표트르 대제[1]의 광활한 제국 최동단 변경인 캄차카반도에는 러시아인들이 고작 수십 명밖에 살지 않았는데, 이곳은 알래스카와 해협 하나를 사이에 둔 곳이었다. 러시아인 탐험가 블라디미르 아틀라소프[2]는 캄차카로 향해 아나디르스크 요새에 도착했고, 이 지역의 강과 해안 지도를 제작하며 항해와 모피 무역의 기반을 마련함으로써, 결국 이 지역을 차르 표트르의 통치 아래 두는 길을 열었다. 아틀라소프의 탐사는 유라시아와 북아메리카가 육교陸橋로 연결되지 않고 얼어붙은 바다로 갈라져 있는 사실을 확인했다. 그는 캄차카를 측량하며 이곳이 "지나갈 수 없는… 바다 속으로 뻗은 반도"라고 기록했다. 러시아인 탐험가들은 추운 바다와 눈 덮인 겨울에는 익숙했지만, 연기 뿜는 화산과 짙은 안개로

---

1) Peter I(1672–1725). 러시아 로마노프 왕조의 황제(재위 1682–1725). 급진적인 서구화 개혁과 영토 확장으로 러시아를 제국으로 발전시켰다.

2) Vladimir Vasilyevich Atlasov 혹은 Otlasov(1661/1664 - 1711). 시베리아 카자크 출신으로 캄차카반도에 대한 체계적인 탐사를 최초로 조직한 러시아인이다.

뒤덮인 이 땅은 여태 본 어느 곳보다도 낯설고 기이했다. 하지만 아틀라소프가 가장 예상치 못하게 발견한 것은 덴베에[3]라는 이름의 남자였다.[1]

현지 캄차달인들[4]이 러시아인 한 명을 억류하고 있다고 보고하자, 아틀라소프는 즉시 그를 넘겨줄 것을 명령했다. 포로가 도착했을 때, 그는 흰 피부에 검은 머리를 가졌고 러시아어는 단 한 마디도 하지 못했다. 아틀라소프는 처음에 그가 그리스인일 거라고 생각했다. 어떻게 그리스인이 캄차카 해안까지 오게 됐는지, 아무도 설명할 수 없었다. 그리스인들은 보통 기독교도였지만, 이 포로는 그리스도에 대해 전혀 알지 못했다. 1697년 덴베에가 아틀라소프의 손에 넘어갔을 무렵, 러시아인들은 이미 수십 년 동안 아시아를 탐험해왔고 수세기 동안 이 지역과 접촉을 이어오고 있었다. 러시아는 중국과 통상 조약을 체결했으며, 양 제국은 중앙아시아와 시베리아 변경을 따라 인구가 희박한 접경지를 공유하고 있었다. 낙타 대상들이 몽골의 사막들을 넘어 러시아령 시베리아로 오가며 중국 사정에 관한 소식을 러시아인들에게 이따금 전해주었다.

러시아인들은 중국에 대해 잘 알고 있었으므로 덴베에가 중국인이 아님을 짐작할 수 있었다. 억류 생활 동안 덴베에는 현지 캄차달인들의 언어를 약간 배운 상태였기에, 러시아인들은 그에게 본국의 수도 이름을 물었

---

3) Dembei(伝兵衛, でんべえ, 1670?−1714?). 에도 시대 중기의 표류민. 기록상으로 처음 러시아를 방문한 일본인이다. 오사카 다니마치(大坂谷町)의 전당포 주인 아들로 태어난 그는 1696년 해로를 통해 에도(江戸)로 가던 중 폭풍을 만나 표류한 끝에 캄차카반도에 표착했으나 현지 주민들에게 붙잡혔다. 1697년 러시아인 블라디미르 아틀라소프(Vladimir Atlasov)의 탐험대에 발견되었고, 이후 러시아 제국의 모스크바로 압송되어 표트르 1세를 알현했다. 러시아에서 처음으로 일본어를 가르쳤으며, 일본인 최초의 정교회 신자이기도 하다.

4) Kamchadals. 이텔멘족을 비롯해 코랴크족, 추반족, 러시아 아이누족 등 캄차카 지방의 원주민들이 러시아인에 동화, 혼혈되어 형성된 집단을 가리키는 말이다.

다. 덴베에는 "에도"라고 대답했다. 이는 도쿄의 옛 이름으로, 러시아인들이 들어본 적도 없는 도시였다. "인도 사람이다!"라고 러시아인들은 결론지었다. 어떻게 인도인이 캄차카 해안까지 표류하게 되었는지 의아해하면서. 아틀라소프는 이 인도인 포로를 시베리아를 거쳐 모스크바로 보내기로 결정했는데, 이는 수천 마일에 달하는 여행이었다. 러시아 제국을 가로지르는 덴베에의 여정은 3–4년이 걸릴 것이었다.

그해 러시아에서 대장정을 떠난 이는 덴베에만이 아니었다. 1697년 3월에 차르 표트르 대제도 러시아 해군을 위한 기술과 오스만제국과의 전쟁에서 동맹을 구하기 위해 유럽으로 떠났다. 표트르 대제는 '표트르 미하일로프'Peter Mikhailov라는 가명으로 여행했는데, 표면적으로는 신분을 숨긴 채였지만 유럽 각지의 신문들은 이 '표트르'라는 방문자가 사실은 러시아 차르라고 보도했다.[2] 일부 국가의 외교관들은 술잔치로 유명한 젊은 차르의 평판을 알고 있었기에, 이번 여행이 "단지 차르가 자국을 벗어나 자유롭게 여행하기 위한 구실일 뿐"이라고 추측했다. 하지만 표트르의 목적은 훨씬 더 진지했다. 그는 먼저 발트해 연안의 리가로 향한 뒤, 쾨니히스베르크에서 브란덴부르크 선제후이자 프로이센 공작인 프리드리히[5]를 만났다. 이후 표트르는 유럽의 상업·해양 중심지인 암스테르담과 런던으로 떠났다. 그는 네덜란드와 영국 외교관들을 만나 오스만제국, 프랑스, 폴란드와의 관계를 논의하며 대외정책을 구체화했다. 또한 서구 문화를 탐구하기 위해 프로테스탄트 교회 예배와 퀘이커 모임에도 참석했다. 그는 서구의 기술, 특히 잉글랜드와 네덜란드를 위대한 무역 국가이자 해양 강국

5) Friedrich Wilhelm(1620–1688). 프로이센 왕 프리드리히 1세의 아버지.

으로 만든 조선 기술을 집중적으로 연구했다.[3]

표트르의 주요 관심사는 러시아의 권력 기반을 강화해 경쟁국들과 전쟁을 수행할 수 있도록 하는 것이었다. 스웨덴은 여전히 발트해의 주요 강국이었고, 오스만제국은 흑해의 상당 부분을 통제했다. 표트르는 이 두 국가 모두를 제압하고 그들의 영토를 점령함으로써 러시아의 확장을 위한 공간을 열고자 했다. 러시아 서부 전선에서의 전쟁이 불가피한 상황이었다. 유럽 접경 지역은 러시아가 가장 위험한 적들을 마주해야 했던 전선이었다. 유럽은 표트르가 애지중지하던 군함을 비롯해 러시아 첨단 기술의 원천이었다. 또한 러시아는 잉글랜드가 공급하고 표트르가 악명 높을 정도로 좋아했던 담배 같은 새로운 사치품을 포함해 대부분의 무역을 유럽과 진행했다. 그러나 표트르의 가장 큰 전쟁들이 러시아의 서쪽 국경을 확장하기 위한 것이었음에도, 시베리아 변경의 탐험가들은 끊임없이 동쪽으로 러시아의 국경을 넓혀가고 있었다. 이 두 가지 노력은 서로 연결되어 있었는데, 몽골 평원을 가로지르는 대상 무역으로 접촉하던 중국을 제외하면, 러시아가 아시아에 대해 가진 지식의 대부분은 네덜란드 상인들과 잉글랜드 프리깃함[6]을 통해 유럽으로부터 전해졌기 때문이다.[4]

블라디미르 아틀라소프가 캄차카 해안에서 덴베에를 소개받고 있을 때, 유라시아 반대편에서는 표트르 대제가 암스테르담 시장 니콜라스 비천[7]과 친분을 쌓고 있었다. 저명한 지리학자이던 비천은 아시아로 간 네

---

6) frigate. 3개 이상의 돛대와 상하의 갑판에 수십 문의 대포를 갖춘 목조 전함을 일컫는다.

7) Nicolaes Witsen(1641–1717). 네덜란드의 외교관, 암호학자, 해양 작가, 암스테르담 시장. 네덜란드 의회의 대표이기도 했으며, 1693년에는 네덜란드 동인도회사의 행정 책임자 및 영국의회 특명대사였다. 왕립협회 회원으로서 조선(造船)의 권위자였고, 그의 저술은 17세기 네덜란드 조선학에서 중요한 역할을 했다.

덜란드 항해사들의 항로를 연구한 인물이었다. 네덜란드인들은 일본 해안을 따라 홋카이도까지 북상했고, 긴 사할린 섬의 해안을 항해했으며, 심지어 캄차카 남쪽 해안 아래로 늘어진 쿠릴열도에도 도달한 바 있었다. 이 쿠릴열도는 바로 아틀라소프가 인도인 포로 덴베에를 억류한 곳에서 과히 멀지 않은 지역이었다.

비천은 시베리아에서 수리남까지, 또 자바에서 일본에 이르는 여러 동방 지역의 지도를 작성하고 지식을 수집한 전문 지도제작자였다. 일본에 대한 그의 지식은 독보적이었다. 당시 네덜란드인들은 선교 활동을 하지 않고 나가사키 항구 내 섬 한 곳에서만 활동하기로 약속한 상태에서 일본과의 무역을 허락받은 유일한 유럽인들이었다. 일본과의 유럽 무역에 대한 독점권을 부여받은 네덜란드는 기꺼이 이 조건을 수용했다. 차르 표트르가 암스테르담에 도착했을 때, 이 도시는 단순한 조선 기술의 중심지가 아니었다. 암스테르담은 유럽 내 일본 관련 지식의 중심지이기도 했다.[5] 비천과 표트르는 오래 지속될 우정을 쌓았으며, 비천은 아시아 탐험에 관한 네덜란드의 귀중한 지식을 표트르와 공유했다.[6]

표트르는 덴베에가 시베리아 횡단의 긴 여정을 막 시작하던 1698년 여름에 모스크바로 돌아왔다. 차르는 야심찬 계획으로 분주했다. 반란을 일으킨 스트렐치[8)] 부대를 진압하고, 증오하던 부인을 수도원으로 추방한 뒤 문맹인 농민을 대신 들어앉혔으며, 유럽식으로 턱수염을 깎으라는 자신의 명령을 거부한 러시아 귀족들에게 세금을 부과했다. 여기에 더해 표트

8) Streltsy. 16세기부터 18세기까지 러시아에 존재했던 군부대. 이름은 화살(strela)을 쏘는 자들, 즉 사격수들을 뜻한다. 기본적으로 머스켓과 바디시로 무장했다. 이반 4세(이반 뇌제)가 창설했으며, 러시아 최초의 상비군이었다.

르는 대북방전쟁[9]을 개시하여 발트해에서의 스웨덴 패권을 뒤흔들려 했다. 표트르는 새로운 기술과 문화를 도입해 러시아를 근대화해야만 성공할 수 있다고 믿었다. 이 때문에 러시아 사회의 가장 강력한 집단들과 충돌이 일어났다. 귀족, 교회, 심지어 그의 직속 군대까지 반발했다. 그러나 표트르는 서구화 — 네덜란드와 잉글랜드의 해군 기술, 유럽식 복장, 절대주의 통치 — 야말로 국내외에서 성공을 보장하는 열쇠라고 확신했다.[7]

1701년 말이나 1702년 초, 대북방전쟁이 발트해 연안에서 치열하게 전개되고 표트르가 모스크바의 고집 센 귀족들에게 턱수염을 깎고 유럽인처럼 행동하라고 강요하던 때에, 불가사의한 포로 덴베에가 모스크바에 도착했다. 모스크바의 학자들이 이 이상한 인도인의 출신을 결정하고 그가 어떻게 캄차카까지 흘러들어왔는지를 알아내기 위해 한자리에 모였다. 그들은 곧 아틀라소프의 실수를 깨달았다. 독일에서 제작된 일본 생활 풍경 그림책의 도움으로, 에도에서 온 그 정체불명의 포로는 정확히 확인되었다. 그는 그리스인도 인도인도 아닌 일본인이었다.

덴베에는 1696년 오사카를 출항해 에도로 향하던 중, 네덜란드 지도제작자들이 희미하게만 알고 있던 바다를 항해하고 있었다. 그의 배는 쌀과 사케를 가득 실은 평범한 무역선이었다. 태풍을 만나 심하게 손상된 채로 북쪽으로 1,000마일 이상 표류한 끝에 간신히 캄차카 해안에 도달했다. 덴베에의 배는 캄차달 원주민들의 습격을 받았고, 그들은 도끼와 화살로 공격한 뒤 그를 생포하여 이후 아틀라소프에게 넘겼다. 오사카에서 캄차카

9) Great Northern War. 1700년에서 1721년까지 러시아 및 그 동맹국과 스웨덴이 발트해의 주도권을 장악하기 위해 벌인 전쟁. 전쟁은 스웨덴의 패배로 끝났으며, 승리한 러시아는 이후 유럽의 주요 세력으로 발돋움하게 된다.

로, 그런 다음 아나디르스크 요새에서 모스크바로 간 덴베에는 러시아 수도에 발을 디뎠다고 알려진 최초의 일본인이 되었다.[8]

표트르는 유럽 왕실들 및 기독교 세계의 종교 지도자들과 외교를 수행하느라 바쁜 나날을 보내고 있었다. 그럼에도 그는 국가적 업무를 잠시 뒤로 미루고 일본인 표류민을 만날 시간을 냈다. 1702년 1월 8일, 표트르는 자신의 별장에서 덴베에를 접견했다. 별장 자체는 표트르 대제의 성격을 고스란히 반영했다. 서구의 건축 전통을 참조했을 뿐 아니라 가로등 같은 최신 유럽 기술을 접목했고, 표트르 개인의 전쟁 게임을 위해 특별히 지어진 작은 성채도 갖추고 있었다. 이처럼 유럽 기술에 대한 매료와 전쟁에 대한 사랑이라는 차르의 두 가지 특징이 묻어나는 거처에서 표트르가 덴베에를 맞이한 것은 적절한 일이었다. 덴베에 자신은 일반적으로 간과되던 표트르 통치의 세 번째 측면, 즉 먼 동방 땅에 대한 관심을 나타냈다.

기록에는 표트르와 덴베에가 무엇을 논의했는지 남아 있지 않다. 그러나 이 표류민은 잘 대접받은 것으로 보이는데, 접견 후 차르는 러시아인들에게 일본어 읽기와 쓰기를 가르치도록 덴베에에게 명령하면서 음식과 옷을 구매할 수 있도록 생활비를 지급했기 때문이다. 자료는 표트르가 이 일본어 교육에 대해 어떤 장대한 구상을 품고 있었는지 말해주지 않는다. 하지만 우리가 아는 것은 1710년에 표트르가 적어도 한 번 더 덴베에를 만났다는 사실이다. 표트르는 러시아의 북태평양 연안 탐사를 계속 지원했다. 당시 러시아인들은 네덜란드, 잉글랜드, 프랑스, 포르투갈 상인들의 중국 무역을 시기 어린 눈으로 바라보았다. 특히 그들은 이미 일본과 무역을 하고 있던 네덜란드 상인들이 아시아 대륙에 정착지를 설립할까 봐 우려했다.[9] 이에 표트르의 외교관들은 중국과 협상하여 양국의 국경을 확정하는 동시에 시베리아-베이징 사이의 대상 무역을 확대하고 정비하는 데 힘을 쏟았다.[10]

오늘날 표트르는 아시아에 대한 식견이나 일본에 대한 관심으로 기억되지는 않는다. 대신 그는 러시아 문화의 서구화, 전제적 통치, 선박에 대한 애정, 그리고 유럽 전선에서의 전쟁으로 유명하다. 대외정책에서 그의 군사 기구는 스웨덴 및 오스만제국과 싸우느라 분주했다. 표트르의 최고 업적은 발트해 연안의 항구 도시 상트페테르부르크의 건설이었는데, 그는 이 도시를 러시아의 '서구로 난 창'으로 구상했다. 그러나 1724년 12월, 생의 마지막을 맞이한 표트르는 평생 질시하며 동경하던 서구가 아닌 아시아를 응시하고 있었다. 죽음을 앞두고 한 제독에게 보낸 편지에서 그는 이렇게 적었다. "나는 북극해를 통해 중국과 인도로 가는 항로를 개척하는 방안을 깊이 고려해왔습니다."[11]

유럽의 강국?

표트르 대제가 죽음의 자리에서 인도와 중국을 꿈꾸던 모습은 우리가 러시아 대외정책을 생각할 때 일반적으로 부여하는 우선순위와는 동떨어진 이미지다. 서구화를 추진하면서도 서구의 이웃 국가들과 끊임없이 전쟁을 벌인 이 모순적인 표트르의 태도는 수세대의 역사학자들에게 러시아와 그 지도자들의 유럽 관계를 정신분석학적으로 해석하는 데 필요한 비옥한 토양을 제공해왔다. 표트르는 유럽 학문의 열성적인 수학자이자 유럽의 유행과 문화를 시샘 어리게 모방하는 자였으나, 동시에 유럽을 침략하고 정복 야욕을 드러낸 군주이기도 했다. 물론 유럽 전선에서 러시아의 동맹 관계는 시간이 지나면서 변동해왔으며, 변화하는 지정학적 바람에 따라 국경선도 확장과 축소를 반복했다. 러시아의 팽창 시기는 다른 열강이 러시아를 억제하려는 시도를 불러왔고, 이런 억제는 러시아 정부가 거대한 군대를 키우고 봉쇄를 뚫기 위해 막대한 자원을 쏟아붓도록 만드는 분노와 굴욕감을 야기했다. 표트르 대제가 대북방전쟁을 벌인 일부터 알렉산드르 1세[10)]가 나폴레옹 군대를 무너뜨린 일과 니콜라이 1세[11)]가 크림전쟁[12)]에서 영국과 프랑스에게 패배하는 일에 이르기까지, 그리고 스탈린[13)]과 소련 시기를 지나는 동안, 유럽에서는 팽창과 봉쇄의 주기가 계속해서 빠른 속도로 이어져 왔다.[12]

---

10) Alexander I(1777–1825). 러시아 제국의 황제(재위 1801–1825). 예카테리나 2세에 뒤이어 황제가 된 파벨 1세가 불만을 품은 신하들에 의해 살해되자 반란군의 추대를 받아 황제가 되었다. 나폴레옹전쟁에서 러시아를 승리로 이끌었으며, 초기에는 자유주의적 개혁을 시도했지만 후반기에는 보수적 정책으로 방향을 전환했다.

11) Nikolai I(1796–1855). 러시아 제국의 황제(재위 1825–1855). 데카브리스트 반란을 진압한 뒤 즉위했으며, 강압적 통치와 보수적 정책으로 제국을 이끌었으나 크림전쟁 패배로 한계를 드러냈다.

12) Crimean War. 1853년 10월–1856년 3월 러시아 제국과 오스만제국, 대영제국, 프랑스 제국, 사르데냐–피에몬테 왕국 사이에서 벌어진 전쟁으로, 주로 크림반도에서 전개되었다. 전쟁 발발의 주된 원인은 성지 내 기독교도 권리를 둘러싼 갈등이었으며, 러시아의 남방 팽창과 유럽 열강의 세력 균형 문제도 영향을 미쳤다. 전쟁은 연합군의 승리로 끝났다.

13) Iosif Vissarionovich Stalin(1878–1953). 러시아의 혁명가, 정치인. 레닌 사후인 1924년부터 1953년 사망할 때까지 소련의 최고 권력자였다.

러시아는 주로 이러한 유럽적 렌즈를 통해 인식된다. 정확히 유럽의 일부는 아니더라도, 적어도 유럽과 깊이 연결되어 있다는 시각이다. 이런 관점은 이웃 국가들만큼이나 러시아 내에서도 흔하다. 그리고 여기에는 타당한 이유가 있다. 차르의 자녀들은 유럽 귀족과 혼인했고, 볼셰비키는 런던에 살던 독일인들이 발전시킨 철학인 마르크스주의를 수입했다. 산업화 이전 시기 곡물을 수출하고 공산품과 사치품을 수입하는 러시아의 무역은 주로 유럽과 이뤄졌으며, 이는 오늘날 러시아의 석유와 가스 대부분이 유럽 시장으로 수출되는 것과 같다. 레프 톨스토이[14)]나 표도르 도스토옙스키[15)] 같은 러시아의 위대한 소설가들은 다른 유럽 고전 작가들과 함께 읽힌다. 오늘날도 차르 시대처럼 러시아의 지배 계급은 프랑스 리비에라와 스위스 알프스에서 휴가를 즐긴다. 러시아는 '유럽'인가? 이 질문에 답하기란 불가능하다. 유럽이라는 개념 자체가 시대에 따라 변해왔기 때문이다. 튀르키예는 유럽의 일부인가? 발칸 지역은? 이탈리아는? 이러한 질문에 불변의 답은 없으며, 마찬가지로 러시아와 유럽의 관계를 정의하는 것도 고정된 것이 없다. 그러나 러시아의 복잡한 유럽 지향성은 수세기 동안 이 나라의 대외정책을 이해하려는 대부분의 시도에서 출발점이 되어왔다.[13]

대외정책 측면에서 러시아 외교사에 유럽이 차지하는 중심성은 거의 의문의 여지가 없다. 대부분의 러시아 전쟁사와 외교사는 유럽과의 관계,

14) Lev Nikolayevich Tolstoy(1828-1910). 러시아의 소설가이자 시인, 개혁가, 사상가. 사실주의 문학의 대가였으며 세계에서 가장 위대한 작가 중 한 명으로 꼽힌다. 대표작으로는 《전쟁과 평화》, 《안나 카레니나》 등이 있다.

15) Fyodor Mikhailovich Dostoyevsky(1821-1881). 러시아의 소설가. 대표작으로는 《죄와 벌》, 《카라마조프가의 형제들》, 《악령》 등이 있다.

유럽 바다로의 진출, 유럽 영토에 대한 야욕, 그리고 유럽 문화 및 문명과의 복잡한 관계를 중심으로 전개된다. 1800년대 초 나폴레옹과의 전쟁과 제2차 세계대전 중 히틀러와의 투쟁—두 전쟁 모두 거의 전적으로 러시아의 유럽 접경 지역에서 벌어졌다—은 러시아인들이 유럽 정치에서 자신들을 강대국으로 인식하는 정체성을 형성하는 데 결정적 역할을 했다.

러시아가 상트페테르부르크로 통하는 길, 폴란드와 우크라이나의 숲과 초원 지대, 그리고 오스만제국과의 접경 지역을 놓고 파괴적인 전쟁을 벌여온 것은 사실이다. 차르 표트르의 치세 이후 300년 동안 러시아의 모든 지정학적 경쟁 중 가장 격렬했던 것은 동유럽을 둘러싼 것이었다. 이 지역은 1812년 나폴레옹의 대육군이 진군했던 땅이었다. 제1차 세계대전의 피비린내 나는 전투에서 러시아, 오스트리아-헝가리, 독일 군대가 이 지역을 놓고 싸웠다. 그리고 동유럽을 가로질러 히틀러의 군대가 바르바로사 작전[16]을 펼쳤던 곳도 바로 이곳이었다. 러시아인들이 서방에서 오는 위협에 더 집중해온 것은 당연하다. 베를린에서 모스크바까지의 1,000마일 거리는 행군하기에 충분한 거리인 반면, 베이징에서 러시아 수도까지의 거리는 그 세 배 이상으로 훨씬 더 멀기 때문이다.

그러나 이 거대한 투쟁에 연루된 통치자들 그 누구도—표트르 대제도, 알렉산드르 1세도, 스탈린도—자신들의 대외정책을 오로지 유럽적 렌즈를 통해서만 바라보지 않았다. 동유럽의 피의 땅을 둘러싼 파괴적인 전쟁들이 있었음에도, 아시아는 특정 시기에 유럽만큼이나 러시아의 관심을

16) Operation Barbarossa. 제2차 세계대전 당시 1941년 6월 22일부터 1941년 12월 5일까지 나치 독일을 위시한 추축국이 소련을 침공한 작전. 380만 명 이상의 추축군이 2,900킬로미터 가량의 전선을 따라 소련의 서부 영토를 선전포고 없이 일제히 공격했다.

사로잡았다. 서구화의 상징으로 알려진 표트르 대제가 스웨덴과의 전쟁 중에 시간을 내 덴베에를 만나 일본을 연구한 이래로, 동방에서의 기회에 대한 전망은 러시아의 가장 열성적인 서구주의자들의 흥미까지 자극해왔다. 결국 러시아인들이 상트페테르부르크를 건설하기 수년 전, 머나먼 캄차카 해안에 아나디르스크 요새를 세운 이들은 다름 아닌 표트르 대제의 탐험가들이었다. 아나디르스크 요새는 부동항이 아닌 얼어붙은 전초기지에 불과했지만, 새로운 영토와 풍부한 자원에 대한 기대는 러시아의 아시아 탐사를 더욱 부추겼다. 게다가 표트르는 동방으로 원정을 명한 최초의 차르도 아니었다. 이미 16세기 후반에 이반 뇌제[17]는 차르를 위한 새로운 영토의 확보를 위해 시베리아 깊숙이 군대를 파견했다.

500년 전에 시작된 이 움직임은 중단과 재개를 반복하며 오늘날까지 이어져왔다. 수세기에 걸쳐 러시아는 바이칼 호반의 이르쿠츠크부터, 겨울철 기온이 화씨 −40도[18]가 일상인 지역인 러시아 극동북부 레나강 유역의 야쿠츠크, 그리고 아틀라소프가 덴베에를 처음 만난 곳에서 멀지 않은 북태평양의 추운 바다 속으로 툭 튀어나온 작은 모래톱 오호츠크에 이르기까지 시베리아 전역에 일련의 정착지들을 건설했다. 이러한 아시아에서의 활동은 아시아 강대국들과의 상호작용을 낳았다. 중국, 일본 그리고 태평양 지역 다른 열강과의 동맹과 충돌은 표트르 대제처럼 러시아에서 가장 서구화 지향적인 지도자 치하에서도 러시아 외교사에 반복적으로 등장

17) Ivan IV(1530−1584). 모스크바와 전러시아의 대공(재위 1533−1547), 전러시아의 차르(재위 1547−1584). 차르라는 호칭을 공식적으로 사용한 러시아 최초의 통치자였다. 일반적으로 이반 뇌제(Ivan the Terrible)로 알려져 있다.

18) 화씨 −40도는 섭씨 −40도에 해당한다.

하는 특징이 되어왔다.

"아시아는 우리에게 무엇인가?"

표트르가 대여정을 마치고 암스테르담에서 모스크바로 돌아온 후, 암스테르담 시장 니콜라스 비천은 차르에게 유라시아 대륙의 새로운 지도를 보냈다. 이 지도에는 '아시아와 유럽의 북부 및 동부 지역의 새로운 지도'라는 제목이 붙여져 있었다. 강과 해안선, 숲과 산봉우리를 정밀하게 표시한 이 지도는 당시 지도학의 최첨단 기술을 보여주었다. 비천은 시베리아와 북극 지역에 대한 지식은 러시아 탐험가들의 기록에 의존했으며, 중국 지형의 세부 사항은 베이징에 거주하던 중국 지도 제작자들과 예수회 선교사들의 자료를 참고해 채웠다. 아랍, 일본, 스페인 지도들은 태평양 연안과 중앙아시아의 공백을 메우는 데 활용되었다. 한 영국인은 이 지도의 사본을 받고 비천에게 보낸 서신에서, 그 성과가 "콜럼버스적"이라며 유럽의 지식 지평에 새로운 지역을 열어놓았다고 극찬했다.[14]

표트르 대제는 비천의 지도를 펼쳤을 때 무엇을 보았을까? 러시아는 태평양까지 뻗어있는 거대한 유라시아 대륙의 일부로 묘사되어 있었고, 그 끝에는 표트르의 탐험가들과 모피 사냥꾼들이 막연하게만 알고 있던 땅들이 놓여 있었다. 지도 최상단에는 북극해를 가로지르는 200마일 길이의 노바야제믈랴섬이 자리하고 있는데, 이 긴 섬은 아르한겔스크 항구의 북서쪽 차가운 바다에 위치해 있었다. 지도는 러시아의 북극 해안을 따라 시베리아의 큰 강들인 오비강, 이르티시강, 레나강을 표시했으며, 이 강들은 유라시아 대륙 중심부의 물길을 모아 머나먼 북쪽의 북극해로 흘러들었다. 지도의 오른쪽 상단에는 캄차카반도가 자리 잡고 있었는데, 이곳은 아틀라소프가 덴베에를 처음 만난 장소로, 당시에는 너무나 미지의 땅이어서 지도에 희미하게만 표시되어 있었다. 캄차카에서 지도는 태평양 연안을 따라 남쪽으로 이어지며, 아무르강이 바다와 만나는 여전히 알 수 없는 삼각주를 지나 한반도에 이르렀다. 지도의 하단 가장자리는 서쪽으로 다시 돌아가며, 북부 중국과 몽골 지역의 지형을 상세히 묘사했다. 키르기스, 카자흐, 칼미크족이 거주하는 산악 지대와 광활한 초원을 지나, 결국 카스피해와 오스만제국의 극동 경계에 이르렀다. 비천의 지도는 이 광활한 영토가 바로 '아시아와 유럽의 북부 및 동부 지역'을 구성한다고 선언하고 있었다.

표트르 대제는 유럽에 대해 분명한 개념을 가지고 있었다. 그것은 그의 서쪽에 있는 땅들이었다. 유럽 국가들 중에서 표트르는 발트해를 지배하던 스웨덴과, 독일 땅을 장악하기 시작한 프로이센 왕국을 생각했다. 그는 중부 유럽의 대부분을 통치하던 합스부르크제국과 태양왕 루이 14세[19] 치하에서 절정의 권력을 누리던 프랑스를 생각했다. 유럽의 먼 해안에는 표트르가 가장 흠모하던 해양 강국 네덜란드와 영국이 있었다. 이 국가들은 유럽 문화를 정의했고, 기술 혁신을 주도한 경제를 가졌으며, 표트르의 서

19) Louis XIV(1638–1715). 프랑스 부르봉 왕조의 제3대 국왕(재위 1643–1715). 할아버지인 앙리 4세와 함께 대왕 칭호를 받았으며, 별명은 태양왕이다.

부 변경에서 세력 균형을 형성한 지정학적 강국들이었다. 유럽의 강대국들은 표트르에게 모델이 되었으며, 대륙의 절대주의 군주들은 차르가 자신의 권력을 강화하려 할 때 본보기를 제공했다.

비천의 지도 같은 지도들은 표트르가 직감적으로 알고 있던 사실을 가시적으로 드러냈다. 러시아는 광대한 영토에 걸쳐 있었고 유럽을 포함해 여러 지역과 접해 있었다. 그런데 이 다른 지역들은 정확히 무엇이었을까? 유럽처럼 그것들을 하나의 단위로 묶을 수 있을까? 많은 러시아인들은 오스만제국부터 중앙아시아를 거쳐 중국과 태평양까지 뻗어 있는 나라들을 '아시아' 혹은 흔히 '동방'이라고 불렀다. 러시아인들의 생각 속에 이러한 영토에 대한 정의는 시대에 따라 변했다. 1819년 러시아 외무부가 '아시아국'을 설립했을 때, 이 부서는 두 개의 하위 부서로 구성되어 있었다. 첫 번째 부서는 오스만제국, 페르시아, 조지아인들, 그리고 당시 아직 러시아 지배하에 완전히 들어오지 않았던 캅카스산맥 지역에 사는 민족들과의 관계를 관리했다. 두 번째 부서는 카스피해 북쪽과 동쪽으로 뻗어 카자흐족의 영토까지 이어지는 초원 지대 민족들과의 관계를 담당했다. 한편 중국과의 관계는 외무부가 아닌 베이징 주재 러시아 정교회 사절단이 통제했다.[15] 지도 제작자 비천의 인식에서 아시아는 그의 1697년 지도 전체에 걸쳐 거의 펼쳐져 있었는데, 유럽 남단의 발칸 지역과 흑해 연안부터 태평양에 이르는 광대한 영역이었다. 네덜란드 대가들에게 지리학을 배운 표트르도 유사한 관점을 지녔다.

"아시아는 우리에게 무엇인가?" 도스토옙스키는 표트르 치세로부터

150여 년이 지난 1881년에, 한 유명한 글에서 이렇게 물었다.[16] 이 질문에 답하기 위해서는 먼저 '아시아'가 가리키는 땅들이 어디인지 확인하는 작업이 필요했다. 비천이 아시아를 유라시아 대륙의 거의 전부로 정의한 것은 러시아가 많은 비非유럽 지역들과 연결되어 있음을 보여주었다. 19세기에는 모스크바와 상트페테르부르크를 중심으로 하는 러시아의 서부 핵심 지역을 가리키는 '유럽 러시아'와 그 외 거의 모든 지역을 가리키는 '아시아 러시아'를 대비시키는 것이 일반적이었다. 관련 러시아어 개념은 '보스토크'Vostok — '동방'East 또는 '오리엔트'Orient — 인데, 이 용어는 현대 러시아어 어법에서는 영어 어법에서보다 덜 고풍스럽게 들린다. 19세기에 '동방'은 오스만제국 변경 지역에서 태평양까지 뻗어 있고 그 사이의 모든 지역을 포괄하면서, 크로아티아와 조선만큼이나 다양한 땅들을 지칭하는 데 사용되었다. 오늘날 러시아에서는 모스크바의 남서쪽에 위치한 발칸 국가 중의 하나를 '동방 국가'라고 부르는 것은 어색하게 들릴 것이다. 그럼에도 불구하고 현대 러시아어 어법에서 '동방'은 여전히 광대한 지역을 가리킨다. 오늘날 모스크바에 위치한 동방학연구소Institut Vostokovedeniia에는 이스라엘부터 몽골까지 다양한 지역을 연구하는 전문 학자들이 있다.

용어가 다소 복잡할 수 있지만, 러시아인들은 '동방'이라 칭한 다양한 지역에 각기 다른 방식으로 접근했다. 러시아의 발칸 지역과의 관계는 캅카스 지역과의 관계와 달랐으며, 카스피해에 대한 접근 방식은 동아시아와 태평양 지역에 대한 정책의 동인과 구별될 수 있다. 표트르 대제는 오스만제국을 유럽의 일부로 보지 않았겠지만, 오스만제국은 유럽 국제 체제의 주요 행위자였다. 제국은 다양한 유럽 열강과 동맹을 맺는 동시에 상품, 유행, 사상을 교환하며 광범하게 교류했다. 캅카스 지역 국가들 역시 이미 18세기부터 러시아와 뒤얽혀 있었으며, 19세기부터는 러시아 제국의 불가분한 일부가 되었다. 카스피해 북안의 칼미키야에서 중앙아시아의 오아시스들에 이르는 광활한 초원 지대는 오랫동안 러시아인의 정착 대상이었다.

러시아인들이 세계 지도를 바라볼 때, 중국과 태평양 연안은 거의 언제나 발긴 지역, 중동, 중앙아시아와는 구분되는 별개의 '동방' 지역으로 인식되었다. 표트르 시대까지 러시아는 이미 수십 년간 중국과 정기적인 대상 무역을 진행해 왔으며, 17세기에는 러시아–중국 국경을 획정한 조약[20]을 체결하기까지 했다. 그러나 말이나 도보로 이동하던 시대에 중국과 태평양 연안은 러시아인이 '동방'이라는 개념 아래 묶어 놓은 다른 영토들보다 훨씬 더 먼 거리에 위치해 있었다. 동아시아와의 물자 및 사상 교류는 러시아 중심부에 가까운 지역들보다 제한적일 수밖에 없었다. 모스크바나 상트페테르부르크의 관점에서 일본, 조선 그리고 태평양 건너편 지역은 훨씬 더 머나먼 미지의 땅이었다. 표트르 대제와 일부 후계자들의 꿈에도 불구하고, 러시아가 동아시아와 태평양을 영토 확장, 상업적 진출, 지정학적 경쟁의 공간으로 본격적으로 인식하기 시작한 것은 알렉산드르 1세 시대(1801–1825)에 이르러서였다. 일본과 조선으로부터 중국 및 그 광대한 변경 지역을 거쳐 수천 마일의 태평양 연안에 이르기까지, 이 지역들과

20) 1689년 8월 27일 동시베리아의 네르친스크에서 청나라와 러시아 사이에 맺어진 국경 획정 조약인 네르친스크조약을 일컫는다.

러시아의 관계를 규정한 역학은 러시아인이 '동방'이라 일컫던 거대 대륙의 다른 지역들에서 러시아의 정책을 추동하는 역학과는 달랐다.

"아시아에서 우리는 주인이 될 것이다"

러시아가 왜 동아시아에 관여했을까? 핵심 이해관계와는 거리가 먼, 주요 도시나 인구 밀집 지역에서 수천 마일이나 떨어진 이 지역에 말이다. 많은 러시아 외교사가들은 러시아의 아시아 진출을 다음과 같은 지속적 이해관계에 의해 추동된 것으로 해석해왔다. 부동항에 대한 필요, 중국과 일본에 대한 뿌리 깊은 우월 욕구, 귀중한 무역로 장악에 대한 갈망, 혹은 19세기에는 대영제국, 20세기에는 미국과 같은 다른 강대국들이 동쪽에서 러시아를 공격할지 모른다는 두려움 등이 그것이다. 러시아 외교가 "지속적인 정책"과 "포괄적인 비전"에 의해 추진된다는 이 주장은 서구 역사학계의 러시아 인식과 러시아의 자기 인식 속에 깊이 뿌리를 내리고 있다. 냉전 초기 미국에서 진행된 러시아 대외정책사 연구의 마지막 주요 물결이 일던 시기에, 역사학자들은 러시아의 팽창을 추동했다고 생각되는 심층 요인들의 하나로 "바다를 향한 충동"을 지적했다. 그것은 동유럽의 숲에서 시작해 유라시아의 거대한 강들을 가로질러 모스크바에서 멀리 떨어진 극동의 블라디보스토크 항구에 이르기까지 대양으로 나아가려는 움직임으로 가정되었다.[17]

러시아가 지리적 조건에 의해 결정되는 지속적 이익을 가지고 있다는 주장은 적어도 200년 전으로 거슬러 올라간다. 19세기에는 러시아가 이른바 부동항에 접근하고 해상 요충지를 통제하려는 집착을 갖고 있다는 것이 논의의 중심이었다. 저명한 미국 해군 전략가 앨프리드 세이어 머핸[21]은 1900년에 "러시아가 발트해와 흑해를 통해 얻는 불완전하고 정치적으로 제약된 바다로의 접근에 결코 만족할 수 없다는 점은 매우 분명하다."고 선언했다. 머핸은 러시아가 "가능한 한 광범위하고 자유로운 바다로의 접근"을 필요로 하며, "동쪽의 중국 해안"이 바로 그런 지역이라고 역설했다.[18]

지리는 영속적인 현실을 만들어낸다. 그리고 문화, 사회 구조, 정치 체제는 아주 천천히 변화하면서 시간이 지나도 지속되는 패턴들을 만들어낸다. 도스토옙스키는 1881년에 이렇게 외쳤다. "사람들이 이제 막 깨닫기 시작하기만 하면, 우리의 돌파구, 우리의 부, 우리의 대양이 미래의 아시아에 있다는 사실을 알게 될 것이다." 이것은 표면적으로 영속적인 이익이었다. 태평양의 위치가 변할 리가 없고, 또 그 매력은 시대에 따라 달라졌지만 아시아 시장이 존재한다는 사실도 마찬가지였다. 도스토옙스키는 러시아와 아시아의 관계에서 영속된다고 여겨지는 또 하나의 현실을 인식했다. 즉, 러시아는 유럽과의 관계에서 표트르 대제 시대 이래로 줄곧 빠져 있던 열등감에 시달릴 필요가 없다는 것이었다. "유럽에서 우리는 들러리이자 노예였지만, 아시아에서 우리는 주인이 될 것이다."라고 도스토옙스키는 독자들에게 선언했다. "유럽에서는 우리가 타타르였지만, 아시아

21) Alfred Thayer Mahan(1840–1914). 미국 해군 제독, 전략지정학자, 전쟁사학자. 19세기 미군의 전략에서 가장 중요한 인물로 손꼽힌다. '해양력'(sea power)이라는 개념을 통해 강력한 해군을 보유한 국가가 세계적으로 더 강력한 영향력을 발휘할 수 있음을 역설했다.

에서는 우리가 유럽인이다."[19]

그러나 지리, 상업, 정체성과 같은 영속적인 요인들이 러시아의 아시아 관여를 이해하는 데 가장 적절한 지침이라는 주장은 역사적 증거와 잘 맞지 않는다. 러시아의 아시아에 대한 관심 수준은 영속적이기보다는 시대에 따라 극심하게 변동해왔다. 지리, 문화, 사회는 서서히 변화하겠지만, 그것들과 정치의 상호작용은 조건이 변하면 빠르게 바뀔 수 있다. 아시아에서 러시아의 대외정책은 단편적이며 일정하지 않았다. 크렘린은 자신의 핵심 이익에 대한 정의를 수시로 바꾸었으며, 그 목표 달성을 위한 자원 투입 의지도 마찬가지였다.

때로 러시아는 중국, 일본, 한반도, 그리고 대영제국과 미국을 포함한 태평양 지역의 다른 군사 강국들에 지대한 관심을 기울였다. 특정 시기에 몇몇 차르는 아시아에서 기회를 보았고, 다른 차르들은 오직 위험만을 보았다. 어떤 이들은 위협을 감지하고, 그에 대한 최선의 방어는 러시아의 역할을 확대하는 것이라고 믿었다. 다른 이들은 그저 러시아가 이미 가진 것을 지키기 위해 문을 걸어 잠그고 방어하기만을 원했다. 또 다른 이들은, 도스토옙스키 같은 작가들이 "우리는 주인이 될 것이다."라고 약속했음에도 불구하고, 아시아에 대해 거의 생각조차 하지 않았다. 태평양 연안에서 러시아는 때때로 발작적으로 격렬하게 활동하며 결정적인 역할을 하기도 했다. 그러나 또 다른 시기에는 아시아를 완전히 무시하며 거의 관계하지도 않았다. 이런 현상은 어떻게 설명할 수 있을까?

"거친 러시아 곰"

수세기 동안 러시아 외교를 분석하는 이들은 19세기 영국의 노래 가사처럼 왜 "거친 러시아 곰이… 굴에서 기어 나왔는지"를 설명하기 위해 다양한 이론을 제시해왔다. 그러나 아시아에 대한 러시아의 관심과 무관심의 순환은 명확한 도식에 따르지 않으며, 일반적으로 외부 요인으로 설명되지도 않는다. 아시아에서 권력 공백이 발생하면 러시아의 관심이 높아질 것이라고 예상할 수도 있지만, 러시아의 지도자들은 아시아가 전략적으로 소외된 지역이었을 때만큼이나 치열한 경쟁의 장이었을 때도 자주 이 지역에 초점을 맞추어왔다. 때때로 러시아는 유럽 정치에서 배제되어 다른 돌파구를 모색할 때 동쪽으로의 팽창에 에너지를 쏟았다. 하지만 다른 시기에 러시아는 기회가 아니라 태평양 강국들의 영향력이 커지는 데서 위협을 감지했을 때 아시아에 주목했다. 러시아가 주기적으로 아시아로 방향을 전환하는 데에는 공통된 요인이 있다. 무엇인가를 성취할 수 있다는 새로운 낙관주의, 외교적 파트너와 무역에 대한 새로운 기대, 그리고 러시아의 군사력에 대한 새로운 평가와 함께 그 힘을 해외에서 영향력을 얻기 위해 사용할 수 있다는 믿음이 러시아 사회와 정치 내부로부터 솟아난다는 사실이 바로 그 요인이다.

이러한 낙관주의는 종종 잘못된 것이었다. 러시아가 주기적으로 아시아에 관심을 집중한 적은 있었지만, 이에 상응하여 러시아 극동 지역으로 자원이 실질적으로 이전한 경우는 드물었다. 러시아 지도자들의 초점은 빠르게 바뀔 수 있으나 국가의 기반시설이나 무역망, 군사 배치는 그렇지 않다. 러시아가 아시아에 대해 주기적으로 보여주는 열정과, 그 국가의 이해관계와 역량이 여전히 서구에 토대를 두고 있다는 현실 사이에는 지속적인 간극이 존재한다. 이 때문에 아시아에서 더 큰 역할을 하려는 모든 러시아 전략가들에게는 끊임없는 딜레마가 발생한다. 또한 이는 러시아가 아시아에서 물러나는 반복적인 패턴을 낳는다. 즉, 아시아에서 수행할 미래 역할에 대한 열광적인 꿈이 깨질 때, 아시아에서 권력을 투사하려면 막대한 투자가 필요하다는 사실을 지도자들이 자각할 때, 그리고 시베리아와 극동지역의 제한된 기반시설로 인해 아시아에서 확장된 역할을 수행하는 것이 어렵거나 불가능하다는 현실에 직면할 때, 러시아는 아시아에서 발을 뺐다. 러시아의 아시아에 대한 관심은 변동하지만, 그 한계는 지속되었다.

1928년, 역사학자 안드레이 로바노프-로스톱스키[22)]는 〈갈림길에 선 러시아: 유럽인가, 아시아인가〉라는 제목의 글을 발표했다.[20] 러시아 외교관의 아들로 일본에서 태어난 로바노프-로스톱스키는 1917년 혁명 이후 러시아를 떠나 파리와 런던의 여러 대학교에서 학문 활동을 이어갔다.[21] 그는 자신의 가족을 러시아에서 쫓아낸 볼셰비키가 러시아 역사에서 새로운 시대를 열었다고 믿었다. 그 시대는 러시아가 유럽보다 아시아와 더 밀접하게 연결될 수 있는 시대였다. 로바노프-로스톱스키는 이를 역사적 흐름으로의 회귀로 이해했으며, 볼셰비키 정권을 "아시아적 단계"로의 전환을 보여주는 증거로 여겼다. 그는 이렇게 선언했다. "러시아 역사의 경

22) Andrei Anatolyevich Lobanov-Rostovsky(1892-1979). 러시아 제국의 군 장교. 1920년에 파리로 망명했고, 1930년에 미국으로 건너가 대학 교수를 지냈다.

로를 따라가 보면, 유럽과 아시아라는 인력引力의 양극 사이에서 진자처럼 끊임없이 왔다 갔다 하는 모습을 발견하게 될 것이다."[22]

진자 비유는 러시아의 아시아 관여가 단속적인 성격을 지녔다는 사실처럼 러시아 대외정책의 방향성에 대해 몇 가지 점을 잘 짚어낸다. 이 비유는 적어도 이 문제에서 역사가 얼마나 자주 반복되어 왔는지를 정확히 강조해 준다. 뒤따르는 장들에서는 낙관주의의 고조로 촉발되었다가, 물류상의 현실, 국내의 이견, 군사적 패배 등으로 인해 희망의 거품들이 꺼지면서 곧 소멸해버렸던 여러 차례의 "진자의 흔들림"을 따라가게 될 것이다. 그러나 유럽과 아시아 사이를 오가는 진자의 이미지는 심지어 러시아가 아시아에 집중했던 시기에도 지리적 현실 때문에 유럽과의 관계를 단절하는 것이 불가능했다는 점을 과소평가한다. 무역의 연결망, 정지적 연계, 그리고 지리적 조건은 유럽과 러시아를 너무나도 촘촘하게 묶고 있다. 심지어 러시아는 아시아에 가장 깊이 관여했을 때 — 예를 들어 러일전쟁을 치렀을 때, 공산주의를 중국에 전파했을 때, 혹은 한국전쟁을 부추겼을 때 — 조차도 서방 열강과의 관계가 행동의 동기로 작용한 적이 적지 않았다. 아시아에서 영향력을 미치려는 투쟁은 종종 유럽에서 러시아의 협상력을 강화하려는 희망에서 비롯된 것이었다. 러시아는 아시아에서조차도 유럽 중심적인 강국이다.

이러한 유럽 중심적 지향이 지속되어 온 데에는 두 가지 설명이 있다. 지정학적 요인은 간단명료하다. 수세기 동안 세계의 주요 열강은 러시아의 서쪽 국경, 즉 유럽에 위치해 있었다. 이는 관련 강국이 17세기에 스웨덴과 오스만제국이었을 때든 19세기에 대영제국과 독일 제국이었을 때든 마찬가지였다. 현재도 그렇다. 지금 문제의 강국은 미국으로 태평양과 북극에서 러시아와 접하지만, 냉전 초기까지 거슬러 올라가는 양국 간의 대립은 유럽에 초점이 맞춰져 있었다. 오늘날 중국의 부상은 이러한 역학을 어느 정도 변화시키고 있으나, 그 변화의 정도는 1960년대 중소 갈등의 대두나 1904년 러일전쟁의 발발 때와 크게 다르지 않다. 아시아에는 종종 강력한 국가들이 존재해 왔고, 러시아인들 또한 아시아 강국들의 중요성이 커지고 있다고 종종 믿었다. 그러나 러시아는 항상 더 중요한 강대국들이 유럽에 있다고 인식해 왔다. 칭기즈칸[23] 후계자들의 몽골 군대가 13세기에 러시아를 복속시킨 후, 스웨덴, 폴란드, 합스부르크 제국, 나폴레옹, 히틀러처럼 러시아가 직면한 모든 실존적 위협은 모두 서쪽에서부터 찾아왔다.

경제적인 면에서도 아시아는 항상 러시아에 상대적으로 중요하지 않았다. 지난 수세기 동안 꾸준히 많은 러시아인이 아시아의 거대한 시장, 막대한 인구, 그리고 빠른 성장률을 지적하며 이러한 상황이 바뀔 것이라고 기대해 왔다. 그러나 과거 어떤 수준의 아시아 경제 성장도 러시아 경제를 동쪽으로 재편성하는 데 성공하지 못했다. 1868년 메이지유신 이후 일본의 산업화도, 19세기 후반 중국의 세계 경제 진입도, 1945년 이후 일본의 경제 호황도, 그리고 최근 수십 년간 중국의 비상한 경제 성장도 마찬가지였다. 아시아와 러시아의 경제적 연계는 시간에 따라 오르락내리락하며 굴곡을 겪어 왔다. 그것은 마치 시베리아에서 베이징으로 향하던 낙타 대

23) Genghis Khan(1162–1227). 13세기 몽골제국을 창건하고 유라시아 전역에 걸쳐 대제국을 건설한 정복자다. 탁월한 군사 전략과 조직력으로 인류 역사상 가장 광대한 육상 제국을 형성했다.

상단이 느릿느릿 넘나들던 언덕처럼 위아래로 출렁였다. 그러나 그때나 지금이나, 대부분의 러시아 무역과 투자는 유럽을 상대로 한 것이었다. 러시아는 끊임없이 아시아에서 새로운 부를 얻을 수 있다는 꿈과 세계 경제의 미래가 아시아에 있다는 주장에 사로잡혀 왔다. 지난 수세기 동안 아시아 무역의 가능성이 마침내 실현될 것이라는 의견이 흔히 제기되었지만, 지금까지 그러한 희망은 언제나 실망스럽게 끝났다.

바로 이것이 '영속적 이익'이라는 명제가 아시아에서 러시아가 구사한 대외정책을 제대로 설명하지 못하는 이유이다. 지리적 조건은 지속되었고, 사회적·문화적 제도는 매우 서서히 변했지만, 러시아가 아시아에 쏟는 관심의 수준은 극심하게 출렁여 왔다. 아시아에서 외교적 에너지, 군사력, 경제적 영향력은 발작적으로 전개되었다. 이는 때로는 새로운 세력 균형이나 경제적 기회에 의해 촉발되기도 했지만, 대부분은 주관적 요인들, 즉 아시아에서 이룰 수 있을 것이라는 희망과 꿈이나 일부는 실제이지만 많은 경우 상상에 불과한 기회에 대한 인식에 의해 좌우되었다. 지나치게 낙관적인 이러한 기대가 무너지면, 러시아가 아시아에서 특별한 역할이 있다는 주장은 즉시 철회되거나 폐기되곤 했다.

러시아의 다양한 아시아로의 회귀를 관통하는 유일한 '영속적인' 특징은 과도한 낙관주의가 그 회귀를 개시할 때 수행하는 역할이다. 시기마다 러시아인들은 부동항, 비옥한 농지, 광대한 아시아 시장, 정복 가능한 새로운 땅, 부와 영광을 찾을 수 있을 것이라고 기대했다. 그러나 이러한 희망 중 실현된 것은 극히 일부에 불과했고, 그마저도 대개 처음 예상했던 것보다 훨씬 큰 대가를 치른 끝에 얻어진 것이었다. 많은 기대는 처음부터 순진했고, 또 일부는 아시아의 기회나 러시아 자신의 역량을 근본적으로 오해한 데 기반을 두었다. 아시아에서 러시아의 대외정책은 영속적인 국익보다는 환상, 꿈, 그리고 착각 위에 세워져 있었다.

이는 러시아의 광범한 '동방 진출'이 탄탄하게 지속적으로 진행되지 못하도록 하는 제약 요인으로 작용했지만, 다음 세대 러시아인들이 몇 십 년을 기다렸다가 다시 시도하는 것을 막지는 못했다. 아시아에서 부와 영광을 가져다줄 기회로 해석될 수 있는 새로운 기술, 새로운 이념, 새로운 권력 배분이 항상 존재한다. 이런 맥락에서 표트르 대제가 죽음에 임박해서 남긴, 아시아로 가는 북극해 항로 개척의 꿈은 오늘날 많은 러시아인들의 기대 속에서 다시 살아나고 있다. 북극 빙원의 해빙이 아시아와 서방을 잇는 무역 고속로를 열어줄 것이라는 희망이 그것이다. 이러한 희망과 꿈은 역사적 패턴에 잘 들어맞는다. 캄차카에 표류한 일본인 덴베에의 시절 이후로 러시아의 외교관과 전략가들은 줄곧 아시아에서의 기회를 주시해 왔다. 탐험가 블라디미르 아틀라소프는 1697년에 인도인이 어떻게 수천 마일이나 떨어진 인도양의 따뜻한 바다에서 러시아의 북태평양 연안인 캄차카 해안에 떠밀려 올 수 있었는지 의아해 했다. 그러나 겨우 20년도 채 지나지 않은 표트르 대제의 통치 말기에 또 다른 러시아 장교는 차르에게 캄차카를 동방 지배를 위한 발판으로 삼을 것을 조언했다. 그는 일본, 중국은 물론 인도까지도 지배할 수 있다며, 인도는 "얼마 안 떨어져 있는 거리일 뿐"이라고 차르에게 확신시켰다.[23]

1

알래스카의 영주

차르 알렉산드르 1세의 태평양 제국

명령서는 "러시아 속령 중 가장 외딴 섬들에 대한 러시아의 권리를 즉시 강화해야 한다."고 지시했다. 알렉산드르 바라노프[1)]는 러시아의 태평양 연안에서 출발해 캄차카를 거쳐 알류샨열도를 따라 마침내 알래스카에 이르기까지 항해하는 동안, 매번 상륙할 때마다 문장紋章을 전시함으로써 러시아의 지배권을 입증해야 했다. 명령서는 이어 이렇게 강조했다. "귀하는 이 지시를 수행하기 위해 전력을 다해야 하며, 러시아 제국의 경계를 확장하는 것을 목표로 삼아야 한다.… 제국의 영광과 이익, 그리고 그 신민들의 복지를 지금뿐 아니라 미래에도 가장 외진 지역에까지 확장하는 것을… 귀하의 신성한 의무로 여겨야 한다."[1]

1740년대에 상트페테르부르크 북동쪽의 작은 도시에서 상인 가족의 일원으로 태어난 알렉산드르 바라노프의 삶은 러시아가 북태평양에서 꿈꾸었던 제국의 꿈이 어떻게 부침을 겪는지를 보여준다. 1801년부터 1825년까지 러시아를 통치한 차르 알렉산드르 1세는 적어도 한때는 태평양 연안

---

1) Alexandr Andreyevich Baranov(1747–1819). 러시아의 무역상인. 러시아–아메리카 회사의 초대 총괄 책임자로 임명되었으며, 미국 북서 해안과 태평양 연안을 탐사했다. 1799–1818년 러시아령 아메리카의 초대 총독을 지냈다.

에 제국을 건설하고자 했다. 러시아의 알래스카 정착은 알렉산드르가 즉위하기 훨씬 전의 수십 년 세월에 뿌리를 두었다. 블라디미르 아틀라소프 같은 탐험가들은 캄차카를 조사했고, 비투스 베링[2] 같은 항해가들은 1720년대와 1730년대에 북태평양 연안을 탐사했다. 러시아의 모피 사냥꾼들은 태평양 해안에 러시아의 존재감을 확립했다. 그러나 1801년 알렉산드르 1세의 치세가 개시될 때까지 러시아 군주들은 북태평양 식민지에 대체로 무관심했다. 알렉산드르의 선왕들도 간헐적으로 알래스카 탐험을 승인하긴 했지만, 북태평양의 잘 알려지지 않은 바다들에 대해서는 거의 관심을 기울이지 않았다.

하지만 19세기 첫 10년 동안, 러시아인들은 이 지역에서 새로운 기회를 보기 시작했다. 러시아가 유럽에서 잇달아 참혹한 전쟁을 치른 나폴레옹 전쟁 시기는 러시아가 팽창을 추구하기에 적절한 시점처럼 보이지 않았을 것이다. 그러나 러시아인들은 태평양을 경쟁자들을 능가할 수 있는 무대로 인식하기 시작하면서, 그곳에서 새로운 영토를 차지하고, 새로운 무역로를 개척하며, 러시아의 힘을 투사할 수 있는 새로운 거점을 세울 수 있다고 주장했다. 알렉산드르 1세 통치 전반기 동안, 이 지역에 대한 러시아의 야망은 급격히 팽창했다. 차르와 그의 자문관들은 알래스카를 중심으로 일본과 캘리포니아, 심지어 하와이까지 뻗어나가는 제국을 상상했다. 러시아령 아메리카[3]를 통치하도록 임명된 알렉산드르 바라노프는 이러한

---

2) Vitus Jonassen Bering(1681–1741). 덴마크 태생의 항해가이자 탐험가. 러시아 해군에서 일했으며, 러시아인들은 그를 이반 이바노비치 베링이라고 불렀다. 표트르 1세의 명을 받아 베링해협과 코만도르스키예제도, 알류샨열도, 알래스카 등지를 탐험했다. 베링해협, 베링해, 베링섬 등의 지명은 모두 그의 이름을 딴 것이다.

3) Russian America. 1799년부터 1867년까지 러시아 제국의 식민지였던 알래스카를 보통 말하지만, 1812

비전을 현실로 만드는 임무를 맡았다.[2]

러시아령 아메리카의 기원

알렉산드르 바라노프는 실패한 사업 경력을 만회하기 위해 자발적으로 알래스카 근무에 지원했다. 그는 1781년에 러시아 변경 지역에서 부를 얻고자 시베리아 최대 도시 중 하나인 이르쿠츠크로 이주했다. 바라노프는 여러 사업에 투자했는데, 그중에는 증류소 세 곳에서 보드카를 생산해 얼어붙은 시베리아 변경의 거류지로 운송하는 사업도 포함되어 있었다. 바라노프는 큰 대출까지 받았지만, 매출은 정체되었고 결국 부채 상환에 어려움을 겪었다. 1780년대 말까지 이러한 사업들이 실패하자, 바라노프는 시베리아의 유력한 모피 상인 중 한 명인 그리고리 셸리호프[4] 밑에서 일하기로 계약했다. 셸리호프는 러시아의 태평양 연안에 위치한 쿠릴열도 전역은 물론, 심지어 태평양도 넘어서는 장대한 계획을 구상했다. 셸리호프는 1748년, 러시아 제국의 서쪽 변방에 위치한 작은 도시 릴스크에서 태어났으며, 이곳은 현재 우크라이나와의 국경 근처에 해당한다. 1772년, 무역상인 그의 아버지는 가업을 확장하는 동시에 당시 러시아 전역을 휩쓸던 전염병을 피하기 위해 그를 동쪽 시베리아로 보냈다. 시베리아에 도착

년부터 1841년까지 점유했던 캘리포니아의 포트 로스, 하와이에 세운 요새 정착지도 포함한다. 1867년 미국과 러시아 제국 사이에 체결된 알래스카 조약에 의해 알래스카는 미국령이 되었다.

4) Grigory Ivanovich Shelikhov(1747–1795). 러시아의 항해가, 무역상, 모피상. 알래스카에 영구적인 정착지를 세웠다.

한 셸리호프는 태평양 연안의 항구 오호츠크까지 이어지는 모피 무역 사업에 종사하는 또 다른 상인과 동업 관계를 맺었다. 오호츠크는 러시아 선박들이 알래스카의 알류샨열도로 항해할 수 있는 출발지였다. 1775년에 셸리호프는 나탈리야 코제비나[5]와 결혼했으며, 그녀는 셸리호프가 점차 확장해 가던 사업 제국을 관리했다.[3]

1790년에 바라노프는 알래스카에서 셸리호프의 사업을 구축하기 위한 5년 계약을 수락했다. 바라노프에게 과연 그 일을 해낼 만한 자질이 있었을까? 바라노프의 전기 작가 중 한 명은 이렇게 전했다. "그는 종교에 얽매이지 않았고, 도덕관념이 느슨했으며, 때때로 술에 취했고, 거리낌 없이 공식적으로 거짓말을 늘어놓기도 했다." 혹독한 알래스카 변경에서 제국을 건설하려는 이에게 이것들은 유용한 자질이었다. 그는 또 "활력 넘치는 성격"과 "기민하면서도 거친" 성품도 지녔는데, 이것들도 적대적인 황야를 모피 공장으로 바꾸는 데 쓸모 있는 자질이었다.[4]

바라노프가 임명될 무렵, 러시아인들은 거의 반세기에 걸쳐 알래스카의 섬들과 해안을 따라 탐험과 사냥을 해 오고 있었다. 그들은 무엇보다도 새로운 사냥터에 대한 필요에 이끌려 계속 동쪽으로 이동했으며 알류샨열도의 섬들을 따라 하나하나 건너가며 알래스카 본토로 향했다. 알래스카 원주민들은 모피나 식량으로 쓸 만큼만 사냥하면서 오랜 세월 동안 이 지역의 바다 생물들과 공존해왔다. 그러나 러시아 사냥꾼들은 알래스카 해역에 진입했을 때, 유럽에서 중국까지 이어지는 지구적인 모피 무역에 자극

5) Natalia Alekseyevna Shelikhova(1762–1810). 러시아의 사업가이자 러시아령 알래스카의 창건자인 그리고리 셸리호프의 부인. 러시아-아메리카 회사의 설립에 참여했으며, 일반적으로 성공을 거둔 최초의 러시아 여성 기업가로 일컬어진다.

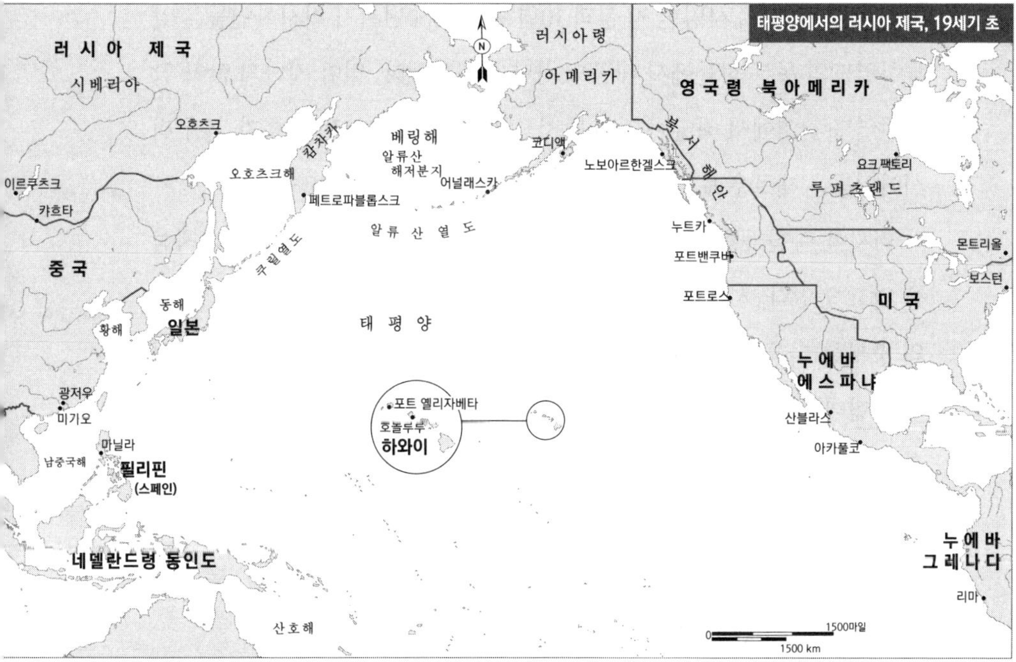

태평양에서의 러시아 제국, 19세기 초

을 받았다. 그들은 매우 공격적인 방식으로 사냥을 시작했고, 그 결과 러시아의 새 영토 해안에 서식하던 해양 포유류의 개체 수가 급격히 감소했다.

러시아를 위해 알래스카를 발견한 비투스 베링이 캄차카 연안의 한 섬에서 괴혈병과 굶주림으로 사망한 뒤 15년 동안, 러시아인들은 그 섬의 동물을 멸종 직전까지 사냥했다. 그러자 러시아 사냥꾼들은 새로운 사냥터를 찾아 알류샨열도를 따라 동쪽으로 이동했고, 숙련된 사냥 기술을 지닌 원주민 알류트족[6]과 알루티크족[7]을 강제로 동원해 막대한 양의 모피를 채집

6) Aleut. 알래스카와 캄차카반도의 사이에 있는 알류샨열도의 에스키모계 민족.

7) Alutiiq. 유픽(Yupik) 계통의 한 갈래로 알래스카 원주민 여덟 집단 중 하나이다. '숙피악'(Sugpiaq), '태평양 유픽'(Pacific Yupik), 또는 '태평양 에스키모'(Pacific Eskimo)라고도 불린다.

하게 했다. 베링이 사망한 지 불과 10년 만인 1750년까지 러시아인들은 알류샨열도의 동부 섬들에서 대규모 사냥을 시작했다. 얼마 지나지 않아 알류샨열도 전역에서 해달이 거의 남지 않게 되었다. 1780년대 초가 되자 러시아인들은 새로운 모피를 찾아 더욱더 동쪽으로 나아가기 시작했다.[5]

러시아 탐험가들은 1763년부터 알래스카에서 가장 큰 섬인 코디액섬을 알고 있었다. 시베리아의 모피 거상 셸리호프는 이 코디액섬이 러시아의 풍부한 다음 모피 원천지가 될 수 있다고 믿었고, 1783년에 섬으로의 첫 탐험대를 조직했다. 상륙 직후 그는 섬의 원주민들과 충돌했고, 아마도 총으로 수백 명을 사살했던 것 같으며, 부하 여섯 명이 원주민들의 화살에 목숨을 잃었다. 러시아를 위해 섬을 장악한 셸리호프는 스리세인츠만에 정착지를 세우고 겨울을 나기 위해 자리를 잡았다. 봄이 올 무렵, 부하 68명 중 11명이 사망했는데, 그중 9명은 괴혈병으로 죽었다.[6]

얼음이 녹기 시작하자, 셸리호프는 식물과 동물이 풍부한 섬을 발견했다. 그가 보기에 러시아인들이 거주할 수 있는 유형의 섬이었다. 셸리호프는 "농업에 적합한 좋은 땅도 있습니다. 제가 보리, 기장, 완두콩, 강낭콩, 호박, 당근, 겨자, 사탕무, 감자, 순무, 루바브[8])를 직접 심어본 경험으로 이를 확인했습니다."라고 보고했다. "모든 것이 매우 잘 자랐습니다.… 건초를 만들기에 적합한 초지도 있고, 다양한 풀들이 있으며, 어떤 곳에서는 겨울 내내 소를 먹일 수도 있습니다." 또한 "나무딸기, 월귤나무 열매, 검은딸기, 호로딸기, 호자덩굴 열매, 불두화나무, 덩굴월귤 열매, 브램블베

8) rhubarb. 마디풀과의 여러해살이풀. 시베리아가 원산으로 전 세계에 분포한다. 6-10년생인 뿌리줄기의 껍질을 벗겨 말린 것을 완하제와 건위제의 생약으로 이용하며, 어린잎은 식용한다.

리 등 딸기류도 풍부합니다."[7] 약간의 노력만 더하면, 이 섬은 알래스카 남부 해안을 따라 러시아 모피 사냥꾼들이 팽창해 나가는 데 적절한 거점이 될 것이라고 셸리호프는 단언했다.

러시아 사냥꾼들에게 매우 유망한 전망이 펼쳐지는 것 같았다. 셸리호프는 "바다 동물로는 해달, 바다사자, 고래, 물개가 있다."고 보고했다. 육지에는 "비버, 수달… 여우, 늑대, 곰, 산족제비, 사슴, 검은담비, 토끼, 오소리, 스라소니, 마멋" 등이 있다. 이 섬에는 또한 사냥꾼으로 고용하거나 강제로 부릴 수 있는 원주민들도 많았다. 코디액섬의 주민들은 움막에서 살고 있으며, "신성이라는 개념이 전혀 없고", "증기 목욕을 매우 좋아한다."고 셸리호프는 썼으며, "그들의 삶은 가축의 삶과 별반 다르지 않다."고 덧붙였다.[8] 이들을 가축처럼 부릴 수 있기만 하다면 이는 셸리호프에게는 아무런 문제가 되지 않았다. 1786년에 러시아 본토로 돌아온 셸리호프는 알래스카에서 자신의 사냥 사업을 확장하기 위한 새로운 탐험대를 조직하기 시작했다. 그는 알렉산드르 바라노프를 부대표로 고용했다.

"무역을 하는 것과 정복을 하는 것은 전혀 다른 문제다"

알래스카 남부 해안을 따라 러시아의 모피 사냥지를 확장하려는 셸리호프의 구상은 단순히 상업적 제안만은 아니었다. 그는 알래스카 제국이 조국을 부유하게 만들고 세계무대에서 러시아의 힘을 강화할 것이라고 믿었다. 그러나 그는 여러 차례 중앙 정부에 지원을 요청했지만, 18세기 후반 당시 상트페테르부르크의 관리들은 북태평양 지역에 별다른 관심이 없었다. 당시 알래스카에 있는 러시아인은 수백 명에 불과했지만, 이 지역은 이미 세계의 주요 제국들 사이에서 경쟁의 대상이 되고 있었다. 스페인은 남아메리카 최남단에서 오늘날의 캘리포니아에 이르기까지 태평양 연안을 가장 넓게 지배했다. 1775년에 스페인 탐험가 후안 프란시스코 데 라 보데가 이 콰드라[9)]는 러시아보다 먼저 영유권을 주장하기 위해 북쪽으로 올라가 오늘날 싯카 근처의 알래스카까지 도달했다. 10년 후인 1789년, 스페인 해군은 오늘날의 브리티시컬럼비아에 있는 밴쿠버섬에 요새를 세우면서, 마찬가지로 브리티시컬럼비아 해안 지대의 영유권을 주장하던 영국과 전쟁 직전까지 가는 위기를 초래했다.[9]

스페인은 광범위한 영유권 주장을 했지만, 태평양 지역에서 쇠퇴하는 세력이었다. 스페인은 북태평양에 세운 유일한 요새에서 불과 몇 년 만에 철수했고, 샌프란시스코 북쪽에는 더 이상 전초기지를 남기지 않았다. 러시아의 이익에 더 큰 위협이 된 것은 영국이었다. 1778년, 유명한 영국 탐험가 제임스 쿡[10)] 선장은 태평양에서의 세 번째이자 마지막 항해에서 알래스카에 도달했으며, 북아메리카 해안을 베링해협까지 탐사하여 지도에 남겼다. 상트페테르부르크에서는 쿡의 항해가 이 지역에서 영국 세력의

9) Juan Francisco de la Bodega y Quadra(1744–1794). 아메리카 대륙에서 활동한 히스파노–페루 출신의 해군 장교. 당시 누에바 에스파냐 부왕령(오늘날의 멕시코)에 속한 산 블라스의 태평양 연안 스페인 해군 사령부에 배속되어, 북아메리카 북서 해안을 따라 오늘날의 알래스카까지 탐험했다. 캘리포니아의 보데가만(Bodega Bay)은 그의 이름을 따서 명명되었다.

10) James Cook(1728–1779). 영국의 탐험가, 항해가, 지도제작자. 태평양을 세 차례 항해하고, 오스트레일리아 동해안에 도달했다. 또 하와이제도를 발견하고, 뉴펀들랜드와 뉴질랜드의 해도를 제작했다.

확장을 예고하는 것이라 우려하며, 알래스카의 섬들에 대한 러시아의 지배가 위태로워질까 두려워했다. 여제 예카테리나 대제[11]는 쿡의 출판된 항해일지를 러시아어로 번역할 것을 명령하여 러시아 탐험가들이 그의 발견을 활용할 수 있도록 했다. 쿡이 도착하기 전까지만 해도, 러시아는 지리적 이점 덕분에 북태평양에서 유리한 위치에 있다고 믿었다. 예카테리나 대제의 한 관리는 이렇게 주장하기도 했다. 러시아는 "다른 나라들의 유해한 경쟁 없이 아시아의 여러 민족들과 무역할" 수 있다. 쿡의 알래스카 도착은 이러한 인식을 바꾸어 놓았다. "가장 최근에 이루어진 쿡의 발견들"은 "지금까지 오직 [우리] 손에만 있었던 동해안의" 러시아 "사냥 기지들"이 더는 위험으로부터 자유롭지 않다는 것을 의미했다.[10]

그러나 18세기 내내 상트페테르부르크는 태평양 지역에 자원을 실질적으로 투입하려 하지 않았다. 셸리호프는 아메리카에서의 경쟁에 대한 러시아의 두려움을 활용해 자신의 모피 사업에 대한 정부의 지원을 끌어내고자 했다. 그는 알래스카를 탐사할 때 직원들에게 철제 판을 땅에 묻으라는 명령을 정부로부터 받았는데, 그 철판에는 "구리 십자가 이미지와 함께 '러시아 영토'라는 문구가 구리 글자로 새겨져 있어야 한다."고 지시되어 있었다. 셸리호프는 자신의 아메리카 항해로 "유명한 잉글랜드 항해가 쿡조차 도달하지 못한… 섬들"을 발견했다고 선언했다. 그리고 셸리호프는 자신의 알래스카 사업에 국가 자금을 지원하기 위해, 이르쿠츠크 총독의

11) Catherine II(1729−1796). 러시아 제국의 황제(재위 1762−1796). 로마노프 왕조의 8번째 군주로 표트르 대제의 업적을 계승, 발전시키면서 러시아를 유럽의 정치무대와 문화생활에 완전히 편입시켰다. 러시아 제국의 행정과 법률 제도를 개선하고, 크림반도와 폴란드의 상당 부분을 차지함으로써 영토도 확장했다.

후원 아래 새로운 기업을 설립할 것을 제안했다.[11]

태평양 지역에서 국가 지원을 받는 회사 주도의 팽창이라는 구상은 셸리호프의 목표와 완벽히 들어맞았다. 그의 회사는 단지 모피 무역으로 수익을 올리는 데 그치지 않고, 러시아의 영토를 확장하고, 적국의 위협을 물리치며, 차르에게 영광을 안겨줄 수 있었다. 그러나 예카테리나 대제는 알래스카 탐사를 위한 국가 지원 회사의 타당성에 대해 확신하지 못했다. 1788년 2월에 셸리호프는 러시아령 아메리카에서 모피 사냥에 대한 독점권을 가진 회사를 설립해 달라고 여제에게 청원했다. 그녀는 일반적으로 독점에 회의적이었고, 당시 오스만제국과 벌이고 있던 여러 전쟁 중 하나에 집중하고 있었기 때문에 태평양 지역의 팽창에 투입할 자원이 거의 없었다. 그러나 근본적인 문제는 여제가 태평양에서의 팽창 가치 자체를 믿지 않았다는 점이었다. 그녀는 "태평양으로 확장하는 것은 확실한 이익을 가져다주지 않을 것"이라며, "무역을 하는 것과 정복을 하는 것은 전혀 다른 문제다."라고 주장했다.[12]

바라노프와 보스턴 사람들

왕실의 지원 여부와 상관없이, 셸리호프는 알래스카에서 입지를 확장하는 데 전념했고, 바라노프는 러시아령 아메리카에서 성공함으로써 실패한 사업 경력을 만회하는 데 여념이 없었다. 1790년 8월, 바라노프는 아메리카로 항해를 떠났으며, 이후 30년을 알래스카 해안의 춥고 안개 자욱한 전초기지들에서 보내게 된다. 그의 알래스카 여정은 매우 고통스런 경험이었다. 거센 폭풍이 그의 배를 뒤엎었고, 선박은 암초에 부딪혀 산산조각 났다. 바라노프와 그의 선원들은 알류샨열도 동부의 어널래스카섬에 고립되었다. 겨울을 그 섬에서 보낸 후, 바라노프의 원정대는 세 척의 작은 배로 여정을 계속할 수 있었고, 알류샨열도의 섬들을 하나하나 건너가며 원주민 마을이나 때때로 마주친 러시아 모피 사냥꾼들과 교역을 했다. 1791년 6월, 그들은 마침내 코디액섬에 도착했고, 5년 전 셸리호프가 섬을 방문한 뒤 남겨두고 간 정착민들에 합류했다. 바라노프는 그 후 다시는 러시아 땅을 밟지 않게 된다.[13]

알래스카에서 러시아의 영토를 확장하는 것은 결코 쉬운 일이 아니었다. 1799년에 바라노프는 현재의 싯카 인근, 코디액에서 정동쪽으로 약 600마일 떨어진 부동항에 러시아인과 알류트족 200명으로 이루어진 정착지를 세웠다. 그는 나무로 된 요새를 건설하고 이 정착지를 '노보-아르한겔스크'라고 이름 붙였는데, '노보'는 '새로운'이라는 뜻이며, 아르한겔스크는 북동부 러시아의 바라노프 고향 인근에 위치한 외국 무역의 주요 관문이자 러시아 최대의 북극해 항구를 가리킨다. 노보-아르한겔스크는 러시아인들이 정착한 지역 가운데 가장 동쪽에 위치한 곳이었다. 그곳은 알래스카 본토에서 북아메리카 해안을 따라 남동쪽으로 뻗어 있는 여러 섬들 가운데 러시아가 처음으로 세운 주요 전초기지였다. 그 바다에는 셸리호프가 상상했던 대로 해달이 풍부했다. 1803년 한 해에만 해달과 물개 가죽 약 30만 장이 알래스카에서 러시아 본토로 선적되었고, 이어서 중국으로도 수출되었다. 러시아의 알래스카 식민지에 있는 창고들에는 아직 운송되지 않은 가죽이 50만 장가량 더 보관되어 있었다.[14]

비록 수렵 자원은 풍부했지만, 알래스카 동부 해안은 셸리호프가 약속했던 비옥한 낙원이나 채소와 열매의 땅과는 거리가 먼 것으로 드러났다. 바라노프가 몸소 겪은 것처럼, 러시아 본토에서 코디액까지의 교통은 매우 위험했다. 노보-아르한겔스크 전초기지는 러시아 본토에서 훨씬 더 멀리 떨어져 있어, 물자의 안정적인 공급을 보장하는 것은 불가능했다. 또한 노보-아르한겔스크 주변 지역은 특별히 우호적인 환경도 아니었다. 러시아인들이 알류트족과 알루틱족을 굴복시키거나 포섭했던 알류샨열도와 코디액섬 주변과는 달리, 노보-아르한겔스크 인근의 바다에는 호전적인 부족들이 들끓었다. 이들 중에는 틀링깃족[12)] 원주민뿐 아니라, 바라노프의 부하들이 "보스턴 사람들"이라고 부른, 빠르게 늘어나고 있는 한 무리의 항해자들도 있었다.[15]

보급 문제는 명백했다. 바라노프는 풍요로운 땅을 약속받았지만, 코디액섬은 황량했고 러시아 정착지는 자급자족조차 어려웠다. 코디액은 금속이나 공산품은 전적으로 수입에 의존했다. 1799년에 러시아 선박 페닉스Feniks호가 캄차카에서 코디액으로 항해하던 중 침몰하자, 알래스카의 식민지들은 2년에 걸친 물자 부족 사태를 겪게 되었다. 이듬해에는 성 미카엘 대천사Sv. Arkhistratig Mikhail호의 선원들이 맹렬한 폭풍을 견디기 위해 화물의 3분의 1을 바다에 버려야 했다. 세 번째 선박이 알래스카에 도착했

12) Tlingit. 알래스카 남동부의 아메리카 원주민. 틀링깃계 언어를 사용하는 여러 부족들로 이루어졌다.

을 때, 굶주린 주민들은 그 배가 항해 도중에 선원들이 원래 전달해야 할 대부분의 물자를 먹어치운 사실을 알게 되었다.[16]

지리적 조건과 날씨는 알래스카 식민지에 있는 수백 명의 러시아인 직원들에게 물자를 공급하는 데 있어 가장 큰 두 가지 장애물이었다. 19세기 초에 러시아는 태평양 연안에 주요 항구를 두 곳 보유하고 있었다. 하나는 러시아 극동 연안의 오호츠크였고, 다른 하나는 캄차카 동부 해안에 위치한 거대한 천연항구 페트로파블롭스크였다. 페트로파블롭스크항은 러시아 선박들에게 훌륭한 피난처를 제공했지만, 캄차카 역시 알래스카만큼이나 식량과 물자 공급이 어려운 곳이었다. 심지어 오늘날에도 캄차카는 러시아의 나머지 지역과 도로로 연결되어 있지 않은데, 19세기 초에는 혹한의 겨울과 위험한 안개를 뚫고 오호츠크를 경유하여 물자를 공급받아야 했다. 오호츠크라 해서 사정이 나은 것도 아니었다. 물론 오호츠크에서 육로를 통해 이르쿠츠크까지 갈 수 있었는데, 이 여행은 한 달이 걸렸다. 그리고 거기서 다시 모스크바와 상트페테르부르크까지는 수개월이 더 소요되었다. 그러나 봄과 가을이면 시베리아의 도로는 진흙탕으로 변했고, 한 러시아 중위는 그 여정이 "끔찍하다."고 탄식했다. 식료품을 시베리아를 가로질러 운송하는 비용은 경제성이 없었다.[17]

게다가 오호츠크항은 그리 좋은 항구도 아니었다. 강풍으로부터 보호되지 않았고, 겨울이면 얼음으로 봉쇄되었다. 한 러시아 해군 관리는 다음과 같이 불만을 털어놓았다. "만조 때조차도 배들이 건너야 하는 오호타강 하구의 수심은 고작 12피트에 불과하며… 이전에는 수심이 충분하던 곳에서도 자주 모래톱과 얕은 여울이 생긴다." 오호츠크까지 물자를 운송하는 것도 어렵지만, 거기서 다시 알래스카로 옮기는 일은 때로는 불가능에 가까웠다. 오호츠크에서 곡물 가격은 이르쿠츠크보다 거의 늘 다섯 배나 비쌌고, 러시아령 아메리카에서는 모스크바나 상트페테르부르크보다 열 배, 심지어 스무 배까지도 비쌌다.[18]

바라노프가 내린 결론은 살아남는 유일한 방법은 다른 식량 공급원을 찾는 것이었다. 다행히 바라노프에게는 알래스카를 방문하는 영국 선박들, 그리고 점점 더 늘어나는 미국 선박들로부터 식량과 기타 물자를 구입할 수 있는 선택지가 있었다. 그러나 이 방안에는 위험도 따랐다. 바라노프의 무역 파트너들이 그의 유일한 수입원이었던 모피 시장에서 지분을 차지하게 될 가능성이 있었고, 또 알래스카 해역에서 외국 상인들의 존재감이 커질수록, 러시아인들이 완전히 쫓겨날 가능성도 있었다.

영국은 더 이상 주요한 우려 대상이 아니었다. 1778년 쿡 선장이 알래스카에 도착했을 당시에는 일부 러시아인들이 북태평양 식민지에 대한 영국의 간섭을 우려했다. 그러나 1790년 바라노프가 처음 알래스카에 도착했을 무렵에는 미국이 막 헌법을 비준한 상태였고, 이미 태평양에서 힘을 확대하려는 야망을 품고 있었다. 1784년, 즉 미국이 독립을 쟁취한 바로 다음 해에, 필라델피아의 상인들은 엠프리스 오브 차이나Empress of China라는 선박을 준비시켰다. 이 배는 중국에 도달한 최초의 미국 선박이 되었고, "차와 비단, 도자기를 잔뜩 싣고" 귀환해 막대한 이윤을 남겼다. 곧 수십 척의 미국 선박들이 태평양을 횡단하며 포경과 사냥, 무역에 나섰고,

페루에서 하와이의 오아후섬에 이르기까지 여러 항구에서 — 심지어 알래스카에서도 — 미국의 존재감을 확립해 나갔다. 미국 선박 엔터프라이즈Enterprise호가 코디액 인근 해역에 도착하자, 처음에 이는 바라노프에게 행운처럼 여겨졌다. 미국인들이 풍부한 물자를 가지고 왔고, 무역에 적극적이었기 때문이었다. 엔터프라이즈호는 식량과 물자를 물개와 해달 가죽 1만 2,000루블 어치와 교환하면서, 알래스카 식민지 주민 일부를 기아에서 구해냈다.[19] 알래스카 식민지가 오호츠크에서 물자를 안정적으로 공급받을 수 없다면, 미국인들이 바라노프가 필요로 하는 물품을 대신 공급해줄 수 있지 않을까?

그러나 러시아 정착민들이 양키 상인들과 무역을 원한 유일한 알래스카인들이 아니었다. 노보-아르한겔스크 인근 섬들에 바라노프나 미국인들이 도착하기 훨씬 전부터 거주해 온 틀링깃족 역시 보스턴 사람들과의 교역에 적극적이었다. 보스턴 사람들은 모피를 받는 대가로 틀링깃족에게 총기, 술 등의 물품을 공급하며 활발하게 상업 활동을 벌였다. 1802년, 보스턴 사람들에게서 공급받은 총기, 탄약, 화약으로 무장한 일단의 틀링깃족이 야쿠타트만 인근의 러시아인들을 공격해 여러 명을 살해했다. 그 해 늦게, 틀링깃족은 바라노프의 요새를 약탈하고 불을 질렀으며, 바라노프는 노보-아르한겔스크에서 퇴각할 수밖에 없었다.[20] 바라노프는 이후 2년 동안 그곳에 돌아오지 못했다.

러시아인들은 틀링깃족의 공격을 미국 상인들의 탓으로 돌렸고, 바라노프는 "우리의 영지를 강화하기 전까지는 [노보-아르한겔스크에서] 어떠한 새로운 시도도 해서는 안 된다."고 명령했다. 그러나 러시아의 영지를 강화하는 일은 결국 보급 물자가 있어야 가능했으며, 알래스카에 도착하는 물자는 여전히 러시아 선박보다 미국 선박을 통해 더 자주 공급되고 있었다. 틀링깃족이 미국제 화기를 사용해 노보-아르한겔스크에서 러시아인을 격파한 이듬해, 바라노프는 코디액을 방문한 미국 선박들로부터 대포 두 문을 포함해 총 3만 7,000루블 어치의 물품과 보급 물자를 물물교환했다. 그리고 미국인들이 러시아 식민지들과의 정기적인 무역을 제안하자, 바라노프는 자신이 필요로 하는 물품의 목록을 그들에게 건넸다. 한편 러시아인들은 여전히 폭풍과 항해 실수로 알래스카에 물자를 보낼 선박들을 잃고 있었다. 1803년에 새로 건조된 성 드미트리Sv. Dmitrii호가 움나크섬 앞바다에서 침몰했고, 화물은 버릴 수밖에 없었다. 이로써 러시아는 운항 가능한 배가 단 세 척만 남게 되었다. 그 사이, 보스턴 선박의 수는 계속해서 늘어났다. 1805년에 러시아인들은 보스턴 선장 드울프D'Wolf로부터 선박 주노Juno호 한 척과 그 적재 화물 전체를 10만 9,821루블에 구입했다. 1806년에는 바라노프가 미국인 선장 조너선 윈십[13]과 추가 물자 운송 계약을 체결했다.[21]

미국인들은 곧 러시아 식민지에 물자를 공급하는 사업이 훨씬 더 수익성 높은 무역 파트너인 중국과 연결될 수 있다는 사실을 깨달았다. 중국인들은 세계에서 모피에 대한 수요가 가장 많은 소비자였다. 1727년에 체결된 조약에 따라, 러시아 상인들은 중국 차와 모피를 교환할 수 있었는데, 그 장소는 태평양 항구에서 1,000마일이나 떨어진 외딴 몽골 전초기지인

13) Jonathan Winship III(1780-1843). 19세기 미국의 선원이자 기업가.

캬흐타[14)]라는 도시로 제한되어 있었다. 따라서 알래스카 모피는 북아메리카 해역에서 수집된 후 오호츠크로 선적되고, 다시 수개월에 걸쳐 육로로 운송되어야만 중국인들에게 판매될 수 있었다. 반면, 미국과 영국 상인들은 러시아 상인들이 중국 법에 따라 출입이 금지된 항구인 광저우(당시 영어로는 캔턴Canton이라 불렸다)로 직접 항해할 수 있었다. 이에 미국 상인 조지프 오케인[15)]은 바라노프와 거래를 맺고, 30만 루블 상당의 모피를 아시아로 운송하기로 했다.[22] 바라노프는 미국인들에게 의존하는 것이 딜레마를 낳는다는 것을 잘 알고 있었다. 만약 보스턴 선장들이 알래스카의 주요 보급원이 되고, 알래스카 해안에서 광저우에 이르는 모피 무역을 장악하게 된다면, 러시아인들을 이 모피 사업에서 완전히 배제하려 하지 않을 이유가 무엇이겠는가?

차르 알렉산드르의 알래스카 야심

1801년에 즉위한 알렉산드르 1세는 러시아의 아메리카 제국을 포기할지 아니면 확대할지, 선택에 직면했다. 알렉산드르의 할머니 예카테리나 대제는 유럽에서 러시아의 영토를 확장했으나, 태평양에는 별다른 관심이 없었다. 중국은 그녀의 궁정 정원에 예술품을 공급하는 원천이었을 뿐, 지정학적 경쟁의 대상은 아니었다.[23] 시베리아에 있던 그녀의 일부 관리

14) Kiakhta. 지금의 부랴트 공화국에 있는 도시.

15) Joseph Burling O'Cain(1766–1807). 19세기 초에 북서 태평양에서 러시아인들과 해달 무역에 종사한 보스턴 상인이자 선장.

들은 중국 영토를 넘보기도 했지만, 이런 구상은 상트페테르부르크에서는 전혀 인기를 얻지 못했다. 물론 예카테리나는 거대한 영토 야욕을 가지고 있었다. 그러나 그 야심은 태평양 연안이나 극동 변경 지역이 아니라, 오스만제국이 장악하고 있던 흑해 연안의 영토에 집중되어 있었다. 그녀는 태평양에서 러시아의 군사력을 키우는 것도, 알래스카에서의 러시아 사업을 국가가 보조하는 것도 거부했다.

차르 알렉산드르 1세는 다른 방향을 택했다. 러시아의 낡은 통치 방식에 회의적이었던 그는 러시아의 국정 운영에 자신의 흔적을 남기고자 했다. 어린 시절 알렉산드르는 급진적인 스위스 지식인에게 교육을 받았다. 집권하자마자 그는 주요 개혁을 도울 수 있을 것으로 기대되는 일단의 젊은 자유주의 성향의 친구들을 모았다. 알렉산드르와 그의 자문관들은 러시아 관료 체계를 간소화하고, 농노제를 개혁하며, 심지어 러시아에 헌법을 도입하는 방안까지 구상했다. 알렉산드르는 예카테리나 대제가 육성한 거대한 군대를 물려받았지만, 국제무대에서는 커다란 도전에 직면했다. 유럽은 프랑스혁명과 나폴레옹전쟁의 격동으로 들끓었다. 나폴레옹의 프랑스를 비롯해 영국, 프로이센, 오스트리아-헝가리, 러시아, 그리고 이탈리아와 독일의 소국들, 오스만제국 등이 얽힌 유럽 열강의 동맹 구도는 끊임없이 변화하며 세계 곳곳에서 전쟁을 벌였다. 잉글랜드와 프랑스는 서인도 제도에서 남중국해에 이르기까지 여러 지역에서 충돌했고, 그 사이에 북아메리카와의 무역은 중단되었으며, 스페인 제국과 포르투갈 제국의 신세계 지배도 흔들리게 되었다.

지구적 전쟁의 시대에, 러시아는 지구적 전략이 필요했다. 이것이 바로 니콜라이 레자노프[16)]가 제기한 주장이었다. 레자노프는 야심 차고 인맥이 넓은 귀족으로, 모피 재벌 그리고리 셸리호프의 딸과 결혼한 뒤 셸리호프가 사망하자 그의 상업 제국을 물려받았다. 레자노프는 차르 알렉산드르 1세의 상무장관이자 훗날 외무장관이 되는 니콜라이 루먄체프 백작[17)]과도 협력 관계에 있었다. 루먄체프는 영국과 프랑스 같은 세계 제국들과의 경쟁에서 살아남기 위해서는 알렉산드르가 아시아에서도 경쟁에 나서야 한다고 믿었다.[25] 나폴레옹전쟁은 세계를 여러 무역 블록으로 나누고 있었고, 프랑스와 영국은 각자의 전략적 이익을 강화하기 위해 대서양 횡단 무역에 제약을 가하고 있었다. 한편 프랑스와 미국은 1798년부터 1800년까지 선박 항해권을 둘러싸고 선전포고 없는 무력 충돌을 겪었으며, 이 기간 동안 양국의 선박은 대서양 연안에서 포화를 주고받기도 했다. 10여년 뒤인 1812년에는 이와 유사한 무역 분쟁이 미국과 영국을 전쟁으로 몰아넣을 것이었다. 발트해에서는 영국이 해군력을 이용해 덴마크, 독일, 스웨덴, 러시아 항구에서 출발하는 선박의 항해를 통제하려 했다. 무역 전쟁은 점점 격화되었고, 1806년까지는 영국과 프랑스 양국 모두가 경쟁국과의 무역을 전면 금지하는 조치를 시행하기에 이르렀다. 이들 금지는 자국민뿐 아니라 이웃 국가들에도 적용되었다.[26]

이러한 무역 전쟁의 맥락에서, 러시아의 상무장관은 러시아가 자국 상

16) Nikolai Petrovich Rezanov(1764–1807). 러시아의 귀족이자 정치인. 알래스카와 캘리포니아의 러시아 식민지화 계획을 추진했으며, 1804년 알렉산드르 1세에 의해 일본 주재 러시아 대사로 임명되었다.

17) Count Nikolai Petrovich Rumyantsev(1754–1826). 러시아의 정치인. 1808–1814년 러시아 제국 외무장관, 1809–1826년 총리를 역임했다.

품의 안정적인 판로 확보가 필요하다고 주장했다. 그는 태평양이 그 해답이 될 수 있다고 믿었다. 루먄체프는 중국, 일본, 그리고 태평양 시장을 거대한 기회로 인식했다. 루먄체프는 레자노프, 그리고 알래스카에서 러시아의 상업적 이익을 관리하던 러시아-아메리카 회사의 이사들과 함께 협력하면서, 알렉산드르 황제에게 러시아의 아메리카 식민지가 태평양 제국으로 나아가는 발판이 될 수 있다고 말했다. 이미 1802년에 알렉산드르는 알래스카를 개발하면 중국에서 러시아의 무역과 영향력을 증대시킬 수 있다는 내용의 보고서를 받았다. 루먄체프는 이러한 구상을 러시아 정치의 최고위 수준에서 이루어지는 논의에 포함시켰다. 그는 알렉산드르에게 일본 천황에게 국교 수립을 제안하는 서한을 보내라고 권유했고, 중국에도 특사를 파견할 것을 촉구했다. 한 러시아 귀족은 이와 같은 조치들을 가리켜 "리슐리외[18)]나 마자랭[19)]"의 유산에 비견될 만한 대담한 행보라고 평가했다. 루먄체프는 차르에게 러시아가 태평양에서 강대국이 되기 위해서는 이런 비전이 결정적이라고 설득했다. 그리고 아시아에서 러시아의 권력을 투사하는 것은 무역 블록과 제국 간의 지구적 갈등이 격화되는 이 시대에 반드시 필요한 일이었다.[27]

---

18) Armand Jean du Plessis, cardinal-duc de Richelieu et de Fronsac(1585-1642). 프랑스의 정치인, 공작, 로마 가톨릭 추기경. 1624년부터 사망할 때까지 루이 13세 아래에서 총리를 지내면서, 프랑스의 절대왕정을 완성하고, 서유럽에서 프랑스혁명 전까지 계속되는 프랑스 패권 시대를 확립했다.

19) Jules Raymond Mazarin, cardinal-duc de Rethel et de Mayenne et de Nevers(1602-1661). 이탈리아 출신의 프랑스 추기경, 정치인. 루이 14세 치하의 프랑스에서 섭정을 지내면서, 선임인 리슐리외와 함께 프랑스 왕국의 절대왕정을 만든 인물로 평가된다.

"러시아 동부의 목덜미에 겨눠진 비수"

태평양에서 러시아 제국을 건설하는 데에는 의지만이 아니라 계획도 필요했다. 아메리카에서 러시아의 주요 관리 역할을 한 상인 알렉산드르 바라노프는 알래스카 해안에서 황량한 삶을 간신히 이어가고 있었으며, 날씨와 굶주림, 틀링깃족, 그리고 보스턴 사람들과 싸우며 고군분투하고 있었다. 레자노프는 바라노프가 겪고 있는 물류 문제를 해결하는 동시에 그 과정에서 러시아 제국을 확장할 수 있는 전략을 구상했다. 그의 동료 한 명은 레자노프에 대해 이렇게 회상했다. 레자노프는 "다혈질이었고, 위대한 일을 실현하기보다는… 머리가 공중누각을 세우는 데 더 익숙한 사람이었다."[28] 그러나 알렉산드르 1세 치세 초기의 러시아는 아시아로의 팽창에 대한 장대한 이상들이 싹틀 수 있는 비옥한 땅이었다. 그리고 레자노프는 러시아가 이미 시베리아 변경을 정복한 만큼, 이제 태평양이야말로 러시아 탐험가들이 위대한 업적을 이룰 수 있는 장소라고 느꼈다. 그의 제국 건설 계획이 성공한다면, 이는 그 자신에게는 영예를, 러시아에게는 영광을 안겨줄 것이었다. 허영심 많고 야망에 찬 젊은 귀족에게 이보다 더 바랄 것이 있을까?

레자노프의 구상은 단순했다. 알래스카 식민지가 러시아 본토에서 식량을 공급받기보다는 태평양 건너편의 지역들과 무역을 해 식량을 확보하자는 것이었다. 예를 들어, 스페인은 현재의 칠레에서 캘리포니아에 이르기까지 북아메리카와 남아메리카의 태평양 연안을 따라 식민지를 거느리고 있었다. 일본은 유망한 시장을 갖고 있다는 소문이 있었지만, 러시아인은 아직 입국이 허용되지 않았다. 남태평양에는 쿡 선장이 발견한 것처럼 열대 섬들이 흩어져 있었다. 알래스카의 러시아인들에게 배만 있다면, 그들도 분명 이 지역들과 무역을 할 수 있을 터였다. 그러나 알래스카에 있는 바라노프의 부하들은 북태평양의 차가운 바다에서 잦은 난파 사고를 겪으면서 여분의 배가 없었다. 게다가 새 배를 빠르게 건조할 수도 없었는데, 배를 갖추는 데 필요한 밧줄이나 철 같은 자재들이 알래스카에는 부족했기 때문이다. 레자노프는 해결책이 상트페테르부르크에서 출발해 대서양을 거쳐 남아메리카 최남단을 돌아 태평양을 통해 알래스카로 향하는 배를 보내는 것이라고 믿었다. 레자노프는 이러한 항해가 일본, 스페인령 아메리카, 그리고 태평양 섬들과의 무역 가능성을 탐색할 수 있을 뿐만 아니라, 바라노프가 러시아령 아메리카에 물자를 공급하는 데 필요한 선박을 제공할 수 있다고 주장했다.

문제는 단 하나, 어떻게 자금을 마련할 것인가였다. 오호츠크에서 알래스카까지 항해하는 것이 복잡했다면, 상트페테르부르크에서 노보-아르한겔스크까지의 해상 여정은 러시아에게 전례가 없었다. 마젤란[20]의 선원들이 처음으로 세계 일주를 한 지 3세기가 지났지만, 러시아 배는 아직 한 척도 그렇게 하지 못했다. 심지어 적도를 건너 본 러시아 배도 없었다.[29] 러시아 정부는 이국적인 아시아 무역의 가능성에 매력을 느꼈지만, 레자

20) Ferdinand Magellan(1480–1521). 포르투갈 왕국 출신의 항해가, 스페인으로 귀화하여 스페인 국왕 카를로스 1세(신성로마제국 황제 카를 5세)의 후원으로 세계 최초의 지구 일주 항해에 도전한 모험가이다. 필리핀 막탄섬에서 사망해 세계 일주 항해에는 엄밀하게 말해 실패했으나, 일반적으로 지구를 최초로 한 바퀴 돈 인물로 간주한다.

노프는 그의 항해가 승인받으려면 차르가 러시아의 아메리카 영토 안전이 세계 일주 항해에 달려 있다는 점을 납득해야 한다는 것을 알았다. 그렇지 않으면 비용이 지나치게 비쌌다.

하지만 상트페테르부르크에서 레자노프의 지정학적 논리는 좋은 반응을 얻었다. 알래스카에서 외국의 영향력에 대한 우려가 커지고 있었다. 1800년, 러시아는 영국에 왕실 조칙을 보내 "북아메리카 연안에서… 러시아 국민들의 시설에 해를 끼치는 행위를 멈추라"고 요구했다. 영국은 그 지역에서 활동하는 모든 영국 탐험가들이 정부 모르게 행동했다고 말하며 자신들의 잘못을 부인했다. 그럼에도 레자노프는 북아메리카의 서부 해안에 영국의 정착지가 생기면 그것이 "러시아 동부의 목덜미에 겨눠진 비수" 같을 거라고 주장했다. 레자노프는 "러시아가 북동쪽 바다에서 이룬 모든 발견과 성과는 아메리카에서 사업을 하는 모든 유럽 열강의 질투를 항상 불러일으켰다."고 지적했다. 그해, 러시아-아메리카 회사는 본사를 이르쿠츠크에서 상트페테르부르크로 이전했다. 회사는 더 이상 시베리아 상인들이 이끄는 지역 상회가 아니었다. 이제 회사의 지도자들은 자신들을 새로운 지구적 러시아 전략의 초석으로 여기게 되었다.[30]

상트페테르부르크가 알래스카에서 다른 나라들이 벌이는 활동에 대해 점점 더 불만을 느끼게 되면서, 레자노프의 세계 일주 항해를 옹호하는 의견 또한 커졌다. 상업적 목표와 제국 건설의 충동은 서로 얽혀 있었다. 1803년에 상무장관 루먄체프는 차르 알렉산드르에게 다음과 같이 보고했다. "회사의 거점들이 아무리 강해지고, 캬흐타에서 모피 가격을 유지하려고 아무리 애쓴다 하더라도, 누트카 사운드[21)]와 샬럿제도[22)]에서 곧장 광저우로 물품을 보내는 잉글랜드인과 보스턴 사람들이 [모피] 사업에서는 항상 우위를 점할 것입니다."[31]

장관은 차르에게 해결책은 "러시아인들 스스로"가 "광저우로 가는 길"을 개척하는 것이라고 말했다. 러시아가 그 위업을 이루어낸다면 러시아-아메리카 회사는 수익을 얻게 될 것이며, "러시아-아메리카 식민지들은 모피, 지방, 생선 등 천연자원을 다양한 곳에 판매할 기회를 보게 될 것이고, 그 결과 과학과 예술에 능한 여러 분야의 사람들이 몰려들어 금속 제품, 가죽 제품 등을 생산하는 제작소와 공장을 세우기 시작할 것입니다.… 마침내 마을들로부터 도시가 생겨나고, 이를 통해 동인도 및 서인도와의 무역이 시간이 지나면 확고한 기반 위에 자리 잡게 될 것입니다." 다른 러시아 외교관들은 네덜란드의 바타비아 식민지 및 필리핀과의 교역을 꿈꾸었다. 태평양을 가로질러 러시아의 영향력을 확장하고자 했던 레자노프의 구상이 점점 인기를 얻어가고 있었다. 아시아 무역에서 엄청난 부를 약속하며, 러시아-아메리카 회사는 1803년, 최초의 세계 일주 항해를 위한 두 척의 선박을 준비할 자금으로 25만 루블을 대출 받았다.[32]

---

21) Nootka Sound(Baie de Nootka). 태평양 북서부, 밴쿠버섬의 서해안에 위치한 태평양의 만(灣). 역사적으로는 '킹 조지 사운드'(King George's Sound)로도 알려져 있다.

22) Queen Charlotte Islands. 캐나다 브리티시컬럼비아주의 태평양 연안 앞바다에 위치한 군도. 북쪽의 그레이엄섬, 남쪽의 모즈비섬의 2개의 큰 섬을 비롯해 크고 작은 150개의 섬으로 구성된다. 하이다 과이(Haida Gwaii)라고도 부른다.

“주정뱅이들의 공화국”

1803년 여름, 레자노프는 나데즈다Nadezhda호를 타고 러시아의 크론시타트항을 출발했다. 자매선 네바Neva호와 함께 이 배는 덴마크와 영국을 돌아 아프리카 연안의 스페인령 카나리아제도로 향했고, 1803년 말에 적도를 넘었다. 이들은 남아메리카 남단을 돌아, 이스터섬을 지나 남태평양의 마르키즈제도에 기항했다. 마침내 하와이에 도착했을 때, 러시아인들은 그 섬들의 아름다움과 풍부한 산물에 압도되었다. 한 러시아 장교는 이렇게 예견했다. “이 섬들이 지금과 같은 미개한 상태로 오래 남아 있지는 않을 것이다.” “그것들은 체계적인 약간의 산업만 있으면 곧 스스로 부유해질 수 있는”, 그리고 태평양 패권을 둘러싼 투쟁의 중심지가 될 수 있는 “위치에 있다.”[33]

러시아인들은 하와이에 오래 머무르지 않았다. 출항 후 두 배는 갈라졌고, 네바호는 곧장 러시아령 아메리카로 항해했으며, 레자노프의 나제즈다호는 캄차카로 향해 1804년 7월에 그곳에 도착했다. 캄차카에서 레자노프 일행은 선원을 재정비하고 보급을 받은 뒤, 그가 무역을 개시하길 희망하던 일본으로 출항했다. 그러나 레자노프는 일본인들을 모욕하고 화나게 만들 수 있을 뿐이었다. 당시 일본은 법으로 유럽인과의 상업을 엄격히 제한하고 있었다. 반년 동안이나 일본인을 윽박지르며 압박을 가했지만, 레자노프는 결국 실패를 인정할 수밖에 없었다. 일본에서 좌절한 레자노프는 알래스카로 항로를 돌려 1805년 8월 그곳에 도착했지만, 알래스카에

서 마주한 건 피폐해진 식민지의 모습이었다.[34]

무엇보다 바라노프는 러시아 정교회와 오랜 불화를 겪고 있었다. 선교사들은 바라노프 통치의 폐해를 신랄하게 비판하는 편지를 교회 지도부에 보냈다. 알래스카의 사제들은 신성통치종무원[23)]에 다음과 같이 보고했다. "이곳 원주민들을 상대로 바라노프가 자행한 온갖 횡포와 약탈, 살해를 일일이 상세히 설명하는 것은 불가능합니다.… [그는] 우리가 샤머니즘(그가 일종의 예배라고 여기는 것)을 금지하려 해서는 안 된다고 말합니다." 바라노프의 관심은 모피 수출이지 영혼의 구원이 아니었다. 레자노프는 바라노프를 강하게 옹호했다. "우리 수도사들은 파라과이 예수회처럼 활동한 적이 없으며, 미개한 자들의 믿음을 이해하려고 시도한 적도 없습니다." 그리고 레자노프에게 더 중요한 것은 "이 수도사들이 정부나 회사의 더 큰 정책 안에서 자신들의 역할을 결코 찾지 못한" 점이었다. 그는 교회의 활동에 별다른 의미를 두지 않았다. 그들이 무슨 도움이 되는가? "교회가 아메리카 원주민들에게 세례를 주고, 원주민들이 반 시간 정도 수도사들을 흉내 내 십자 성호를 제대로 그을 수 있게 되면, 선교사들은 그것이 대단한 성과라도 되는 양 자랑스러워합니다."라고 레자노프는 썼다. 그러면서 그는 이렇게 불평했다. "선교사들은 시간이 너무 많이 남아돌아 행정의 민간 영역까지 간섭하고 있습니다."[35]

레자노프는 선교사들의 이러한 불평이 바라노프의 활동을 방해하고 있다고 보고했다. 바라노프의 노력은 러시아의 아메리카 식민지를 견고한

23) Holy Governing Synod. 1721년 표트르 대제의 교회개혁으로 설립되어 1918년에 러시아 제국이 종식될 때까지 러시아 정교회를 관장한 최고 기관.

기반 위에 올려놓기 위해서는 반드시 필요한 것이었다. 레자노프는 바라노프의 능력을 전적으로 신뢰했다. 레자노프는 다음과 같이 썼다. "이 훌륭한 원로의 이름은 이미 아메리카합중국에서도 알려져 있습니다. 하지만 안타깝게도 그의 명성은 정작 그의 조국에서는 아직 걸맞은 인정을 받지 못하고 있습니다. 그는 타국에서는 찬사를 받지만, 자국민에게서는 쓰디쓴 냉대를 받습니다. 오, 신이시여! 그는 모든 일을 이토록 성공적으로 해내고 있습니다!" 레자노프는 알래스카가 "주정뱅이들의 공화국"이라고 불평하며 노보-아르한겔스크에 있는 다른 러시아인들은 별로 인상적이지 않다고 결론지었다.[36]

바라노프 외에 레자노프가 알래스카 해안에서 인상 깊게 여긴 사람들은 미국인들뿐이었다. "매년 15척에서 20척의 배가 보스턴에서 들어오고 있습니다." 알래스카의 레자노프는 차르에게 보낸 편지에서 이렇게 경고했다. "우리는 지금" 점점 거세지는 미국인들의 압박 앞에서 "무장도 하지 않은 사람 같습니다." 레자노프는 알래스카 방문을 통해 보스턴 사람들을 몰아낼 유일한 방법은 알래스카에 물자를 더 효과적으로 공급하는 수단을 찾는 것뿐이라는 확신을 더욱 굳혔다. 레자노프는 "미국 내 정착지는 가장 기본적인 생필품인 밀가루를 오호츠크에서 실어 와야 하는 상황에서는 성장할 수가 없고, 오호츠크 자체도 늘 물자와 지원이 부족한 형편입니다."라고 차르에게 말했다. 캄차카에서는 러시아 식민지 주민들이 "썩어가는 생선을 먹고," "자작나무 껍질을 씹어야 하며," 그 때문에 "괴혈병을 비롯한 여러 질병이 퍼지고 있습니다." 일본이 무역을 허용하지 않게 된 이상,

러시아는 더 먼 지역으로 눈을 돌려야 하며, "필리핀 제도와 칠레에서 현지 생산물을 구입해야 합니다."라고 레자노프는 역설했다. 이를 위해서는 더 많은 선박과 화력이 필요했는데, 이 두 가지 모두에서 러시아는 경쟁국들에 뒤처져 있었다. 레자노프는 이렇게 불평했다. "미국인들이 얼마나 기만적이며, 얼마나 대포를 잘 갖추고 있는지 말입니다!"**37**

레자노프는 러시아 제국을 태평양 전역으로 확장하려는 구상을 품고 있던 그때, 좀 더 시급한 문제에 직면했다. 노보-아르한겔스크가 겨울을 준비하고 있었지만 식량이 부족했던 것이다. 사람들은 일주일에 빵 1파운드밖에 받지 못했으며, 이조차도 식민지의 빈약한 보급 상황으로는 감당할 수 없는 수준이라는 것이 곧 드러났다. 굶주림은 병을 불러왔고, 병은 다시 식량을 구하는 일을 더욱 어렵게 만들었다. 레자노프는 다음과 같이 썼다. "코디액에는 식량을 마련할 사람이 없다고 들었습니다. 그래서 빵이 없고, 노보-아르한겔스크에서는 굶주림으로 사람들이 죽어가고 있습니다. 훌륭한 소총과 작은 대포로 무장한 콜로시족[24)][원주민]이 전쟁을 끊임없이 벌이고 있어, 그곳에서는 총알이 날아다니는 와중에 물고기를 잡아야 할 판입니다."**38**

노보-아르한겔스크에서 유일한 먹거리는 말린 생선, 바다사자, 그리고 가끔 잡히는 물개뿐이었다. 이런 식단 때문에 괴혈병에 걸리는 사람이 많았고, 그들은 기장에 당밀을 섞은 죽과 솔방울로 만든 맥주를 받았다. 레자노프는 2월 말에 전초기지에 있던 러시아인 192명 중 8명이 사망했고, "60명은 괴혈병에 걸려 있었다."고 기록했다. 1805 – 1806년 겨울은 추

24) Kolosh. 알래스카 남동부 지역의 아메리카 원주민인 틀링깃족의 옛 이름.

웠지만, 평상시보다 더 혹독했던 것은 아니었고, 대부분의 겨울은 러시아인들에게 굶주림 및 질병과의 싸움을 남겼다. 그들은 두 가지 선택지 앞에 놓여 있었다. 미국인들에게 더 의존하여 모피 무역에서 경쟁자에게 우위를 내주거나, 그렇지 않으면 괴혈병과 굶주림에 직면하는 것이었다. 오직 대담한 행동만이 러시아령 알래스카를 구하고, 태평양에서 더 큰 역할을 분명히 하려는 러시아의 목표를 지켜낼 수 있었다. 레자노프가 일본과 알래스카 간의 무역을 기대했던 희망은 좌절되었다. 이제 남은 선택지는 단 하나뿐이었다. 레자노프는 선원 38명을 모아서 출항했다. 그 중 "실제로 복무가 가능한 자는 18명뿐"이었고, 나머지는 "병들고 쇠약해진 상태"였다. 그는 싯카만[25)]을 몰래 빠져나와 좌현으로 방향을 틀고 항해를 시작했다. 목적지는 캘리포니아였다.[39]

"아름다운 땅"

레자노프가 캘리포니아 해안이 러시아령 알래스카에 필요한 식량을 공급해줄 수 있다고 판단했을 당시, 유럽인들이 캘리포니아에 들어온 지는 겨우 40년에 불과했다. 1760년대에 러시아가 알래스카에 도착했다는 소식을 처음 접했을 때, 멕시코의 스페인 통치자들은 캘리포니아 해안에 대한 영유권을 주장하기 위해 북쪽으로 원정대를 보냈다. 스페인의 군인 가

25) Sitka Sound. 알래스카 싯카 인근의 해역. 남쪽과 북동쪽은 바라노프섬, 북서쪽은 크루조프섬, 남서쪽은 태평양과 접해 있다. 19세기 초에는 해양 모피 무역의 주요 중심지였다.

스파르 데 포르톨라[26)]는 "러시아인의 공격으로부터 우리를 방어하기 위해" 캘리포니아 몬터레이에 정착지를 세웠다. 1760년대에 침공은 전혀 현실적이지 않았으나 — 당시 러시아인들은 아직 알류샨열도를 따라 더듬더듬 위로 나아가는 중이었다 — 스페인 측이 러시아가 캘리포니아 해안에 관심을 두고 있다고 의심한 것은 결코 틀린 판단이 아니었다. 1790년 2월에 레자노프의 장인인 셸리호프는 러시아 관리에게 이렇게 말했다. "키탁[코디액]섬에서부터 캘리포니아까지 아메리카 본토 전역에 걸쳐… 제국의 영토 표식, 즉 국장國章과 '러시아령'이라는 문구가 새겨진 명판이 곳곳에 배치되어 남겨져 있습니다."[40]

레자노프는 캘리포니아에 러시아의 존재감을 확립하려는 희망을 품고 남쪽으로 항해했다. 알래스카에 죽음과 기아를 남겨두고 떠났음에도, 레자노프는 러시아의 탐험가들이 북아메리카 해안에 처음 도달한 이래 러시아가 태평양에서 가장 유리한 국제 정세를 맞이했다고 믿었다. 나폴레옹전쟁이 불러온 파괴의 와중에서는 이 점이 명확하게 드러나지 않았을 수도 있었다. 유럽에서 벌어진 전쟁은 모든 유럽 열강의 관심을 태평양에서 멀어지게 만들었다. 1805년 말, 프랑스와 스페인의 연합함대는 트라팔가르해전에서 영국 해군 호레이쇼 넬슨[27)] 제독의 함대에 의해 궤멸되었고,

---

26) Gaspar de Portolá y Rovira(1716–1786). 스페인의 육군 장교이자 식민지 행정관. 1767년부터 1770년까지 칼리포르니아 지역의 초대 총독을 지냈다. 카탈루냐의 귀족 가문에서 태어난 그는 캘리포니아로 향한 '포르톨라 원정'을 이끈 인물로 가장 잘 알려져 있으며, 이 원정으로 스페인은 캘리포니아 지역에 대한 지배 기반을 마련했다.

27) Horatio Nelson, 1st Viscount Nelson(1758–1805). 나폴레옹전쟁 당시 영국의 해군 제독. 나폴레옹이 유럽을 석권하고 영국 본토를 위협할 때 트라팔가르해전에서 프랑스-스페인 연합함대를 무찌르고 전사했다.

그 결과 태평양에 병력을 파견할 수 없게 되었다. 한편 영국은 나폴레옹의 대륙 지배를 우려해 해군을 유럽 인근에 머물게 하여 프랑스를 계속 위협했다. 나폴레옹은 1809년에 스페인을 침공하면서, 스페인이 아메리카 식민지에 집중하지 못하게 만들었고, 이는 10여 년 뒤 스페인령 아메리카의 독립을 위한 장을 마련해주었다. 1812년에는 영국이 미국과 전쟁에 휘말리게 되었고, 이 전쟁 동안 영국 왕립 해군은 전 세계에서 미국 선박을 괴롭혔다. 그 결과, 알래스카 해역에 도달해 러시아의 지배에 도전할 수 있는 미국 상인들의 수가 제한되었다.

하지만 레자노프가 태평양에서 느낀 권력 공백보다 훨씬 더 중요한 것은 그의 한없는 야망이었다. 그는 남쪽으로 항해하며 오리건의 컬럼비아강 하구를 지나쳤고, 3월에 잠시 닻을 내렸을 당시 그로부터 불과 5마일 떨어진 해안에서 메리웨더 루이스[28)]와 윌리엄 클라크[29)]가 이끄는 소규모 미국인 그룹이 겨울을 나고 있다는 사실은 전혀 알지 못했다.[41] 그러나 설령 그가 컬럼비아강 하구에서 루이스와 클라크를 만났다고 하더라도, 이 미국인들의 육상 여정은 레자노프에게 별다른 인상을 주지 못했을 것이다. 러시아인들은 두 세기 전에 수천 마일에 이르는 시베리아 황무지를 넘어 태평양까지의 육로를 개척하지 않았는가? 러시아는 작고 배고픈 정착지들이긴 했지만 이미 태평양 연안에 일련의 전초기지를 세우지 않았던가? 차르의 신하들은 이미 알래스카와 브리티시컬럼비아 해안에 대한 러

28) Meriwether Lewis(1774–1809). 미국의 탐험가로 루이스 클라크 탐험을 진행한 후 대통령 토머스 제퍼슨의 명령으로 1806년부터 사망 때까지 제2대 미수리 순주(準州) 주지사를 지냈다.

29) William Clark(1770–1838). 미국의 탐험가. 1803년에서 1806년까지 메리웨더 루이스와 함께 수행한 루이스 클라크 탐험으로 유명하다. 1813년 7월 1일부터 1820년 9월 18일까지 제4대 미주리 준주 주지사를 지냈다.

시아의 권리를 확립했다. 미국인 20–30명이 태평양까지 걸어왔다고 해서 무슨 대수란 말인가? 레자노프는 이미 캘리포니아에서 러시아의 영향력을 구축하고 있었던 것이다.

1806년 3월 말, '순풍'이 불자 레자노프의 배는 골든게이트를 지나 샌프란시스코만으로 미끄러지듯 들어갔다. 레자노프는 이렇게 기록했다. "스페인인들이 여러 차례 닻을 내리라고 외쳤지만, 우리는 단지 '시 세뇨르! 시 세뇨르!'라고만 대답하며" 만 안으로 들어가 스페인 대포 사거리 밖에 정박했다. 그는 스페인의 공격을 그다지 두려워할 필요가 없었다. 마드리드 정부의 규정에 따르면, 캘리포니아의 스페인 선교소는 외국인과의 무역이 금지되어 있었지만, 스페인인들은 의외로 따뜻하게 그를 맞이했다. 레자노프는 스페인 사령관의 아들인 돈 루이스 안토니오 아르게요[30)]가 영접했고, "진심 어린 환대"를 받았다. 그의 선원들에게는 "송아지 고기, 채소, 빵, 우유"가 제공되어 괴혈병 치료에 도움이 되었다.[42]

레자노프의 선원들은 캘리포니아의 초콜릿에 깊은 인상을 받았지만, 포도주는 "평범하다."고 평가했다. (스페인인들은 10년 뒤 러시아의 도래에 대응해서 영토를 주장하려고 새로운 선교소를 건설하면서, 캘리포니아 포도주 산지에 자리를 잡기 시작했다) 스페인인들은 또 러시아인들에게 곰과 황소의 싸움도 보여주길 원했다. 그러나 한 러시아인의 기록에 따르면, "우리가 애타게 기다렸으나, 곰은 밤사이에 죽어버렸다." 러시아인들은 스페인 군인들이 "황소를 차례차례 죽이는" 보통의 황소싸움에 만족해야 했다. 좀 더 성찰적인

30) Don Luis Antonio Argüello(1784–1830). 멕시코가 지배하던 알타 칼리포르니아(1822 – 1846) 최초의 현지 출신 총독(재임 1822–1825).

한 러시아 선원은 이렇게 생각했다. "어릴 적부터 이 스포츠에 익숙한 스페인인들은… [태평양 섬] 원주민들이 인육을 먹는 일에 무감각한 것만큼이나 쓸데없이 동물을 학살하는 광경에 무감각하다." 대부분의 러시아인들은 그리 깊이 생각하지 않았다. 레자노프의 선원 중 몇몇은 캘리포니아가 너무 좋아서 몰래 배를 떠나려 했다. 그들은 곧 붙잡혀 샌프란시스코만의 황량한 섬, 이후 앨커트래즈로 알려지게 되는 곳에 수감되었다.[43]

이런 여흥에도 불구하고, 레자노프는 여전히 알래스카에 지속적으로 물자를 공급할 방법을 찾는 데 집중했다. 그러나 무역을 금지한 마드리드 정부의 방침 속에서, 어떻게 캘리포니아의 스페인인들을 설득해 러시아와 무역을 하게 만들 수 있을까? 연회와 투우가 이어지는 와중에도 주의 깊게 계획을 세우던 레자노프는 사령관의 열다섯 살 딸 콘치타[31)]를 만나게 되었다. 레자노프의 첫 부인은 4년 전 출산 중에 사망했다. 콘치타는 그의 마음속 공허함을 채워줄 뿐만 아니라, 그의 제국 건설 계획에 드리운 딜레마를 해결해 주었다. 레자노프는 다음과 같이 자세히 말했다. "매일 이 아름다운 스페인 아가씨와 함께 어울리고 인사를 나누면서, 나는 그녀의 적극적이고 모험심 강한 기질과 성격, 그리고 한계 없는 야망을 보았다. 열다섯 살이라는 나이에도 불구하고, 그녀는 가족 중 유일하게 자신이 태어난 땅에 만족하지 못하고 있었다. 우리가 농담을 주고받을 때마다 그녀는 이곳을 늘 이렇게 불렀다. '아름다운 땅, 따뜻한 기후, 풍부한 곡물과 가축 그러나 그 외에는 아무것도 없는 곳.'"[44] 레자노프는 더 원대한 비전을 제시했다. 스페인 식민지와 러시아 식민지를 통합하고, 그리하여 태평양을

31) Conchita. 스페인 이름 콘셉시온(Concepción)의 애칭.

지배할 사내의 아내가 되지 않겠느냐고.

"모든 거창한 계획은 글로 써놓으면 우스꽝스러워 보입니다"

레자노프는 상트페테르부르크의 상관들에게 자신의 콘치타 구애는 "전적으로 개인적인 모험"일 뿐이라고 보고했다. 그러나 그의 선원들은 그렇게 생각하지 않았다. 레자노프의 동료 중 한 명은 이렇게 썼다. "도냐 콘셉시온Doña Concepción의 반짝이는 눈망울은 그에게 깊은 인상을 남겼고, 그의 영혼 깊숙한 곳까지 파고들었다." 그러나 이 동료는 동시에 이렇게도 보고했다. 레자노프는 이 결혼이 "러시아-아메리카 회사와 누에바 칼리포르니아Nueva California 속주 사이의 상업 교류"를 촉진시킬 것이라고 여겼다. 이는 낭만적인 이유라기보다는 실리적인 계산이었다.[45]

레자노프가 제안한 결혼과 무역 계획은 두 가지 다 유럽의 지도자들로부터 승인이 필요했다. 상업과 관련해 그는 다음과 같이 희망했다. "아메리카의 러시아 식민지들뿐 아니라 캄차카와 오호츠크까지도 누에바 칼리포르니아로부터 정기적으로 빵의 원료를 공급받을 수 있게 해야 합니다." 레자노프는 스페인 총독에게 말했다. "솔직하게 말해서 우리에겐 곡물이 필요합니다. 광저우에서도 구할 수 있지만, 칼리포르니아가 우리와 더 가깝고, 팔 곳 없는 잉여 생산물도 있으니… 우리는 사전 조치를 취한 뒤, 이를 우리 왕실에 제출하여 승인과 비준을 받을 수 있을 것입니다." 하지만 돈 아르게요는 마드리드가 그런 거래를 승인해 줄 가능성이 거의 없다고 레자노프에게 말했다. 한편, 레자노프의 결혼 제안은 교황의 승인이 필요했다. 콘치타가 가톨릭 신자이고, 레자노프는 그렇지 않았기 때문이었다. 스페인 측은 밀, 밀가루, 보리, 완두콩, 강낭콩, 라드,[32)] 소금, 소량의 육포로 구성된 화물을 레자노프에게 제공하는 데 동의했지만, 마드리드의 허가 없이는 향후 거래에 나설 수 없다는 입장이었다.[46] 이에 레자노프는 유럽으로 서둘러 돌아가 무역에 대한 마드리드의 승인과 결혼에 대한 교황의 허가를 받아내겠다고 약속했다.

1806년 5월에 레자노프는 캘리포니아를 떠나 항해를 시작했고, 한 달 뒤 노보-아르한겔스크로 귀환했다. 그가 없는 동안, 괴혈병으로 러시아 식민지의 주민 17명이 사망했고, 60명은 움직일 수 없을 정도로 아팠다.[47] 캘리포니아의 비옥한 농업에 대한 이야기를 들은 바라노프는 무역으로든 다른 수단으로든 캘리포니아의 농산물이 러시아 식민지의 생존에 필수적이라는 레자노프의 의견에 동의했다. 유럽으로 돌아가는 항해에 나서기 전, 레자노프는 러시아 고위 관리들, 러시아-아메리카 회사의 이사회, 그리고 차르에게 보낼 일련의 보고서를 급히 작성했다. 캘리포니아에 관한 레자노프의 보고서는 스페인 식민지와의 연간 무역 규모가 "100만 루블"에 이를 것이라고 예측했다. 레자노프는 다음과 같이 약속했다. "우리의 아메리카 영토는 더 이상 물자 부족에 시달리지 않을 것이며, 캄차카와 오호츠크는 곡물을 공급받을 수 있을 것입니다.… 이르쿠츠크는 비싼 곡물 값의 고통에서 벗어날 수 있을 것입니다."[48]

32) lard. 돼지비계를 정제하여 하얗게 굳힌 것. 요리에 이용한다.

레자노프는 이렇게 주장했다. 만일 러시아가 "캘리포니아와의 무역 허가를 얻는다면, 회사는 곡물 저장고를 설치할 수 있고, 제안된 남부 식민지에서는 수많은 원주민들을 친절히 대우하면서 동시에 곡물 재배와 가축 사육을 시작할 수 있을 것입니다. 또한 광저우와의 무역을 조직하여 이곳에 중국인들을 정착시킬 수도 있습니다." 그는 덧붙였다. "누군가는 이렇듯 멀리 내다보는 제 구상을 비웃을지도 모르지만, 저는 이 제안이야말로 문제의 핵심이며 매우 실현 가능한 것임을 단호하게 주장합니다. 모든 거창한 계획은 글로 써놓으면 우스꽝스러워 보입니다." 레자노프를 변호하자면, 그로부터 불과 몇 십 년 뒤, 정말로 수많은 중국인 노동자들이 캘리포니아와 북아메리카의 동부 해안을 연결할 철도를 건설하기 위해 캘리포니아로 몰려들기 시작했다. 러시아는 장기적인 비전이 필요하다고 레자노프는 촉구했다. "만약 정부가 세계의 이 지역에 대해 더 일찍 생각했다면,… 만약 정부가 표트르 대제의 예리한 목표들을 지속적으로 추구했다면,… 캘리포니아는 결코 스페인의 속령이 되지 않았을 것입니다.… [만약] 우리가 이를 간과한다면, 우리의 후손들이 뭐라고 하겠습니까?"[49]

레자노프의 모든 선원들이 그의 태평양 무역 비전에 동의한 것은 아니었다. 한 선원은 캘리포니아와 러시아령 알래스카 사이에 놓인 "긴 거리"를 지적했다. 게다가 "누에바 칼리포르니아에서 요구되는 물품은 의류, 제조품, 설탕, 초콜릿, 포도주와 브랜디, 담배, 철과 철제 도구"로, 이런 물품들은 러시아 정착지에서도 "누에바 칼리포르니아의 스페인 정착지만큼이나 부족"—아마도 훨씬 더 부족—했다. 그러나 레자노프는 물러서지 않았다. 그는 차르 알렉산드르 1세에게 저는 "[칼리포르니아의 스페인인들에게] 지속적인 무역 계획을 제안했으며, 모두 그것을 매우 기쁘게 수락했습니다."라고 썼다. 하지만 실제로 스페인 관리들은 그러한 거래에 전혀 동의하지 않았다.[50]

레자노프는 곧 알래스카에서 오호츠크까지 긴 여정을 떠났고, 이어 시베리아를 육로로 가로질러 상트페테르부르크로 향했다. 캘리포니아의 풍요로움을 차르의 궁정에 전하기 위해서였다. 그는 야심 찬 요청사항들을 준비했다. 러시아 정부에는 자신의 태평양 제국 건설을 도울 자금과 선박을 지원해 달라고, 스페인에는 캘리포니아와 무역할 권리와 그럼으로써 러시아의 아메리카 식민지를 먹여 살릴 수 있는 권리를 달라고, 그리고 교황에게는 콘치타 아르게요와의 혼인을 허락해 달라고 청원할 생각이었다. 이 결혼은 캘리포니아 해안의 스페인 선교소들과 그의 유대를 공고히 해줄 것이었다. 레자노프가 콘치타에게 어떤 감정을 품었든, 그가 더 사랑한 것은 자신의 제국 비전이었다. 그는 1807년 초에 한 동료에게 이렇게 썼다. "내 마음에는 그녀가 들어설 자리가 없어 눈물이 납니다." 그 자리는 이미 태평양 제국이라는 장대한 꿈으로 가득 차 있었다. 그러나 레자노프는 사랑도 영광도 얻지 못했다. 상트페테르부르크로 향하던 도중에 레자노프는 "매우 험한 길을 말을… 타고 이동했고, 가는 길에 혹한과 눈에 시달리며 극심한 탈진 상태에 빠졌다." 시베리아의 한겨울인 1807년 3월, 귀환 길의 중간쯤에 이르렀을 때 레자노프는 말에서 떨어져 얼어붙은 강물에 빠졌고, 고열에 시달리다 죽음을 맞았다.[51]

캘리포니아, "러시아 소유의 땅"

레자노프는 사망했지만, 캘리포니아에 대한 러시아의 꿈은 계속되었다. 알래스카에서는 바라노프가 여전히 모피 사냥꾼들을 먹여 살리는 데 애를 먹고 있었으며, 보급을 위해 미국 선박에 의존하고 있었다. 레자노프의 여정은 스페인과 교역을 하든지, 아니면 캘리포니아 해안에 러시아 정착지를 세우든지 둘 중 하나를 택해야 한다는 확신을 바라노프에게 심어주었다. 상트페테르부르크에 있는 러시아-아메리카 회사 지도자들의 지원을 받은 바라노프는 두 전략을 모두 시도했다. 1808년에 바라노프는 가장 신뢰하는 부하를 캘리포니아로 보내 "정착지 부지"와 "보급 문제에 대한 해결책"을 조사하게 했다. 샌프란시스코 북쪽 해안에 상륙한 러시아인들은 "러시아 소유의 땅"이라는 문구가 새겨진 구리 표식을 땅에 묻고, 보데가만 근처에 작은 전초기지를, 20마일 북쪽에는 훗날 포트 로스Fort Ross로 알려지게 될 그보다 좀 더 큰 정착지를 세웠다.[52]

캘리포니아 정착지는 바라노프의 목표 중 하나, 즉 이 지역의 사냥터를 탐색 중이던 "북아메리카인들보다 앞서 나가는 것"은 달성했지만, 알래스카에 물자를 보급하는 데는 실패했다.[53] 캘리포니아에는 비옥한 농지가 많았으나, 러시아인들이 정착한 샌프란시스코 북쪽 해안은 덜 비옥했다. 날씨는 춥고 안개가 자주 끼었으며, 땅은 숲이 울창했고 흙은 점토가 많아 무거웠다. 게다가 포트 로스의 정착민들이 농작물을 남길 만큼 수확하더라도, 그것을 알래스카로 운반하는 일은 쉽지 않았다. 포트 로스에는 배를 대기 좋은 선착장이 없었고, 남쪽으로 20마일 떨어진 보데가만조차도 거센 바람과 끝도 없이 밀려드는 태평양 파도에 노출되어 있어, 방문 선박들에게 그다지 좋지 않은 피난처만을 제공할 뿐이었다. 그곳은 샌프란시스코만의 항구나 농지를 흉내 낸 초라한 장소에 불과했다.

스페인을 설득해 러시아와 교역하게 만드는 일도 결코 쉬운 일이 아니었다. 러시아가 처음 포트 로스를 세웠을 당시, 스페인은 5년 동안 계속될 나폴레옹과의 참혹한 전쟁에 빠져들고 있던 참이었다. 이베리아반도에서 벌어진 이 갈등은 스페인령 아메리카에서 일련의 반란을 촉발시켰고, 결국 멕시코와 캘리포니아가 마드리드로부터 독립하게 되는 계기가 되었다. 스페인의 혼란 덕분에 러시아는 마드리드가 해당 영토에 대해 영유권을 주장함에도 불구하고, 캘리포니아 정착지를 철수하라는 외교적 압박을 거의 받지 않았다. 캘리포니아 주민들은 러시아의 내륙 확장을 막기 위해 포트 로스의 바로 동쪽에 소노마 선교소를 세웠지만, 곧 러시아 정착민들이 별 위협이 되지 않는다는 사실을 깨달았다. 1813년에 한 캘리포니아 관리가 상관에게 보낸 편지에는 이렇게 쓰여 있었다. "저는 러시아인들을 그리 경계하지 않습니다. 하지만 미국인들은 다릅니다. 그들은 정말 마음에 들지 않습니다."[54]

그럼에도 불구하고 마드리드의 스페인 정부는 러시아와의 교역을 승인하지 않았다. 따라서 실제로 이루어진 교역은 여전히 규모가 작고 공식적으로는 불법적인 상태로 남아 있었다. 러시아-아메리카 회사는 상트페테르부르크와 차르에게 거듭 로비를 해서, 스페인에 외교적 압력을 가해

줄 것을 요청했다. 회사는 마드리드와의 협정이 "상호 이익"을 가져올 것이며, 그렇게 되면 "보스턴 사람들이 미개한 원주민들을 선동하지 못하게 될 것"이라고 주장했다. 외무장관 루만체프는 마드리드 주재 러시아 대사에게 "캘리포니아 주민들이 러시아와의 교역 개시에 매우 열의를 보이고 있습니다." 농산물 잉여분을 "판매할 방법이 없기 때문입니다."라고 전했다.[55] 그러나 스페인은 꿈쩍도 하지 않았다.

러시아-아메리카 회사는 계속해서 보고했다. 캘리포니아에 "농업, 축산업, 그리고 다양한 경제 활동과 제조업이 도입"되면, "그곳에 더 많은 사람들을 두어 선박을 건조할 수 있고, 그 지역 식민지의 필요를 충족할 뿐만 아니라 남는 물자를 캄차카와 오호츠크로 보낼 수 있게 되어 이 지역은 러시아와 시베리아에서 오는 필수품 공급에 덜 의존하게 되리라"는 것이었다.[56] 그러나 북부 캘리포니아 해안의 농사는 여전히 실망스러웠다. 알래스카 입장에서는 먼 훗날의 교역 가능성만으로는 충분하지 않았다. 러시아는 지금 당장 식량이 필요했다. 바라노프는 눈을 더 남쪽으로 돌렸다. 캘리포니아 해안을 따라 내려간 것이 아니라, 코디액섬에 있는 러시아 정착지에서 정남쪽, 태평양 한가운데에 위치한 일련의 섬들로 향했다.

"세련되고 문명화된 땅"

하와이에 처음 도착한 러시아 선박은 레자노프가 상트페테르부르크에서 알래스카로 가는 세계 일주 항해 중에 타고 있던 나데즈다호와 네바호였다. 1804년 6월에 두 배는 하와이 해안에 정박했고, 이 섬들의 아름다움과 풍부한 식량에 놀라움을 금치 못했다. 한 러시아 방문자는 다음과 같이 기록했다. "이곳에서는 돼지고기, 빵나무 열매, 바나나, 코코넛, 타로 토란, 얌, 바타타[고구마], 소금, 나무, 물, 그리고 배에 비축하기에 특히 좋은 여러 가지 물품을 풍부하게 구할 수 있다." 게다가 이 섬들은 태평양 무역로의 중심에 자리 잡고 있어, "북서 아메리카 해안, 알류샨열도, 캄차카로 향하는 모든 선박"뿐 아니라, 북서 아메리카에서 중국으로 모피를 운반하는 선박들에게도 "매우 편리한" 위치에 있었다. 그리고 하와이에는 "매우 안전한 만"도 있었다. 이 러시아 방문자는 하와이가 머지않아 "세련되고 문명화된 땅"이 될 것이라고 언명했다.[57]

러시아인들만이 하와이의 전략적 위치를 눈여겨본 유일한 유럽인이 아니었다. 이 군도를 최초로 발견한 유럽인은 영국의 쿡 선장이었다. 그는 1778년에 하와이에 도착해 이 섬들을 샌드위치 제도라 이름 붙였고, 주민들에게 화기, 성병, 천연두를 가져다주었다. 처음에는 영국이 하와이 정치에서 중요한 역할을 했다. 특히 존 영[33]이라는 잉글랜드인은 카메하메하[34] 왕의 자문관으로 활동하면서, 19세기 초 왕이 하와이제도를 통일하려고 애쓸 때 그 과정에 깊이 관여했다. 그러나 곧 미국인들이 잉글랜드인들을 제치고 가장 영향력 있는 외국 세력이 되었다. 마우이섬의 라하이나항에 입

33) John Young(1742?–1835). 하와이 왕국 형성기에 카메하메하 1세의 군사 자문관으로 활약한 영국 국적의 인물. 1802–1812년 하와이의 왕실 총독을 지냈다.

34) Kamehameha I(1758–1819). 카메하메하 대왕이라고 일컫기도 한다. 하와이 왕국의 초대 국왕으로 하와이제도에 최초로 통일된 국가를 세운 군주이다.

항하는 대부분의 선박은 미국의 포경선이나 모피 무역선이었고, 수도 호놀룰루의 상업도 미국 상인들이 장악했다. 또한 미국 선교사들은 하와이 전통 종교를 공격하고, 하와이인들에게 술을 끊고 섬을 방문한 선원들과의 성적 교류를 중단하라고 요구함으로써 하와이 문화도 바꾸어 놓았다.[58]

차르 알렉산드르 자신도 하와이제도의 전략적 중요성을 오래전부터 인식하고 있었다. 즉위 첫해부터 알렉산드르는 친구 및 자문관들과 함께 태평양 통제에 있어 하와이의 중요성에 대해 논의해왔다. 그의 멘토 중 한 명인 스위스 지식인은 영국이 이 섬들을 병합할 위험성을 강조하며, 이는 "모피 무역을 통해 중국과 매우 유리한 교역을 할 수 있는 러시아로서는 주목할 만한" 일이라고 조언했다. 상트페테르부르크는 현지에 파견된 요원들로부터도 하와이의 중요성에 대한 이와 유사한 보고를 받고 있었다. 예를 들어, 레자노프는 생전에 하와이의 왕 중 한 명이 러시아와 교역을 원하고 있다고 단언하는 서신을 상트페테르부르크에 보냈다.[59]

하와이와의 교역은 러시아 태평양 식민지들의 보급 문제를 해결할 수 있었다. 외무장관 루먄체프는 차르에게 다음과 같이 보고했다. "이 섬들은 기후가 뛰어날 뿐 아니라, 아시아 러시아 전역에 풍부한 산물을 공급할 수 있는 지리적 이점을 지니고 있습니다. 코코넛, 빵나무 열매, 양질의 럼주를 증류할 수 있는 감초, 사탕수수, 기장, 야생 담배, 훌륭한 포도주의 원료인 파인애플, 백단향, 유창목과 비슷한 목재, 야생 소와 돼지 등이 그런 산물입니다." 한편 차르의 각료들은 태평양에서 해전이 벌어질 경우 하와이제도가 가진 전략적 중요성에 대해서도 서로 논의했다.[60]

하와이제도에는 여러 섬이 있었고, 당시에는 두 명의 현지 통치자가 서로 전쟁 중이었기에, 확실히 러시아가 들어설 여지가 있지 않았을까? 1806년, 호놀룰루항뿐 아니라 빅아일랜드[35]도 지배하고 있던 카메하메하 왕은 노보-아르한겔스크의 바라노프에게 서신을 보냈다. 그는 "북서 해안을 방문했던 사람들의 이야기를 통해, 러시아 정착지들이… 때때로 심각한 식량 부족을 겪고 있다는 사실을 알게 되었다."며, 매년 소금, 돼지고기, 고구마 등 식량을 보내고, 그 대가로 "적절한 가격의 해달 가죽"을 받고 싶다는 교역 제안을 했다. 1807년, 러시아 선박 니콜라이Nikolai호가 하와이에 도착했을 때, 카메하메하 왕은 바라노프에게 보내라며 자신의 망토를 포함한 여러 가지 선물을 주었다. 이듬해, 바라노프는 네바호를 오아후로 보내 "필수 식량을 충분히 확보"하도록 했다. 러시아인들은 소금과 백단향을 실어 왔는데, 백단향은 중국에서 높은 가치를 지닌 물품이었고, 따라서 태평양 전역의 상인들 사이에서도 매우 귀중하게 여겨졌다. 그러나 러시아령 아메리카와 하와이 간의 정기적인 교역에 대해 카메하메하의 승인을 얻는 데는 실패했다. 아마도 미국인들이 경쟁을 우려해 카메하메하에게 그 제안을 거부하라고 압력을 넣었기 때문일 것이다.[61]

1812년 나폴레옹의 러시아 침공은 러시아의 하와이 정책을 더욱 적극적으로 추진하는 계기가 되었다. 나폴레옹이 모스크바를 향해 진군하면서, 프랑스군과 러시아군은 모스크바에서 멀지 않은 보로디노라는 마을 근처에서 대치했다. 이 보로디노 전투[36]에 관한 레프 톨스토이의 유명한

35) Big Island. 보통 하와이섬이라고 한다.

36) Battle of Borodino. 나폴레옹전쟁 시기인 1812년 9월 7일 러시아 원정에 나선 프랑스군과 이를 방어하려는 러시아군이 모스크바 서쪽 보로디노 마을 근처에서 맞붙은 전투. 프랑스군이 러시아군을 패퇴시

소설인 《전쟁과 평화》는 "적에 맞서 사용하기" 위해 준비된 "거대한 열기구" 시험을 묘사한다. 실제 보로디노 전투가 벌어지고 있던 당시, 러시아군에 복무 중이던 독일인 내과 의사 게오르크 안톤 셰퍼[37)]는 "40명의 병사와 1만 2,000파운드의 폭약을 실어 적 연대를 통째로 날려버릴 수 있는 비행선"을 제작하는 일을 돕고 있었다. 러시아군이 나폴레옹에 맞서 마지막 방어 준비를 하던 가운데, 이 비행선은 비행 준비를 마치고 가스를 채워 천천히 이륙을 시도했지만, 곧 지면으로 추락하고 말았다. 이 프로젝트는 폐기되었고, 결국 차르의 군대는 비행선의 도움 없이도 나폴레옹을 러시아 영토 밖으로 몰아내는 데 성공했다.

그 사이 셰퍼는 새로운 모험을ㅈ 찾아 나섰고, 러시아-아메리카 회사에서 일하기로 했다. 1813년, 셰퍼는 수보로프Suvorov호를 타고 알래스카로 파견되었다. 그러나 그는 비행선과 마찬가지로 군함에서도 무능함을 드러냈으며, 노보-아르한겔스크에 도착하자마자, "배 안에서는 용납할 수 없는 인물"이라는 이유로 복무 중인 해군에서 퇴출당했다.[62] 하지만 바라노프는 그의 가장 심각한 판단 착오 중 하나를 저지르며, 셰퍼를 이용하기로 결정하고 특별 임무를 맡겨 그를 남쪽으로 파견했다. 바라노프는 셰퍼야말로 러시아가 하와이와의 교역을 개척하는 데 필요한 인물이라고 결론지었던 것이다.

켰지만 엄청난 희생자를 양산했고, 적을 괴멸시키는 데 실패했다. 이 전투 후 프랑스군은 모스크바에 입성했으나 러시아의 항복을 얻어내는 데 실패했고 뒤이은 혹한으로 인해 막심한 피해를 입은 채 패주하게 된다.

37) Georg Anton Schäffer(1779-1836). 러시아-아메리카 회사에 고용된 독일인 내과 의사. 1815년부터 1817년까지 회사와 궁극적으로는 러시아 제국을 위해 하와이 정복을 시도한 것으로 유명하다. 이후 1820년대에는 브라질 제국의 공식 이민 유치 대리인으로 활동하면서, 수천 명의 독일계 이민자들을 브라질로 이주시켰다.

"러시아령 서인도"

1815년 10월, 셰퍼는 하와이의 카메하메하 왕 및 그의 왕비들과 친분을 맺어서 러시아와 교역을 하도록 왕을 설득하라는 명령을 받고 오아후로 항해를 떠났다. 바라노프는 셰퍼에게 카메하메하 왕 앞으로 된 서한을 들려 보냈는데, 그 편지에는 다음과 같은 제안이 담겨 있었다. "우리는 가장 가까운 이웃…"이므로 "그 누구보다도 우리가 귀하와 우호적이고 상호 이익이 되는 상업 관계를 맺는 것이 매우 적절할 것입니다." 두 사람의 관계는 처음에는 순조롭게 출발하는 듯했으나, 곧 셰퍼와 카메하메하 왕의 사이가 틀어졌고, 일부 왕의 자문관들이 셰퍼를 죽일 것을 촉구하기에 이르렀다.[63]

1816년 5월, 셰퍼는 카우아이섬으로 급히 거처를 옮겼고, 그곳에 도착하자마자 카우아이가 하와이제도의 나머지 섬들을 통제하고 있던 강력한 경쟁자인 카메하메하 왕에 맞서 싸우는 데 러시아가 도움이 될 수 있다고 그 섬의 왕을 설득했다. 셰퍼가 카우아이에 도착한 직후, 섬의 왕은 공식적으로 러시아의 신민이 되겠다고 선언하며 "러시아의 홀笏에 충성"을 맹세했고, 러시아 해군에서 명예 계급을 수여받았다. 카우아이의 왕자 중 한 명은 은메달을 받았다. 그 대가로 카우아이의 통치자들은 러시아가 섬에 정착촌을 세우는 것을 허용하고, 백단향과 기타 물자의 교역을 허가하며, 카메하메하 왕과의 전투를 위해 셰퍼의 지휘를 받는 병사 500명을 제공하겠다고 약속했다.[64]

셰퍼는 하와이제도의 다른 섬들을 정복할 준비를 시작했다. 그는 여러 척의 선박을 구입했는데, 그중 적어도 한 척은 바라노프의 신용으로 구매한 것이었다. 또 카우아이섬에 세 개의 요새를 세웠는데, 하나는 와이메아에, 두 개는 하날레이만에 위치했다. 그는 러시아-아메리카 회사의 상트페테르부르크 본사에 쓴 편지에서 이렇게 말했다, "제 소망은 상트페테르부르크에서 믿을 수 있는 선원들과 무장을 잘 갖춘 양질의 선박 두 척을 이곳으로 보내주는 것입니다." 그는 러시아의 캘리포니아 정착지가 "스페인인들에 의해 파괴될 위험에 처해" 있다는 "믿을 만한 정보"를 입수했다고 주장했다. 추가 자원만 있다면, 셰퍼는 러시아의 캘리포니아를 방어하고, 러시아의 카우아이 지배를 공고히 하며, 러시아의 알래스카에 식량을 공급하고, 러시아를 태평양의 지배 세력으로 만들 수 있다고 약속했다. 이제 러시아의 신민이 된 카우아이 왕의 지원을 받은 셰퍼는 호놀룰루에서 미국인을 몰아낼 수 있다고 믿었다. 그렇게 되면, 그는 상하이와 샌프란시스코 사이에 있는 가장 우수한 항구를 장악하게 되며, 이는 태평양 무역을 위한 핵심 기착지가 될 것이었다. 필요한 것은 오직 상트페테르부르크의 지원뿐이라고 셰퍼는 장담했다. 그는 "폐하께서는 태평양에 프리깃함 한 척을 파견하는 데 동의하실 수 있을는지요?"라고 물었다.[65]

"불법일 뿐 아니라 가망도 없다"

하지만 셰퍼가 계속 전진하고 있던 바로 그 순간에, 러시아의 지도자들은 발을 빼고 있었다. 폐하는 하와이에 프리깃함을 보내지 않기로 했다. 셰퍼가 카우아이에 러시아 요새 세 곳을 세운 일은 러시아의 태평양 제국 야망이 정점에 도달한 순간이었다.[66] 셰퍼는 코디액섬에 식민지를 세운 그리고리 셸리호프부터 콘치타 아르게요와 스페인 제국 전체를 상대로 구애를 펼친 니콜라이 레자노프에 이르기까지 태평양에서 차르의 신하들이 꿈꿨던 터무니없는 제국 건설 계획들의 원대한 전통을 그대로 따랐다.

한때 그러한 계획들은 상트페테르부르크의 제국 구상과 맞아떨어졌다. 그러나 러시아가 태평양 지역에 상당한 자원이나 관심을 쏟을 의지가 있었던 기회의 창은 서서히 닫히고 있었다. 나폴레옹전쟁 이후, 러시아는 유럽에서의 책무에 몰두하게 되었다. 사실, 프랑스의 패배와 대륙으로부터 잉글랜드의 철수 결정으로 러시아는 유럽에서 지배적인 강국이 되었다. 그러나 유럽 패권은 대륙 열강 간의 합의를 유지하고, 최근에야 프랑스에서 진압된 것과 같은 파괴적인 혁명들을 막는 책무를 함께 안겨주었다. 한편, 제국을 운영하는 데 드는 비용은 차르 알렉산드르가 기대한 것보다 더 컸고, 얻을 수 있는 이익은 그가 상상했던 것보다 덜 명확했다. 나폴레옹전쟁 이후 유럽을 재편하는 일처럼 더 중요한 현안들에 직면한 차르는 자신의 제국이 품고 있던 태평양에 대한 야망을 거둬들이기 시작했다.

셰퍼가 가장 먼저 철수 대상이 되었다. 상트페테르부르크의 러시아–

아메리카 회사 이사들은 차르 알렉산드르가 밀어붙인 후퇴 기조에 저항하려 했다. 카우아이의 왕이 러시아의 신민이 되기로 동의했다는 소식을 접하자마자, 회사 이사들은 같은 날 바라노프에게 이렇게 썼다. "닥터 셰퍼로부터 [카우아이]에 관한 매우 흥미롭고도 기쁜 보고가 도착했습니다.… 폐하께서 프리깃함 캄차카호를 보내면서 그와 함께 어떤 형태로든 지시를 내리는 것을 바라실 수도 있습니다." 회사는 다른 자사 직원에게도 카우아이가 "새롭고 중요한 영토"라고 통보했고, 차르 알렉산드르에게는 카우아이 왕이 "그의 시민권 및 그의 영토 내 모든 섬과 주민의 시민권을 폐하께 이양"했다고 알렸다. 또한 셰퍼의 보고서와 함께, "상트페테르부르크에서 이곳으로 충분한 선원과 적절한 무장을 갖춘 양질의 선박 두 척을 보내달라"는 셰퍼의 요청서를 외무장관 카를 네셀로데[38]에게 전달했다.[67]

그러나 셰퍼의 계획은 이미 실패로 돌아갔다. 하와이에서 상트페테르부르크로 편지가 전달되고 있는 사이에 셰퍼는 화난 미국인들에 의해 카우아이섬에서 쫓겨나 중국으로 추방되었다. 셰퍼는 하와이제도가 러시아 태평양 제국의 열쇠임을 직접 차르에게 설득하는 것을 목표로 삼고 중국에서 상트페테르부르크로 향했다. 셰퍼는 "중국은 러시아 국기가 광저우에 휘날릴 수 있도록 허락해야 할 것입니다."라고 주장했다. "잉글랜드와 미국은 무역이 차단될 것입니다.… 샌드위치 제도는 러시아의 서인도이자 두 번째 지브롤터가 되어야 합니다. 러시아는 어떤 대가를 치르더라도 이 섬들을 가져야 합니다!" 1818년 여름에 유럽으로 돌아온 셰퍼는 차

38) Karl Vasilyevich Graf Nesselrode(1780–1862). 러시아의 외교관. 1816–1856년 러시아 제국의 외무장관을 지냈다.

르 알렉산드르에게 여러 차례 보고서를 보내 "샌드위치 제도의 점령은 러시아에게 아메리카 북서부 해안에서 단독으로 모피 무역에 종사할 기회를 제공할 것입니다.… 그때야 비로소 러시아 국기가 광저우에 나타날 것입니다."라고 역설했다. 그 후에는 "쿠릴제도에도, 캄차카에도, 오호츠크에도, 알류샨열도에도, 우리의 북서부 아메리카 해안에도 식량이 없지만, 하와이제도에는 식량이 풍부합니다."라고 지적하는 보고서도 보냈다.[68]

러시아의 지도자들은 설득되지 않았다. 카우아이 왕이 러시아의 신하가 되었다는 첫 보고를 받은 이후, 알렉산드르의 외교관들은 신속하게 행동하기보다는 "주의 깊게 연구"할 것을 촉구했다. 카우아이를 합병하는 것의 장점은 "환상에 불과하다."고 런던의 러시아 공사는 보고하면서, "섬들에서 '모험적인' 미국인들과 적대적인 충돌이 일어날 날이 멀지 않았다."고 경고했다. 러시아-아메리카 회사는 카우아이에서의 행동을 자제하라는 명령을 받았고, 한 장관은 동료에게 불평하며 "이 섬들은… 러시아에 어떤 실질적인 이익도 가져다줄 수 없을 뿐 아니라, 그 반대로 여러 면에서 매우 심각한 문제를 일으킬 수 있다."고 말했다.[69]

1819년, 상트페테르부르크는 러시아-아메리카 회사에게 하와이 사건이 "불쾌하며", 회사가 "최대한 신중을 기하라"고 질책했다. 이제는 회사조차 셰퍼가 얼마나 많은 돈을 낭비했는지를 알게 되면서 그를 좋지 않게 보기 시작했다. 하와이로 셰퍼를 보냈던 바라노프 역시 셰퍼의 지나친 욕심과 무능력에 경악했으며, 바라노프의 신용을 바탕으로 셰퍼가 아무렇게나 돈을 쓴 것에도 충격을 받았다. 1817년 3월, 상트페테르부르크의 러시아-아메리카 회사 이사들은 "닥터 셰퍼에게… 더 이상 어떤 원정도 맡길 수 없다."는 서신을 바라노프에게 보냈다.[70]

그 사이 하와이는 잊혀졌다. 결국 셰퍼조차 카우아이섬을 차지하라고 차르를 설득하려는 노력을 포기했으며, 좌절감 속에 러시아를 완전히 떠났다. 그는 브라질로 항해하여 브라질 황제를 섬겼고, 책을 출간했으며, 수천 명의 독일인을 남부 브라질의 히우그란지두술 주에 정착시키는 데 앞장섰다. 이 브라질에서의 사업은 차르를 위해 카우아이를 장악하려 했던 시도보다 약간 더 성공적일 뿐이었고, 셰퍼는 1836년에 이름 없이 쓸쓸히 세상을 떠났다.[71]

캘리포니아에서도 상트페테르부르크 당국은 러시아-아메리카 회사의 제국주의적 야심을 억제하기 시작했다. 이는 캘리포니아의 실용성에 대한 의구심이 점점 커졌기 때문이었다. 회사의 야망에도 불구하고 이 식민지는 아직 어떤 가치도 입증하지 못하고 있었다. 1816년에, 한 러시아 이탈자의 보고에 따르면, 포트 로스에는 풍차, 대장간, 바냐banya(한증막), 대포 14문이 구비되어 있었고, 여기에 러시아인 21명, 원주민 100명이 거주하면서, 양 100마리, 소 80마리, 말 30마리를 사육했다.

한편, 스페인은 러시아의 존재에 갈수록 격분했다. 상트페테르부르크의 스페인 공사는 러시아의 캘리포니아 정착지들이 "불법일 뿐 아니라 가망도 없다."고 선언했다. 스페인은 샌프란시스코만 북쪽에 일련의 새로운 선교소들을 세우기 시작했으며, 특히 소노마 지역에 선교소를 건설하여 로스를 포위해 러시아의 확장을 제한하려 했다. 1817년에 마드리드의 국왕이 내린 명령은 스페인의 현지 관리들에게 포트 로스를 파괴하라고 요구했으나, 누에바 에스파냐의 부왕은 "가능하다면" 그리고 "상업 문제에서 갈등을 초래할 과도한 위험이 없는 선에서"만 그렇게 하겠다고 마지못해 동의했다.[72]

스페인과의 긴장된 관계가 무슨 의미가 있을까, 러시아 외교관들은 의아해했다. 겨우 21명의 러시아인과 몇 십 마리의 가축을 지키기 위해서라니? 워싱턴의 러시아 외교관인 피에르 드 폴레티카[39]는 상트페테르부르크에 보낸 서한에서 러시아-아메리카 회사가 주장하는 포트 로스의 영유권이 "명백하지 않다."라고 썼다. "지도를 보기만 해도 알 수 있듯이, 해당 식민지는 캘리포니아의 스페인 속령과 그 주변 지역 안에 끼어 들어가 있다." 회사가 주장하는 알래스카 영유권은 포트 로스의 소유권을 주장하는 기준에 비추어 보면 매우 허술하게 보일 것이었다. 회사는 알래스카 해안을 따라 줄지어 있는 몇 안 되는 정착촌만을 갖고 있을 뿐이었다. 만약 러시아가 샌프란시스코에서 100마일도 채 떨어지지 않은 '미개척' 지역에 요새를 지을 수 있다면, 미국인들이 노보-아르한겔스크에서 100마일 떨어진 곳에 똑같이 요새를 짓지 말라는 법이 있는가?[73]

1819년, 미국과 스페인은 캘리포니아의 북쪽 경계를 포트 로스보다 훨씬 북쪽에 위치한 42도 위도선으로 설정하기로 합의했다. 이는 이제 미국도 공식적으로 포트 로스가 스페인 영토를 침해한 것임을 인정하게 되었음을 의미했다. 1820년, 상트페테르부르크의 압박을 받으며 러시아-아메

39) Pyotr Ivanovich Poletika(1778-1849). 러시아의 외교관. 서구에서는 종종 피에르 드 폴레티카(Pierre de Poletica)로 불렸다. 1817-1822년 미국 주재 제2대 러시아 대사를 지냈다.

리카 회사는 캘리포니아에 있는 식민지를 단계적으로 축소하기로 합의하고, 외무장관 네셀로데에게 "그 정착지를 기꺼이 폐지할 것이다."라고 말했다. 회사는 이 부동산을 팔기까지 20년이 걸렸지만, 포트 로스는 결국 실패했다.[74]

1821년의 우카스

러시아가 셰퍼의 하와이 모험에서 벗어나고, 캘리포니아에서 바라노프의 확장을 제한하면서, 상트페테르부르크는 알래스카를 좀 더 직접적으로 통제할 필요가 있다고 판단했다. 태평양을 건너는 비싸고 논란 많은 원정을 용인하고자 하는 차르 알렉산드르의 의지가 약해졌다. 이 지역은 더 이상 러시아의 목표에 핵심적이지 않았고, 명백한 이익을 제공하지도 않았다. 한편, 바라노프에 대한 신뢰는 그의 캘리포니아와 하와이 계획이 틀어지면서 점차 약화되었다. 1816년에 상트페테르부르크는 알래스카 통제를 강화하기 위해 이 지역에 해군 장교를 파견했다. 알래스카에 도착한 후, 장교는 바라노프의 식민지 관리에서 수많은 문제점을 발견했다고 보고했다. 예를 들어, 바라노프의 돼지들을 사육하는 것이 "회사에 부담"이 되었다든지, 포트 로스에 럼이 충분하지 않았다든지 등의 문제가 그것이었다. 장교는 바라노프에게 러시아로 돌아가라고 명령했다.

바라노프는 "눈물을 머금고" 알래스카를 떠났다고 보고되었다. 틀링깃족의 추장들까지도 그에게 존경심을 표하러 왔다. 바라노프는 차르를 거의 30년 동안 충실히 섬겼지만, 하와이나 뉴잉글랜드에서 은퇴할 생각도 했다. 그러나 그는 결국 러시아로 돌아가기로 결심했다. 1818년 가을, 출항한 그의 배는 하와이와 필리핀을 지나 네덜란드령 동인도에 정박했다. 다시 항해를 시작한 지 나흘 후, 바라노프는 열병에 걸려 사망했다. 그는 수마트라 근처의 따뜻한 바다에 잠들었다. 바라노프가 부와 명예를 추구했지만 결국 그 어느 것도 얻지 못한 알래스카 변방에서 수천 마일 떨어진 곳이었다.[75]

바라노프의 후임으로 알래스카에 배치된 해군 장교는 그의 전임자만큼 유능하지 못했다. 더 나은 관리만으로는 알래스카 해역에서 점점 더 늘어나는 보스턴 사람들의 문제를 해결할 수가 없었다. 러시아–아메리카 회사는 다음과 같이 불만을 토로했다. "매년 10–15척의 상선이 미합중국에서… 옵니다. 이 배에는 회사뿐만 아니라, 미국의 원주민들과도 거래하는 [미국] 시민들이 탑승해 있습니다." 미국인들은 러시아 지배에 대한 틀링깃족의 반발을 부추길 뿐 아니라, 러시아의 상업 활동도 방해했다. 그들은 "해달을 중국인들에게 마리당 50루블에 팔고, 비버 가죽은 마리당 5루블을 받습니다.… 중국인들은 우리가 판매할 수 있는 유일한 장소인 캬흐타에서 우리 모피에 대해 더 낮은 가격을… 제시합니다." 한편, 미국인들은 "매년 1만에서 1만 5,000마리의 해달을 비롯해 원주민들로부터 가죽을 획득합니다." 그렇지 않았더라면, 러시아 상인들이 이 가죽을 샀을 것이다.[76]

1808년에 이미 상트페테르부르크는 알래스카의 미국인들에게 원주민들이 아니라 오직 러시아-아메리카 회사와만 거래할 것을 강하게 요구했다. 그 해에 러시아는 북서부 해안에서 이루어지는 "비밀스럽고 불법적인" 화기 "거래"에 항의하는 공식 문서를 워싱턴에 보냈다. 1809년, 러시아의 외무장관은 차르 알렉산드르에게 "섬 원주민들에게 화기를 판매하는 문제"에 대해 "[존 퀸시] 애덤스[40] 미국 공사와 논의"하겠다고 약속했다.[77]

미국인들은 타협할 의지가 없었다. 존 퀸시 애덤스는 특히 고집이 셌다. 열렬한 미국 팽창주의자인 그는 보스턴 상인들이 러시아의 지배를 약화시키는 것을 환영했다. 사실, 매년 북서부 해안에는 10여 척의 미국 선박만 있었고, 한 러시아 해군 장교는 "16문의 포를 장착한 두세 척의 무장 상선이… 미국 해역에 상시 배치된다면" 러시아는 "우리의 영토를 보호하고" "보스턴 사람들이 미국 원주민들과 거래하는 것을 막을" 수 있다고 보고했다. 그러나 러시아는 가끔 전함을 보낼 수 있었지만, 알래스카 해역에 상주하는 것은 불가능했다.[78]

애덤스는 또한 러시아가 알래스카 식민지를 방어할 방법을 찾더라도, 정착지에 물자를 공급하거나 모피를 중국 시장에 보내는 효율적인 방법이 여전히 없다는 사실을 깨달았다. 애덤스는 동료에게 이렇게 언급했다. "러시아 선박은 광저우에 입항할 수 없고", 그래서 중국과의 무역을 "미국인들만큼 편리하고, 아마도 저렴하게 처리할 수 있는 다른 이들은 없을 것입니다."[79] 10년 동안 고통스러운 경험과 캘리포니아와 하와이에서 사업

40) John Quincy Adams(1767-1848). 미국의 정치인. 1825-1829년 미국의 제6대 대통령을 지냈다.

의 좌절을 겪은 후, 러시아인들은 애덤스가 옳았음을 알게 되었다.

그럼에도 불구하고 러시아 외교관들이 미국 상인들에 대해 더욱 강경한 태도를 취하기 시작하자, 워싱턴은 양보를 거부했다. 러시아-아메리카 회사는 러시아가 "북아메리카의 사적 장사치들이 러시아의 사업에 간섭하는 것"을 금지하지 않으면 식민지를 미국인들에게 빼앗길 위험에 처할 것이라고 경고했다.[80] 그러나 워싱턴 주재 러시아 공사인 안드레이 다시코프[41]가 미국의 "불법 무역"이 초래한 "해로운 결과"를 비판하자, 미국 외교관들은 묵묵부답으로 일관했다.

1812년 전쟁은 러시아령 알래스카를 일시적으로 구해주었다. 영국 해군이 미국 상선을 추격하며 알래스카 해역 접근을 막았기 때문이다. 그러나 1815년에 전쟁이 끝나자마자 미국 상선들이 돌아왔고, 일부 미국인들은 제임스 매디슨[42] 대통령에게 북서부 해안에 해군을 배치할 것을 촉구했다. 러시아-아메리카 회사는 상트페테르부르크에서 로비 활동을 강화하며, 정부의 추가 지원을 기대했다. 1817년, 회사는 알래스카 해역에서 외국 선박에 대한 새로운 규제를 제안했다. 러시아가 미국 선박에 대한 제한을 검토하는 동안, 러시아에 대한 미국의 태도가 악화되었다. 의회와 언론에서 러시아와의 대결을 주장하는 목소리가 커졌으며, 한 의원은 러시아가 카우아이섬을 점령한 사실을 지적하며 러시아가 "머지않아 태평양 북부 전역을 장악할 것"이라고 경고했다.[81]

이는 러시아의 역량을 엄청나게 과대평가한 것이었다. 태평양에서 러

41) Andrei Yakovlevich Dashkov(1775-1831). 러시아의 외교관. 1808-1871년 미국 주재 초대 러시아 대사를 지냈다.

42) James Madison Jr.(1751-1836). 미국의 제4대 대통령(재임 1809-1817).

시아의 영향력은 강화되기보다는 오히려 장기적인 쇠퇴의 시작을 맞고 있었다. 상트페테르부르크는 태평양 지역에서 최초의 식민지인 알래스카에도 추가 자원을 투여하려 하지 않았다. 러시아의 세계 일주 항해는 재정적으로 엄청난 적자를 낳았는데, 한 번의 항해에 70만 루블이 소요된 반면 돌아온 화물의 가치는 겨우 20만 루블에 불과했다. 이는 지속 가능한 공급 방식이 결코 아니었다. 한편 알래스카 해역에 해군 함정을 주둔시키는 계획 역시 더욱 현실성이 희박했다. 결국 상트페테르부르크는 저비용으로 영향력을 행사할 수 있으리라고 기대하며 다른 방법을 선택했다. 1821년, 차르 알렉산드르는 우카스ukaz(칙령)를 발표해 알래스카를 "배타적인" 러시아 영토로 선언했고, 연안 100마일까지의 영해에 대한 절대적 통제권을 주장하며 미국이 이 조치를 따라주기를 희망했다.[82]

그러나 러시아는 여전히 미국인의 도움 없이는 알래스카 식민지에 물자를 공급할 방법이 없었다. 1822년과 1823년에는 러시아 본토에서 알래스카로 보낸 보급선이 한 척도 없었으며, 러시아-아메리카 회사의 이사들도 상트페테르부르크에서 출발하는 항해가 "상당한 손실"을 초래한다고 시인했다. 한편 회사는 1822년에 재정 압박으로 배당금 지급을 중단했다. 동시에, 외국인과의 물물교역을 허가해 달라고 요청했는데, 이는 보스턴 사람들에 대한 의존도를 줄이려는 우카스의 목적과 정면으로 배치되는 것이었다.[83]

훨씬 더 우려스러운 것은 미국이 상트페테르부르크의 광범위한 영해 주장과 알래스카 원주민과의 무역 제한을 모두 인정하지 않았다는 점이었다. 미국의 완고함에는 금전적 이유가 있었다. 태평양 무역의 이익이 상당했기 때문이다. 러시아의 적자 알래스카 무역과 대조적으로, 매사추세츠 주 뉴베드퍼드 출신 포경선들만 해도 북태평양 해역에서 연간 50만 달러를 벌어들였다. 워싱턴 주재 러시아 공사 피에르 드 폴레티카가 1821년 초에 상트페테르부르크에 보고한 바와 같이, 미국 상인들의 압력 때문에 "의회는 이들 정착지 문제에 집착했다." 차르의 우카스가 워싱턴에 공식 통보되자마자 미국의 "집착"은 분노로 바뀌었다. 1822년 초 한 의원은 러시아의 영유권 주장에 "저항해야" 한다고 선언했으며, 미국 상인들은 언론을 통해 러시아가 "상업을 독점하고 영토를 빼앗으려 한다."고 비난했다.[84]

이제 국무장관이 된 존 퀸시 애덤스는 이 우카스를 결코 용인하려 하지 않았다. 그는 1823년 7월에 상트페테르부르크 주재 미국 공사에게 보낸 서한에서 "북서해안 원주민과 미국 시민의 교역은 비밀스럽지도, 불법적이지도, 비정기적이지도 않습니다."라고 썼다. 더 나아가 애덤스는 러시아의 영해 주장을 결코 용인하지 않을 것이라 선언하면서, 미국은 "이 우카스 규정을 한 순간도 묵인할 수 없다."고 결론 내렸다. 상트페테르부르크 주재 미국 공사 헨리 미들턴[43]은 러시아 측의 오해가 없도록 이 우카스의 시행은 전쟁을 의미할 것이라는 점을 분명해 했다.[85]

러시아는 즉시 물러섰다. 차르 알렉산드르는 알래스카 식민지를 유지하려는 마지막 발버둥으로 이 우카스를 발표했지만, 상트페테르부르크의 그 누구도 러시아령 아메리카가 전쟁의 위험을 감수할 만한 가치가 있다

43) Henry Middleton(1770 - 1846). 미국의 정치인. 1810-1812년 미국 사우스캐롤라이나 주 주지사, 1815-1819년 하원 의원, 1821-1830년 러시아 주재 미국 공사를 역임했다.

고 믿지 않았다. 1823년 4월, 미국 주재 러시아 신임 공사는 이 분쟁을 해결하라는 지시를 받고 워싱턴에 도착했다. 북태평양에 있던 러시아 선박들에게는 우카스를 시행하지 말라는 명령이 내려졌다. 애덤스는 러시아가 북아메리카에 "어떤 영토권도 없다."고 주장하며 극단적인 입장을 고수했다.[86]

1823년 12월 2일 연두교서에서 제임스 먼로[44)] 대통령은 "아메리카 대륙은… 이제부터 어떤 유럽 열강의 식민지화 대상도 될 수 없다."고 선언했다. 이 선언은 훗날 '먼로 독트린'으로 알려지게 된다. 그러나 이 독트린이 나오기 이전부터 미국은 이미 북태평양 해역에서의 무역, 사냥, 어업 권리에 대해 러시아가 알래스카 식민지에 쏟는 관심보다 더 크게 주의를 기울이고 있음을 보여주었다. 두 열강 간의 협상은 1824년 초에 상트페테르부르크에서 시작되었고, 러시아는 미국의 거의 모든 요구를 빠르게 수용했다. 미국 상인들은 "대양의 어느 곳에서든" 항해나 어업, 해안 접근 권한에 있어 아무 제약을 받지 않고 무역에 종사할 수 있게 되었다. 한편 러시아는 알래스카의 당시 남부 경계선인 북위 54도 40분 이남 지역에는 정착하지 않기로 합의했다. 그 이듬해, 태평양 북서부에서 미국의 팽창 정책을 설계한 존 퀸시 애덤스가 대통령으로 선출되었다. 러시아-아메리카 회사는 틀링깃족도 미국인도 진정시킬 수 없게 되자 절망에 빠졌고, 노보-아르한겔스크를 불태우고 코디액으로 철수하는 방안까지 검토했다.[87] 알래스카를 둘러싼 싸움은 끝났다.

---

44) James Monroe(1758-1831). 미국의 제5대 대통령(재임 1817-1825). 특히 유럽 국가의 아메리카 대륙 간섭을 거부하는 먼로 독트린(먼로주의)을 선언한 미국 대통령으로 유명하다.

러시아의 장기적 후퇴

비록 러시아 탐험가들이 수십 년간 북태평양 해안을 정밀하게 측량했고, 바라노프와 같은 모피 사냥꾼들이 알래스카에서 러시아의 정착지를 주도적으로 건설했지만, 상트페테르부르크의 태평양 진출이 본격화한 것은 1803년에 있었던 레자노프의 태평양 항해가 그 계기였다. 이 진출은 고작 10년 정도 지속되었으며, 1813년 셰퍼가 카우아이에서 벌인 노력으로 정점을 찍었다. 1824년 상트페테르부르크가 미국과 조약을 체결해 우카스를 폐지하고 북태평양 무역에서 미국의 우위를 인정할 때쯤, 러시아 통치자들은 태평양 식민지가 수익성이 없으며 주의를 분산시키는 요소라고 이미 결론을 내린 상태였다.[88]

포트 로스와 알래스카 정착지는 몇 십 년 동안 더 유지되었지만, 사실상 거의 무시당했다. 러시아인들은 왜 그것들을 신경 써야 하는지 정당화하려고 애썼다. 상트페테르부르크는 더 이상 북아메리카에서 러시아의 공간을 확장할 필요성을 느끼지 않았다. 1830년대 후반, 러시아-아메리카 회사의 이사들은 "캘리포니아 해안에서 해달이 거의 완전히 멸종했다.… [따라서] 로스 정착지는 실질적인 이익을 가져오지 않는다."고 언급했다. 또한, 그 식민지는 알래스카를 부양하는 데 성공하지 못했다. 그 반대로, 또 다른 러시아 보고서는 "정착지의 생산을 확대했지만 설립 당시의 목표에 거의 부합할 수 없었다."고 결론지었다. 1841년에 회사는 이 요새를 3만 달러에 매각했다.[89]

러시아가 포트 로스를 매각하지 않았더라면, 이곳은 미국인들에게 점령당했을 것이다. 1848년에 캘리포니아에서 금이 발견되며 수많은 정착민들이 이 지역으로 몰려들었고, 이내 미국인들은 캘리포니아뿐만 아니라 오리건 준주를 향해 태평양 연안으로 쏟아져 들어왔다. 한 러시아 관측자는, 러시아의 빈곤한 알래스카 정착지와는 대조적으로, "[캘리포니아의] 금을 품은 지층의 풍요로움이 놀랍고 믿기 어려울 정도"라며 감탄했다. 수만 명의 미국인이 태평양 연안으로 밀려드는 상황에서, 알래스카에 터전을 잡은 1,100명의 러시아인이 어떻게 버텨낼 수 있을지 예상하기 어려웠다.[90]

더욱이 상트페테르부르크는 러시아의 미래가 먼 알래스카가 아니라 러시아 자국의 태평양 연안을 따라 남쪽으로 확장하는 데 있다고 점차 인식하게 되었다. 1853년에 시베리아 총독 니콜라이 무라비요프[45)]는 차르 니콜라이 1세에게 다음과 같이 보고했다. "미국이 아메리카 전역을 최종적으로 지배하는 것은 너무나 자연스러운 일이므로 우리도 조만간 물러나야 할 것입니다. 우리는 평화적으로 물러나는 대가로 다른 이점을 얻을 수 있을 것입니다." 1850년대에 이르러, 30년간 알래스카를 방치한 후 러시아는 실제 거래가 완료되기까지는 또 다른 10년이 소요되었지만, 마침내 이 식민지를 매각하기로 결정했다. 그러나 이미 러시아의 관심은 다른 곳으로 돌려져 있었다. 알래스카가 거친 바다로 러시아 본토와 격리된 것과 대

45) Nikolai Nikolayevich Muravyov-Amursky(1809-1881). 러시아 제국의 장군, 정치인, 외교관. 1847-1861년 러시아 제국의 동시베리아 총독을 지냈다.

조적으로, "러시아가 동아시아 전역을 소유하지 못하더라도 동방의 바다에 있는 아시아 연안 전체에 영향력을 행사하는 것은 매우 자연스러운 일"이라고 무라비요프는 차르에게 주장했다.[91] 러시아는 이제 바로 이 지역, 즉 쿠릴열도, 사할린, 아무르강 유역, 그리고 결국 일본과 중국을 향해 눈을 돌리기 시작했다.

2

"러시아의 지배는 영원히 보장될 것이다"

니콜라이 무라비요프와 태평양 연안의 정복

"아무르강을 지배하는 자가 시베리아를 지배한다." 1848년에 동시베리아의 총독 니콜라이 무라비요프는 이렇게 선언했다. 몽골과 중국 북부, 그리고 바이칼호 동쪽 러시아 영토에서 발원한 아무르강은 사할린 연안과 마주하는 광활한 삼각주에서 오호츠크해로 흘러들기까지 1,700마일 이상 뻗어 있다. 태평양으로 향하는 이 강은 고원지대를 가로지르며 넓은 계곡을 형성하는데, 러시아인들이 도래하기 전까지 이 지역은 만주족, 몽골족의 터전이었다. 만주족은 이 강을 "검은 강"이라는 뜻의 '사할리얀'Sahaliyan 강이라 불렀고, 중국인들은 만주어를 번역해 헤이룽장, 즉 흑룡강이라 명명했다. 러시아인들은 아마도 옛 몽골 이름에서 차용해 아무르Amur라고 부르게 되었을 것이다.[1]

만주족과 몽골족이 이 강의 이름을 붙인 것은 그들이 오랫동안 강 연안을 지배했기 때문이었다. 만주 군대가 중국의 청 제국(1644–1912)을 세웠을 때, 만주는 중국과 통합되었다. 그러나 만주족은 중국 중부의 비옥한 농경지에서 조공과 세금을 거두는 데 주력하며, 북동부 변경에 있는 자신들의 고향을 소홀히 했다. 이 지역은 인구가 희박한 상태로 남아 있었고, 19세기까지 이곳에 거주하는 한족은 거의 없었다.

하지만 지리적으로 보면 아무르강은 러시아보다는 중국과 더 자연스럽게 연결된다. 러시아의 시베리아 정착지들은 산맥으로 아무르강 유역과 분리되어 있어, 두 지역을 연결하는 수로가 전혀 없다. 철도가 건설되기 전에 아무르강은 거의 모든 러시아 도시에서보다 상하이나 도쿄에서 접근하기가 훨씬 쉬웠다. 아무르강 점유를 지지하는 러시아인들에게 이 점은 강 유역을 도리어 매력적으로 만들었다. 오호츠크나 캄차카의 얼어붙은 항구와 궁핍한 정착지에서 아시아 제국을 운영하기란 어려운 일이었다. 더 남쪽에 위치해 러시아인들이 비옥한 농토로 여기던 지역으로 접근을 가능하게 해주는 아무르강은 태평양 진출을 위한 더욱 견고한 거점을 제공하는 것 같았다.

17세기에 아무르강 유역에 처음 도착한 러시아인들은 다른 모든 러시아 탐험가들처럼 모피를 찾았지만, 동시에 식량도 구하고자 했다. 러시아인들이 바이칼호 동쪽으로 진출하기 시작했을 때, 그들은 주로 북쪽으로 흐르는 강들을 따라 이동했다. 이 강들을 따라 여행하며 그들은 북극해와 오호츠크해에 도달했고, 그 과정에서 정착지들을 세웠다. 이 지역에는 모피가 있었고, 타이가 숲에서 식량을 채집하는 데 능숙한 원주민들이 있었지만 비옥한 농경지는 없었다. 시베리아의 러시아 정착지들은 러시아 중부의 머나먼 농장에서 운반된 식량에 항상 의존했다.[2]

러시아인들은 바이칼호 남동쪽에 온화한 기후의 땅이 있다는 소문을 들고 농사에 적합한 비옥한 토지를 찾기를 희망했다. 바이칼호 남동쪽 가장자리의 산맥은 야블라노이Yablanoi라고 불렸는데, 이 이름은 현지 언어에서 차용된 것일 수 있으나, 러시아어로 사과를 뜻하는 단어와 유사해 일부 러시아인들로 하여금 산맥 너머 계곡에 풍부한 식량이 있을 것이라는 희망을 품게 했다. 1643년에 야쿠츠크를 출발한 한 러시아 탐험가는 남쪽으로 향해 결국 아무르강의 지류에 도달했다. 그는 강어귀까지 약탈을 일삼으며 나아갔는데, 그의 굶주린 탐험대는 현지 주민들의 식량은 물론, 일부 기록에 따르면 일부 주민까지 먹었다고 전해진다. 몇 년 후, 두 번째 탐험대가 이 지역에 진입했지만 이번에는 청 제국의 대군이 그들을 기다리고 있었다. 러시아인들은 청군에게 패배했고, 1689년 굴욕을 안은 채 네르친스크조약을 체결하며 아무르강 유역 전역을 청 제국에 양도했다.[3]

그 후 약 150년 동안 러시아는 대체로 아무르 지역을 방치했다. 18세기 후반에 시베리아 총독이 예카테리나 대제에게 청 제국의 분할이라는 광범위한 전략의 일환으로 아무르강 유역을 병합할 것을 건의했다. 총독의 계획은 청 제국 변경 지역의 몽골족 및 다른 불만 세력과 협력해서 "[청 제국을] 근간부터 흔들어" 아무르강 하구에 새로운 항구를 건설하고 해상을 통해 아시아와 교역하겠다는 것이었다.[4] 그러나 예카테리나는 이 계획을 실행에 옮기지 않았는데, 그 이유는 한편으로 러시아가 중국을 침공할 극동 군대를 보유하지 못했기 때문이었고, 다른 한편으로 서부와 남부 국경에서 이미 충분한 대외정책상의 도전에 직면했기 때문이었다. 그녀는 대신 폴란드, 우크라이나, 흑해 연안에서의 정복 사업에 집중하며 러시아 영토를 확장했다. 이와 대조적으로 극동 지역에서는 러시아 모피 사냥꾼들에게 주도권을 넘겼는데, 그들은 레나강을 따라 북극해 방향으로 중국과는 멀리 떨어진 러시아의 북동부 변경을 탐사했다.

19세기 중반까지 러시아는 이 전략을 고수했다. 북태평양에는 모피가 풍부했지만, 러시아인들은 모피를 수거하기 위해서는 점점 더 알래스카 해역 깊숙이 들어가야 했다. 중국과의 교역은 일정 수준 유지되었으나, 러시아인들은 청나라가 캬흐타의 육상 국경 통로를 통한 교역을 강제하는 것에 불만을 가졌다. 다른 유럽 열강은 광저우를 통해 더 효율적인 해상로를 이용하는 것이 허용되었기 때문이었다. 아무르 유역과 러시아와 중국의 국경 문제는 대부분의 러시아 지도자들에게 여전히 뒷전으로 밀려나 있었다. 중국은 광대하고 강력한 나라였으며, 러시아는 다른 지역에 더 집중했다.

"러시아의 미시시피"

하지만 중국은 변화하고 있었고, 많은 러시아인은 새로운 기회를 감지하기 시작했다. 17세기에 러시아인들이 처음 아무르 유역에 도달했을 때, 청 제국은 러시아보다 훨씬 강력했다.[5] 18세기 후반 청 제국은 중앙아시아 심장부와 티베트고원, 버마와 베트남 국경 지대에 이르는 광활한 지역에서 성공적인 군사작전을 펼치며 최전성기를 맞이했다. 그러나 과도한 팽창과 내부 쇠퇴의 징후가 곧 나타났다. 제국은 머지않아 새로 정복한 변경 지역과 중국 중심부에서 일어난 내부 반란들로 고통받기 시작했다. 한편, 남중국해 연안에서 무역을 하던 유럽 상인들은 중국 군대가 기술적으로 뒤처져 있음을 발견했다. 1839년 광저우항에서 발생한 무역 분쟁은 영국과 청 제국 사이의 전쟁으로 이어졌고, 중국의 치욕적인 패배로 끝났다. 청은 홍콩을 영국에 넘겨주고, 외국 무역상들에게 항구 네 개소를 추가로 개방해야 했다.

러시아에게 중국의 쇠퇴는 위협과 기회를 동시에 안겨주었다. 중국 남부의 항구들에서 유럽의 무역 활동이 증가하자 중국인들이 러시아 공산품에 기꺼이 지불하던 가격이 떨어지면서 전통적인 무역 구조가 크게 뒤흔들렸다. 러시아 상인들은 오랫동안 모피와 공산품을 수출하는 대가로 중국으로부터 차를 수입해왔다. 그러나 이제는 영국과 중국 간 해상 무역의 효율성 덕분에, 중국에서 러시아 도시로 차를 육로로 수송하는 것보다 잉글랜드에서 러시아로 중국산 차를 밀수하는 것이 더 저렴해진 상황이었다.[6]

영국이 중국에 더 많은 무역항의 개방을 강요한 지 1년 후인 1843년에 러시아 정부는 중국과의 무역을 검토할 위원회를 설립했다. 상트페테르부르크는 이 머나먼 땅에 대해 유럽 신문에서 얻을 수 있는 정보 외에는 거의 아는 바가 없다는 사실을 곧 깨달았다. 예전에는 육상 대상무역隊商貿易 덕분에 러시아가 중국 사정에 대한 지식에서 유럽을 선도했지만, 이제는 유럽 국가들과의 경쟁으로 대상무역이 위태로워지면서 중국 시장 내 러시아의 특권적 지위도 약화되고 있었다. 영국을 비롯한 유럽 열강이 중국 국경을 탐색하고 있다면, 러시아 역시 적어도 유럽 경쟁국들에 뒤처지지 않기 위해서라도 똑같이 해야 할 것이었다.[7] 이에 러시아–중국 국경 연안을 조사하고 북태평양 무역의 주요 항구로 사용되던 얼어붙고 방비가 취약한 오호츠크보다 더 편리한 항구를 찾을 희망으로 러시아의 해상 탐사가 제안되었다. 차르의 측근들 중 일부는 러시아인들이 거의 알지 못했던 아무르강 하구가 항해 가능할지도 모른다고 기대했다. 중국이 지키고 있지 않을 수도 있었다. 러시아인들은 중국이 이 지역을 점유하고 있는지조차 알지 못했을 뿐 아니라, 베이징이 아무르강 삼각주를 자국 영토로 간주하는지도 확신하지 못했다.

해군 소장 옙피미 푸탸틴[1)]은 해상 탐사 임무를 조직하라는 과업이 주어졌으나, 이 항해는 곧 취소되었다. 외무장관 카를 네셀로데는 이 탐사가 중국이나 잉글랜드와 충돌을 유발할 것을 우려해 반대했다. 한편 재무장관 예고르 칸크린[2)]은 "동방의 바다에서 발달하지 못했거나, 더 정확히 말하자면 존재하지도 않는 무역을 고려할 때", 지리적 지식 외에 아무런 이득도 주지 않는 항해에 25만 루블이나 '낭비'하는 것은 아무 의미도 없다고 보았다. 이러한 반대 의견을 검토한 후, 차르 니콜라이 1세는 개인적으로는 그 지리적 정보에 대해 호기심을 갖고 있었지만, 항해 계획을 취소했다. 니콜라이 1세는 더 저렴한 대안으로, 동물학자 알렉산드르 미덴도르

---

1) Yevfimy Vasilyevich Putiatin(1803–1883). 러시아 제국의 해군 장성, 정치인. 1861년에는 러시아 제국의 교육장관을 지냈다. 1858년 청나라와 접촉하여 톈진조약 체결에 관여했다.

2) Yegor Frantsevich Kankrin(1774–1845). 러시아의 독일계 귀족이자 정치인. 1823–1844년 러시아의 재무장관을 지냈다.

프[3]가 이끄는 아무르 유역 육상 탐험대를 승인했다. 미덴도르프가 극동에서 돌아왔을 때, 차르는 추가 정보를 얻고자 탐험가와의 비공식적 만남을 요청했다. 미덴도르프의 여정은 그가 러시아군 참모본부에 제출한 보고서에서 썼듯이, 차르에게 아무르강이 "시베리아에서 동방으로 통하는 유일한 연결 통로이며, 오호츠크, 캄차카, 그리고 북아메리카 식민지에 대한 우리의 지배를 공고히 하는 데 필수적"이라는 확신을 주었다.[8]

1840년대 초에 아무르강에 대한 니콜라이 1세의 관심은 단순한 호기심에 불과했다. 그러나 아무르강의 미래에 대해 다르게 생각하기 시작한 러시아인은 니콜라이 1세만이 아니었다. 러시아 작가들은 이미 18세기부터 이 유역을 "새로운 가나안"이라 불렀지만, 기술의 발전으로 아무르강이 새롭게 접근 가능한 지역으로 여겨지기 시작했다. 1840년대에 이르러 수백 척의 증기선이 미국의 미시시피강을 오르내리고 있었다. 한 여행자가 "러시아의 미시시피"라고 부른 이 강에 동일한 기술을 도입 못할 이유가 있는가? 한 러시아인은 아무르강을 달리는 증기선이 캘리포니아, 광저우, "심지어 인도"로부터 "남방과 동방의 모든 상품"을 시베리아로 실어올 것이라고 상상했다.[9]

시베리아를 방문한 한 미국인은 자신의 나라와 러시아의 발전 사이에 뚜렷한 유사점이 있다고 생각했다. 그는 이렇게 썼다. "다른 국가 및 민족과의 교류 통로를 찾는" 시베리아의 "상업은 필연적으로 새로운 강의 발원지를 찾아 해외 진출의 길을 모색해야 할 것이다." 시베리아에서 태평양으로 흐르는 유일한 큰 강인 아무르강은 "세계 최대의 상업 동맥 중 하나가

3) Aleksandr Fyodorovich Middendorf(1815–1894). 러시아의 발트 독일계 동물학자이자 탐험가.

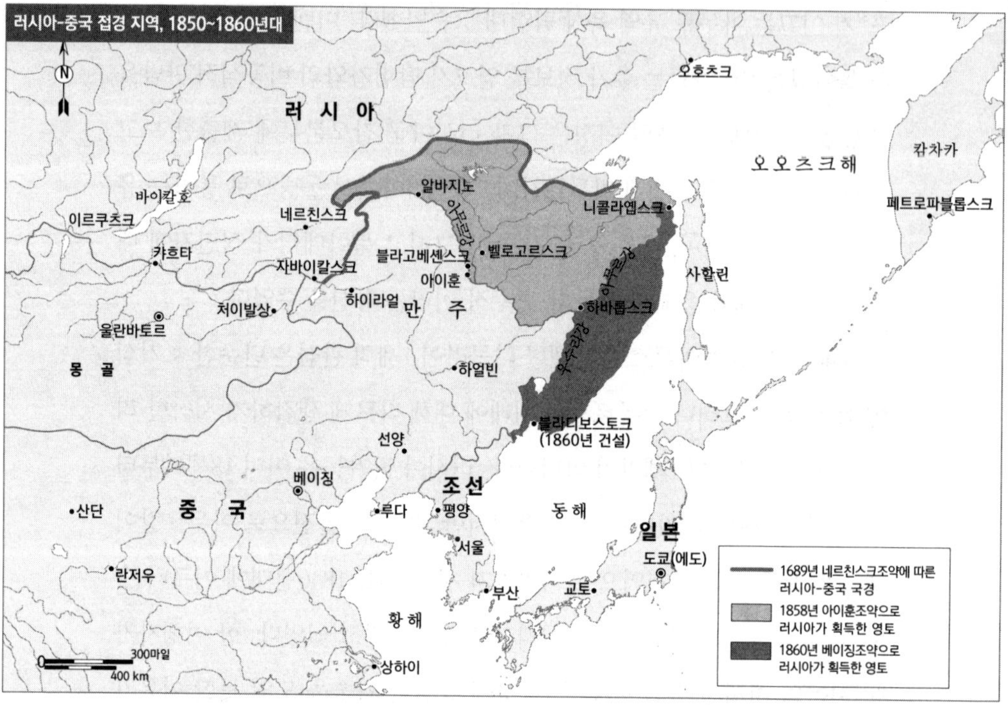

될" 수도 있을 것이다. 태평양을 향한 두 나라의 진출 노력이 연결되어 있다고 생각한 것은 이 미국인만이 아니었다. 아무르강을 탐사한 동물학자 미덴도르프도 비슷한 것을 감지했다. 그는 다음과 같이 썼다. "조용하지만 거대한, 우리 시대 민족들의 이동은 이제 지구를 한 바퀴 돌며 순환을 완성했다. 미국인과 러시아인은 마치 이웃처럼 태평양 건너편의 환대하는 해안에서 서로를 마주보고 있다."[10] 미국인들은 이미 태평양 연안에 풍요로운 정착지를 건설했다. 러시아도 똑같이 할 수 없을까?

중국과 우호 관계를 유지하기

아무르강에 대한 차르 니콜라이의 호기심은 그의 타고난 보수주의와 유럽 혁명들에 대한 두려움에 의해 상쇄되었다. 상트페테르부르크가 알래스카 진출을 후퇴시킨 이후 수십 년 동안, 러시아는 태평양 연안에 거의 관심을 보이지 않았다. 유럽 문제가 훨씬 더 중요한 것 같았다. 니콜라이는 혁명을 극도로 두려워했고, 유럽은 반란과 혁명의 물결로 들끓으며 긴장이 고조되고 있었다. 1825년 그의 형 알렉산드르 1세가 사망했을 때, 일단의 군인들이 새 차르의 즉위에 반대하며 봉기했다. 반란은 쉽게 진압되었지만, 혁명적 이념이 유럽 전역을 휩쓸고 있는 상황에서 그는 언제나 경계를 늦춰서는 안 된다는 확신을 갖게 되었다.

니콜라이는 보수적인 자문관들로 자신을 둘러싸고, 그들에게 국내외를 막론하고 혁명을 차단하는 임무를 부여했다. 러시아의 영토 확장은 최우선 과제가 아니었다. 1833년 니콜라이의 외무장관 카를 네셀로데가 설명했듯이, 목표는 "동쪽에서는 기존 조약 체제를 유지하고… 서쪽에서는 혁명적 선동에 대항하는 방어 체제를 구축하는 것"이었다. 이 선동은 1825년 차르에 대한 반란, 1830–1831년 러시아 지배에 맞선 폴란드 봉기, 그리고 또다시 1848년 범유럽 혁명에서 러시아가 반복적으로 직면한 그런 유형의 선동이었다.[11] 1820년대와 1830년대 그리고 1840년대에 스페인으로부터 벨기에, 그리고 통일을 향해 나아가던 이탈리아 각국에 이르기까지 유럽 전역에서 일어난 많은 반란은 상트페테르부르크의 외교적 관심을 요구했다. 차르도 그의 외무장관도 영토 확장을 위한 진지한 계획을 갖고 있지 않았다. 그들은 유럽에서 일어나는 반란들을 진압하는 데 급급했고, 서부 국경의 대외정책 문제들에 몰두한 나머지 아시아에 주의를 기울일 틈이 없었다.

외무장관 네셀로데 같은 보수주의 귀족에게 "모든 사회 질서의 전복"이 러시아와 차르에게 주요 위협으로 여겨진 이유는 쉽게 이해할 수 있다. 차르의 관리들 중 네셀로데는 유럽의 안정에 가장 큰 관심을 기울였던 반면, 아시아에는 가장 무관심했다. 네셀로데의 아버지는 러시아 외교부에 들어간 독일 백작이었으며, 젊은 네셀로데는 리스본 근해의 프리깃함에서 태어났다. 당시 그의 아버지는 리스본에서 러시아 대사로 근무 중이었다. 네셀로데는 러시아어를 거의 하지 못했고, 러시아 외무장관으로서의 모든 공무를 프랑스어로 처리했다. 그는 빈 회의[4)]에서 알렉산드르 1세와 함께 일하기 전에 프로이센과 독일에서 외교관으로 근무했으며, 결국 차르의 외무장관으로 임명되었다. 1825년에 알렉산드르가 사망한 후, 후임자 니콜라이는 재위 기간 내내 네셀로데를 외무장관으로 유임시켰다.[12]

네셀로데는 차르에게 40년간 충성을 다했으나, 이미 1840년대에 시대에 뒤떨어진 인물로 보이기 시작했다. 유럽 정치가 민족주의 방향으로 나아갔지만, 네셀로데는 여전히 프랑스어를 구사하는 초국적 귀족 계층의 전형을 보여주었다. 더 다양한 사회 계급이 대외정책에 대해 목소리를 내기 시작했음에도, 네셀로데는 외국어에 능통한 러시아인들과만 소통할

4) Congress of Vienna. 1814년부터 1815년까지 오스트리아 제국의 수도 빈에서 나폴레옹전쟁의 승전국들인 영국, 프로이센, 오스트리아, 러시아 등이 유럽의 혼란을 수습하기 위해 개최한 회의.

수 있었다. 유럽의 안정 문제—강대국 간의 안정적 관계와 그들 내부의 안정된 지배 엘리트—는 네셀로데에게 니콜라이 1세와 마찬가지로 생존과 직결된 문제였다. 1848년에 유럽 전역으로 확산된 것과 같은 혁명 운동은 네셀로데가 대변하던 다국적 귀족 체제 자체를 위협했다.

당시 네셀로데가 쓴 서신은 이탈리아로부터 덴마크, 튀르크에서 몰도바, 그리고 덴마크의 분쟁 지역 슐레스비히와 "프랑크푸르트의" 중간 계급 "선동가들"에 이르기까지 유럽 전역에서 발생한 격동의 불길을 다루고 있다. 중국, 일본, 태평양은 거의 언급되지 않았다. 그는 국경이 안정되고 차 무역이 수익성을 유지하는 한 아시아를 최우선 과제로 보지 않았다. 중국과의 기존 협정을 변경하려는 시도는 러시아로 하여금 더 중요한 문제들에서 주의를 돌리게 할 뿐만 아니라, 러시아의 서부 국경에 더 필요한 자원을 소모하게 만들 것이었다. 네셀로데만 이런 생각을 한 것은 아니었다. 차르 니콜라이의 많은 주요 자문관들 역시 아시아는 가능한 건드리지 않는 것이 최선이라고 여겼다. 러시아 재무장관은 다음과 같이 촉구했다. "시베리아에서의 우리의 활동은 오로지 중국과의 우호 관계를 뒷받침하고 유지하는 데 집중해야 한다." 이렇게 해야 아시아에서 발생하는 어떤 복잡한 상황도 피할 수 있을 것이었다.[13]

1847년, 니콜라이 무라비요프는 동시베리아 총독으로 임명되자마자 즉시 아무르 유역 병합을 추진했다. 오랜 귀족 가문의 후예로, 초엘리트 전문 군사학교인 중앙 유년 학교Page Corps에서 교육받은 무라비요프는 재능 있고 야심적이었으며, 동료들보다 훨씬 젊은 38세의 나이에 총독 직위에 올랐다. 시베리아 부임 전에 그는 1828–1829년 러시아–튀르크 전쟁 동안 흑해 연안에서, 1830–1831년 폴란드 봉기 진압 때, 그리고 1830년대 말과 1840년대 초 캅카스 지역 등 러시아 제국의 다른 변경 지역에서 군 장교로 복무했다.[14] 군 복무를 마친 후, 무라비요프는 모스크바 남쪽의 툴라 주 주지사로 임명되었다. 군인이자 관료로서 무라비요프는 러시아 관료제의 사다리를 타고 올라가는 데 탁월한 능력을 보여주었고, 결국 러시아 정부의 가장 권세 있는 직위 중 하나에 도달했다.

무라비요프의 사상과 정책은 교육받은 러시아 귀족 계층의 모순을 반영했다. 무라비요프 가문은 오랜 기간 개혁 지향적인 비밀결사에 참여해 온 역사가 있었지만, 동시에 가문 구성원들은 러시아 전제 정부와 억압적인 농노의 노동으로 유지되는 그 경제의 혜택을 받고 있었다. 툴라 주지사 시절, 무라비요프는 농노제 폐지와 상업 지원을 포함한 개혁 사상에 공감한다는 평을 들었다. 그 뒤 시베리아에서 근무할 때는 자유주의자들과도 친분을 쌓았으며, 심지어 러시아 변방으로 추방된 급진주의자들과도 교류했다. 그 중 한 명이 무라비요프의 6촌 동생으로 유명한 아나키스트 미하일 바쿠닌[5]이었다. 바쿠닌은 1860년에 이 총독이 "다음과 같은 개혁을 원한다."고 썼다. "첫째, 부처 조직의 폐지(그는 태도와 행동 모두에서 관료제의 악명 높은 적이다). 그리고 기회가 닿은 대로 헌법이나 귀족들의 수다스러운 의회가 아니라, 이름은 무엇이든 임시 철권 독재 체제가 수립되어야 한다고 믿는다."[15]

무라비요프가 무엇을 믿었든, 그것은 외무장관 네셀로데가 신봉한 다국적 귀족 체제는 아니었다. 그는 또한 러시아 대외정책의 길잡이로서 '안정성'을 절대적으로 신뢰한 네셀로데의 신념도 믿지 않았다. 네셀로데는 변화가 유럽의 균형을 깨뜨릴까 봐 두려워했지만, 무라비요프는 러시아가 손해를 보는 사이 경쟁국이 득세할까 봐 무위無爲를 두려워했다. 정체냐 변화냐의 이 논쟁은 러시아 대외정책에만 국한된 것이 아니었다. 그것은 유럽 전역의 국내 정치에서도 핵심적인 논쟁이기도 했다. 1848년, 프랑스와 독일 지역을 비롯한 여러 곳에서 혁명 세력은 사회적·정치적 변화를 요구했고, 차르 니콜라이와 외무장관 네셀로데는 이를 자신들의 귀족 동맹은 물론 종교 자체에 대한 위협으로 해석했다. 니콜라이가 혁명가들을 규탄하며 발표한 선언문은 거의 계시적이었다. 그는 이렇게 선언했다. "하느님은 우리와 함께 계시다! 이 점을 명심하라, 이교도들이여. 복종하라, 하느님은 우리와 함께 계시기 때문이다!"[16]

그러나 1848년의 유럽 혁명은 니콜라이와 네셀로데에게 공포를 안겨주었지만, 러시아 자체에는 아무런 변화도 가져다주지 않았다. 유럽 대부분의 지역과는 달리 러시아에는 꽤 큰 도시 중간 계급이 없었고, 정치적 변

5) Mikhail Alexandrovich Bakunin(1814–1876). 러시아의 아나키스트 혁명가이자 철학자.

화를 요구하는 목소리는 오직 정치적으로 주변부에 머물던 유토피아적 지식인 집단 내에서 은밀히 논의될 뿐이었다. 그럼에도 차르와 비밀경찰은 1848년 혁명의 격랑 속에서 위협의 기운을 감지했고, 작가, 관리, 귀족, 자칭 철학자들로 이루어진 집단을 체포했다. 이들은 정기적으로 모임을 가졌던 집주인의 이름을 따 '페트라솁스키 서클'이라 불렸다. 이 서클은 정치적 신념이라 부를 만한 정연한 이념은 없었지만, 변화에 대한 열망만큼은 공유했다. 한 지인은 페트라솁스키[6]를 "극단적 자유주의자, 급진주의자, 무신론자, 공화주의자, 사회주의자"라고 묘사했는데, 이는 상호 충돌하는 정치적 사조의 혼란스러운 조합이었다.[17] 젊은 시절의 표도르 도스토옙스키도 이 모임의 일원이었으나, 훗날 그는 페트라솁스키의 무신론과는 정반대인 기독교 중심의 정치 철학을 발전시켰다. 페트라솁스키 살롱의 일부 참가자들은 러시아가 유럽이나 미국처럼 사회를 근대화해야 한다고 생각했다. 다른 참가자들은 유럽에서 1848년 혁명을 추동한 바로 그 민족주의에 의거하여 러시아가 유럽과는 별개로 자신의 전통을 발전시켜야 한다고 믿었다. 그들은 차르 정부를 운영하던 다국적 귀족들—네셀로데 같은 사람들—에 대해 불평하며, 이 행정가들이 러시아 고유의 이익을 염두에 두고 있는지 의심했다.

페트라솁스키 서클의 구성원들을 묶은 한 가지는 니콜라이 1세 치하의 기존 체제에 대한 불만이었다. 그것은 러시아를 점점 더 깊은 후진성으로 끌고 가면서도 변화는 불가능한 것 같은 체제였다. 페트라솁스키의 친

---

6) Mikhail Vasilyevich Butashevich-Petrashevsky(1821-1866). 러시아의 사회주의자. 1840년대에 상트페테르부르크의 문학 토론 그룹인 페트라솁스키 서클에서 주도적인 역할을 한 것으로 알려져 있다.

구들 다수가 공유한 두 번째 믿음은 영토 확장에 대한 열망이었다. 그것은 새로운 땅이 러시아 사회를 재생시킬 수 있으리라는 믿음이었다. 국내 정치에 참여할 기회가 전혀 없던 야심 있는 러시아인들은 밖으로 눈을 돌렸고, 시베리아와 아무르강 유역을 출구로 보았다. 자유주의자들은 농노제의 폐해로부터 자유로운 러시아 사회를 러시아판 미국의 프런티어가 되기를 바란 시베리아 땅에 새로 건설할 수 있다고 상상했다. 러시아 민족주의에 매료된 젊은 보수주의자들은 극동 지역이 유럽의 부패로부터 벗어나 러시아가 독자적으로 발전할 수 있는 영토라고 주장했다. 무라비요프 총독과 같은 많은 예비 팽창주의자들은 자유주의적 이상과 애국적 민족주의가 뒤섞인 동기에 의해 움직였다. 이들은 극동의 새로운 영토가 러시아를 변혁시키는 데 도움이 되리라 기대했다.

페트라솁스키 서클의 또 다른 일원이었던 알렉산드르 발라소글로[7]는 아무르 유역이야말로 러시아가 필요로 하는 팽창의 출구라고 확신했다. 발라소글로는 이미 1840년대부터 러시아의 아시아적 사명을 거의 종교적 언어로 써내려 가고 있었다. 그는 이렇게 선언했다. "동방은 우리 것이다. 이는 불변이고, 자연스럽고, 역사적이고, 자발적이다. 그것은 선사시대에 슬라브족이 핀족 및 튀르크족과 벌인 투쟁 속에서 러시아가 흘린 피로 사들인 것이고, 몽골의 멍에[8]라는 형태로 아시아의 손에 의해 고통받았고,

7) Aleksandr Panteleimonovich Balasoglo(1813−1880년대?). 러시아의 시인. 민주주의자이자 계몽주의자로 유토피아 사회주의자들과 유사한 견해를 지녔다.

8) Mongol yoke. 보통 타타르의 멍에라고 한다. 1240년부터 1480년까지 루시인들이 킵차크칸국의 지배를 받은 시기를 일컫는다.

카자크족[9]에 의해 러시아에 결합되었고, 튀르크인들에 저항함으로써 유럽으로부터 획득된 것이다."[18] 새로운 영토를 찾는 데 아무르 유역의 처녀지보다 더 좋은 곳이 어디 있겠는가?

무라비요프 총독은 페트라솁스키 서클과 여러 사회적 연줄이 있었다. 따라서 그가 시베리아 총독으로 임명되었을 때—아직 페트라솁스키가 비밀경찰에 체포되기 전이었다—무라비요프는 '동방'을 어떻게 통치할지에 대해 조언을 얻고자 서클의 일원이던 알렉산드르 발라소글로에게 도움을 청했다. 발라소글로는 무라비요프에게 러시아의 미래는 아시아에 있다고 말했다. "북쪽으로는 북극, 동쪽으로는 태평양, 남쪽으로는 중국 제국과 접한 동시베리아는… 이 모든 지역을 잇는 자연스러운 연결 고리입니다.… 그것을 가로질러, 또 어느 정도는 그것 덕분에, 러시아는 중국, 일본, 무수한 태평양의 섬들, 아메리카 해안 전체, 그리고 지구의 일반적 삶에 어떤 식으로든 참여하고 있는 모든 아시아 및 유럽의 영토들과 다양한 관계를 맺게 되는 것입니다."[19]

발라소글로는 러시아의 팽창이 필수적이며 필연적이라는 무라비요프 자신의 믿음을 확인해주었다. 발라소글로는 총독에게 "시베리아, 중국, 일본, 동방의 바다, 그리고 아메리카에 관해 알고 있는 모든 것"을 말해 주었다. 무라비요프는 발라소글로의 첫 번째 보고서를 대단히 마음에 들어 했고, "심지어 황제에게 직접 낭독하고 싶어 할 정도였다." 발라소글로는

9) Cossacks. 오늘날의 우크라이나와 러시아 남부 일대에서 활동했던 동슬라브계 중심의 자치적 군사 공동체. 준군사적인 성격을 띠며, 자치와 특권을 보장받는 대가로 국경 방어와 전쟁에 동원되었다. 18-20세기 러시아 제국의 주요 전쟁들(대북방전쟁, 7년 전쟁, 크림전쟁, 나폴레옹전쟁, 캅카스전쟁, 러시아-페르시아 전쟁, 러시아-튀르크 전쟁, 제1차 세계대전 등)에서 중요한 역할을 담당했다.

팽창의 핵심이 "러시아와 중국의 자연적 경계"인 아무르강이라고 주장했다. "그 땅이 사람들로 채워지면, 곧 번영하게 될 것입니다.… 필연적으로 이 두 제국으로부터 근면하고 유능하며 건실한 사람들이 끊임없이 동시베리아 곳곳으로 흘러들어 가게 될 것입니다." 아무르강은, 말레이의 풍요로운 말라카항이 영국에게 그러했듯이, 혹은 나일강이 이집트에게 그러했듯이, 러시아 제국에게 중요한 존재가 될 것이라고 발라소글로는 예견했다. 학자인 그는 이렇게 결론지었다. "성스러운 땅은 결코 비어 있지 않게 될 것입니다!"[20]

무라비요프의 아무르 의제

무라비요프는 아무르강 유역이 텅 비어 있을까 봐 우려하지 않았다. 무라비요프의 걱정은 정반대였다. 그가 러시아의 정당한 영토라고 여긴 태평양 연안 지역에 다른 나라들이 침입해 들어오고 있었기 때문이었다. 예를 들어, 프랑스는 중국에서 영향력을 확장하고 있었으며, 새로운 교역로에 대한 식욕을 잃을 기미를 전혀 보여주지 않았다. 미국 포경선들은 사할린과 쿠릴열도 인근 해역에서 고래를 사냥하고 있었다. 1850년대에 러시아 선원들이 쿠릴열도에 상륙했을 때, 아이누족 원주민은 "아메리카! 아메리카!"라고 외치며, 러시아인들이 보스턴 사람들이라고 생각했다. 무라비요프는 미국과 영국의 포경업 확장에 주목하면서, 다음과 같이 보고했다. "이 산업을 위해 매년 250척의 배가 도착해 고래 100톤을 사냥한다."[21] 미국은 아시아 대륙 본토의 영토를 점령할 능력은 없었지만, 무라비요프가 가장 경계한 영국은 확실히 그럴 능력이 있었다.

비록 알래스카의 무역로를 장악하고, 러시아를 하와이에서 축출했으며, 캘리포니아에서 러시아의 팽창을 제한한 나라는 미국이었지만, 무라비요프는 태평양의 아시아 연안에서 러시아 이익에 더 큰 위협이 되는 존재는 영국이라고 여겼다. 어쨌든 대영제국은 영국 함대가 지구를 가로질러 세계에서 인구가 제일 많은 제국을 상대로 승리를 거둘 수 있음을 입증한 전쟁을 통해 홍콩을 빼앗았다. 영국은 이미 인도를 통치하고 있었고, 인도양도 지배했다. 러시아인들은 1770년대에 제임스 쿡 선장이 알래스카 해안을 탐험했을 때 큰 충격을 받은 바 있었다. 이제 1840년대까지 태평양에서 영국 해군력은 훨씬 더 막강해졌다. 영국의 야심 또한 커졌다.

무라비요프는 중국에서 영국이 거둔 성공을 면밀히 추적하며, 제1차 아편전쟁[10] 이후 영국이 외국과의 무역을 위해 개방시킨 "다섯 개의 잉글랜드 항구"에 대해 끊임없이 우려했다. 그는 영국의 영향력이 중국에서 계속 커질 것이라고 의심했다. 무라비요프가 두려워한 것은 영국이 러시아의 태평양 연안을 대거 점령하는 일이라기보다는 영국이 시베리아를 상트페테르부르크에 대한 종속으로부터 이탈시키는 것이었다. 러시아 관리들은 시베리아가 상트페테르부르크나 모스크바로부터 떨어지게 되면 "독립 국가를 세우려는 욕망을 일깨울" 위험에 대해 공공연히 논의했다. 당

10) First Opium War. 1839년 9월부터 1842년 8월까지 청나라의 아편 단속과 무역 갈등을 계기로 영국이 개시한 전쟁. 난징조약 체결로 청은 홍콩을 할양하고 5개 항구를 개항하는 등 주권을 침해당했으며, 이후 중국과 서구 열강 간 불평등조약 체제의 출발점이 되었다.

시 러시아의 모든 지도자들은 미국의 독립 투쟁을 기억했다. 또 라틴아메리카 국가들이 스페인으로부터 독립을 이루던 전쟁을 직접 겪었고, 영국과 미국이 라틴아메리카 반란자들을 위해 개입했던 상황도 지켜보았다. 이러한 이유로 무라비요프는 시베리아 내 모든 영국인의 존재를 경계하면서 한 잉글랜드 방문자를 강제 추방하기도 했다. 그리고 "폐하의 제국 안에 잉글랜드의 영향력이 확산되지 않도록 하십시오"라고 차르에게 경고했다.[22]

시베리아 총독직을 맡기 위해 도착한 무라비요프는 러시아의 통제를 강화하기 위한 3중 전략을 추진했다. 러시아 정착민 유치, 시베리아 경제 개발, 그리고 아무르강을 점령해 시베리아에 태평양으로 연결되는 직접적인 수송로를 제공하는 것—가장 논란이 많았다—이 그 전략이었다. 무라비요프는 러시아 지리학회의 초기 회원이었으며, 이 단체가 시베리아에 대한 지식을 확산시키고, 자신이 이 지역에서 발견한 상업적 기회를 널리 알리는 데 기여하기를 바랐다. 무라비요프는 러시아인들이 시베리아로 이주하도록 장려하기 위해 정착민들에게 무상 토지를 제공하려 했다. 또 도착한 가족당 50루블의 보조금도 지급되었고, 이주민들은 병역 의무에서도 면제되었다. 그러나 이 혜택을 받아들인 이들은 종종 "굶주리고 누더기를 걸친" 상태였다.[23]

경제를 활성화하기 위해, 무라비요프는 캬흐타 지역 상인들을 지원할 필요가 있었다. 이들은 영국이 중국과의 무역을 확대하면서 가격에 가한 충격으로 여전히 비틀거리고 있었다. 무라비요프는 캬흐타를 통해 시베리아에서 금이 유출되고 있는 점, 좀 더 일반적으로는 무역 수준이 낮은 점을 러시아 재무장관에게 자주 걱정스럽게 보고했다. 한편 무라비요프는 재무장관에게 보내는 다른 편지에서는 "동시베리아의 민간 금 생산이 여러 이유로 감소하고 있습니다."라고 썼는데, 이는 이 지역이 또 다른 세수원을 잃고 있다는 뜻이었다. 이듬해에 무라비요프는 다음과 같이 불만을 토로했다. "조만간 우리는 다른 국가 세수원과 다른 무역 방향을 찾아야 할 것입니다." 그는 시베리아 지역 생산자들을 다른 러시아 생산자들보다 우대하는 "시베리아 제품 구매" 정책을 시행했다. 이 정책의 목적은 지역 농업과 여타 산업을 육성하는 데 있었다.[24]

대안은 새로운 자원을 찾아내 개발하는 것이었다. 1848년에 무라비요프는 내무장관에게 이렇게 썼다. "아무르강 좌안 전체가 금 천지입니다. 이곳은 누구의 소유도 아닙니다." 하지만 이는 사실이 아니었다. 무엇보다도, 무라비요프 자신도 언급했듯이, "가끔 퉁구스[11)] 사람들이 그곳을 떠돌고, 강어귀에는 길랴크[12)] 사람들이 살고 있었다." 게다가 그 땅은 단지 거주민만의 것이 아니라 또 다른 제국, 청나라의 영유권 하에 있었다. 러시아인들은 청조가 해당 영토를 자국의 일부로 간주한다는 것을 알고 있었지만, 베이징이 실제로 그 지역을 통제하고 있는지는 명확하지 않았다. 그럼에도 금광의 가능성은 러시아가 즉각 행동해 해당 영토를 차지해야 한다는 무라비요프의 신념을 더욱 확고히 했다. 무라비요프는 "잉글랜드인들이 [그 금에] 대해 알게 되기만 하면, 어떻게든 사할린과 아무르강 하구

---

11) Tungus. 동시베리아와 동아시아 동북부에 주로 분포하는 원주민.

12) Gilyak. 니브흐(Nivkh)인이라고도 한다. 아무르강 하류 지역과 사할린섬 북부에 주로 거주하는 원주민이다.

를 차지하고 말 것"이라고 걱정했다. 무라비요프가 그렇게까지 염려했던 이유는 그의 자문관 발라소글로가 아무르강 삼각주와 북태평양 연안이 나일강이 이집트에 결정적으로 중요했던 것만큼이나 러시아의 미래에 핵심적인 지역이 될 것이라 예측했기 때문이었다. 무라비요프는 이 지역이 유럽 제국들의 팽창에 알맞은 땅이라는 것을 직감했다. 문제는 어느 제국이 그 지역을 차지하는가였다. 그는 이렇게 썼다. "만약 아무르강 하구에 영국 요새 대신 러시아 요새가 서 있다면, 러시아의 지배는 영원히 보장될 것이다."[25]

네벨스코이 원정

무라비요프가 동시베리아 총독으로 부임할 당시, 차르가 아무르 유역에 대해 개인적인 호기심을 갖고 있었음에도 불구하고, 상트페테르부르크는 그 지역에 거의 관심을 두지 않았다. 1846년, 아무르강 하구가 대형 선박이 항해하기에는 너무 얕다는 내용을 담은 보고서가 상트페테르부르크에 도착했다. 사실이라면, 이는 아무르강이 상업뿐 아니라 외국 침략자들에게도 닫혀 있다는 것을 의미했다. 외무장관 네셀로데는 무라비요프와 같은 팽창주의 관료들이 러시아를 중국과의 충돌로 몰아넣을 것을 우려하여, 아무르 탐사 확대에 대한 논의를 차단하고자 이 강이 항해 불가능하다는 소식을 인용했다. 1846년 12월, 네셀로데는 차르에게 "아무르강은 외적이나 러시아 상인 누구에게도 통로가 되지 못합니다."라고 말하며, 강이 선박의 항해에 부적합하다는 점을 강조했다. 그는 "아무르강은 러시아에 아무런 중요성도 없습니다."라고 결론지었다. 1848년에 러시아 정부는 아무르강이 "해상 선박이 접근할 수 없다."는 점을 근거로 들어, "아무르 유역 전체를 중국에 영원히 넘기기"로 결정했다.[26]

네셀로데와 상트페테르부르크의 유럽 지향적 고관들이 무엇을 바라든, 많은 러시아인은 아무르 제국이라는 꿈을 포기하려 하지 않았다. 무라비요프가 아무르 지역의 확보를 추진한 데에는 이념적 이유뿐 아니라 개인적인 이유도 있었다. 영토 확장이 없다면, 시베리아 총독직은 군사적 영광이 아닌 단순한 관료 업무에 불과하다는 사실을 깨닫고 있었다. 팽창을 주장한 또 다른 인물은 해군장관 알렉산드르 멘시코프[13] 제독이었다. 멘시코프는 러시아가 태평양 연안에 제대로 된 항구가 없다면 세계적인 해군 강국이 될 수는 없다는 점을 알고 있었다. 이 두 사람과 함께 영토 확장을 요구한 인물이 바로 러시아 해군 장교 겐나디 네벨스코이[14]였는데, 그는 캄차카에 보급품을 운송하기 위해 보급선 바이칼Baikal호의 항해 임무를 준비하고 있었다.

네벨스코이는 캄차카반도의 페트로파블롭스크항에 식량을 전달하는 것이 아무리 중요하다 해도, 단지 그것만을 목표로 삼지는 않았다. 상트페테르부르크에서 배를 보내 캄차카와 알래스카에 물자를 계속 공급해야 하는 현실은 태평양 해역에서 러시아 제국의 팽창을 제한했다. 그러나 이 지

---

13) Alexander Sergeyevich Menshikov(1787–1869). 러시아의 군사령관이자 정치인. 1833년 러시아 해군 제독이 되었다.

14) Gennady Ivanovich Nevelskoy(1813–1876). 러시아의 항해가이자 해군 장교.

역을 좀 더 건실한 경제적 기반 위에 올려놓으려는 이전의 시도들은 모두 실패로 끝났다. 네벨스코이는 캘리포니아의 포트 로스에 세운 식민지가 실패한 것과 알래스카를 부양하는 문제의 끊임없는 딜레마를 안타깝게 지켜봤다. 그는 또한 태평양의 열대 섬들에서 물자를 찾으려는 노력을 면밀히 추적했지만, 그 노력 역시 비현실적임이 드러났다. 그 결과 네벨스코이는 러시아 지도자들이 오호츠크 지역과 같은 극동 지방을 태평양에서 러시아의 영향력을 확장하는 발판이 아니라 '필요악'으로만 여긴다며 불만을 토로했다.[27]

무라비요프 및 해군장관 멘시코프와 공모한 네벨스코이는 아무르 삼각주가 대형 선박의 항해에 적합하다는 것을 증명하기 위해 항해하던 중에 그 지역을 탐사하고 심지어 점령하는 일까지 승인해 달라고 상트페테르부르크에 지속적으로 압력을 가했다. 그러나 아무르 지역의 점령은 청나라와의 충돌을 불러올까 봐 상트페테르부르크의 많은 이들이 우려하는 일이었다. 네벨스코이에게는 모순된 내용이 담긴 비밀 지시가 내려졌다. 그는 캄차카에 보급품을 전달한 뒤, 아무르 삼각주와 사할린 해안을 탐사해야 했다. 그의 "주요 목표"는 "정착에 적합한 장소를 확인하는 것"이었지만, 동시에 중국을 자극하지 않도록 행동해야 했다. 그러나 이는 실현 불가능한 과업이었다. 대부분의 러시아 지도자들이 인식하고 있었듯이, 청나라는 그 해안 지역이 자신들의 영토라고 믿고 있었기 때문이다. 상트페테르부르크는 중국과의 어떤 충돌도 피하고자 했으며, 아무르 삼각주는 항해가 불가능할 것 같고 또 중국이 점유하고 있다고 보았기 때문에, 사할린이

러시아 전초기지를 세우기에 가장 유력한 후보지라고 여겼다.[28]

네벨스코이는 극동 지역에 러시아의 새로운 전초기지를 세울 기회를 붙잡았다. 1849년 봄, 캄차카에 보급품을 하역한 그는 바이칼호를 타고 차가운 안개를 뚫으며 사할린섬 동쪽 해안을 향해 출항했다. 날씨가 개자, 네벨스코이는 섬의 북단을 지나 유라시아 대륙 해안과 사할린 사이의 해협으로 들어섰다. 캄차카를 출발한 지 한 달 만에 바이칼호는 아무르강 하구에 진입했고, 이전 러시아 보고들과는 달리 이 하구가 항해 가능하다는 사실을 확인했다. 네벨스코이는 더 남쪽으로 나아가 사할린 해안을 따라 항해를 계속했고, 결국 섬의 남단에 도달함으로써 사할린이 많은 이들이 생각했던 반도가 아니라 섬임을 입증했다. 그는 아무르강 어귀 근처에 니콜라옙스크라는 전초기지를 세웠는데, 이는 차르 니콜라이 1세의 이름을 딴 것이었다. 네벨스코이는 러시아 군기를 게양하고 예포를 발사했다.[29]

러시아인들만 이 지역에 있었던 것은 아니었다. 러시아인들이 예상했던 길랴크족과 더불어, 네벨스코이는 자신이 '만주인들'이라 부른 사람들도 마주쳤다. 이들은 청 제국의 신민이었다. 그는 이 만주인들이 '상인'이라고 상트페테르부르크에 보고했지만, 실제로는 청나라 관리였을 가능성이 높았고, 이는 아무르 지역에 중국의 공식 행정력이 미치지 않는다는 그의 주장과 상반되었다. 네벨스코이는 이 '만주인들'에게 남쪽으로는 조선 국경까지 뻗어 있는 이 아무르 지역 전체가 러시아 영토라고 선언했다. 이는 러시아-청나라 사이에 체결된 네르친스크 조약과 기존의 러시아 외교 관례 둘 다에 명백히 위배되는 광범위한 영유권 주장이었다. 이는 바로 차르의 장관들 대부분이 두려워했던, 청 제국과의 공개적인 충돌을 초래할 수 있는 위험한 행동이었다. 네벨스코이는 부관 중 한 명에게 러시아 국기를 항상 게양하라고 명령하고, 상트페테르부르크로부터 추가 지시를 기다렸다.[30]

하지만 수도에서는 팽창에 대한 열의가 식어 있었다. 우선 한 가지 이유는 청 제국이 네벨스코이의 아무르 탐사 사실을 알고 불쾌해하고 있다는 소식이 캬흐타로부터 전해졌기 때문이었다. 외무장관, 전쟁장관, 재무장관을 비롯한 차르의 최고위 자문관 대부분은 중국과의 충돌을 우려했다. 베이징은 상트페테르부르크보다 훨씬 쉽게 아무르 유역으로 병력을 전개할 수 있었다. 과연 청 제국이 보복에 나설 것인가? 설령 중국이 자제를 하더라도, 러시아가 아무르에서 얻을 수 있는 이익은 무엇인가? 무역이나 재정 측면에서, 장관들은 아무르 지역이 러시아에 큰 이익을 가져다주지 않을 것이라 예상했다. 대외정책 면에서도, 그들은 오직 위험만을 보았다. 러시아는 먼 변방에 항구를 하나 더 만들 필요가 없다고 믿었다. 변경의 허영심 많은 장교들이 개인적인 영광을 얻는 것 말고, 과연 무슨 이득이 있단 말인가? 네벨스코이는 자신을 항해가가 아니라 제국 건설자로 여겼다. 그리고 넓은 영토를 다스리는 젊고 야심찬 총독 무라비요프는 아무르에서 자신의 위상을 단숨에 끌어올릴 기회를 보았다. 회의 중에 전쟁장관은 무라비요프에게 이렇게 쏘아붙였다. "지금 귀하는 귀하 자신을 위해 동상을 세우려는 것 아닙니까!"[31]

하지만 아무르강이 항행 가능하다는 소식은 무라비요프와 네벨스코이에게 힘을 실어주었고, 두 사람은 노력에 박차를 가했다. 그들은 차르를 상대로 설득과 허위 정보를 교묘히 뒤섞어 압박에 나섰다. 네벨스코이는 길랴크 원주민이 청나라에 세금을 바치지 않는다고 주장했는데, 만약 사실이라면 이는 청나라가 해당 지역에 주권을 행사하지 않고 있다는 증거가 될 수 있었다. 그는 또 길랴크족이 만주인들로부터 자신들을 보호해 줄 것을 요청했다고 보고했다. 무라비요프는 네벨스코이의 주장을 한층 더 과장해서, 1850년에 길랴크족은 단순히 청의 지배를 받지 않을 뿐만 아니라, 만주인들 자신이 "아무르강 양안에 사는 길랴크족은 중국 제국의 신민이 아니며", 아무르 삼각주는 "길랴크족의 땅임을 인정한다."고 썼다.[32]

베이징이 러시아의 영토 침범으로 간주한 아무르 지역 진출에 대한 중국의 분노는 곧 이 주장이 사실이 아님을 입증하게 될 터였다. 하지만 무라비요프는 사실이 어떻든 간에 상대방을 설득할 수 있는 강력한 논거를 쥐고 있음을 알았다. 그는 해군장관 멘시코프에게 러시아가 아무르 지역에 대해 역사적 권리가 있다고 안심시키며, "17세기 동안 러시아의 카자크들과 상인들이 오호츠크해와 아무르강 연안을 점령했다."고 주장했다. 러시아의 아무르 일대 '점령'은 실제로는 청나라에 의해 철저히 패퇴 당하기 전 몇 년 남짓 이어졌을 뿐이며, 1850년 무렵에는 이미 한참 지난 과거로 묻힌 일이었다. 게다가 그사이 극동 지역의 세력 균형도 변해 있었다. 무라비요프는 "아무르강 하구를 확보해야 하는 이유"에 대해 미리 준비된 주장들을 갖고 있었다. 첫째, "시베리아에서는 오랫동안 아무르강 하구에 잉글랜드인들이 있다는… 소문이 퍼져 있었고, 그들이 우리보다 먼저 그곳에 자리를 잡는 일이 있어서는 안 된다." 둘째, "아무르강 좌안을 확보해야만 캄차카와의 보급로를 열 수 있고, 그것만이 캄차카반도의 러시아 지배를 보장할 수 있다." 셋째, "캬흐타 무역이 위축되고 있는 현실은 중국 내 잉글랜드 상인들의 존재가 우리에게 긍정적이지 않다는 증거"이며, 따라서 새로운 무역로가 필요하다. 무라비요프는 결론이 자명하다고 생각했다. 즉 다시 말해 중국-러시아 국경선을 남쪽으로 이동시켜 "중국과 우리의 국경을 확보"해야 한다는 것이었다.[33]

태평양 연안에서의 팽창에 따르는 비용과 이익에 대한 이성적인 논거만으로는 설득에 한계가 있었고, 무라비요프는 차르의 영예 욕까지 교묘히 이용했다. 1850년 말, 아무르 문제를 둘러싼 논쟁이 격렬해지던 시점에 무라비요프는 차르에게 "네벨스코이가 작성한 아무르강과 그 삼각주의 지도"를 보냈다. 이는 차르에게 이미 측량되고 정착이 이루어진 땅, 즉 황제의 승인만 있으면 러시아 영토로 공식 인정될 수 있는 땅을 포기하겠느냐며 차르에게 도전장을 던진 것이었다. 차르는 "이 모든 것이 우리 영토란 말인가!"라고 외쳤다. 물론 그는 이 영토를 방어하려면 상트페테르부르크에서 함대를 보내야 하며, 그것이 결코 쉬운 일이 아니라는 점도 인정했다. 이성은 신중함을 권했지만, 감정은 달랐다. 차르는 무라비요프에게 "귀하는 아무르 문제에 약간 미쳐 있군요"라고 핀잔을 주기도 했다. 그러나 정말로 미친 생각이었을까? 다른 유럽 열강이 중국으로 몰려드는 상황에서, 러시아도 정당한 몫을 가져야 한다고 생각하는 것이? 게다가 러시아군은 아무르강 하구에 이미 차르 자신을 기려서 이름 지은 니콜라옙스크라는 전초기지까지 세우지 않았는가? 니콜라이 1세는 이 제안을 뿌리칠 수가 없었다. 러시아 황제는 이렇게 결론 내렸다. "러시아 국기는 게양된 곳에서는 결코 내려와서는 안 된다."[34] 아무르는 러시아 땅이 될 것이었다.

"시베리아는 더 이상 러시아의 것이 아니게 될 것입니다"

중국 역시 목소리를 낼 터였다. 차르의 명에 따라 상트페테르부르크는 새롭게 확보한 아무르 정착지를 유지하되, 당분간 추가적인 영토 점령은 자제하기로 결정했다. 러시아는 이와 같은 입장이 베이징을 달래는 데 도움이 되기를 바랐다. 한편 외무부는 청과의 우호적인 관계를 계속해서 모색했다. 1851년 초, 러시아는 중국에 두 나라가 외세의 침략에 맞서 아무르 지역을 공동으로 방어하자고 제안했다. 그러나 청은 자신들의 영토라고 간주하는 지역을 공동 방어하겠다는 제안에 별다른 관심을 보이지 않았다. 네벨스코이는 아무르 지역에서 러시아의 거점을 확고히 하기 위한 활동에 나섰다. 러시아인들은 아무르 삼각주에서 농사를 시작했지만 식량 사정은 기아 수준을 겨우 벗어난 정도였다. 네벨스코이의 보고에 따르면, 겨울 내내 강은 얼어붙어 있었고 6월에 들어서서야 항행이 가능했다.[35] 아주 순조로운 출발이라고 하긴 어려웠다.

게다가 국제 정세도 어두워지고 있었다. 1850년, 네벨스코이가 아무르 지역에 정착지를 세우던 바로 그 시기에, 중국은 14년에 걸친 내전에 휘말렸다. '태평천국'이라는 이름의 메시아적 반란자들이 중국 중부의 상당 부분을 장악하면서, 난징 같은 주요 도시들을 점령하고 상하이를 두 차례 포위하기도 했다. 이 반란은 무역을 방해해 유럽의 개입을 부추겼다. 또 태평천국의 난[15)]은 중앙 정부를 약화시킴으로써 유럽인들이 중국 문제에 간섭할 비용을 낮춰주었다. 무라비요프는 태평천국에 대한 상세한 보고를 받았으며, 러시아 외무부 관리들에게 유럽인들이 이 반란을 구실 삼아 개입할 수 있다고 우려를 표명했다. 무라비요프는 1853년 초에 이렇게 경고했다. "우리의 인구 많은 이웃 중국은 지금 무지로 인해 약하지만, 잉글랜드와 프랑스의 영향이나 지도하에 놓인다면 쉽게 위험한 존재가 될 수 있으며, 시베리아는 더 이상 러시아의 것이 아니게 될 것입니다." 그가 생각한 유일한 해결책은 이 지역에 더 많은 러시아 병력을 보내는 것이었다.[36]

무라비요프는 러시아가 중국에서 영국이 가하는 위협을 과소평가하고 있다고 우려했다. 러시아는 다른 열강이 얼마나 빠르게 러시아의 이익을 침해하며 팽창할 수 있는지를 결코 잊어서는 안 된다. 무라비요프는 차르에게 다음과 같이 상기시켰다. "25년 전, 러시아-아메리카 회사는 정부에 캘리포니아 점령을 요청한 바 있습니다. 당시 그 지역은 아직 누구의 지배도 받고 있지 않았으며, 머지않아 이 지역이 미합중국의 영토가 될 것이라는 염려를… 표명했습니다. 하지만 상트페테르부르크에서는 이러한 걱정

15) 1850년에서 1864년까지 중국 대륙에서 벌어진 대규모 내전. 태평천국운동, 장모의 난(長毛의 亂), 장발의 난(長髮의 亂)이라고도 한다. 기독교 구세주 사상을 기반으로 한 종교 국가 태평천국이 만주족 황실의 청나라 조정을 상대로 벌인 전쟁이다.

을 공유하지 않았고, 그런 일이 일어나려면 백 년은 걸릴 것이라고 주장했습니다."[37] 실제로 미국은 순식간에 캘리포니아를 장악해버렸다. 그렇다면, 국내 혼란에 빠져 있는 중국에서도 비슷한 일이 일어날 수 있지 않을까? 게다가 잉글랜드와 프랑스가 이 지역에 점점 더 큰 관심을 보이고 있는 상황이었다. 러시아인들은 아시아에서 외세의 압력 앞에 취약한 나라는 중국만이 아니며, 이 지역의 세력 균형은 그러한 약점들로 인해 재편될 위기에 처해 있다는 사실을 곧 깨닫게 되었다.

일본의 개방

차르의 특별위원회 보고서는 이렇게 설명했다. "캘리포니아가 미국의 영토가 되고, 그곳의 무역과 산업이 빠르게 팽창함에 따라, 미국인들은 일본 연안에 무역 거점을 마련하고자 하는 욕구를 품게 되었습니다. 이 목표를 추구하기 위해 북아메리카 합중국 정부는 새로운 해상 원정대를 파견해서 … 일본을 미국의 요구에 동의하는 방향으로 유도하기로 결정했습니다."[38] 매슈 페리[16] 준장의 증기선 소함대가 버지니아 항구를 떠나 도쿄를 향해 항해를 시작하기 훨씬 이전에, 미국이 자신과의 무역을 받아들이도록 일본을 개항시키기 위해 함대를 파견할 계획이라는 소식이 이미 상트페테르부르크에 도달해 있었다. 페리의 함대는 미국이 서로 다른 목적을

16) Matthew Calbraith Perry(1794–1858). 미국의 함대 사령관. 1854년 함대를 이끌고 무력시위를 벌여 일본을 개항시킨 인물로 잘 알려져 있다.

갖고 태평양에 파견한 두 함대 중 하나였다. 하나는 일본과의 외교 관계를 수립하는 것이었고, 다른 하나는 네벨스코이와 무라비요프가 장악하려던 북태평양 해안을 정찰하는 임무를 띠고 있었다. 1853년 5월에 상트페테르부르크는 아시아로 향하는 미국 함선들의 상세한 목록을 네벨스코이에게 보냈다. 네벨스코이는 부하들에게 미국인들을 친절히 대하되 일련의 거짓 정보를 전달하라고 지시했다. 즉 아무르강은 항해하기에 위험하며, 러시아는 태평양 연안을 항상 지배해왔고, 이 지역 전체는 황무지에 불과하다는 식이었다.[39] 다시 말해, 페리의 함대는 굳이 오래 머물 필요가 없다는 것이었다.

물론 페리가 일본과의 무역 개방을 시도한 첫 번째 선장은 아니었다. 포르투갈 상인들이 1542년 무렵에 일본에 도착했으나, 이후 네덜란드인들에게 자리를 내주었다. 1638년, 일본은 다른 모든 유럽 상인들의 일본 방문을 금지하고 네덜란드인들만 나가사키항에 제한적으로 머물 수 있게 했다. 당시 일본은 러시아에 대해 거의 알지 못했고, 일본인 표류민 덴베에도 아직 모스크바에 도착하지 않았던 때였다. 그러나 18세기 후반 이후로, 러시아인들은 일본과 새로운 무역을 트기 위해 가장 끈질기게 시도한 유럽 세력이었다. 파벨 레베데프-라스토치킨[17] 같은 러시아 상인들, 아담 락스만,[18] 니콜라이 레자노프는 각각 일본을 방문해 무역 개방을 시도했지만, 모두 거절당했다.[40]

---

17) Pavel Sergeyevich Lebedev-Lastochkin(?-?). 야쿠츠크 출신의 러시아 상인. 18세기 후반 일본과 접촉한 최초의 러시아인 중 한 명이다.

18) Adam Kirillovich (Erikovich) Laxman(1766 - 1806?). 핀란드 출신 박물학자 에릭 락스만의 아들로, 러시아 제국 육군 장교이자 정부의 명을 받아 일본에 파견된 사절. 1792년 홋카이도의 네무로에 도착하여 일본 땅을 밟은 최초의 러시아 신민 중 한 사람이었다.

러시아와 일본은 모두 이 지역에서 팽창하고 있었다. 일본은 북쪽으로 진출하며 홋카이도와 사할린에 대한 지배권을 주장했고, 러시아는 북태평양의 거점에서 남동쪽을 향해 눈을 돌리고 있었다. 일본과 러시아의 탐험가 및 상인들은 활동 무대가 겹친 곳, 즉 오호츠크해, 사할린, 쿠릴열도에서 어느 정도 상호 접촉이 불가피했다. 양국 관계는 순탄하지 않았다. 쿠릴열도를 측량하던 러시아 해군 장교 바실리 골로브닌[19]은 1811년 일본 영토를 침범했다는 이유로 일본군에 사로잡혀 1813년까지 억류되었다. 골로브닌은 억류 생활을 통해 일본인들에게 깊은 인상을 받았다. 골로브닌은 이렇게 썼다. "이토록 인구가 많고, 지적이고, 솜씨 좋고, 상상력이 뛰어나고, 인내심 강하고, 무엇이든 해낼 수 있는 민족을 지배하게 될 사람이 만일 우리의 위대한 [차르] 표트르 같은 군주라면, 그는 일본으로 하여금 품속에 지닌 자원과 보물들을 활용해 불과 몇 년 안에 태평양 전역을 지배하도록 만들 수 있을 것이다."[41]

한편, 일본 역시 북태평양 해역에 출몰하는 외국 선박들에 의해 러시아 못지않은 영향을 받고 있었다. 1850년, 일본은 홋카이도 해안 인근에서 외국 포경선 86척을 목격했으며, 이들 대부분은 영국과 미국 선박이었다.[42] 도쿄는 이에 어떻게 대응할지를 두고 의견이 갈렸고, 페리가 도쿄항에 도착하자 정치적 위기가 촉발되었다. 러시아에게도 페리의 항해는 충격적인 사건이었다. 네벨스코이는 상트페테르부르크로부터 페리 함대에 대한 통보를 받은 직후, 사할린섬이 미국인의 손에 넘어가지 않도록 그 섬을 점령하라는 명령을 받았다. 네벨스코이는 사할린에 정착지를 세운 뒤, 그곳

19) Vasily Mikhailovich Golovnin(1776-1831). 러시아 제국의 해군 군인, 탐험가, 학자.

에서 만난 일본인들과 아이누 원주민들에게 자신이 그들을 미국인으로부터 보호하려 한다고 말했다.[43] 일본인들은 이를 믿지 않았고, 1853년 말에 네벨스코이와 사할린의 일본인들은 팽팽한 긴장 속에 서로 대치했다.

러시아에게는 사할린을 점령하는 것만으로는 페리의 계획에 대응하기가 충분하지 않았다. 무라비요프는 잉글랜드와 미국이 태평양에서 해군력과 상업의 우위를 점하고 있는 상황을 고려할 때, 일본은 "이미 우리 손에서 벗어났다."고 우려했다. 상트페테르부르크의 관리들은 그 정도로 비관적이지는 않았다. 일본과 외교 관계를 수립하거나, 심지어 일본을 러시아의 영향권 아래 두는 것조차 매력적인 목표처럼 보였다. 한 미국인은 이렇게 지적했다. 러시아는 알래스카, 캄차카, 쿠릴열도에서 영토를 소유함으로써 "남쪽을 제외한 일본 제국의 모든 방향에 자리 잡고 있다.… 만약 러시아가 일본을 손에 넣는다면, 세계에서 가장 뛰어난 양질의 항구들을 다수 확보하게 될 것이며, 자신의 자원을 바탕으로 태평양을 지배하게 될 것이다." 미국인들 역시 자신들을 비슷하게 인식했는데, 어떤 이는 만약 미국이 캘리포니아 해안을 일본과 연결한다면 그것이야말로 '중화'中華, Middle Kingdom라고 불릴 만하다고 썼다.[44]

많은 분석가는 외국과의 무역에 일본을 '개방'하는 자는 그 누구든지 아시아에서 지배적인 지위를 차지하게 될 것이라고 믿었다. 1852년 봄, 차르의 각료들이 모여 회의를 연 자리에서, 그들은 이렇게 결론지었다. "북아메리카 합중국이 일본을 상대로 수행하는 원정은 지금까지 다른 나라들에는 철저히 폐쇄되어 있던 일본 정부 전반의 정치 체제에 변화를 가져올 수 있다." 만약 미국이 일본에 대해 배타적인 접근 권한을 얻게 된다면, 상업은 물론 석탄 공급 항과 해군 시설 면에서도 우위를 점하게 될 것이다. 더 가능성이 있다고 위원회가 결론 내린 것은 페리의 사절단이 "러시아에게 일본과 통상 관계를 수립할 수 있는 기회를 열어 주리라"는 것이었다.[45] 그러나 이를 위해서는 러시아의 영리한 외교술이 필요했으며, 무엇보다 하루빨리 일본에 사절단을 파견하는 것이 중요했다.

"만약 미국이 성공한다면, 우리는 마냥 손을 놓고 있을 수 없다." 러시아 정부는 이렇게 결론지었다. 그리고 미국은 "평화롭게 협상을 통해서든, 무력을 사용해서든" 일본과의 관계를 수립할 가능성이 높다고 보았다. 푸탸틴 제독은 일본으로 항해해서 "러시아 선박과 상인들이 일본 항구에 정박할 수 있도록 일본 정부를 설득"하라는 명령을 받았다. 영토 문제 또한 중요한 사안이었다. "국경에 대한 협상이 시작되면 사할린섬 문제가 제기될 것이다. 이 섬은 다른 섬들에 비해 우리에게 특별히 중요하다. 아무르강 하구 바로 앞에 위치해 있기 때문이다.… 가까운 장래에 우리는 이 섬에서 가장 이익이 될 만한 몇몇 지역에 정착할 수도 있다." 미국은 사할린 남단에 대한 권리를 주장할 수는 있겠지만, "우리는 그 외 [사할린] 지역에 대한 미국의 소유권 주장은 **결코** 인정할 수 없다." 푸탸틴은 일본의 지도자들에게 전할 네셀로데 외무장관의 서한을 들고 갔다. 그 서한은 "양 제국 간의 국경을 명확히 설정"할 필요가 있고, "폐하께서 러시아인들이 일본 열도의 항구들을 이용할 수 있게 되기를 진심으로 바라고 있다."고 강조했다.[46]

1852년 10월 19일, 푸탸틴의 기함인 프리깃함 팔라다Pallada호가 상트페테르부르크를 출항해서 일본을 향해 서둘러 항해를 시작했다. 홍콩 인근에서 태풍을 만나 돛대 하나를 잃지만 않았더라면, 팔라다호는 페리보다 먼저 일본에 도착할 수도 있었을 것이다. 그러나 1853년 7월, 페리 준장이 먼저 도착해 도쿄항 앞바다에 닻을 내렸다.[47] 페리는 위협적인 발언을 연이어 남긴 뒤 도쿄를 떠나면서, 다음 해에 돌아오겠다고 일본 측에 통보했다. 페리는 일본이 미국 선박의 입항을 허용하든지, 아니면 전쟁을 준비하라고 말했다.

몇 주 뒤인 1853년 8월 21일에 푸탸틴은 일본 근해에 도착했다. 그의 기함 팔라다호가 나가사키항에 들어설 때, 배의 악대는 "신이여 차르를 구하소서"를 연주하고 있었다. 한 러시아 장교는 이렇게 회상했다. "우리의 애국심이 북받쳤다. 러시아 국기의 위엄을 느끼며 뿌듯함에 젖어 있었다. 그 깃발의 보호 아래 네 척의 배가 3,000만 인구의 제국을 개방시키기 위해 두려움 없이 나타났다." 수세기 동안 일본은 "열쇠를 잃어버린 채 잠긴 보물 상자와도 같았으며, 그 지인들이 금과 총포, 교묘한 외교로 끈질기게 접근하려 했던 나라"였다.[48] 러시아는 이 세 가지 방법 모두를 동원해 일본과의 무역을 억지로 성사시키려 했다.

푸탸틴은 미국인들이 강제로 진입하려고 작정했음을 알고, 일본과 즉각적인 협상을 요구했다. 그는 일본에게 협상이 시작될 때까지 한 달을 기다리겠으며, 그 이후에는 일본 법률을 위반하고 수도로 항해하여 일본 정부와의 직접적인 협상을 요구할 것이라고 밝혔다. 1853년 9월에 협상이 시작되었고, 1854년 초 푸탸틴은 일본으로부터 여러 가지 양보를 얻기 시작했다. 첫째, 일본은 일본과 러시아 간의 경계를 설정할 것을 합의했는데, 이는 사할린 문제를 해결하고 쿠릴열도의 소유권을 규명하는 것을 포함했다. 둘째, 일본은 "우리나라가 마침내 무역을 허락한다면, 귀하의 나라가 먼저일 것"이라고 약속했다.[49]

태평양에서의 크림전쟁

푸탸틴은 러시아 극동 지역으로 북상하기에 앞서 마닐라에서 겨울을 보냈다. 그는 1854년 여름에 러시아의 태평양 연안에 도착했지만, 그 지역은 전쟁 중이었다.[50] 크림전쟁은 1853년 중동의 기독교 소수민족의 권리를 둘러싼 갈등으로 시작되었으나, 곧 오스만제국의 장래를 놓고 벌어지는 시험대로 변모했다. 오스만 국가의 분할을 노린 러시아는 오스만 국가를 방어하려는 영국 및 프랑스와 충돌했다. 전쟁에서 가장 격렬한 전투는 흑해에서 벌어졌으며, 영국·프랑스·오스만 연합군은 차르의 주요 해군기지가 위치한 크림반도의 세바스토폴에 상륙했다. 피비린내 나는 1년여의 포위전 끝에 러시아군은 패배했고, 이는 차르 통치의 무능함을 적나라하게 드러냈다. 특히 러시아 제국의 철도망이 부족해 병력과 보급품을 신속히 이동시키지 못한 점이 문제였다.

크림전쟁은 세계에서 가장 큰 군사 강국 세 나라가 얽힌 분쟁이었기에 전 지구적으로 전개되었다. 태평양은 이 전쟁에서 부차적인 전장이었으나, 이 충돌은 이 지역에 대한 러시아의 태도를 바꿔놓았다. 시베리아 총독 무라비요프는 수년간 이 지역에서의 영국의 팽창이 러시아에 위협이 될 수 있다고 경고하며, 러시아가 더 많은 영토를 확보하고 캄차카반도의 페트로파블롭스크 항구 방어를 강화해야 한다고 주장해왔다. 이제 영국은 영국 왕립 해군과 그 동맹국 프랑스가 러시아 함선을 남아메리카 항구에서부터 하와이를 거쳐 아무르강 삼각주까지 태평양 전역에서 추적하는 등 실제로 공격을 가하고 있었다. 개척된 지 불과 몇 년밖에 안 된 아무르 지역의 새로운 전초기지 니콜라옙스크를 방어하기 위해, 무라비요프는 상트페테르부르크의 허가를 받아 이르쿠츠크에서 출발해 아무르강을 따라 하류로 항해할 수 있게 되었다.[51] 상트페테르부르크는 이전까지 중국의 반발을 우려해 이런 움직임을 금지해왔다. 하지만 이제 영국과의 전쟁으로 중국의 민감한 반응은 무시되었다.

무라비요프는 또한 영토 문제를 두고 베이징과 직접 협상할 수 있는 권한도 부여받았다. 그는 더 이상 수도의 신중한 관료들에 의해 제약받지 않게 될 것이었다. 무라비요프는 겉으로는 영국과 프랑스에 대비하기 위해 아무르강을 따라 병력을 이동시킬 계획임을 중국 측에 통보하는 서한을 보냈다. 무라비요프는 아무르강을 따라 내려가면서, 현지 마을 주민들에게 은화를 나눠주며 환심을 사려 했지만, 주민들은 그를 피해 집을 버리고 달아났다. 자신들의 영토를 따라 항해하는 이유를 묻는 중국 관리들에게 그는 단지 "지름길을 이용하는 것일 뿐이며 아무런 소란도 일으키지 않을 것"이라고 답했다. 중국 측이 그 '지름길'을 이용하는 병력의 규모를 묻자, 무라비요프는 "이번에는 천 명뿐이고, 앞으로 더 올 것"이라고 대답했다. 중국 영토를 관통해 항해한 무라비요프는 1854년 여름 마침내 태평양 연안에 도달했다. 그는 두려워하던 영국 함대가 아니라 마닐라로부터 막 도착해 그 지역에서 러시아의 해군력을 한층 강화하고 있던 푸탸틴을 발견했다.[52]

크림반도와는 달리, 태평양에서 러시아 군대는 선전했다. 1854년 가을, 영국군과 프랑스군이 캄차카를 포위했으나 격퇴당하면서, 러시아가 태평양의 크림전쟁에서 드물게 승리를 거두었다. 그러나 러시아는 아시아에서 군사력이 여전히 열세였다. 러시아 지휘관들은 남아메리카에서 하와이와 중국에 이르기까지 태평양 전역에 흩어진 해군 부대에 지시를 전달하는 데 어려움을 겪었다. 무라비요프는 가장 중요한 사안, 즉 아무르 지역에 집중하기로 결정했다. 러시아가 캄차카를 성공적으로 방어했음에도 불구하고, 무라비요프는 반도의 수비대를 아무르강 하구의 니콜라옙스크로 철수시켜, 영국-프랑스군의 잠재적 공격에 대비해 새로운 영토를 방어하라고 명령했다.[53]

태평양에서 전쟁이 발발하자, 일본과의 외교 관계를 수립하려는 푸탸틴의 임무는 훨씬 더 중요해졌다. 일본은 군사 강국이 아니었고, 러시아가 경쟁국들에 대항해 우군으로 의지할 만한 나라도 아니었다. 하지만 푸탸틴이 1854년 초 일본을 떠난 후, 일본은 페리 준장뿐 아니라 영국 제독과도 조약을 체결했다. 이에 푸탸틴은 서둘러 일본으로 되돌아가, 1855년

2월 무역을 위해 여러 일본 항구를 개방하는 조약에 서명했다.[54]

전쟁이 계속되는 동안 러시아는 태평양 전역에서 선전했다. 영국과 프랑스의 공격을 막아내고, 영토를 잃지 않았으며, 교전 중에도 일본과 외교 관계를 수립하는 데 성공했다. 비록 아시아에서 전쟁 자체는 교착 상태에 그쳤지만, 그 전쟁은 태평양에서의 러시아 입지를 바꾸어 놓았다. 무라비요프는 상트페테르부르크의 승인을 받아 캄차카에서 아무르강 삼각주로 병력을 철수시켰고, 이로써 아무르 정착지인 니콜라옙스크가 러시아 태평양 전초기지들 가운데 가장 중요한 기지가 되는 선례를 남겼다. 한편 니콜라옙스크를 방어하는 과정에서, 무라비요프는 아무르강을 따라 병력을 이동시키면서 중국이 자국 영토로 간주하던 지역을 통과했다. 크림전쟁은 유럽 열강 간의 갈등을 해소하기보다는 아시아에서 새로운 경쟁 시대를 열었다. 그리고 이는 무라비요프와 같은 러시아인들이 이제 러시아가 이 경쟁에서 우위를 차지할 수 있는 위치에 있다고 믿는 투쟁이었다.

"베이징 조정은 우왕좌왕하고 있다"

크림전쟁에서의 패배는 러시아로 하여금 아시아에서 더욱 공세적으로 나서도록 부추겼다. 1856년 영국 및 프랑스와 평화조약을 체결한 뒤, 러시아는 오스만제국을 상대로 제기한 요구를 철회하고, 흑해에서 자국 권한에 가해진 굴욕적인 제약을 받아들였다. 한편, 1855년 니콜라이 1세가 사망하고 알렉산드르 2세[20]가 즉위하면서 러시아의 정치도 크게 변했다. 국내적으로 알렉산드르 2세는 무엇보다도 농노해방 조치를 단행했을 뿐 아니라 철도 건설을 장려하고 산업화를 추진한 위대한 개혁 군주로 알려지게 될 터였다. 알렉산드르는 러시아가 유럽 열강에 뒤처졌고 이제 따라잡을 때가 되었음을 깨달았다.[55]

따라잡는 것은 단지 국내 개혁만을 의미하지 않았다. 물론 그것도 중요했지만, 동시에 러시아와 경쟁하는 제국들에 뒤지지 않는 것을 의미했다. 크림전쟁은 적어도 10년 동안 흑해와 발칸 지역에서 러시아 영향력의 확장을 가로막았기 때문에, 러시아는 "근동에서 극동으로 시선을 돌리는 것"말고는 선택의 여지가 없었다고 한 러시아 위정자는 결론지었다. 이러한 결정은 세 가지 요인에 의해 더욱 수월해졌다. 첫째, 니콜라이 1세의 사망 이후 외무장관 네셀로데가 물러났다는 점이다. 네셀로데의 후임으로는 알렉산드르 고르차코프[21]가 임명되었는데, 그 역시 중국과의 전쟁을 피하려는 입장이긴 했지만, 무라비요프를 억제할 만큼의 관료적 영향력은 갖고 있지 못했다. 둘째, 크림전쟁 당시 극동 방어 과정에서 무라비요프는 중국이 자국 영토라고 간주하는 지역을 따라 아무르강을 내려가는 등 이미 몇 가지 금기를 깨뜨렸다. 한 번 그런 항해가 이뤄진 뒤, 상트페테르부르크는 두 번째, 세 번째 항해가 계속 이어지는 것을 피하기 위해 애를 써야 했다. 러시아의 극동 영향력이 커지고 있음을 보여주는 징후로,

20) Alexander II(1818−1881). 러시아 제국의 제12대 황제(재위 1855−1881). 러시아 제국의 근대화를 위해 앞장선 인물 중 한 명이나 1881년 암살되었다.

21) Alexander Mikhailovich Gorchakov(1798−1883). 러시아의 외교관, 정치인. 1856−1882년 러시아 제국의 외무장관을 지냈다.

캄차카에 배치된 해군 소함대가 "시베리아-태평양 함대"로 개칭되어 시베리아와 태평양 사이의 연계를 강조했다. 이 연계는 러시아가 아무르강을 따라 인력과 물자를 수송할 수 있을 때에만 신뢰할 수 있었다. 1854년의 영국-프랑스군의 캄차카 공격은 실패로 끝났지만, 그 사건은 전쟁 전 러시아의 극동 군사력—아무르 지역에 불과 수십 명만이 주둔하고 있던 수준—이 얼마나 부족했는지를 입증해 주었다.[56]

러시아의 동아시아 팽창을 촉진한 세 번째 요인은 마침 크림전쟁이 끝나갈 무렵 아시아에서 새로운 전쟁이 시작된 점이었다. 1856년 10월, 중국 측이 영국 국기를 단 선박을 나포하자, 영국은 중국의 항구인 광저우(당시 캔턴)를 포격하기 시작했다. 이내 영국과 프랑스는 청 제국을 상대로 제2차 아편전쟁을 벌이며, 우월한 군사 기술력을 앞세워 중국의 서항을 짓밟았다. 한편 중국 내부에서는 태평천국의 난이 계속 확산되고 있었다. 외무장관 고르차코프는 1856년에 차르에게, 중국의 네 개 성만이 반란의 영향을 받지 않고 있다고 보고했다. 베이징에 있던 러시아 정보원은 중국이 "심판의 날"을 맞았고 전했다. 베이징이 약화되고 영국의 요구는 커지는 가운데, 무라비요프가 예언한 중국 분할의 시나리오가 실현되는 듯했다. 한 러시아 고위 외교관은 만약 영국이 베이징을 점령한다면, "태평양과 아무르 연안에서 시작한 우리의 모든 시도가 마비될 것"이라고 썼다.[57] 이제 러시아가 행동에 나설 때가 아니겠는가?

1857년 2월, 일본에서 외교적 성과를 거두고 돌아온 푸탸틴 소장은 다시 아시아로 파견되었다. 이번 임무는 프랑스와 영국이 청 제국과의 전쟁을 마무리하며 얻을 것으로 보이는 특권을 러시아도 확보하게 하는 것이었다. 푸탸틴은 청으로부터 양보를 이끌어내기 위한 이중 전략을 구상했다. 그는 아무르 유역의 영토를 내놓도록 베이징을 압박하기 위해 러시아군을 중국 쪽으로 이동시키고, 심지어 중국 항구에 포격을 가할 것도 제안했다. 동시에 푸탸틴은 러시아가 아무르 유역의 인구가 희박한 지역을 요구하는 것은 영국과 프랑스가 중국 중심부 깊숙이 침투하려는 시도에 비하면 훨씬 덜 부담스럽다고 중국을 설득하고자 했다. 푸탸틴의 조언에 따라, 상트페테르부르크는 베이징에 군사 자문단을 파견하고, 대포 50문과 소화기 1만 정을 제공하여 다른 유럽 세력에 맞선 투쟁을 돕겠다는 제안도 내놓았다. 그러나 중국은 푸탸틴의 영토 요구를 거절했다.[58]

무라비요프는 푸탸틴의 협상이 마무리되기를 마냥 기다릴 생각이 없었다. 영국과 프랑스가 중국에서 군사적 승리를 거둘 경우, 베이징으로부터 양보를 받아낼 자신의 입지가 약해질 수 있다는 우려에서였다. 1855년, 무라비요프는 청이 자신의 영토라고 고집하는 아무르강 북안은 러시아의 영토라고 주장하며 중국 측에 이 사실을 통보했다. 무라비요프는 베이징이 "결코 러시아와 적대적인 관계를 맺고 싶어 하지 않는다."고 역설했다. 베이징에 주재 중이던 한 러시아 대표도 이에 동의하며, 무라비요프에게 "아무르 문제에 대해 중국이 체계적인 대응 전략을 세울 것"으로 기대하지 말라고 썼다. "국내 혼란과 재능의 부족 때문에… 베이징 조정은 우왕좌왕하고 있으며,… 결국 지연 전술을 택했습니다."[59]

그러나 무라비요프는 지연을 받아들이려 하지 않았다. 한 가지 이유는 아무르 지역의 경제 개발에 대한 낙관론이 커지고 있었기 때문이었다. 한 외교관은 "농사와 모든 유형의 산업에 적합한, 인구가 드문 해안 지역"에 있는 "훌륭한 항구들"이 러시아의 미래 발전을 위한 핵심이라고 보고했다. 당시 시베리아를 방문한 한 미국인 사업가는 무라비요프와 그리고 최소한 그의 부관 중 한 명과 서신을 주고받으며, 아무르 지역에 철도를 건설하는 계획을 제시했다. 마침 미국도 자국 내 대륙횡단 철도 건설을 고려 중이었고, 무라비요프는 미국과 러시아가 협력하여 시베리아 경제를 개발하는 구상을 갖고 있었다. 한편 그 미국인은 아무르 지역을 바라보던 러시아인들의 낙관적 분위기를 이렇게 표현했다. "증기선이 이제 카누와 바지선을 대체할 것이며… 이를테면, 문명의 세계에 여섯 번째 대륙을 더하게 될 것이다."[60]

첫 번째 조치는 이 지역에서 중국군을 몰아내는 것이었다. 러시아는 베이징에 알리지 않은 채, 1856년 아무르 지역에 지방 정부를 설치해 그 영토에 대한 지배를 공식화했다. 같은 해에 상트페테르부르크는 무라비요프에게 청과 직접 시베리아에서 새로운 국경 협상을 벌일 수 있는 권한을 부여했다. 이제 총독은 중국이 아무르강 양안의 땅을 넘겨주고 러시아 상인들에게 더 넓은 통상권을 부여할 것을 요구했다. 1858년 5월 28일, 양고기, 새끼돼지, 중국 술로 잔치를 벌인 뒤—그리고 무라비요프가 밤새 러시아군의 포성을 울리며 위협한 끝에—청나라 대표들은 결국 굴복했다. 이리하여 체결된 아이훈조약은 아무르강에 대한 러시아의 권리를 공식 인정했지만, 강 남쪽에 있는 우수리강 유역의 문제는 애매하게 남겨두었다.

차르는 무라비요프의 협상 성과를 "엄청난 성취"라고 묘사했고, 러시아를 위해 그 강을 정복한 무라비요프의 공을 기려 총독에게 '아무르스키'라는 칭호를 내렸다. 아무르강은 아시아에서 러시아의 위상을 결정짓는 핵심이었다. 차르는 다음과 같이 선언했다. "나는 장차 이곳에서 운명이 결정될 것이라고 봅니다."[61]

"중국은 마치 양털 깎는 사람들 앞에 놓인 어린 양과 같다"

한 중국 관리가 이렇게 불평했다. "잉글랜드 오랑캐는 가장 불의하나, 러시아 오랑캐는 가장 교활하다." 그러나 1858년 아이훈조약이 체결된 뒤, 정작 교활한 모습을 보인 쪽은 중국이었다. 즉 베이징은 조약문에 자국 외교관들이 했던 서명을 인정하기를 거부함으로써 적어도 표리부동한 태도를 보였던 것이다. 무라비요프가 아이훈조약을 협상—혹은 중국 측 시각으로는 강요—하던 바로 그 해, 중국 대표들은 제2차 아편전쟁을 종결시키는 영국 및 프랑스와의 협정에도 서명했다. 그러나 베이징이 두 조약 중 어느 하나도 지킬 의향이 없음이 이내 분명해졌다.[62]

러시아는 청이 아이훈조약에서 약속한 양보를 이행하지 않는 것을 묵과할 생각이 없었다. 마찬가지로, 영국과 프랑스 역시 베이징이 자신들과 체결한 조약을 부정하는 것을 용납하지 않으려 했다. 영국군과 프랑스군 지휘관들은 조약 이행을 강제하기 위해 베이징으로 진격했다. 베이징이 압박을 받는 틈을 타 러시아는 아이훈조약의 조항을 강제로 이행시키는 데 그치지 않고, 더 많은 영토를 요구하기로 결정했다. 차르 알렉산드르는 협상을 위해 러시아 장교 니콜라이 이그나티예프[22)]를 베이징으로 파견했다. 이그나티예프는 청과 더 광범위한 조약을 새로 체결하라는 지시를 받았다. 이그나티예프는 또한 영국과 프랑스에 맞서 싸우는 데 사용할 수 있도록 수천 정의 총기를 중국에 지원할 권한도 부여받았다. 중국 주재 한 외국 외교관은 당시의 러시아의 목표를 이렇게 간파했다. 러시아의 "지원은 결국 중국을 러시아 보호국 아래에 두는 것으로 이어질 가능성이 크며, 그 결과 러시아의 영토는 황허나 양쯔강 하구까지 확장될 것이다.… 중국은 마치 양털 깎는 사람들 앞에 놓인 어린 양과 같다."[63]

처음에 중국은 이그나티예프가 보낸 군사 물자를 거부하며, 아무르 지역은 중국이 러시아에 "빌려준" 것에 불과하다고 이 러시아 사절에게 말했다. 한편, 이그나티예프는 "우리의 영토 요구에 대한" 중국의 "부정적 태도"에 대해 불평했다. 그는 중국이 완고한 까닭이 러시아가 허약하고—"베이징에서… 우리의 영향력은 존재하지 않는다."—또 중국이 러시아의 영토 점령에 불만을 품고 있기 때문이라고 분석했다. 그는 "한 세기 넘게 우리와 우호적으로 지내온 중국인들이 이제는 우리를 적으로 여기게 되었다."라고 썼다. 그러나 결국 이그나티예프는 중국의 감정보다 러시아의 요구를 우선시했다. 그는 영국과 협력해 중국에 맞서겠다고 위협하며, 러시아의 "군사 정착민"들이 이미 분쟁 지역을 점령하고 있다고

22) Nikolai Pavlovich Ignatiev(1832–1908). 러시아의 정치인, 외교관. 1859–1861년 중국 주재 러시아 대사, 1864–1877년 오스만제국 주재 대사, 1881–1882년 내무장관을 역임했다.

베이징에 알렸고, 베이징이 동의하든 아니든 러시아는 아이훈조약을 이행할 거라고 강경하게 주장했다.[64]

이그나티예프가 베이징의 답변을 기다리는 동안, 무라비요프는 자신이 원하던 땅을 점령하기 위해 움직였다. 러시아군 장교가 우수리강을 탐사하기 위해 파견되었고, 그곳에 중국 관리가 없음을 보고했다. 무라비요프는 병사들에게 "아이훈조약의 효력이 만주 전역에 미친다는 것을 선언하여, 그곳 주민들이 우리의 보호 아래 러시아 땅에 살고 있음을 알게 하라"고 명령했다. 그의 부대는 아무르 지역에 있던 중국 요새를 파괴했고, 청군이 요새를 재건하자 러시아군이 다시 이를 파괴했다. 무라비요프는 청조가 붕괴 직전에 있다는 것을 알고 있었다. 평소 신중한 외무부조차도 중국과의 협상이 교착 상태에 빠질 경우 무라비요프가 아무르강과 우수리강을 점령해야 한다는 데 동의했다.[65] 그는 이를 열성적으로 실행했다.

무라비요프가 아무르강과 우수리강을 점령하고, 영국군과 프랑스군이 베이징을 향해 진격한 이후에야 청은 양보하기 시작했다. 1860년 10월, 유럽 열강은 베이징에 입성하여, 영국과 프랑스 인질들이 그곳에서 고문당해 죽은 데 대한 보복으로 청 황제의 호화로운 여름 별장을 불태웠다. 얼마 지나지 않아 청은 유럽 열강과 러시아에 항복하며 베이징조약을 체결했다. 이 조약으로 중국은 공식적으로 아무르와 우수리 영토를 러시아에 할양하고, 광범위한 무역 권리를 제공했다. 이그나티예프는 러시아 외무부에 "러시아인의 피를 한 방울도 흘리지 않고" 광대한 영토 양보를 받아냈다며 자랑했다. 무라비요프에게 이 조약은 10년에 걸친 아무르강 확보

노력의 결실이었으며, 그는 샴페인 한 잔으로 이를 축하했다.[66]

아무르의 꿈이 사라지다

러시아는 러시아의 '미시시피'를 손에 넣었을 뿐 아니라, 오랫동안 "새로운 가나안"으로 약속되어 왔던 광활한 영토를 제국에 편입시켰다. 시베리아의 상업 중심지였던 이르쿠츠크에서는 베이징조약 체결을 축하하면서 "이전에 없던 새로운 미래"를 알리는 건배와 연설이 이어졌다. 한 연설자는 러시아의 새 영토가 "한편으로는 캘리포니아와 파나마, 또 다른 한편으로는 새롭게 문을 연 중국과 일본, 그리고 남쪽에서 이제 막 개척되고 있는 오스트레일리아 대륙, 사방이 바다에 접한 다양한 여러 나라들"과 러시아를 잇게 될 것이라며 다음과 같이 선언했다. "세계사의 중심 무대가 태평양으로 이동하는 것은 역사의 법칙에 완벽히 부합한다." 한 외국인 관찰자 역시 이렇게 예견했다. "이 해안 어딘가에, 어쩌면 아무르강 근처나 바로 강변에, 태평양의 상트페테르부르크가 틀림없이 세워질 것이다."[67]

아무르가 러시아를 훨씬 더 강대한 국가로 변모시킬 것이라고 생각한 것은 비단 러시아인들만이 아니었다. 훗날 러시아 정치에 지대한 영향을 끼치게 될 공산주의 사상의 주창자 프리드리히 엥겔스[23)]또한 "러시아는 빠르게 아시아 제1의 강국이 되어가고 있다."고 선언했다. 이는 "만주 병

---

23) Friedrich Engels(1820−1895). 독일의 사회주의 철학자, 경제학자. 카를 마르크스와 함께 마르크스주의를 창시했다.

합으로 러시아의 영토가 유럽 전체와 맞먹는 크기로 확장되고,… 러시아가 눈 덮인 시베리아에서 온대 지역으로 내려오게 되기" 때문이다. 엥겔스는 "머지않아 아무르 지역은 러시아 식민지 개척민들로 가득 찰 것"이라고 예측했다. 엥겔스는 러시아가 정복한 영토가 아시아 태평양 해안에서 힘의 열쇠이기에 전략적 함의가 중대하다고 믿었다. 그는 "만주는 중국을 위협하고, 인구 4억 5,000만 명의 중국과 인도는 이제 아시아에서 결정적인 나라가 되었다."고 설명했다.[68]

하지만 역사적 유물론을 열렬히 신봉했던 엥겔스가 아무르 유역에서 러시아가 처한 물질적 입지를 분석했더라면, 그의 예측은 더 정확했을 것이다. 베이징조약의 아이러니는 조약이 태평양 연안을 러시아의 것으로 만드는 무라비요프 꿈의 정점이자, 극동 지역이 러시아의 미래라는 러시아인들의 환상이 종말을 맞은 순간이었다는 점이다. 무라비요프의 성공은 태평양에서 새로운 러시아 권력 시대가 개막했음을 나타낸 것이 아니라, 상트페테르부르크가 이 지역을 철저히 외면하는 30년에 걸친 시기가 시작되었음을 알리는 것이었다.

물론 무라비요프가 "아무르를 지배하는 자가 시베리아를 지배한다."고 믿은 것은 사실로 드러났다. 상트페테르부르크는 사할린섬에 외국 세력이 침투할까 봐, 예를 들어 미국이나 더 가능성이 높은 영국이 아무르강의 출입을 감시하고 차단할 거점을 마련할 수 있을까 봐 계속 우려했다. 한 러시아 외교관은 그런 일이 벌어질 경우 "전시에는 위험하지는 않더라도 정치적으로 심각한 해악이자 곤혹스러운 문제"가 될 것이라고 경고했다.

또한 해상 운송이 돛에서 석탄 동력으로 전환해 가는 시기에 사할린의 석탄 자원은 해군의 관심을 끌었다. 그러나 무라비요프가 한반도 국경 북쪽 태평양 연안 전체에 대한 러시아의 주권을 분명히 한 덕분에, 유럽인과 미국인들은 이 지역에 개입하지 않았다. 남은 영토 문제는 단 하나, 바로 사할린이라는 긴 섬의 소유권이었고, 이는 1867년에 일본과 체결한 조약을 통해 평화적으로 해결되었다. 같은 해 러시아는 마침내 알래스카를 720만 달러에 미국에 매각하며 북아메리카에 대한 자국의 권리를 정리했다.[69]

그 시점에 이르러, 아무르가 러시아 사회를 다시 활성화시켜 줄 것이라 굳게 믿었던 러시아 지식인과 정치인들은 이미 관심을 잃고 있었다. 페트라솁스키 서클은 오래전에 해체되었다. 서클의 구성원들은 처형 직전에야 차르의 자비로 목숨을 구했지만, 정치적으로는 서로 분열되었다. 좀 더 자유주의적인 절반은 차르 알렉산드르 2세의 개혁 정책에 동조하며, 농노제를 폐지하고 러시아를 근대화하고자 하는 그의 노력을 지지했다. 반면 민족주의 진영은 러시아가 크림전쟁에서 패배한 것에 격분하며, 유럽과 흑해 지역의 전후 체제를 수정하는 쪽으로 관심을 돌렸다. 아무르는 어느 쪽 그룹에서도 매력을 잃은 상태였다.

러시아 엘리트들이 아무르 지역에 등을 돌리자, 상인과 농민들 역시 이 새 영토를 러시아에 통합하려는 흐름을 이어갈 의지를 전혀 보이지 않았다. 그 무렵에는 아무르 유역이 태평양 반대편—말하자면 캘리포니아나 오리건주의 윌래밋강 유역—에서 관찰되던 상업적 팽창이나 인구 급증의 혜택을 누리리라는 기대도 완전히 사라진 상태였다. 미국과 러시아의 태평양 진출은 겉보기에는 비슷해 보일 수도 있었지만, 아무르 지역은 약속된 가나안이 아니었다. 미국에서 시작해 북쪽으로 캐나다를 지나 러시아와 알래스카를 잇는 베링해협을 건너 시베리아로 이어지는 전신선을 건설하려던 공상적인 계획도 훨씬 짧은 대서양 횡단 전신선이 완공된 후 1867년 — 알래스카가 매각된 해 — 에 취소되었다.[70]

아무르 지역은 수세대에 걸쳐 러시아인들이 기대해온 곡창지대도 아니었다. 그곳의 정착민들은 땅을 갈기 어렵다고 불평했고, 밀가루와 기장을 만주에서 사와야 했다. 언젠가는 아무르 지역과 러시아의 유럽 중심부를 잇는 시베리아 횡단철도가 생길 수도 있겠지만, 그날은 금방 오지 않을 터였다. 미국은 1862년에 첫 대륙횡단 철도 건설을 승인했고, 5년 후 캐나다도 뒤를 따랐다. 그러나 러시아가 상트페테르부르크와 아무르를 잇는 철도 건설에 착수하기까지는 4반세기가 더 걸렸고, 완공에는 그보다 훨씬 더 오랜 시간이 필요했다. 러시아가 이 지역에 대한 지배권을 확립한 지 20년이 지난 1880년까지도, 러시아의 다른 지역에는 2만 3,000마일이 넘는 철도가 놓여 있었던 데 비해 아무르 지역에는 고작 125마일의 철도만이 부설되어 있을 뿐이었다.[71]

충분한 수의 러시아인들이 이 지역에 정착하지 않는 것을 걱정한 무라비요프는 군부대를 아무르로 이주시키라고 지시했다. 그러나 이조차 부족하자, 그는 시베리아에서 남성 죄수들과 가난한 여성들을 모아 빠르게 짝을 지어 결혼하라고 명령했고, 한 기록에 따르면, 아무르 강변에서 사제가 집단 결혼식을 집전한 뒤 이들 역시 그 지역에 정착시켰다. 그러나 기반시설 하나 없는 먼 변방의 땅이 러시아 농민들에게 매력적이지 않았던 것은 당연한 일이었다. 무라비요프의 집단 결혼과 강제 이주는 별다른 효과를 내지 못했다. 이후 수십 년 동안 아무르 지역으로 이주한 러시아인은 거의 없었고, 1880년대에 이르러서도 민간 정착민보다 군인과 군 관계자 수가 더 많았다.[72]

탐험가이자 지리학자인 니콜라이 프르제발스키[24)]는 1867-1869년에 우수리강을 따라 탐사했을 때, 러시아인을 거의 찾아볼 수 없었다. 간혹 보이는 러시아 정착민들은 "더러움, 굶주림, 그리고 빈곤" 속에 살았다. 그러나 프르제발스키는 이 지역에 외국인 인구가 많았기 때문에 러시아인이 필요하다고 지적했다. 그의 보고에 따르면, 우수리강을 따라 수천 명의 중국인이 살았고, 이들은 새 항구인 블라디보스토크—태평양의 상트페테르부르크—의 수산물 무역을 장악하고 있었다. 이 중국인 주민들은 홍호자[25)]라 불리는 산적 집단에 동조하고 있었으며, 이들은 이후 반세기 동안 만주에서 러시아인을 끊임없이 괴롭히게 된다. 이는 모든 중국인이 러시아의 진출을 반긴 것은 아님을 시사한다.

러시아인들이 여전히 이 지역을 기피하는 동안, 새 땅을 찾아 나선 대규모의 조선인들이 러시아와의 국경을 넘어 우수리 유역으로 유입되었다. 그러나 프르제발스키는 러시아 독자들에게 조선인들이 러시아의 우수리 영토를 그들의 고국과 통합하려는 생각을 품지 않도록 이들을 국경

---

24) Nikolai Mikhailovich Przhevalsky(1839-1888). 러시아 제국의 폴란드계 지리학자이자 탐험가. 티베트, 칭하이, 중가리아 등을 탐험했다.

25) 紅鬍子(Honghuzi, '붉은 수염'이라는 뜻). 19세기 후반부터 20세기 전반에 걸쳐 러시아-중국 국경 동부 지역에서 활동한 중국인 무장 도적 및 산적 집단. 만주와 연해주 일대를 무대로 상업로와 국경지대를 습격하고, 때로는 반러시아 저항 성격을 띠기도 했다.

가까이에서 떼어놓는 것이 좋다고 경고했다. 프르제발스키는 이 지역에 살고 있는 다른 민족들은 훨씬 덜 인상적이라고 평가했다. 그들은 "감정도, 욕망도, 기쁨도, 희망도 없는" 존재였으며, "이 사람들과 그들의 개 사이에는 조그만 차이"만 있을 뿐이라고 결론 내렸다. 동물이든 인간이든, 이 지역의 주민은 지배받을 필요가 있었으며, 프르제발스키는 이 지역에 러시아 카자크들을 계속 정착시키기를 권고했다. 카자크들의 "주요 책무는 현지 중국인을 감시하는 일"이 될 것이며, 이를 통해 "만주에서 우리 지역으로 유입되는 새로운 만주족의 흐름을 줄이거나" 심지어 일부에게 떠나도록 유도할 수도 있을 것이었다.[73]

아무르강 하구를 러시아의 손에 넣는 데 그의 간계가 도움을 주었던 해군 장교 네벨스코이는 이 지역이 "오랫동안 군영軍營처럼 살아갈 운명"이라고 빈정댄 적이 있었다. 그의 말은 옳았다. 정착민도 적고 상업 활동도 거의 없는 상황에서 러시아가 이 지역을 계속 통제할 수 있는 다른 방법은 없었다. 실제로 아무르 연안의 사할린섬은 1869년에 죄수 수용소로 바뀌었고, 이는 달갑지 않은 사람들을 인구가 희박한 극동 지역으로 수송시키는, 차르 체제와 이후 소비에트 정권의 정책으로 계속 이어졌다. 세기 말에 사할린을 여행한 유명 극작가 안톤 체호프[26)]는 거의 죽을 뻔한 이 여정에서 무능, 잔혹, 고통뿐인 현실을 목격했다. 체호프는 자발적으로 사할린에 정착한 이들은 '실패'했으며, 그 대신 죄수들의 수만 늘어났고, 그들 대부분은 쇠약하고 매독에 감염되어 있었다고 보고했다.[74] 체호프가 사할

26) Anton Pavlovich Chekhov(1860–1904). 러시아의 의사, 소설가, 극작가. 작품으로 《세 자매》, 《벚꽃 동산》 등이 있다.

린섬에서 목격한 풍경은 러시아 극동 지역의 실상을 정확히 보여주었다. 군인과 죄수에 의한 강제 식민지화, 그리고 많은 이들이 동쪽으로 이주하기로 한 자신들의 결정을 후회하는 소수의 자발적 정착민들이 전부였다.

일부 러시아인들은 더 나은 통치만 있었다면 새로 획득한 영토들도 성공을 거둘 수 있었을 것이라 믿었다. 총독 무라비요프의 6촌 동생이자 아나키스트였던 미하일 바쿠닌은 만약 아무르 지역이 미국식 통치를 받았다면 "축복받은 땅"이 되었을 수도 있었겠지만, 러시아의 지배자들은 "아이처럼 무력하다."고 주장했다. 그러나 러시아 극동은 미국의 서부보다 훨씬 정착과 개발이 어려운 곳이었다. 상트페테르부르크에서 블라디보스토크까지의 거리는 뉴욕에서 샌프란시스코까지보다 두 배나 멀었다. 그리고 러시아는 연결을 촉진했을 교통수단 — 처음에는 증기선, 그 다음에는 철도 — 의 발전에서도 여전히 뒤처져 있었다.

게다가 러시아 엘리트들은 교통 기반시설보다는 영광스러운 정복에 더 초점을 맞추었다. 무라비요프는 때때로 러시아 극동 전역에 철도가 종횡으로 교차하는 모습을 꿈꾸기도 했지만, 이를 실현하기 위한 실제적인 조치는 전혀 취하지 않았다. 이 지역에서 러시아의 팽창을 주도한 군 장교들 역시 새 영토를 활용하는 일보다는 러시아의 지도를 넓히는 데에만 주로 관심이 있었다.

수십 년 동안 아무르 지역을 꿈꿔온 장교와 관료들은 러시아의 국경을 확장하고 다른 열강을 배제함으로써 그들이 원한 바를 대부분 달성했다. 물론 아무르 영토가 러시아 사회를 다시 활성화시킬 수 있으리라는 발상은 더 이상 유행하지 않게 되었다. 그러나 중국으로부터 이 지역을 탈취하겠다는 무라비요프의 목표는 실현되었다. 중국과의 국경은 수백 마일 남쪽으로 이동했다. 영국은 북태평양 연안에서 배제되었으며, 이를 통해 러시아의 우위를 확보할 수 있었다. 차르 알렉산드르 2세는 "러시아 국기는 게양된 곳에서는 결코 내려와서는 안 된다."는 아버지의 유훈을 이행했다. 아무르의 항로를 개척한 네벨스코이는 승진한 뒤, 자화자찬으로 가득 찬 장문의 회고록 집필에 착수했다.

영토 확장은 이루어졌고, 러시아의 관심은 다시 다른 문제들로 되돌아가면서 극동 지역은 외딴 변방으로 남게 되었다. 베이징조약이 체결된 지 1년 만에 무라비요프는 동시베리아 총독직에서 물러났다. 꿈에 그리던 강을 정복한 뒤, 그조차도 이 지역에 대한 관심을 잃었던 것이다. 무라비요프는 러시아 극동에 관한 소식은 계속 지켜보았지만, 아무르 땅을 다시 찾지는 않았다. 한 지인이 왜 시베리아 총독직을 사임했느냐고 묻자 그는 믿기지 않는 듯 이렇게 되물었다. "내가 거기 남아서 죽기를 바라셨소?" 아무르 유역을 정복하는 것은 영광스러운 일이었으나, 태평양의 황량한 해변에 있는 '군영'에서 사는 것은 그렇지 않았다.[75] 무라비요프는 아무르나 우수리 강가가 아닌, 파리의 센 강변에서 여유로운 은퇴 생활을 영위하기를 바라며 시베리아를 떠났다.

3

“우리는 여전히 코르테스처럼 위대한 업적을 세울 수 있다”

중국 중앙아시아 변경 지역에서의 팽창과 후퇴

"더러움, 굶주림, 그리고 빈곤" 이것은 니콜라이 프르제발스키가 1867–1869년에 우수리 유역을 탐사하며 마주한 현실이었다. 프르제발스키는 콜럼버스,[1)] 바스쿠 다 가마,[2)] 코르테스[3)]의 시절 이후 탐험가들이 어느 누구보다도 찬사받던 시대에 살았다. 아프리카에서는 리처드 버튼[4)] 같은 영국 여행가들이 대륙의 호수를 지도에 표시하며 명성을 얻었고, 데이비드 리빙스턴[5)]은 나일강의 발원지를 찾아다녔다. 프르제발스키는 어린 학생 시절 리빙스턴과 같은 탐험가들의 이야기를 읽고 자랐다.[1] 러시아의 모험가는 어디를 탐험해야 했을까? 러시아인 몇몇은 알래스카를 가로지름으로써 그리 큰 명예는 얻지 못했으나 존경을 받았다. 그러나 프르제발

1) Christopher Columbus(1451–1506). 이탈리아 제노바 출신의 탐험가이자 항해가. 1492년 아메리카 대륙과 유럽을 잇는 신항로를 개척해 유럽인들에게 새로운 대륙이 존재함을 알리는 역할을 했다.

2) Vasco da Gama(1460 혹은 1469–1524). 포르투갈의 탐험가. 1497년 7월 리스본을 출항해 1498년 5월 캘리컷에 도착함으로써 인도 항로를 개척하는 데 성공했다.

3) Hernán Cortés(1485–1547). 아메리카 대륙의 아스텍 제국을 정복한 스페인의 정복자(콩키스타도르).

4) Richard Francis Burton(1821–1890). 영국의 탐험가, 인류학자, 작가, 언어학자, 번역가, 군인, 외교관. 19세기 대영제국을 대표하는 탐험가 가운데 한 사람으로 손꼽힌다.

5) David Livingstone(1813–1873). 스코틀랜드의 선교사이자 탐험가.

스키가 여행을 시작할 무렵, 러시아령 아메리카는 이미 미국에 매각된 상태였다. 러시아 해군 장교들은 북극의 여러 섬들을 발견하긴 했지만, 프르제발스키는 항해 기술이 없었고, 설령 있었다 하더라도 북극의 섬들은 얼음으로 뒤덮인 황량한 암석지대에 불과했다. 그는 위대한 사건에 참여하고 싶어 했지만, 얼어붙은 북극은 그러기에는 너무나 황무지였다. 영국의 탐험가들은 자국의 제국을 확장하는 데 기여했으며, 프르제발스키 역시 같은 꿈을 품었다. 그러나 어디서 그 꿈을 펼칠 수 있었을까? 북극은 얼어붙어 있었고, 러시아령 아메리카는 팔려나갔으며, 아무르와 우수리 지역조차도 이미 사람들의 기억에서 잊히고 있었다.

이전 세대의 유럽 탐험가들은 아시아의 해안을 지도에 담았으나, 아시아 대륙의 내륙 중심부는 프르제발스키의 눈에 여전히 수수께끼로 남아 있었다. 몽골과 카자흐스탄의 평원, 카라쿰사막과 타클라마칸사막, 파미르고원과 톈산산맥, 히말라야산맥의 봉우리들, 러시아인들은 이들 지역에 대해 과연 무엇을 알고 있었을까? 러시아의 대상隊商들은 수세기 동안 몽골 평원과 카자흐 초원 지대를 느릿하게 가로질러 왔고, 러시아 외교관들 역시 때때로 이 산과 사막들을 넘어 다른 편의 이웃 국가들과 교섭하기도 했다.[2] 그러나 프르제발스키는 중국의 중앙아시아 변경 지역 어딘가에 여전히 '발견'해야 할 영토가 존재한다고 느꼈다. 이 지역에 대한 러시아인들의 지식은 제한적이었고, 상트페테르부르크는 배움을 우선순위로 삼아 본 적이 없었기 때문이다.

중국의 서부 변경 지역에는 다양한 영토와 민족들이 존재하고 있었다.

북서부에는 카자흐족, 몽골족, 한족이 뒤섞여 살고 있었고, 남쪽에는 비옥한 일리강 유역이 자리 잡고 있었다. 일리 유역은 중국 본토와는 눈 덮인 산맥으로 단절되어 있었지만, 러시아가 지배하던 카자흐 초원 지대와 넓고 이동이 쉬운 강 계곡을 공유하고 있어 중요한 교역 중심지로 기능했다. 일리 유역은 중앙아시아에서 가장 중요한 청 제국의 전초기지였으나, 러시아와도 밀접하게 연결되어 있었다. 이미 1840년대에 러시아는 일리와의 무역을 촉진하기 위해 도로를 건설했고, 러시아의 국경 수비대는 러시아가 장악한 일리 유역 일대에 새로운 도시들을 세웠다.[3]

훨씬 더 남쪽으로 내려가면 카슈가르라는 중심 교역 도시의 이름을 딴 카슈가리아라는 지역이 있었다. 카슈가리아는 세 방향을 산맥이 둘러싸고 있는 광활한 사막 지대였다. 북쪽에는 톈산산맥, 서쪽에는 파미르고원, 남쪽에는 히말라야산맥까지 이어지는 쿤룬산맥이 그것이다. 눈이 녹아 흘러내리는 물줄기가 산기슭의 작은 마을들과 농경지로 흘러내렸고, 이곳에는 주로 튀르크계 언어를 사용하는 무슬림들이 거주했다. 러시아와의 무역 대부분은 북쪽 초원 지대를 통해 이루어졌지만, 남쪽의 여러 도시들도 높은 산 고개를 넘어 페르가나 분지와 활발한 상업을 이어갔다. 이 지역은 러시아가 이제 막 진입하기 시작한 곳이었다. 1860년, 무라비요프 총독이 전쟁을 위협한 뒤 중국이 체결한 베이징조약은 상트페테르부르크에게 카슈가르에 영사관을 설치할 권리를 부여했고, 이는 러시아가 이 지역에 처음으로 세운 실질적인 거점이 되었다.[4]

1860년대 초에 이르러, 일부 러시아인들은 몽골에서 알타이, 카자흐 초원 지대에서 톈산산맥, 파미르고원의 봉우리들에서 심지어 히말라야산맥과 티베트에 이르기까지, 청 제국의 중앙아시아 변경 지역에 대해 다시 생각하기 시작했다. 우랄산맥과 시베리아 지역의 인구가 점점 더 밀집되면서, 일부 러시아인들은 농지를 찾아 남쪽으로 눈을 돌렸고, 중앙아시아로 이주해 그곳에 살고 있던 유목민 카자흐족으로부터 토지를 빼앗으며 정착해 나갔다. 러시아 군 부대들은 중국의 서쪽으로, 주요 교역 중심지인 부하라, 히바, 코칸트 주변 강 유역들을 지배하던 칸들과 충돌했다.[5]

일부 러시아인들은 이 중앙아시아 영토들의 정복이 "지리적·역사적 필요에 의해 요구된다."고 주장했지만 이 지역은 그 자체로는 특별히 탐낼 만한 곳이 아니었다.[6] 프르제발스키 역시 필요하다면 무력을 써서라도 중앙아시아 주민들을 자신이 말한 "문명화된 민족들의 영역"에 편입시켜야 한다고 주장했다. 1850년대, 1860년대, 1870년대에 걸쳐 러시아 제국은 일련의 소규모 전쟁을 통해 여러 칸들로부터 토지를 빼앗으며, 오늘날의 중앙아시아 대부분 지역을 정복했다. 상트페테르부르크의 일부 관리들이 이 영토들을 카스피해 유역, 이란, 아프가니스탄, 심지어 인도의 지배를 놓고 영국과 벌이는 더욱 폭넓은 제국 간 경쟁의 일환으로 간주하기도 했지만, 러시아 지도자들은 대체로 이곳을 그 자체로 결정적으로 중요한 지역으로 좀처럼 보지는 않았다.[7]

러시아의 중국 중앙아시아 변경 지역 진출은 이러한 제국의 남진 정책과 연관되어 있었으나, 군사적·지정학적 맥락은 완전히 달랐다. 중앙아시아의 칸들과는 달리 중국은 광대한 제국이었고, 그 국경은 유라시아 중심부에서부터 블라디보스토크 남쪽의 태평양 연안까지 길게 러시아와 맞닿아 있었다. 중국과의 국경 문제는 어느 지역이든 베이징에 있는 청 왕조 지도부의 입장을 고려하지 않고는 논의될 수 없었다.

러시아가 중앙아시아를 중요하게 여긴 것은 상트페테르부르크가 이 지역을 아시아 전체의 지배를 둘러싸고 청 제국과 대영제국을 상대로 벌이는 더욱 광범위한 제국 간 경쟁의 일환으로 보기 시작했기 때문이다. 코칸트칸국은 중국 및 영국령 인도와 활발히 교역했으며, 지난 수십 년 동안 최소 마흔여덟 차례나 무역 대표단을 청 제국에 파견한 바 있었다.[8] 중앙아시아의 통치자들 역시 영국 동인도회사에 사절을 보냈다.[9] 러시아인들에게 오랫동안 세상에서 가장 외딴 지역처럼 보였던 이 땅들이 이제는 아시아 지배의 열쇠를 쥐고 있는 것처럼 여겨지기 시작한 것이다.

이러한 인식의 한 가지 이유는 청 제국이 멈출 수 없는 몰락의 길을 걷고 있는 듯 보였기 때문이다. 무라비요프가 지난 10년간 아무르와 우수리 유역을 장악한 일은 1850년대와 1860년대에 청 제국이 겪은 수많은 위기 중 하나에 불과했다. 당시 제국의 거의 모든 변방에서는 전쟁과 반란이 연이어 일어나고 있었다. 태평천국의 난은 1864년에 진압되기 전까지 상하이 같은 중국의 주요 도시들을 위협했다. 한편 남쪽 끝 버마 국경과 접한 윈난 지역에서는 여러 무슬림 소수인종들이 청의 지배에 맞서 반란을 일으켰다.[10] 러시아에게 중국 동부와 남부 국경지대에서 발생한 반란과 위기는 처음에는 나쁜 일 같지 않았다. 러시아는 멀리 떨어진 윈난성에 이해관계를 갖고 있지 않았다. 중국이 그곳 문제로 손이 묶여 있는 한, 베이징

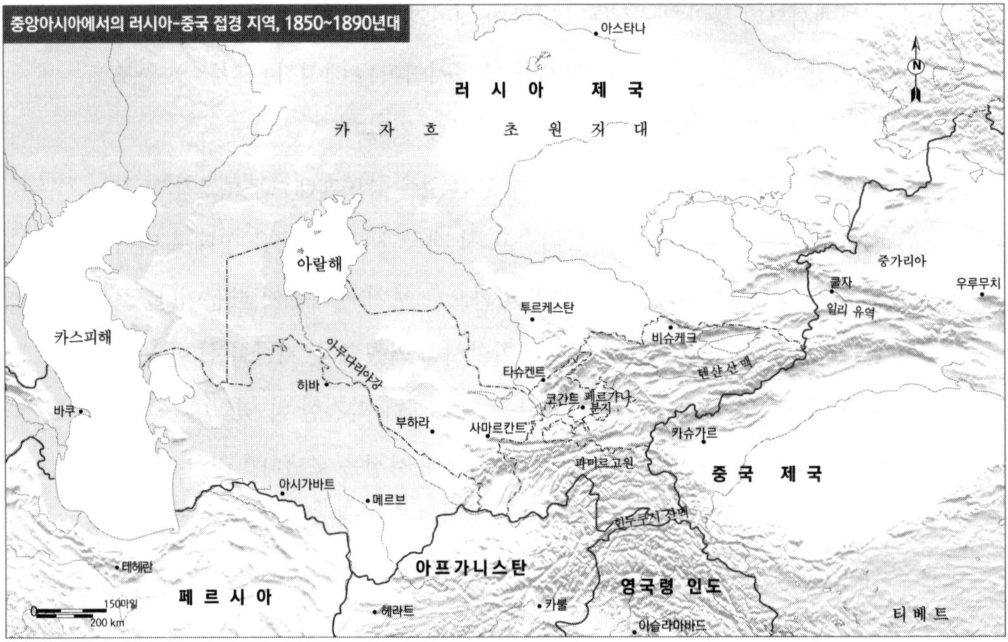

중앙아시아에서의 러시아-중국 접경 지역, 1850~1890년대

은 아무르 합의의 개정을 추진할 여력이 없을 것이었다. 이 합의는 중국이 이를 뒤집을 힘이 없었기 때문에 수용한 것이었다.

중국의 위기는 러시아에 기회를 제공했지만, 동시에 위험도 안겨주었다. 첫 번째 위험은 만약 중앙아시아 주변부에 대한 베이징의 지배력이 무너지기 시작한다면, 그 여파가 러시아 영토로까지 번질 수 있다는 것이었다. 훨씬 더 심각한 두 번째 위험은 청 제국의 쇠퇴가 영국에게 대륙 전역으로 세력을 확장할 기회를 부여함으로써 영국이 득을 볼 것이라는 점이었다. 상트페테르부르크의 시각에서 볼 때, 대영제국은 마치 중국을 포위하며 아시아 전체를 지배할 준비를 하는 듯이 보였다. 영국은 히말라야 건너편의 인도를 지배하고 있었을 뿐 아니라, 아프가니스탄 침공을 시도했고 티베트까지 넘겨보고 있었다. 더 동쪽에서는 이미 버마 남부 절반을 정복했으며, 이곳은 중국의 윈난성과 국경을 접하고 있었다. 동시에 영국 상인들은 시암[6]에서 막대한 무역 특권을 얻었고, 동남아시아 전역에서 입지를 넓혀가고 있었다. 중국 연안에서도 상황은 마찬가지였다. 두 차례의 아편전쟁 모두에서 청 제국을 무너뜨린 것은 다름 아닌 영국이었고, 그 결과 영국은 홍콩에 대한 통제권을 얻고 중국의 많은 주요 항구에서 특별한 무역 권리를 확보했다. 수천 마일에 걸쳐 뻗은 중국의 국경선 곳곳에서 영국의 존재감은 뚜렷이 느껴졌다. 만약 청이 지배력을 상실하고 중국이 분열된다면, 가장 가치 있는 부분들을 차지할 가능성이 가장 높은 나라는 영국이었다.

물론, 이는 러시아에게는 중대한 도전으로 다가올 수밖에 없었다. 그러나 상트페테르부르크의 일부 관리들은 영국이 중국 국경을 따라 영향력을 확대해가는 상황이 오히려 기회가 될 수도 있다고 믿었다. 일부 관리들은 이 지역을 활용해 오랜 경쟁 상대인 영국을 압박할 수 있지 않겠느냐고 주장했다. 러시아는 해상으로는 대영제국을 위협할 방법이 없지만, 대영제국의 가장 소중한 보석인 인도로 진군하는 것은 가능하지 않을까? 이런 구상은 일부 러시아 전략가들 사이에서 오래전부터 논의되어 왔지만, 대부분은 히말라야산맥을 넘어 군대를 보내는 일은 비현실적이라고 여겼다.

하지만 1860년대에 이르자, 러시아의 중앙아시아 남쪽 국경과 대영제

6) Siam. 지금의 태국을 가리킨다.

국의 힌두쿠시 변경 사이의 거리는 1,000킬로미터에 지나지 않게 되었다. 1860년에 중국과의 베이징조약을 협상했고 이후 중앙아시아와 흑해 지역에서 영국과의 세력 다툼에 자신의 외교 인생을 바치게 될 매파 외교관 니콜라이 이그나티예프를 비롯한 러시아의 주요 전략가들은 다음과 같이 주장했다. "영국의 정치인들은 자신들의 식민지가 안전[하거나]… 중앙아시아를 통한 경로가 접근 불가능하다는 달콤한 착각에 빠져서는 안 된다." 심지어 일부 객관적인 관찰자들조차 러시아가 인도를 침공할 개연성이 충분하다고 생각했다. 《뉴욕 데일리 트리뷴》New York Daily Tribune의 칼럼니스트였던 프리드리히 엥겔스는 이렇게 썼다. 러시아가 "북쪽에서 인도를 공격할 가능성은 이제 막연한 추측의 단계를 벗어나 어느 정도 구체적인 윤곽을 갖추기 시작했다."[11] 프르제발스키가 처음으로 중국의 변경 지역에 관심을 돌리던 이때, 아시아 전체는 마치 누구든 차지할 수 있는 땅처럼 보였다.

"일종의 엘도라도"

1860년대 중반에, 청 제국의 북부, 동부, 남부 변경 지역에서 벌어지던 위기가 마침내 서쪽 국경 지대까지 번져왔다. 중앙아시아 변경 지역에서 현지 주민들에 대한 청 관리들의 압정은 점점 더 가혹해졌고, 이들은 "사치스러운 생활"을 누리는 반면, 백성들은 자신들이 "개와 양처럼" 취급받는다고 불평했다. 백성들은 세금을 더 많이 내야 했고, 관직에도 접근할 수 없었다. 1864년, 쿠차시의 주민들이 들고일어나 도끼와 괭이로 청 관리들과 그 협력자들을 공격하고, 관청에 불을 지르며, 그들을 도시 밖으로 몰아냈다. 이 반란은 중국의 서부 변경 전역으로 빠르게 번졌고, 6개월 만에 현지 민병대들이 프랑스의 세 배에 달하는 넓이의 지역을 장악했다. 곧이어 반란은 러시아 국경에 접한 교역 중심지인 일리 유역에까지 도달했다.[12] 그해 말에는 중국의 러시아 접경 서부 지역 대부분이 지역 군벌의 지배하에 들어가거나 아예 통치가 되지 않는 상태였다.

러시아는 처음에는 반란의 여파로 피해를 입으면서도 신중하게 중립적인 태도를 유지했다. 1865년과 1867년에 청군이 반란 세력과의 충돌 중 러시아 국경을 침범했다는 의혹이 제기되었지만, 러시아는 보복하지 않고 국경을 강화하면서 피해 배상을 요구하는 데 그쳤다. 상트페테르부르크는 반청 반란자들을 지지해 달라는 요청을 거듭 거절했다.[13] 일부 러시아인들 사이에서는 질서를 회복하고 러시아의 거점을 확보하기 위해 중국의 일리 유역에 개입하자는 논의도 있었지만, 상트페테르부르크의 관리들과 중앙아시아 변경 지역의 군 장교 대다수는 처음에는 개입을 피하려 했다. 어쨌든 상트페테르부르크는 1860년대 중반에 러시아가 지배하던 폴란드에서 벌어진 반란을 진압하는 데 바빴고, 머지않아 중앙아시아의 여러 칸국 중 하나 이상과 다시 전쟁을 벌이게 될 상황이었다. 러시아로서는 중국의 내전에 휘말릴 이유가 전혀 없었고, 상트페테르부르크의 관리 대부분은 어느 지역 군벌보다도 중국과의 관계가 훨씬 더 중요하다고 보았다.

그러나 러시아는 처음에 중국 서부 변경 지역에서 벌어진 반란을 이용하지 않았지만, 다른 세력들은 그러지 않았다. 중국 내 혼란의 최대 수혜자는 야쿱 벡[7]이라는 군벌이었다. 그는 중앙아시아 페르가나 분지에 위치한 코칸트칸국 출신으로, 이 지역은 러시아 제국의 남쪽이자 청 제국 국경의 서쪽에 자리 잡고 있었다. 야쿱 벡은 러시아군이 중앙아시아로 진격할 당시 그들과 싸우며 성장했다. 지역어로 '벡'beg은 '사령관'이나 '우두머리'를 뜻하는데, 그는 군 지휘관으로 활동하며 대상 무역에서 징수한 세관 수입으로 상당한 부를 축적했다. 그러나 이후 그의 군대가 러시아군 소규모 부대에게 패배하면서 코칸트 내에서 야쿱 벡의 영향력은 점차 약화되었다.[14]

중국의 카슈가르 지역에서 반란이 일어나자, 야쿱 벡은 명예를 회복할 기회를 보았다. 그의 고향인 코칸트는 카슈가르와 깊은 유대 관계를 맺었다. 두 지역은 언어와 관습을 공유하고 수세기 동안 무역로로 연결되어 있었다. 1865년 초 카슈가리아에서 반란이 일어난 지 반 년쯤 지난 시점에, 야쿱 벡은 수십 명의 추종자들과 함께 코칸트를 떠나 산 고개를 넘어서 카슈가르로 향했다. 이 군벌은 노련한 군사 작전과 정치적 술수를 통해 단 2년 만에 중국 서부 변경 지역의 남부 절반에 대한 지배권을 확립했다. 그는 거기서 멈춰야 할 이유를 찾지 못했다.

러시아인들은 곧 야쿱 벡의 부상이 중국의 지도를 다시 그리게 만들고, 아시아의 권력 구도를 재편하는 계기가 될 수도 있겠다는 의문을 품기 시

7) Muhammad Yakub Beg(1820–1877). 코칸트칸국 출신의 우즈베크 군인, 탐험가로, 후일 카슈가르에 기반을 둔 예티샤르의 아미르가 되었다. 코칸트칸국 멸망 후 청나라의 신장을 거점으로 활동했으나, 청군에게 패해 왕국이 와해되면서 그 역시 죽음을 당했다.

작했다. 이미 이 군벌은 영국과의 동맹 의사를 내비친 바 있었고, 영국 시민인 로버트 쇼[8]는 영국령 인도에서 카슈가르에 도착해, 이 지역이 전략적으로 중요하며 상업적으로는 "일종의 엘도라도[9]"와 같다고 보고했다. 그 결과 야쿱 벡에 대한 영국의 관심도 높아졌다. 영국은 이 군벌과 동맹을 맺어, 그가 독립 국가를 세우고 카슈가르를 중국에서 분리시키도록 도울 것인가? 그렇게 된다면, 영국이라는 보아 뱀은 중국을 더욱 강하게 휘감을 것이었다. 갑자기 야쿱 벡은 혼란스러운 중국 서부 변경 지역을 넘어서는 권력 중개자가 될 수도 있을 것 같았다. 왜냐하면 중국의 운명이 곧 아시아 전체의 향방을 좌우할 것이었기 때문이었다.

"아시아 영토 중 가장 부유한 지역"

중국의 지배력이 약화한 것은 "엄청난 정치적 의미"를 지니며 러시아에 "부정적인 결과"를 초래할 것이라고 한 러시아 관리는 경고했다. 러시아와 해당 지역의 무역은 급감했고, 반란으로 일리와 그 밖의 지역에 있던 러시아 상인들의 창고가 파괴되자, 러시아는 중국 서부에 있는 자국 영사관들을 폐쇄해야 했다. 한편 수만 명에 달하는 난민들이 중국 내 전쟁을 피해 국경을 넘어 러시아로 피신했다. 키르기스 집단이 전투에 휘말리자, 러시아 내 키르기스인 동맹자들이 일리 유역의 청나라 영토로 넘어가 전

8) Robert Barkley Shaw(1839–1879). 영국의 탐험가이자 외교관.

9) El Dorado. 대항해시대 당시 남아메리카의 스페인 정복자들 사이에서 전해져 내려오던 전설의 장소. 황금이 넘쳐나는 이상향으로 여겨졌다.

쟁에 가세했다.[15] 러시아가 중국의 내전에서 떨어져 있기를 원했다 하더라도, 그 전쟁은 이미 국경을 넘어 러시아로 번지고 있었다.

러시아 관리들은 처음에 일리 유역을 장악한 군벌에 맞서 개입하기를 꺼렸다. 그런 행동이 중국을 자극할까 우려했기 때문이었다. 반란이 계속되는 한, 러시아 관리들은 일리 유역 내 반란자들의 정부와 러시아 내 키르기스 집단 사이에 "비밀 관계"가 유지될 것으로 예상했다. 하지만 만약 중국이 이 지역을 탈환한다면, 그 정복 때문에 더 많은 난민이 러시아 영토로 쏟아져 들어올 것이었다. 게다가 중국은 완벽한 이웃도 아니었다. 중국 역시 키르기스인들 사이의 '음모'를 지원했고, '산적'과 '범죄자들'을 러시아로 인도하는 것을 거부했다. 그러나 이런 우려들은 한 러시아 관리가 지적했듯이, 중국과의 우호라는 "우리의 전통적인 대외정책에서 지금 물러나는 것은 현명하지 못할 것"이라는 믿음 앞에서 뒷전으로 밀려났다.[16]

하지만 전쟁이 지속되자, 이러한 입장은 곧 반대 논리, 즉 소극적인 태도는 러시아의 위신을 해치며, 팽창주의 정책이야말로 러시아 같은 강대국에 더 걸맞을 것이라는 주장에 가려지게 되었다. 일리 유역의 상황은 계속 악화되었다. 이제 문제는 단순히 국경 지역이 전쟁으로 황폐해지면서, "메말라버린 수로, 버려진 들판, 시든 숲, 그리고 몇 마일마다 나타나는 폐허가 된 도시들"만 남겨진 것이 아니었다. 한 러시아 고위 외교관은 국경 너머의 "질서 확립에 의존하는 우리 [변경] 지역의 번영" 자체가 위기로 위협받고 있다면서 무역 감소와 난민 유입에 따른 혼란을 지적했다. 심지어 아시아 문제에 늘 신중한 태도를 보여 왔던 외무장관 알렉산드르 고르차

코프조차 상황이 "참을 수 없게" 되었다고 불만을 터뜨릴 정도였다.[17]

어떻게 해야 할까? 전쟁장관 드미트리 밀류틴10)은 "아시아인들은 오직 힘만을 존중한다."고 주장하며, 상트페테르부르크는 무력을 통해 자국의 이익을 관철해야 한다고 역설했다. 이는 러시아 지도자들이 자주 되풀이 해온 입장이었다. 외무부는 개입이 러시아를 특히 영국과의 새로운 충돌에 휘말리게 해 유럽 전선에서 상트페테르부르크에게 문제를 일으킬 수 있다고 우려했다. 재무부는 영토 확장이 러시아의 재정 적자를 악화시키고 무역을 혼란에 빠뜨릴 것이라고 정확하게 판단했다. 하지만 러시아의 장군들은 군사적 수단으로 기울어져 있었다. 일부는 정복에서 영광을 얻고자 했고, 다른 이들은 국경에서 간헐적으로 발생하는 소규모 충돌보다 결정적인 해결이 낫다고 생각했기 때문이었다.[18]

이제 일리 유역 산맥 너머의 땅을 장악한 야쿱 벡의 부상은 전통적인 국경선이 다시 그려지고 있음을 분명히 보여주었다. 제국들의 운명이 걸려 있었다. 1871년 봄에 중앙아시아 모험에 대체로 회의적이던 외무부조차도 결국 다음과 같은 결론에 이르렀다. "국가의 전반적인 이익과, 중국과 접한 우리 국경 지역의 행정적 특수성" 때문에 중국의 충돌에 "가담하는 것이 불가피해졌다." 그해 말에 상트페테르부르크는 중앙아시아 주둔 지휘관들에게 일리 유역 점령을 승인했다. 짧은 전투 끝에 러시아군은 최소한 이론적으로는 여전히 중국 영토였던 유역으로 진군했다.[19]

러시아군은 해당 지역을 팽창 중인 자국의 제국에 신속히 통합했고, 중

10) Dmitry Alekseyevich Miliutin(1816–1912). 러시아 제국의 군인. 1860년대와 1870년대의 군사 개혁을 주도했으며, 1898년에 러시아 제국 육군 원수 계급을 받았다. 1861–1881년 러시아 전쟁부 장관을 지냈다.

앙아시아의 다른 지역과 마찬가지 방식으로 이를 관리했다. 러시아는 국경 지대에 러시아인들을 계속 정착시키는 한편, 일리 유역의 새로운 영토 내 주민들을 더욱 효과적으로 통치하기 위해 상세한 인구조사를 실시했다. 또 교회 건립을 감독하고, 유역 내 무역도 장려했다.[20]

러시아가 일리 유역을 떠날 계획이 있다는 낌새는 전혀 보이지 않았다. 그들이 왜 떠나겠는가? 중국이 반란 세력으로부터 자국의 서부 변경 지역을 되찾을 가능성을 뒷받침하는 증거는 거의 없었다. 차르 알렉산드르 2세는 청 조정에 러시아는 "단지 중국이 제국의 서부 지역…에서 영향력을 회복할 수 있도록 돕는 목적만을 추구할 뿐"이라고 설명했다. 그러나 베이징이 일리 유역을 통치할 관리를 보내겠다고 러시아 측에 말하자, 러시아 대사는 이를 거부하며, 중국군이 실제로 지배할 능력을 갖춰야만 도시를 넘겨줄 수 있다고 주장했다. 러시아 외무부는 "중국 본토와의 연락이 완전히 보장될 수 있도록", 베이징이 "그곳에 적절한 수의 병력"을 배치할 것을 원했다. 1872년에 베이징 주재 러시아 공사는 한발 더 나아가, 러시아는 중국이 카슈가르시를 다시 정복하기 전까지는 떠나지 않을 것이라고 말했다. 이는 훨씬 더 힘든 군사적 모험이었다. 외무장관 고르차코프도 "우리 무역의 자유로운 발전"을 위한 중국 측의 보장을 요구해야 한다고 보았고, 다른 관리들은 중국 영토의 점령에 따른 비용의 보상을 중국으로부터 받아내길 원했다. 한편 중국이 여전히 서부 변경 지역에 대한 통제력 회복에 분투하는 동안, 러시아는 그 지역을 지배하고 있었고, 어느 여행자의 보고에 따르면 그곳은 "최근 러시아가 점령한 아시아 영토 중 모든 면에서 가

장 부유한 지역"이었다.[21]

"마르코 폴로 이후 아시아에서 가장 명성이 높은 여행자"

1870년, 상트페테르부르크의 관리들이 일리 유역 점령 여부를 논의하던 바로 그 무렵, 탐험가 프르제발스키는 중앙아시아로 주의를 돌렸다. 그로부터 15년에 걸친 네 차례의 여정 동안 프르제발스키는 고비사막을 횡단하고, 톈산산맥을 넘고, 동튀르키스탄을 종주하고, 티베트로 향하는 길을 지도에 담았다. 그는 들으려는 사람 누구에게나, 아시아는 쉽게 정복하고 무리 없이 통치할 수 있으며, 제국을 장엄하게 확장시킬 러시아 영토를 제공할 것이라고 약속했다. 적어도 처음에는 러시아 내에서도 많은 이들이 프르제발스키의 말에 귀를 기울였고, 그의 여정은 특히 군부에서 유력한 러시아 인사들의 지지를 받았다. 프르제발스키는 군대의 전쟁 계획 자문 역할도 맡았으며,[22] 그의 보고서와 저술은 러시아 엘리트 사이에서 널리 읽혔다. 그는 차르를 비롯해 모든 직급의 관리들을 상대로 직접 설명에 나서기도 했다.[23]

프르제발스키의 중국 횡단 여정은 그에게 전 세계적인 명성뿐만 아니라, 아시아 문제 전반에 대한 전문가로서 러시아인들의 존경까지 안겨주었다. 한 러시아인은 그를 "마르코 폴로 이후 아시아에서 가장 명성이 높은 여행자"라고 평했다. 극작가 안톤 체호프는 "러시아는 태양이 필요하듯이" 프르제발스키가 필요하다고 언명했다.[24] 프르제발스키의 중앙아시아 탐험은 제국 러시아 지리학회와 군대의 후원 아래 진행되었으며, 군 지도자들은 그의 열정적인 팽창주의에 호의적이었다. 프르제발스키의 전기 작가 중 한 명은 이렇게 썼다. "밀류틴이 전쟁부에 있는… 한, 프르제발스키는 요청하는 것은 무엇이든 얻었다."[25]

프르제발스키가 무엇보다 원했던 것은 러시아를 위한 새로운 영토였다. 프르제발스키는 그것이 자신의 나라가 아시아와 세계무대에서 입지를 확보하는 데 결정적이라고 보았다. 아시아의 지도를 다시 그리는 일을 기회이자 위협으로 여긴 것은 러시아의 관리들 중에서 프셰발스키만이 아니었다. 많은 관리들은 중국이 거의 모든 국경 지대에서 반란과 위기를 겪고 있다는 사실을 잘 알고 있었다. 한 러시아인은 "중국의 힘은 서부 중국에서 언제나 약했다."고 말하며, "중국은 튀르키스탄을 이미 여러 차례 정복했지만,… 그만큼 여러 차례 잃기도 했다."고 덧붙였다.[26] 베이징의 중앙 권위가 붕괴하고 유럽 제국들이 진군하고 있던 이 시기에, 청나라가 과연 권위를 회복할 수 있으리라고 기대할 근거가 무엇이 있었을까? 프르제발스키와 같은 팽창주의자들에게는 청의 군대가 국경을 방어하지 못한다면 중국의 경계를 존중해야 할 이유가 확실히 없어 보였다. 프르제발스키는 한번은 비판자들이 "비눗방울 같은 이상을 떠들어 대지만", 자신은 "힘이 유일하게 인정된 권리의 기준"이라고 철학적으로 말했다.[27]

1872년 러시아 군대가 일리에 진입한 후, 한 러시아 장교가 카슈가르의 야쿱 벡 정부에 특사로 파견되었다. 야쿱 벡은 위엄 있는 초록색 예복과 흰 터번을 착용하고 러시아 손님들에게 현지 진미로 성대한 연회를 베푸는 등 장엄한 방식으로 장교를 영접했다.[28] 러시아인들만이 카슈가르에 온 외국인은 아니라고 야쿱 벡은 설명했다. 잉글랜드인들이 그곳에 먼저 다녀갔다. 이미 1871년에 야쿱 벡은 인도로 사신을 보내 영국 여왕에게 편지를 전달하고, 영국으로부터 머스킷 총을 구입할 수 있도록 허락해 달라고 요청했다. 곧 양측은 통상 조약을 체결했다. 야쿱 벡은 이미 오스만 술탄에게도 사신을 보낸 적이 있었다. 오스만제국과 야쿱 벡은 종교적 유대를 공유했을 뿐만 아니라, 둘 다 러시아의 경쟁자이기도 했다. 술탄은 네 명의 오스만 장교가 이끄는 군사 지원 사절단을 이 군벌에 파견했으며, "대형 크루프 대포 6문", "구식 라이플총 1,000정과 신식 라이플총 2,000정", 그리고 "화약 제조에 필요한 자재"를 제공했다. 오스만 대표단은 카슈가르에 도착했을 때, "100발의 예포가 울려 퍼지는 가운데 큰 환대를 받았다."[29] 러시아는 제국 외교를 펼치는 야쿱 벡의 행보에 신경을 곤두세우며 지켜보았다.[30]

프르제발스키와 다른 팽창의 옹호자들에게 야쿱 벡이 영국 및 오스만제국과 맺은 협력 관계는 러시아가 진군하여 그의 토후국을 무너뜨리고 그의 영토, 아니 더 정확하게는 야쿱 벡이 통제하고 있었지만 형식적으로는 여전히 중국에 속한 영토를 차지할 수 있는 완벽한 구실이 되었다. 프르제발스키의 논리는 단순했다. 러시아는 부상하고 있고, 중국은 쇠퇴하고 있으며, 그러니 경쟁국이 그 땅을 차지하기 전에 상트페테르부르크가 먼저 중국의 영토를 손에 넣어야 한다는 것이었다. 프르제발스키는 이렇게 주장했다. "우리의 거만한 이웃 [중국]과는 결산해야 할 일들이 많으며, 우리는 러시아의 정신과 용기가 국내에서든 극동에서든 누구에게도 뒤지지 않는다는 것을 반드시 보여주어야 한다." 1874년 봄, 프르제발스키는 최근에 떠났던 몽골과 티베트 여행에 대해 상트페테르부르크에서 강연을 했고, 밀류틴 전쟁장관도 그 자리에 참석했다. 장관은 자신의 일기에 다음과 같이 적었다. "이런 모임에는 특히 여성들이 큰 관심을 보이며, 지식에 대한 갈증이 대단하다. 프르제발스키는 그 누구보다도 청중들, 특히 여성들을 사로잡을 수 있다. 그의 활기찬 성격이 그의 모습 전체에, 그리고 말 한마디 한마디에 잘 드러난다." 프르제발스키는 제국 팽창이라는 낭만을 온몸으로 구현하는 인물인 것처럼 보였다. 강연이 끝난 뒤, 밀류틴은 프르제발스키를 집으로 초대해 함께 차를 마셨다.[31]

프르제발스키와 밀류틴이 차를 마시며 무슨 대화를 나누었는지에 대해서는 기록이 남아 있지 않지만, 그 내용을 짐작하는 것은 어렵지 않다. 프르제발스키는 귀 기울이는 사람이라면 누구에게든 러시아는 중국의 쇠퇴를 틈타 팽창해야 한다고 말했다. 야쿱 벡이 차지한 중국의 영토는 자연스러운 출발지인 것 같았다. 프르제발스키는 이 군벌을 "교활하고", "용감하며", "간계가 많다."고 썼다. 그러나 그는 권력을 유지하기가 힘에 버거울 것이었다. 프르제발스키는 야쿱 벡이 "국가를 운영하는 데 거의 진지한 이해가 없고", 그의 통치는 "피의 공포 정치"라고 적었다. 야쿱 벡은 카슈가리아를 운영하기 위해 페르가나 분지 출신의 동맹자들을 데려와 "도시의 총독, 군대의 지휘관, 세금 징수원, 그리고 황제 [야쿱 벡] 본인의 호위병"으로 삼았다. 그러나 프르제발스키에 따르면, 현지 주민들은 이 외부 출신 관리들을 "중국인보다도 더 나쁘게" 여겼다. 그 이유는 이들이 "재산뿐만 아니라 아내와 딸까지도 주민들로부터 약탈했기" 때문이었다.[32]

1876년에 야쿱 벡을 만난 한 러시아 장교는 프르제발스키의 평가에 동의하며, 그가 약하다고 보았다. 이 장교는 "우리가 가지고 있던 카슈가리아에 대한 지식은" 그 카슈가르 군벌의 "실제 권력을 과장한 것이었다."고 보고했다.[33] 그렇다면, 러시아가 그 허점을 이용하지 말아야 이유가 있을까? 프르제발스키는 카슈가르 주민들조차 러시아가 침공하기를 바란다고 주장했다. 그는 "여기에서 우리는 여전히 코르테스처럼 위대한 업적을 세울 수 있다."고 약속했다.[34] 프르제발스키가 아메리카 대륙의 위대한 스페인 탐험가들과 자신을 겹쳐 보았다는 사실은 전혀 놀랍지 않았다. 그는 다른 러시아인들도 자신의 비전을 공유하도록 설득할 수 있을까?

1877년 5월 9일, 티베트로 가는 길을 찾아 중국을 가로질러 여행하던 중에 프르제발스키는 야쿱 벡을 직접 만났다. 프르제발스키는 나중에 야쿱 벡이 선물로 준 낙타들이 모조리 곧바로 죽었다며 투덜댔지만, 그 군벌은 프르제발스키를 '정중하게' 맞이했다. 야쿱 벡의 처지도 그 불운한 낙타들과 별반 다르지 않았다. 프르제발스키를 만난 지 얼마 지나지 않은 5월 29일, 야쿱 벡은 갑자기 코피를 쏟기 시작했고, 곧 숨을 거두었다. 그의 동료 중 일부는 독살을 의심했고, 중국 측은 자살 가능성을 제기했다.[35] 어쩌면 그는 그냥 사망했을지도 모른다. 원인이 무엇이든, 그의 후계자들은 권력을 유지하지 못했다. 그해 말까지 중국 군대는 카슈가리아에서 반란자들을 완전히 진압했다.

야쿱 벡의 토후국은 사라졌다. 그러나 프르제발스키의 정복의 꿈은 살아남았다. 군벌이 사망한 직후, 프르제발스키는 군 지도부에 편지를 보내 이렇게 선언했다. "지금이야말로 동튀르키스탄과 관계를 수립하기에 가장 유리한 시기입니다." 당시 러시아는 중국의 일리 유역을 장악하고 있었다. 청 제국의 군대는 중국을 가로질러 서쪽으로 진군하고 있었지만, 프르제발스키는 그들이 카슈가리아나 러시아가 점령한 일리에서 다시 권위를 회복할 수 있을지 회의적이었다. 그는 현지인들이 청 관리들을 "신앙심이 없는 자"로 여겨 증오한다고 설명했다. 프르제발스키는 주변이 약한 세력들로 둘러싸인 상황에서, 러시아는 일리를 점령한 기회를 이용해 국경선을 더욱더 남쪽과 서쪽으로 밀 것을 촉구했다.[36] 이는 중국이 자국의 영토로 간주하고 있는 지역을 또다시 정복하자는 뜻이었다.

"우리에게 필요 없는 황무지"

1877년 봄 프르제발스키와 야쿱 벡이 만나고 있던 무렵, 러시아와 오스만제국은 전쟁 상태에 빠져들고 있었다. 발칸과 캅카스 지역에서 러시아군이 오스만 영토로 진격하면서 중앙아시아는 처음에 신경 쓸 겨를이 없는 지역처럼 보였다. 러시아-튀르크 전쟁은 1877년 4월에 시작되었고, 11월까지 러시아군은 캅카스에서 오스만제국의 거대한 요새 카르스를 점령했다. 곧이어 발칸반도의 러시아군은 불가리아에서 오스만군을 몰아내며 오스만제국의 수도 콘스탄티노플로 빠르게 진군할 수 있는 길을 열었다. 이듬해 1월, 오스만 측은 휴전을 제안했으나, 러시아는 콘스탄티노플을 점령하고 터키 해협을 장악해야 할지 고심하면서 제안을 받아들일지를 망설였다. 런던은 러시아의 그러한 움직임을 우려해 함대를 해협으로 보냈고, 이는 전쟁을 암시하는 위협이었다.[37] 순식간에 러시아와 영국은 전쟁의 문턱에 다다랐다.

1853년부터 1856년까지 이어졌던 러시아와 영국 간의 이전 충돌, 즉 크림전쟁은 발트해에서 백해, 캄차카에 이르기까지 전 세계를 무대로 한 투쟁이었다. 이제 중앙아시아에서 20년에 걸친 러시아의 팽창 이후 벌어질 새로운 영국과의 전쟁은 또 하나의 전장을 갖게 될 것이라고 러시아 전략가들은 믿었다. 러시아군 인사들은 곧바로 중앙아시아 주둔지에 대한 위험 요소를 계산하기 시작했다. 예를 들어, 일부는 영국군이 페르시아에 상륙해 시라즈와 이스파한을 경유하여 남쪽에서 러시아를 위협할 수 있다고 우려했다. 한 장교는 러시아가 점령한 지역에서 영국이 개입할 위험에 주목했다. "잉글랜드가 부하라, 히바, 투르크멘, 어쩌면 남부 키르기스까지 자금을 지원해 우리에 맞서 들고일어나게 하려 들 것이라는 점에는 의심의 여지가 없다."고 그는 적었다.[38]

야쿱 벡의 죽음은 그의 토후국의 종말을 가져왔으나, 아시아의 패권을 누가 쥘 것인가 하는 문제를 해결하지는 못했다. 일부 러시아 관리들은 상트페테르부르크에게 이 지역에서 영국에 맞서 공세를 취할 것을 촉구했다. 그러나 대부분의 러시아 지도자들은 유럽에서 전쟁이 벌어질 위험성을 신중함의 이유로 보았다. 프르제발스키 같은 모험가들이 부추긴 열정적인 식민주의는 점차 매력 없는 것으로 여겨지기 시작했다. 1878년 7월에 열린 베를린 회의는 러시아-튀르크 전쟁의 종결을 조율하기 위해 소집되었지만, 러시아에게는 외교적 패배였다. 러시아의 팽창주의 계획을 견제하려는 유럽의 모든 경쟁국들이 한목소리로 반대하고 나섰기 때문이다. "[러시아를] 반대하는 것은 잉글랜드만이 아니라 유럽 전체다."라고 밀류틴은 불평하며, 러시아가 물러서는 것 말고 뾰족한 수가 없다는 현실을 받아들였다. 차르 역시 같은 견해를 드러냈다. 차르에 따르면, 베를린 회의는 "비스마르크[11)] 공의 주도하에 러시아에 맞서 결성된 유럽 연합"이었다.[39]

유럽에서 러시아의 외교적 상황이 악화되자, 일리 문제가 다시 의제로 떠올랐다. 1878년 봄, 중국 장군 좌종당[12)]은 러시아가 일리 유역을 떠나지 않으면 전쟁도 불사하겠다고 위협했다. 좌종당 장군은 강력한 군대를 일으킨 상태였다. 그는 카슈가리아의 야쿱 벡 군대를 진압하고, 중국의 중앙아시아 국경 지역에서 활동하던 여러 반란 세력을 평정함으로써, 러시아가 일리를 중국에 반환하기 위한 전제 조건으로 제시했던 요구사항들을 모두 충족시켰다. 중국 정부는 일리를 재점령할 준비가 된 군대를 보유하고 있었을 뿐 아니라, 해당 지역의 병력 규모에서도 러시아를 능가했다.

11) Otto Eduard Leopold Fürst von Bismarck-Schönhausen(1815-1898). 독일을 통일하여 독일 제국을 건설한 프로이센의 외교관이자 정치인. 프로이센 왕국에서 외무장관과 총리, 독일 제국 창설 후에는 초대 총리(재임 1871-1890)를 지냈다.

12) 左宗棠(Zuo Zongtang, 1812-1885). 중국 청나라 말기의 정치인. 1863-1866년 청나라의 민절총독, 1869-1880년 섬강총독, 1881-1884년 양강총독을 역임했다.

하지만, 러시아가 처음 일리를 점령한 시점과 중국이 이 지역을 다시 점령할 준비를 마친 시기 사이에, 러시아의 요구는 점점 더 커졌다. 1876년 좌종당 장군이 우루무치시를 점령했을 때, 한 러시아 외교관은 베이징에 "일리를 반환하기 전에 새로운 무역 특권도 원한다."고 전했다.[40] 다른 러시아인들은 영토를 중국에 돌려주기 전에 국경을 자국에 유리하게 조정할지 여부를 논의했다. 심지어 일리를 아예 반환하지 말아야 하는 것 아니냐는 의견도 있었다. 이 땅은 프르제발스키 같은 탐험가들이 코르테스처럼 러시아가 제국을 건설할 수 있다고 상상했던 바로 그 영토가 아니었던가? 아프가니스탄에서 철수하는 문제를 둘러싼 내부 논쟁에서 자제를 주장하는 사람들이 승리했지만, 공세적 정책을 지지하는 이들은 대신 일리로 주의를 돌리고 있었다.

중국은 러시아가 일리에서 철수하겠다는 약속을 지키지 않으려는 조짐을 보이자, 전쟁을 불사하겠다고 위협했다. 러시아령 튀르키스탄의 총독 콘스탄틴 카우프만[13]은 이렇게 경고했다. "그들과 충돌하는 건 매우 불쾌한 일이 될 겁니다. 영광도, 명예도 없을 것이고,… 비용은 많이 들며, 지형상 세 곳, 네 곳에서 전투가 벌어져 끝도 없이 길어질 수 있습니다.… 우리는 그들을 침공하게 된다면, 결국은 우리에게 필요 없는 황무지를 제국에 병합시키기 위해 싸워야 할 겁니다." 카우프만은 차라리 일리를 중국에 돌려주는 편이 훨씬 낫다고 판단했다. 그래야 좌종당 장군의 분노도 피할 수 있고, "극도로 불쾌하고, 고맙다는 소리 하나 듣지 못하며, 막대한 비용

13) Konstantin Petrovich von Kaumann(1818–1882). 러시아의 군인. 러시아령 튀르키스탄의 초대 총독을 지냈다.

이 들고, 비생산적인 전쟁, 거기에다 중국인들의 완강한 성격을 감안하면 끝이 어디인지도 알 수 없는 전쟁"을 피할 수 있다는 것이었다.[41]

1879년 3월, 일리 유역의 처리를 논의하기 위해 차르의 최고위 관리와 장군들이 모였다. 세 시간에 걸친 회의에서, 그들은 이 영토를 반환하는 데 따르는 비용과 이익을 놓고 토론을 벌였다. 러시아는 일리에서 철수하는 대가로, 무역 특전, 국경 조정, 그리고 현지 주민들의 안전을 보장하기 위한 조항들을 중국 측에 요구하기로 결정했다. 이는 중국의 보복으로 다시 난민 유입과 국경 불안정이 초래될 수 있다는 우려 때문이었다. 그해 후반, 중국과의 협상은 크림반도에 위치한 차르의 여름 궁전 리바디아에서 시작되었다. 중국 특사는 "매우 빠른" 협상 태도를 보이며 러시아 측을 놀라게 했고, 러시아가 요구한 거의 모든 양보를 제시했다.[42]

그러므로 1879년 9월 15일에 체결된 조약의 최종안은 놀랍게도 상트페테르부르크의 팽창주의자들에게 매우 유리한 내용으로 채워졌다. 러시아는 좀 더 폭넓은 일리 유역 영역과 카슈가리아로 통하는 전략적 요충지인 무자르트 고개에 대한 통제권을 포함하여 오늘날의 중국–카자흐스탄 국경 지역 일부를 얻었다. 중국은 러시아가 우루무치, 하미, 투루판 같은 중국의 주요 도시에 새로운 영사관을 개설하는 것도 허용했다. 이러한 새로운 특권 외에도, 러시아는 중국 중심부의 새로운 무역로 접근권과 만주의 쑹화강 진출권 등 관련 없는 문제들에 대해서도 양보를 요구해서 받아냈다. 이러한 요구는 상트페테르부르크의 많은 관리들에게 일리 지역이 중국으로 더 깊숙이 팽창해 들어가기 위한 교두보로 인식되고 있었음을 보여준다. 마지막으로, 베이징은 러시아의 일리 점령 비용을 보상하기 위해 상트페테르부르크에 500만 루블을 지불하기로 합의했다. 조약 협상은 러시아가 중국 영토에서 철수하는 것으로 시작되었으나, 결국에는 중국이 연이어 굴욕적인 양보를 하게 되는 결과로 끝났다. 베이징의 중앙아시아 영토는 러시아의 영향력 아래 더욱 깊이 들어가는 듯 보였다. 한 영국 신문은 이렇게 보도했다. "러시아가 사실상 [일리] 지방을 자신의 권위 하에 둘 것이라는 인식이 퍼진다면, 중앙아시아의 장군들이나 베이징의 장관들이 차르에게 감사할 이유가 있다고 생각할지 크게 의심스럽다."[43]

"우리가 싸우고 싶다면, 싸울 수 있다"

중국은 자국 특사가 러시아에게 한 양보에 분노했다. 영국 역시 러시아의 일리 '철수'가 새로운 팽창의 물결을 예고하는 것이라며 우려했다. 이 철수는 러시아의 제국적 야심을 이 지역에 공식화하고 고착화하는 조치 같았기 때문이다. 지난 15년 동안 러시아의 팽창주의자들은 제국의 국경을 계속 앞으로 밀어붙여 왔다. 상트페테르부르크에서는 러시아의 동기가 어디까지나 방어적이라고 주장하는 이들도 있었지만, 러시아 제국의 국경선은 그런 주장과 무관하게 끊임없이 전진했다. 빅토리아[14] 여왕이 자신의 총리에게 쓴 편지에서 말했듯이, "러시아는 우리의 진정한 적이자 경쟁자"라는 결론을 피하는 것은 불가능해 보였다.[44] 중국의 좌종당 장군

14) Victoria(1819-1901). 그레이트브리튼 아일랜드 연합 왕국의 여왕(재위 1837-1901).

역시 이 견해에 동의했다.

한편 많은 러시아인들은 자국의 팽창을 계속해서 축하했다. 중앙아시아에서 투르크멘인들에 대한 군사적 승리를 거둔 직후, 위대한 소설가 표도르 도스토옙스키는 "유럽에서 우리는 들러리이자 노예였지만, 아시아에서 우리는 주인이 될 것이다. 유럽에서는 우리가 타타르였지만, 아시아에서는 우리가 유럽인이다."라고 선언했다. 계속해서 그는 이렇게 말했다. "사람들이 깨닫기만 하면 된다. 우리의 출구는 미래의 아시아에 있다는 것, 우리의 부는 그곳에 있다는 것, 우리의 바다도 그곳에 있다는 것을."45 러시아의 많은 지식인들은 프르제발스키 같은 탐험가들이 마련한 펀치[15]를 거푸 들이켜며 자국의 우월성에 환호했고, 더 많은 영토 확장을 당연한 귀결로 받아들였다.

그러나 "미래의 아시아"에서 러시아의 운명은 다른 아시아 열강과의 관계에 달려 있었다. 무장도 제대로 하지 못한 중앙아시아인들로부터 영토를 빼앗는 것과 강대국과의 전쟁 위험을 무릅쓰는 것은 전혀 다른 문제였다. 전쟁은 러시아가 일리에서 철수하는 대가로 중국으로부터 굴욕적인 양보를 받아낸 리바디야조약의 소식이 베이징에 전해졌을 때, 바로 중국이 위협한 것이었다. 중국 전체가 충격에 빠졌다. 베이징 조정과 전국 곳곳에서 관리들이 이 조약에 반대하며 움직이기 시작했다. 좌종당 장군은 러시아에게 일리 지역에 광범하게 주둔하고 서부 중국 전역에 영사관을 설치할 수 있도록 허용하는 것은 상트페테르부르크에게 이 지역을 흡수하도록 내맡기는 것이라고 주장했다. "우리가 싸우고 싶다면, 싸울 수 있

15) punch. 포도주 따위에 물·우유·과즙·향료를 섞은 음료.

다."고 좌종당은 역설했다. "무엇이 두렵단 말인가?"[46]

다른 중국 지도자들도 이에 동의했다. 베이징은 수백 명의 관리들에게 제안된 조약에 대한 의견을 요청했으며, 돌아온 반응은 분명했다. 러시아의 국경 변경, 무역 특권, 쑹화강에서의 항행권, 이 모든 것은 받아들일 수가 없는 것들이었다. 러시아와 중국은 이미 1868년 조약을 통해 국경을 획정했는데, 겨우 10년 만에 국경을 다시 변경하기 위한 정당한 이유라도 있단 말인가? 두 명의 중국 관리는 "이들은 스페인의 루손 점령, 포르투갈의 [고아]와 인도 점령, 네덜란드의 자바 파괴와 같은 교활하고 오래된 수법을 흉내 내려 한다."고 썼다. 베이징은 이를 용납하지 않을 것이었다. 1860년에는 베이징이 영국, 프랑스, 러시아에 직면한 상황에서 어쩔 수 없이 굴복할 수밖에 없었다. 이 중국 관리들은 지금은 러시아가 튀르크와 전쟁을 마친 지 얼마 안 되고 영국과의 지속적인 충돌 가능성에도 직면해 있는 등 사방에서 갈등에 시달리고 있다고 보았다. 한 중국 관리는 이렇게 선언했다. "러시아의 요구는 1860년보다 훨씬 더 터무니없지만, 중국의 상황은 더 안정적이다." 베이징은 리바디야조약을 공식적으로 폐기하고, 그 협정에 서명한 "매우 멍청하고 바보 같은" 외교관의 목을 벨 준비를 했다.[47]

1880년 3월 1일, 좌종당 장군은 러시아 국경을 향해 서쪽으로 진군하라는 명령을 받았다. 전투 준비가 되어 있음을 증명하기 위해, 그는 자신의 관을 함께 가지고 갔다. 중국이 리바디야조약을 폐기하고 군을 동원하자, 상하이의 신문들은 전쟁이 임박했다고 보도했다. 만약 실제로 전쟁이 일어난다면, 충돌은 일리 지역에 국한되지 않을 터였다. 1878년과 1879년,

좌종당 장군의 군대가 러시아가 철수하지 않으면 일리 유역을 침공하겠다고 먼저 위협했을 때, 러시아는 중국과 러시아가 전쟁에 돌입하면 영국이 중립을 유지하지 않을 것이라 예상하며 전 지구적인 충돌에 대비하기 시작했다.[48]

영국은 자국의 전직 장교들에게 중국군에 복무하는 것을 허용함으로써 중국의 군사력을 강화했다. 1860년 태평천국의 난 당시 중국군을 재정비했던 유명한 영국 장군 찰스 고든[16)]은 1880년에 다시 중국으로 돌아와, 러시아와의 전쟁에 대비해 병력을 훈련시킬 준비를 했다. 한편, 러시아 정찰 장교들은 오스트레일리아의 멜버른과 시드니까지 파견되었고, 차르의 요원들은 영국을 증오하던 샌프란시스코의 아일랜드계 주민들이 캐나다 밴쿠버에 있는 영국 왕립 해군 기지를 공격할 수 있을지를 탐색했다. 일부 러시아인들은 어쩌면 샌프란시스코를 러시아 극동 함대의 보급 기지로 삼을 수 있을지도 모르겠다고 생각했다. 그 사이 러시아 프리깃함 모르게Morge호는 마카오와 광저우 등 남부 중국의 항구들을 방문하여 그들의 방어 태세를 분석했다.[49]

1880년 내내 전쟁 공포가 고조되자, 러시아의 팽창주의자들은 중국과의 충돌 가능성에 환호했다. 니콜라이 프르제발스키는 오랫동안 러시아가 중국 서부 지역을 점령해야 한다고 주장해 왔으며, 일리를 둘러싼 위기는 그러한 정복을 정당화할 완벽한 구실이 되었다. 1880년 10월, 프르제발스키는 몽골에서 〈중국과의 전쟁 가능성에 대하여〉라는 제목의 보고서를

16) Charles George Gordon(1833–1885). 영국의 군인. 1860년 청나라에 파견된 후 태평천국의 난 평정에 참가해 공을 세웠으며, 이집트 총독과 수단 총독을 지냈다.

급히 작성했다. 그는 중국인의 '완고함'과 '자존심' 때문에 일리 위기는 '무력'을 통해서만 해결될 수 있다고 썼다. 물론, 프르제발스키는 좌종당 장군 휘하의 중국군이 러시아군을 물리치는 것이 '쉽다'고 믿는 듯하지만, 중국은 아편전쟁에서 영국과 프랑스에게 당한 '교훈'을 잊고 있다고 지적했다.

프르제발스키는 중국—그 문제에 관해서는 러시아 참모본부도—이 좌종당의 병력을 지나치게 과대평가하고 있다고 믿었다. 지금 "가장 우수한 중국군"이 러시아 국경에 근접한 중국 서부에 있을 수는 있지만, 그러나 그 군대는 두려워할 만한 전력이 아니었다. 프르제발스키는 중국군이 무능하다고 썼다. "장교들 중에 사격을 제대로 할 줄 아는 이가 거의 없다."고 그는 설명했다. 중국군 내부에는 뇌물과 절도 행위가 만연했다. 게다가, 중국군은 병력이 더 많았지만, 그 외의 여러 요인이 러시아에 유리하게 작용했다. 프르제발스키는 전쟁이 일어나면 몽골인들이 러시아 편에 설 가능성도 있다고 기대했다. 러시아 역시 보급선이 짧지는 않지만, 병력과 물자를 낙타 대상을 통해 중국을 가로질러 튀르키스탄과 몽골의 전장으로 수송하는 데는 수개월이 걸릴 것이었다. 프르제발스키는 전쟁이 일어나면 세 전선에서 중국을 침공할 수 있다고 구상했다. 톈산산맥을 넘는 루트, 몽골 평원을 가로지르는 루트, 만주의 우수리강을 따라 진군하는 루트였다.[50] 궁극적으로 그는 만주 전역戰域이 핵심이 될 것이라고 믿었다. 왜냐하면 중국이 항복하려면 러시아가 베이징에 병력을 직접 투입해야만 가능할 것인데, 그것은 만주에서 육군을 투입하거나 바다를 통해 병력을 상륙시키는 방식이 될 것이기 때문이었다.

프르제발스키만이 중국과의 전쟁을 촉구한 러시아 관리가 아니었다. 투르크멘인들을 상대로 한 전역에서 영웅으로 떠오른 미하일 스코벨레프[17] 장군은 아시아에서 존경을 얻는 유일한 방법은 폭력뿐이라고 단언했다. "대학살을 단행하고, 저항할 수 없게 만들며, 공포와 위압감으로 눌러야 한다.… 이것이 내가 아시아를 정복하는 방식이다."[51] 프르제발스키도 이에 동의했다. 그리고 그는 어쨌든 전쟁이 이미 "피할 수 없는" 것이 되었다고 주장했다. 만약 러시아가 지금 "과도한 양보"를 통해 중국과의 충돌을 피한다면, 러시아의 위신과 신뢰는 떨어지고, 이는 훗날 전쟁을 부를 것이었다.[52] 지금, 러시아가 우위에 있을 때 싸우는 편이 나았다.

"전략적 가치가 없다"

하지만 중국 서부 변경 지역으로의 팽창을 주장하던 이들은 특히 러시아군 참모진이 전쟁이 실제로 어떤 결과를 초래할지를 고려하면서, 점차 상트페테르부르크 내부에서 설득력을 잃어가기 시작했다. 이 장교들은 러시아가 과연 그렇게 우위에 있는지를 확신하지 못했다. 니콜라이 오브루체프[18] 장군은 러시아를 유럽 핵심부와 "블라디보스토크까지… 소름 끼칠 정도로 길게 뻗은 아시아적 꼬리"를 가진 혜성에 비유했는데, 이 꼬

17) Mikhail Dmitriyevich Skobelev(1842–1883). 러시아 제국의 장군. 1877–1878년의 러시아–튀르크 전쟁에 참여했으며, 러시아 제국이 중앙아시아를 정복하는 계기를 마련했다.

18) Nikolai Nikolayevich Obruchev(1830 – 1904). 러시아 제국의 군인.

리는 방어가 거의 불가능할 것이었다. 러시아 참모 대학교 강사 미하일 베뉴코프[19]는 중국이 중앙아시아나 몽골, 그리고 만주에서 러시아를 공격할 수 있으며, 특히 만주는 러시아 본토와 쉽게 단절될 수 있는 곳이라고 지적했다. "이곳에서 큰 위협이 닥칠 수 있다."고 그는 경고했다. 이 지역의 유일한 교통로인 크고 긴 강들은 동시에 중국과의 국경이기도 해서, 쉽게 차단되었다. 베뉴코프는 크림전쟁 당시 러시아는 나라의 "거대한 국경선"을 따라 북아시아 전역을 가로질러 중화기들을 이동시켜야 했다고 언급했다. 태평양 연안의 군사 전초기지는 러시아 중심부와 너무나 멀리 떨어져 있어서 무기뿐 아니라 때로는 식량조차 부족한 상태였다.[53]

1880년에 러시아 참모본부는 중국과의 충돌에 대비한 전쟁 계획을 수립했다. 이 계획을 실행하려면 2년이 걸릴 것이고, 러시아령 튀르키스탄을 확보하는 것뿐 아니라 해군 원정을 단행해 베이징을 장악해야 할 터였다. 육상이든 해상이든 병력 수에서 중국은 분명히 우위에 있었다. 1880년 4월 기준으로 러시아는 중국 해역에 26척의 함선을 배치했지만, 이 함선들은 중국 해군뿐 아니라 다른 유럽 열강의 적대적인 대응에도 직면할 수 있는 상황이었다. 실제로 중국을 지원하고 있던 영국은 자국의 군함 23척을 중국 인근에 배치해 두고 있었다. 육상에서도 전력 간의 균형은 더 유리해 보이지 않았다. 1880년, 러시아 동시베리아 군관구 사령관은 전쟁이 발발할 경우 중국이 이 지역에서 1만 명의 병력을 동원할 것으로 보고했다. 그러나 러시아 자신은 극동 방어를 강화하기 위해 고작 5,000명의 병력만을 파견했을 뿐이었다.[54]

19) Mikhail Ivanovich Veniukov(1832–1901). 러시아 제국의 군인이자 지리학자.

이제 중국은 프르제발스키 같은 권위자들이 예견했던 것보다 더 진지한 경쟁자로 보였다. 북쪽과 서쪽에서는 러시아의 압박을, 해안가에서는 영국과 프랑스의 압박을 받는 상황에서, 중국은 자국의 안보 문제를 본격적으로 받아들이기 시작했다. 1879년 러시아와의 굴욕적인 협상을 주도했던 특사를 대신해, 베이징은 새로운 인물로 재능 있는 외교관 증기택[20]을 임명했다. 그는 영국 주재 대사를 지낸 경험이 있고, 프랑스어와 영어를 구사했으며, 유럽의 외교 무대에서 어떻게 행동해야 하는지를 잘 알았다.[55]

한편 군사 부문에서는 러시아 정보요원들이 중국의 대규모 무기 구매를 추적했다. 그 목록에는 "스나이더 카빈 6,000정, 베테를리 라이플 4,000정, 피바디-마티니 3,000정, 구형 레밍턴 라이플 2,000정, 그리고… 마우저 1만 5,000정"이 포함되었다. 이들 중 일부는 "노후하고 값싸며, 상태도 좋지 않은" 무기들이었다. 그러나 러시아 분석가들의 보고에 따르면, 중국은 1881년까지 라이플 총 26만 정을 비롯해 포병 장비와 어뢰까지 확보할 계획이었다. 중국 재무장의 규모는 러시아 관리들을 긴장시켰다. 게다가 프르제발스키는 중국 병사들을 "지구력도 없고, 활력도 없으며, 도덕성도 결여"되었다고 믿었지만, 다른 러시아 군사 전문가들은 중국이 유럽 교관들의 도움을 받아 군대를 개혁했다고 지적했다. 러시아 참모본부는 중국과의 전쟁이 3,000만에서 3억 루블 사이의 비용을 초래할 것이라고 보고하며, 전쟁은 '재앙적' 결과를 낳을 것이고 이를 피하기 위해 "가능한 모든 조치"가 필요하다고 결론지었다.[56]

---

20) Marquis Zeng Jize(曾紀澤, 쩡지쩌, 1839-1890). 청나라 말기의 외교관.

프르제발스키 같은 성급한 인사들의 주장과는 달리, 러시아의 지도자들은 전쟁을 피하기 위해 중국에 새로운 양보를 제안하기로 결정했다. 중국이 요구한 조약 수정안은 러시아가 가치 있는 상업적 특권을 포기하는 등 상당한 것이었다. 그러나 전쟁 비용이 무역에서 얻을 이익보다 훨씬 컸다. 프르제발스키는 제국 확장에서 큰 이익을 약속했지만, 자세히 살펴보니 그 기회는 그가 약속한 것보다 훨씬 미미했다. 러시아의 전쟁장관조차 군사 상황이 "실망스럽다."고 불평했다. 결국 러시아는 조약 재협상에 동의했고,[57] 그 덕분에 참수 위기에 놓였던 중국 외교관은 목숨을 부지할 수 있었다.

러시아가 새 협상에서 택한 전략은 단순했다. 모든 쟁점에서 양보를 제시하는 것이었다. 러시아의 수석 협상가는 자신의 목표를 다음과 같이 밝혔다. 첫째, "전쟁을 피하는 것", 둘째, 일리 점령에 든 비용을 보상받는 것, 셋째, "가능한 한 중국과의 정상적인 관계를 회복하는 것"[58] 러시아는 일리 유역의 경계를 중국에 유리하게 다시 설정하고, 그동안 획득했던 일부 무역 특권도 포기하는 데 동의했다. "모든 항목에서 우리는 저들에게 양보했다."라고 전쟁장관 밀류틴은 일기에 적었지만, 그럼에도 그는 여전히 이 정책을 지지했다. 그것만이 "중국과의 전쟁을 피할 수 있는" 유일한 길이었기 때문이다. 러시아 수석 협상가는 문제가 된 영토는 "전략적 가치가 전혀 없고", 전쟁이 벌어진다면 "러시아의 끝없이 펼쳐진 국경선"과, 흑해의 오데사에서 태평양의 블라디보스토크까지 병력을 이동시켜야 하는 상황을 고려할 때 "파국적 결과"를 초래할 것이라고 단언했다.[59]

러시아의 신임 외무장관 니콜라이 기르스[21)]도 이에 동의했다. 그는 한 관리에게 보낸 편지에서, 협상은 "지루했고", 이 모든 일 자체가 "혐오스러웠다."고 적었다. 중국 문제는 결국 유럽의 긴급한 현안들에 비하면 중요하지 않았기 때문이었다. 기르스는 러시아의 목표가 "가능한 한 신속히 협상을 마무리 짓는 것"이라고 밝히며, 그래야 함대를 철수시키고 "길게 이어진 중국과의 국경을 평화로운 상태로" 만들 수 있다고 말했다. 실제로 러시아가 더 큰 이해관계를 두고 있던 곳은 중국이 아니라 서유럽이었다. 팽창주의자들은 중앙아시아 진출이 러시아에 제한된 비용으로 막대한 이익을 안겨줄 것이라고 약속했으나, 실제로는 부담만 커졌고, 그 이익은 좀처럼 모습을 드러내지 않았다.

그러므로 이제 러시아는 초점을 이 지역에서 다시 유럽으로 되돌릴 때였다. "우리의 모든 주의는 튀르크 해안으로 향해야 합니다. 그곳에서 심각한 분규가 발생할 조짐이 보이기 때문입니다."라고 기르스는 주장했다. 프르제발스키는 1881년 1월에 상트페테르부르크에 머물며 밀류틴과 면담했고, 차르로부터 훈장도 받았다. 그러나 중국에 관한 그의 조언은 무시되었다. 제국에 대한 이 탐험가의 열정과 리빙스턴이나 코르테스를 본받고자 하는 열망에도 불구하고, 러시아 지도자들은 중앙아시아 모험에 대해 언제나 양가적인 태도를 보였다. 이제 상트페테르부르크의 대체적인 분위기는 이 지역에 대한 개입을 축소하고, 자원을 줄이며, 위험을 최소화할 때라는 것이었다. 영토를 차지하는 것과 그것을 통치하는 일은 전혀 다른

21) Nikolai Karlovich Girs(1820–1895). 러시아의 정치인이자 외교관. 1882–1895년 러시아 외무장관을 지냈다.

문제였다. 러시아의 경쟁 강대국들과 전쟁에 휘말리지 않고 두 가지를 다 해내는 일은 훨씬 더 어려웠다. 프르제발스키는 중앙아시아가 러시아 팽창에 적합한 땅이라고 러시아 통치자들에게 약속했지만, 많은 이들에게 그것은 수렁이나 늪에 더 가까워 보였다.

러시아의 군부 지도자들마저 결국 비타협적인 프르제발스키의 팽창주의에 대한 지지를 재고하게 되었다. 프르제발스키는 이웃 나라들의 군대가 종이호랑이에 불과하다고 큰소리쳤지만, 러시아의 군사 계획가들은 그렇게 보지 않았다. 그는 러시아가 중국과 전쟁을 벌여 청 제국으로부터 중앙아시아 변경 지역을 빼앗을 것을 촉구했지만, 대신 상트페테르부르크는 군대의 진군을 중단시키고, 확장한 것만큼이나 빠르게 이 지역에 대한 개입을 축소하기로 했다.

프르제발스키가 차르로부터 훈장을 받은 다음 달, 러시아 정부는 프르제발스키가 꾸었던 중국 정복의 꿈을 포기했다. 1881년 2월에 러시아와 중국은 새로운 협정에 도달했고, 러시아는 중국에 더 유리한 새로운 국경선을 수용했으며 일부 무역 특권도 포기했다. 베이징은 전쟁을 위협하는 방식으로 러시아를 굴복시킨 자신의 압박 전략이 성공을 거둔 것을 축하했다. 상트페테르부르크 주재 영국 대사는 이렇게 선언했다. 중국은 "러시아로 하여금 한 번도 해본 적 없는 일을 하도록 만들었습니다. 그것은 한때 삼켰던 영토를 토해내도록 만든 것입니다."[60]

"우리의 역사는 유럽에서 펼쳐진다"

중국과의 전쟁을 포기하고 일리에서 철수하기로 한 결정은 러시아의 아시아 전략에 대한 좀 더 폭넓은 재평가를 불러일으켰다. 특히 군부를 중심으로 한 팽창주의 세력은 여전히 새로운 영토 획득에 열의를 보이며, 그것이 영광과 안보를 가져다줄 것이라고 약속했다. 그러나 팽창의 이익은 약속했던 것보다 훨씬 적었다. 상트페테르부르크는 중국의 중앙아시아 변방 지역으로 진군하는 것이 과연 이득이 되는지 회의를 품기 시작했다. 국내 문제만으로도 이미 감당하기 힘든 상황이었다. 1881년, 차르 알렉산드르 2세는 마차 안에서 폭탄이 터지며 암살당했다. 그의 아들 알렉산드르 3세[22]는 새로운 자문관들을 등용했다. 그중에는 이그나티예프, 메셰르스키 공작,[23] 스코벨레프 장군, 그리고 언론인 미하일 캇코프[24]가 있었으며, 이들은 러시아가 외교 정책의 초점을 더욱 시급한 유럽 문제에 맞춰야 한다고 조언했다.

러시아군을 이끌고 중앙아시아로 진격했던 스코벨레프 장군조차 러시아의 초점을 유럽으로 돌려야 할 때라고 믿었다. 알렉산드르 3세의 다른 많은 자문관들과 마찬가지로, 스코벨레프는 이제 독일에 집중하게 되었고, 러시아 내부의 문제를 유대인과 독일인 등 '외국인들' 탓으로 돌렸다. 그는 "외국인은 어디에나 있다.… 우리는 그의 정책에 놀아나고, 그의 음모에 희생되며, 그의 권력의 노예다."라고 경고했다. 이러한 인식은 외교

22) Alexander III(1845–1894). 러시아 제국의 황제(재위 1881–1894). 로마노프 왕조의 13번째 군주다.

23) Prince Vladimir Petrovich Meshchersky(1839–1914). 러시아의 언론인, 소설가.

24) Mikhail Nikiforovich Katkov(1818–1887). 러시아의 정치인, 언론인.

정책에도 영향을 주었다. "슬라브족과 튜턴족 사이의 투쟁은 불가피하다. 그것은 길고 피비린내 나며 끔찍할 것이지만 슬라브족이 승리할 것이다." 이러한 맥락에서 캇코프는 중앙아시아는 오히려 방해물이라고 경고했다. "러시아를 [아시아에서] 더욱 위대하게 만드는 것은 그 무엇이든 유럽에서 러시아를 약화시킨다. 강대국으로서 러시아의 역할은 아시아가 아니라 서방 변경 지역과 흑해에서의 위상에 기반을 둔다. 우리의 역사는 아시아가 아니라 유럽에서 펼쳐진다."[61]

프르제발스키 같은 모험가들은 아시아에서 막대한 이익을 약속했지만, 이는 언제나 사실이었다. 텐산산맥의 고봉들이나 일리 유역에서는 얻을 만한 큰 부도 영광도 없었다. 지리학자와 탐험가들의 상상 속에서만 존재할 뿐이었다. 프르제발스키 자신은 여전히 몽골 사막이나 티베트로 향하는 경로에 대한 강연과 저술로 군중을 매료시킬 수 있었다. 그러나 러시아의 지배층 사이에서는 중앙아시아 원정의 비용이 프르제발스키가 열정적으로 부풀렸던 신화를 망쳐놓고 있었다.

영국이 1885년에 중앙아시아 오아시스 판제흐를 두고 러시아에게 전쟁을 위협했을 때, 상트페테르부르크는 신속히 물러서며 현상 유지를 수용하겠다는 신호를 보냈다.[25] 새 차르의 자문관 중 한 명은 자신의 일기에

25) 1885년 아프가니스탄 토후국과 러시아 제국 사이에 벌어진 무력 충돌인 판제흐 사건(Panjdeh incident)을 일컫는다. 판제흐는 옛 문헌에서는 펜제흐(Penjdeh)라고도 표기되며, 이 위기는 러시아 사학계에서는 쿠시카(Kushka) 전투로 알려져 있다. 러시아가 아프가니스탄 토후국과 영국령 인도 방면으로 팽창하는 과정에서 벌어진 이 사건은 영국과 러시아 제국 사이에 외교적 위기를 촉발시켰다. 당시 러시아는 중앙아시아 정복(러시아령 튀르키스탄)을 거의 마무리한 상태였는데, 아프가니스탄 국경 요새를 점령하면서 지역 내 영국의 이익을 위협하게 되었다. 인도에 대한 위협으로 간주한 영국은 전쟁을 준비했으나, 양측은 결국 한발 물러섰고 외교적으로 러시아와 아프가니스탄이 일부 영토를 교환하는 결과로 이어졌다. 이 사건으로 러시아의 아시아 내 확장은 파미르고원 지역을 제외하고는 중단되었고, 아프가니

서 이렇게 고백했다. "예외 없이 모두가 우리를 위협하는 전쟁이 무의미하며, 결과적으로 러시아에 끔찍할 [것이라고] 생각했다." 차르 자신도 이 분쟁이 "반드시 잉글랜드와의 전쟁으로 이어질" 필요는 없다고 믿었다. 러시아는 중앙아시아 국경 문제보다 훨씬 더 중대한 우려들이 있었다. 차르의 절친한 친구인 메셰르스키는 영국의 전쟁 준비에 관한 보고는 "잉글랜드가 일본해의 해밀턴섬을 점령하려 한다는 소문[26]으로까지 번졌다."고 인정했다.[62] 1880–1881년 위기 당시 러시아가 일리 문제로 중국과의 전쟁을 두려워했다면, 몇 년 후에는 유럽에서 중동을 거쳐 극동까지 길게 뻗어 있을 영국과의 충돌을 훨씬 더 두려워할 만한 이유가 있었다. 일부 러시아 관리들은 티베트와 무역을 트거나 카슈가리아를 청나라의 통치에서 떼어 내려는 프르제발스키의 꿈을 이어갔다. 그러나 상트페테르부르크는 이미 그런 땅들을 위해 전쟁을 벌일 생각이 없다는 점을 분명히 보여주었다.

"철도를 두 개만 깔아보라"

1885년에 프르제발스키는 마지막 여정을 마무리했다. 그는 고비사막을 건너 양쯔강까지 이르렀고, 다시 톈산산맥을 넘어 러시아 영토로 돌아왔다. 귀환 후, 프르제발스키는 "우리가 섬겼던 과학의 이름으로, 그리고 우리가 영광을 가져다준 고국의 이름으로" 자신의 탐험대를 칭찬했다. 같

스탄 북서부 국경선이 확정되었다.

26) 여기서 일본해의 해밀턴섬은 남해의 거문도를 가리킨다. 실제로 영국은 1885년 3월 1일부터 1887년 2월 5일까지 러시아의 조선 진출을 견제하기 위해 거문도를 불법 점령하는 '거문도사건'을 일으켰다.

은 해는 러시아의 제국적 야망이 중국의 중앙아시아 변경 지역에서 전환점을 맞은 해이기도 했다. 상트페테르부르크는 파미르고원의 봉우리들에 세워진 경계표지를 두고 런던과 계속 옥신각신했지만, 더 이상 과거와 같은 열정적인 팽창의 움직임은 보이지 않았다.[63]

여러 차례의 여정 동안 프르제발스키는 포유류, 조류, 파충류, 양서류, 어류, 곤충 등 총 7,500점의 표본과 1,600종의 식물을 수집했는데, 그중 216종의 식물은 이전까지 분류되지 않은 것이었다. 과학과 차르를 위한 그의 공헌은 의심할 여지가 없었지만, 그는 곧 톈산산맥 비탈에서 감염된 발진티푸스로 목숨을 잃었다. 안톤 체호프는 프르제발스키의 "고결한 포부", "일에 대한 사랑", "기독교 문명에 대한 광적인 신념"을 찬양하며, 그가 "더 높은 도덕적 힘"을 체현한 인물이었다고 단언했다. 체호프는 다음과 같이 결론지었다. "그의 전기를 읽는 누구도 '왜?', '무슨 목적으로?'라고 묻지 않겠지만,… 모두가 '그는 옳았다'고 말할 것이다."[64]

하지만 프르제발스키 생애의 말기에, 러시아의 지도자들은 그의 조언이 미흡하다고 판단하게 되었다. 프르제발스키는 러시아 군대가 계속 전진할 것을 촉구했지만, 차르와 그의 장관들은 위험을 감수하려 하지 않았다. 청의 권위가 무너진 뒤 일리 유역의 중국 영토를 차지하는 경우처럼 확장이 쉬울 때에는 상트페테르부르크도 기꺼이 현지 사령관들의 요구를 들어주었다. 하지만 1870년대 후반에 이르자 제국 팽창의 비용은 불어나고 있었고, 그에 따른 이익은 환상에 불과하다는 것이 드러났다. 프르제발스키는 영토 확장이 러시아의 위상을 드높이고, 국가의 위신을 끌어올리며, 차르에게 영광을 가져다줄 것이라고 약속했다. 그의 주장은 고무적인 글과 흥미로운 강연으로 이어졌고, 전쟁장관 밀류틴이 말한 바와 같이 프르제발스키의 "활기찬 성격"이 이를 뒷받침해주었다. 그러나 확장에 대한 낭만만으로는 충분하지 않았다. 그 대가가 아시아에서 청과 영국이라는 두 거대 제국과 전쟁을 치를 수도 있는 상황에서는 더욱 그랬다.

일부 러시아인들은 중국에 대한 프르제발스키의 거만한 태도를 받아들여, 베이징의 군사력과 먼 변경 지역에 대한 통제 능력을 깔보았다. 그러나 중국은 아편전쟁으로 유럽 열강에게 굴욕을 당한 후 다시 무장 중이었고, 러시아는 국내외에서 새로운 도전에 직면했다. 1881년에 차르 알렉산드르 2세가 암살된 후, 한 청나라 관리는 "러시아인들에게 통치술을 조언하기 위해" 중국 사절단을 파견하자고 제안하기도 했다.[65] 수십 년 동안 내란을 겪은 제국이 내놓은 제안치고는 다소 어처구니없는 것이었지만, 러시아의 경쟁자들이 점점 강해지고 있다는 사실만큼은 부인할 수 없었다.

그러므로 1880년대에 이르러 프르제발스키가 추가 정복을 촉구하면서 관리들에게 보낸 보고서는 공손하게 무시당했다. 그는 러시아 제국주의자들에게는 영웅이었으나, 중국 서부 변경 지역을 중심으로 한 제국 확장의 시대는 서서히 막을 내리고 있었다. 팽창주의는 군대와 변경 지방 관리들 사이에서 어느 정도 인기를 유지했으나, 상트페테르부르크 궁전의 회의실에 모인 장관들에 의해 결국 기각되었다.

프르제발스키가 일리를 중국 침공의 발판으로 삼자고 조언했을 때, 다른 장교는 오히려 그 지역을 중국에 넘기고 러시아 제국이 더 필요로 하는 것—말하자면 시베리아 횡단철도 건설에 필요한 자금—을 얻자고 제안했다. 더욱 낭만적인 러시아의 팽창주의자들조차 다른 열강과 겨루기 위해서는 자국의 역량을 먼저 키워야 한다는 사실을 인식했다. 도스토옙스키는 아시아로 "철도를 두 개만 깔아보라, 그러면 당장 결과를 보게 될 것이다."라고 장담했다.[66] 이것은 그가 아시아 문제에 대해 내놓은 좀 더 신비주의적인 많은 의견들보다 훨씬 현실적인 정책이었다. 그리고 결국 승리한 것은 프르제발스키의 낭만주의가 아니라 이러한 좀 더 신중한 접근 방식이었다. 일단 차르의 자문관들은 러시아가 방어 가능한 국경을 설정하고 자원을 다른 곳에 집중해야 한다고 결론 내렸다. 영국이 먼 아시아 땅을 두고 전쟁을 위협했을 때 러시아는 양보를 제안하고 국경을 획정하는 데 동의했다. 또한 좌종당 장군이 차르가 일리에서 물러나지 않을 경우 러시아를 향해 군대를 진격시킬 준비를 하자, 상트페테르부르크는 중앙아시아에서 벌어진 여러 충돌 중에서 유일하게 청나라와 협상을 타결했을 뿐 아니라 철수하기로 결정했다.

4

"우리 사이의 유대를 강화하고"

세르게이 비테와 시베리아 횡단철도

1890년, 황태자는 그랜드 투어[1]를 준비 중이었다. 차르 알렉산드르 3세의 아들로 22세의 니콜라이[2]는 교육을 마무리하는 의미에서 항해에 나설 예정이었다. 유럽의 왕자들과 귀족들은 종종 대륙을 여행하며 유행의 중심지인 수도들을 방문하고 로마 유적지를 둘러보곤 했다. 그러나 전全 러시아의 황제이자 전제군주는 아들을 위해 더 장대한 여행을 구상했다. 유럽 왕국들의 후계자들이 유럽의 수도들을 방문할 수는 있지만, 니콜라이가 머지않아 계승하게 될 제국은 두 대륙에 걸쳐 태평양 연안까지 뻗어 있었다. 황태자 역시 이 땅들을 직접 익혀야 하지 않겠는가?

니콜라이의 항해에 길잡이로 동행할 인물로 차르는 예스페르 우흐톰스키[3] 공작을 선정했다. 그는 시인이자 귀족, 탐험가, 아시아 미술 수집가였으며, 스스로를 동방 전문가라 칭하는 인물이기도 했다. 여행의 목적지는 '동방'의 땅들이었다. 니콜라이는 수에즈운하를 향해 항해를 시작했고 곧

---

1) Grand Tour. 17세기 중반부터 영국을 중심으로 유럽 상류층 귀족 자제들이 사회에 나가기 전에 프랑스나 이탈리아 등지를 돌아보며 문물을 익히는 여행을 일컫는다.

2) Nicholas II(Nikolai Alexandrovich Romanov, 1868–1918). 러시아 제국의 마지막 황제(재위 1894–1917).

3) Esper Esperovich Ukhtomsky(1861–1921). 러시아 제국 말기의 시인, 출판인, 동방문화 애호가.

아프리카 해안에 도착했다. 그곳에서는 "모래 기둥이 솟구쳐 소용돌이치면서, 이웃한 아라비아사막 위로 날아올랐다." 그는 이집트를 지나며 "고대 이교도의 신전들, 셀 수 없이 많은 궁전들, 상형문자들"을 보았고, 홍해의 항구 도시 아덴을 거쳐 마침내 "우리가 오래도록 동경해온 인도", 봄베이에 도착했다.

여정이 계속될수록 동방은 점점 더 이국적으로 보였다. 엘로라[4]의 "이끼 낀 고대 암석 사원들," 갠지스강에서 "종교적 세정식을 치르는 힌두교 신자들의 군중," 자바섬에서 만난 "반쯤 벌거벗은 원주민들"과 "죽음을 내뿜는 화산들," "토착 음악, 토착 춤, 토착 경기"가 펼쳐지는 "동방의 전설 속 나라 시암," 그리고 "광대하고 불가해한 실체"로 묘사된 "천조"[5]天朝 중국. 수개월에 걸친 탐험 끝에, 니콜라이는 마침내 마지막 목적지인 일본에 도착했다.

우흐톰스키에게 이 여행은 단순히 차르의 아들에게 제국의 경계 너머 세계를 가르치기 위한 것만은 아니었다. '동방'의 강국으로서 러시아의 이미지를 고취시키려는 목적만도 아니었다. 물론 우흐톰스키는 외국인들이 러시아의 특별한 위상을 이해하기를 확실히 바랐고, 러시아인들 또한 그가 생각하는 그들만의 독특한 아시아적 역할을 받아들이길 원했다. 무엇보다도, 이 여행은 우흐톰스키에게 신비적 체험이어야 했다. 오리엔트는 신화와 경이의 땅이었다. 그것은 그가 썼듯이, "삶의 치명적인 산문이 아

4) 인도 마하라슈트라주에 위치한 엘로라 석굴(Ellora Caves)을 가리킨다. 10세기에 걸쳐 만들어졌고 초기에는 불교 사원이, 후기에는 힌두교 사원이 들어섰다.

5) Celestial Empire. 중국을 가리키는 별칭들 가운데 하나. 중화사상의 영향에 따른 동양의 조공 체제에서 중국의 지배자는 곧 하늘의 아들인 천자로 칭해졌으며 정통성 있는 천자의 왕조를 천조(天朝)라고 일컬었다.

직 지배하지 않는 곳, 인간과 자연, 선과 악, 금욕과 속세가 아직 응결되지 않은 곳"이었다. 우흐톰스키에게 이 여행은 그랜드 투어가 아니라, 하나의 성지순례였던 것이다.

반면 니콜라이는 무희들, 인도의 레슬링 경기, 조드푸르에서의 멧돼지 사냥, 괄리오르에서의 호랑이 사냥 등, 세속적인 관심사에 더 마음이 끌렸다. 공식 일정인 회담과 국왕 알현은 지루하기 짝이 없었고, 그는 친척에게 "궁전이든 장군이든, 세계 어디를 가든 다 똑같다."고 불평했지만, 황태자로서 참석을 피할 수는 없었다. 니콜라이에게 더 흥미로웠던 것은 아시아에 주둔한 열강의 군사력을 평가하는 일이었다. 그는 이 지역의 영국 해군 전력이 형편없다고 아버지에게 보고했다.[1] "[영국이] 오리엔트에 이런 쓰레기나 보내고 있다니, 정말 놀랐어요. 여기가 대영제국의 심장부라면 해양 강국으로서의 그들의 위상에 걸맞은 함대를 배치해야 할 거라고 누구든 생각할 거예요.… 이걸 보면 더더욱 기분이 좋습니다, 아버지. 우리가 태평양에서는 영국보다 강한 것이 확실하니까요."[2]

러시아가 아시아에서 지배할 권리와 책임을 지니고 있다는 것, 이것은 니콜라이와 우흐톰스키가 의견을 같이 한 부분이었다. 사실, 니콜라이의 아버지가 튀르키스탄에서의 팽창을 중단하고, 영국이나 중국과의 전쟁을 피하기 위해 철수한 지 겨우 10년 정도밖에 지나지 않았다. 알렉산드르는 또 다른 대규모 전쟁의 고통을 면하게 해준 공으로 백성들에 의해 "평화의 중재자"로 칭송받았다. 그러나 중앙아시아에 대한 러시아의 관심이 식어가는 와중에도, 우흐톰스키와 같은 작가들은 동아시아가 "러시아인들

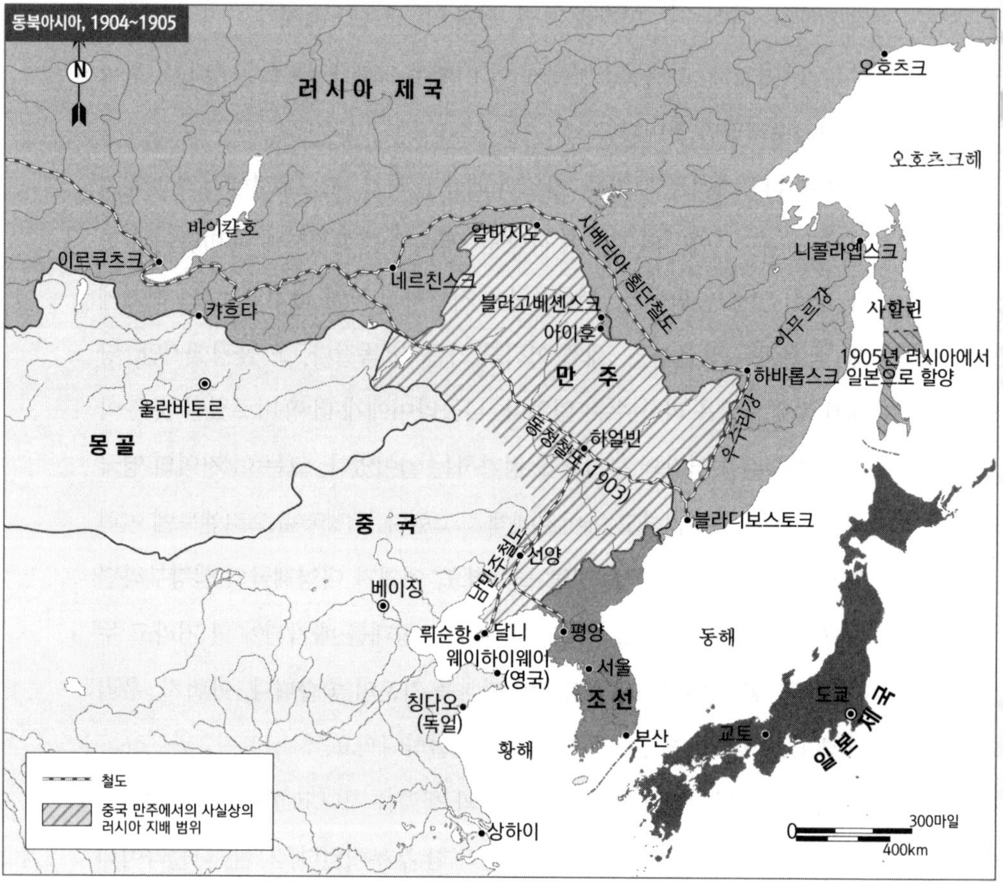

동북아시아, 1904~1905

의 창조적 에너지가 발휘될 수 있는 놀라운 가능성을 지닌” 곳이라 주장하기 시작했다. 우흐톰스키는 알렉산드르 3세와 훗날 니콜라이 2세 아래에서 재무장관과 총리를 지낸 세르게이 비테[6]의 열렬한 찬양자였다.[3] 하지

6) Sergei Yulyevich Witte(1849–1915). 러시아 제국의 정치인이자 개혁가. 재무부 철도국장을 거쳐 교통부 장관(1892), 이어 재무부 장관(1892 – 1903)으로 임명되어 산업화와 재정개혁을 주도했다. 1905년 러일 전쟁 패전과 혁명 이후 러시아 제국 초대 총리(1905 – 1906)로 임명되어 10월 선언을 주도하고 포츠머

만 비테는 우흐톰스키보다 훨씬 덜 신비주의적이었다. 그는 아시아를 실용적으로 보았다. 즉 러시아와 아시아의 영토 및 시장을 연결할 철도만 있다면, 러시아 상품을 위한 시장이자 러시아인들이 이주해 정착할 수 있는 땅으로 여겼던 것이다.[4]

러시아와 오리엔트

"'러시아와 오리엔트'는 하나의 개념이며, 단지 일시적으로만 실체로서 존재하지 않을 뿐이다."라고 우흐톰스키는 선언했다. 그러나 우흐톰스키가 이상화하던 '오리엔트'는 변하고 있었다. 1890년 니콜라이가 아시아로 항해를 시작했을 무렵, 러시아는 극동에서 새로운 역학의 등장을 지켜보고 있었다. 1850년대 후반에 니콜라이 무라비요프 총독이 아무르 유역을 정복한 이후 수십 년 동안, 중국은 일변했다. 1839–1842년과 1856–1860년의 아편전쟁은 중국의 엘리트들로 하여금 자국이 뒤처졌음을 인정하게 만들었다. 새로운 세대의 군 지도자와 관료들이 과감히 개혁에 나섰다. 이홍장[7]은 서구의 기술을 도입해 군대와 관료조직을 재편하고, 장교 양성을 위한 학교를 설립했다. 또 항구를 요새화하고 철갑함을 구입했으며, 신형 무기 공장에 투자했다. 이홍장을 비롯한 중국 지도자들은 탄광과 전신망, 방적공장, 철도, 증기선을 건설했다. 그리고 유럽 열강에 학생들을 보

스조약 체결에 기여했다.

7) 李鴻章(1823–1901). 청조 말기의 고위 관리. 부국강병을 내세우며 양무운동을 이끌었다.

내 배우게 하고, 주요 유럽 지도자들과 관계를 구축하는 등 서구를 연구했다.[5] 중국은 한때나마 국력을 회복해가는 것 같았다.

하지만 중국은 근대화 노력에서 그보다 작은 이웃 나라, 일본에 뒤처졌다. 1854년에 미국의 매슈 페리 준장과 러시아의 옙피미 푸탸틴 제독이 일본을 방문한 뒤, 이 나라는 구질서를 뒤엎는 정치적 격동 속으로 빠져들었다. 일본은 근대화와 산업화를 사명으로 삼은 귀족 계급이 지탱하는 새로운 정치 체제를 만들어냈다. 일본의 메이지 천황[8]은 "제국의 통치를 뒷받침하는 토대를 튼튼히 하기 위해 전 세계로부터 지식을 구하겠다."고 선언했다.

중국과 일본만이 자신들의 정부를 재편하고 경제를 개혁한 제국은 아니었다. 영국, 프랑스, 독일, 미국도 석탄과 철강을 기반으로 한 산업화된 경제를 구축하고 있었다. 철도는 멀리 떨어진 영토들을 하나로 꿰매듯 연결하고 있었다. 미국의 첫 번째 대륙 횡단철도는 1867년에 완공되어 대서양과 태평양을 이었다. 캐나다도 그로부터 20년도 채 되지 않아 자체적인 대륙횡단철도를 완성했다. 아프리카 대륙을 남북으로 가로지르는 "케이프타운에서 카이로까지"의 철도는 이미 1870년대에 영국 제국주의자들의 꿈이 되었다.[6]

러시아 역시 철도에 대해 고민하고 있었다. 1856년에 크림전쟁에서 패배한 후, 러시아는 급격한 근대화를 경험했다. 초기 집권 시기, 차르 알렉산드르 2세는 농노제를 폐지하고 군대를 개혁했다. 그러나 나이가 들면서

8) 明治天皇(1852−1912). 일본 제국의 제122대 천황(재위 1867−1912). 재위 기간 일본은 메이지유신을 통해 근대화를 달성하고, 서방 제국주의 세력의 팽창 속에서 국권을 유지했으며, 청일전쟁과 러일전쟁의 승리를 계기로 열강으로 도약하는 기반을 마련했다.

차르의 개혁 열정은 시들었고, 1881년 그가 암살되자 아들 알렉산드르 3세는 개혁은 성과보다 위험이 더 크다는 확신을 갖게 되었다. 그럼에도 보수주의자들조차 세상이 변하고 있음을 인식했다. 물론 러시아가 새로운 기술의 사용을 거부할 수도 있었다. 하지만 그럴 경우, 그 기술들을 빠르게 받아들이고 있는 경쟁국들을 어떻게 따라잡을 수 있겠는가?

일본에서는 메이지 천황이 국가의 근대화를 강력히 뒷받침했다. 러시아는 중국과 마찬가지로 정치 엘리트들이 분열했다. 중국의 황제들은 나약하고 우유부단했으며, 관료 조직은 이념적 갈등과 권력 다툼으로 찢겨져 있었다. 중국의 보수주의자들은 러시아와의 유사성을 보았다. 한 중국 관리는 "오직 러시아만이 군주 권력을 지극히 중시하고, 제도의 엄정함이 위압적이라는 점에서 중국과 흡사하다."고 말했다. 그러나 엄정함이 곧 능률을 보장하는 것은 아니었다. 한 러시아 외교관은 "러시아 정부는 명목상으로는 '전제정'이지만,… 우리가 흔히 '전제정'이나 '차르 체제'라는 개념에서 연상하는 무소불위의 권력과는 거리가 멀다."고 설명했다. 실제로 정부는 "상호 관계가 우호적이지도, 심지어 중립적이지도 않고, 때로는 거의 노골적으로 적대적인 성격을 띤 독립 부서들의 무기력한 연합체"였다. 게다가 정부는 새로운 힘, 즉 '여론'을 감안해야 했다.[7] 러시아는 점점 더 통치하기 어려운 나라가 되어가고 있었다.

세계 각국의 제국 건설 프로젝트가 가속화되면서, 러시아 지도자들은 경쟁에 나설 수밖에 없다는 결론에 이르렀다. 우흐톰스키 공작은 그의 말을 들으려는 누구에게든, 러시아가 극동에서 사명을 지니고 있다고 주장했다. 그는 아시아에서 러시아의 역할이 자연스럽고 심지어 불가피하기 때문에 러시아가 아시아로 진출할 때 거의 저항에 부딪치지 않을 것이라고 역설했다. 우흐톰스키는 이렇게 주장했다. "러시아는 사실상 동방에서 아무것도 정복하지 않는다. 모든 다른 인종들이… 우리와 혈연과 전통, 사상으로 연결되어 있기 때문이다. 우리는 단지 우리와 실제로 항상 우리에게 속했던 것들 사이의 유대를 강화하고 있을 뿐이다."[8]

그런데 러시아는 정말로 아시아 국가였을까? 무라비요프가 정복한 러시아 극동은 인구가 거의 없었다. 1890년대에 중국 만주, 즉 아무르강 남쪽 기슭에 위치한 영토에는 약 600만에서 1,000만 명의 주민이 있었으나, 아무르강 북쪽 기슭의 러시아 연해주는 인구가 10만 명에 불과했다. 아시아 다른 지역에서 러시아인들은 소수 민족이었다. 영국, 프랑스, 미국의 상인들은 중국 전역에 무역 네트워크를 구축했지만, 1890년대에 중국에 거주한 러시아인은 수백 명에 지나지 않았다. 그리고 러시아의 군사력은 이 지역에서 여전히 약했다. 러시아가 일리에서 강제로 철수하는 동안, 한 군 관계자는 자국이 극동으로 병력을 보내지 못하는 상황을 안타까워하면서, 일리를 중국에 넘기고 그 대가로 보상금을 받아 시베리아를 가로지르는 철도 건설 자금으로 쓰자는 제안을 했다. 그 제안은 받아들여지지 않았지만, 물류상의 제약이 러시아가 아시아에서 힘을 행사할 때 얼마나 큰 걸림돌이 되었는지를 단적으로 보여주었다.[9]

러시아는 중국에서 유럽 제국들의 확장에 직면해 위협을 받았지만, 대부분의 러시아인들은 아시아에서의 기회가 훨씬 더 중요하다고 여겼다.

중국과 일본 시장은 거대했으며, 이는 러시아 제조업자들에게 잠재적인 판로를 제공했다. 두 나라는 철도를 건설하면서, 더 많은 유럽 제품을 구입하게 될 것이었다. 그와 동시에, 중국의 취약함과 중국이 경쟁 세력에 의해 분할될 가능성은 새로운 특권과 영토도 제공될 수 있음을 시사했다.

우흐톰스키와 같은 작가들의 신비주의적인 발언은 이 팽창주의적 충동을 표현했다. 많은 러시아인은 러시아가 유럽 열강과 다르다고 믿었다. 영국인, 프랑스인, 독일인들은 제국주의자였지만, 러시아인들은 해방자였다. 한 러시아 학자는 이렇게 물었다. "우리가 우리에게 주어진 신성한 의무를 포기하고, 아시아의 '억압받는' 민족들을 돕기를 거부한다면, 그것은 오히려 범죄가 아닐까?"[10] 이 모든 요인들이 러시아로 하여금 아시아에서 더 넓은 역할을 맡도록 이끌었다.

니콜라이 황태자가 아시아 여행을 마무리하면서 마지막으로 방문한 곳은 일본이었다. 일본은 덴베에와 표트르 대제 시대부터 러시아의 관심을 끌어온 이웃 나라였다. 니콜라이가 일본의 비와호를 방문하고 있을 때, 한 일본 경찰이 "행렬에서 뛰쳐나와 검을 뽑아 두 손으로 휘둘러" 니콜라이의 머리를 "내리쳤다." 그 공격자는 다시 가격할 준비를 하며 검을 들었지만, 니콜라이가 재빨리 옆으로 피했다. 우흐톰스키는 이렇게 전했다. "그 순간, 게오르기 대공[9]이 뛰어들어… 뒤에서 대나무 지팡이로 그 남자를 가격했다." 니콜라이의 하인 중 한 명은 "경찰에게 달려가 그의 발을 붙잡고 땅에 쓰러뜨렸다." 또 다른 하인은 암살자의 검을 집어 들고 "두 번의 타격으로, 한 번은 그의 목을, 또 한 번은 그의 등을 가격하여 그를 거의 기절시

9) Grand Duke George Alexandrovich of Russia(1871–1899). 차르 니콜라이 2세의 동생.

키고 일어서지 못하게 만들었다."

왜 일본 경찰이 니콜라이를 죽이려고 했을까? 그의 동기는 여전히 불분명하다. 우흐톰스키는 "일본에는 러시아인을 향한 증오 같은 것은… 없다."고 보고했다. 일본 정부는 충격을 받았고, 러시아가 보복으로 전쟁을 선포할까 봐 두려워했다. 일본 천황은 니콜라이에 대한 존경을 표하기 위해 범행 현장으로 급히 달려갔다. 우흐톰스키는 니콜라이가 일본인들에 대해 아무 원한도 품지 않았다고 주장했다. 그는 니콜라이가 공격당한 후 "그 고귀하신 분의 첫 마디"로 "이 일은 아무것도 아니다. 단지 일본인들이 이 사건이 일본에 대한 내 감정이나 그들의 환대에 대한 감사의 마음에 어떤 식으로든 변화를 일으킬 수 있다고 생각하지 않기를 바란다."고 말했다고 전했다. 일부 러시아인들은 니콜라이가 내심 다른 결론을 내렸다고 의심했다. 니콜라이의 장관으로 10년 이상 재직한 세르게이 비테는 이 아시아 항해와 암살 시도가 "니콜라이 2세의 통치에 뚜렷한 흔적을 남겼다."고 생각했다. 우흐톰스키가 상상하고 니콜라이의 그랜드 투어가 입증하려 했던 것처럼, 러시아는 아시아에서 중대한 역할을 할 터였다. 그러나 그 역할이 평화로울지는 여전히 미지수였다.[11]

"여기 와서 죽는다"

니콜라이는 1891년 5월 러시아로 귀환해, 일본과 가장 가까운 러시아 항구인 블라디보스토크에 도착했다. 도착하자마자 그는 아무르강을 탐사하고 러시아를 위해 해안선을 확보함으로써 "이 땅이 러시아의 것이 되게 한 대담하고 애국적인 선원" 겐나디 네벨스코이를 기리는 기념비를 제막했다. 니콜라이는 러시아 황실 고위 인사로서는 처음으로 극동 지역을 방문한 인물이었고, 이를 기념해 차르 알렉산드르 3세는 시베리아 유형지에 살던 수십 명의 죄수를 사면했다. 니콜라이는 이 극동의 전초기지에 머무는 동안 항구의 건선거乾船渠 기초 공사 착공식과 같은 각종 의식을 주재했다.[12] 극동 지역에서 일주일을 보낸 뒤, 니콜라이는 단 하나 남은 임무를 마치고 아무르강 유역을 따라 산맥을 넘고 바이칼호를 지나 시베리아를 가로질러 상트페테르부르크로 돌아가는 귀환길에 올랐다.

니콜라이가 블라디보스토크에서 상트페테르부르크로 출발하기 1년 전에, 작가 안톤 체호프는 반대 방향으로 같은 경로를 여행했다. 이 여정은 기대할 만한 여행이 아니었다. 나룻배로 강을 건너는 몇 구간을 제외하고는 교통수단이 마차였으며, 울퉁불퉁한 길을 달려야 해서 도중에 편안함은 거의 없었다. 체호프는 "모든 관절과 힘줄이 쑤셨다."고 불평하며 "잠 부족, 끊임없는 짐 꾸리기, 몸이 계속 위아래로 흔들리는 충격, 그리고 허기"를 한탄했다. "처음 며칠은 견딜 만했지만, 곧 찬바람이 불기 시작했고, 비가 퍼붓기 시작하면서 강물이 범람했다." 체호프는 "홍수와의 싸움", "펠트 장화를 신고 진흙과 물을 헤치며 나아가기", "비바람 때문에" 얼굴에 "물고기 비늘이 덮인 것 같은 상태"를 보고했다. 길을 멈추고 쉬는 것도 별 도움이 되지 않았다. 전형적인 시베리아 마을은 "지루하고 술에

찐 듯한 동네"였으며 "아름다운 여성은 전혀 없고 아시아식 무법천지가 만연했다." 체호프는 다음과 같이 결론 내렸다. "시베리아의 러시아인들은 여기 와서 죽는다.[13]

시베리아 횡단 교통이 알렉산드르 바라노프의 알래스카 모험 시절 이후 거의 개선되지 않았기 때문에, 블라디보스토크는 여전히 벽지로 남아 있었다. 한 방문객은 이렇게 기록했다. 도시 이름은 "동방의 지배자"라는 뜻이지만, "통나무 오두막과 몇몇 석재 기초의 집들로 이루어진" 정착지였으며, "건축이 매우 허술하고… 극히 임시적인 성격을 지녔다. 도시를 끝에서 끝으로 가로지르는 길들은… 그저 수레바퀴 자국에 불과하며, 완전히 방치되어 있고, 비가 오면 깊은 진창으로 변한다." "이곳의 전반적인 특징은 우유부단, 관리 부실, 낭비를 나타낸다."[14]

도시의 전략적 잠재력은 외면당했고, 경제적 타당성도 설득력을 얻지 못했다. 1880년대에 어느 방문객은 "도처에 물자가 부족하고 어려움이 가득하다. 비용은 믿기 어려울 만큼 많이 들며, 중노동과 유형의 지배적 분위기가 억압을 완성시킨다."고 보고했다. 1875년에 블라디보스토크의 인구는 겨우 5,000명에 불과했고, 그 가운데 350명은 유배된 죄수였다. 이 도시는 여전히 태평양 연안의 작은 러시아 전초기지에 지나지 않았다. 게다가 '러시아적'이라고 하기도 어려웠다. 도시에서 이루어지는 상업 활동은 대부분 비非러시아인의 손에 있었고, 특히 주요 수출품인 해조류 무역은 중국 상인들이 장악하고 있었다. 우흐톰스키 같은 작가들은 러시아 극동 지역을 "아시아 심장부로 향하는 열쇠이자, 러시아 문명의 최전선"이

라고 선언했지만, 현실은 그와는 사뭇 달랐다.[15]

그러므로 1860년과 1870년대에 러시아 지도자들의 주된 관심은 극동 지역이 러시아의 나머지 부분에 부담을 주지 않게 하는 것이었다. 국경 너머의 지역들—중국 만주와, 청의 보호를 받지만 독립국인 조선—은 러시아에게 더욱더 관심 밖의 존재였다. 러시아는 1880년대 중반까지 조선과 거의 무역이 없었다. 1880년대에 영국이 조선에 접근하기 시작했을 때, 러시아 관리들은 전반적으로 "불간섭 정책"을 주장했다. 한편, 러시아 해군 제독들은 당시에는 조선 해안에 항구가 생긴다 해도 러시아에 그것이 필요하지 않다고 판단했다.[16]

1870년대에 중국 만주는 러시아에 거의 매력적으로 보이지 않았다. 1878년, 러시아 장군 알렉세이 쿠로팟킨[10)]은 만주 영토를 장악하는 것은 "전혀 이익이 되지 않으며", "중국과 우리 사이의 오랜 평화 관계"를 파괴할 것이라고 썼다. 더 나아가 그는 병합은 "많은 만주인이 우리 영토에 정착하는 결과를 빚을 것"이며, 이는 이미 취약한 러시아 극동 지역의 인종 구성을 뒤흔들 것이라고 경고했다. "넘쳐흐르는 황색 물결이 우리의 허약한 식민지들을 집어삼킬 것이고,… 동시베리아는 완전히 비러시아적인 지역이 되고 말 것이다. 기억해야 할 것은 인구 구성에서 신뢰할 수 있는 요소는 러시아인뿐이며, 앞으로도 그럴 것이라는 점이다."[17]

10) Alexei Nikolayevich Kuropatkin(1848–1925). 러시아의 군인, 정치인. 1898–1904년 러시아 전쟁장관을 지냈다. 러일전쟁 때 러시아 극동군 총사령관을 맡았으나 봉천(지금의 선양) 전투에서 일본에 패한 뒤 해임되었다.

"철도를 놓아라"

극동에서 러시아가 확보한 불안한 입지는 제국 건설의 발판으로서 미약할 수밖에 없었다. 러시아 지도자들은 1870년대와 1880년대를 거치며 점점 더 커져 가는 '황화론'[11]에 대한 두려움을 떨치지 못했다. 처음에 이처럼 주관적으로 인지된 위험은 아시아를 외면하고, 인구 밀집 지역인 아시아와 인구가 희박한 시베리아 사이에 완충 지대를 유지하려는 정책을 정당화하는 근거로 제시되었다. 아무르강과 우수리강 유역을 정복한 이후 러시아 관리들은 "너무 많은 조선인"이 유입되면 "우리에게 곤란한 상황이 올 수 있다."고 경고해 왔다. 1881년에 정부는 이 지역에 정착할 러시아인을 지원하는 새로운 프로그램을 시행하며 "신뢰할 수 있는" 인구 비율을 높이려 했다. 그럼에도 1880년대 후반에 이 지역 주요 도시 인구의 5분의 1은 중국인이었다. 예컨대 하바롭스크의 한 조사에서는 러시아인 1만 6,550명, 중국인 4,555명, 조선인 666명이 거주하는 것으로 나타났다. 1879년에 차르의 한 고위 자문관은 축치인 같은 일부 원주민들이 영국 및 미국의 포경선들과 무역을 하기 때문에 영어를 구사한다고 경고했다. 공식 조사에 따르면, 중국 국경 근처에 사는 일부 원주민 집단은 "자신들을 차르의 백성이 아니라 중국 황제의 신민으로 생각하는" 것으로 나타났다. 상트페테르부르크는 이에 대응해 러시아인 정착민들에게 더 많은 혜택을 제공하고, 외국 투자를 제한하는 조치를 취했다.[18] 그러나 외국인의 활동

11) 黃禍論(Yellow Peril). 청일전쟁 말기인 1895년경 독일 황제 빌헬름 2세가 황색 인종을 억압하기 위해서 내세운 모략으로, 앞으로 황색 인종이 서구의 백인 사회를 위협하는 시대가 올 것이라는 주장이 그 내용이다.

을 억제할수록 해당 지역의 경제 발전 가능성은 더욱 줄어들었다. 그리고 만약 러시아 극동이 계속 경제적으로 낙후된 상태로 남는다면, 무슨 이유로 러시아인들이 그곳에 정착하고 싶어 하겠는가?

러시아 극동 지역에 물자를 공급하는 데 따르는 물류상의 어려움을 감안하면, 이 지역의 경제적 낙후는 어느 정도 이해할 수 있는 일이었다. 그러나 극동은 빠르게 변하고 있었다. 일본은 근대화와 산업화를 거치며 세계열강의 반열로 도약하고 있었다. 중국은 내부의 정치적 분열과 유럽 제국주의 세력의 도전에 시달리면서도 역시 변화의 물결을 맞고 있었다. 외국과의 무역은 상하이, 광저우(캔턴) 같은 대도시로 수천 명의 중국인을 끌어들이며 도시의 규모를 급속히 키웠다. 외국 투자는 1870년대에 중국에 전신이나 철도와 같은 새로운 기술들을 가져왔다.

아시아가 근대화되면서, 러시아와 아시아 사이에 인구가 희박한 완충지대를 유지하는 것이 '황화론'을 가장 잘 관리하는 방법이라는 인식은 점점 설득력을 잃었다. 상트페테르부르크는 이주를 금지할 수 있었지만, 러시아인들은 머지않아 중국 만주에 철도가 도래할 것이며, 더 많은 중국인이 북쪽으로 유입될 것임을 알았다. 러시아는 과연 아무르강 유역에 대한 통제력을 유지할 수 있을까? 러시아는 중국에 대한 일관된 정책이 필요했다. 외교관 블라디미르 람스도르프[12]는 "다른 열강이 지구의 정반대 편까지 식민지를 찾아 나서는 반면, 우리는 바로 옆에 그것을 두고도 어떻게 활용해야 할지 모른다."고 불평했다. 제국이 그것을 활용하는 방법만 알

12) Vladimir Nikolayevich Lamsdorf(1845–1907). 러시아 제국의 정치인. 1901–1906년 러시아 외무장관을 지냈다.

아낼 수 있다면, 러시아의 아시아 영토에는 분명 기회가 있다고 많은 러시아 지도자들은 믿었다. 차르는 한 가지 해결책만이 있다고 결단을 내렸다. 1891년, 차르는 이렇게 명령했다. "철도를 놓아라."[19]

"표트르 대제 이후… 단 한 명의 정치인"

차르 알렉산드르 3세는 일찍이 1886년에 시베리아 횡단철도에 관심을 보였지만, 각료회의가 실제로 자금을 배정한 것은 1891년이었다. 황위 계승자인 니콜라이가 아시아 순방을 마치고 블라디보스토크에 도착한 바로 그 해였다. 그 무렵 러시아는 이미 수십 년 동안 시베리아철도에 대해 논의해 오고 있었다. 1857년에 아무르 유역의 정복자인 니콜라이 무라비요프-아무르스키는 아무르강에서 태평양까지 이어지는 철도 노선에 대한 조사를 명령한 바 있었다. 러시아 정부는 유럽에서 아시아까지 뻗는 철도에 대해 황당한 제안을 여럿 받았지만, 그 비용은 막대했다. 1880년대에 북아메리카 대륙을 가로지르는 몇 개의 철도들이 건설된 이후에야, 시베리아 횡단 노선이 좀 더 현실적으로 되어가는 것 같았다.[20]

재무부는 비용 문제를 우려했지만, 세르게이 비테는 동료들에게 철도가 창출할 막대한 기회에 주목할 것을 촉구했다. 비테는 차르 알렉산드르에게 이렇게 썼다. "재무부의 모든 자료는 시베리아 횡단철도가 당장 수익성 있는 사업이 되지 않을 것이며, 건설에는 막대한 지출이 수반되어 오랜 기간 국가 재정에 큰 부담을 줄 것임을 보여줍니다. 그러나 시베리아 횡단 철도의 중요성을 단지 재정적 관점에서만 평가하는 것은 전적으로 잘못된 일일 것입니다."[21] 비테는 철도가 당대의 지배적인 기술이라고 믿었다. 철도는 세계를 변화시키고, 제국을 건설하며, 무역 흐름을 재편하고, 산업화를 촉진시키고 있었다. 러시아가 철도를 건설하지 않는다면 절망적으로 뒤처질 수밖에 없었다. 러시아가 철도를 감당할 수 없다는 견해는 본질을 놓치는 것이었다. 비테는 철도야말로 러시아 경제를 앞으로 이끌어갈 기술이라고 단언했다. 러시아는 철도 건설을 **피할** 여유가 없었다.

세르게이 비테가 러시아 정치의 최고위 단계에 오를 수 있었던 것은 철도 덕분이었다. 그는 1849년 러시아의 캅카스 지역에 있는 트빌리시에서 태어났다. 어머니는 명문 가문의 후손이었지만, 아버지 쪽은 발트 지역 출신의 독일어 사용 가문으로 대대로 차르의 관료로 봉직해 왔다. 아버지가 갑작스럽게 세상을 떠난 후 비테의 가문은 다른 귀족들과 비교해 상대적으로 궁핍한 처지에 놓였고, 비테는 이후 평생 신분 문제에 예민한 태도를 보였다. 그러나 엘리트 혈통이었지만, 성격과 경력 면에서 비테는 자수성가형 인물에 가까웠다. 그는 귀족 출신에게 어울리는 정부 부처나 군대가 아니라, 철도 산업에서 경력을 시작해 스스로 지위를 쌓아 올렸다. 대학에서 물리학을 공부한 뒤 오데사의 철도 관리직으로 일하기 시작했고, 조직 내에서 빠르게 승진했다. 몇 년 뒤 상트페테르부르크로 자리를 옮겼고, 이후 키이우[13)]에서도 근무하게 되었다.[22]

비테의 성격과 세계관은 철도 산업을 통해 형성되었다. 철도 외에는 빠

13) Kyiv. 러시아어 표기로는 Kiev(키예프)다.

른 승진의 기회를 제공하는 산업이 없었다. 철도 건설에는 전문적인 공학 지식이 필요했고, 운송을 최적화하려면 비테가 뛰어난 기량을 보였던 정량적 분석 능력과 경영 능력이 요구되었다. 그는 철도 운영에서 성과를 거두며 러시아의 다른 사회계급에 대해 경멸심을 갖게 되었다. 제국의 발전을 위해 새로운 기술을 이해하고 이를 활용할 수 있는 사람은 그처럼 과학적 방법을 근대 기술에 적용할 수 있는 경영자뿐이었다. 대중은 그와 같은 경영자들의 지도가 필요한 "지능 있는 짐승 떼"일 뿐이었다. 그는 한때 "사회적 지위가 무엇이든 모든 사람을 평등하게" 대하겠다는 결심을 하고, 자존심을 버리고 하층 노동자들과도 손을 맞잡았지만, 그에게는 그런 평등한 태도가 "익숙하지 않은 사람에게 연기가 그렇듯이 대단히 고된 수고였다."[23]

그러나 비테는 러시아 대중을 아무리 은혜를 베푸는 듯이 대했다 하더라도, 러시아 귀족층을 훨씬 더 혐오했다. 그는 회고록에서 이렇게 썼다. "귀족들은 러시아 제국을 쥐어짤 대상으로만 본다." 귀족들은 "정치적으로 타락한 집단으로서, 이기적인 이익과 욕망의 희열 외에는 아무것도 인식하지 못하며, 주로 농민인 일반 납세자들의 부담을 대가로 온갖 형태의 특권과 혜택을 얻으려 한다."[24] 러시아의 귀족계급도 마찬가지로 비테에 적개심을 품었고, 많은 경우 귀족들에게 더 많은 세금을 요구하는 그의 정책에 반대했다.

정책보다 더 문제라고 많은 귀족들이 믿은 것은 비테의 성격이었다. 귀족들은 그를 세련되지 못하고 교양 없는 인물, 즉 점잖은 직업이 아닌 기름 냄새 나는 철도 업계에서 영향력을 얻은 신출내기 출세주의자로 보았다. 한 러시아 외교관은 비테에 대해 "전체적으로 강한 인상과 독창성을 풍겼다."고 회고하면서도, "비테 백작에게서 언제나 나를 불쾌하게 만든 한 가지는 그의 목소리였는데, 음색이 어딘가 불협화음을 내는 듯했다."고 덧붙였다. 비테는 상트페테르부르크 궁정의 세련된 러시아어를 구사하지 않았고, 자신이 자란 흑해 연안 지역의 억양을 그대로 썼다. 그가 이혼한 유대인 여성과 결혼한 결정도 그의 사회적 입지를 개선하는 데 전혀 도움이 되지 않았다. 비테가 차르의 최고 요직에 있을 때조차, 그의 아내는 상트페테르부르크의 상류사회에서 받아들여지지 못했다.[25]

비테의 태도나 결혼 문제를 그냥 넘어갈 수 있었던 사람들은 그가 자신의 길을 막는 자는 누구든지 가차 없이 짓밟는 능력에 주목했다. 한 정적은 "사람에 대한 비테의 태도는 모든 인간에 대한 깊이 뿌리박힌 경멸에 기반을 두었다."고 회상하며, 그가 목적을 이루기 위해 이른바 뇌물과 금전적 유인을 이용했다고 비판했다. 또 다른 외교관은 비테가 "셀 수 없이 많은 온갖 소속과 직급의 관리들, 초등교육에서 고등교육에 걸친 학교 체계, 방대한 영토 등 사실상 하나의 진정한 왕국"을 통솔하면서, "국가 내의 국가"를 만들어냈다고 말했다.[26]

비테는 러시아 관료제에 대한 이 권력을 이용해 국가를 변화시켰다. 철도 산업을 떠난 후 그는 재무부 철도국장을 지냈고, 이어 교통부 장관으로 임명되었으며, 곧이어 재무장관 자리에 올랐다. 비테가 11년 동안 재무장관으로 재직하는 동안 러시아는 프랑스와의 동맹을 공식화했고, 시베리아 횡단철도를 건설했다. 또 중국을 침공하고, 극동에 식민지 제국을 수립했으며, 일본과의 전쟁으로 나아가는 길에 들어섰다. 한 관찰자는 "비테야말로 표트르 대제 이후 러시아에서 등장한 단 한 명의 정치인이었다."고 단언했다.[27]

"세계의 모든 지역으로 무역을 확대하다"

비테는 세계가 산업화되어 가는 시대에 러시아도 변화해야 한다고 믿었다. 귀족들이 광대한 영지를 관리하고, 곡물을 수출해 그 수익으로 사치품을 사고 지중해 연안에서 휴양을 즐기던 옛 방식의 경제는 더 이상 지속 가능하지 않았다. 1880년대에 산업을 건설하고 있는 나라는 영국과 프랑스만이 아니었다. 독일, 미국, 심지어 일본까지도 철도와 철강 산업에 투자를 하고 있었다. 러시아는 한참 뒤처져 있었다. 비테는 독일이야말로 러시아가 어떻게 따라잡을 것인지를 보여주었다고 믿었다. 그는 독일 경제학자 프리드리히 리스트[14)]를 숭배했는데, 리스트는《정치경제학의 국민적 체계》라는 유명한 소책자에서 애덤 스미스[15)]의 자유방임주의 정책을 공격한 바 있다. 리스트는 독일이 산업화를 이루기 위해서는 국가 전체를 연결하는 기반시설에 투자하고, 자국 산업을 보호 시장으로 뒷받침해야 한다고 주장했다.

14) Georg Friedrich List(1789–1846). 독일의 역사학파 경제학자.

15) Adam Smith(1723–1790). 스코틀랜드 출신의 영국 자유주의 철학자이자 경제학자. 유명한《국부론》의 저자이다.

비테는 러시아에서 리스트의 사상을 구현하고자 했다. 1889년 그는 국가가 산업을 지원해야 한다는 생각을 찬양하는《민족주의에 대하여: 국민경제와 프리드리히 리스트》라는 제목의 팸플릿을 발표했다. 비테는 러시아 산업에 필요한 것은 새로운 시장이라고 믿었다. 그는 단일 관세 체계, 새로운 기반 시설, 그리고 산업에 대한 지원을 바탕으로 통일된 국민경제를 구축하려 했다. 비테는 이것이야말로 '경제력'으로 가는 길이라고 역설했다. 그러한 프로그램을 시행한 국가는 "세계의 모든 지역으로 무역을 확대"하고 심지어 "식민지를 건설"하는 데 성공할 수 있을 것이었다. "아시아에 대한" 러시아의 "지리적 근접성"은 잉글랜드나 다른 열강과의 상업 경쟁에서 유리한 점이 되지 않겠느냐고 비테는 반문했다.[28]

하지만 아시아와의 무역을 확대하려면 러시아는 시베리아를 가로지르는 철도가 필요했다. 비테는 차르에게 제출한 보고서에서, 러시아 제품이 중국, 일본, 조선에 거주하는 4억 6,000만 인구에게 도달하려면 철도가 있어야 한다고 주장했다. 이미 이 지역과의 무역 규모는 "자그마치 5억 금 루블"에 달했으며, 앞으로 더욱 증가할 것이었다. 수송 시간을 단축하면, 시베리아 횡단철도는 차와 비단 무역에서 러시아의 역할을 확대시켜 국제수지 개선에도 도움이 될 수 있었다. 아시아 철도는 러시아가 이 지역에서 상업적 이익을 확대할 수 있는 유일한 방법이라고 비테는 강조했다. 새로운 시장에 접근하는 일은 러시아의 산업화에 결정적이었다.[29]

1891년, 차르 알렉산드르는 이 새로운 철도의 감독을 황태자 니콜라이에게 맡겼다. 당시 니콜라이는 아시아 여행을 마치고 블라디보스토크에

막 도착한 참이었다. 1891년 5월 31일 아침, 블라디보스토크에서 약 2.5킬로미터 떨어진 지점에서 기도가 올려졌다. "성부와 성자와 성령"의 이름으로, 그리고 "전 러시아의 황제이자 전제군주인 폐하 알렉산드르 3세"의 이름으로, 니콜라이는 은제 도구를 사용해 첫 돌을 놓고, "대시베리아 철도의 첫 삽을 뜨며" 이 프로젝트의 착공을 알렸다. 이는 "극동을 러시아의 중심부와 단절 없는 철로로 연결"할 프로젝트의 시작이었다.[30]

철도 건설을 실현하기 위해 차르는 비테를 교통장관으로 임명한 뒤 곧이어 1892년 여름에 그를 재무장관으로 승진시켰다. 이로써 비테는 러시아의 철도 건설뿐 아니라 세금 체계, 관세 정책, 정부 지출 전반에 대한 통제권을 손에 넣었다. 얼마 지나지 않아 그는 외교 문제에도 발을 들였다. 금융 문제는 다른 나라들과의 교류를 수반한다는 이유에서였다. 비테의 핵심 신념은 국가의 힘이 상업과 산업의 확장에서 비롯된다는 것이었고, 그러므로 그는 러시아의 외교 정책을 경제적 목표에 집중시켰다. 아시아에서 그의 목표는 영토 확대나 군사적 팽창이 아닌, "평화적 침투"였다.[31] 시베리아 횡단철도는 경제를 확장하고 무역을 지원함으로써 러시아의 영향력을 제고할 터였다.

비테는 1892년 차르에게 제출한 보고서에서 철도가 러시아의 군사 대비 태세를 강화할 것이라고 주장할 때조차, 태평양에 배치된 해군의 주된 임무는 상업을 보호하는 것이라고 주장했다. 이는 지정학적 목적이 아니라 경제적 목적이었다. 그는 시베리아 횡단철도가 러시아에게 극동 함대를 유지할 수 있도록 해줄 것이며, "유럽이나 동아시아에서 정치적 분규가 발생할 경우, 이 함대는 태평양 해역의 모든 상업 활동을 지배하는 데 특히 중요한 의미를 가지게 될 것"이라고 알렉산드르에게 장담했다. 그 무렵, 한 유력한 미국 상원의원은 "상업은 국기를 따른다."고 주장함으로써 자국의 제국 확장을 정당화했다. 달리 말해, 제국을 건설하면 미국 기업들이 이익을 볼 수 있다는 논리였다. 그러나 비테에게는 그 논리가 정반대였다. 국기와 함대는 러시아 상업의 이익을 따르고 그것을 위해 봉사해야 했다.[32] 한편 아시아와의 무역은 러시아 산업화를 뒷받침할 것이었다.

중국의 분할?

모스크바에서 시베리아를 가로질러 바이칼 호숫가에 이르는 시베리아 횡단철도의 구간은 비교적 단순했다. 그러나 바이칼에서 태평양까지 이어지는 부분은 그렇지 않았다. 가장 큰 딜레마는 철도의 종착지인 태평양 연안의 블라디보스토크까지 어떻게 연결할 것인가였다. 한 가지 방안은 바이칼에서 하바롭스크까지 아무르강을 따라 동쪽으로 진행한 뒤, 급격히 오른쪽으로 방향을 틀어 우수리강을 따라 남쪽 블라디보스토크로 향하는 철도를 건설하는 것이었다. 이 경로의 장점은 오직 러시아 영토만을 지난다는 점이었다. 그러나 대안 노선보다 훨씬 길었다. 대안은 블라고베셴스크에서 블라디보스토크까지 직선으로 연결되는 노선으로, 중국 만주를 직접 관통하는 길이었다. 전문가들은 철도 건설에 12년이 걸릴 것으로 내다보았고, 그런 만큼 노선을 단축하려는 욕구는 매우 강했다.

1894년, 차르의 자문관들이 철도를 어디에 건설할지를 논의하던 중, 조선에서 봉기[16)]가 일어났다. 조선은 명목상 청나라의 보호국이었지만, 일본의 팽창주의가 노리는 대상이기도 했다. 조선의 반란자들은 "일본 타도!"를 외쳤고, 곧 청나라와 일본은 동북아시아의 패권을 놓고 전쟁을 벌이게 되었다. 한 영국 관리는 "중국인 1,000명 중 999명은 거대한 중국이 작은 일본쯤은 쉽게 이길 것이라고 확신하고 있다."고 전했다. 러시아인들도 대부분의 유럽인들과 마찬가지로, 이 전쟁을 "일본 군부의 무모한 도박"이라는 데 동의했다. 그러나 일본은 중국 함대를 격침시키고, 조선과 만주에 병력을 상륙시켰으며, 바다를 통해 베이징으로 접근하는 길목을 방어하는 중국의 요새 항구 뤼순항Port Arthur과 웨이하이웨이를 점령했다. 청 제국은 빠르게 평화를 청했고, 일본은 가혹한 조건을 내걸었다. 중국은 타이완을 할양하고, 막대한 배상금을 지불하며, 랴오둥반도의 일부를 넘겨주고, 조선의 독립을 인정해야 했다. 이는 일본이 조선에서 더 큰 영향력을 행사할 수 있는 길을 열어주는 조치였다.[33]

하지만 일본이 중국을 손쉽게 무찌르자, 청 제국이 분할될 것인지, 그렇다면 러시아는 이에 어떻게 대응해야 할지에 대한 의문이 다시 제기되었다. 무라비요프 총독이 아무르강 유역을 정복한 이후, 상트페테르부르크는 극동 지역을 지정학적 변방으로 간주하며 거의 관심을 기울이지 않았다. 하지만 이제 아시아의 지도가 다시 그려지고 있었고, 비테가 이끄는 러시아는 그 속에서 기회를 엿보았다. 청일전쟁은 두 아시아 열강 사이의

16) 1894년 2월에 시작된 동학농민운동을 가리킨다.

전쟁만이 아니었고, 또한 단순히 영국이나 프랑스 제국주의의 새로운 진출 계기만도 아니었다. 비테는 그것이 "시베리아철도의 건설이 초래한 결과"라고 믿었다. 중국 분할이 임박했으며, 모든 강대국들이 "그러한 분할이 벌어질 경우, 시베리아철도가 그들의 기회를 크게 높여줄 것이라 보았다." 일본군 사령관 역시 이에 동의하며 다음과 같이 선언했다. "시베리아 횡단철도가 완공되는 날이 조선에 위기가 닥치는 날이며, 조선에 위기가 닥치면 오리엔트 전체가 격변에 직면하게 될 것이다."[34]

이제 부상하는 일본의 힘은 이 지역에서 러시아의 목표를 위협할 가능성이 커 보였다. 조선에 주둔한 일본군은 아직 완공되지 않은 시베리아 횡단철도의 종착지인 블라디보스토크에서 멀지 않은 곳에 있었다. 1895년 1월에 해군장관은 "만주의 일부"를 점령함으로써 러시아가 입지를 굳힐 수 있을지를 고민했다. 외무부는 차라리 조선 연안의 섬을 점령하는 편이 낫지 않겠느냐는 제안을 내놓았다. 하지만 비테는 "시베리아철도가 완공될 때까지 필요한 시간을 확보하는 데" 집중했다. "그때가 되면 우리는 우리의 모든 물질적 수단을 완비한 상태로 전면에 나서 태평양 문제에서 적절한 지위를 차지하게 될 것이다." 지금 러시아가 방어할 수 없는 영토를 추가로 차지하는 것은 아무 의미가 없었다. 대신 비테는 독일, 프랑스와 협력해 일본에게 그들이 점령하려 했던 중국 영토 중 일부를 포기하라고 요구했다. 유럽 열강의 공동 전선에 직면한 도쿄는 마침내 물러섰다. 하지만 비테는 일본이 포기한 중국 영토를 점령하기를 거절하고, 경제적 진출이라는 전략을 고수했다. 그는 베이징이 일본에 지불해야 할 배상금을 지불하는 것을 도와주고, 만주에 철도를 건설하는 문제에 대해 중국과 협상을 시작했다. 1895년 여름에 비테는 차르에게 자신의 목표는 여전히 "영토를 추가로 획득하는 것이 아니라 중국에서 러시아의 경제적 영향력을 강화하는 것"이라고 설명했다.[35]

"블라디보스토크에서 배로 30시간 거리에 새로운 세계 열강"

하지만 새로 즉위한 차르는 생각이 달랐다. 알렉산드르 3세는 청일전쟁이 한창이던 1894년 가을에 사망했고, 그의 아들 니콜라이 2세가 제위에 올랐다. 그때든 그 후든 어떤 러시아 지도자도 니콜라이 2세만큼 아시아 문제에 대해 폭넓은 교육을 받은 이는 없었다. 그의 아시아 순방이 있은 지 불과 3년밖에 지나지 않았고, 인도의 사원들, 자바섬의 화산들, 음악과 춤, 스포츠 등 그 여정의 장면들은 여전히 생생했다. 그러나 니콜라이의 기억에 가장 깊이 남은 것은 아마도 일종의 우월감이었던 듯하다. 니콜라이는 당시 많은 유럽인들처럼 '백인종'이 '황인종'보다 우월하다고 확신했고, 자신에게는 아시아를 지배할 의무가 있다고 믿었다.[36]

비테는 훗날 니콜라이가 아시아를 지배할 필요가 있다고 생각하게 된 것은 일본 경찰관의 암살 시도 때문이었다고 주장했다. 그러나 니콜라이는 부상하는 아시아만이 아니라 여러 가지를 두려워했다. 그는 원래부터 신경이 예민한 성격이었고, 아버지가 죽은 후에는 자신이 러시아를 통치할 능력이 있는지를 걱정했다. 그는 친척에게 "나는 차르가 될 자격이 없어요. 통치라는 게 뭔지 전혀 모릅니다. 장관들에게 어떻게 말해야 하는지도 도통 모르겠어요"라고 하소연했다. 그러나 그는 어머니에게 "얼굴이 창백해지고 온몸이 부들부들 떨리는 신경 발작"이 자주 찾아온다고 불만을 토로했지만, 통치하지 않으면 안 되었다. 그의 치세 내내 니콜라이는 가장 유력한 장관들, 그 중 핵심 인물이었던 비테와의 관계에서 늘 자신감을 잃었다. 비테의 정적들은 차르의 불안감을 이용해 "비테는 내심 혁명가입니다."라고 니콜라이에게 속삭였다. 니콜라이의 불안감은 인종주의와 결합하며 위험한 결과를 낳았다. 물론 그의 인종주의는 아시아에만 국한된 것이 아니었다. 오히려 그의 반유대주의는 훨씬 더 격렬했고, 그의 편지에는 유대인을 비하하는 표현이 넘쳐났다. 니콜라이는 종종 "잉글랜드인은 유대놈이야"라고 말하곤 했다. 그러나 인종적 사고와 불안감이 결합해 공격적인 제국주의 대외정책을 고무한 지역은 바로 극동에서였다.[37]

아시아에 대한 니콜라이의 태도가 어떤 동기에서 비롯되었든, 한 가지는 분명했다. 비테가 러시아의 무역을 확대하고 새로운 시장을 개척하려 했던 곳에서, 니콜라이는 영토를 원했다는 것이다. 아시아에서의 영토가 러시아의 지정학적 위치를 강화할 것이라는 이 믿음은 차르에게만 특유한 것이 아니었다. 유력 신문《노보예 브레먀》Novoe Vremya는 "블라디보스토크에서 배로 30시간 거리에 새로운 세계 열강이 등장했는데, 이 불안감에 러시아가 달리 어떤 방법으로 대응할 수 있었겠는가?"라고 물었다. 이 신문은 일본이 '신중함'을 잃고 지나치게 강경해지면 러시아와의 전쟁도 불사할 수 있기 때문에 일본의 부상이 "우리를 두렵게 한다."고 주장했다. "황인종이 싸우고 있다. 백인종은 엄중히 경계해야 한다."라고 신문은 경고했다.[38]

과거에는 '황화론'이 러시아로 하여금 아시아 개입을 꺼리게 만드는 요인이었다. 이제 황화론은 팽창의 정당화로 재해석되었고, 아시아 제국이 러시아의 위대함을 재건해 줄 것이라는 약속과 결합되었다. 많은 이들은 러시아가 연중 내내 해군이 운용 가능한 부동항이 필요하다고 결론지었다. 한 러시아 작가는 "그런 항구가 필요하다는 것은 굳이 말할 필요도 없다. 자명한 일이다."라고 외쳤다. 니콜라이는 이 문제에 직접적인 관심을 보였다. 1895년 봄에 그는 로바노프[17] 외무장관으로부터 러시아가 "태평양 연안에 부동항이 필요하다."고 주장하는 보고를 받았다. 차르는 그 여백에 "바로 그거요"라고 휘갈겨 썼다. 보고서는 이어서 "아시아에서 우리의 주된 그리고 가장 위험한 경쟁자는 틀림없이 잉글랜드입니다."라고 했고, 차르는 거기에 "물론입니다."라고 적었다.[39]

그러나 니콜라이가 항구와 영토를 밀어붙이는 동안, 비테는 차르 군 인사들의 지지를 받으며 대신 신중을 기하고 무역에 초점을 맞출 것을 촉구했다. 러시아의 팽창으로 촉발된 전쟁은 영국과 일본을 상트페테르부르크에 맞서 연합하게 만들 것이라고 전쟁장관 표트르 반놉스키[18]는 경고했다. 그러나 러시아는 극동 지역에 기껏해야 1만 5,000명의 병력만을 동원

17) Aleksei Borisovich Lobanov-Rostovsky(1824-1896). 러시아 제국의 정치인. 1895-1896년 러시아 제국의 외무장관을 지냈다.

18) Pyotr Semyonovich Vannovsky(1822-1904). 러시아 제국의 정치인, 군 지도자. 1881-1898년 러시아 전쟁장관, 1901-1902년 교육부 장관을 역임했다.

할 수 있었는데, 이는 일본과 영국 연합군을 상대하기에는 턱없이 부족했다. 러시아 함대 또한 준비가 되어 있지 않았다. 참모총장 니콜라이 오브루체프[19] 장군도 이에 동의하며 "1만 킬로미터 이상 떨어진 곳에서 싸우는 것을 의미하는 전쟁에 어떤 식으로든 말려들지 않는 것이 대단히 중요하다."고 경고했다. 장군은 "모든 총기, 모든 탄환을 먼 곳에서부터 보내야 한다."며, 이르쿠츠크에서 극동까지 병력을 이동시키는 데만 5개월이 걸릴 것이라고 지적했다. 반면 일본군은 이미 배치 완료된 상태였다. 일본과의 충돌은 '대재앙'이 될 것이며, "더구나 우리는 서부나 캅카스에서도 방어되지 못할 것이었다." 비테 역시 동의하며, 전쟁보다는 차라리 일본이 포모사,[20] 펑후제도, 중국의 요새 항구인 뤼순항, "심지어 조선 남부까지 가져가도록 내버려두는 것이 낫다. 단, 만주만은 안 된다."라고 말했다.[40]

"중국이라는 거국과의… 평화적 관계"

비테는 1896년, 즉 니콜라이 2세 통치 2년 차에 거행된 그의 대관식에서 극동 문제를 해결하기를 기대했다. 행사는 매우 성대했다. 목격자들은 "특별한 장엄함", "근사한 예복", "아름다운 음악"이 모두 "깊은 신비감"을 자아냈다고 전하며, 그 분위기는 마치 "베르사유가 다시 살아난 듯이" 위엄 있었다고 표현했다. 이 대관식은 니콜라이의 아버지 알렉산드르 3세

---

19) Nikolai Nikolayevich Obruchev(1830–1904). 러시아 제국의 군인. 1881–1897년 러시아 참모총장을 지냈다.

20) 타이완의 옛 이름.

의 대관식보다 훨씬 더 화려했으며, "더 많은 관중, 더 많은 외국 귀빈, 더 광범위한 신문 보도"가 있었다. 한 미국 언론인은 이 행사를 두고 "유럽의 귀빈 전용 특등석과 전 세계의 특별관람석 앞에서 벌어진 한 편의 연극 같았다."고 묘사하며, 거의 모든 유럽 왕가에서 온 412명의 왕족이 참석한 이 자리에 자신은 이질감을 느꼈다고 털어놓았다. 《뉴욕 타임스》New York Times는 니콜라이가 백마를 타고 대관식에 등장했다고 보도했다. "그는 꼿꼿이 앉아 있었고, 머리부터 발끝까지 황제 그 자체였다."[41]

니콜라이는 황제였을지는 몰라도, 니콜라이가 차르의 역할을 수행하며 러시아가 이미 복속시킨 아시아 민족들에 대한 지배권을 과시하고 있을 때, 가장 유력한 그의 장관인 비테는 진짜 아시아 외교 사절들과 협상하고 있었다. 1896년, 중국, 일본, 조선의 관리들이 모두 러시아로 초청되었고, 비테는 이 기회를 활용해, 또다시 아시아에서의 전략을 영토 확장이 아닌 경제적 영향력에 중점을 두는 방향으로 추진하려 하면서, 러시아 대외정책에 대한 자신의 영향력을 재차 확고히 했다.

중국 관리 이홍장이 대관식의 주요 귀빈으로 초대된 것은 비테가 중국과의 관계를 얼마나 중시했는지를 보여주는 상징적인 일이었다. 이홍장은 수에즈운하를 거쳐 러시아로 향했으며, 그의 도착을 맞이한 것은 우흐톰스키 공작이 이끄는 의장대였다. 우흐톰스키는 이홍장을 호위해 1896년 4월 30일 수도인 상트페테르부르크에 도착했다. 도착 직후, 이홍장과 비테 간의 협상이 시작되었다. "차가 대단히 화려하고 정중한 의식 속에 제공되었다."고 비테는 회고했다. "그다음은 흡연 의식이었다." 하인 두

명이 이홍장의 파이프와 담배를 시중들었다. 비테는 "이 모든 엄숙한 의식을 통해 이홍장이 나에게 깊은 인상을 주기를 원한다는 것이 분명했다."고 믿었다. "나로서는 전혀 신경 쓰지 않는 척했다."[42]

흡연과 음주가 끝나자, 두 사람은 본격적으로 협상에 돌입했다. 베이징은 일본으로부터의 지속적인 위협과 더불어 유럽 열강이 다시금 중국 영토를 분할하려 들 위험에 직면해 있었다. 비테는 러시아가 바이칼호에서 출발해 중국 만주를 바로 관통하여 러시아 블라디보스토크에 이르는 가장 짧은 경로로 시베리아 횡단철도를 완공할 것을 제안했다. 이 경로는 러시아에 이점을 제공하는 것이 분명했다. "철도 노선이 상당히 단축될" 뿐만 아니라, 아무르 유역에서 "막대한 건설상의 어려움"을 피할 수 있고, "토지가 더 비옥하고 기후가 더 유리한" 지역을 통과할 수 있기 때문이었다. 비테는 "문제는 이 계획에 대해 중국의 승인을 어떻게 받아낼 것인가였다."고 생각했다.[43]

중국의 쇠약은 이를 좀 더 수월하게 했다. 비테는 이홍장에게 중국을 관통하는 철도는 전쟁 시에도 도움이 될 것이라고 설명했다. 그는 러시아가 중국을 관통하는 철도 건설권을 얻는 대가로, 일본에 맞서는 방어 동맹을 체결하는 데 동의하겠다고 제안했다. 비테는 시베리아 횡단철도가 완공되면 전쟁이 발발했을 때 중국에도 도움이 될 것이라고 주장했다. 해상 봉쇄 상황에서도 베이징이 유럽으로부터 물자를 보급받을 수 있게 된다는 것이었다. 철도는 유럽에서 흔히 쓰이는 약간 좁은 궤도보다는 러시아에서 사용하는 넓은 궤도로 건설될 예정이었는데, 이는 러시아 열차와는 연동을 가능하게 하지만 유럽인들이 중국의 다른 지역에 건설한 철도와는 연결을 불가능하게 할 것이었다. 또한 러시아는 "외국 상품과 비교해 자국 상품의 경쟁력을 높이기 위해" 일련의 관세 특혜를 부여받게 될 터였다.[44]

이홍장은 두 가지 수정 조항을 붙여 조약에 동의했다. 첫째, 동청철도[21)]로 불릴 이 철도는 러시아 정부가 아니라 겉으로는 민간 회사의 형식을 띤 기관이 건설하기로 했다. 이는 중국의 주권이 유지되는 것처럼 보이기 위한 조치였다. 둘째, 이홍장은 조약 협상에 기여한 공로에 대한 감사의 표시로 러시아로부터 수백만 루블에 달하는 비공식적인 금전을 받기로 했다. 이 협정은 1896년 봄, 니콜라이 2세의 대관식 직후 모스크바에서 체결되었다. 차르는 중국 황제에게 선물을 보냈는데, 거기에는 "청금석으로 만든 꽃병, 황금으로 된 칠보 술잔, 다이아몬드 장식의 머리띠, 은으로 된 화장대, 그리고" 황제의 외교 자문관 각각의 모자를 장식할 "대형 다이아몬드"를 담은 48개의 상자가 포함되었다. 그러나 니콜라이는 이러한 장려한 격식과 의례에만 관여했을 뿐, 조약의 전략적 논리는 전적으로 비테의 것이었다. 비테는 러시아의 영토를 확장하지 않고도 두 가지 주요 목표를 달성했다. "첫째, 블라디보스토크까지 직선으로 이어지는 거대한 철도망 구축.… 그리고 둘째, 이웃인 중국이라는 거국과의 평화적 관계를 확고히 정립한 것"이 그것이었다.[45]

21) 東淸鐵道(Chinese Eastern Railway). 하얼빈을 중심으로 하여 만저우리와 쑤이펀허, 그리고 다롄을 잇는 철도 노선이다. 1911년 중화민국이 성립한 뒤에는 중동철도(中東鐵道)로 불렸다.

"거대한 두 인접 제국"

하지만 중국과의 평화적 관계가 일본과의 우호적인 관계를 보장해 주는 것은 아니었다. 일본은 아시아에서 떠오르는 군사 강국이었고, 비테는 중국 내 경제 침투 전략을 평화적인 것으로 여겼지만, 일본 측은 그렇게 확신하지 못했다. 게다가, 차르가 더욱 공격적인 태도를 선호한다는 점에서, 일본은 비테가 러시아의 아시아 정책을 계속 관리할지조차도 확신하지 못했다. 청일전쟁은 중국의 허약함을 드러냄으로써 모든 열강으로 하여금 극동에서의 전략을 재고하게 만들었다. 일본은 러시아를 북아시아에서의 주요 경쟁자로 보기 시작했고, 독일은 중국의 굴욕을 아시아에서 자국의 입지를 강화할 기회로 인식했다. 따라서 비테는 중국뿐만 아니라, 병약한 청 제국을 독수리처럼 에워싸고 있던 강대국들의 움직임까지 함께 고려해야 했다.

그러므로 니콜라이 2세의 대관식에서 비테는 일본과의 긴장을 완화하려는 노력도 병행했다. 도쿄가 보낸 사절은 군사령관 야마가타 아리토모[22]였으며, 그는 일본이 막 중국으로부터 빼앗은 지역인 조선을 둘러싼 합의를 원했다. 이론적으로 조선은 독립국이었지만, 일본이 중국을 한반도에서 몰아낸 이후에는 도쿄와 상트페테르부르크가 조선을 두고 맞서는 두 주요 외세가 되었다. 조선 내부에서는 여러 파벌이 왕권의 통제를 둘러싸고 다투고 있었고, 1888년에는 일본이 독이 든 생일 케이크로 왕비를 암살하려다 실패했다는 의혹도 있었다. 왕비는 이후 7년을 더 살았지만, 1895

22) 山縣有朋(1838–1922). 일본의 육군 원수. 1889–1891, 1898–1900년 일본의 내각총리대신을 지냈다.

년 일본 요원들에게 무참히 살해되었다. 한편, 조선의 왕은 신변의 위협을 느껴 러시아 공사관으로 피신해 있었다.[46] 강대국 각자 서로 다른 세력을 지지하는 가운데, 러시아와 일본은 사실상 대리전 직전 상황까지 이르게 되었다.

니콜라이 2세의 대관식 참석을 위해 상트페테르부르크에 도착한 야마가타 아리토모는 조선을 사실상 분할하는 세력권[23] 설정을 제안했다. 양측은 조선 정부를 개혁하고 전신선을 설치하기로 합의했다. 그러나 핵심 쟁점인 세력권에 대해서는 "군대의 충돌을 방지하기를 바라는" 두 나라는 향후 어느 시점에 "각국의 활동 범위를 결정하기"로 합의하는 데 그쳤다. 이 러시아-일본 합의 덕분에 조선의 국왕은 자신도 전 왕비처럼 잔혹하게 죽임을 당하지는 않을 것이라고 확신하며, 안심하고 러시아 공사관에서 나와 다시 궁으로 돌아갈 수 있었다. 그러나 러시아와 일본은 한 가지 복잡한 문제를 미결인 채로 남겨두었다. 두 제국의 세력권 경계는 과연 어디인가? 양국 모두 이 합의가 조선과의 관계를 확대할 수 있는 여지를 열어 둔 것으로 해석했다. 1897년, 러시아 사절은 한양으로 떠나면서 다음과 같은 지시를 받았다. 러시아-조선 은행을 설립하고, 러시아 전신망을 구축하며, "세관 행정을… 완전히 러시아 손에 넘기는 것을 목표로 하라"는 것이었다.[47]

아시아에서 세력 균형을 바꾸려 한 나라는 일본만이 아니었다. 독일 황제는 자신도 영국의 홍콩처럼 중국 항구를 가질 자격이 있다고 주장하며,

---

23) Sphere of Influence. 국제 관계에서 열강의 이해관계에 맞춰, 한 국가가 자신의 국경을 넘어 정치적 · 경제적 · 군사적 · 문화적 배타성을 발휘하는 지역을 일컫는다.

제국의 꿈을 꾸었다. 베이징의 쇠약은 기회를 제공했다. 베를린은 조선의 황해 바로 맞은편 산둥반도 남부 해안에 위치한 칭다오를 그에 적합한 항구로 지목했다. 이 지역에서 기독교 선교사 수 명이 살해당하자, 독일은 해당 항구와 주변 지역을 점령할 것이라고 발표했다. 상트페테르부르크는 급히 대응에 나서며, 독일이 칭다오를 포기하지 않으면 러시아군도 중국 내에서 자체적으로 항구를 점령하겠다고 위협했다. 그러나 제국적 야망이 걸린 문제인 만큼, 독일은 한 치도 물러서지 않았다.[48]

1897년 가을, 니콜라이 2세는 자문관들을 소집해 논의에 나섰다. 이제 차르는 보복 조치로 중국의 항구를 점령하겠다는 자신의 위협을 실제로 실행에 옮겨야 하는가? 몇몇 자문관들은 만주 남부 해안의 뤼순항이 베이징과 조선에 접근하기에 용이한 우수한 부동항을 제공할 것이라고 주장했다. 비테는 자신이 매우 신중하게 구축해온 중국과의 "평화적 관계"가 위험에 빠질 수 있다고 보았고, 인내할 것을 촉구했다. 비테는 불과 1년 전에 러시아가 "아시아 대륙을 새로운 외세 침입으로부터 보호하기 위해" 중국과 협정을 맺었다고 차르에게 상기시켰다. 중국은 러시아에게 자국 영토를 가로지르는 시베리아 횡단철도를 건설하는 것도 허용한 상태였다. 만약 상트페테르부르크가 중국 항구를 점거한다면, 이 모든 합의가 위태로워질 터였다. 실제로 "만약 일본이 뒤따라" 그 자신의 중국 항구를 점령한다면, "우리는 지난해 체결한 협정에 따라 중국을 방어해야 할 것이었다."[49] 또한 일본은 러시아가 이해관계를 가진 또 다른 지역인 조선에서도 과감하게 행동에 나설 수도 있었다.

어쨌든 비테는 뤼순항을 확보하면 러시아는 더 불리해질 것이라고 주장했다. 특히 시베리아 횡단 노선과 연결되는 철도가 부설되기 전에는 방어하기가 어려우며, 그런 철도를 건설하는 데에는 "수년"과 "막대한 비용"이 들 터였다. 해군장관도 이에 동의하며, 조선 해안이 뤼순항보다 더 나은 항구들을 제공한다고 주장했다. 비테는 계속해서, 상트페테르부르크는 "경제적 이익을 바탕으로" 평화적인 방식으로 태평양 쪽의 새로운 출구를 모색해야 한다고 강조했다. 러시아에 필요한 것은 "시간"과 이웃 국가들과의 "우호적인 합의"일 뿐이다. 반면 뤼순항을 점령하는 것은 "큰 위험"을 초래할 터였다.[50] 비테는 독일의 사례를 따르기보다는 해군 함대를 칭다오로 파견하여 독일군에게 철수를 압박하고 중국 영토를 또다시 분할하려는 제국 열강의 움직임을 저지하자고 제안했다.

하지만 차르는 설득되지 않았다. 그의 사촌인 독일 황제가 아시아에서 새로운 영토를 획득하고 있다면, 러시아도 그래야 하지 않겠는가? 실제로 극동 문제는 두 군주 사이에서 가장 자주 오가는 대화 주제 중 하나였다. 독일 황제는 편지에서 자신을 '빌리'Willy라고 부르며 사촌 '니키'Nicky에게 러시아가 아시아에서 맡아야 할 역할의 중요성을 지속적으로 강조했다. 물론 이것은 독일 통치자에게는 편리한 입장이었다. 러시아는 극동에 더 많은 자원을 투입하면 할수록, 프랑스와 러시아의 군사 동맹이 커져 가는 독일의 힘을 위협하던 유럽에 자원을 적게 전개할 것이기 때문이었다. 그러나 러시아의 통치자 역할에 자신감이 부족했던 니콜라이 2세는 쉽게 압박에 굴복했다. 독일 황제는 이렇게 약속했다. "나는 유럽을 조용히 유지하고 또 러시아의 후방을 지킬 수 있도록 분명히 최선을 다할 것입니다. 아무도 극동에 대한 당신의 행동을 방해하지 못하게 말이오! 확실히 그것은 러시아가 앞으로 맡게 될 위대한 과업이기 때문입니다.… 유럽을 '거대한 황색 인종'의 침입으로부터 방어하는 것 말입니다."[51]

독일 황제의 끈질긴 압박이 차르 니콜라이가 비테의 희망과는 달리 뤼순항을 점령하기로 결정한 유일한 이유는 결코 아니었다. 니콜라이는 러시아가 아시아를 지배해야 한다는 오랜 신념을 가지고 있었는데, 이는 적어도 그가 황위에 오르기 전 '동방'을 순방하던 시절까지 거슬러 올라간다. 1898년 봄, 니콜라이의 명령에 따라 러시아 해군 함대가 뤼순항으로 진입해 요새를 점령하자, 많은 러시아인은 이를 러시아가 강대국으로 인정받은 것으로 여겼다. 독일 황제는 니콜라이에게 "당신의 외교는 방금 중국에서 또 하나의 위대한 성공을 거두었소"라고 급히 쓴 메모를 보냈다. 니콜라이 역시 그렇게 생각했다. 러시아는 중국에 압력을 가해 항구와 그 주변 지역을 러시아에 25년간 임대하는 협정을 "상호 합의"라는 형식으로 체결하게 만들었다. 이 기간 동안 러시아는 항구를 시베리아 횡단철도와 연결하는 철도를 건설할 계획이었다. 한 러시아 지도자는 동료에게 이 25년이라는 기간은 단지 "형식적인 것"일 뿐이며, 법적으로 구속력을 가진 것이라고는 생각하지 않는다고 말했다. 러시아 정부의 기관지는 이 협정이 "거대한 두 인접 제국 간의 우정에서 자연스럽게 나온 결과"라고 보도했다.[52]

다른 나라들은 러시아의 이러한 '우정'의 표시에 별로 감명받지 않았다. 런던 주재 러시아 대사는 러시아의 움직임이 청 제국의 더 광범위한 분할로 이어질 경우를 대비해 영국이 전쟁 준비에 들어갔다고 보고했다. 한편 도쿄에서는 러시아의 뤼순항 점령이 러시아의 궁극적인 목표에 대한 일본의 불안을 다시 확인시켜 주었다. 비테는 무역과 상업을 이야기했을 테지만, 러시아는 실제로는 자국의 영토 제국을 확장하고 있었던 것이다.[53]

어쩌면, 일부 일본인들은 러시아가 뤼순항에서 얼지 않는 항구를 확보한 이상 이제는 조선에서의 역할을 포기할지도 모른다고 기대했다. 1898년 초에 도쿄 정부는 "러시아 정부도 조선에 대해 같은 선언을 할 준비가 되어 있다면, 만주를 일본의 이익권에서 완전히 벗어난 지역으로… 간주할 용의가 있다."고 밝혔다. 도쿄 주재 러시아 공사는 일본의 제안을 받아들이도록 본국에 촉구했으며, 이는 "극동에서 우리의 이익을 보호할 수 있는 최선의 수단"이라고 평가했다. 만약 러시아가 일본에 아시아에서 "영향력의 몫"을 더 많이 주지 않는다면, "일본 정부는… 무력에 호소할 것"이라고 그는 경고했다. 하지만 상트페테르부르크는 일본이 이 문제로 전쟁을 일으킬 것이라는 말을 진지하게 여기지 않았다. 러시아는 도쿄에 전문을 보내, 일본이 만주를 러시아 이익권의 일부로 인정한 선언을 "매우 만족스럽게 주목한다."고 답하면서도, "조선에 대해서는 같은 선언을 할 수 없다."고 통보했다. 도쿄 주재 러시아 공사는 이 답변이 러시아와 일본 사이의 핵심 쟁점을 전혀 해결하지 못했기 때문에 "다소 변변찮고 무의미하다."고 불만을 토로했다.[54] 일본도 이 점에 동의했다.

“완전한 식민지화”

하지만 러시아는 일본과 타협하려는 의지가 점점 줄어들고 있었다. 왜냐하면 시베리아 횡단철도 건설이 진전을 보이면서, 제국적 야망이 더욱 고취되고 있었기 때문이었다. 1897년에 러시아는 시베리아 횡단철도와 만주를 남쪽으로 관통해 뤼순항까지 이어지는 새 철도를 연결하는 지선을 개통하며 이를 축하했다. 러시아 정부는 극동 지역에서 열린 축하 행사를 위해 “화려한 휘장과 분수가 딸린 정교한 전시관”을 설치하는 데 4만 5,000루블을 썼다. 그러나 초대받은 저명인사 200명 중 참석자는 일부 중국 관리와 마침 방문 중이던 프랑스 해군 제독을 포함해 고작 80명에 불과했다.[55] 러시아가 만주 확장의 중추로 삼고자 했던 이 철도의 출발은 그렇게 상서로워 보이지 않았다.

그러나 다른 한편으로, 만주와 뤼순항에서 러시아의 존재는 점점 본격적인 식민지 지배의 양상을 띠기 시작했다. 훗날 비테의 비판자들은 그가 영국의 아프리카 식민지를 카이로에서 케이프타운까지의 철도로 연결하기를 원했던 세실 로즈[24)]를 ‘모델로’ 삼으면서, 스스로를 위대한 제국 건설자로 여겼다고 말했다. 그러한 제국을 건설하려 했던 나라는 영국만이 아니었다. 독일 역시 아프리카에서 중국에 이르기까지 영토를 획득하며 유럽의 경쟁국들을 따라잡으려 했고, 일본은 조선에서 입지를 강화하고 있었다. 그리고 미국은 1898년 스페인과의 전쟁에서 승리한 후, 필리핀, 괌,

---

24) Cecil John Rhodes(1853–1902). 영국의 정치인. 1890–1896년 케이프 식민지 총리를 지냈다. 영국 정부가 추진한 아프리카 종단정책에 가담한 것으로 유명한 제국주의자이다.

하와이를 차지했다.[56]

그러나 러시아의 경쟁국들이 새로운 땅을 모으고 있는 와중에도, 비테는 여전히 러시아가 영토 정복보다는 경제적 확장에 집중해야 한다고 믿었다. 하지만 비테가 회의적으로 바라보던 뤼순항의 획득은 상트페테르부르크에 방어해야 할 새로운 이해관계를 안겨주었고, 아시아에서 더욱더 적극적으로 대외정책을 추진할 것을 옹호하는 새로운 세력을 만들어냈다. 이러한 경향은 도로 건설에서 종교 문제에 이르기까지 여러 분야에서 나타났다. 예컨대 만주에서의 선교 활동과 종교 교파 문제에 대해 비테는 차르의 한 유력한 자문관에게 "만주는 러시아 영토가 아니라" 중국의 "한 지방이기 때문에 러시아의 종교법을 적용할 수 없다."고 상기시켜야 했다. 그러나 러시아가 만주에 대한 사실상의 지배력을 강화해감에 따라, 차르의 각료들은 도로를 어디에 건설할지, 연락선 운항을 시작할 것인지, 그리고 이러한 기반시설을 어떻게 재정적으로 뒷받침할 것인지와 같은 문제들에 신경을 쓰지 않을 수가 없었다.[57]

뤼순항은 곧 전형적인 식민지의 모습을 갖추게 되었다. 1903년에 뤼순항에는 러시아 군인 1만 4,000명, 러시아 민간인 3,000명, 그리고 중국인 2만 3,000명이 거주했다. 군인이 많은 탓에 성비 불균형이 두드러졌다. 뤼순항 북쪽의 철도 중심지인 하얼빈은 남성 100명당 여성이 14명에 불과했고, 한 러시아 방문자는 이곳을 "세계의… 창녀촌"으로 악명 높다고 이야기했다. 어느 영국 방문자는 하얼빈을 "추하고 따분하기 짝이 없는 신생 평원 도시의 전형"이라고 언명했다. 이 지역을 통치하는 것은 결코 쉬운 일이 아니었다. 뤼순항에서는 1898년부터 1902년 사이에 두 차례의 흑사병과 세 차례의 콜레라가 발생했고, 이에 러시아 당국은 1903년에 민간인을 위한 정수 시설을 건설하게 되었다. 상트페테르부르크는 예를 들어 러시아인들이 지역 토지 소유자들의 땅을 수용하면서 발생한 폭동 등 격분한 현지 주민들의 반발에도 대응해야 했다.[58]

러시아의 극동 지역에서는 전례 없이 상당히 많은 인구가 유입되면서 폭동이 발생했다. 시베리아 횡단철도의 건설 덕분에 러시아인들이 무상 토지나 새로운 기회를 찾아 동쪽으로 몰려들기 시작했다. 1891년 이후 사반세기 동안 500만 명이 시베리아에 정착했으며, 그중 많은 이가 중국과의 접경 지역에 도착했다. 그러나 이전 시기의 식민지화와 마찬가지로, 러시아 제국의 극동 지역은 러시아인만큼이나 외국인들에게도 매력적인 곳이었다. 철도 건설에는 6만에서 20만 명 사이의 중국인 노동자가 투입되었고, 암반 굴착 기술자 같은 전문 인력은 이탈리아나 미국 같은 나라에서 영입되었다.[59] 러시아 정부는 극동을 식민지화하고 있다고 생각했지만, 현장에서는 누가 누구를 식민지화하고 있는지 항상 명확한 것은 아니었다.

기업들도 들어왔다. 세기 전환기에 러시아인들은 만주에서 금광 회사와 탄광 회사를 설립했다. 일부 러시아 관리들은 "황인종 노동력이 매우 저렴해서… 러시아가 전 세계 생산 경쟁의 무대에 진입할 수 있을 것"이기 때문에 만주에 공장을 세우기를 희망했다. 비테는 중국 내 러시아의 새로운 지위를 활용해 상업적 입지를 강화하려 했다. 그는 외무장관 람스도르프에게 러시아의 새 영토에 '상업 항구'를 세우는 것이 "최고로 중요"하다고 썼다. 비테는 시베리아 횡단철도가 완공되면, 상품을 뤼순항에서 유럽으로 직접 운송할 수 있게 되어, 러시아가 중국 및 일본과 유럽의 무역에서 "수에즈를 경유하는 해상 경로와 경쟁"할 수 있게 될 것이라고 주장했다. 철도는 건설비가 매우 비쌌다. 한 관리의 추산에 따르면, 유럽 러시아에서의 1마일 당 비용보다 2.5배나 더 들었다. 그러나 비테는 어차피 러시아가 그 지역을 점유한 이상, 무역 수요를 창출해보는 편이 낫다고 결론짓고 기반시설 구축에 막대한 자금을 투입했다. 비테의 투자는 수익성은 있지 않았지만, 근본적인 변화를 가져왔다. 러시아가 지배하던 만주를 여행한 한 프랑스 영사는 이렇게 기록했다. "장인과 노동자부터 상인, 은행가에 이르기까지 러시아 사회의 모든 계층이 함께 자리를 잡고 있었다. 러시아와 시베리아 농민들이 꾸준히 중국인들을 대체하고 있으며, 모든 곳에서, 심지어 토착민들조차 러시아어를 말한다. 이것이야말로 사실 완전한 식민지화다."[60]

하지만 식민지화에는 대가가 따랐다. 러시아가 뤼순항을 점령한 지 불과 1년 만에, 중국에서 폭력적인 반외세 반란이 일어났다. 청 정부 일부의 지지를 받은 이 반란자들은 의화단[25)]이라 불렸으며, 유럽인들을 공격하고 베이징의 각국 공사관을 포위했다. 상트페테르부르크에는 베이징에서 꼼짝 못하게 된 러시아인들이 도움을 요청하는 다급한 전문들이 날아들었다. 1900년 봄에 "상황이 매우 위급하다."고 한 러시아 외교관은 경고했

25) 義和團(Society of Righteous and Harmonious Fists, 약어로는 Boxers). 청나라 말기의 비밀결사 조직. 1899–1901년에 외세와 기독교의 배척을 주장하며 무장봉기를 일으켰다.

다. "[외국] 열강의 강력하고 단호한 행동만이" 반란을 "막을 수 있다." 모든 사람이 러시아가 자국의 중국 내 이익을 지키기 위해 개입해야 한다는 데 동의했다. 중국은 불과 몇 년 전만 하더라도 비테가 방어 동맹을 체결했던 나라였다. 그렇지만 어떻게 개입할 것인가? 전쟁장관 쿠로팟킨은 "베이징을 짓밟기"를 원했다. 강경한 대응만이 앞으로의 불온한 움직임을 가장 잘 억제할 수 있다는 신념이었다. 비테는 쿠로팟킨이 반란 발발 소식에 "희색이 만면했다."고 회상했다. 그는 이를 만주를 아예 점령할 핑계로 삼아 "만주를 제2의 부하라로", 달리 말해 러시아 제국의 새로운 전초기지로 "만들" 계획이었다.[61]

비테가 쿠로팟킨의 침공 의지를 과장했을 수도 있지만, 전쟁장관은 확실히 비테나 람스도르프보다 훨씬 더 장대한 야망을 갖고 있었다. 외무장관은 러시아가 향후 중국과 우호적인 관계의 가능성을 열어놓기 위해 대응 수위를 조절해야 한다고 거듭 주장했다. 람스도르프는 뤼순항의 러시아 사령관에게 보내는 편지에서 다음과 같이 썼다. "우리의 목표는" 중국 만주를 영구히 점령하는 것이 아니라 "[베이징의] 황실 사절단을 구출하고, 북중국에 거주하는 러시아 백성들에게 안전을 제공하며, 베이징에 적법한 정부를 재수립하는 데 국한되어야 합니다."[62] 그러나 이미 러시아군이 뤼순항으로 향하는 철도를 방어하기 위해 만주에 주둔 중이었기 때문에, 대규모 개입은 손쉽게 이루어질 터였다. 그리고 당시 중국 영토 내에 거주하던 수천 명의 러시아인들은 러시아 정부의 자제가 배신으로 느껴질 수도 있는 상황이었다.

그리하여 러시아는 의화단의 난에 대응하여 베이징에 갇힌 외교관들을 구출했을 뿐 아니라, 만주를 점령하여 반란을 진압하고 철도를 보호했다. 처음에 러시아는 질서를 회복한 직후 두 지역 모두에서 철수할 계획이었다. "베이징을 떠나 이 혼란에서 영원히 벗어나는 날이 내 생애 가장 행복한 날이 될 것"이라고 차르 니콜라이 2세는 어머니에게 썼다. 그러나 일단 병력이 배치되자 니콜라이는 철군이 쉽지 않다는 것을 알았다. 그는 이 군사 작전이 미래의 평화를 지키는 데 도움이 될 것이라 믿었고, 외무장관에게 "아시아인들은 이번에 그들에게 주어진 교훈을 받을 만했다."고 말했다. 한편, 전쟁장관 쿠로팟킨은 철도가 무방비 상태가 될 것이라는 이유로 철군을 계속 미뤘다. 다른 러시아 관리들은 중국의 혼란을 이용해 새로운 영토, 말하자면 톈진 같은 중국의 항구를 장악해야 하는지를 고민했다. 비테는 이러한 러시아 영향력의 확장에 강하게 반대하며, 즉각적인 철수를 촉구했다. 그는 만주 점령은 "쓸데없고" "막대한 비용"이 든다고 주장했다. "우리는 중국과 전쟁을 벌이는 한, 중국인들과 영원히 원수가 될 것이다."라고 그는 경고했다.[63] 그러나 러시아는 이미 뤼순항을 점령했고, 중국 영토를 관통하는 철도를 건설했으며, 베이징까지 진군해 만주를 침략했다. 불과 5년 전 니콜라이의 대관식 무렵에 비테가 협상해낸 "중국이라는 거국과의… 평화적 관계"는 더는 존재하지 않았다. 러시아는 이제 아시아에서 거의 모든 열강과 맞서는 처지가 되었다. 그러나 그 욕망은 계속 커져 갈 뿐이었다.

“이제 내가 통치한다”

1903년 1월 22일, 상트페테르부르크의 상류사회 인사들이 겨울 궁전에서 열린 무도회에 모였다. 손님들은 17세기 스타일의 의상을 입도록 요청받았다. 공작부인들은 그 시대 러시아 귀족의 부인들처럼 “화려한 자수와 반짝이는 보석으로 장식된” 옷을 입었다. 남성들은 “가슴에 황금 독수리가 수놓인” 긴 외투와 비단 셔츠, 비단 바지, 가죽 부츠를 착용했다. 차르의 친척 중 한 명은 “그날 밤만큼은 니키가 우리 가문의 영광스러운 과거로 돌아가고 싶어 했다.”고 혼잣말을 했다.[64]

러시아가 의화단의 난을 진압하고 만주를 점령하기 위해 손쉽게 개입한 지 채 3년이 지나지 않았다. 러시아가 중국 도시 뤼순항에 해군기지를 세운 지도 겨우 5년, 재무장관 비테와 청나라 특사 이홍장이 바이칼호에서 블라디보스토크까지 거의 직선으로 횡단하며 중국 만주 지역을 가로지르는 시베리아 횡단철도 건설권을 러시아에 부여한 조약에 서명한 지도 7년에 불과했다. 러시아어로 동방의 지배자라는 뜻의 블라디보스토크라는 이름이 이때만큼 정확하게 느껴진 적이 없었다. 아시아 항해 이후 블라디보스토크 외곽에서 시베리아 횡단철도 착공식을 주도한 이가 바로 니콜라이가 아니었던가? 불과 9년 만에 러시아는 유라시아 대륙을 가로지르는 첫 철도 건설을 개시하고, 황해에 부동항을 획득했으며, 극동에서 하나의 강대국으로 자리매김했다. 과연 동방의 지배자라 할 만했다.

하지만, 1903년 1월 상트페테르부르크의 귀족들이 겨울 궁전에서 왈츠를 추는 동안, 차르의 아시아 제국은 점점 더 불안정해지고 있었다. 니콜라이가 아시아에서의 팽창을 부추기는 모험가들과 어울렸기 때문에 러시아의 야심은 더욱 커져만 갔다. 그러나 러시아가 아시아로 더 깊숙이 밀고 들어가면 들어갈수록 일본과 영국 등 다른 열강의 두려움과 분노도 점점 더 커져 갔다. 니콜라이는 그 위험을 전혀 인식하지 못했다. 비테와 전쟁장관 쿠로팟킨을 비롯한 각료들은 신중을 기할 것을 촉구했지만, 그들은 점점 차르의 비공식 자문관들에게 밀려났다. 이들 가운데 일부는 러시아의 극동 확장에 재정적 이해관계를 가진 인물들이었다. 그리고 니콜라이의 사촌인 독일 황제 역시 그를 부추기며, 러시아는 황화로부터 기독교를 방어하기 위해 극동에서의 노력을 배가해야 한다고 경고했다.

니콜라이는 러시아의 주의를 유럽에서 멀어지게 하려는 독일 황제의 속셈을 모를 만큼 순진하지는 않았다. 그는 독일 황제를 좋아하지도 신뢰하지도 않았으며, 한 차례 공식 회담 이후 어머니에게 편지를 써서 구역질이 날 정도였다고 말했다. 그러나 독일 황제는 어떻게 하면 니콜라이의 마음을 움직일 수 있는지를 잘 알고 있었다. 그는 니콜라이에게 "'크림 연합' [즉, 크림전쟁에서 러시아를 패배시킨 프랑스-영국 동맹]이 형성되어 동방에서 러시아의 이익에 반하는 방향으로 움직이고 있습니다."라고 경고했다. "'의회의 다수파가 지배하는 민주제 국가들이 군주제 제국들에 맞서고 있소.' 역사는 항상 반복될 것입니다."라고 독일 황제는 예언했다. 민주주의와 극동의 경쟁국들 모두를 두려워한 니콜라이는 귀를 기울였다. 독일 황제의 편지에서 자주 언급된 일본도 그가 걱정하는 대상이었다. "일본은" 중국군을 훈련시키는 노력에서 "불온한 존재가 되어가고 있소"라고 독일 황제는 경고했다. "유능하고 담대하며 기독교를 혐오하는 일본 장교들이 이끄는… 2,000만에서 3,000만 명의 훈련된 중국인 병사들이… 내가 몇 년 전에 묘사한 '황화론'을 현실화하고 있습니다."[65]

니콜라이의 각료들은 신중을 기할 것을 촉구했다. 비테는 "중대한 재앙"이 닥칠 것이라고 예견했다. 군 정보부는 일본이 "함대 건조 계획을 서둘러 마무리하고 있다."고 보고했으며, 이는 도쿄의 해군력이 성장하고 있다는 뜻이었다. 대부분의 러시아 군사 분석가들도 이에 동의했다. 해군부 특별위원회는 일본의 급속한 해군 확장 속도를 감안할 때, 1903년에서 1906년 사이에 일본과 전쟁을 치를 가능성이 높다고 강조했다. 참모본부는 러시아 지도자들에게 보낸 보고서에서 일본이 전쟁을 감수할 준비가 되어 있음을 지적했다. 전쟁장관 쿠로팟킨은 극동에 주둔한 러시아 병력은 전쟁에 대비하기에 턱없이 부족하다고 역설했다. 그는 일본과의 전쟁에서 승리할 수 있으나 전쟁은 1년 반 이상 지속되고 30만 명의 병력이 필요할 것이라고 믿었다. 30만 명은 극동 지역에 손쉽게 배치할 수 있는 병력보다 훨씬 많은 규모였다. 쿠로팟킨은 일본군이 유럽식 기술을 도입하면서 전투력이 크게 강화되었다고 경고했다. 그렇지만 러시아의 핵심 목적은 어디까지나 팽창하는 독일 군사력으로부터 서부 전선을 방어하는 데 있다고 주장했다. 극동은 무방비 상태지만, 부차적인 문제일 뿐이었다. "러시아 역사상 유럽에서 전쟁이 벌어질 경우 우리의 서부 국경이 이처럼 위협받은 적이 없었다."고 쿠로팟킨은 1900년에 경고했다. 2년 뒤 그는 이 주장을 되풀이했다. "우리는 동방에서 다시 서방으로 되돌아가야 한다."[66]

그렇지만 니콜라이가 권력을 쥐고 있는 한, 극동을 포기하는 것은 결코 현실적인 정책이 아니었다. 그는 아시아에서의 강대국 지위가 러시아의 국제적 위상을 유지하는 데 결정적이라고 믿었다. 일본은 기꺼이 세력권을 구분하는 협정을 맺으려 했지만, 차르는 어떤 타협안도 반복해서 거부했다. 쿠로팟킨은 일본의 공격을 억제하기 위해 극동에서 러시아의 군사력을 증강하는 것이 유일한 다른 선택지라고 결론지었다. 이는 이미 막대한 비용이 논란이 되고 있는 상황에서 극동에 훨씬 더 많은 자금을 추가로 지출할 것을 요구할 터였다. 비테는 자신의 철도 사업이 러시아의 무역을 확대해줄 것이라고 약속했지만, 1900년대 초까지도 이 사업은 계속해서 국가 예산을 빨아들이고 있었다. 그의 정적들은 러시아의 극동 사업이 매년 1억 7,100만 루블의 정부 비용을 초래한다고 계산했으며, 이는 러시아 국방비의 3분의 1이자 전체 정부 예산의 13%에 해당하는 수치였다. 비테도 잘 알고 있었듯이 그런 적자는 반드시 경제를 불안정하게 하는 것은 아니었지만, 정치적으로는 상당한 타격을 가했다.[67]

한편, 비테는 극동에 대한 영향력을 알렉산드르 베조브라조프[26)]가 이끄는 귀족 집단에게 점차 빼앗기고 있었다. 베조브라조프는 조선에서 목재 사업의 지분을 보유했고, 극동에서의 러시아 미래를 위해서는 영토 확장이 핵심이라고 보았다. 그는 정예 기병 근위대 소속 장교였으며, 여가 시간에는 새로운 종류의 포탄을 발명하고, 아시아에 제국을 세우는 꿈을

26) Aleksandr Mikhailovich Bezobrazov(1855–1931). 러시아의 사업가, 정치인. 니콜라이 2세의 총신으로 러시아의 극동 외교에 큰 영향을 미치면서 러일전쟁의 원인 중 하나를 제공했다.

꾸며, 차르에게 자신이 운영하는 목재 회사—니콜라이 자신도 지분을 보유한 회사—의 조선 내 사업 확장을 허용해달라고 촉구하곤 했다. 한 동시대 인물의 설명에 따르면, 베조브라조프의 주된 관심은 "물질적인" 것이 아니라 자신의 "웅대한 꿈"을 실현하는 것이었다. "그는 차르의 자문관이 된다는 상상에 마음을 빼앗겼고, 국가 정책의 중대한 사안에 영향을 미친다는 발상은 그의 박약한 정신을 흐리게 만들어, 마침내 러시아가 아마도 아시아 전역을 지배하게 될 것이라는 환상을… 품기에 이르렀다."[68]

아시아에 대한 패권은 니콜라이에게 점점 더 강한 울림을 주는 주제가 되었다. 1903년 초, 베조브라조프는 차르에게 극동군을 3만 5,000명 증강하고, "산악포로 무장한 기병 부대 5,000명을 조선 북부 지역에 투입"할 것을 압박하고 있었는데, 이는 일본을 분노하게 만들 것이 분명한 발상이었다. 여기에 더해 베조브라조프는 "중국 옷차림을 한 작업 부대"로 위장하고 "보급 수레에 무기를 숨겨 운반하는" 비정규군을 조직하기를 원했다. 이 계획은 쿠로팟킨에 의해 거부되었지만, 베조브라조프는 이에 아랑곳하지 않고 중국인 산적들을 모집해 러시아 무기로 무장시킨 전투 부대를 편성했다.[69]

니콜라이의 각료들은 베조브라조프의 계획이 러시아를 일본과의 전쟁으로 몰아가고 있다고 차르에게 항의했다. 1903년, 외무장관 람스도르프는 "폐하께 감출 수 없는 사실은 베조브라조프의 극동 활동이 전반적인 불안을 야기하고 있으며,… 그의 정책이 러시아를 파멸적인 전쟁으로 이끌 가능성이 높다는 점입니다.… [조선의] 삼림 때문에 벌어지는 전쟁은 누구에게도 호응을 얻지 못할 것입니다."라고 말했다. 그러나 각료들의 이런 불평은 아무런 효과가 없었다. 비테는 "베조브라조프는 일주일에 두 번 이상, 그것도 **한 번에 몇 시간씩이나** 폐하를 알현하고 있습니다. 물론 그는 온갖 터무니없는 말과 수상쩍은 계획을 떠들어댑니다.… 얼마 전에는, 제가 갑자기 시베리아의 광물 자원을 몽땅 잉글랜드에 **팔아넘겼다**는 뜬소문에 폐하가 깜짝 놀라는 일도 있었습니다."라며 불만을 털어놓았다.[70]

베조브라조프의 가장 큰 성과는 아시아에 대한 차르의 관심을 증폭시키는 동시에, 러시아 대외정책을 형성하는 과정에서 조직화의 흔적마저 무너뜨린 것이었다. 러시아의 외교적·경제적·군사적 조치들 사이의 조율은 사라지고 차르와 친구들 간의 비체계적인 대화가 그 자리를 대신했다. 니콜라이는 베조브라조프에게 조언할 때 "마음에서 우러나오는 말"을 하라고 격려했고, 베조브라조프는 비테를 "유대인과 폴란드인의 하수인"이라고 차르에게 이야기하는 것으로 이에 응답했다. 비테는 전쟁이 "우리에게 큰 재앙"이 될 것이라고 계속 경고하면서, "많은 인명 피해", "막대한 경제적 손실", "[러시아] 여론의 강한 적대감"이 뒤따를 것이라고 예견했다. 차르는 자신의 정책을 비판하는 비테에게 질려버렸고, 결국 1903년 8월 그를 해임했다. 그날 니콜라이는 일기장에 이렇게 적었다. "이제 내가 통치한다."[71]

"우리는 전쟁을 피할 수 없다"

일본은 비테의 해임을 상트페테르부르크 내 "팽창주의 세력의 승리"라고 믿었고, 러시아가 방향을 바꿀 가능성은 전쟁의 위협을 받아야만 생길 것이라고 결론 내렸다. 이에 따라 1904년 초, 상트페테르부르크 주재 일본 공사는 러시아 외교관들을 거듭 접촉하여 조선에서 일본의 우위를 인정할 것을 요구했다. 차르는 러시아의 군사적 우위를 믿고 있었고, 상트페테르부르크의 겨울 무도회에 정신이 팔려 일본의 요구를 진지하게 여기지 않았다. 일본은 러시아로부터 어떤 답변이라도 받아내기 위해 애를 썼지만, 러시아는 서두를 생각이 없었다.[72]

차르의 정책이 일본을 전쟁으로 몰아갈 것이라고 예측한 이는 비테 같은 전직 각료들만이 아니었다. 차르의 극동 사령관 예브게니 알렉세예프[27)] 제독은 "우리는" 일본과의 "전쟁을 피할 수 없다."고 경고했다. 추상적인 차원에서 니콜라이 자신도 특히 심각한 국내 분열을 고려해볼 때 "러시아는 매년의 평화로부터 엄청난 이익을 얻는 것 같다."고 지적하는 등 평화의 중요성을 인식하고 있었다. 그러나 니콜라이는 아시아에서 자신의 야망을 제한하는 데 차마 동의하지 못했고, 자신이 "짧은 꼬리를 가진 원숭이"라고 여긴 일본인들을 진지하게 받아들이지도 않았다. 그는 일본인들을 "무례한 놈들"이라고 불평했다. 니콜라이는 "확실히 적대 행위를 촉발할 양보가 아니라" "단호한 정책"에 의해 전쟁을 피하기를 원했다. 1904년

---

27) Yevgeny Ivanovich Alekseyev(1843–1917). 러시아 제국의 해군 군인이자 정치인. 태평양 함대 사령관, 극동 총독을 지냈다. 1904년에 발발한 러일 전쟁의 원인을 제공한 인물 중 한 명으로 알려져 있다.

초 신년 행사에서 니콜라이는 일본 관리에게 "러시아는 큰 나라"라며 대륙을 아우르는 제국의 광활함이 자산이라고 생각했다.[73] 실제로는 그렇지 못했다. 1904년 2월 일본이 기습 공격을 가해 뤼순항에서 러시아 함대 일부를 격침시켰을 때, 러시아의 광대한 영토는 효과적인 대응을 가로막았다. 처음에 러시아인들은 국기를 중심으로 결집했다. 작가 안드레이 벨리[28]는 "우리의 국민적 이상, 우리의 예술과 언어의 운명이 20세기에 아시아와 태평양에서 [러시아가] 패권을 쥘 수 있는가에 달려 있기" 때문에 러시아의 "미래가 걸려 있다."고 선언했다. 또 다른 이들은 "황색 위험, 새로운 몽골족 무리"로부터 유럽을 방어하는 러시아의 고귀한 노력을 칭송했다. 그러나 국민적 이상은 산업 규모의 전쟁에서는 제한적으로만 쓸모가 있었다. 러시아와 일본 양측은 철조망, 탐조등, 참호전, 측발 기뢰 등 신기술과 전술을 동원해 만주 지역의 지배권을 놓고 싸웠다. 이들은 수만 명의 병력을 적군 진형에 쏟아부었고, 이러한 전투들은 제1차 세계대전의 대학살을 예고하는 것이었다.[74]

전쟁 지휘를 책임진 쿠로팟킨 장군은 전선에 물자를 공급하는 데 어려움을 겪었다. 그는 러시아의 만주 철도에서 하루 14대의 군용 열차가 운행되길 원했지만, 1904년에는 겨우 3대에 불과했다. 일본은 24시간 만에 병력을 조선으로 이동시킬 수 있었다. 러시아는 단선 철도를 통해 9,000마일에 달하는 광대한 영토를 가로질러 인원과 물자를 이동시켜야 했기에, 두 대의 열차가 반대 방향에서 서로 마주치면 한 대가 지나갈 수 있도록 다

28) Andrei Bely(1880–1934). 러시아의 상징주의 시인, 소설가, 문학 비평가. 본명은 보리스 니콜라예비치 부가예프(Boris Nikolayevich Bugayev)이다.

른 한 대가 옆으로 비켜줘야 했다. 길이가 100량에 달하곤 하는 러시아 군용 열차에는 극동 전선으로 보내지는 농민들이 가득 실려 있었다. 러시아 군부는 철도가 러시아의 큰 약점임을 잘 알았다. 전쟁 전인 1902년에 쿠로팟킨은 "철도의 부동성" 때문에 "극도로 신중한" 대외정책이 필요하다고 썼다. 전쟁이 발발하자—극도로 경솔한 차르의 대외정책이 낳은 결과였다—쿠로팟킨의 예측은 현실이 되었다. 그는 이렇게 기록했다. "일본군의 공세 전략을 돕고 우리를 방해한 가장 중요한 요인은 시베리아와 동청 철도의 상태였다."[75]

일본은 러시아의 보급망 혼란과 증원 병력 지연을 이용해 차르 군대를 조선과 중국 연안에서 밀어냈다. 먼저 일본은 러시아 태평양 함대 일부를 격침시키고, 나머지 함선들을 항구에 묶어두었다. 그다음 해상 교통로를 확보한 일본은 차르 니콜라이가 점령한 해군 기지 뤼순항을 포위했고, 이곳은 1905년 초에 일본군에 함락되었다. 그곳에서부터 일본군은 북쪽 만주로 밀고 들어갔으나 쿠로팟킨은 일본군의 진격을 막지 못했으며, 많은 인명 피해를 치른 후에야 진격을 늦출 수 있었다.

전쟁이 장기화되면서 차르 니콜라이는 조선뿐 아니라 러시아 본토에서도 지배력을 잃기 시작했다. 심지어 러시아 장교들조차 차르에 등을 돌리기 시작했다. 전쟁 2년 차인 1905년, 러시아 사회는 폭발했다. 상트페테르부르크에서는 파업과 시위가 격렬히 일어났고, 모스크바에서는 혁명가들이 바리케이드를 쌓고 거리의 통제권을 장악했다. 농촌에서는 농민들이 토지와 농기구를 탈취하기 시작했고, 때로는 지주를 학살하기도 했다.

전국 각지에서 병사들이 반란을 일으켰다.[76] 니콜라이는 대중을 두려워했고, 그들이 자신의 통치권에 의문을 제기할까 봐 공포에 질렸다.

"평화를 위해서라면… 무엇이든"

무엇을 해야 하는가? 차르 니콜라이 2세는 전혀 감을 잡지 못했다. 그는 위기 앞에서 얼어붙었다. 전쟁과 혁명의 참화는 그가 총애하던 자문관들을 믿지 못하게 만들었다. 시위가 터지기 몇 달 전만 해도 니콜라이의 강경파 내무장관 뱌체슬라프 폰 플레베[29]는 "위험이 임박했다."는 주장에 의문을 제기했다. 차르의 일부 자문관들은 "작고 승리할 수 있는 전쟁"이 혁명적 격동을 막는 데 도움이 될 것이라고까지 내심 기대했던 것으로 알려졌다. 만주에서 대학살이 벌어지고 상트페테르부르크에서 봉기가 일어나자 이 옛 자문관들은 신뢰를 완전히 잃었다. 아시아에서의 팽창을 부추기며 영광과 전리품, 손쉬운 승리를 약속했던 베조브라조프 같은 사람들 역시 마찬가지였다. 1905년 겨울, 정치적으로 한동안 소외되어 있던 세르게이 비테 백작이 다시 등장해 니콜라이에게 평화 협상을 추진하라고 촉구했다. "유일한 합리적 해결책은 협상을 시작하는 것입니다."라고 비테는 차르에게 말했다. "이 전쟁을 계속하는 것은 매우 위험합니다. 지금의 국민감정 상태로는 더 이상의 희생을 견디지 못할 것입니다. 콜레라나 어

29) Vyacheslav Konstantinovich von Plehve(1846–1904). 러시아의 경찰 관료 출신 정치인. 1881–1884년 러시아 경찰청장, 1894–1902년 국가 서기, 1902–1904년 내무장관을 역임했다.

쩌면 기근 같은 끔찍한 재앙이 닥칠지도 모릅니다." 전쟁을 계속하려면 더 많은 자금과 병력이 필요했는데, 이 둘은 모두 자국민에 대한 "강제력의 동원 없이는" 얻을 수 없었다. 비테는 만약 국민을 억지로 동원한다면, "극동의 전사들은 그들이 징집된 바로 그 자리에서 전쟁 경력을 시작하게 될 것"이라고 예측했다.[77]

마침내 니콜라이는 마음을 돌려 일본과의 평화 협상을 위해 미국 뉴햄프셔주 포츠머스에서 열리는 회담에 대표단을 파견하는 데 동의했다. 이 회담은 미국 대통령 시어도어 루스벨트[30]의 중재로 이루어졌다. 니콜라이는 비테에게 협상 책임을 맡겼는데, 비테가 쟁점을 잘 알고 있었고, 만약 협상이 실패할 경우 그에게 책임을 돌릴 수 있다는 속셈도 있었다. 일본은 군사적으로는 성공을 거두었지만, 국내에서 전쟁의 부담에 시달리고 있었기 때문에 역시 평화를 원했다. 표면상 중재자였던 루스벨트는 일본이 북태평양 지역에서 지나치게 강해지는 것을 막기 위해 그들에게 협상 타결을 종용했다. 1905년 중반, 양측은 합의에 도달했다. 러시아는 조선에 대한 일본의 우위를 인정하고, 뤼순항 및 주변 지역을 일본에 넘기며, 사할린섬 남부를 할양하기로 했다.[78] 처음부터 러시아가 이 지역을 점령하는 데 반대했던 비테는 기꺼이 이 조건을 수락했다.

비테는 귀국 후인 1905년 11월에 국내 안정을 책임지는 총리로 임명되었다. 전쟁이 끝나자 러시아는 군대를 자국민 진압에 다시 투입할 수 있게 되었다. 그리고 정부가 더 이상 만주에서 싸울 병사를 징집하지 않게 되면

30) Theodore Roosevelt, Jr.(1858–1919). 미국의 정치인, 작가. 미국의 제26대 대통령을 지냈다(재임 1901–1909).

서, 농민과 노동자들은 정부를 전복하는데 덜 관심을 갖게 되었다. 비테는 차르에게 시민의 권리를 보장하고, 의회를 선출하며, 헌법을 제정하겠다는 선언을 하도록 권유했다. 그는 재무장관으로 오랫동안 일하며 구축해 놓은 인맥을 활용해 대규모 차관도 성사시켰는데, 그는 이를 "러시아를 구한 차관"이라 불렀다.[79]

1906년까지 혁명은 끝났다. 전쟁을 종식시키고 러시아의 아시아 야망을 청산하며 국내에서 정치 개혁을 제안한 비테의 프로그램은 러시아에 평화를 회복시켰다. 니콜라이는 이러한 변화들을 원하지 않았지만, 농민들이 쇠스랑을 들고 행진하는 한 별다른 선택지가 없었다. 하지만 안정이 찾아오자 그는 변화를 되돌릴 기회를 엿보았다. 1906년 5월, 비테가 혁명을 막고 자신의 왕조를 지켜낸 지 불과 몇 달 만에 니콜라이는 어머니에게 이렇게 말하면서 그를 해임했다. "나는 이렇게 변덕스런 인간을 본 적이 없습니다. 바로 그 점이 당연히 어느 누구도 그를 더 이상 믿지 않는 이유입니다. 그는 아마 유대인들 외에는 모두에게 완전히 신뢰를 잃었을 겁니다."[80] 곧 니콜라이는 1905년 혁명적 불만이 절정에 올랐을 때 비테가 마지못해 허락한 선출된 입법부에 대한 공격을 시작했다. 그는 두마[31)] 내 개혁 성향의 다수파를 인정하려 하지 않았고, 불공정한 선거구 조정과 탄압에 의존했다.

그러나 1905년 비테가 잠시 총리를 지내던 시절에 내놓은 정책 중 하나만은 니콜라이가 손대지 않았다. 니콜라이는 극동으로 다시 돌아가지 않았다. 일본과의 전쟁은 비테가 말한 니콜라이의 "무분별한 극동 영토 획득

31) Duma. 러시아의 의회를 일컫는 용어.

욕망"을 완전히 꺾어 놓았다. 그러나 "평화적 침투"라는 비테의 구상 역시 신뢰를 잃었다. 순진한 낙관주의의 거품이 터져버렸다. 아시아와의 무역에서 획득하기로 되어 있는 거대한 부는 없었고, 정복할 만한 영토도 없었다. 러시아의 이 지역 개입은 막대한 비용과 유혈사태만을 낳았다.

비테가 총리직에서 강제로 물러난 뒤 니콜라이는 "메테르니히[32)]나 탈레랑[33)] 같은 재능을 전혀 갖추지 못했다."고 씁쓸히 쓴 것은 정확한 지적일지도 모른다. 그러나 차르는 "진흙탕이나 피 웅덩이에 빠지는" 경향이 있었음에도 불구하고, 1905년 이후 한 가지 함정만큼은 꾸준히 피했다. 그것은 아시아 문제에 관여하지 않은 것이었다.[81] 니콜라이는 1904–1905년 경험에서 다른 교훈은 전혀 배우지 못한 듯했다. 그는 반동적인 정치로 성장하는 러시아 도시 중간계급의 화를 계속 돋웠고, 폴란드인과 핀란드인 같은 소수 인종을 학교 폐쇄와 언어 탄압으로 격분시켰다. 가장 비참한 점은 니콜라이가 1914년에 일본보다 훨씬 강력한 두 열강인 독일, 오스트리아–헝가리와의 또 다른 참혹한 전쟁으로 러시아를 몰아넣은 사실이다. 그러나 니콜라이는 극동 지정학이라는 덫에 발을 다시 들여놓지 않으려 신중을 기했다.

1905년, 일본과 평화 협정을 맺을지를 두고 논쟁이 벌어지던 가운데 비테는 쿠로팟킨에게 "극동에서 지속적인 평화를 조속히 구축할 필요가 있

---

32) Klemens Wenzel Lothar von Metternich(1773–1859). 오스트리아의 정치인이자 외교관. 1809년 오스트리아의 총리로 취임한 후 프로이센, 영국, 러시아, 스페인 등과 동맹을 주도하여 나폴레옹 1세를 굴복시키는 데 앞장섰다. 나폴레옹 몰락 뒤에는 유럽의 사회 질서를 이끄는 빈체제의 실실석인 시노사 먹할을 했다.

33) Charles–Maurice de Talleyrand–Périgord(1754–1838). 프랑스의 정치인, 외교관, 로마 가톨릭교회 성직자. 나폴레옹을 정계에 등장시키고 프랑스의 외무장관과 영국 주재 대사를 지냈다.

습니다."라고 썼다. 니콜라이는 비테를 해임했지만, 아시아를 무시하는 그의 새로운 전략만큼은 유지했다. 한 가지 이유는 전쟁이 러시아의 취약함을 드러냈을 뿐만 아니라 러시아를 한층 더 약화시켰기 때문이다. 예를 들어, 러시아 해군은 원래 세계에서 세 번째로 큰 해군력이었으나, 일본군이 함대를 대거 침몰시키면서 여섯 번째로 밀려났다. 이제 러시아는 독일, 미국, 일본 등 새로운 산업력을 바탕으로 대규모 함대를 건설하고 있는 세 나라에 뒤처지게 되었다.[82]

러시아가 이 지역에서 자국의 상대적인 군사적 열세를 뒤늦게 인식하게 되면서, 일본이 계속해서 동북아시아에서 추구하던 세력권 협상이 이제는 매력적으로 보이기 시작했다. 1905년 평화조약 이후, 양국은 뒤이어 1907년에 만주와 몽골을 사실상 북부 권역과 남부 권역으로 분할하는 협정을 체결했다. 1910년에는 도쿄와 상트페테르부르크가 또 다른 비밀 조약을 맺고, 해당 지역의 현상을 그대로 유지하기로 약속했다. 차르는 이에 동의하면서 "러시아는 일본과 가장 긴밀한 관계를 맺어야 한다."고 적었다.[83]

1911년에 중국 반란자들이 청조를 무너뜨리자 유럽 열강이 개입해 중국을 분할할지도 모른다는 우려가 제기되었고, 이에 러시아는 일본과 긴밀하게 협력했다. 한 러시아 외교관은 한 가지 목적이 "만주 문제에서 일본과 우리의 연대를 깨뜨리려는" 중국의 시도를 막는 것이라고 썼다. 외무장관 또한 차르에게 보고하며, 만주에서는 "우리의 이익이 일본과 일치한다."고 거듭 강조했다. 니콜라이는 1904 – 1905년 전쟁 이전까지만 해도 일본의 동북아시아 내 입지를 인정하려 하지 않았지만, 결국 이를 받아들이기로 했고, 이 결정은 중국 혁명 이후 몽골이 베이징으로부터 독립을 주장하던 시기에 러시아가 그 지역에서 자유롭게 행동할 수 있는 여지를 마련해 주었다.[84]

그러나 청나라가 몽골에서 권위를 상실해가던 와중에도, 러시아 지도자들은 국경 인접 지역에서 신중한 접근 방식을 취했다. 러시아 전쟁부와 가까운 일부 논자들은 몽골인들이 러시아의 "충성스러운 신민이 될 수 있으며, 군 복무에 적합하고 우리를 사랑한다.… 우리는 비옥한 땅을 가진 부유한 지역을 얻게 될 것이며,… 우리 상품을 판매할 수 있는 광대한 시장을 확보하고,… 풍부한 원자재 공급처를 개척하게 될 것"이라고 역설했다. 그러나 극동 지역에서의 확장에 관한 이런 유형의 과장된 주장은 더 이상 설득력이 없었다. 1904년 이전까지만 해도 베조브라조프는 비슷한 약속들을 내세워 극동에서의 러시아 대외정책을 구체화했다. 하지만 1911년 이후 몽골 문제를 두고는 외무부의 신중한 노선이 논의의 주된 흐름이 되었다.

1910년에 외무장관으로 임명된 세르게이 사조노프[34]는 러시아가 몽골에 "일방적으로 개입"하는 것, 특히 군사작전을 수행하는 것에 반대했다. 그는 "유럽 내 국제 정세"를 그 이유로 들었다. 사조노프는 동료에게 "몽골의 내부 사정은 우리 국가의 중대한 이익에 아무런 영향을 미치지 않는다."고 상기시켰다. 러시아가 일본과 몽골 지역을 세력권으로 나누는 협

34) Sergei Dmitriyevich Sazonov(1860–1927). 러시아의 정치인, 외교관. 1910–1916년 러시아의 외무장관을 지냈다.

정을 체결하여 몽골이 러시아의 권역에 포함되었음에도 불구하고, 차르의 외교관들은 여전히 중국과의 협상을 지속했다. 그들은 몽골의 완전한 독립이 아닌 자치 상태에 대해 베이징의 동의를 구하고자 했다. 1913년, 중국과 러시아는 이러한 방식의 합의에 도달했다.[85]

인구가 희박하고 경제적으로 주변부에 불과했던 몽골은 결국 부차적인 문제에 지나지 않았다. 극동에서 중요한 지역인 만주에서 러시아의 위상은 도쿄와의 세력권 협정 이후에도 점점 약화되고 있었다. 한 영국인 방문자는 "북만주에서 러시아의 이익은" 일본과 서방 열강에 밀려 "꾸준히 입지를 잃어가고 있다."고 보고했다. 만주 수입품 중 러시아산 상품의 비율은 계속 감소하여 1911년에는 20퍼센트 이하로 떨어졌으며, 이는 비테가 구상했던 경제적 거점과는 거리가 멀었다. 만주의 주요 수출품이었던 농산물은 이미 "영국, 일본, 독일" 등 러시아의 상업적 경쟁국들의 "손에 넘어갔다." 조선에서 우위를 점하고 있던 일본은 만주에서 더욱 뚜렷한 존재감을 드러내고 있었다. "하얼빈은 대부분의 연료를 일본산 석탄에 의존하고 있으며,… 일본은 곧 하얼빈에 두 개의 은행을 설립하게 될 것이다.… 러시아인들의 주요 불만은 자국 은행들이 그들이 필요로 하는 지원을 제공하지 못한다는 사실이다."라고 한 관찰자는 썼다. "일본인들은 하얼빈에서 (일본인들에게) 매우 유리한 조건으로 러시아인들과 광범하게 금융 거래를 하고 있으며, 이는 유사한 러시아 대출 기관이 존재하지 않기 때문이다." 그 결과 일본의 무역은 호황을 누렸는데, 일본의 만주 수출은 "지난 3년 동안 세 배로 증가한 반면, 블라디보스토크로부터의 수입은 거의 증가하지 않았다."[86]

일부 러시아인들은 만주에서의 쇠퇴를 막을 유일한 희망은 그 지역을 공식적으로 병합하는 것이라고 믿었지만, 이 제안은 아무런 진전을 보지 못했다. 상트페테르부르크는 극동에서 주요 강국으로서의 지위를 포기할 수밖에 없다는 사실을 인정했다. 결국 선택의 여지가 거의 없었다. 일본과의 전쟁 이전에도 전쟁장관 쿠로팟킨은 다음과 같이 경고했다. "러시아와 제국 황좌에 대한 위협은 동방이 아니라 서방에서 온다.… 러시아가 극동에 새로운 지출을 할 때마다 빌헬름과 독일 전체는 기뻐한다. 왜냐하면 우리는 서쪽에서 스스로를 약화시키고 있으며, 그 결과 러시아가 아시아 강국이 아니라 유럽 강대국으로서 유럽 문제에 목소리를 낼 권리 역시 점차 잃어 가고 있기 때문이다."[87]

이 딜레마는 일본에 패하면서 더욱 깊어졌다. 러시아의 거의 모든 지도자들과 마찬가지로 쿠로팟킨 역시 러시아의 유럽 내 이해관계가 아시아보다 훨씬 더 중요하다고 주장했다. 니콜라이 2세도 이를 반박할 수 없었다. 1904년 이전 아시아에서 니콜라이가 취한 공격적인 정책은 상트페테르부르크가 양방향으로 동시에 힘을 투사할 자원이 있다는 잘못된 전제에 기반을 두었다. 일본의 승리는 이 전제가 치명적인 오류였음을 입증했다. 극동은 러시아의 야망을 펼칠 출구가 아니라, 위험하기만 하고 쓸모없는 공간으로 드러났다. 비테가 약속했던 경제적 이득도 환상에 불과했다. 러시아는 아시아 시장이 아니라 유럽의 투자 덕분에 산업화를 개시했다. 러시아의 산업은 중국이나 일본 시장에서 멀리 떨어진 상트페테르부르크, 모스크바, 우크라이나 및 우랄 지방의 도시들에 집중되었다.

러시아에게 아시아에서의 이익은 대부분 환상에 불과했지만, 일본과의 전쟁은 예상보다 훨씬 더 큰 대가를 치르게 했다. 1905년 이후, 러시아의 엘리트들은 극동에서 평화가 필요하다는 데 의견을 같이했다. 러시아 외교관들은 일본과의 새로운 협력 관계가 극동의 평화 유지에만 유용한 것이 아니라고 믿었다. 그것은 독일에 맞선 영국과의 초기 협력 관계를 강화하는 데에도 도움이 되었다. 따라서 상트페테르부르크는 평화를 확보하기 위해 도쿄에 상당히 양보할 의향이 있었고, 그 과정에서 비테의 유산 대부분이 무효화되었다. 신임 외무장관 알렉산드르 이즈볼스키[35]는 러시아는 내부 문제가 적지 않다고 동료에게 상기시켰다. "베를린이든, 빈이든, 파리든, 런던이든, 모든 곳에서 지금 사람들은 우리의 대외정책보다 우리의 국내 문제에 훨씬 더 깊은 관심을 가지고 있어요." 차르 정부는 1905년의 혁명적 격변을 진정시켰지만, 러시아 사회가 다시 폭발할 수 있다는 점은 모두가 알고 있었다. 새로운 아시아 모험은 러시아의 몰락을 앞당기기만 할 것이었다. 이즈볼스키는 다음과 같이 선언했다. "[우리가 하는] 모든 일은 평화를 확보하기 위한 것이고, 또 그래야만 합니다. 이것만큼은 논쟁의 여지가 없습니다."[88]

35) Alexander Petrovich Izvolsky(1856–1919). 러시아의 외교관. 1899–1902년 일본 주재 러시아 대사, 1902–1906년 덴마크 주재 대사, 1906–1910년 외무장관, 1910–19017년 프랑스 주재 대사를 역임했다.

5

"동방의 새로운 메카"

중국에서의 볼셰비키 혁명

차르 러시아 말기의 위대한 정치인 세르게이 비테 백작과, 영국 및 독일 양국에서 활동하며 산업 자본주의를 분석하고 타도하는 데 평생을 바친 팸플릿 집필자이자 활동가 카를 마르크스[1] 사이에는 공통점이 많지 않았다. 비테는 러시아를 경제적·지정학적 강국으로 만들 것이라 믿었던 대형 석탄, 철강, 철도 기업들을 찬양했다. 마르크스는 그것들을 "급속히 꽃피우는 자본주의적 사기"라 부르며, 그들이 의존하는 노동자들을 억압한다고 보았다. 비테는 러시아의 제국적 전제정을 보호하려 했던 반면, 마르크스는 차르 러시아를 "유럽 반동의 본산"이라 비난했다. 그러나 마르크스와 비테는 한 가지는 의견이 일치했다. 그것은 산업 자본주의가 세계 경제를 재편하고 있다는 점이었다. 미국이라는 거인은 태평양을 향해 돌진하며 수많은 철도를 깔고 있었다. 중국과 일본에서는 새로운 상인과 노동자 계층이 세계 시장을 위한 상품을 생산하고 있었다. 자본주의는 유럽의 대서양 연안에서 아마 등장했을 테지만, 그 중심축이 이동 중이었다. 마르크

1) Karl Marx(1818–1883). 독일의 공산주의 혁명가, 철학자, 경제학자, 역사학자, 사회학자, 정치이론가, 언론인.

크스는 1851년에 이렇게 선언했다. "세계 발전의 중심은 점점 더 태평양 연안으로 옮겨가고 있다."[1] 비테 역시 이 말에 전적으로 동의했을 것이다.

마르크스의 사유는 비테가 근대화하고 수호하려 했던 체제가 무너지지 않았다면 크게 의미가 없었을 것이다. 비테를 해임한 후, 차르 니콜라이는 어리석게도 러시아를 일본보다 훨씬 무서운 경쟁자인 오스트리아-헝가리 및 독일과의 전쟁으로 내몰았다.[2] 제1차 세계대전은 러시아에게 예견된 대로 참혹한 결과를 가져왔다. 1917년 2월, 파업과 시위가 거세지는 가운데 니콜라이는 결국 왕위에서 물러날 수밖에 없었다. 중도파 그룹은 입헌 공화국을 세우려 했으나, 전쟁과 인플레이션, 기아, 그리고 반란이 온건파의 권력 기반을 뒤흔들었다. 1917년 10월, 그들은 다름 아닌 카를 마르크스의 제자인 극좌 급진주의자들의 그룹에 의해 전복되었다.

"노동계급의 승리 시간"

마르크스는 물론 러시아에서 공산주의 혁명이 일어날 것이라고 예상하지 않았다. 1917년 권력을 장악한 블라디미르 레닌,[2)] 이오시프 스탈린, 레프 트로츠키[3)]를 비롯한 활동가들은 마르크스가 영국, 프랑스, 독일과 같은 선진 산업 열강을 위해 구상했던 각본을 실행하기 시작했다. 비테가 최

2) Vladimir Ilyich Lenin(1870–1924). 러시아 제국과 소련의 마르크스주의 혁명가. 볼셰비키 지도자로서 레닌주의 이념의 창시자이다.

3) Lev Davidovich Trotsky(1879–19140). 러시아의 혁명가, 소련의 정치인, 외교관. 1917–1926년 소련 공산당 정치국원, 1917–1918년 러시아연방 외무인민위원, 1918–1925년 소련 혁명군사평의회 의장을 지냈다. 본명은 레프 다비도비치 브론시테인(Lev Davidovich Bronshtein)이다.

선을 다해 산업화를 추진했음에도 러시아는 여전히 크게 뒤처져 있었다. 스탈린이 러시아를 "중세의 나라"라고 과장했지만, 러시아에는 마르크스 이론에 따르면 혁명적 변화를 주도해야 할 산업 노동자보다 농민이 훨씬 많았다.[3] 따라서 초기 볼셰비키는 만약 혁명이 러시아에서 일어난다면, 혁명에 더 적합한 유럽 지역으로도 반드시 확산될 것이라고 생각했다.

"인민의 적, 사회주의의 적, 노동자들의 적에게는 자비는 없다." 1917년 권력을 장악한 레닌은 이렇게 선언했다. "부자와 그 추종자들에게는 끝장을 볼 때까지 전쟁이다!" 볼셰비키는 차르 체제를 상대로 계급 전쟁을 선포하고, 구지배층의 재산을 몰수했으며, 지주들을 영지에서 쫓아내고 산업계 거물들을 사무실에서 축출했다. 기업은 국유화되었고, 농지는 농민들에게 분배되었으며, 귀족들의 보석은 공산주의 활동가들에게 탈취당했다. 차르 니콜라이 2세와 그의 자녀들은 중부 러시아의 한 지하실에서 총에 맞고, 총검에 찔려 살해되었으며, 로마노프 왕조가 다시는 돌아올 수 없도록 그들의 시신은 산酸으로 훼손되었다.[4]

혁명 정권은 혁명적 대외정책이 필요했다. 볼셰비키는 모두가 혐오하던 전쟁에서 빠져나왔고, 1918년 독일과 평화협정을 체결하면서 동유럽의 광대한 영토를 넘겨주는 대가를 치렀다. 그들은 차르의 외무부가 체결한 비밀 조약들과 구체제를 당황하게 만들 수 있는 모든 문서들을 공개했다. 그리고 유럽 전역을 휩쓰는 듯이 보였던 혁명들을 환호하며 지지했다.

니콜라이 2세를 몰락시킨 것과 같은 힘들—고통, 굶주림, 그리고 제1차 세계대전의 무의미한 유혈 사태—이 유럽의 모든 정부를 뿌리까지 뒤

흔들고 있었다. 독일의 황제 카이저 빌헬름은 러시아에서 사촌 '니키'가 겪은 운명을 보고 혁명가들에게 붙잡히기 전에 도망쳤지만, 퇴위를 강요받았다. 오스트리아-헝가리 제국은 무너져 산산 조각났고, 전쟁에서 패한 쪽에 섰던 오스만제국 또한 해체되어, 튀르크인, 그리스인, 아랍인, 아르메니아인들 사이에서 1920년대 초반까지 이어졌던 일련의 전쟁 속에 찢겨 나갔다.

전쟁의 여파는 패전국들만 강타한 것이 아니었다. 승전국들도 사정은 크게 다르지 않았다. 참호에서 돌아온 병사들은 그 살육에 대한 보상으로 대대적인 사회 변화를 요구했다. 영국은 1918년과 1919년에 걸쳐 파업으로 몸살을 앓았고, 정부는 두려움 속에 광범위한 주택 공급과 사회 복지 혜택—총리 데이비드 로이드 조지[4)]가 약속한 "영웅들에게 어울리는 집들"—을 기획하며 사회 불만을 돈으로 무마하려 했다. 프랑스 또한 비슷한 형태의 시위와 불안정에 직면했다. 1848년 민족주의 혁명들의 와중에서 마르크스는 "공산주의라는 유령이 유럽을 떠돌고 있다."라는 유명한 선언을 내놓았다. 그는 1848년의 순간을 잘못 판단했으나, 70년이 지난 1918년에는 그의 예언이 현실이 되어가는 듯이 보였다. 마르크스가 공산주의 혁명의 동력이라 본 계급 간의 적대감은 파리와 런던의 거리에서 누구나 뚜렷이 목격할 수 있었다.[5] 한편 러시아는 이미 공산주의자들이 권력을 장악하고 유지할 수 있다는 것을 입증하고 있었다.

따라서 1918년 말과 1919년에 독일의 여러 도시에서 혁명적 사회주의

4) David Lloyd George, 1st Earl Lloyd-George of Dwyfor(1863-1945). 영국의 자유당 정치인. 1916-1922년 영국의 총리를 지냈다.

운동이 폭발했을 때, 우파든 공산주의자든 누구도 놀라지 않았다. 1919년 헝가리에서 공산주의 정부가 선포되었을 때도, 그것이 유럽 대륙에서 벌어질 마지막 혁명이라고 생각한 사람은 거의 없었다. 볼셰비키 러시아는 이러한 혁명들이 계속 확산되기를 바라며 환호했다. 1919년 4월, 볼셰비키 정부는 "헝가리와 바이에른에서 공산주의 혁명이 승리했다는 기쁜 소식을 접하고", "노동계급 해방을 위한 투쟁을 함께하는 형제들에게 열렬한 인사를" 전했으며, "나머지 나라들에서도 노동계급의 승리의 시간이 머지않아 울릴 것"이라고 예측했다. 볼셰비키의 외무부—노동자 국가에서는 '외무 인민위원부'로 알려졌다—는 지도에서 곧 없어져 버릴 거라고 믿는 정권들인 유럽의 다른 정부들을 상대하는 만큼이나 유럽 내 노동자 운동을 환영하는 데에도 집중했다. 볼셰비키는 유럽의 "기만적인" 부르주아 언론이 퍼뜨리는 "뻔뻔한 거짓말," "파렴치한 허위," "도발"을 규탄했다. 그리고 "잉글랜드, 프랑스, 이탈리아의 프롤레타리아계급에게… 러시아와 헝가리 노동 대중과의 형제적 연대를 자각하면서," 들고일어나 자신들의 사슬을 끊어버릴 것을 촉구했다.[6]

하지만 제1차 세계대전 말기에 볼셰비키만이 혁명적 비전을 가진 유일한 정치 세력이 아니었다. 레닌이 사회혁명을 약속한 반면, 1919년 베르사유 강화 회의를 위해 유럽에 머물던 미국 대통령 우드로 윌슨[5]은 계급 전쟁 대신 민족 독립을 제시했다. 이는 자국 자본가가 아닌 외세 식민주의자들의 사슬을 끊기를 원했던 나라들에게 매력적인 선택지였다. 중국도 혁

5) Thomas Woodrow Wilson(1856–1924). 미국의 제28대 대통령(재임 1913–1921). 특히 민족자결주의를 제창한 것으로 유명하다.

명적 순간을 받아들였지만, 어떤 유형의 혁명을 원하는지를 두고 분열되었다. 중국 혁명가들은 1911년 청 제국을 무너뜨렸으나, 옛 왕조를 대체한 새 공화국은 뿌리를 내리는 데 어려움을 겪었다. 공화국 초대 대통령 쑨원[6]은 단 두 달의 격동 끝에 사임하고 권력을 한 장군에게 넘겨주었다. 이후 간헐적인 내전이 이어지며 나라는 중국 군벌들과 외세 제국주의자들에 의해 분할되었다. 제1차 세계대전을 빌미로 일본이 중국 내 독일 제국 영토를 가로채자, 이에 분노한 중국 인민들은 일본의 철수를 요구하며 봉기했다. 이 반란은 5·4 운동으로 알려지며, 1919년의 혁명적 격변들 가운데 하나로 기록되었다.[7]

중국에서 벌어진 시위는 처음에는 부다페스트와 바이에른에서 일어난 사회주의 혁명들과는 다른 무엇처럼 보였다. 물론 중국의 일부 초기 공산주의자들은 5·4 운동을 통해 급진화되었다. 하지만 당시 세계에서 유일하게 기능하고 있던 모스크바의 공산주의 정부는 세계 사회주의의 미래를 유럽의 문제로 보았다. 1919년의 혁명적 순간 동안, 유럽—북아메리카를 제외하고 상당한 산업 노동계급을 가진 유일한 대륙—은 공산주의 운동에 유리한 방향으로 나아가는 듯 보였다. 1920년에 스탈린은 "우리는 이제 공세적인 정책을 수행할 수 있고 또 수행해야 한다."고 선언했다. 그의 의제는 다음과 같았다. "헝가리나 체코슬로바키아처럼 아직 체제를 안정시키지 못한 국가들과 이탈리아에서 봉기를 일으키는 것이다(루마니아는 반드시 박살내야 한다).… 요컨대, 제국주의가 항해할 준비를 마치기 전에 우리가

6) 孫文(1866-1925). 중국의 외과 의사이자 정치인. 영미권에서는 쑨원의 호 일선(逸仙)의 광둥어식 발음인 얏센(Yat-sen)으로 더 잘 알려져 있다. 1911년 난징에서 신해혁명을 이끌었으며, 1919년 중국국민당을 결성했다.

먼저 닻을 올리고 출항해야 한다."[8] 농민의 대륙인 아시아는 볼셰비키의 의제 속에 아직 포함되지 않았다.

"대영제국의 아킬레스건"

스탈린과 볼셰비키 지도부의 동료들이 두려워했던 '제국주의'는 주로 대영제국을 의미했다. 영국은 여전히 세계 최강국으로 대규모 함대를 보유하고 있었으며, 거대한 제국은 제1차 세계대전 이후 더욱 확장되었다. 전쟁은 영국의 경쟁자들을 무너뜨렸다. 러시아는 산산조각 났고, 오스만 제국은 분할되었으며, 독일은 무장해제되었다. 대부분의 영국 전략가들의 눈에 비친 주요 위협은 경쟁국이 아니라, 국내외에서 안정을 위협하는 경쟁 이념, 즉 볼셰비즘이었다. 따라서 볼셰비키가 정권을 장악한 초기부터, 영국 내에서는 공산주의 선전의 확산을 억제하는 것을 넘어 공산주의 권력 자체를 격퇴하기를 원하는 사람이 많았다. 당시 미래의 총리인 윈스턴 처칠[7]은 이렇게 선언했다. "내가 항상 주장할 정책은 그 범죄 정권을 전복하고 파괴하는 것이다."[9] 하지만 영국 정부는 좀 더 신중한 노선을 택했다. 영국의 상업적·제국적 이익을 보호하기 위한 조치들을 취하는 한편, 러시아의 새 정부와는 타협을 모색했다.

볼셰비키는 영국의 대외정책을 바라볼 때, 공식 정책의 미묘한 실제보

7) Winston Leonard Spencer Churchill(1874-1965). 영국의 정치인, 군인, 작가. 1940-1945, 1951-1955년 영국의 총리를 지냈다.

다는 런던 신문들에서 터져 나오는 사회주의에 대한 격렬한 비난에 주목했다. 프랑스군, 이탈리아군, 미군, 일본군과 함께 러시아의 극북, 캅카스, 극동 지역에 영국군이 파병되자, 볼셰비키 지도자들은 이를 자신들을 포위하고 사회주의를 질식시키려는 시도로 여겼다. 치명적인 상황처럼 보이는 위협에 직면한 일부 볼셰비키 지도자들은 식민주의에 대한 공격이 유럽 자본주의를 약화시킬 수 있을지 고민했다.[10] 모든 자본주의 열강은 식민지 종속 지역을 거느리고 있었다. 영국과 프랑스는 말할 것도 없이 방대한 제국을 보유했고, 일본은 조선과 타이완을 점령했으며, 미국은 하와이와 필리핀을 지배했다. 레닌은 이미 《제국주의: 자본주의의 최고 단계》(1917)에서 자본주의와 식민지 간의 연관성에 관해 유명한 분석을 내놓은 바 있었다. 그는 이 책에서 제국의 사업이 '초과이윤'의 원천이며, 이러한 이윤 없이는 자본주의가 존속할 수 없다고 주장했다. 이제 세계 유일의 사회주의 국가가 자본주의 열강과 생사를 건 투쟁을 벌이고 있는 상황에서, 레닌의 통찰은 공산주의의 경쟁 세력에 맞서 활용될 수 없었을까? 1920년대에 모스크바에서 영향력을 행사했던 인도 공산주의자 로이[8]는 제국주의를 약화시키는 것이 자본주의를 불안정하게 만들 것이라고 주장했다. 그는 "식민지에서 얻는 초과이윤은 근대 자본주의의 기둥이며, 그러므로 식민지 지배의 붕괴와 본국에서의 프롤레타리아혁명이 결합된다면 유럽의 자본주의 체제는 무너질 것"이라고 역설했다. 스탈린은 "프롤레타리아적 서방은 농민적 동방의 지원 없이는 세계 부르주아계급을 종식시킬 수

8) Manabendra Nath Roy(1897–1954). 인도의 독립운동가, 혁명가. 멕시코 공산당과 인도 공산당의 창설자이다.

없다."는 데 동의했다. 트로츠키는 영국의 아시아 변경 지역이 바로 "대영제국의 아킬레스건"이라고 선언했다.[11]

그리하여 유럽에서의 혁명이 삐걱거리자, 볼셰비키는 그들이 내걸었던 해방의 약속을 용도 변경해 '동방'의 민족들, 특히 튀르크인, 페르시아인, 인도인들을 겨냥하게 되었다. 볼셰비키는 이들 가운데서 영국에 맞선 투쟁의 동맹자를 찾기를 희망했다. 1920년 9월, 볼셰비키는 이러한 반反제국 혁명 메시지를 확산시키기 위해 바쿠에서 동방 민족 대회라는 회의를 조직했다. 회의에 참석한 한 영국 기자는 다양한 민족들, "아시아식 복장", "경이로운 무기들", 그리고 "자본주의에 대한 불멸의 증오심"이 모인 "놀라운 집합체"라고 보도했다.[12]

사실 이 대회는 반反자본주의 선동보다는 반제국 메시지에 더 집중했다. 볼셰비키 지도자 그리고리 지노비예프[9)]는 무기를 들 것을 호소하며 회의를 마무리했다. "노예 상태! 끔찍한 노예 상태, 파멸, 억압, 착취, 이것이야말로 영국이 동방의 민족들에게 가져오는 것입니다. 동방의 민족들이여, 깨어나시오! 이 포식자에게 맞서 일어나 싸우시오! 영국 정복자들을 상대로 벌어지는 성전에서 하나 되어 전진하시오! 굶주림과 참을 수 없는 노예노동에 시달리는 인도인이여, 일어서시오!… 세금과 고리대금에 짓눌린 아나톨리아 농민이여, 일어서시오! 황량한 언덕으로 내몰린 아르메니아 노동자여, 일어서시오! 불모의 사막에 고립되고 영국에 의해 차단된 아랍인과 아프가니스탄인이여, 일어서시오!… 공통의 적, 제국주의 영국

---

9) Grigory Yevseyevich Zinoviev(1883-1936). 러시아의 혁명가, 정치인. 1901년부터 러시아 사회민주노동당에서 활동했으며, 1903년 이후는 볼셰비키에 속했다. 10월 혁명 후 페트로그라드 소비에트 의장을 지냈고, 이후 코민테른 집행위원회 의장을 겸하면서 국제 혁명운동을 지도했다.

에 맞서 일어서 싸우시오! 성전의 깃발을 높이 드시오!"[13]

지노비예프의 선언은 곧바로 '동방'의 여러 언어로 번역되었지만, 영국에 맞선 '성전'—튀르키예어, 페르시아어, 아랍어로는 '지하드'라고 번역되었다—에 대한 그의 호소는 일반적으로 무시되었다. 무신론자인 유대인이 동방의 무슬림들에게 지하드를 촉구하는 모습은 아이러니하지 않을 수 없었다. 또 다른 볼셰비키 요원은 "모스크바와 페트로그라드가 동방의 새로운 메카가 되었다."고 선언했지만, 이는 무슬림들을 공산주의 깃발 아래 끌어들이기에 그리 적절한 메시지는 아니었을 것이다. 그러나 더 큰 문제는 지노비예프가 반제국주의 노력을 이끌 것이라고 기대했던 국가들이 점차 혁명에 부적합한 나라들이 되어가고 있었다는 점이었다. 튀르크에서는 무스타파 케말[10)]이 새로 수립된 튀르키예공화국을 철권통치로 장악했는데, 그 기반은 계급 연대가 아니라 튀르키예 민족주의였다. 페르시아에서는 레자 칸[11)]이 1921년 쿠데타로 권력을 장악한 뒤, 4년 후 스스로를 샤[12)]로 선언했는데, 이런 점에서 그는 사회혁명의 동맹자로는 어울리지 않는 인물이었다. 그리고 인도에서는 영국이 억압을 강화하고 인도 엘리트들에게 정부 참여의 새로운 기회를 제공함으로써 반대 목소리를 약화시켰다. 이곳에서도 공산주의 혁명의 기회는 빠르게 사라지고 있었다.[14]

---

10) Mustafa Kemal Atatürk(1881–1938). 오스만제국의 육군 장교, 혁명가, 작가. 튀르키예공화국의 건국자로서 튀르키예 초대 대통령을 지냈다(재임 1923–1938).

11) Reza Shah Pahlavi(1877–1944). 이란 제국의 초대 샤(재위 1925–1941). 즉위 전에는 레자 칸(Reza Khan)으로 불렸다.

12) Shah. 페르시아어로 왕이라는 뜻이다.

"근대 중국의 위대한 정치인"

중동이 안정을 찾아가던 순간에도, 중국은 볼셰비키 쪽으로 움직이는 것 같았다. 1919년에 제국주의에 맞서 벌어진 시위의 물결인 중국의 5·4 운동은 외세 제국들의 지배를 떨쳐내야 할 필요에 대한 공산주의자들의 주장에 비옥한 토양을 제공했다. 볼셰비키 러시아 또한 중국을 억압하는 바로 그 열강과 맞서고 있는 것이 아닌가? 1919년, 5·4 항의 시위가 시작된 지 두 달 뒤, 볼셰비키는 "차르 정부가 중국 인민에게서 빼앗은 모든 것을 되돌려주겠다."고 약속했으며, 그 약속에는 중국 만주에 있던 차르 제국주의의 옛 상징, 동청철도까지 포함되는 것으로 보였다.

다른 강국들, 특히 일본이 중국에서 제국주의 특권을 강화하던 시기에 이 제안은 관대한 것으로 비쳤다. 윌슨 대통령은 민족자결을 이야기했지만, 제국 질서를 약화시키는 쪽은 바로 러시아 공산주의자들인 듯했다. 중국 민족주의 운동의 지도자 중 한 명인 장제스[13]는 철도를 포기하겠다는 소비에트러시아의 약속을 "국제 관계 역사상 가장 고귀한 조치"라고 선언했다. 정치적으로 활발한 중국의 계층들 사이에서는 공산주의 러시아에 대한 공감이 급속히 확산되었다. 1920년에 중국을 방문한 한 서방 학자는 내 중국인 학생들은 "[전] 황제의 조카인 한 명을 제외하고" 모두 "볼셰비키였다."고 보고했다. 젊은 급진 활동가 마오쩌둥[14]은 훗날 "중국인들은 러

13) 蔣介石(Chiang Kai-shek), 1887-1975). 중화민국의 군인, 정치인. 1943-1948년 중화민국 국민정부 주석, 1948-1975년 총통을 역임했다.

14) 毛澤東(Mao Tse-tung, 1893-1976). 중국의 군인, 공산주의 혁명가, 중국공산당의 최고 지도자. 1949년 중화인민공화국을 수립하고, 1949년 혁명 군사위원회 주석과 1950년 임시 국가수반을 거쳐 1954년부터 1959년까지 초대 중화인민공화국 국가주석으로 권력을 행사했다. 1959년 국가주석에서 물러난

시아인들이 마르크스주의를 현실에 적용하는 과정을 보고 마르크스주의를 이해하게 되었다.… '러시아 방식을 따르라', 이것이 결론이었다."라고 회고했다.[15]

하지만 중국의 많은 혁명가들에게 러시아 방식은 반자본주의가 아니라 반제국주의를 의미했다. 1912년 중화민국이 수립된 직후 잠시 초대 임시 대총통을 지냈던 쑨원은 중국을 지배하던 군벌들을 몰아내고 입헌 정부를 세우기 위한 노력 속에서 동맹을 찾고 있었다. 쑨원은 1897년에 런던에서 몇몇 러시아 혁명가들을 만나는 등, 이미 수십 년 전부터 그들과 인연을 맺고 있었다. 이후 시카고에서는 미국에서 교사로 망명 생활을 하던 러시아 활동가 미하일 보로딘[15]도 우연히 알게 되었다.[16]

보로딘은 러시아 제국의 비텝스크주에서 태어났다. 그는 드비나강에서 목재를 운반하는 배 인부로 일했고, 그 후 제국에서 가장 산업화된 도시 중 하나였던 리가로 이주했다. 리가에서 보로딘은 모국어인 이디시어와 대부분의 유대 문화 및 종교 관습은 버린 것으로 보이지만, 유대인 사회주의 운동인 분트[16]에 가입했다. 1903년, 그는 당시에는 무명의 혁명 활동가였던 블라디미르 레닌이 이끄는 더욱 급진적인 사회주의자들의 그룹에 가담했다. 2년 뒤 러시아는 1905년 혁명의 격변에 휩싸였고, 혁명이 실패한 후 차르는 많은 혁명가 지망자들을 추방했다. 보로딘은 미국으로 갔

뒤에는 사망 직전까지 막후에서 영향력을 행사했다.

15) Mikhail Markovich Borodin(1884–1951). 소련의 외교관, 정치인으로 코민테른 요원이었다. 보로딘이라는 이름은 가명이며 원래 성은 그루젠베르크(Gruzenberg)이다.

16) 리투아니아 · 폴란드 · 러시아 유대인 노동자 총동맹(General Jewish Labour Bund in Lithuania, Poland and Russia). 제정 러시아 지배하의 유대인 주민들이 1897년 빌뉴스에서 결성한 사회주의 단체. 줄여서 '분드' 또는 '분트'(Bund)로 알려져 있으며, '분드'는 이디시어로 '동맹'을 뜻하는 약칭이다.

고 보스턴에서 시카고까지 여러 도시를 전전하다가 학기당 수업료가 30달러인 인디애나주의 발파라이소 대학교에 등록했다. 이후 보로딘은 시카고로 다시 옮겨 망명 중인 러시아 혁명가 그룹과 계속 교류했지만, 동시에 미국의 부르주아 생활방식에도 적응하여 가정을 이루고 사업을 시작하기도 했다.

1917년 페트로그라드에서 옛 동지 레닌이 권력을 잡자, 보로딘은 미국에서의 새 삶을 버리고 급히 모스크바로 돌아갔다. 1918년 볼셰비키 지도자들이 쑨원을 끌어들이기 시작했을 때, 그들은 쑨원이 동맹에 호의적일 뿐 아니라, 그들의 요원 중 한 명이 이미 그를 만난 적이 있다는 사실도 깨달았다. 보로딘은 즉시 쑨원의 세력과 관계를 구축하기 위해 중국으로 파견되었다. 볼셰비키 외무 인민위원이었던 게오르기 치체린[17)]은 쑨원에게 편지를 보내 그를 "존경하는 선생"이라 부르면서, "러시아혁명과 중국혁명은 공통된 목표를 지니고 있으며, 양국의 위대한 프롤레타리아계급이 이익 공동체라는 인식을 바탕으로 민족들의 해방과 지속적인 평화의 확립으로 나아간다."고 쑨원이 지적한 점을 높이 평가했다.[17]

볼셰비키는 중국에 대해 아는 바가 거의 없었다. 보로딘은 "이 책 저 책과 몇몇 기사에서 읽은 내용, 그리고 오리엔트 출신 동지 몇 명에게서 들은 이야기"가 자신이 알고 있는 전부라고 보고했다. 그러나 보로딘과 그의 동료들은 한 가지는 확신했다. 쑨원이 제국주의에 맞선 투쟁에서 매우 훌륭한 동맹자가 될 것이라는 점이었다. 예컨대 1920년의 한 보고서는 쑨원

17) Georgy Vasilyevich Chicherin(1872–1936). 소련의 정치인, 마르크스주의 이론가. 1918–1930년 소련 외무 인민위원을 지냈다.

이 "중국 인민들 사이에서 인기가 매우 높고", "자금원이 있으며, 많은 자본가들이 정기적으로 그를 물질적으로 지원한다."고 전했다. 게다가 쑨원이 볼셰비키는 아니지만 좌파 성향을 가지고 있어 동맹의 기반이 된다고 판단했다. 이에 레닌은 쑨원과의 관계를 우선시하며, 치체린에게 "우리는 모든 면에서 친절해야 하고, 그에게 정기적으로 편지를 보내야 하며, 비밀을 유지한 채 우리 사람[보로딘]을 쑨원 운동의 근거지인 남부 중국 도시, 광저우로 보내야 한다."고 말했다. 또 다른 요원은 쑨원에게 아첨조의 찬사를 담은 편지를 보냈다. "저는 개인적으로 선생님을 만나서 중국의 민족해방을 위해 싸우는 근대 중국의 위대한 정치인을 직접 뵐 수 있기를 꿈꾸어 왔습니다." 소비에트 신문 《이즈베스티야》Izvestia는 "우리의 승리는 당신의 승리이며, 우리의 파멸은 당신의 파멸입니다!"라고 선언했다.[18]

볼셰비키가 쑨원을 찬양한 것은 자기 이익을 위한 측면이 있었지만, 그가 지닌 영향력에 대한 볼셰비키의 믿음은 진지했다. 그들은 1920년대 초에 쑨원에게 가능한 모든 지원을 제공하기로 결정했다. 1922년에 볼셰비키는 쑨원의 대의를 널리 알리기 위해 모스크바에서 '극동의 노동자들'을 위한 대규모 회의를 조직했다. 한 러시아 연사는 러시아의 1905년 혁명이 이미 붕괴한 중국 청 제국에 맞서 일어난 1911년 혁명 운동에 깊은 영향을 주었다고 (사실과 다르게) 주장했다. 한 일본 공산주의자는 자유무역—"중국, 조선, 시베리아 및 그 밖의 극동 국가들을 착취하는 수단"—을 통해 중국을 안정시키려는 자본주의자들의 노력과 낡은 질서를 전복하려는 사회주의자들의 계획을 대비해서 설명했다. 한 연사는 두 개의 합류하는 흐름을 칭송하며 회의를 마무리했다. 하나는 "독립을 추구하는 피억압 민족들의 운동"이었고, 다른 하나는 "의식 있는 프롤레타리아 운동이라는 훨씬 더 강력한 조류"였다. 그는 아시아인들에게 "베르사유와 워싱턴에 대한 믿음을 버리고, 부르주아 음모가들을 믿지 말라"고 촉구했다.[19]

소련은 중국 혁명가들에게 말로만 지원한 것이 아니라 자금과 무기도 제공했다. 보로딘은 1923년 중국에 도착하여 쑨원의 활동을 지원하기 위한 조직 작업에 착수했다. 그는 몇 년간 쑨원 곁에 머물면서 쑨원과 러시아 공산주의자들 사이의 관계를 조율했을 뿐 아니라, 쑨원이 이끄는 국민당(중국어로는 궈민당)의 운영에도 깊이 관여했다. 그는 적극적인 당원과 잘 조직된 구조를 갖춘, 중국에서 이전에는 본 적이 없는 정당을 구축했다. 예를 들어, 국민당 당헌은 보로딘이 영어로 초안을 작성했고, 쑨원의 승인을 받은 후 중국어로 번역되었다. 쑨원은 보로딘을 "중국혁명의 라파예트[18)]"라고 불렀다.[20]

중국 혁명가들의 차세대를 양성하기 위해 소련은 모스크바에 그들을 위한 학교를 설립했다. 그보다 한층 더 중요한 것은 쑨원의 군대에서 싸울 장교들을 훈련시키기 위해 광저우에 세운 황푸군관학교[19)]였다. 모스크바는 자국 장교들도 파견했으며, 1925년까지 중국에는 항공, 통신, 해군 분야의 전문가를 포함해 1,000명이 넘는 소련 자문관들이 활동하고 있었다.

---

18) Marie-Joseph-Paul-Roch-Yves-Gilbert du Motier, Marquis de La Fayette,(1757-1834). 프랑스의 사상가이자 군인. 미국독립전쟁에 참가한 장군이며, 프랑스혁명 중에는 국민위병(la Garde nationale)의 지휘를 맡았다.

19) 黃埔軍官學校. 1924년 광저우에서 설립된 중국국민당 육군군관학교의 약칭으로, 중국 근대 군사교육을 대표하는 기관이다. 북벌, 중일전쟁, 국공내전 시기에 수많은 군사 지도자들을 배출했으며, 국민당과 공산당 양측 모두에 큰 영향을 끼쳤다.

쑨원의 군대를 무장시키기 위해 소비에트러시아는 무기와 탄약도 공급했다. 처음에는 "라이플 8,000정과 라이플 1대당 탄약 500발"이, 그다음에는 "라이플 1만 5,000정과 기관총, 포병 장비"가 추가로 제공되었다. 1920년대 초 내내 소련은 가구 구입 예산도 관리할 정도로 국민당의 사소한 사안까지 통제했다.[21]

유럽 혁명의 실패

볼셰비키는 유럽에서 혁명을 일으키려던 그들의 시도가 실패했기 때문에 국민당의 가구 구입까지 신경 쓸 여유가 있었다. 1918년에 레닌은 "독일혁명이 일어나지 않는다면 볼셰비키는 운명"할 것이라고 선언했다.[22] 레닌은 "그것이 몇 주 안에, 어쩌면 며칠 안에 승리할지 우리는 모른다, 아무도 모른다."라고 말했다. 그러나 1918년에, 추가 혁명이 몇 년, 심지어 수십 년이 걸릴 것이라는 전망은 정상적으로 생각하는 어떤 볼셰비키에게도 상상할 수 없는 일이었다.

레닌과 그의 동지들은 그런 봉기를 고무시키기 위해 할 수 있는 모든 일을 다 했다. 그들은 유럽 혁명을 이념적으로 필수적이고, 지정학적으로 유용하며, 마르크스가 예언했듯이 불가피한 것으로 보았다. 트로츠키는 다음과 같이 선언했다. "변방의 모스크바, 반쯤 아시아적인 러시아에서 우리는 유럽 혁명의 팽창주의 길로 나설 것이다. 이 길은 우리를 세계 혁명으로 이끌 것이다. 복수의 순간을 기다리고 있는 수백만 명의 프티부르주아들을 기억하라. 우리는 그들 속에서 예비군을 발견하고, 이 군대와 함께 기병대를 라인강까지 진격시켜 이를 혁명적 프롤레타리아 전쟁의 형태로 더욱 밀고 나갈 것이다.… 당신은 그야말로 역사의 발자국 소리를 들을 수 있을 것이다."[23]

그러나 역사는 트로츠키가 예상했던 것보다 더 우회적인 경로를 택했다. 1918–1919년에 일어난 첫 번째 사회주의혁명의 물결은 금세 꺼져버렸다. 프랑스와 영국의 자본주의 정치인들은 사회 프로그램을 확대하고 혁명가들을 탄압함으로써 안정을 회복했다. 1921년에 독일 공산주의자들이 새로운 봉기를 일으켰지만 이내 흐지부지되었다. 1923년에 소비에트 러시아의 지원을 받은 독일 공산주의자들이 다시 주도한 반란도 신속하게 진압되었다. 유럽 전역에서 가장 또렷이 들린 발걸음은 부르주아 정당들의 행진 소리였다. 프랑스에서는 중도 좌파와 중도 우파 연합이 교대로 정권을 잡았으며, 양측 모두 소련식 혁명에 강하게 반대했다. 영국에서는 1920년대 대부분을 보수주의자들이 집권했으며, 그들의 선거 승리는 반反소련 수사에 힘입은 바 컸다. 이탈리아에서는 1922년에 베니토 무솔리니[20]의 파시스트가 권력을 장악하면서 훨씬 더 극단적인 우경화가 일어났다.[24]

20) Benito Andrea Amilcare Mussolini(1883–1945). 이탈리아의 정치인. 국가 파시스트당을 창당했고 1922–1943년 이탈리아 왕국의 총리를 지냈다.

"블라디보스토크는 멀리 떨어져 있다"

유럽에서 볼셰비즘이 실패하자, 소련은 사회주의가 다른 지역에서 뿌리내릴 수 있으리라는 희망을 품게 되었다. 중국의 혁명가들은 혁명적 열정을 확산시킬 자연스러운 후보처럼 보였다. 만약 중국의 혁명가들이 성공한다면, 모스크바가 직면한 중요한 딜레마, 즉 극동 지역의 안보를 어떻게 확보할 것인가에 대한 해답도 제공해줄 수 있으리라고 소련 관리들은 기대했다. 볼셰비키는 아시아에 우방이 없었다. 그들은 차르 러시아가 상대했던 경쟁자들인 중국, 영국, 미국, 그리고 가장 위험한 존재인 일본과 여전히 마주하고 있었다.

볼셰비키는 일본을 두려워했다. 이는 단지 그들이 1904-1905년 러일전쟁 시기에 성년이 되었기 때문만은 아니었다. 그들은 러시아를 전쟁에 끌어들인 책임을 차르 니콜라이 2세와 비테 백작에게 돌렸지만, 동시에 일본이 러시아 함대 두 개를 격침시키고 뤼순항 요새에서 러시아군을 몰아낸 일을 똑똑히 기억했다. 한 소련 외교관은 그것이 치욕스러운 전쟁의 "수치스러운" 결말이었다고 회고했다. 스탈린은 이 전쟁을 "고통스러운 기억을 남긴" "지울 수 없는 오점"으로 기억했다. 한편, 극동은 여전히 러시아 본토에서 멀리 떨어져 있었고, 단 하나의 철도와 원시적인 항공 노선으로만 연결되어 있었다. 이 지역은 인구도 희박했고, 상대적으로 러시아 인종도 적었다. 게다가 중국과는 긴 육상 국경을 접하고 있었고, 일본과는 여러 분쟁을 안고 있었다.[25]

1904년에 이미 강력했던 일본군은 그로부터 20년이 지난 지금 더더욱 강해져 있었다. 그 사이 러시아는 1920년대 초까지 이어진 내전으로 찢겨 나갔다. 내전 기간 동안 일본은 러시아의 극동을 점령한 러시아 경쟁자들 가운데 선두에 섰다. 일본군은 블라디보스토크에서 시베리아 깊숙한 곳까지 러시아 영토를 점령했다. 유럽 국가들과 미국은 극동 개입에 대해 미온적이었지만, 일본은 적극적으로 뛰어들었다. 일본은 미국이나 유럽 열강보다 훨씬 많은 병력을 파견했고, 다른 외국군이 철수한 뒤에도 수년간 머물렀다. 그리하여 소비에트러시아는 일본의 태평양 연안 진출에 극도로 예민하게 반응했으며, 러시아가 약한 틈을 타 일본군이 다시 극동에 상륙할까 봐 두려워했다. 1922년에 레닌은 일본에 이렇게 경고했다. "블라디보스토크는 멀리 떨어져 있지만, 그래도 여전히 우리 도시다."[26]

일본은 제1차 세계대전으로 큰 이익을 얻었으며, 자국 경제를 성장시키고 아시아에서 세력을 확장했다. 그러나 1920년대 중반 무렵 도쿄는 해외에서의 모험적 행동에 비교적 무관심했다. 민간 정당들이 군부의 팽창주의적 대외정책 욕망을 억제했다. 그리고 1923년에는 대지진이 일본을 강타해 국내 재건에 집중할 수밖에 없었다. 하지만 이러한 상황도 소비에트러시아의 우려를 누그러뜨리지는 못했다. 일본은 여전히 "강력한 산업과 해군, 육군"을 갖추고 있다고 치체린은 동료들에게 상기시켰다. 볼셰비키는 도쿄가 궁극적으로 소비에트 국가를 해체하려 한다고 믿었다. 그들은 일본이 소련 내부의 반란 세력에 자금과 무기를 지원하고 있다고 결론지었다. 치체린은 다음과 같이 경고했다. 태평양 "연안 전역에서, 소비에트 권력은 너무나 미약하여 일본이 사실상 주도권을 쥐고 있다. 그들은 자유롭게 드나들며, 현지 천연자원을 수탈하고, 지역 주민들에게서 모피를 아주 헐값에 사들이고 있다."[27]

치체린에게 핵심 문제는 중국의 영토인 만주였다. 니콜라이 무라비요프-아무르스키는 러시아가 태평양으로 진출할 수 있도록 아무르강 유역과 블라디보스토크 일대를 장악했고, 비테 백작은 러시아가 언제든 블라디보스토크에 도달할 수 있도록 시베리아 횡단철도를 건설했다. 그러나 러시아가 태평양 연안에 더 많은 영토를 확보할수록 그것을 방어하는 데 더 많은 에너지가 필요했다. 방어란 위기 상황에서 병력과 보급품을 동쪽으로 수송할 수 있도록 철도 노선을 확보하는 것을 의미했다. 바이칼호와 블라디보스토크 사이에서 북쪽으로 돌출된 만주는 러시아의 태평양 연안을 연결하는 교통·통신망을 끊임없이 위협했다. 만주를 구성하는 세 성省은 차르 시절 철도 제국주의가 한창일 때에도 표면적으로는 중국의 일부였지만, 1920년대에는 일본의 자금과 무기를 지원받는 중국 군벌 장쭤린[21)]이 통제했다. 그리고 일본은 여전히 중대한 위협이라고 스탈린은 거듭 경고했다. 1924년, 스탈린은 자신의 외교관들 중 한 명에게 이렇게 썼다. "일본 외교관은 단 1초도 믿지 마시오. 믿어야 할 것은 오직 사실뿐이오."[28]

---

21) 張作霖(1875-1928). 중화민국 북양정부 시대의 정치인으로 북양 군벌 계열인 봉천파의 총수이다.

"소비에트 권력의 민주적 성격"

소련은 극동 국경을 어떻게 방어해야 하는가? 공격적인 정책을 추구하는 것이 나았을까, 아니면 방어적인 정책이 더 현명했을까? 모스크바에게 일본과 중국은 같은 딜레마의 일부였다. 소련 지도자들은 "외세가" 중소 관계에 "개입한다면 가차 없이 단절할 것"이라고 위협했다.[29] 그러나 모든 이가 일본이 중국 정치에 깊숙이 관여하고 있음을 알고 있었다. 일본의 육군과 해군은 러시아에 상시적인 위협이었다. 한편, 도쿄가 중국에서 가진 영향력은 소련에 압박을 가하는 추가적인 수단이 되었다. 중국은 서로 경쟁하는 군벌들에 의해 분열되어 있었다. 많은 군벌이 자신의 군대를 가장 높은 값을 제시하는 이에게 팔아넘기는 가운데, 일부는 일본의 자금 지원을 받았고, 다른 일부는 일본의 영향력을 약화시키려 했다. 베이징을 오가는 해상 통로를 통제하는 랴오둥반도와 산둥반도를 점령하는 등 중국에서 드러난 도쿄의 제국적 야망은 중국 민족주의자들의 분노를 불러일으켰다. 일본 제국주의에 맞선 5·4 운동은 흐지부지되었지만, 중국의 항구 도시들은 장쭤린 같은 군벌들이 도쿄와 협력하는 상황 속에서도 여전히 반일 감정으로 들끓고 있었다.

한편 중국의 군벌들은 베이징에 있는 중국 정부의 통제권을 놓고 서로 싸웠다. 중국 각지에서 여러 군벌 집단이 등장했다. 베이징 정부가 아니라 이들이 국가의 실질적인 통치자였는데, 세금을 걷고, 질서를 유지하며, 기본적인 공공 서비스를 조직하기도 했다. 베이징의 정부는 그들의 뜻에 따라 움직였다. 1916년 이후 10년 동안 중국은 여섯 명의 국가수반을 거쳤고, 이는 수시로 바뀌는 군벌들의 연합이 자신들이 선호하는 명목상의 우두머리를 정부의 최고 자리에 앉혔기 때문이었다.[30] 소련은 중국이 분열되어 있는 한 외세의 개입을 피할 수 없고, 그 결과 다른 강대국들이 소련의 아시아 국경 가까이까지 접근하게 될 것이라고 믿었다. 소련은 어떻게 자국의 이익을 방어할 수 있을까?

한 가지 선택지는 군벌들과 협상하는 것이었다. 소련은 1920년대 초에 중동철도[22)] 문제를 두고 이 방식을 시도했다. 소련은 1919년 "중동철도를 중국 인민에게 아무런 보상 없이" 반환하겠다는 의사를 밝힌 바 있었지만, 1921년에는 이 약속을 철회하고 "이 철도에 대한 러시아의 권리는 여전히 완전하게 유효하다."고 주장했다. 차르 시절 철도에 대한 통제권을 주장하는 것은 반제국주의 세력임을 약속하는 국가로서의 평판에 손상을 입힐 수 있는 일이었다. 한 볼셰비키 요원은 "중국에서" 소비에트러시아의 정책은 "모든 선언에서 제국주의적 이해관계가 전혀 없음을 지속적으로 보여주어야 하며, … 이는 소비에트 권력의 민주적 성격을 강조하기 위한 것"이라고 경고했다. 쑨원 또한 만주 지역 철도 주변에서 소비에트군이 무력을 사용할 경우 "장기적인 러시아–중국 관계에 심각한 결과를 초래"할 것이라고 주의를 주었다.[31] 그러나 철도에 대한 통제권이 일본이 아닌 모스크바에 있음을 보장하는 것은 소비에트러시아에게 너무도 중요했고, 결국 중국에서 차르 시절 제국주의의 악행에 대한 구호들은 조용히 접어두

---

22) 中東鐵道(China Eastern Railway). 1897–1902년에 건설된 동청철도는 1911년 중화민국이 성립한 후에는 중동철도라고 불렸다.

게 되었다.

1923년 가을, 소련 특사 레프 카라한[23)]이 만주 철도 문제를 협상하고 소비에트러시아와 중국 간의 공식 외교 관계를 수립하기 위해 베이징에 도착했다. 스탈린은 그에게 회담을 신속히 끝내라고 독촉했다. 그는 카라한에게 중동철도를 둘러싸고 "충돌이 반복되지 않도록 법적 보장을 제공할 합의가 필요하다."고 썼다. 몇 달 뒤인 1924년 봄에 소련은 베이징 정부와 외교 관계를 수립하고 철도를 공동 관리하기로 하는 협정을 체결했다. 또한 소련과 중국은 "체약 당사국의 정치 및 사회 체제를 겨냥한" 선전 활동을 하지 않기로 합의했다.[32]

그러나 베이징과의 협정—그리고 만주를 지배하던 군벌 장쭤린과의 부속 협정—이 체결된 이후에도 소련의 이익은 여전히 방어하기 어려운 상태로 남아 있었다. 예를 들어, 만주의 군 당국은 중동철도 러시아인 관리자 한 명을 체포했다가 며칠 뒤에야 석방했다. 몇 달 뒤에는 중동철도 소속 선박들이 쑹화강에서 나포되기도 했다. 일본은 소련이 이러한 문제들을 중국 정부나 만주의 당국과 해결하는 데 대해 적극적으로 반대하지 않았지만, 그럼에도 소비에트러시아는 이러한 중국 측의 방해 배후에 도쿄의 개입이 있다고 보았다. 치체린은 중동철도에 대한 "공세적인 중국화는 명백히 일본의 사주를 받은 것"이라 주장했고, 일본이 자국의 이해관계가 걸린 중국-러시아 국경에 위치한 또 다른 지역인 "몽골공화국을 상대로도 공격적인 정책을 준비하고 있다."고 믿었다.[33] 소련 지도자들은 베이

23) Lev Mikhailovich Karakhan(1889-1937). 러시아의 혁명가이자 소련의 외교관. 1921-1922년 폴란드 주재 러시아 대사, 1923-1926년 중화민국 주재 소련 대사, 1934-1937년 튀르키예 주재 대사를 역임했다. 1937년 대숙청에 휘말려 체포된 후 총살되었고, 사후인 1956년에 복권되었다.

징의 무력한 중국 정부와 협정을 맺는 것은 효과적인 방안이 아니라고 판단했다. 그리고 곧 장쭤린과 같은 만주의 군벌들은 신뢰할 수 없다는 사실도 깨달았다.

군벌들은 중국의 농업 지역에서 어떻게 세금을 걷고 군대를 모집하는지를 알았지만, 번영하는 중국 중부 및 남부 해안 지역에서는 어려움을 겪었다. 상하이, 난징, 푸젠과 같은 도시들은 부분적으로 외국 상인들에게 특혜적인 법적 대우를 부여한 조약 덕분에 주요 국제 항구로 성장했다. 제1차 아편전쟁 이후 4분의 3세기 동안 이 항구 도시들은 무역과 상업으로 크게 변했으며, 일자리를 찾아 농촌에서 몰려든 수십만 명의 농민들을 끌어들이고 은행, 무역상사, 공장을 운영하는 소수의 강력한 중국 재벌들을 창출했다. 새로운 학교와 대학교들은 외국어 교육을 받은 신흥 학생 계층을 길러냈으며, 이들은 중국 정부에도 외국 제국주의자들에도 반대했다. 1910년대에 이르러서는 특히 면직물, 밀가루, 성냥, 담배, 시멘트, 통조림, 콩기름, 심지어 석탄과 철강 등의 분야에서 산업이 발전하기 시작했다.[34] 산업화는 공장 노동자들—소련식 용어로는 프롤레타리아계급—을 만들어냈는데, 이들은 중국 전체 인구의 아주 작은 비중이었지만, 중국산 제품이 세계로 수출되는 상하이와 광저우 항구 같은 전략적 요지에 집중되어 있었다.

광저우에서 쑨원은 자신의 예비 정부를 수립했고, 남중국 해안 전역의 학생, 노동자, 자본가들로부터 지지를 끌어모았다. 볼셰비키는 이미 보로딘을 통해 무기와 자금을 보내서 쑨원의 활동을 지원하고 있었다. 국민당이 중국 전역으로 영향력을 확대하고, 어쩌면 베이징까지 장악할 수 있지 않을까? 만약 혁명 연합 정당이 중국에서 권력을 잡는다면, 이는 소련의 아시아 안보 딜레마를 해결하는 길이 되지 않겠는가? 치체린은 낙관적이었다. 유럽에서는 소련식 혁명이 여러 차례 패배를 겪었으나, 아시아는 달라 보였다. 아시아는 소련이 동맹을 얻고, 경쟁자를 약화시키며, 자국의 의제를 추진할 수 있는 지역이 아니겠는가? 혼란스러운 중국의 정치는 분명한 기회를 제공하는 듯했다. "국민당에 의해 전파된 중국 민주주의의 놀라울 만큼 빠른 발전은 그 역사적 의미가 명백하다."고 치체린은 선언했다. 군벌들과 제국주의자들은 "중국의 역사적 발전을 막을 수 없다."[35]

"제국주의 진영과 사회주의 진영"

소련에게 1920년대 중반은 중국 국민당의 "역사적 의의"가 변화하고 있음을 알리는 시기로 보였다. 중국에서의 방어적 전략은 더는 유지될 수 없는 것 같았다. 이제는 모든 유형의 제국주의자들에 맞서 반격을 가하고, 중국에서의 그들의 식민지 이익을 약화시키며, 붉은 깃발을 높이 들고 앞으로 나가야 할 때였다. 중국에서 소련의 목표는 방어에서 공격으로 전환되었다. 중국에서 공세적 정책을 실행하기 위한 최선의 방법은 무엇일까? 1925년 봄, 쑨원은 죽어가고 있었고, 스탈린은 그가 없으면 중국에서 소련의 영향력이 사라질지도 모른다고 걱정했다. 1925년 3월에 스탈린은 초조

함을 감추지 못하며 카라한에게 이렇게 편지를 썼다. "쑨원은 어떻게 되었소? 왜 하필 지금 죽는단 말이오? 쑨원이 죽는다면 그를 대체할 만한 인물이 국민당 안에 있긴 한가요? 이건 중차대한 문제이며, 우리가 특별히 주의를 기울여야 할 사안입니다."

문제는 단지 새로운 국민당 지도자가 소련과 잘 협력할 수 있을지 여부만은 아니었다. 스탈린은 추가 요원을 파견하고 자금을 더 지원할 준비가 되어 있었다. 더 큰 문제는 쑨원 사후의 국민당이 자신의 군대를 확대하는 데 필요한 사회의 지지를 받을 수 있느냐였다. "소련식으로 조직된 사단 하나는 물론 작습니다."라고 스탈린은 카라한에게 훈계하듯 말했다. "우리는 여러 사단을 편성해야 합니다. 그렇지 않고서는 중국에서 아무것도 할 수 없습니다." 신뢰할 만한 군대를 갖추기 위해서 국민당은 "전국적 중국 정부를 수립할 능력이 있는 세력을 결집할 수 있는 진짜 기반"이 필요했다. 그리고 그 군대는 군벌들의 용병 같은 것이 아니라 "인민과 연결된 진짜 군대"여야 했다. "그렇기 때문에 우리는 군대를 개선하고 인력을 충원하는 일에 특별히 주의를 기울일 필요가 있습니다."라고 스탈린은 지시했다.[36]

쑨원은 일주일 후에 세상을 떠났고, 카라한은 애도의 뜻으로 소련 국기를 조기로 게양하라고 명령했다. 카라한이 전한 쑨원의 마지막 말은 "제발 러시아가 도와주기만 한다면. 제발 러시아가 도와주기만 한다면"이었다. 그러나 소비에트러시아가 지원을 확대하기 전에, 카라한은 스탈린의 질문에 답해야 했다. 국민당은 "인민과 연결된 진짜 군대"가 있는가? 그것은 단순히 중국 자본가들이 자금을 대는 군사 지도자들의 집합체가 아니라, 그 이상의 존재인가? 스탈린은 1919년에 선언했듯이 "세계는 두 진영, 즉 제국주의 진영과 사회주의 진영으로 나뉘었다."고 오래 전에 주장했고, 이 관점은 2년 후 소련의 공식 정책이 되었다. 이 두 진영을 구분 짓는 기준은 무엇인가? 스탈린은 이렇게 설명했다. "그들의 진영에는 미국, 영국, 프랑스, 일본이 있고 이들은 자본과 무기, 노련한 요원과 이에 못지않게 노련한 행정관들을 보유하고 있다. 여기 우리 진영에는 소비에트러시아와 젊은 소비에트 공화국들, 그리고 유럽 각국에서 성장하는 프롤레타리아혁명이 있다."[37]

이 구분은 매우 명확했다. 중국의 군벌이 지배하는 베이징 정부에 반대한다는 점에서 국민당은 소비에트러시아 '측'에 속하며, 따라서 사회주의 진영이라 할 수 있었다. 쑨원은 생전에는 그렇게 확신하지 못했다. 그는 한 동료에게 "젊은이들이 왜 마르크스를 찾아 지혜를 구하는가? 마르크스주의의 기본 사상은 전부 중국의 고전에서 찾아볼 수 있는데도 말이다."라고 의문을 표했다. 그리고 1923년에는 공식적으로 "공산주의 체제나 심지어 소비에트 체제조차도 중국에 실제로 도입될 수 없다."고 선언했는데, 그 이유는 조건이 아직 성숙하지 않았기 때문이었다.[38] 중국의 민족주의 지도자들은 확실히 '제국주의 진영'에 속하지 않았다. 그렇지만 그들은 사회주의자처럼 보이지도 않았다.

하지만 마르크스주의자들은 정치적 선언 따위에 귀를 기울일 만큼 어리석지는 않았다. 대신 그들은 국민당 내 사회 세력 간의 상관관계에 주목했다. “중국에 **정말로** 운동이 존재하는가? 존재한다면 얼마나 탄탄한가?” 스탈린은 부하들에게 이렇게 물었다. “국민당은 [사회에] 뿌리를 두고 있으며, 그 뿌리는 실제로 살아 있는가?” 이는 핵심 질문이었다. 이미 1905년에 레닌은 심지어 부르주아혁명 동안에도 프롤레타리아가 참여해서 결국 지도적인 역할을 맡을 수 있다고 주장했다. 국민당은 명백히 부르주아 정당이었다. 그들은 상하이와 광저우의 주요 기업들로부터 재정 지원을 받고 있었다. 그러나 소련 분석가들은 국민당 내에서 좌파 세력이 점점 더 큰 역할을 해가고 있다는 증거가 있다면서, 이 혁명이 레닌이 예측한 경로를 따라 나아가고 있다고 주장할 수 있었다. 이 기준에서 볼 때, 중국으로부터 들려오는 소식은 긍정적이었다. 한 소련 요원은 모스크바에 산업이 “인구의 극히 일부”에 불과하고, 농민들이 여전히 정치적으로 무력하지만, “근대 산업이 빠르게 성장하고 있으며, 특히 외국 자본의 도움을 받고 있다.”고 보고했다. 한편, 또 다른 소련 관리는 “이들 군사 지배자들의 권력을… 단순한 군사주의적 폭력이 [아니라], 부르주아 발전의 중심으로” 해석하면서 중국의 군벌들조차도 근대화의 증거로 보았다.[39]

보로딘의 보고는 이러한 논지를 확인하는 것 같았다. 쑨원이 사망하고 한 달 뒤, 보로딘은 국민당 내의 파벌 다툼이 좌익 그룹에게 유리하게 흐르고 있다고 모스크바에 전했다. 그는 “농민들 사이에서 국민[당]이 수행하는 모든 활동은 우리가 주도하고 있다.”고 썼다. “그곳에서는 우파와의 분열이 전혀 중요하지 않다. 노동자들 사이에서의 활동 또한 전적으로 우리가 맡고 있다.” 보로딘은 국민당 내에서 반동 세력은 “무력하다.”고 주장했다. 쑨원이 죽은 해에 또 다른 소련 정보원은 광저우가 "작은 레닌그라드나 작은 모스크바다. 그런데 사실 그리 작지도 않다."고 보고했다.40

1920년대 초부터 소비에트러시아는 중국이 더욱 진정한 혁명적 변화를 준비함에 따라 국민당이 공산주의 세력을 배양할 것이라는 논리를 바탕으로 국민당을 지지해 왔다. 스탈린은 국민당이 실제로는 자본가와 그 추종자들로 이루어진 정당이었지만, "혁명적"이며 "노동자와 농민의 정당"이라고 선언했다. 1922년에 중국공산당 공동 창립자였던 천두슈[24]는 "국민당은 많은 오류를 안고" 있지만 "그럼에도 불구하고 중국에서 유일한 혁명적 민주주의 그룹"이라고 주장했다. 이에 따라 모스크바는 중국 공산주의자들에게 사회주의로 가는 길을 닦기 위해 "국민당의 일원이 되라"고 명령했다. 즉각적인 사회주의 혁명이 필요하다고 확신하던 트로츠키는 소련 내부 논쟁에서 초급진파였지만, 그 조차도 처음에는 국민당과의 협력을 지지했다. 1925년에 쑨원이 사망하던 무렵, 이 정책은 효과를 내는 듯했다. 아시아에서 어떤 다른 나라가 이처럼 고도로 발전한 공산당 세포 조직을 갖추었는가?41

게다가 중국에서 전해진 보고들은 좌익 그룹이 영향력을 얻고 있음을 시사했다. 쑨원의 사망 한 달 뒤인 1925년 4월에 칭다오에서 파업이 발생했고, 이는 곧 상하이로, 이어 전국으로 확산되었다. 6월에는 광저우에서 시위 중이던 노동자들이 사망했고, 이는 중국 남부 해안의 영국 식민지 홍콩까지 확산되는, 1년에 걸친 일련의 파업을 촉발했다. 1925년 10월, 소련

---

24) 陳獨秀(Chen Duxiu, 1879–1942). 중화민국의 정치인. 공산주의 혁명가, 코민테른의 활동가, 트로츠키주의자로 중국공산당의 초대 총서기(재임 1921–1928)를 지냈다.

지도자 지노비예프는 동방의 혁명운동이 "급류처럼 전진하고 있다."고 선언했다. 몇 달 후 그는 이렇게 강조했다. "중국에서의 운동이라는, 새롭고도 대단히 중요한 요인이 나타났다."42

"아시아 민족들의 교육을… 도우며"

1920년대 중반, 동방의 혁명운동은 소련이 유럽에서 배제되었고, 소련 지도자들이 세계 경제와 정치의 중심이 태평양 쪽으로 이동하고 있다고 인식했기 때문에 매력적으로 보였다. 1924–1925년에, 유럽에서는 일련의 좌절이 이어졌다. 1924년, 크렘린은 영국과 공식 외교 관계를 수립했으나, 그해 말 이른바 소련이 영국 정치에 개입한 것을 보여준다고 하는 서신이 공개되면서 영국 정계에서는 반反소련적 격분이 터져 나왔다. 이어서 런던과 파리는 베를린과 '로카르노조약'[25)]을 체결하고, 소련을 유럽에서 배제하는 합의를 바탕으로 서유럽의 현상 유지 열강 사이에 경제 및 안보 협력을 구축했다.43 유럽은 자본주의적 안정화의 시기로 접어들 준비가 되어 있었다. 크렘린은 즉각적인 혁명 가능성에 대해 거의 희망을 갖지 않았다.

어떻게 해야 하는가? 치체린은 당 대회에서 영국의 목표는 "우리로 하

---

25) Locarno Pact. 1925년 10월 16일 영국, 프랑스, 이탈리아, 독일, 벨기에, 체코슬로바키아, 폴란드의 대표가 스위스의 로카르노에서 체결한 일련의 안전보장 조약. 5개의 조약과 2개의 협정으로 구성되었으며, 그중에서도 영국, 프랑스, 독일, 이탈리아, 벨기에 5개국 사이의 집단 안전보장 조약은 독일과 벨기에 및 독일과 프랑스의 국경 안전보장과 라인란트의 영구 비무장화를 규정하고 있다.

여금 유화적인 태도를 취하게 해서,… 동방 정책을 포기하게 하려는 것"이라고 말했다. 해결책은 그 반대였다. 그는 다음과 같이 선언했다. "우리의 동방 정책에서 일부 변화[즉 양보]를 통해 서방에서 어떤 이익을 얻을 수 있으리라는 추측은… 역사와 서방과 동방에서 처한 우리의 실제 입지를 제대로 알지 못하는 데서 비롯된 공허한 말장난일 뿐이다." "우리는 우리의 동방 정책이 의문의 여지없이 중요하다는 것을 분명히 천명해야 한다."[44]

이는 아시아에서 소련의 노력을 배가해야 함을 의미했다. 당시 레닌의 사망 이후 국내에서 권력을 공고히 하던 스탈린은 1925년 한 해 동안 아시아에 집중할 필요성을 강조하는 일련의 연설을 했다. 1월 19일, 그는 "국제 정세가 근본적으로 변화하기 시작하고 있습니다."라고 말하며, 그러한 변화를 이끄는 것은 "일반적으로 동방에서의 해방운동입니다.… 이로 인해 강대국의 지배계급은 우리에게 맞설 수밖에 없습니다.… 왜냐하면 그들은 이 비옥한 동방의 땅에 떨어진 씨앗이 자라고 열매 맺을 것임을 알고 있기 때문입니다."라고 선언했다.[45]

그 후 모스크바는 일본과의 관계 개선을 위해 조약을 체결했고, 이를 통해 소련은 중국에서 혁명을 추진하는 데 더 자유롭게 행동할 수 있었다. 치체린은 이 협정을 "극동 정치에서의 진정한 혁명이며,… 간섭과 내전, 그리고 극동 지역의 불안정한 상황의 시기가 완전히 종결된 것"이라고 찬양했다. 3월에 스탈린은 "민족해방운동이… 후방에서 자본주의에 타격을 주고 [있다]"고 선언했다. 5월에는 "유럽에서는 혁명의 물결이 썰물처럼 빠지기 시작했지만," 부분적으로는 "동방의 피억압 민족들" 덕분에 "우리나라는 더 이상 고립되어 있지 않다."고 반복적으로 말했다. 치체린 역시 비슷한 흐름을 관찰했다. "현재 유럽의 정세는… 불확실한 특징을 보이지만, 아시아 국가들에서는 그와 정반대의 상황을 관찰할 수 있다."[46]

소련은 아시아에서 무엇을 원했는가? 스탈린은 1925년 중반에 한 중요한 연설에서 자신의 목표를 밝혔다. 그는 소련 정책이 아시아에서 다음과 같은 목표를 추구해야 한다고 주장했다.

1. 노동계급 내에서 가장 우수한 분자들을 공산주의로 포섭하고, 독립적인 공산당을 창설한다.
2. 타협적 민족부르주아계급과 제국주의 연합에 맞서 노동자·농민·혁명적 지식인으로 이루어진 민족 혁명 연합을 결성한다.
3. 이 연합 내에서 프롤레타리아계급의 패권을 확보한다.
4. 도시와 농촌의 프티부르주아계급이 타협적 민족부르주아계급의 영향에서 벗어나도록 싸운다.
5. 해방 운동이 선진국의 프롤레타리아 운동과 연계되도록 보장한다.

마지막 항목 — 민족 혁명과 공산주의 성공의 연계 — 은 스탈린의 관점에서 가장 핵심적이었다. 어떤 운동이 혁명적이고, 따라서 유용하다고 간주될 수 있는 조건은 세계 주요 프롤레타리아 국가인 소련의 입장을 지지하는 경우였다. 1925년 중반, 한 일본 기자가 스탈린에게 물었다. "일본 국민들은 '아시아인들을 위한 아시아'라는 슬로건을 가지고 있습니다. 당신의 혁명 전술[과]… 공통점이 있다고 보십니까?" 스탈린은 이렇게 답했다. "단지 '아시아인들을 위한 아시아'라는 슬로건이 서방 제국주의에 맞선 혁명전쟁을 촉구하는 의미일 경우에 한해서—그리고 그럴 경우에 한에서만—그렇습니다." 스탈린은 소련이 "사회주의 서방과 예속된 동방을 잇는" 유일한 "다리"라고 썼다.[47]

물론 스탈린이 러시아를 동방과 서방을 잇는 '다리'로 본 최초의 인물은 아니었다. 그가 젊은 시절을 보낸 차르 러시아의 많은 정치인들 역시 유사한 견해를 지니고 있었다. 예를 들어 에스페르 우흐톰스키 공작은 러시아가 동방과 서방을 연결하는 존재라는 정신적 관념을 제시했고, 비테는 시베리아 횡단철도가 유럽과 태평양 사이의 운송과 무역을 촉진하길 희망했다. 볼셰비키는 이 개념을 공산주의적 맥락에서 다시 전개했다. 볼셰비키가 '동방' 국가들의 연구를 위해 창간한 새로운 잡지 《노비 보스토크》Novy Vostok의 창간호는 다음과 같이 선언했다. "러시아 역사의 먼 과거를 되돌아보면, 러시아는 단지 아시아 영토를 소유했을 뿐만 아니라, 상당한 정도로 스스로 아시아 국가이기도 했다. 이 사실은 한편으로 러시아가 아시아 국가들의 운명을 함께 설계할 권리를 부여하고, 다른 한편으로는 아시아, 그 민족들, 그 역사에 대해 연구하며, 아시아 민족들의 정치적 발전과 교육을 지원할 도덕적 의무를 부과한다.[48]

중국을 덮쳐오는 혁명의 물결에 대한 낙관론이 소련에 널리 퍼져 있었다. 물론 몇몇 좌절도 겪었다. 보로딘은 활동 중에 이질과 말라리아에 걸렸고, 바다에서는 태풍을 만나 가까스로 살아남았다. 그는 비관과 절망에 시달렸으며, 한때 카라한에게 이렇게 썼다. "지금 중국에서 유일하게 가능한 공산주의는 가난의 공산주의입니다.… 거의 비어 있는 그릇에서 젓가락으로 밥을 먹는 사람들의 공산주의 말입니다." 그러나 대부분의 소련 관리들은 중국 공산주의가 어떤 모습이든, 심지어 궁핍한 형태일지라도 기꺼이 받아들일 태세였다. 대부분의 볼셰비키 역시 국민당 지도자 장제스가 중국의 소수 공산당과 계속 협력하는 한, 비공산주의적인 국민당과의 동맹에 여전히 기대를 걸고 있었다. 어쨌든, 1926년 초에 작성된 한 소련 보고서는 이렇게 지적했다. "현재 존재하는 국민당은 우리가 만들었다.… [그리고] 지금까지 우리가 제안한 조치가 받아들여지지 않은 경우는 한 번도 없다."[49]

물론 우려할 만한 이유들도 감지할 수 있었다. 1925년 말, 국민당 내 우파 인사들이 베이징 외곽의 서산西山에서 모임을 갖고, 당내 공산주의 세력의 영향력을 제한하려는 음모를 꾸몄다. 일부 소련 관리들은 공산주의자들이 "정치 활동"을 제대로 수행하지 못해, "영향력이 약화되고 있다."고 걱정했다. 또 다른 볼셰비키는 국민당의 당원 수가 약 50만 명에 달하는 반면, 중국공산당 세포에 속한 인원은 겨우 4,500명에 불과하다고 지적했다.

그러나 중국 공산주의에 대한 비관론은 소련 관찰자들 사이에서 소수 의견에 불과했다. 대부분은 좌파 세력이 부상하고 있다고 보았다. 1926년 2월, 중국에 있던 한 소련 요원은 다음과 같이 언급했다. "노동자 운동이 상당히 성장했으며, 경제 파업의 물결을 시작으로 확대되고 있습니다. 상하이, 한커우, 난징, 톈진 등지에서 경제 파업이 벌어지고 있습니다.… 그리고 중국에서 처음으로 노동자들이 외국 기업가뿐 아니라 중국 자본가에 맞서 싸우는 모습이 나타나고 있습니다." 같은 달, 카라한은 국민당에 대해 "부정적인 말을 할 수 있는 상황이 아니다."라고 선언했다.[50] 치체린 또한 국민당과의 동맹에 한층 더 많은 투자를 해야 한다고 촉구하며, "우리의 중국 정책은 전적으로 옳았고, 심지어 우리의 기대를 넘는 큰 성과를 거두었다."는 이유로 카라한에게 지원을 배가할 것을 권고했다.[51]

하지만 중국에서 국민당의 지도자 장제스는 중국공산당과의 동맹에 대해 그다지 확신이 없었다. 장제스는 공산주의 이념에는 별 관심이 없었다. 그는 중국 통일을 위해 소련의 지원이 필요하다는 점은 알았지만, 당내에서 공산주의 영향력이 커지면 자신의 개인적 장악력이 무너질까 봐 우려했다. 국민당 창당에서 보로딘이 한 역할과 당의 군사 지도자들을 양성한 황푸군관학교에서 소련이 한 역할을 감안하면, 장제스는 걱정할 이유가 있었다. 그는 끊임없이 자신을 뒤흔들 경쟁자들을 경계했고, 공산주의 세력의 후원을 받는 적수를 두려워했다. 1926년 3월에 장제스는 광저우의 공산주의자들이 쿠데타 시도의 일환으로 해군 함정을 동원하는 등 자신에 대한 음모를 꾸미고 있다는 소문을 들었다. 마침 보로딘은 광저우를 떠나 출장 중이었고, 장제스는 신속하게 움직였다. 그는 자신의 군대에 노동조합을 폐쇄하고 중국 공산주의자들을 구금하라고 명령했다.[52] 보로딘이 여행에서 돌아왔을 때, 장제스는 마치 아무 일도 없었던 것처럼 행동했다. 그는 즉시 보로딘을 비롯한 소련 자문관들에게 계속해서 지원해 달라고 요청했다. 국민당 내 자신의 통제력을 확고히 한 장제스는 소련의 지원은 그대로 유지하길 원했던 것이다.

모스크바에서는 어떻게 대응할지를 두고 논쟁이 벌어졌다. 일부 소련 지도자들은 장제스가 주요 공산주의자들을 숙청했기 때문에, 중국 공산주의자들이 국민당에서 철수해야 한다고 주장했다. 논쟁은 두 가지 유형의 낙관주의 사이에서 이루어졌다. 하나는 트로츠키의 신념으로, 그는 소련이 국민당을 포기하고 즉각적인 공산주의 혁명을 지원해야 한다고 보았다. 다른 하나는 스탈린의 주장으로, 공산주의자들이 장제스와 동맹을 맺음으로써 중국이 혁명에 더 가까이 다가가고 있다는 것이었다. 트로츠키는 자본가들과 국민당에 맞선 "계급투쟁을 완화함으로써 중국의 민족 해방이 달성될 수 있다고 믿는 것은 한심한 속물이나 아첨꾼들뿐"이라고 단언했다. 스탈린의 동맹자들은 국민당 내부의 긴장은 "광저우 공산주의자들의 실책"에서 비롯된 것이며, 기존 정책을 유지하면 "노동자와 농민으로 이루어진 거대한 인민들의 운동"이 필연적으로 "발전하고 강화될 것"이라고 반박했다. 스탈린은 소련 정치국을 압박해 "국민당 내부에서 공산당의 활동을 강화"하는 데 동의하게 만들었다. 실제로 이는 소련 정책을 전혀 바꾸지 않는다는 것을 의미했다. 사실, 장제스가 1926년 7월에 중국 군벌들을 상대로 대규모 군사작전인 '북벌'[26]을 개시했을 때도, 불과 4개월 전에 장제스가 광저우의 중국 공산주의자들을 공격했던 사실에도 불구하고, 소련의 군사 자문관들은 핵심적인 역할을 맡았다.[53]

"중국의 모스크바"

장제스의 군대가 소련의 군사 지원을 받으며 북상하자, 스탈린의 정책은 정당한 것으로 보였다. 1926년 가을, 국민당 군이 중국 중부의 요충지인 우한을 점령했을 때, 노동조합들은 그곳에 좌파 성향의 국민당 정부를 수립했다. 우한은 중국의 프롤레타리아들이 투쟁을 전개하기에 완벽한 장소인 것 같았다. 이 도시는 오랜 혁명 전통을 지니고 있었다. 1911년에는 우한에 주둔한 군대의 반란이 청 제국을 무너뜨린 봉기의 도화선이 되기도 했다. 이후 우한은 상업 중심지이자 철도 교차 지점이라는 입지 덕분에 빠르게 산업화되었고, 미국에도 수출할 정도로 선진적인 제강공장을 갖추게 되었다. 한 기자가 우한을 "중국의 시카고"라고 부를 만큼, 이 도시의 산업 기반은 견고했다. 상당한 규모의 노동자계급이 공장에서 일하는 우한은 중국의 어느 도시에 못지않게 공산주의 혁명을 주도할 가능성이 큰 곳이었다. 스탈린이 장제스에게 걸었던 승부수는 점점 더 타당해 보였

26) 北伐(Northern Expedition). 1926년부터 1928년까지 중국국민당이 군벌을 타도하기 위해 전개한 일련의 군사작전을 말한다. 작전 결과 북양군벌(북양정부)을 몰아내고 국민당(국민정부)이 중국을 재통일하게 되었다.

다. 1926년 9월, 스탈린은 좌파 국민당 정부 치하의 우한이 "머지않아 중국의 모스크바가 될 것"이라고 선언했다.[54]

1927년이 시작될 무렵, 스탈린의 예측은 실현되는 듯했다. 2월에 상하이 노동자들이 대규모 파업을 벌이는 등 중국의 노동자 운동은 점점 더 강해지고 있었다. 그 사이 국민당 군대는 소련 장교들의 자문을 받고 소련제 라이플로 무장한 채 북진하고 있었다. 이들은 3월 말에 상하이를 점령하고 며칠 뒤에는 난징까지 차지하면서, 중국에서 가장 산업화된 지역들과 상업 중심지들을 비롯해 거의 모든 남중국 해안에 대한 국민당의 통제권을 확고히 했다. 유럽인들은 국민당의 성공을 소련의 개입 증거로 해석했다. 중국에서 가장 영향력 있는 외국 신문인 《노스 차이나 헤럴드》North China Herald는 "소비에트러시아의 모든 활동은 중국 내 영국에 대한 공격에 집중되어 있다. 이는 소비에트러시아와 대영제국 사이의 전쟁이었고, 지금도 그러하다."라고 보도했다. 영국도 이에 동의했고, 러시아인들이 상하이에 "스며들고 있다."고 보았다. 광저우는 공산주의 간첩들의 '소굴'로 여겨지기까지 했다.[55]

모스크바는 이러한 진전을 환영했다. 1927년, 소련의 간행물 《공산주의 인터내셔널》Communist International의 사설 가운데 절반 이상이 중국에서 국민당-공산당 동맹이 성공을 거둔 일을 언급했다. 국민당 군대가 상하이를 향해 진군하자, 소련 관리들은 "상하이 프롤레타리아계급이… 전체 국민정부의 장기적인 혁명화에 엄청난 영향을 줄 수 있다."고 주장했다. 좌파 성향의 국민당 정부가 들어선 우한처럼 상하이에도 전투적인 노동

운동이 존재했으며, 소련 요원들은 "프롤레타리아계급이 정부를 통해 패권을 행사할 조건이 무르익었다."고 보고했다. 상하이에서는 "소비에트식 정부를 수립하는 것이 전적으로 가능하고 필요하다."고 한 소련 보고서가 밝혔다.[56]

1927년 3월에 한 인사가 말했듯이, 소련 관리들은 계속해서 장제스가 "반혁명적 성향을 지니고 있다."는 점을 인정하면서도, 동시에 "그가 제국주의에 맞선 투쟁을 수행하며 진보적인 역할도 하고 있다."고 주장했다. 상하이로의 진격은 국민당이 프롤레타리아 권력이 형성되기 적합한 도시 지역에서 승기를 잡고 있는 증거처럼 보였다. 한 관리는 "우리는 국민당 내부에 하층에서부터 좌익을… 강화하고, 군대와 정부 내 우리의 전략적·핵심적 위치를 강화할 수 있는" 능력이 "있다."고 선언했다. 1927년 4월에 스탈린이 평가했듯이, 국민당 우익 정파와 우한의 좌익 국민당 세력, 그리고 중국 공산주의자들 사이의 동맹이 중국에 유리하게 전개되고 있었다. "우리가 다수를 점하고 있고 우파가 우리의 말을 듣고 있는데, 왜 우파를 쫓아내야 하는가?" 국민당은 "철저히 이용되고, 레몬처럼 즙이 짜인 뒤에, 버려져야" 한다."[57]

광저우 코뮌

하지만 먼저 레몬을 짜낸 쪽은 장제스였다. 상하이에서 성장하는 노동

운동 속에서 공산주의 영향력이 커지는 것을 우려한 장제스는 공산주의자들을 분쇄하는 데 합의한 은행가, 산업가, 폭력배들로 구성된 연합 세력을 조직했다. 1927년 4월 12일 새벽, 장제스의 군대는 노동조합 본부에 무차별 발포하며 도시의 좌익 세력을 공격했고, 반대자 중 한 명을 생매장했다. 약 300명의 좌익 활동가와 투사들이 살해되고, 500명이 체포되었으며, 수천 명이 도주할 수밖에 없었다. 상하이의 기업계와 외국 자본가들은 장제스가 공산주의 위협을 단호하게 처리한 데 대해 박수를 보냈다. 중국의 좌익 세력은 충격에 빠졌다. 당시 모스크바에 거주하며 러시아 혁명을 공부하고 있던 장제스의 아들조차 자신의 아버지를 "중국 노동 대중의 적"이라고 공개적으로 선언했다.[58]

동시에, 유럽 열강과 만주 군벌 장쭤린은 소련을 상대로 압박 공세를 개시했다. 장쭤린은 베이징의 소련 대사관을 급습해 소련 요원들이 중국에서 자신들의 협력자들에게 자금과 무기를 제공한 일 등 그들의 활동을 상세히 기록한 문서를 확보하고 이를 공개했다.[59] 이어 런던에서는 영국 경찰이 정보활동의 위장 기관이라고 주장하며 아르코스Arcos라는 소련 무역회사 사무실을 급습하고 그 문서들도 공개했다. (소련은 해당 회사의 라이플 구매는 사냥 원정용이었다고 해명했다)[60]

그러나 장제스가 상하이의 공산주의자들을 학살한 일은 국민당과의 동맹에 대한 스탈린의 신념을 전혀 흔들지 못했다. 상하이 대학살 이후, 《프라우다》Pravda는 "상하이 프롤레타리아들 사이에서의 유혈 학살"이라고 보도했지만, 이 학살을 "중국혁명이 고된 진통 끝에 탄생하고 있다는 증거"

로 해석하며 "중국인들이 **혁명적** 국민당, 즉 장제스 없는 국민당의 편에 그 어느 때보다 가까이 다가설 것"이라고 예측했다. 소련의 용어로 "좌익 국민당"은 노동조합의 지지를 받아 우한시를 통치하고 있는 당의 일부를 가리켰다. 5월 초, 우한에서 보낸 보고서에서 보로딘은 우한 정부가 "농업 문제의 급진적 해결" 같은 좌파 사상들을 지지하고 있다고 지적하며, 모스크바에 그들의 정책을 고수할 것을 촉구했다.[61]

그리하여 1927년 5월 1일 모스크바의 노동절 기념행사에서 소련 공산당원들은 마치 최근 장제스가 중국 공산주의자들을 학살하지 않은 것처럼 그의 초상화를 스탈린, 레닌, 마르크스의 초상화 옆에 나란히 들고 붉은 광장을 행진했다. 몇 주 뒤, 모스크바는 "최근의 사건들은 중국혁명에 대한 공산주의 인터내셔널의 관점을 완전히 확증했으며, 레닌의 예측을 훌륭히 확인해 주었다.… 이번의 패배들이 혁명 전체의 운명을 위협한다고 [결론짓는 것은 잘못이다]"라고 결론 내렸다. 실제로 모스크바는 국민당이 이끄는 중국의 "강력하지만 조직되지 않은 노동 대중의 운동"을 과소평가하지 말라고 경고했다.[62]

물론 스탈린조차 중국의 '노동 대중'이 거둔 가장 눈에 띄는 성과였던 우한의 좌익 국민당 정부의 미래를 걱정했다. 스탈린은 6월 말에 두 측근에게 보낸 편지에서 "우한이 겁을 먹고" 장제스의 통제에 굴복할까 봐 우려된다고 밝혔다. "우리는 우한이 굴복하지 않도록 강력히 주장해야 합니다.… 독립된 중심지로서 우한을 잃는 것은 최소한 혁명 운동의 중심지를 잃는 것, 노동자들이 자유롭게 모이고 집회를 열 수 있는 가능성을 잃는 것, 공산당이 공개적으로 존재할 수 있는 가능성을 잃는 것, 공개적인 혁명 언론의 가능성을 잃는 것, 한마디로 말해 프롤레타리아계급과 혁명을 공개적으로 조직할 수 있는 가능성을 잃는 것을 의미합니다."

스탈린은 우한 정부에 혁명군을 조직하고 장제스와의 관계를 단절하며 국민당의 지도권을 장악하라고 촉구하는 메모를 보냈다. 자신의 입장에 대한 이 소련 지도자의 확신은 흔들림이 없었다. 그는 7월 초에 한 측근에게 이렇게 썼다. "[중국에서의] 우리의 정책은 유일하게 올바른 정책이었고, 지금도 그러합니다. 나는 지금만큼… 우리 정책의 올바름을 깊이, 그리고 확고하게 확신한 적이 없습니다."[63]

우한의 좌익 국민당 세력은 스탈린의 조언을 따르지 않기로 했다. 7월에 그들은 우한 내 공산주의자들을 공격해 정부에서 축출했고, 보로딘은 우한에서 도망쳐야 했다. 그는 옛 낙타길을 따라 고비사막을 건너 소련 영토로 돌아갔다. 스탈린은 이를 좌절로 인정하지 않았다. 《프라우다》의 한 사설에서 스탈린은 중국의 상황이 1905년 차르 체제에 의해 혁명이 진압되었던 러시아와 같은 것이 아니라, 볼셰비키가 권력을 장악하기 불과 몇 달 전인 1917년 중반의 러시아와 유사하다고 주장했다. 우한 좌익 세력의 실패는 단지 최종 승리를 향한 여정에서 하나의 '발전 단계'일 뿐이었다.[64]

국민당과의 동맹은 끝났으나, 혁명의 꿈은 사라지지 않았다. 우한에서 일련의 좌절을 겪었음에도 불구하고, 스탈린과 그의 측근들은 새로운 혁명 기회를 여전히 찾아냈다. 결국 비교적 발달한 좌익 운동과 노동계급이 존재하는 국민당의 근거지 광저우에서 불만이 끓어오르고 있었다. 한 소련 요원은 1927년 11월 말에 "반동적인" 국민당 정부와 "노동자 체포, 파업 탄압"을 언급하며 분위기가 극도로 흥분되어 있고, "노동자들 사이에 깊은 불만과 투쟁적인 분위기가 형성되어 있다."고 전했다. 그 도시는 군 3개 연대와 경찰 병력만으로 간신히 방어되고 있었다. 이들은 소련 보고서들이 주변 농촌 지역에서 "급속히 발전하고 있다."고 장담한 농민 봉기는 말할 것도 없고 도시를 방어할 능력조차 거의 없었다.[65]

기회를 감지한 스탈린은 즉시 행동에 나섰다. 그는 12월 초에 열린 소련 공산당 대회에서 "중국혁명이 아직 완전한 승리로 이어지지는 못했지만… 대중적인 대혁명이라는 것은 대개 첫 번째 단계에서는 최종 승리를 거두지 못합니다."라고 말했다. 그는 이어 "중국 노동자들과 농민들의 전진을 의심하는 자는 눈먼 자들이거나 소심한 자들뿐"이라고 덧붙였다. 스탈린은 "여기 [광저우의] 공산당은 극도로 약하다."고 경고하는, 12월 3일에 수신한 전문 내용을 무시하고, 대신 12월 5일에 받은 "현재 시점에서 광저우는 군대가 완전히 철수한 상태다."라는 추가 정보에 주목했다. 12월 10일, 그는 소련 요원들에게 행동 개시를 명령했다. "대중의 분위기와 현지의 다소 유리한 상황을… 고려할 때, 우리는 당신들의 제안에 반대하지 않으며, 자신감을 갖고 단호하게 행동할 것을 권고합니다."라고 그는 광저우에 있는 요원들에게 지시했다.[66]

1927년 12월 11일 새벽 3시, 중국 공산주의 요원과 소련 요원들은 광저우에서 봉기를 일으켜 국민당 권력 기반의 핵심을 타격하고 장제스를 배제한 혁명을 일으키려 했다. 공산주의 세력은 하루 동안 도시를 장악하며 소련식 정부를 수립하고, 8시간 노동제 등 도시의 노동자들에게 유리한 정책을 공표했다. 그러나 봉기가 발생한 지 불과 48시간도 채 지나지 않아, 유럽 열강의 지원을 받은 국민당 군대가 도시에 진입해 공산주의 반란을 진압했다.

스탈린의 경쟁자 중 한 명은 이번 봉기를 "무모하고, 잘못 계획된… 전형적인 모험"이라고 평가했다. 이제 중국의 대부분을 장악한 장제스는 이에 대한 대응으로 소련 외교관들을 중국에서 추방했다. 심지어 소련 지도자들조차 중국에서의 혁명 시도가 실패했음을 인정하는 듯했다. 그들은 장제스를 신뢰했고, '좌익 국민당'에 기대를 걸었으며, 마지막으로 공산당 봉기에 모든 것을 내맡겼지만 모두 실패로 돌아갔다. 한 달 뒤, 스탈린의 동맹자 중 한 명은 광저우 봉기가 "세계사적 의미"를 지닌 사건이었다고 평가하며, 소련은 이로부터 '교훈'을 얻어야 한다고 말했다. 그러나 광저우 봉기의 '의미'는 공산주의 혁명의 운명에 좋은 징조는 아니었다. 스탈린이 중국에서 구사한 혁명 전술은 실패로 돌아갔다.[67]

"러시아혁명의 칭기즈칸"

소련이 중국에서 혁명을 촉발하는 데 실패한 것에서 끌어낼 수 있는 "세계사적 의미"의 여러 '교훈'이 있었다. 그중 하나는 마르크주의 계급투쟁이라는 소련의 제안이 농민의 나라에는 매력적이지 않았다는 점이었다. 스탈린은 농민 사회가 자신이 기대했던 만큼 혁명에 적합하지 않다는 결론에 이른 것으로 보인다. 그러나 두 번째 교훈은 혁명과 국제적 우호가 반드시 연결될 필요는 없다는 점이었다. 어쩌면 사회주의자들이 비사회주의자들과 협력할 수도 있고, 심지어 사회주의 권력을 추구하는 과정에서 제국주의적 전술까지 수용할 수도 있을 것이었다.

이것은 일부 진정한 신봉자들에게는 받아들이기 어려운 복잡한 교훈이었다. 레닌은 국제 정치에서 핵심적인 대립 구도가 중국국민당과 소비에트연방처럼 서로 다른 반제국주의 세력들 사이에 있는 것이 아니라, 제국주의자들과 사회주의자들 사이에 있다고 가르쳤다. 이것이 바로 스탈린의 '양 진영' 이론의 근거였다. 그러나 중국국민당이 중국 공산주의자들을 반복적으로 공격하자, 스탈린은 다른 방세로 방향을 틀었다. 즉, 혁명가는 사회주의를 원하는 사람이 아니라, 세계에서 가장 위대한 사회주의자인 스탈린을 지지하는 사람이라는 것이었다. 스탈린은 1927년에 이렇게 선언했다. "**혁명가**란 두말없이, 한 치의 망설임도 없이, 공개적이고 정직하게, … 주저함 없이, 무조건적으로 소련을 보호하고 방어할 준비가 된 사람이다."[68]

스탈린의 이념적 곡예는 그가 이제 새롭게 끌어들이고 있던 더욱 깊은 정치적 전통을 가리는 데 거의 도움이 되지 못했다. 한 동료의 말처럼, 그는 "러시아혁명의 칭기즈칸"이었고, 1920년대 후반 소련은 아시아에서의 대외정책을 재고하면서 몽골 국경 지역으로 눈을 돌렸다. 한 고위 소련 외교관은 "러시아는 아시아 국가라는 사실을 잊지 말자"고 선언하며, 러시아는 유럽이 아니라 "칭기즈칸과 스탈린의 길"을 향하는 나라라고 말했다. 스탈린 자신도 몽골의 역사에 대해 공부했다. 그가 읽은 한 책에서는 이런 구절에 밑줄을 그었다. "칭기즈칸은 '승리자의 평온을 위해 정복당한 자의 죽음이 필요하다'며 많은 이들을 죽였다."[69]

하지만 몽골제국은 소련이 본받기에는 복잡한 사례였다. 칭기즈칸은 물론 유라시아 전역을 통일했으며, 그 영토는 대체로 근대의 소련과 일치했다. 그러나 소련처럼 대칸이 통치하던 몽골의 영토 확장도 몽골의 통일이 피비린내 나는 내부 반란으로 흔들리자 일본과 폴란드 국경에서 멈췄다. 이런 유사성은 특히 국내의 경쟁자들을 제거하기 위한 피비린내 나는 투쟁을 한창 벌이고 있던 스탈린 같은 지도자에게 불길한 징조였다.

그러나 소련의 대외정책이 점차 초점을 맞춘 곳은 바로 칭기즈칸의 조상이 살던 지역, 바이칼호에서 태평양에 이르는 영토였다. 몽골에서 볼셰비키는 반제국 수사와 지정학적 구상을 조화시키는 데 어려움을 겪었다. 몽골은 내부적으로 분열된 나라였고, 러시아와 중국 사이에 끼어 있었다. 차르 러시아는 1910년대 내내 몽골을 중국으로부터 떼어내기 위해 애썼고, 청 제국의 붕괴로 그 과정은 더욱 가속화되었다. 차르 제국의 해체는 사태를 더 복잡하게 만들었다. 백계 러시아 장교 로만 폰 웅게른-슈테른베르크[27] 남작은 몽골 지도자들과 협력해 몽골 독립 국가를 선포했다. 볼셰비키는 1921년 말 남작의 군대를 물리친 뒤, 1924년 몽골에서 '인민 혁명'을 후원했다.[70]

---

27) Roman-Nikolai-Maximilian Feodorowitsch von Ungern-Sternberg(1886-1921). 오스트리아 태생의 러시아 군인. 러시아 내전 때 백군 진영에 가담해 중장까지 진급했다. 내전 후기에는 외몽골을 강점하고 있던 중화민국 북양정부를 몰아내고 외몽골의 독립 군벌이 되었다.

하지만 몽골에 사회주의 체제가 수립되었다고 해서 주권 문제까지 해결된 것은 아니었다. 중국은 여전히 몽골 영토에 대한 주권을 주장하고 있었다. 소련 외교관들은 소련이 중국의 주권을 지지하면서도, 자신들이 수립을 도운 몽골인민공화국을 어떻게 동시에 지지할 수 있는지를 설명하느라 애를 먹었다. 1924년, 소련 외무장관 치체린은 한 중국 인사에게 이렇게 설명했다. "우리는 몽골인민공화국이 중화민국의 일부라는 점을 인정합니다. 그러나 동시에 우리는 몽골이 단지 내정 문제에서 중국으로부터 독립되어 있을 뿐만 아니라, 대외정책 또한 독자적으로 수행할 수 있다고 여길 정도의 광범한 의미에서 자치권도 인정합니다." 이듬해 그는 이러한 폭넓은 '자치'의 정의에 군사적 위협을 덧붙였다. 중국이 몽골에 대한 통제권을 되찾으려 할 경우, "몽골 인민은 분명히 저항할 것이며, 소련은 이를 좌시하지 않고 즉각 그들을 지원할 것입니다."[71] 달리 말해, 소련은 중국이 몽골에 대해 주권을 행사하지 않는 한, 그 주권을 지지했다.

소련 국경 지역의 통합에 초점을 맞춘 이러한 유형의 구식 지정학은 몽골 서쪽의 외딴 산악 지대인 탄누투바Tannu Tuva에서도 반복되었다. 오늘날 러시아의 한 지방인 투바는 과거 청나라의 일부였으며, 몽골 또한 영유권을 주장한 지역이었다. 소련은 차르 시절부터 이어져 온 관행을 따라 이 지역을 러시아의 보호령처럼 취급했다. 모스크바는 러시아계 정착민들과 투바 다수 민족 내부의 여러 파벌과 협력하면서, 투바로 하여금 그 지위가 여전히 논란이 있었음에도 크렘린의 대외정책 노선을 따르게 했다. 1926년, 모스크바는 투바와 몽골의 국경이 획정된 이후 몽골이 투바의 독립을

인정하도록 압박을 가했다.[72]

1920년대 초에 모스크바는 중국과의 국경을 따라 몽골과 투바에서 자국의 영토적·혁명적 야망을 자제할 필요성을 느꼈다. 이는 아시아 전역에 반제국주의와 사회주의를 확산시키려는 자국의 의제를 더욱 효과적으로 추진하기 위해서였다. 하지만 1920년대 말이 되자, 크렘린이 중국에서 소련식 혁명을 일으키려는 시도가 실패하고, 중국 공산주의자들이 도주하는 처지가 되면서, 모스크바는 사회주의적 형제애라는 약속을 구식 지정학의 전술로 대체하더라도 딱히 나쁠 게 없다고 보았다.

투바는 이러한 전술의 초기 사례였다. 1920년대 후반, 소련은 스탈린이 국내에서 자신의 권력을 공고히 하기 위해 사용하던 방식과 같은 전술을 통해 투바와 몽골에 대한 더욱 직접적인 통제를 시도했다. 1928년, 소련에서 스탈린은 중공업을 육성하기 위한 제1차 5개년 계획을 개시하고, 광범위한 농민 계층을 국가 통제 하의 농민으로 대체하는 농지 집단화를 선언했다. 이러한 급진주의의 분출은 단지 소련 내부에 사회주의적 조건을 만들기 위한 것뿐 아니라, 스탈린의 개인적 지배에 대한 남은 반대 세력을 모조리 쓸어버리기 위한 목적도 있었다.

동일한 전술이 투바와 몽골에서도 사용되었다. 1928년부터 1930년 사이, 모스크바는 투바의 현지 급진주의자들과 협력하여 현지 불교 성직자들과 제휴한 기존 정부를 전복시키고, 소련식 정권을 수립했다. 소련의 지원을 받은 세력이 "계급으로서의 봉건 족장들의 청산"을 시도하면서 사원이 폐쇄되고, 불교 라마승들이 박해를 받았다. 이는 소련에서 적대 계급과 싸우기 위해 사용하던 구호와 같은 것이었다.[73] 투바는 점점 더 모스크바에 의존하게 되었고, 결국 1944년에 공식적으로 소련에 병합되었다. 한편 몽골에서는 허를러깅 처이발상[28)]의 지도 아래 집단화 정책과 숙청이 진행되었으며, 처이발상은 1952년 사망할 때까지 몽골을 통치했다. 몽골인민당은 소련이 해체될 때까지 소련의 꼭두각시로서 충실히 나라를 다스렸고, 몽골 국경 지역은 모스크바의 지배를 받았다.

'단호'하지만 '유연한'

그러나 인구가 희박한 몽골의 산악 지대와 초원 지역은 항상 만수보다 덜 중요했다. 만주는 러시아, 중국, 일본 제국이 반세기 동안 집중해 온 지역이었다. 몽골과 마찬가지로, 중국에서 스탈린의 사회주의 희망이 무너지면서 소련은 만주에서도 더욱 노골적인 제국주의적 전술을 채택하게 되었다. 1928년 만주 군벌 장쭤린이 소련 요원들로 추정되는 인물들에 의해 암살당했다. 그의 후계자로 아들 장쉐량[29)]이 등장했다. 그는 여자관계가 복잡하고 무솔리니의 딸을 유혹했다는 소문이 있는 플레이보이였다. 암살범들은 젊은 장쉐량의 비행이 그를 외세 압력에 더 쉽게 순응하게 만들 것이라 기대했지만, 장쉐량은 중국 지도자 장제스에게 충성을 다하며 일본이든 소련이든 만주에 대한 외세 간섭에 강경히 반대했다.[74]

28) Khorloogiin Choibalsan(1895–1952). 몽골인민공화국의 정치인, 군인. 1925–1952년 몽골인민혁명당 초대 총서기, 1929–1952년 초대 각료회의 의장을 역임했다.

29) 張學良(Zhang Xueliang, 1901–2001). 중화민국의 군인, 정치인.

장쉐량이 소련의 요구에 굴복하기를 거부하면서, 1929년 한 해 동안 모스크바와 그의 관계, 더욱 일반적으로는 중국의 관계가 악화되었다. 소련이 양보를 강하게 요구하자 중국 내에서는 반발이 일어났다. 5월에 중국 당국은 만주의 도시 하얼빈에 있는 소련 영사관을 급습해, 소련 외교관들이 공산주의 전복 활동을 지원했다는 사실을 공개하고, 기밀문서를 불태우는 데 사용되었다고 주장되는 영사관의 난로 사진을 배포했다. 6월에는 중국이 만주에 있는 모스크바의 무역사무소를 폐쇄했다. 그 다음에는 중동철도의 운영권을 장악하여, 소련이 지지하던 간부들을 해임하고 이 지역에 거주하던 백계 러시아인들로 대체했다. 크렘린은 이러한 중국의 모든 조치들 뒤에 도쿄의 개입이 있다고 보았고, 일본이 "중국의 추가 공격을 부추기고, 유언비어를 퍼뜨려 중국 민심을 동요시키고 있다."고 결론지었다.

중국이 최후통첩을 무시하자, 1929년 여름에 소련은 육상과 공중에서 중국 만주를 공격했다. 과거 모스크바가 장제스를 지원하는 데 집중했을 때 크렘린은 소련 무기와 자문관들을 보냈지만, 대규모 병력을 파견한 적은 없었다. 이제 장제스와 결별한 후, 스탈린은 새로운 전술을 사용할 때가 되었다고 판단했다. 그는 수천 명의 병력과 군용기, 강江용 무장 함선을 동원해 중국군을 격파하고, 만주에서 소련의 우위를 인정하게 만들려고 했다.[75]

1929년 중소 전쟁은 불과 몇 달 만에 끝났다. 문서상으로는 모스크바의 압도적인 승리였다. 중국의 사상자 수는 아마도 소련의 10배에 달했으며, 크렘린은 중국을 굴복시켜 차르 시절부터 이어져 내려온 만주의 철도 이권에 대한 소련의 통제를 인정받았다. 카라한은 동료에게 "우리가 이겼소! 중국인들은 겁쟁이처럼 보입니다. 협상을 시작하자고 애원하면서 도망치고 있소"라고 외쳤다. 한편 스탈린은 소련의 군사적 성공이 "제국주의의 앞잡이 정부인 장제스 정권의 권위를 약화시키는" 효과를 낳고 있다고 상상했다. 스탈린은 부관들에게 그들의 군사적 우위를 이용해 만주에 몽골식 인민정부의 수립을 추진할 것을 촉구했다. 그는 1929년 10월 측근인 뱌체슬라프 몰로토프[30]에게 "이제 우리는 **더 큰 일**을 해야 합니다."라고 말하며, 한때 장제스가 맡을 거라고 기대했던 역할을 대신할 "**혁명**운동"을 도모하겠다는 뜻을 밝혔다. 스탈린은 몰로토프에게 "주로 중국인들로 구성된" 군대를 조직하라고 명령했다. "필요한 모든 장비(포, 기관총 등)를 갖춰 주며, 여단의 지휘관도 중국인으로 세워서 이들을 만주에 파견하시오. 그 임무는 다음과 같습니다. 만주군 내에서 반란을 선동하고, 그중 믿을 만한 병사들을 합류시켜… 함께 사단을 편성하시오. 하얼빈을 점령하고,… 혁명정부를 수립하시오(지주들을 학살하고, 농민들을 끌어들이며, 크고 작은 도시에 소비에트를 세우는 일 등등). 이건 반드시 필요합니다. 우리는 할 수 있고, 내가 보기엔 반드시 해야 하오. 이 과업에 반하는 '국제법' 따위는 **없습니다.**"[76]

붉은 군대가 중국군을 격파하면서 소련은 만주에 진출할 수 있는 길을 열었다. 그러나 군사적 승리에 따른 열광은 금세 식었다. 스탈린을 비롯한

---

30) Vyacheslav Mikhailovich Molotov(1890–1986). 러시아의 공산주의 혁명가, 소련의 정치인이자 외교관. 1930–1941년 소련의 인민위원회의 의장, 1939–1946년 외무 인민위원, 1946–1949년 외무장관 등을 역임했다.

소련 지도자들은 중국인 여단을 무장시키고 만주에 혁명정부를 수립하려는 구상을 곧 재고하기 시작했다. 국제 정세가 악화하면서, 만주에서의 모험이 점점 더 위험해지고 있었다. 스탈린이 몰로토프에게 만주에서의 혁명운동을 준비하라고 명령한 지 불과 2주 만에 뉴욕 증권거래소에서 주가가 폭락하면서 아시아에서의 소련 대외정책을 송두리째 바꿀 일련의 사태가 벌어졌다. 만주와 월스트리트는 지구 반대편에 있었지만, 신용망과 상품 가격을 통해 서로 얽혀 있었다.

처음에 소련은 월스트리트 위기가 자국의 이익에 부합한다고 여기는 듯했다. 자본주의는 결국 몰락할 것이라고 마르크스가 가르치지 않았던가? 그러나 경제 충격파가 전 세계로 확산되자, 소련도 곧 불안감을 느끼기 시작했다. 그보다 1년 전인 1928년, 스탈린은 농장 집단화를 개시하면서, 수백만 농민의 토지를 몰수하고, 상대적으로 부유한 농민들을 억압했으며, 나머지 농민들을 거대한 집단농장과 국영농장으로 몰아넣었다. 각국이 대공황에 대응해 보호무역 관세를 높이자, 소련처럼 상품 수출에 의존하던 국가는 타격을 입을 수밖에 없었다. 소련 농지의 집단화 목표 중 하나는 곡물 수출을 통제해 산업 건설 자금을 마련하는 것이었다. 세계 시장에서 곡물 가격이 폭락하면서 이 전략에 차질이 생겼다. 스탈린은 이에 강경하게 대응했다. 1930년 그는 몰로토프에게 이렇게 말했다. "다시 한 번 말합니다. **우리는 어떤 수를 써서라도 곡물 수출을 강행해야 합니다.**" 산업화 자금을 마련하기 위해서였다.[77] 이처럼 국내에서 대대적인 변화가 진행 중인 상황에서 크렘린의 대외 모험 여지는 점점 줄어들 수밖에 없었다.

대공황이 국제 정치에 미친 영향은 아시아에서 소련이 가진 야심에도 제약을 가했다. 자본주의 열강은 경제적·정치적 위기에 빠졌지만, 스탈린은 이 위기 때문에 그들이 더 공격적으로 될까봐 우려했다. 1930년 9월, 그는 몰로토프에게 "폴란드는 틀림없이 소련과의 전쟁에 대비해 발트 국가들의 블록을 이미 형성했거나 형성하려 할 것"이라고 썼다. 그해 초에는 중부 유럽에서 소련의 두 주요 경쟁국인 폴란드와 독일이 상호 적대감을 완화하고 대외정책 초점을 소련에 맞출 수 있게 해주는 상업 협정을 체결했다. 한편, 독일 의회 선거에서는 나치당이 전체 의석의 5분의 1을 차지했다. 이들은 '유대-볼셰비즘'의 위협에 맞서겠다는 공약과 경제적 위기 속에서 높아진 인기를 바탕으로 지지를 얻었다. 대공황으로 가장 큰 타격을 받은 이들은 나라가 불황에 빠지면서 신뢰를 잃은 일본의 불운한 자유주의자들이었다. 일본의 민간 지도자들이 권력을 상실하자 일본의 군사 지도자들이 국내외 정책의 주도권을 쥐게 되었다. 군부의 주요 관심 지역은 만주였고, 그곳에서 그들은 중국을 예속시키는 것은 물론, 소련을 배제하려는 공격적인 정책을 주장했다.[78]

모스크바와의 관계 문제에서 일본의 군사주의자들은 일리가 있었다. 1929년의 전쟁이 스탈린이 만주에서 추구한 팽창주의적 목표가 일본의 이익을 위협한다는 사실을 입증하지 않았는가? 도쿄는 1929년에 소련군이 중국을 공격할 때 방관했지만, 스탈린은 아직 자신의 목표를 누그러뜨리고 있는 것처럼 보이지 않았다. 파리에서 바르샤바에 이르는 크렘린의 다른 경쟁자들과 마찬가지로, 일본의 정책 입안자들도 소련이 중국에 대해 손쉽게 승리를 거두는 모습을 불안하게 지켜보았다. 일본 군사주의자들은 다음과 같이 물었다. 1929년 중소 전쟁이야말로 '만주 문제'가 무력으로 해결될 것임을 입증하지 않았는가?[79]

일본인들은 1929년의 전쟁을 소련의 팽창주의를 입증하는 증거로 해석했지만, 모스크바는 이 충돌이 과연 그만한 가치가 있었는지에 대해 의문을 품기 시작했다. 전쟁이 끝난 지 불과 몇 달 만에, 승리의 열기가 가라앉자 좀 더 냉정한 해석이 나타났다. 물론 붉은 군대는 만주에서 중국군을 물리쳤다. 그러나 이 전쟁은 또 다른 사실을 입증했다. 중국의 민족주의와 일본 제국주의에 맞서 만주의 철도 특권을 유지하고, 더 일반적으로 중국에서의 공세적 정책을 지속하려는 스탈린의 목표는 오직 무력으로만 실현될 수 있다는 점이었다.

1920년대 초부터 소련이 국민당을 지원할 당시 전제로 내세웠던 중국 혁명가들과의 우애라는 약속과 비교해볼 때, 1929년에 벌어진 중국과의 전쟁은 모스크바의 중국 정책이 얼마나 참담하게 실패했는지를 여실히 보여주었다. 제국주의자들에 맞서 중국과 연합하기는커녕, 소련의 정책은 국민당과 중국 군벌 모두를 멀어지게 만들었고, 그들은 오히려 자본주의 열강과 협력하게 되었다. 한편 중국의 소수 공산주의 운동은 1929년의 충돌에서 거의 아무런 역할도 하지 못했다. 중국과의 전쟁은 승리처럼 보였지만, 1920년대 초의 큰 기대에 비하면 패배처럼 느껴졌다. 1931년 중반, 일본 및 중국 양측과 다시 분쟁이 고조되자, 소련 지도자들은 혁명의 꿈이 실패했음을 깨달았다. 이들은 만주에서 견지했던 최대주의적 입장에서 물러나는 방안을 고려하기 시작했다. 1931년 8월 정치국은 중국과의 '관계 악화'를 피하기 위한 조치를 논의했다. 스탈린은 이 정책을 지지하며, '단호'하면서도 '유연한' 접근을 요구했다.[80]

철수와 청산

만주에서 중국군을 상대로 거둔 군사적 승리는 아시아에서 소련의 야망이 정점에 이르렀음을 보여주는 동시에, 좀 더 방어적인 자세로의 전환이 시작되었음을 나타냈다. 1920년대부터 스탈린의 전략적 지향은 사회주의를 확산하고 제국주의를 약화시킬 것이라고 기대한 중국 혁명가들에게서 발견한 기회를 이용해, 아시아에서 공세적으로 전진하는 것이었다. 1929년 중국과의 충돌을 계기로 이러한 기대는 사라졌다. 소련은 무력에 의해 팽창할 수는 있었지만, 동맹을 얻은 곳은 무력으로 정권을 세운 투바와 몽골 같은 지역뿐이었다. 중국의 다른 지역에서는 야심찬 목표들이 실패하거나, 달성된 목표의 가치보다 대가가 더 큰 것으로 밝혀졌다.

따라서 1929년은 중국에서 스탈린이 수행했던 공세적 정책이 마지막 숨을 내쉰 해였다. 친소련 혁명을 중국에서 촉발하려는 그의 노력은 실패했고, 그 과정에서 국민당 지도자 장제스의 적대감을 샀다. 만주에서 소련의 우위를 인정하도록 중국을 압박하는 등 좀 더 전통적인 제국주의 전술로의 전환도 더는 생산적이지 못했고, 오히려 중국인의 불신만 더욱 키웠다. 볼셰비키는 중국 혁명가들의 가구 예산을 관리하고 국민당 내 파벌 정치에 개입하는 데 시간을 허비하는 동안 아무런 실질적인 성과를 내지 못했고, 국제 정세가 암울해지는 그 순간에 정작 더 중요한 문제들로부터 눈을 돌리고 있었다. 마르크스가 자본주의 위기를 예견했을지 모르지만, 소련은 1929년 주식시장 붕괴와 그로 인한 국제적 불안정을 예상하지 못했다. 한편 가장 큰 위험은 국내에서 발생했는데, 스탈린의 농업 집단화 추진이 1930년대 초에 기근을 일으켜 수백만 명의 목숨을 앗아갔기 때문이었다.

그리하여 소련은 중국에서 물러나 일본에 굴욕적인 양보를 제안하면서 아시아에서의 공세적 정책을 신속히 철회했다. 크렘린은 아시아에서 자국의 중대한 안보 이익에 대한 정의 자체를 축소했다. 곧이어 중동철도와 같은 핵심 이익조차도 희생 가능한 자산으로 재정의되었다. 1929년 당시 모스크바가 전쟁을 감수할 만큼 중요하게 여겼던 이 철도는 몇 년 후 결국 매각되었고, 비테 백작과 차르 니콜라이의 철도 제국주의가 남긴 중요한 유산은 청산되었다. 1920년대에 중국에서 소련 대외정책이 거둔 유일한 실질적 성과가 이 철도의 재획득이었지만, 이제 모스크바는 그것조차도 큰 가치가 없다고 판단한 것이다. 소련은 심지어 "소련 시민들의 대규모 체포"가 발생하는 등 철도에서 자국의 권리가 반복적으로 침해당하고 있다고 불만을 제기하면서도 이러한 결정을 내렸다. 크렘린은 만주에서 철도를 소유하는 것이 자산이 아니라 오히려 부담이라는 결론에 도달하게 되었다. 한 유럽 외교관이 1932년에 지적했듯이, 만주에서 소련의 영향력을 행사하려는 노력은 "러시아에 아무런 추가적인 힘이나 이익을 가져다주지 못한, 오히려 지속적인 고통이자 약점의 원인이 된 무모하고 무책임한 군사적 모험이었다."[81]

국내에서의 혁명과 해외에서의 실패 의식이 결합되어 러시아가 극동에서 후퇴한 것은 이번이 처음이 아니었다. 1905년, 차르 러시아가 만주 전장에서 일본군에게 패한 뒤, 아시아 시장을 열자고 강력히 주장했던 비테 백작은 일본과 평화 협정을 체결했을 뿐 아니라, 러시아의 중국 내 역할을 축소하고 만주에서 도쿄의 군사적 우위를 인정했다. 스탈린 역시 중국에서 패배와 좌절을 겪으면서 아시아 혁명이 임박했다는 기대가 꺾였다. 비테의 선례를 따라 스탈린은 공세적 작전을 포기하고, 일본과의 화해를 모색하는 동시에 국내 혁명을 심화시키는 데 주력하게 되었다.

일본 분석가들이 소련이 극동에서 '철수'하거나 그 입지를 '청산'하는 정책을 채택했다고 주장하자, 소련 신문들은 강하게 반발했다.[82] 그러나 러시아가 30여 년 동안 보유했던 철도를 스탈린이 넘겨주었고, 불과 몇 년 전까지만 해도 지구적 혁명 투쟁의 중심 전선으로 간주했던 지역에서 그의 야망을 축소했다는 점은 부인할 수 없었다. 1929년 이후 15년 동안 아시아는 소련 대외정책에서 부차적인 우선순위로 밀려날 터였다. 스탈린의 군대는 극동 국경을 열정적으로 방어했지만, 공세적 목표는 포기했다. 한때 소련 지도자들은 "역사의 발자국"이 몽골 초원과 만주 평원을 가로질러 행진하고 있다고 여겼다. 하지만 1930년대 초가 되자, 러시아혁명의 칭기즈칸은 팽창적 비전을 버리고 황급히 후퇴했다.

6

"우리는 자유롭게 행동할 수 있어야 한다"

스탈린의 동아시아 패권 추구

"볼셰비키는 점쟁이가 아닙니다."라고 스탈린의 측근 뱌체슬라프 몰로토프는 1933년 집단농장 노동자들의 집회에서 경고했다. "우리는 허를 찔리고 싶지 않습니다."[1] 모스크바는 2년 전인 1931년 9월 18일에 묵던(현재의 선양) 부근에서 폭발 사건이 발생했다는 보도에 깜짝 놀랐다. 만주 중심부로부터 해안 도시인 달니와 뤼순항까지 이어지는 남만주철도에서 폭탄이 터졌다는 내용이었다. 이 철도는 한때 니콜라이 2세의 아시아 제국이 가장 귀중하게 여기던 소유물이었지만, 지금은 일본이 지배하고 있었다. 보도에 따르면, 이 폭발로 선로에 31인치의 구멍이 뚫렸다고 전해졌다.

폭발 사건의 책임을 중국에 돌린 일본은 만주 전역에 걸쳐 일련의 징벌적 군사 공격을 개시했다. 일본군 사령관은 공식 성명을 통해 "남만주철도는 일본 제국의 재산이다.… 우리는 다른 어떤 나라도 '손가락을 하나라도 대는 것'을 허용하지 않을 것이다."라고 선언했다. 일본은 "일본의 권리와 이익을 침해하는 사건이 계속해서 발생하고 있다."고 주장하며, "이러한 기득권과 이익을 유지하고, 대일본 제국 육군의 위신을 지키기 위해 단호한 조치"를 취할 것이라고 밝혔다.[2] 곧 일본군 병력이 만주 전역으로 밀려 들었다.

소련이 만주에서 철수하고 이 지역에 대한 야망을 포기하기로 한 결정은 평화를 가져오지 못했다. 1929년 소련이 중국군과 잠시 전쟁을 벌인 이후, 이 지역을 둘러싼 경쟁은 오히려 심화되었다. 공식적으로 만주를 통치하던 중국은 실질적인 통제력을 강화하려 애썼지만 어려움을 겪었다. 지역 군벌인 장쉐량은 중국 중앙정부는 물론 외국 세력에 맞서서도 독자적인 행동의 자유를 계속 주장했다. 한편 이미 조선과 만주 남부 해안의 옛 러시아 항구들을 지배하던 일본은 더 광범한 계획이 있었다. 도쿄에서는 민간 당국이 대외정책에 대한 통제력을 상실했고, 군부의 주요 장군들은 영토 정복에 열을 올리는 강경파 젊은 장교들을 통제하려 애를 썼다. 조선, 만주, 중국 전역에서는 경쟁 민족 간의 갈등으로 소요와 보이콧이 잇따르며 긴장을 더욱 고조시켰다.[3]

모두가 만주의 운명이 아시아의 열쇠를 쥐고 있다는 것을 알았다. 중국은 만약 이 지역에 대한 통제력을 공고히 할 수 있다면, 일본 제국주의의 확장을 저지할 것이었다. 일본이 만주를 장악한다면, 이는 중국 전역을 지배하기 위한 발판이 될 터였다. 만주의 농산물을 황해 연안의 항구를 거쳐 세계 시장으로 실어 나르는 남만주철도는 중국과 일본 양측의 계획에서 모두 필수적이었다. 세르게이 비테 백작은 오래전에 세상을 떠났지만, 만주의 철도는 여전히 이 지역의 제국 건설 구상에서 중심적인 요소로 남아 있었다. 한 언론인은 남만주철도에 대해 "이것은 초원을 가로지르는 숨

막히는 협궤 철도가 아니다. 완전히 근대적이고 충분히 갖추어져 있으며 미래 지향적인 철도다. 장비는 미국산이며, 선로는 표준 규격이고, 객차와 기관차는 모두 최신식 미국산이다."라고 설명했다. 더구나 이 철도가 실어 나르는 화물은 아시아 산업화의 최전선에 있는 물자들이었다. 75년 전 니콜라이 무라비요프-아무르스키 총독이 아무르강을 따라 처음 내려왔을 당시만 해도 외딴 변방에 불과했던 이 지역에서, 이제 만주는 아시아 경제 발전의 최첨단을 상징하게 되었다. 푸산 탄광과 안산 제철소 외에도 이 지역은 "전반적으로 거의 고갈되지 않을 정도로 비옥한 토양, 농업, 목재, 광업 분야의 막대한 잠재 자원"과 "근대적인 제분소, 콩기름 공장, 비누 공장, 제당소, 제재소, 증류소, 양조장, 유리 공장, 가죽 공장, 광산"을 자랑했다. 만주는 산업적 잠재력 면에서 아시아 전역에 필적했다.[4]

그러므로 일본이 만주를 더 넓은 아시아 제국으로 나아가기 위한 디딤돌로 여긴 것은 놀라운 일이 아니었다. 1931년 9월 18일과 19일, 일본군은 중국이 남만주철도를 공격했다고 주장하며 철도 전 구간을 따라 여러 도시들을 점령하기 시작했다.[5] 소련은 머뭇거렸다. 정치국은 9월 20일 회의를 열었지만, 만주에서 무슨 일이 벌어지고 있는지에 대한 정확한 정보가 없었다. 9월 22일, 스탈린의 부관 두 명이 소치에 있는 그의 별장으로 전문을 보내 일본의 의도를 전혀 파악할 수 없다고 설명했다. 스탈린은 최악의 상황을 가정했고, 일본이 온 힘을 다해 "중국에서 세력권을 확대하거나 강화하려 한다."고 결론지었다.[6] 불과 2년 전만 해도 만주에서 중국군을 상대로 군사적 우위를 입증했던 소련은 이제 일본에 의해 밀려날 위기에 처해 있었다.

어떻게 해야 할까? 스탈린은 아무것도 하지 않기로 결정했다. 소위 만주사변에 대한 정보가 더 드러나면서 그 폭발이 실제로 있었는지조차 점점 더 불분명해졌다. 이 사건에 대한 일본 정부의 공식 설명에 따르면 폭탄은 철로에 31인치 크기의 구멍을 냈지만, 특급열차는 그 폭발 현장을 그대로 통과했고, 열차가 "한쪽으로 잠시 흔들린 뒤 빠르게 균형을 회복해 탈선은 피했다." 그러나 그 특급열차가 '폭발' 현장을 통과했다는 사실에는 의심의 여지가 없었다. 실제로 열차는 밤 10시 30분에 예정대로 묵던에 도착했기 때문이다. 열차가 31인치짜리 구멍을 지나가면서도 탈선하지 않은 것은 믿기 어려운 일이었다. 실제로 그 손상된 철로에 대한 사진 자료는 없었고, 구멍이 있었다는 증거는 일본 정부의 공식 발표뿐이었다. 조사를 위해 파견된 미국 관리 한 명은 "이 모든 사건은 일본군이 계획한" 것이라고 결론지었다. 한 영국 관리도 "그런 사건이" 실제로 "벌어졌는지"조차 의심스럽다고 보고했다.[7]

만주사변이 일본이 조작한 것이었는지의 여부는 스탈린에게 별로 중요하지 않았다. 중국 지도자들은 소련이 일본에 맞서 군사적으로 개입할지도 모른다고 생각했다. 한 소련 외교관은 만주의 일본군 장교에게 소련이 자국의 이익을 지키기 위해 무력도 불사할 것이라고 말했지만, 이는 허세였다. '사변'이 일어난 지 닷새 만에 스탈린은 만주 문제에 대해 소련은 어떤 입장도 취하지 않을 것이며, 그것은 중국과 일본이 해결할 문제라고 결정했다. 그는 몰로토프와 카가노비치[1)]에게 소련의 군사 개입은 '배제'되었

1) Lazar Moiseyevich Kaganovich(1893–1991). 소련의 정치인, 스탈린의 최측근 중 한 명이었다. 1925–

고, "외교적 개입조차 아무런 소용이 없을 것"이라고 말했다. 소련은 제국주의 일본을 비난하던 선전 활동을 중단했고, 도쿄에게 불가침조약 체결을 제안하기까지 했다. 몰로토프는 일본의 만주 점령을 거의 인정하다시피 하며 그것을 '신중한' 조치라고 표현했다.[8]

물론 스탈린은 일본의 만주 침공이 야기한 위협을 인식했다. 1931년 말까지 일본은 만주 전역에 대한 통제권을 확립했고, 수천 명의 병력을 배치하는 한편, 현지인을 군부대로 모집해 도쿄의 지휘를 받는 병력 규모를 더욱 증강시켰다. 일본군이 만주에서 북쪽으로 1마일씩 전진할 때마다 소련 국경에 1마일씩 가까워졌다. 어떤 외교관은 일본이 원했다면 소련 영토로 들어가 시베리아 횡단철도를 "몇 시간 안에" 절단할 수도 있었을 것이라고 믿었다. 게다가 일본은 국제법, 심지어 1928년의 켈로그-브리앙 조약[2)]처럼 조인국에게 분쟁 해결에 군사력을 사용하지 않기로 의무 지운 조약조차 지킬 의사가 없다는 점을 보여주었다. 일본이 겨우 3년 전에 서명한 조약을 어떻게 위반할 수 있었는지 국제법 전문가들은 고개를 갸우뚱했다. 일본은 자위권을 내세웠다. 국제법 전문가들과 달리, 스탈린은 침략을 정당화하는 데 '자위권'이 어떻게 활용될 수 있는지를 이해하는 데 거의 어려움이 없었다. 그는 일본이 1932년에 자신의 통제하에 있는 만주 지역을 '만주국'이라 부르며 독립을 선언했던 때처럼, 꼭두각시 국가를 수립하는 방

1928, 1947년 우크라이나 공산당 중앙위원회 제1서기, 1935-1937년 소련 운송 인민위원, 1938-1953년 소련 각료회의 부의장, 1953-1957년 소련 각료회의 제1 부의장을 역임했다.

2) Kellogg-Briand Pact. 1928년 8월 27일 미국의 국무장관 프랭크 켈로그(Frank Billings Kellogg)와 프랑스 외무장관 아리스티드 브리앙(Aristide Briand)의 발기에 의해 파리에서 15개국이 체결한 전쟁 규탄 조약. 국제 분쟁을 해결하는 수단으로서, 조약 가입국 상호 간에 전쟁을 포기하고, 분쟁은 평화적인 수단에 의해 해결할 것을 규정했다.

식에 익숙했다. 일본은 미국의 카리브해 군사 개입 사례를 거론하면서 이 조치의 정당성을 설명했다.[9]

스탈린은 일본의 동기를 이해했기 때문에 대부분의 서방 관찰자들보다 도쿄의 다음 행동을 더 명확하게 예측할 수 있었다. 그는 국방 인민위원 클리멘트 보로실로프[3)]에게 "소련은 극동에서 군사적 준비가 필요하다."고 말했다. 보로실로프도 "일본이 전쟁 준비를 위해 정말로 강도 높은 작업을 진행하고 있다."고 동의했다.[10] 그러나 소련 지도자들은 극동에서의 전쟁 준비를 공격적 관점보다는 방어적 관점에서 보았다. 만주는 불과 2년 전에 중국과 전쟁을 치렀던 만큼, 다시 전쟁을 감수할 만한 가치가 없다고 믿었다. 대신 스탈린은 어떠한 대가를 치르더라도 일본과의 충돌을 피하는 유화정책을 선택했다. 1932년에 일본 비행기가 소련 영공을 침범했다는 보고가 들어오자, 크렘린은 군 지휘관들에게 "일본 파시스트 군인들"이 충돌을 유발하려 한다며 "어떤 경우에도 발포를 엄격히 금지"하라고 지시했다. 그 직후 스탈린은 정치국원 라자리 카가노비치에게 모스크바가 만주 문제에 더 이상 휘말리지 않도록 일본의 만주 꼭두각시 국가를 인정할지 여부를 밝히지 말라고 썼다. 대신 그는 도쿄에 당 지도자들의 "휴가로" 결정이 "다소 지연되고 있다."라고 알리자고 제안했다.[11]

국제연맹은 중국의 요구로 만주 '사변'을 조사하게 되었지만, 일본을 자극하지 않기 위해 가능한 모든 조치를 취했다. 현지에 파견된 국제 조사위원들은 진실을 조심스럽게 피하며 실제로 무슨 일이 일어났는지에 대한

3) Kliment Yefremovich Voroshilov(1881–1969). 러시아의 혁명가, 소련의 정치인. 1925–1940년 소련 국방 인민위원, 1953–1960년 소련 최고 소비에트 간부회 의장을 지냈다.

판단 없이 단지 "소위 사건"이라고만 언급했다.[12] 그러나 만주사변이 일본군에 의해 조작된 것임을 모두가 알고 있었던 상황에서, 이러한 현실 왜곡은 모스크바에게 지나치게 도발적이었다. 그럼에도 소련은 위원회의 보고서가 일본을 곤란하게 만들지 않도록 국제연맹 조사위원들에게 협조하기를 거부했다. 몰로토프는 국제연맹이 만주에서 "영향력이 전혀 없다."고 비웃었다. 심지어 소련은 위원단이 만주로 가는 길에 자국 영토를 통과하는 것도 허용하지도 않았다. 몰로토프는 소련 지도자들의 한 위원회에 "여러분은 우리가 국제연맹과 그 위원단에 기대를 건 적이 결코 없다는 사실을 매우 잘 알고 있습니다."라고 말했다.[13]

"방어를 강화하라"

소련은 무엇에 기대를 걸었는가? 스탈린이 자국 국경의 안전을 확보하기 위해 세력권에 의지했다고 주장되곤 하는데, 대표적인 사례는 1939년과 다시 1945년에 동유럽을 예속시킨 일이다.[14] 하지만 덜 주목받는 점은 스탈린이 극동 지역으로 관심을 돌렸을 때 크렘린의 야망이 확대되고, 모스크바가 비용이 크고 이익이 불확실하다고 결론 내렸을 때는 축소되는 등, 극동 지역에서 크렘린의 야망이 어떻게 팽창하고 축소되었는가이다. 소련이 자국의 안보 이익을 어떻게 정의했는가는 세력 균형의 변동뿐 아니라 크렘린의 위험 감수 성향과 팽창 의욕의 변화에 따라 달라졌다. 세력권은 어떤 때는 가치 있는 것으로, 또 어떤 때는 그렇지 않은 것으로 여겨졌다.

1930년대는 아시아에서 소련의 야망이 쇠퇴한 시기로, 세력권이 소련의 필요에 부합하리라는 크렘린의 인식도 약화되었다. 1930년대 초에 소련 지도자들은 다양한 위협을 감지했다. 몰로토프는 "백군 비적들… 데니킨[4)]파, 콜차크[5)]파, 브란겔[6)]파"에 대해 계속 경고했는데, 이들은 옛 차르 체제의 잔재로 여전히 볼셰비키를 몰아내고 권력을 되찾으려는 희망을 품고 있었다. 망명 중인 노쇠한 차르 장군들은 계속 반혁명을 꿈꾸며 망상에 빠져 있었지만, 이 반동 세력은 소련 지도자들이 상상한 것보다 훨씬 덜 유능했다.[15]

몰로토프가 "외부의 위협… 소련 정부의 조기 몰락을 꿈꾸는… 적대적인 부르주아 국가들"이라고 묘사한 세력이 더 위험했다. 루마니아, 라트비아, 리투아니아, 에스토니아, 폴란드는 소비에트러시아를 증오하고 두려워하는, 다루기 힘든 신생 국가들이었다. 유럽의 부르주아 강대국들인 프랑스와 영국은 유럽과 아시아 모두에서 여전히 크렘린과 경쟁하는 제국들이었다. 미국은 1933년에 이르러서야 비로소 소련을 러시아의 합법적

---

4) Anton Ivanovich Denikin(1872–1947). 러시아 제국의 육군 중장. 1917년 10월 혁명 후 벌어진 러시아 내전에서 백군 반볼셰비키 국가인 '러시아국가'의 부최고통치자, 남부 러시아군 총사령관을 지냈다.

5) Aleksandr Vasilyevich Kolchak(1874–1920). 러시아의 제독. 해군사관학교 졸업 후 1916년 여름 흑해함대 사령관이 되었으나 1917년 2월 혁명 후 수병과 대립해 사직한 후 미국으로 파견되었다. 10월 혁명 후 극동과 시베리아로 돌아와 영국의 지지 아래 활동하다가 1918년 11월 4일 옴스크에서 성립된 시베리아 정부 육해군 장관이 되었고, 그달 18일 쿠데타로 군사정권을 수립, 러시아국가 최고 집정관이라고 자칭했다. 1919년 3월 모스크바를 목표로 대공세에 나섰으나 붉은 군대에 패해 이르쿠츠크에서 총살되었다.

6) Pyotr Nikolayevich Vrangel(1878–1928). 러시아 제국의 군 장교 출신으로 러시아 내전 동안 남부 러시아에서 반볼셰비키 백군 지휘관을 지냈다. 내전에서 패배한 후 1920년 11월 외국으로 망명해 1928년 브뤼셀에서 사망했다.

인 정부로 인정했지만, 워싱턴은 여전히 공산주의에 대해 깊은 회의를 품고 있었다.

하지만 일본이 만주를 점령하고 그곳에 꼭두각시 국가를 세웠을 때, 서방으로부터 소련의 입지에 가해지는 위협은 어디까지나 가상의 것이었다. 1931년의 유럽은 제1차 세계대전이 사실상 모든 전쟁을 끝냈다는 환상 속에 여전히 살고 있었다. 미국과 소련이 국제연맹 밖에 머물러 있긴 했으나 연맹에는 유럽의 모든 열강이 가입해 있었다. 전쟁을 불법화한 켈로그-브리앙 조약에는 소련을 제외한 모든 열강이 서명한 상태였다.

따라서 일본이 만주를 점령했을 당시, 소련의 국제적 환경은 1920년대나 1930년대를 통틀어 가장 평온했던 때만큼이나 안정적이었다. 서쪽 국경은 그 20년 동안 어느 때보다도 안전한 상태였다. 소련 자체는 충격적 산업화와 농업 집단화로 스스로 초래한 내부 혼란에 직면해 있었다. 그러나 이러한 국내의 정치적 소란에도 불구하고 1931년의 소련은 중국 내전에 한창 개입하던 1920년대보다 분명히 더 강력한 국가였다. 그러므로 만주에서 일본과 대립하지 않기로 한 스탈린의 결정을 소련의 허약함이나 취약함 때문으로 설명하기는 어렵다. 1931년에 소련은 볼셰비키가 권력을 장악한 이후 어느 때와 비교하더라도 가장 강력했고, 당면한 국제적 위기도 없었다. 그러나 소련 지도부는 만주가 싸울 가치가 없다고 판단했다. 그들은 수년 전의 입장을 번복하고 만주나 동북아시아에서의 세력권 역시 소련 안보를 강화시킬 가능성이 없다고 결정지었다.

1933년, 일본이 만주에 대한 지배를 확고히 한 지 1년 반 만에 유럽의 평화는 무너지기 시작했다. 대공황으로 대부분의 나라들이 근시안적이고 자기 이익만을 위한 정책으로 전환하면서 안보 문제들이 악화되었다. 한편 1933년에 독일에서 나치가 집권하면서 유럽 평화에 새로운 위협들이 잇따라 등장했다. 아돌프 히틀러는 독일의 군사 산업력을 재건하고 동유럽에서 '생활권'을 확보하며, 자신이 독일뿐만 아니라 전 세계에서 권력을 휘두르고 있다고 믿었던 '유대-볼셰비키'와 싸울 것이라고 공개적으로 약속했다. 소련의 모든 사람들은 제1차 세계대전 당시 독일군이 어떻게 제정러시아의 방어선을 무너뜨리고 그 과정에서 차르 체제를 붕괴시켰는지를 기억했다. 소련 지도자들은 베르사유조약[7]이 독일의 군비 재무장을 제한한다는 점을 믿지 못했는데, 이는 그들 자신도 자본주의 열강 사이에서 경쟁을 조장하는 전략의 일환으로 나치에게 무기를 팔았기 때문이었다.[16]

소련은 갑작스럽게 유럽과 아시아 국경 양쪽에서 긴급한 위협에 직면했다. 그러나 두 지역에서의 전술은 극명하게 달랐다. 유럽에서는 크렘린이 적극적인 외교적 노력을 펼친 반면, 아시아에서는 극동 지역의 군사력을 증강하기는 했으나 그 외에는 대체로 수동적인 태도를 유지하면서, 몇 년에 걸쳐 일본에게 실효성 없는 불가침조약을 체결할 것을 호소했다.

유럽 전선에서 소련은 독일의 경쟁국들과 동맹을 맺는 것으로 대응을 시작했다. 1935년, 히틀러가 베르사유조약의 독일 재무장 금지 조항을 공식적으로 폐기한 후, 모스크바는 프랑스와 상호원조 조약을 체결했다. 많은 프랑스 정책결정자들이 나치만큼이나 볼셰비키를 두려워했음에도, 프

7) Versailles Peace Treaty. 제1차 세계대전이 끝난 후 1919년 6월 28일에 독일 제국과 연합국 사이에 맺은 평화협정을 일컫는다. 파리강화회의 도중에 완료했으며, 가혹한 독일 제재에 관한 규정을 포함한다.

랑스로서는 히틀러에 맞서 소련과 협력하는 것 외에 별다른 선택지가 없었다. 영국은 상대하기가 더 까다로웠다. 영국 지도자들은 여전히 외교적 책략의 여지가 있다고 믿었기 때문이었다. 런던에서는 베르사유조약이 부당했다는 히틀러의 주장에 공감하는 이들이 많았다. 또한 많은 영국 지도자들은 어떤 대가를 치르더라도 전쟁을 피하고자 했다. 당시 영국 왕립해군은 여전히 세계 최강으로 미국 해군 외에는 그에 필적할 상대가 없었기 때문에, 일부 영국 관리들은 독일의 유럽 내 팽창이 영국의 광대한 제국을 위협하지는 않을 것이라 생각했다. 소련 외교관들은 영국의 주요 정치인들이 네빌 체임벌린[8] 총리에게 "어떠한 굴욕을 감수하더라도 전쟁은 피하라"고 조언하고 있다고 모스크바에 보고했다.[17] 스탈린은 과연 영국이 독일의 팽창주의에 맞설 의지가 있는지를 의심했다. 그는 런던이 베를린의 동료 자본가들과 손잡고 "소련에 맞선 제국주의 연합전선"을 구축할 가능성이 더 높다고 생각했다.[18]

히틀러의 권력이 커지고 유럽이 전쟁에 점점 더 가까워지자, 스탈린은 이에 대비해 추가 조치를 취했다. 스탈린은 비밀리에 군사 협력을 지속하며 히틀러를 달래는 한편, 프랑스와 영국이라는 민주주의 국가들이 나치를 저지할 의지가 있을지 회의적이었지만 그들과의 동맹 강화를 모색했다. 또한 스탈린은 스페인내전[9]에서 좌파를 지원함으로써 독일에 맞서는

8) Arthur Neville Chamberlain(1869–1940). 영국의 보수당 정치인. 1937–1940년 영국의 총리를 지냈다. 1938년 9월 30일 뮌헨협정에 서명하여 나치 독일에 체코슬로바키아의 주데텐란트 지역을 양도하도록 중재하는 등 유화정책으로 잘 알려져 있다.

9) Spanish Civil War(1936~1939). 마누엘 아사냐가 이끄는 스페인 제2공화국의 좌파 인민전선 정부와 프란시스코 프랑코를 중심으로 한 우파 반란군 사이에 벌어진 전쟁. 인민전선 정부를 소련이 지원하고, 프랑코파를 나치 독일, 이탈리아가 지원해 제2차 세계대전의 전초전 양상을 띠었다. 스페인의 가톨릭

대리전을 벌였다. 스탈린은 오랫동안 '사회 파시스트'라며 경멸해왔던 유럽의 온건 사회민주주의자들에 대한 소련의 강경한 반대를 철회하고, 유럽 공산당이 프랑스와 스페인의 중도좌파 '인민전선' 정부를 지지할 수 있도록 허용했다. 이는 우파의 권력 장악을 막기 위한 시도였다.

"방어를 강화하라"라고 몰로토프는 소련 공산당 간부들에게 촉구했다. 유럽 전선에서 이는 적극적인 방어를 의미했다.[19] 유럽 전선 전역에서 1930년대는 외교, 창의적 접근, 공산당들의 동원, 공산당 군사 조직들의 무장, 그리고 반反소련 동맹의 형성 가능성을 저지하는 활동의 시기였다. 소련은 유럽에서의 자국 방어선이 마드리드에서 런던, 파리에서 프라하까지 뻗어 있다고 믿었다.[20]

"당연히 총을 맞게 될 것입니다"

하지만 1930년대 아시아에서 "방어를 강화하라"는 말은 꽤 다른 의미를 지녔다. 극동에서의 소련의 대외정책은 지역 정치를 빚기보다는 붉은 군대를 강화하고 신뢰할 수 없는 간부들을 숙청하는 데 초점을 맞추었다. 소련 외교는 여전히 무기력하고, 신중하며, 방어적이었다. 1920년대의 재앙을 겪은 후 스탈린은 아시아에서 판을 뒤흔드는 일은 문제만 초래할 뿐이

교회는 프랑코파를 지원했다. 전쟁은 1936년 7월 17일 모로코에서 프랑코 장군이 이끈 쿠데타로 시작되어 1939년 4월 1일 공화파 정부가 마드리드에서 항복, 프랑코 측의 승리로 끝났다. 공화파 정부군은 소련 외에 멕시코의 지원을 받았고, 의용병인 '국제여단'의 도움도 받았다. 당시 살라자르가 집권하고 있던 포르투갈은 프랑코파 진영을 지원했다. 영국과 프랑스는 군수 물자를 보내긴 했으나 국제연맹의 불간섭 조약을 이유로 공화파 정부에 대한 지원에 미온적이었다. 미국은 공식적으로 중립을 표방했다.

라고 결론 내렸다. 1931년 일본의 만주 점령 이후 스탈린이 채택한 방어적 태도는 일본이 군사력을 강화하고, 1937년에 중국 본토를 대대적으로 침공했을 때에도 계속되었다. 물론 모스크바는 여전히 해외에 광범위한 첩보망을 유지하며 이를 스파이 활동과 전복 공작에 활용했다.[21] 그러나 쑨원이 중국을 장악하려 할 당시 그의 가구 예산까지 챙기던 시절에 비하면 크렘린이 위험을 감수하려는 의지는 급격히 줄어들었다. 1930년대에 소련의 지배적인 전략은 몸을 낮추고 자국의 동부 국경을 방어함으로써 외국의 전복 활동이나 일본의 침공을 저지하는 것이었다.

1850년대에 러시아를 위해 태평양 연안을 차지했던 해군 장교 겐나디 네벨스코이는 한 세기 전에 이 지역이 "군영처럼 살아갈 운명"이라고 예견했다. 스탈린의 전격적인 군사력 증강 또한 이 지역을 이후 반세기 동안 군영으로 남게 만들었다. 소련은 극동 방어에 자원을 쏟아부었지만 군의 요구는 끝이 없었다. 국방 인민위원 보로실로프는 "극동에 폭격기 6대만 보내는 것은 아무 의미 없다, 적어도 50-60대를 가능한 한 빨리 보내야 한다."고 외쳤다. 소련은 새 요새를 건설하고 새로운 기지를 세우며 이 지역에 추가로 잠수함 12척을 배치했다. 1939년까지 극동군은 일본이 처음 만주를 점령했을 때보다 두 배 많은 전차, 여덟 배 많은 장갑차, 최소 10만 명의 추가 병력을 보유하게 되었다.[22]

그러나 극동 방어의 딜레마는 예나 지금이나 마찬가지였다. 1930년대에 이 지역을 무장을 시키는 일은 1904년 러일전쟁 발발 당시만큼이나 쉬운 일이 아니었다. 스탈린의 산업화 운동 동안 철도에 대규모 투자가 이뤄졌음에도, 소련의 전쟁 준비는 여전히 "느리고 취약한 말 수송 부대"에 의존했다. 열악한 블라디보스토크–하바롭스크 구간의 아무르 철도에는 1937년에 이르러서야 비로소 두 번째 선로가 추가되었다. 한편, 시베리아와 소련 극동 지역의 인구는 거의 모두 남쪽 국경선을 따라 늘어선 일련의 도시들에 살았는데, 이들은 만주에 주둔한 일본군이 쉽게 타격할 수 있는 사정권 내에 있었다. 또한 시베리아 횡단철도는 국경 바로 너머에 있어, 일본군과 충돌이 일어날 경우 단절될 위험이 매우 컸다. 한편 철도가 끊기면 블라디보스토크는 방어가 불가능해진다. 캄차카는 그보다 훨씬 더 공격을 받기 쉬웠다. 이곳은 오직 바닷길로만 보급이 가능한데, 항로가 일본 해군의 감시 아래 있었기 때문이었다. 1920년대에 스탈린으로 하여금 차르 니콜라이 2세의 만주 장악 꿈을 되살리게 만든 것은 바로 이와 같은 위험한 군사 정세였다. 더 많은 영토가 더 큰 안보를 보장해 줄 것이라는 믿음에서였다.[23]

1930년대에 유럽에서 소련은 영토를 안보와 동일시했으며, 효과적인 방어를 위해서는 유럽 전역에서의 외교와 스페인과 같은 먼 지역에 대한 군사적 개입이 필요하다고 결론지었다. 반면 아시아에서 크렘린은 엄격하게 방어적인 자세를 취했다. 지리적으로 볼 때 만주 접경 지역에 완충지대를 둘 필요가 있었지만, 소련 지도부는 그렇게 하지 않기로 결정했다. 소련은 적극적인 방어를 추구하기보다는 1930년대 동안 아시아에서의 영향력이 청산되는 것을 그저 지켜보았다. 일본에서는 공산당이 경찰에 의해 철저히 탄압되어, 모스크바는 당 지도부와의 연락마저 거의 끊길 지경이었다. 중국 대부분 지역에서도 공산주의자들은 정부의 탄압을 받아 농촌으로 깊이 숨어들 수밖에 없었다.[24]

이 모든 것은 1920년대 아시아에서의 소련 정책과는 뚜렷이 달라진 변화였으며, 소련 분석가들이 흔히 말하던 "객관적 요인"만으로는 설명하기 어려운 전환이었다. 군사기술은 큰 변화가 없었고, 일본의 팽창주의적 목표도 여전했으며, 도쿄의 군사주의자들은 그들의 권위를 견제할 세력이 거의 없었다. 많은 이들이 공공연히 극동의 러시아 영토를 점령하겠다는 꿈을 이야기할 정도였다. 한편, 중국은 1920년대와 마찬가지로 여전히 분열되고 중앙 권력이 약한 상태였다. 그러나 중국과 만주에서 좌절을 겪은 소련은 1930년대에는 비록 침공의 위협이 더욱 커졌음에도 불구하고, 신중하고 심지어 수동적인 방어 전략이 최선이라고 판단하게 되었다.

1930년대 모스크바의 아시아 정책에서 주요 전술은 자국 인구를 '숙청'하는 것이었다. 이는 내부 전복 위험을 제거하려는 시도였다. 소련 지도자들과 시민들 모두 전쟁이 발발할 경우 극동 지역 주민들의 충성심에 대해 우려했다. 한 시민은 보로실로프에게 보낸 편지에서 "일본의 탐욕스러운 식욕"을 경고하며 "우리 극동 지역의 인구는 매우 적다."고 지적했다. 1930년대 동안 크렘린은 극동에 거주하던 중국인과 조선인들을 일본과 협력하고 있을 가능성을 우려해 대거 체포하거나 추방했다. 이 지역에 거주하던 약 3만 5,000명의 중국인 중 1만 1,000명이 체포되었고, 8,000명이 추방되었다. 블라디보스토크나 국경에서 60마일 이내의 다른 곳에 거주하던 모든 중국인은 강제로 이주당했다. 조선인 인구의 경우, 거의 전원—17만 5,000명 이상—이 우크라이나 등 소련의 먼 지역으로 이송되었다. 추방에 저항한 수천 명이 최소한 체포되었다. 이 지역의 원래 주민들은 소련의 다른 지역에서 온 "소비에트 체제 지지자들"로 대체되었다.[25]

소수 민족에 대한 가혹한 처우는 1937년과 1938년에 단행된 극동군 및 극동 지역 당 엘리트들의 숙청과 함께 진행되었다. 소련의 가장 중요한 신문인 《프라우다》는 간첩, 파괴공작원, 암약하는 적들이 극동 지역에 침투했다고 보도했다. 일본이 실제로 일부 반공산주의 러시아 망명자들을 지원하긴 했지만, 크렘린은 그 위협을 지나치게 과장했다. 소련 극동 지역의 거의 모든 지도자들을 제거함으로써, 스탈린 시기의 숙청은 소련 대부분의 지역보다 극동에 더 큰 타격을 주었다. 러시아 극동 지역 주민들 가운데 다수가 일본과 공모해 이 지역을 소련에서 분리하려 했다는 혐의를 받았다. 충성심을 보장하기 위해, 극동의 군대는 세 개의 별도 군軍으로 나뉘어 각각 모스크바에 직접 보고하게 되었다. 극동 지방 자체도 두 개로 분할되었다. 이 숙청으로 약 1만 5,000명이 처형되었으며, 수십만 명이 추방된다든지 투옥된다든지 혹은 굴라그[10)]에 보내지는 등의 방식으로 탄압을 받았다. 이는 극동 지역 전체 인구의 8퍼센트에 해당하는 수치였다.[26]

이러한 잔혹한 조치는 대부분 상상에 불과한 위협에 대응한 것이었지만, 모스크바의 지도부는 그 결과 더욱 안전하다고 느끼게 되었다. 광대한

---

10) Gulag. 러시아어 Glavnoye upravleniye ispravitelno-trudovykh lagerey i kolonii(교정 노동수용소 및 집단 거주지 총국)의 머리글자에서 비롯된, 일반적으로 소련의 노동수용소를 가리키는 고유명사다. 러시아혁명 직후인 1918년에 처음 설치된 뒤 1930년대 이후 스탈린 치하에서 크게 확대되어 1940년대 말-1950년대 초에 그 규모가 최고조에 달했으며, 1953년 스탈린의 죽음과 함께 해체되기 시작했다.

노동수용소의 설치는 극동 지역의 러시아계 인구를 늘리는 효과를 가져왔는데, 이 '새로운' 러시아인들은 대부분 수감자들이었다. 가장 큰 굴라그 중 하나인 콜리마 수용소에는 1941년에 17만 명의 수감자가 있었으며, 그중 40퍼센트는 "반혁명 활동" 혐의로 유죄 판결을 받은 사람들이었다.[27] 수천 명이 추방, 숙청, 투옥, 처형되는 일이 이어지는 가운데, 소련 지도자들은 일본의 전복이나 공격 위협에 점점 더 자신 있게 대응해 나갔다.

런던 주재 소련 대사 이반 마이스키[11)]는 일본 대사로부터 양국 간 불가침 협정 체결 가능성이 높아졌다는 말을 들었을 때, 자신의 일기에 "오호라! 블라디보스토크에 강력한 공군이 있다는 게 바로 이런 효과를 내는구나!"라고 의기양양하게 적었다. 윈스턴 처칠이 마이스키에게 붉은 군대는 "일본인을 혼비백산하게 만들었소.… 그들은 소련 공군이 몇 시간 만에 도쿄와 오사카를 잿더미로 만들 수 있다는 걸 아주 잘 알고 있지요"라고 말하자, 마이스키는 이를 소련의 군사력 증강과 산업화 노력 덕분이라고 평가했다.[28]

소련은 몽골과 만주 국경을 따라 일본군과 벌인 일련의 소규모 충돌에서 자국의 군사력을 시험할 기회를 가졌다. 일본 측 자료에 따르면 1932년부터 1934년 사이에만 152건의 소규모 사건이 발생했다. 양측은 이러한 국경 침입이 상대방 또는 그들의 대리 세력인 만주군이나 몽골군의 소행이라고 서로를 비난했다.[29] 일본군 장교들은 이들 교전이 소련의 잠재적인 공격 작전을 위한 사전 정찰일 수 있다고 우려했지만, 소련 지도자들은

11) Ivan Mikhailovich Maisky(1884–1975). 소련의 외교관, 정치인, 역사학자. 1929–1932년 핀란드 주재 전권대표, 1932–1943년 영국 주재 대사, 1943–1946년 외무 부인민위원을 역임했다. 1953년 스탈린 사망 직전 체포되어 간첩 혐의로 6년형을 선고받았으나 1955년 풀려나 복권되었다.

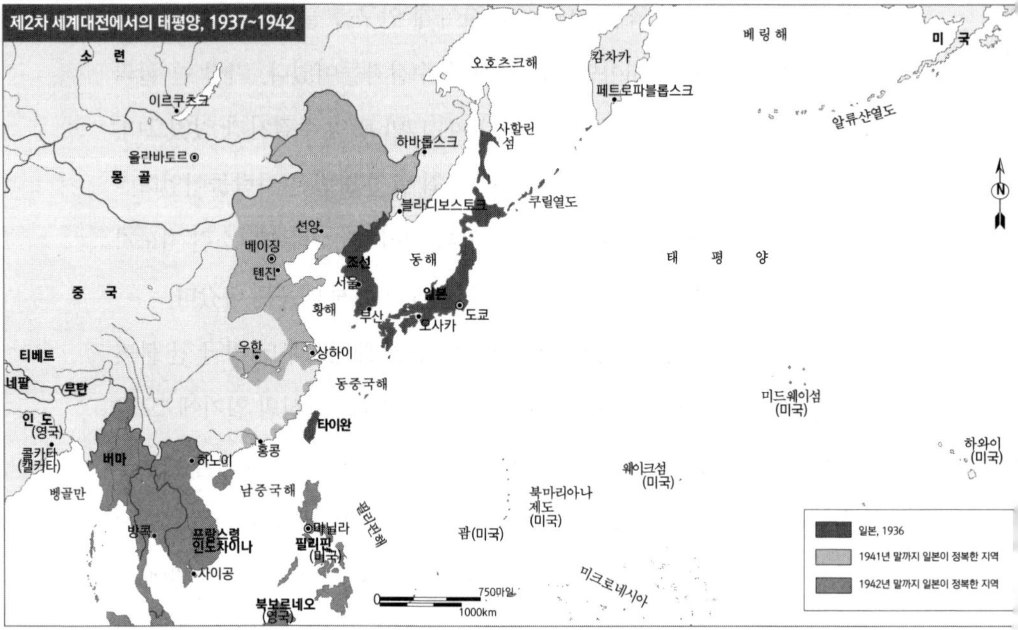

제2차 세계대전에서의 태평양, 1937~1942

국경 방어에만 전념했다.

실제로 아시아에 대한 소련의 야심은 군사력이 증대되는 와중에도 오히려 위축되었다. 유럽에서는 크렘린이 좌파 운동을 지원하고 인접국들에게 양보를 요구하는 데 군사력을 활용했지만, 아시아에서의 유일한 목표는 국경 방어에 머물렀다. 1936년 모스크바에서 임기를 마치고 도쿄로 귀국하는 일본군 무관을 위한 환송 행사가 열렸다. 이 자리에서 무관은 국방 인민위원 보로실로프에게 이렇게 말했다. “수많은 국경 분쟁이 있었습니다.… 앞으로는 국경 근무에 나서는 모든 일본 병사들에게 주머니에 사케 병을 하나씩 지니게 해야겠지요. 그러니 원수께서도 모든 러시아 병사들에게 보드카 병을 하나씩 들고 다니도록 명령해 주시지요. 일본군과 러시아군이 국경에서 마주치면, 그저… 술잔이나 나누면 될 테니까요." 이에 보로실로프는 단호히 반박했다. "아니요, 대령, 국경이라는 건 그런 게 아닙니다.… 누군가 국경을 침범한다면, 당연히 총을 맞게 될 것입니다." 이 거친 발언은 일본의 만주 점령 직후 외무 인민위원 막심 리트비노프[12)]가 밝힌 원칙을 그대로 드러낸 것이었다. "우리는 다른 나라의 땅이 필요 없지만, 단 한 치의 땅도 내줄 수는 없습니다."[30]

스탈린-히틀러 협정

소련은 아시아에서 "다른 나라의 땅이 필요 없다."고 말했을지 모르지만, 유럽 전선에서는 전혀 다른 전략을 취하고 있었다. 소련의 상대적 힘이 1930년대 동안 점차 강화되었던 아시아와 달리, 스탈린의 군대는 빠르게 재무장 중이던 독일과의 충돌 가능성에 대해 자신감을 가질 근거가 없었다. 히틀러는 "장기전을 노리고 있다."고 소련 정보기관은 경고했다. 또 다른 군사 정보 보고서에서는 중부 유럽 국가들—폴란드, 헝가리, 특히 체코슬로바키아—이 히틀러의 제국에 병합될 경우, 독일의 팽창을 저지하는 방벽이 되기보다는 오히려 '도약대'처럼 기능하여 독일의 군사력을

12) Maxim Maximovich Litvinov(1876−1951). 소련의 정치인이자 외교관. 1930−1939년 외무 인민위원, 1941−1943년 미국 주재 소련 대사를 역임했다.

확대시킬 것이라고 주의를 환기시켰다. 히틀러의 역량은 강력했고 계속 커지고 있었으며, 그의 의도 또한 분명했다. 소련 정보기관은 유대-볼셰비즘에 대한 총통의 분노에 찬 헛소리들이 독일 대외정책을 형성하고 있다고 결론지었다. 한 요원은 독일 최고위 지도자들의 회의 내용을 모스크바에 보고하면서, "총통의 주된 목표는 진정한 적, 곧 소련과의 투쟁"이라고 전했다.[31]

1939년이 되자, 나치의 군사력이 커지고 공산주의자와 러시아인에 대한 히틀러의 증오가 노골화되면서, 스탈린은 자본주의 국가들이 모스크바를 상대로 동맹을 맺는 것이 가능할 뿐 아니라 실제로 그럴 가능성이 높다고 우려하게 되었다. 영국과 프랑스는 1938년 나치의 오스트리아 병합에 대해 결코 용납하지 않겠다고 약속해놓고도, 결국 이를 묵인하지 않았던가? 그들은 체코슬로바키아를 분할하기 위해 나치와 공모하지 않았던가? 영국 총리 체임벌린은 1938년 9월 "평화가 유지되었다."고 악명 높게 선언했지만, 정작 체코슬로바키아는 그런 평화를 누리지 못했다. 파리에 있던 소련 외교관들은 프랑스조차도 영국이 히틀러와 별도의 평화협정을 체결할 것을 우려하고 있다고 보고했다. 1939년 4월, 스탈린이 영국과 프랑스에 공식 동맹을 제안했을 때, 영국은 명확한 답변을 피했다.[32]

이러한 위협에 직면한 소련 지도자들은 최선의 전략은 국경을 앞으로 밀어내 더 많은 영토를 확보하는 것이라고 판단했다. 민주주의 국가들과의 협상이 지지부진하게 결론 없이 이어지고, 소련 정보기관이 나치의 폴란드 침공이 임박했다고 보고하자, 스탈린은 히틀러와 협상을 타결 지었다.[33] 베를린과 모스크바 사이의 중립 협정은 유럽에서 스탈린의 '전진 방어' 전략을 상징하는 것이었으며, 그의 아시아 정책과 뚜렷한 대조를 이루었다. 그 목표는 나치 독일과 소련 중심부 사이에 있는 동유럽을 완충 지대로 만드는 것이었다. 크렘린은 소련의 상대적 약세가 영토 확장을 불가피하게 만든다고 믿었다.

따라서 스탈린-히틀러 협정은 동유럽을 분할하고, 소련에게 발트 국가들, 동부 폴란드, 루마니아의 일부 지역, 심지어 핀란드에서까지 자유롭게 행동할 수 있는 기회를 제공했다. 이것은 크렘린에게 엄청난 전략적 실책으로 드러났다. 독일이 독일의 힘을 견제해 온 러시아의 오랜 우방인 프랑스를 패배시킬 기회를 얻게 되고, 동시에 나치 군대가 성장하면서 실전 경험까지 쌓을 수 있었기 때문이었다. 한편, 스탈린은 동유럽을 병합함으로써 나치에 맞서 파트너가 될 수 있었던 소규모 국가들의 적개심을 사게 되었다. 게다가 나치-소비에트 협정은 두 제국을 직접적인 이웃으로 만들었다. 완충지대는커녕, 붉은 군대와 독일 국방군Wehrmacht을 가르는 것은 거의 1,000마일에 달하는 공동 국경뿐이었다. 하지만 스탈린은 새로 얻은 영토를 곧바로 안전과 동일시했다. 유럽 전선에서 크렘린은 영토 확장이 가장 믿을 만한 방어라고 믿었다.

반면 아시아에서 소련은 정반대의 접근 방식을 고집스럽게 고수했다. 스탈린이 나치 외무장관 요아힘 폰 리벤트로프[13]를 만나 동유럽을 나치와 소련의 세력권으로 분할하는 협정에 서명하던 그 시기에, 아시아에서는 붉은 군대가 일본군에게 치명적인 패배를 안기고 있었다. 그것은 "이 아시아인들이 이해하는 유일한 언어"였다. 1939년 여름 내내 수천 명의 소련군과 일본군이 노몬한이라는, 지금은 잊힌 광대한 전장에서 충돌했다.[14] 9월까지 붉은 군대는 압도적인 승리를 거두었다. 스탈린은 이 승리가 일본에게 교훈을 줄 것이라고 리벤트로프에게 말했다. "어차피 나도 아시아인이니까, 잘 알지 않겠소"라고 그는 덧붙였다.[34]

1930년대 초중반 동안 소련군과 일본군은 만주와 몽골 접경 지역에서 반복적으로 충돌했지만, 그 전투의 규모는 1930년대 후반에 접어들면서 더욱 격화되었다. 먼저 1937년 6월, 양측은 아무르강 국경 지역에서 충돌했으며, 이때 일본군은 소련의 포함 한 척을 격침시켰다. 이어 1938년 여

---

13) Joachim von Ribbentrop(1893–1946). 나치 독일의 외교관이자 정치인. 1930년대 초 나치당에 입당했고, 히틀러 치하에서 영국 대사와 외무장관을 역임했다. 이후 방공협정과 뮌헨협정, 독일-소련 불가침조약, 강철조약 등 제2차 세계대전 직전에 맺어진 각종 주요 조약들의 협상과 조인을 담당했고, 동맹국이나 점령국의 정부에 대한 외교 활동도 맡았다. 전쟁 후 뉘른베르크 재판에 회부되어 사형 판결을 받고 교수형에 처해졌다.

14) 1939년 5월부터 8월까지 몽골과 만주국의 국경 지대인 할하강 유역에서 소련군과 몽골군이 일본 제국의 관동군, 만주국군과 교전했던 할힌골전투(Battles of Khalkhin Gol)를 일컫는다. 이 전투에서 일본군은 참패하여 소련이 주장하는 대로 할힌골강을 경계로 만주국과 몽골의 국경선이 확정되었다. 또한 양국은 소련-일본 불가침조약을 맺게 되었고, 바르바로사 작전 이후 독일이 소련의 극동을 공격해 달라는 요청을 계속했음에도 불구하고, 일본이 끝까지 소련과 맺은 조약을 지킨 것도 바로 이 전투에서 패배한 영향이 컸다. 일본에서는 보통 '노몬한(Nomonhan) 사건'이라고 부른다.

름에는 일본이 점령한 조선과 접한 소련 국경의 하산호 부근에서 전투가 벌어졌고, 이 전투에서 붉은 군대는 자신들의 사상자보다 세 배에 달하는 사상자를 일본군에 안기며 큰 타격을 입혔다.[35]

1939년, 수만 명에 달하는 소련군과 일본군이 노몬한에서 충돌했다. 수개월에 걸친 전투 동안 일본은 최소 2만 명의 사상자를 냈다. 붉은 군대는 결정적인 승리를 거두었고, 소련 언론은 일본군의 '일소'를 자축하며 붉은 군대가 노획한 일본의 대포와 전차 목록을 자랑스럽게 보도했다. 곧 일본은 휴전에 합의했다. 도쿄 주재 소련 외교관들은 일본군의 손실이 "일본군이 입은 '전례 없는' 인명 손실의 [견지에서]… 일본 사회 모든 계층에 대단히 강한 인상을 남겼다."고 결론지었다. 한편, 소련의 한 정보요원은 이번 패배가 도쿄에 '공황'을 불러왔다고 보고했다. 붉은 군대도 비슷한 결론을 내렸으며, 소련의 게오르기 주코프[15] 장군은 "정예 일본군에 이전에는 들어보지 못한 패배"를 안겼다고 자랑하며, 이 전투를 "매우 유익한 실전 경험의 학교"라고 묘사했다. 붉은 군대를 연구하는 한 주요 역사학자는 일본군의 패배 덕분에 "스탈린은… 자신의 군대가 강력하고 준비되어 있다고 믿게 되었다."고 결론 내렸다.[36]

아무르강 연안과 만주 국경 지역을 따라 소련군과 일본군이 싸웠던 전장은 1929년에 소련과 중국군이 만주의 철도 지배권을 놓고 다투던 지역이었고, 무라비요프 총독이 중국 관리들과의 협상 중에 아무르강 유역을 넘겨주지 않으면 무력을 사용하겠다고 위협하며 포격을 가하던 곳에서 멀

15) Georgy Konstantinovich Zhukov(1896–1974). 소련의 군인이자 정치인. 제2차 세계대전에서 크게 활약해 1943년 소련 원수로 승진했다. 1955–1957년 소련 국방장관을 지냈다.

지 않은 곳이었다. 유럽에서 스탈린이 보여준 영토 탐욕을 고려하면, 아시아에서 소련이 거둔 군사 승리가 영토 병합으로 이어졌을 것이라 예상할 수 있었다. 노몬한 전투 이후 만주 국경선을 두고 벌인 협상에서, 일본이 추가 전투를 피하고자 양보를 했고 소련은 대체로 원하는 바를 얻었다.[37] 그럼에도 스탈린은 유리한 국경선 확정 외에 더 이상 아무것도 요구하지 않았다. 불과 10년 전만 해도 스탈린은 차르 시대 선대 통치자들이 그랬듯이 아시아 지배를 꿈꾸었다. 지금은 일본에 군사적 우위를 확보하고서도 스탈린은 그 어떤 변화도 추구하지 않았다.

스탈린은 일련의 대외정책적 대성공이라 여긴 조치들에도 불구하고 아시아에서의 현상 유지에 만족했다. 서방에서는 히틀러와 맺은 조약이 유럽 국경의 안보를 보장해줄 것이라고 믿었다. 한편 아시아에서는 노몬한 전투 이후 일본이 지나치게 전력을 분산한 상태였다. 일본군은 이미 중국을 침략했고 만주의 거점을 출발점으로 남하하면서 베이징, 상하이, 난징, 우한은 물론 중국 남부 해안의 많은 항구들까지 점령했다.

중국 정부가 전쟁에서 승리할 가능성은 낮아 보였다. 장제스의 군사 상황은 "긴박하고 어렵다."고 소련 요원들은 보고했다. 그러나 중국이 계속 싸우는 한, 일본군 대부분은 그 전쟁에 묶여 있을 것이었다. 중국의 "강력한 반일 운동" 역시 과소평가해서는 안 된다고 중국 주재 소련 외교관들은 조언하며, 장제스가 외국의 지원을 받아 재무장을 진행 중이라는 점을 지적했다. 소련 군사 정보기관은 많은 일본 장교들이 중국 양쯔강 유역과 광둥 지방까지의 추가 확장을 주장하고 있다고 보고했다.[38] 이는 일본을 중국 내로 더 깊이 끌어들이는 결과를 낳아, 일본의 자원을 소련 국경에서 멀리 떨어진 곳에 묶어두게 될 것이었다.

한편 만주에 접한 소련 국경 일대에서는 일본의 꼭두각시 군대가 "허약하다."고 소련 요원들이 보고했다. 일본군 본대 역시 그 지역의 방어를 심각하게 우려하여, 신병들을 중국의 실제 전장에 투입하기보다는 오히려 그곳으로 보내고 있었다. 모스크바의 한 일본 관리는 극동 지역에 집중된 붉은 군대의 병력 규모를 언급하며 이렇게 물었다. "왜 그렇게 두려워합니까?" "당신들의 항공 전력은… 일본의 심장을 겨냥한 비수입니다."[39]

하지만 노몬한에서 일본군에 대한 소련의 승리는 소련의 전략에 아무런 변화도 가져오지 않았다. 세력 균형은 달라졌지만, 소련의 전술과 목표는 그대로였다. 1920년대의 과도한 팽창 시도가 소련 지도자들의 마음에 깊이 각인되어 있었던 것이다. 스탈린이 자신의 입지가 약하다고 믿으면서도 나치와의 협상을 통해 더 많은 영토를 장악하려 했던 유럽과 달리, 그는 전투에서 붉은 군대가 승리를 거두었음에도 일본에 대한 공세를 확대하려 하지 않았다. 아시아에서 '방어 강화'는 여전히 웅크리고 버티는 것을 의미했으며, 완충지대 건설을 뜻하지는 않았다. 모스크바가 추구한 것은 그저 의미 없는 불가침조약뿐이었고, 그것은 붉은 군대가 우위를 점하고 있는 한에서만 유효한 한 장짜리 문서에 지나지 않았다.

"아시아인들을 위해 건배합시다!"

1939년 9월, 노몬한에서의 전투가 막을 내리던 시점에 나치 군대가 서부 폴란드로 진격했고, 이에 영국과 프랑스는 독일에 선전포고를 했다. 스탈린은 유럽 전선에서 적극적 방어라는 자신의 방침을 고수했다. 1939년 여름 노몬한 승리로 아시아 국경을 안정시킨 스탈린은 동쪽에서 폴란드를 침공해 비밀리에 맺은 나치-소련 협정에 따라 폴란드를 분할했다. 그 직후, 스탈린은 발트 국가들에게 수만 명의 소련군 주둔을 허용하지 않으면 침공하겠다고 위협했다. 두 달 뒤인 11월에는 붉은 군대가 핀란드를 침공했다. 이듬해 여름, 스탈린은 루마니아를 압박해 동부 영토인 베사라비아를 넘겨받았고, 소련은 이를 곧바로 병합했다.

유럽의 정세는 어두워지고 있었지만, 스탈린은 여전히 국경선을 자신에게 유리하게 다시 그으며, 새로운 유럽 영토들을 소련에 편입시켰다. 그는 더 많은 유럽 영토를 확보하는 것이 곧 더 큰 안보를 의미한다고 믿었다. 히틀러가 폴란드를 시작으로 덴마크, 노르웨이, 벨기에, 네덜란드, 그리고 충격적으로 1940년 6월에 항복한 프랑스에게까지 연달아 승리를 거두는 동안에도, 스탈린은 계속해서 서쪽으로 팽창해 나갔다. 영국 본토 항공전이 영국해협 상공에서 격렬하게 벌어지던 1940년 중반 무렵, 한때는 대영제국마저도 타협적 평화를 요청할 수 있는 것처럼 보였다. 그런 결과는 소련의 입지에 재앙과도 같았을 것이다. 그럼에도 스탈린은 동유럽에서 영토 확장을 멈추지 않았다. 예컨대 그는 프랑스가 무너진 뒤 루마니아의 베사라비아 지방 점령을 마무리했다. 유럽에 대한 스탈린의 욕망은 히틀러의 세력 팽창과 함께 커져만 갔다.

스탈린의 서부 전선과 동부 전선 전략 사이에는 묘한 모순이 있었다. 일본군에게 뼈아픈 패배를 안기며 군사적 우위를 입증한 것은 아시아에서였다. 그러나 스탈린이 서방 외교관들에게 말했듯이, 그가 "기존의 균형을 바꾸고자 했던" 곳은 유럽이었다. 전쟁 초기 몇 달 동안 독일군은 예상보다 훨씬 강력했다. 붉은 군대는 나치의 전격전에 비해 동유럽에서 초라한 성과를 보였다. 1939년 11월 말에 개전된 약소국 핀란드와의 전쟁은 참담하게 실패했다. 카렐리야 숲속의 혹한 속에서 핀란드군은 붉은 군대를 저지해냈고, 결국 소련은 레닌그라드 인근의 일부 영토를 얻는 데 그쳤다. 훗날 겨울 전쟁으로 알려진 이 핀란드와의 충돌은 유럽에서의 소련 군사력에 대해 어떤 안도감도 주지 못했다. 그럼에도 스탈린은 유럽에서 최선의 전략은 한층 더 많은 영토를 확보하는 것이라는 신념을 버리지 않았다.[40]

아시아에서는 붉은 군대의 전과가 훨씬 우세했음에도 불구하고 스탈린은 군사적 승리 이후 어떤 요구도 하지 않았으며, 단지 양측이 현상 유지를 약속하는 실효성 없는 불가침조약에 일본이 서명할 것을 요청했을 뿐이었다. 일본이 소련에게 중국국민당 정부와 중국의 공산주의 반란자들에 대한 지원을 중단하라고 제안했을 때도, 크렘린은 이에 반대하지 않았다.[41] 그 대신 소련은 일본의 우려를 해소하기 위해 온갖 노력을 기울였고, 불가침협정에 일본이 서명하려는 의사를 전년도 전장에서 패배시킨 국가에 대한 굴욕적인 양보라기보다는 외교적 대승으로 간주했다.

군사적 승리에 외교적 양보가 결합되는 일은 스탈린의 외교 방식에서 흔한 일이 아니었다. 그러나 스탈린은 극동에서 너무 자주 낭패를 당해서 더 이상 무언가를 요구할 수가 없었다. 쑨원에게 지나치게 투자했다가 손해를 보았고, 장제스와 중국국민당 내 좌파 세력의 영향력을 믿었다가 또 한 번 뼈아픈 대가를 치렀다. 이제는 아시아 문제에 휘말리지 않는 것만으로도 충분한 성공이었다. 그는 일본에 대한 존중을 보여주기 위해 각별히 노력했다. 모스크바에서 불가침협정을 체결한 뒤, 스탈린은 일본 대사를 기차역까지 직접 배웅했는데, 이는 그가 다른 세계 지도자들에게는 결코 하지 않았던 예우였다.[42] 블라디보스토크에서 불과 수십 마일 떨어진 곳에 일본군이 주둔하고 있었지만, 크렘린은 만주나 조선에 작은 완충지대를 설치해 소련의 방어를 강화할 생각조차 하지 않았다. 이는 소련 지도자들이 일본으로부터 양보를 끌어내는 데 실패해서가 아니었다. 그들은 그런 시도를 제대로 해 본 적도 없었다.

두 달도 채 지나지 않아 스탈린의 모든 예상과는 달리 1941년 6월에 나치 군대가 소련의 국경을 넘어 들이닥쳐서 레닌그라드를 포위하고 가을 무렵에는 모스크바 외곽에 도달했다. 독일과의 전쟁이 시작되자, 스탈린이 일본과 맺은 평화협정은 선견지명이 있었던 결정처럼 보였다. 한편 일본은 곧 진주만을 공격했고, 히틀러는 닷새 뒤 미국에 선전포고를 했다. 1941년 말까지, 소련은 나치 독일과의 싸움에서 미국과 동맹 관계가 되었고, 미국과 일본 간의 전쟁에서는 신중한 중립을 유지했다.[43]

나치 군대가 소련 영토 깊숙이 진입해 있는 동안, 크렘린은 모든 에너지를 유럽 전선에 집중했다. 소련 외교관들은 전후 세계를 고찰할 때마다, 아시아에서의 실질적인 목표를 구상하는 데 어려움을 겪었다. 1941년 말에 한 소련 외교관은 전후 계획을 스탈린에게 제시하며, 전쟁이 끝난 후 소련은 "자본주의 열강의 통일전선"에 직면하게 될 것이고, 따라서 유럽 국경을 우선시해야 한다고 주장했다. "독일, 헝가리, 루마니아, 핀란드"가 그 대상이었다. 이는 국경을 변경하고 전쟁 배상금을 부과함으로써 "독일과 그 동맹국들을 무력화하는" 것을 필요로 했다. 그러고 나서야 소련은 태평양 연안을 포함한 다른 지역을 고려할 수 있었다. 아시아에 대해서 이 외교관이 제안한 주요 내용은 쿠릴열도와 사할린섬 주변의 해협을 거치는 소련의 해상 교통로를 더 잘 보호하자는 것이었다. 이 관리는 소련의 해상로만 안전하게 확보된다면, 아시아에서 언급할 만한 다른 소련의 이익은 없다고 보았다.[44]

전쟁 동안 아시아에서의 소련의 대외정책은 오직 중립을 유지하는 데에만 초점을 두었다. 이 지역의 모든 강대국들이 전쟁에 참여하고 있었던 만큼, 이는 결코 쉬운 과제가 아니었다. 나치의 침공 이후, 소련은 자국의 태평양 연안 해역에 기뢰를 설치했는데, 이 때문에 여러 일본 선박이 우발적으로 침몰되었다. 한편 일본은 블라디보스토크가 미군의 군수 물자 수송 항구로 이용되고 있다며 불만을 제기했다. 크렘린은 이 물자들이 나치를 상대로 사용될 것이라고 약속했다. 일본은 또 소련이 캄차카반도의 공군기지, 나아가 캄차카 자체를 미국에 매각할지도 모른다고 우려했다.

캄차카는 알래스카에서 접근하기가 블라디보스토크에서 접근하기만큼이나 쉬웠기 때문에, 도쿄의 우려는 근거 없는 것이 아니었다. 미국은 전쟁 초기 단계에 크렘린이 거듭 거절하기는 했지만, 러시아 극동 지역에 공군기지 설치를 허용해달라고 요청했다. 그럼에도 불구하고 수천 대의 미국산 항공기가 무기대여법[16]에 따른 원조의 일환으로 알래스카에서 소련 극동 지역으로 비행해 들어왔다. 이 항공기들은 나치에 맞서 싸우는 소련을 위한 것이었기 때문에, 소련-일본 중립 협정을 위반하지는 않았지만, 도쿄는 이를 경계의 눈초리로 지켜보았다.

미국 군용기가 소련 영토에 비상착륙하는 일이 가끔 발생하자, 일본은 격렬한 항의를 제기했다. 1944년 미국 부통령 헨리 윌리스[17]가 시베리아를 방문한 일조차 일본의 분노를 자아냈다. 그렇지만 모스크바와 도쿄는 서로의 동맹국들과 전쟁을 벌이고 있는 상황에서도 양국 관계를 안정적으로 유지했다. 일본 대사 마쓰오카 요스케[18]는 스탈린에게 양국 관계의 근거를 공통된 가치관에서 찾는다고 말하며, 일본인은 "도덕적 공산주의"를, 소련은 "정치-경제적 공산주의"를 실천하고 있다고 설명했다. 스탈린의 시각은 달랐다. "당신은 아시아인이고, 나도 그렇소." 그러자 마쓰오카 대사는 "우리 모두 아시아인이지요"라고 응답하며, "아시아인들을 위해

---

16) Lend-Lease. 제2차 세계대전 당시 연합국을 상대로 미국의 물자 지원을 가능하게 해준 법을 일컫는다. 추축국에 대항해 전쟁 수행에 필요한 물자를 지원하자는 취지였으며 1941년 3월 11일에 시작해 1945년 9월 2일 종료했다.

17) Henry Agard Wallace(1888-1965). 미국인 정치인. 1933-1940년 농무장관, 1941-1945년 부통령, 1945-1946년 상무장관을 역임했다.

18) 松岡洋右(1880-1946). 일본의 외교관. 1920-1930년대에 중의원 의원, 만주의 남만주철도 간부 등으로 활동하다가 1940-1941년 일본 외무대신을 지냈다. 제2차 세계대전 후 연합국 최고사령부에 의해 체포되어 스가모 구치소에 수감 중 사망했다.

건배합시다!"라고 대꾸했다.[45]

"러시아는 이 오점을 지워야 한다"

세계대전은 모든 강대국이 국제 정치를 바라보는 방식을 변화시켰다. 영국은 세계 최대의 제국으로서 전쟁을 시작했다. 해가 지지 않는 제국이라 불렸던 영국은 캐나다, 카리브해의 여러 섬, 태평양의 여러 군도, 뉴질랜드, 오스트레일리아, 싱가포르, 말라야, 버마, 인도, 남아프리카, 동아프리카 해안 대부분, 페르시아만, 수에즈운하, 키프로스, 몰타 등 방대한 영토를 지배하고 있었다. 처칠은 "피와 노력, 눈물과 땀"의 전쟁을 약속했고, 전쟁이 끝날 무렵 대영제국은 파산 상태에 이르고 탈진해 있었다. 전쟁이 끝난 지 불과 2년 만에 인도가 제국으로부터 독립하면서, 아프리카와 아시아의 지도가 다시 그려지는 20여 년간의 탈식민지화 시기가 시작되었다.

미국에게 이 전쟁은 경쟁자들의 본거지에서 그들을 무찌르면서 아시아와 유럽에 손쉽게 군사력을 전개할 수 있다는 사실을 입증해 주었다. 미국은 지구적인 군사시설 네트워크를 갖추게 되었으며, 영국의 퇴각과 독일 및 일본의 패배로 새로운 지역들이 미국의 영향 아래 놓이게 되었다. 대부분의 미국 정치인들은 전후 유럽에서의 병력 철수와 아시아에서의 상당한 감축을 구상했다. 루스벨트[19] 대통령은 미국, 영국, 소련, 중국의 이른바 '4

19) Franklin Delano Roosevelt(1882–1945). 미국의 32대 대통령(재임 1933–1945). 임기 동안 대공황과 제

대 경찰국'이 각자의 지역에서 질서를 유지하고, 미국은 예전처럼 대서양과 태평양에 의존해 자국을 방어할 수 있기를 바랐다. 그러나 전쟁의 끝이 다가오고, 강대국들이 더욱 멀리 날아갈 수 있는 새로운 세대의 전략 폭격기를 개발하면서, 두 대양은 더 이상 믿을 만한 방어막으로 여겨지지 않았다. 미국 지도자들은 전쟁을 위해 구축한 해외 군사 주둔지를 계속 유지하는 방안을 진지하게 고려하기 시작했다.[46]

소련에게도 이 전쟁은 지구적 정치에 대한 사고방식을 근본적으로 변화시켰다. 스탈린의 부관 중 한 명은 "히틀러를 물리친 이후," 소련 지도자는 "자신이 나폴레옹을 물리친 뒤의 알렉산드르 1세와 같은 입장에 있다고 믿었다. 즉, 자신이 규칙을 정할 수 있다고 생각한 것이다."라고 말했다. 전쟁 기간 동안 붉은 군대는 동유럽 평원에서 나치 군대를 전멸시킴으로써, 소련 지도자 자신들을 포함해 모두를 놀라게 했다. 1945년 중반까지, 소련은 유라시아 전역을 자신 있게 지배했다.

소련의 힘이 커짐에 따라, 국가의 야망도 확장되었다. 스탈린은 이제 단지 소련의 국경뿐 아니라 세계 지도를 생각하기 시작했다. 나폴레옹과의 전쟁 이후, 차르 알렉산드르 1세는 유럽을 재편했다. 그는 프랑스의 영토를 축소하고, 프로이센을 확장했으며, 독일 소국들의 연방을 구성하고, 스위스의 중립을 인정했다. 또 이탈리아의 여러 공국과 도시국가들을 개편하고, 심지어 카리브해와 실론과 같이 멀리 떨어진 옛 프랑스 식민지들의 소유권까지 재조정했다. 크렘린의 회의실에 걸린 러시아 제국의 장군

2차 세계대전을 모두 경험한 미국 지도자로서 뉴딜정책을 통하여 미국이 대공황에서 벗어나도록 도왔고, 제2차 세계대전 때는 연합군의 일원으로 독일, 이탈리아, 일본을 상대로 전쟁을 수행해 승리로 이끌었다.

미하일 쿠투조프[20]와 알렉산드르 수보로프[21]의 초상화를 바라볼 때, 스탈린이 무엇보다도 먼저 생각한 것은 알렉산드르 1세가 빈회의에서 설정한 규칙들이 아니라, 그의 장군들이 전장에서 이루어낸 영토 변화였다.[47]

알렉산드르 1세는 아시아에서 러시아의 야망 확대도 이끌었다. 그의 탐험가들과 해군 지휘관들은 북태평양을 가로질러 진출했으며, 캄차카반도에서 하와이제도의 카우아이섬, 알래스카의 싯카에서 샌프란시스코에 이르는 태평양 연안에 정착지의 군도를 세웠다. 알렉산드르의 아시아적 야망은 일부는 태평양에서의 권력 공백이라는 인식에서 기인했지만, 대부분은 팽창에 대한 꿈에서 비롯한 것이었다. 이는 객관적인 계산보다는 거창한 기대감의 산물이었다.

스탈린 또한 제2차 세계대전 말에 태평양 연안을 둘러보며 아시아에서 권력 공백이 있다는 것을 알았다. 그러나 알렉산드르와 마찬가지로, 그의 인식 역시 세력 균형의 객관적인 변화만큼이나 그의 낙관주의가 낳은 결과였다. 1944년 이전까지 스탈린의 아시아 정책은 전략적 방어에 초점이 맞춰져 있었다. 1920년대의 굴욕적인 패배들은 스탈린의 관심을 약화시켰고, 소련 지도자들로 하여금 아시아에서의 팽창은 비용이 크고 이익은 적다고 확신하게 만들었다. 그 결과 소련이 가진 군사적 이점을 활용하지 않으려 하면서 만주와의 국경을 불안하게 방어하는 정책이 이어졌다.

따라서 소련이 자국의 보호령이지만 중국이 여전히 자국 영토라고 주

---

20) Mikhail Illarionovich Kutuzov(1745-1813). 러시아의 육군 원수로서 1812년 나폴레옹의 러시아 원정기간 중 프랑스군을 패퇴시킨 것으로 유명하다. 이 승리는 나폴레옹전쟁의 중요한 전환점이 되어 나폴레옹의 몰락을 불러왔다.

21) Alexander Vasilyevich Suvorov(1729-1800). 러시아 제국의 군사령관. 7년 전쟁, 러시아-튀르크 전쟁, 프랑스 혁명 전쟁 등에 참가했다.

장하는 몽골의 현상 유지를 수용한 것도 같은 맥락이었다. 크렘린은 소련의 중앙아시아 접경 지역을 따라 중국 서쪽 끝의 신장 지방을 통치하던 군벌에게 무기와 자금을 지원했으나, 이 경우에도 주된 목적은 소련 영토를 확장하는 것이 아니라 일본의 개입을 막는 데 있었다.

전쟁 동안 소련은 오랫동안 미국과 영국의 대일 전쟁에 동참하기를 거부했다. 대신 진주만 공격 이후에도 소련은 도쿄에 대해 엄격한 중립을 유지하면서, 전쟁이 끝나기 몇 주 전까지 정상적인 외교 관계를 지속했다. 심지어 소련의 동맹국들이 일본 전함을 어뢰로 공격하고 도쿄에 소이탄을 퍼붓고 있을 때에도, 소련은 사할린섬의 자국 영토에서 일본이 석유 시추를 하도록 허용했다.[48] 아시아에서의 소련 영토 확장은 1944년의 탄누투바 병합이 유일했다. 소련과 몽골 사이에 자리 잡은 인구가 희박한 땅으로 1930년대까지도 고유의 문자조차 없던 이 지역은 소련이 오랫동안 사실상 식민지처럼 통치해 온 곳이었다.[49] 이 사례를 제외하면, 1930년부터 1944년까지 아시아에서의 스탈린 정책은 전략적 방어 정책이었다.

하지만 1944년쯤에 아시아에 대한 소련의 사고방식이 바뀌기 시작했다. 일본의 팽창을 저지하는 데 그치는 것은 이제 나치조차 물리칠 만큼 강력해진 국가에게는 더 이상 적절한 목표로 보이지 않았다. 유럽에서의 군사적 성공과 함께 아시아에서 소련의 자신감이 커진 것은 어쩌면 자연스러운 일이었을 것이다. 그러나 소련의 야심도 커졌다. 전쟁 전만 하더라도 스탈린은 유럽에서는 완충지대를 원했지만, 아시아에서는 그렇지 않았다. 그러나 소련의 힘이 확장됨에 따라 아시아의 새로운 영토는 점점 더 매력적으로 보이기 시작했다. 1920년대의 실책들은 소련 지도자들의 기억에서 점차 희미해지고 있었다.

1920년대에 스탈린의 혁명적 낙관주의가 무너진 이후 소련의 아시아 정책을 규정해 온 전략적 방어 노선은 결국 폐기되었다. 그 대신, 새로운 믿음, 즉 일본이 패배한 뒤 소련이 아시아의 최대 강국이 되어 자국의 영향력과 정치 체제를 확산시킬 수 있으리라는 희망이 등장했다. 유럽 전쟁이 끝날 무렵에도 일본군은 여전히 아시아에서 가장 가치 있는 영토인 조선과 만주, 중국 연안과 타이완, 사이공과 싱가포르를 지배하고 있었다.[50] 그러나 일본은 패배하기 직전이었고, 이 모든 지역은 이제 누구나 차지할 수 있는 것처럼 보였다. 게다가 크렘린의 세계관 자체도 변했다. 아시아에서 기존 국경을 유지하는 것만으로는 더 이상 충분하지 않았다. 소련 지도자들은 이제 팽창이라는 면에서 사고하기 시작했다. 한 소련 외교관은 전후 스탈린의 사고방식을 미국 언론인에게 이렇게 설명했다. "안보란 결국 영토의 문제입니다. 많이 가질수록 더 안전한 법이지요."[51]

1944년부터 아시아에서의 영향력과 영토에 대한 크렘린의 욕구가 급속히 커졌다. 1월에 마이스키 대사는 "소련이 일본과 전쟁을 일으킬 생각은 없지만," 미국이 "일본을 군사적으로 패배시키는 데에는 큰 관심이 있다."고 썼다. 그는 이러한 결과가 사할린섬과 쿠릴열도에서의 국경 변경으로 이어지기를 기대했다. 그러나 불과 몇 달 뒤, 소련의 야망은 이 섬들을 넘어 훨씬 더 확대되었다. 7월에 도쿄 주재 소련 대사는 일본 패전 후 크렘린이 태평양 연안의 섬들뿐 아니라 동아시아 전체를 지배해야 한다고 모스크바에 썼다. 그는 아시아에서 소련의 전시 목표로 "만주의 지위", "일본의 압력으로 양도된… 중동철도", "조선의 독립", "중국 랴오둥반도와 과거 사실상 러시아 도시였던 다롄[달니]과 러시아 해군 요새였던 뤼순항"을 열거했다. 차르 니콜라이 2세 시절의 영토 야망이 갑자기 다시 등장한 것이다. 소련 대사는 옛 만주 제국을 되살리는 것뿐 아니라, 1904 – 1905년 러일전쟁의 굴욕적 종결을 의미하는 "포츠머스조약의 완전한 무효화"를 주장했다, 그는 "러시아는 이 오점을 지워야 하며", 아시아에서 강대국으로서의 역할을 다시 부활시켜야 한다고 선언했다.[52]

얄타회담

스탈린은 권력과 영향력은 투쟁을 통해서만 얻을 수 있다는 사실을 알고 있었다. 1944년, 그는 유고슬라비아에서 온 동지에게 세계지도에 붉게 칠해진 광대한 소련 영토를 가리키며 영국인이나 미국인들은—겉으로는 우리 동맹이지만—"이렇게 넓은 지역이 빨갛게 칠해져야 한다는 생각을 결코 받아들이지 않을 거요. 절대로, 절대로 말입니다!"라고 언명했다.[53] 1945년 초에 스탈린의 군대는 전장에서 나치를 완파하는 최종 단계에 접어들었다. 이제 그는 협상 테이블에서 자본주의자들을 능가해야 할 때라는 것을 알았다. 세계지도를 두고 꿈을 꾸는 일은 쉬웠지만, 소련에 유리하게 국경선을 다시 그리도록 다른 강대국들의 동의를 이끌어내는 일은 훨씬 더 복잡했다. 이를 위해 스탈린은 전시 두 파트너인 윈스턴 처칠과 프랭클린 루스벨트를 크림반도의 휴양 도시인 얄타 인근의 옛 차르 궁전으로 초대했다.

스탈린은 영국과 미국이 전시에는 소련의 동맹국이었을지 몰라도, 그들이 전후에도 상호간에 혹은 소련과 계속해서 우호적 관계를 맺으리라고는 믿지 않았다. '세 거두'Big Three로 불렸던 이 지도자들은 동맹의 외형을 유지하려 애썼다. 국내외에서 오랫동안 사회주의에 열렬하게 반대해 온 처칠은 "세계의 프롤레타리아 대중에게" 건배를 제의했다.[54] 루스벨트는 한발 더 나아가 수사적 양보뿐 아니라 실제 영토까지 제시하며, 스탈린의 지도 재편 욕구를 달래려는 헛된 시도를 했다.

'세 거두' 각자는 전후 질서의 규칙을 정하는 데 자기 나라가 특별한 역할을 할 자격이 있다고 믿었다. 하지만 이 특별한 역할이라는 구상이 구체적으로 무엇을 수반하는지에 대해서는 세 지도자 간에 커다란 차이가 있었다. 얄타회담의 기록에 따르면, "스탈린 원수는 여러 차례에 걸쳐, 전쟁의 고통을 가장 많이 감내하고 독일의 지배로부터 약소국들을 해방시킨 세 강대국이 만장일치로 세계 평화를 유지할 권리를 가져야 하는 것이 자신의 생각임을 매우 분명히 밝혔다.… 그는 알바니아가 전쟁에서 승리한 세 강대국과 동등한 발언권을 가질 것이라고 믿는 것은 터무니없는 일이라고 말했다." 이는 전후 동유럽과 동아시아에서 지배적 위치를 노리던 그에게는 편리한 입장이었다. 루스벨트와 처칠도 1939년 나치와 소련의 침공 이전에 제대로 기능하던 국민국가인 폴란드나 중부 유럽의 다른 지역들에서 적어도 "인민들의 자치 권리"를 헛되이 옹호하려 애쓰기는 했지만, 국가 간의 완전한 평등을 바란 것은 아니었다.[55]

중부 유럽 국가들이 자치를 누릴 자격이 있다는 서방의 요구는 결국 군사적 현실 앞에서 희생되었다. 소련은 해당 지역에 군대를 주둔시키고 있었고, 영국과 미국은 그렇지 않았기 때문이었다. 아시아에서도 루스벨트의 정책은 군사적 사고에 의해 좌우되었다. 그는 일본을 물리치는 문제에 집착했다. 미국 과학자들이 개발 중이던 원자폭탄이 실제로 작동할지는 아직 확실하지 않았고, 설령 성공하더라도 전쟁에서 그것이 승리를 가져다줄 것이라는 보장은 없었다. 따라서 얄타회담에서 루스벨트는 아시아에서의 다른 모든 목표를 뒤로 미루고, 독일 패전 이후 일본과의 전쟁에 참전하겠다고 약속했던 소련이 마침내 전쟁에 뛰어들도록 만드는 데 주력했다.

얄타회담에서 스탈린은 특정한 "정치적 조건들"이 충족된다면 태평양 전쟁에 참전하겠다는 의사를 거듭 밝혔다. 그러한 조건 중 하나는 미국 외교관들과 사전에 합의된 것으로, "사할린 남부 절반과 쿠릴열도"를 소련에 이양하는 것이었다. 이는 소련에게 태평양 연안 항구들을 오갈 수 있도록 해상 운송로를 확보해주는 조치였다. 두 번째 조건은 "남만주철도 말단에 위치한 부동항의 사용"을 소련에 허용하는 것이었으며, 스탈린은 옛날 차르 니콜라이 2세의 극동 제국의 중심지로서 이전에 달니라고 불리던 다롄을 제안했다. 세 번째 조건으로 스탈린은 "만주 철도의" 사용을 들었는데, "차르도 과거 만저우리에서 하얼빈을 거쳐 다롄과 뤼순항까지 이어지는 노선을 사용했었다."고 루스벨트에게 말했다. 이 세 가지 조건에 더해 전후 한반도를 공동으로 관리하기로 한 별도의 미국-소련 합의는 1904년 일본과의 참담한 전쟁 이전에 러시아가 극동에서 누렸던 지위를 되살리는 조치나 마찬가지였다.

루스벨트가 표면적으로 만주를 지배하고 있는 중국과 소련의 만주 철도 및 항만 권리를 함께 관리할 것을 제안하자, 스탈린은 이를 단호히 거부했다. 그는 루스벨트에게 이렇게 말했다. "이 조건들이 충족되지 않는다면, 러시아가 왜 일본과의 전쟁에 참전하는지 소련 국민에게 설명하기가… 어려울 것입니다. 독일은 소련의 존립 자체를 위협했기에 독일과의 전쟁은 국민이 분명히 이해했습니다. 그러나 러시아가 소련과 큰 문제가 없었던 나라인 일본과 왜 전쟁을 벌이려 하는지 국민이 납득하지 못할 것입니다.… 하지만 이러한 정치적 조건들이 충족된다면, 국민은 국가적 이해가 걸려 있다는 점을 이해하게 될 것이고, 최고 소비에트에도 이 결정을 설명하기가 훨씬 더 쉬워질 것입니다."[56]

루스벨트는 폴란드와 중부 유럽 문제에서도 스탈린의 요구를 수용했듯이 아시아에서도 그의 요구에 동의했다. 크렘린이 구상한 개편된 아시아 질서에는 단 하나의 문제만이 남아 있었다. 소련은 일본으로부터 영토를 획득하기를 원했지만, 양국은 아직 전쟁 상태가 아니었다. 실제로 일본은 소련의 중립을 유지시키기 위해 필사적으로 양보를 제안하고 있었다. 도쿄는 몇몇 섬을 넘기겠다고 제안했고, 만주를 중립지대로 만들겠다고 약속했다.[57] 또한 전후에 아시아를 소련과 함께 통치해 미국을 배제하겠다고 다짐하며, 이 제안으로 크렘린을 달래줄 수 있기를 바랐다.

그러나 소련 지도부는 별다른 감명을 받지 않았다. 도쿄 주재 소련 대사는 일본이 "만주, 조선, 관동, 북중국에서 입장을 바꾸는 일"은 "군사적 패배"가 없는 한 없을 것이라고 모스크바에 경고했다. 이에 따라 소련은 전쟁 준비에 착수했다. 얄타회담에서 스탈린은 루스벨트와 처칠에게 참전하여 "일본의 척추를 꺾겠다."고 약속한 바 있었다. 그러므로 소련-일본 중립조약의 연장은 용납될 수 없었다. 소련은 또한 그 조약이 만료되는 1951년까지 기다릴 수도 없었다. 한 소련 외교관은 "태평양전쟁은 훨씬 더 빨리 끝날 것이며, 우리는 그때까지 자유롭게 행동할 수 있어야 한다."고 경고했다.[58]

"우리 조국의 국경을 확장하는 것"

1945년 4월 5일, 소련은 도쿄에 중립 협정을 연장하지 않겠다고 통보하며 행동의 자유를 얻었다. 한 달 뒤, 소련 지도자들은 회의를 열고 전쟁 결정을 내렸다. 유일하게 남은 문제는 전쟁이 언제 시작될 것인가 하는 것이었다. 1945년 8월 6일 미국이 히로시마에 원자폭탄을 투하하면서 전쟁 일정이 정해졌다. 스탈린의 첩자들은 미국의 핵무기 프로그램에 관한 많은 정보를 보고했지만, 그는 폭탄 투하 날짜에 대해서는 사전에 전해 듣지 못했다. 일본이 소련이 전쟁에 참전하기 전에 항복할까 두려웠던 스탈린은 침공 일정을 앞당겼다. 8월 9일, 나가사키에 두 번째 폭탄이 떨어진 날, 도쿄에 "소련이 일본과 전쟁 상태에 들어갔다고 간주할 것"이라는 통보가 전달되었다. 크렘린은 수천 명의 붉은 군대 병사들에게 국경을 넘어 돌격하라는 명령을 내렸다. 사할린, 쿠릴열도, 만주, 뤼순항까지 나치 항복 후 불과 세 달 만에 소련군은 러일전쟁 이전 차르 니콜라이 1세의 아시아 제국 국경선을 다시 회복했다.[59]

일본은 곧바로 항복했으나, 소련군은 미군보다 먼저 쿠릴열도를 점령하기 위해 항복 이후에도 며칠 동안 열도에서 전투를 계속했다. 소련은 일본에 선전포고를 하면서 "일본은 소련의 동맹국인 미국 및 영국과 전쟁 중"이라고 도쿄의 대사에게 통보하며 이를 정당화했지만, 전시 동맹국들은 전후에는 빠르게 경쟁자가 되어가고 있었다. 미국과의 경쟁은 소련의 일부 행동에도 영향을 미쳤다. 예컨대 워싱턴의 강력한 경고는 크렘린이 일본의 북쪽 끝 본섬인 홋카이도를 점령하려던 시도를 단념하게 만들었다. 모스크바는 또한 일부 소련군 관계자들이 새로운 해군 기지가 '필수적'이라고 믿었음에도 불구하고 북위 38도선을 기준으로 미군과 한반도를 분할하기로 결정했다. 모스크바가 워싱턴과의 불필요한 충돌을 피하는 편이 최선이라는 판단에 따른 것이었다.[60]

다만 더욱 인상적인 것은 히로시마와 나가사키에서 드러난 미국의 가공할 만한 군사력을 마주하고도 소련의 야망이 확장된 점이었다. 일본의 주요 도시 두 곳이 원자폭탄으로 초토화된 것은 미국의 군사력이 얼마나 압도적인지를 보여주는 가장 직관적인 사례였다. 한편, 태평양을 가로지르는 미 해군의 선별적 도서 확보 작전[22)]은 태평양이 결코 넘을 수 없는 장벽이 아니라는 것을 증명했고, 노르망디 상륙작전은 해상으로도 거대한 군대를 투입할 수 있음을 보여주었다. 1945년 일본이 항복한 후, 미국은 중국과 한반도에 병력을 상륙시켜 일본군의 철수를 강제로 집행했다. 예를 들어, 같은 해 9월에 미국 항공모함 네 척이 뤼순항 접근로 주변 중국 북부 연안을 따라 항해하자, 소련 군사 관찰자들은 긴장 속에 이 움직임을 주시했다.[61]

미국의 군사 역량과 아시아에서의 무력 투사 의지의 증거는 소련의 야망을 억누르지 못했다. 일부 역사학자들은 미국이 모스크바를 위협하기 위해서 히로시마와 나가사키에 원자폭탄을 투하할 것을 명령했다고 주장해왔다.[62] 크렘린은 위협을 느낀 듯이 행동하지 않았다. 오히려 그 반대였다. 1945년 여름, 원자폭탄이 투하되던 시점에 스탈린은 아시아에서의 방어적 입장을 버리고, 차르 시대 선대 통치자들의 팽창적 목표를 다시 수용하겠다고 선언했다. 스탈린이 참조한 인물은 바로 차르 니콜라이였다. 태평양전쟁이 끝난 8월에 스탈린은 "잘 알려진 바와 같이, 일본과 러시아 간의 협상이 아직 진행 중이던 1904년 2월에 일본은 차르 정부의 약점을 이용해 예기치 않게 신뢰를 저버리고 선전포고도 없이 우리나라를 공격했습니다."라고 밝혔다. 그는 이어서 "러일전쟁에서의 러시아 패배는 러시아 인민들의 의식 속에 고통스러운 기억으로 남아 있습니다. 그것은 우리 역사에 먹칠을 한 사건이었습니다. 우리 기성세대는 이 오명을 지우기 위해

22) island hopping campaign. 제2차 세계대전 태평양 전선에서 미국이 일본에 접근하기 위해 사용한 전략. 일본이 점령하고 있던 수많은 섬들 중 전략적으로 중요한 섬만 골라 점령하고, 그 주변의 다른 섬들은 고립시켜 무력화하는 방식으로 전개되었다.

40년을 기다려 왔습니다. 마침내 그날이 왔습니다."라고 말했다.[63]

1905년 일본에게 굴욕적인 패배를 당하기 이전의 러시아 위상을 회복할 뿐만 아니라, 스탈린 자신이 1930년경에 시작했던 후퇴를 되돌리는 날이 도래했다. 일부 경우, 스탈린의 목표는 차르들의 목표보다 훨씬 더 광범위했다. 알렉산드르 베조브라조프가 꿈꾸었던 한반도 지역에서는 소련이 김일성을 공산주의 독재자로 세우는 데 기여했다. 한편 만주에서는 소련군이 수십 년간 러시아가 장악하지 못했던 영토를 다시 장악했을 뿐만 아니라, 비테 백작이 건설했던 철도망에 대한 통제권을 재확립했다. 10년 전 스탈린은 이 철도의 소유가 소련에 별다른 이익을 주지 않는다며 이를 매각했지만, 이제 그것은 다시 최우선 사항으로 부상했다. 스탈린은 철도 직원의 인사 문제처럼 세세한 사안에 대해서도 정기적으로 진행 상황을 보고받았고, 최고 부관들까지 이 문제에 관여시켰다. 전쟁 후 철도 운영을 재개하기 위해 크렘린은 막대한 자금을 복구 작업에 투입했다. 여기에 더해, 지역 정부가 수립되고, 만주 내 소련 활동을 지원하기 위한 자금도 배분되었다. 한 소련 관리는 1946년에 "만주에서 우리의 정치적 영향력은 눈에 띄게 성장했습니다."라고 자랑스럽게 보고했다. 머지않아 스탈린은 중국 학생들로부터 "위대한 러시아어, 레닌과 스탈린의 언어"를 배우고 있다는 찬사의 편지들을 받기 시작했다.[64]

1945년 이후 아시아에서의 세력 균형은 명백히 모스크바에 유리하게 바뀐 것은 아니었다. 미국이 일본의 힘을 무력화시킨 것은 사실이었다. 그러나 그것은 미국 군대가 태평양을 손쉽게 건너 파괴적인 폭격으로 일본의 도시들을 초토화시킬 수 있는 사실을 입증함으로써 이루어졌다. 일본군은 사라졌으나, 미국의 전략 폭격기들은 여전히 남아 있었다. 원자폭탄도 마찬가지였다. 도쿄나 나가사키에 이를 수 있는 미군 폭격기는 캄차카나 블라디보스토크도 타격할 수 있었다. 소련은 전쟁으로 황폐화된 반면, 미국은 그 어느 때보다 강력한 상태였다. 1945년, 전쟁이 끝날 무렵 미국은 해병대를 중국에 상륙시켰고, 미 해군은 중국과 일본 사이의 해역을 순찰했다.

그러므로 스탈린이 아시아에서 기회를 포착한 것은 군사적 균형에 대한 냉철한 계산이자 팽창에 대한 열망의 결과였다. 차르 니콜라이의 제국은 복원되었다. 몰로토프는 한때 알래스카까지 꿈꾸었지만, 결국 "아직 그럴 시기는 아니다."라고 결론 내렸다.[65] 그러나 알래스카가 여전히 크렘린의 손이 닿지 않는 곳으로 남았음에도 불구하고, 얻은 것은 많았다. 세계의 지도가 새로 그려지는 가운데, 크렘린은 소련의 힘을 아시아에서 확대할 새로운 기회를 감지했고, 영토 확장의 가능성도 함께 보았다. "외무장관으로서 나의 임무는 우리 조국의 국경을 확장하는 것이었다."라고 몰로토프는 은퇴 후 자랑스럽게 회고했다. "스탈린과 나는 그 임무를 꽤 잘 수행한 것 같다."[66]

“중국이 일어섰다!”

소련의 야망은 전쟁에서 승리한 이상 세계지도를 다시 그릴 권리가 있다는 크렘린의 인식과 함께 확대되었다. 그러나 이것만이 야망이 커진 유일한 원인은 아니었다. 사상과 정치도 중요한 역할을 했다. 특히 아시아에서 소련의 사상이 승리하고 있다는 판단이 그랬다. 1940년대 동안 혁명적 마르크스-레닌주의는 북한에 뿌리내리는 듯했고, 더 중요한 것은 중국 내전에서 승리를 거두었다는 점이었다. 아마도 이 일련의 사건들은 소련이 전후에 설정했던 영토 팽창 목표조차 실제로 가능했던 영향력 확대의 여지를 과소평가했음을 시사했을 것이다.

전쟁 직후인 1945년에 소련은 중국을 무엇보다도 현실정치의 관점에서 바라보았다. 만주를 소련의 세력권 안에 편입시켜야 했고, 그 철도와 항구는 소련의 지배 아래 들어가야 했다. 그러나 중국의 나머지 지역은 이상적으로는 과거 수십 년간 그랬듯이, 약하고 분열된 정부를 책임진 장제스가 통치하게 될 것이라고 모스크바는 믿었다. 일본과의 전쟁이 끝나기도 전에 스탈린은 장제스 정부와 조약을 체결하여 그 정통성을 인정하고 마오쩌둥의 공산당을 철저히 외면했다. 이 조약의 대가로, 장제스의 중국은 스탈린이 상기시켰듯이 “러시아가 건설했다.”는 사실을 근거로 만주의 철도에 대한 러시아의 지배를 용인했다. 옛 러시아 해군 기지인 뤼순항 역시 “러시아가 건설했다.”고 몰로토프가 덧붙였다. 장제스가 이 협상, 즉 크렘린은 장제스의 정부를 승인하고 장제스는 만주에서의 소련 지배를 인정하는 조건을 수용하자, 중국 주재 소련 대사는 양국 관계에서 "어떠한 모순도 보이지 않는다."고 자랑스럽게 보고했다.[67]

소련은 장제스의 국민당 정부와 협력했는데, 당시 대부분의 분석가들과 마찬가지로 크렘린은 장제스가 제2차 세계대전 이후에도 오랫동안 중국을 통치할 것이라고 믿었기 때문이었다. 1920년대 중국에서 혁명 프로젝트가 무산된 후, 스탈린은 중국 공산주의자들을 여전히 신뢰할 수 없다고 보았다. 전쟁 동안 마오쩌둥은 어쨌든 소련의 요구에 복종하기를 여러 차례 거부했다. 1941년부터 1943년 사이에 다섯 차례나 스탈린은 중국 공산주의자들에게 북중국으로 병력을 보내 일본군을 묶어두라고 명령했지만, 매번 마오쩌둥은 이를 거절했다. 마오쩌둥 자신도 동료들에게 "우리는 소련 말을 들어야 하지만, 전적으로 따르지는 말아야 한다."고 말했다. 이러한 태도는 소련으로 하여금 중국인들이 스탈린이 말한 "겉은 붉지만 속은 하얀 무 공산주의자"일지도 모른다고 의심하게 만들었다. 한 미국 외교관은 몰로토프가 "소위 중국 공산주의자들은 실제로는 공산주의자가 아니"라고 믿었다고 보고했다.[68]

게다가, 소련의 정책결정자들은 마오쩌둥이 중국의 오랜 내전에서 승리할 수 있으리라고는 좀처럼 상상하지 못했다. 스탈린은 보좌관들에게 "중국공산당과 노동계급은 침략자에 맞서 싸움을 주도할 지도자가 되기에는 여전히 허약하다."고 거듭 말했다. 중국의 공산주의자들은 병력 100만 명에 중화기조차 부족한 반면, 장제스는 현대식 장비로 무장한 450만 명의 군대를 보유하고 있었다. 이러한 비대칭 전력 때문에 크렘린은 장제스가 중국을 계속 통치할 것이라고 확신했다. 전쟁 동안 소련은 거의 모든 군사 원조를 공산주의자들이 아닌 장제스 측에 보냈다. 한 역사학자에 따르면, 소련이 전쟁 중 중국 공산주의자들에게 제공한 무기는 고작 "고사포 6문과 기관총 120정"뿐이었으며, 이는 제2차 세계대전 직전 나치 독일에 제공한 군사 지원에 비하더라도 터무니없이 적은 수준이었다. 중국 공산주의자들은 "부르주아계급에게는 무기, 프롤레타리아계급에게는 책"이라며 불만을 터뜨렸다.[69]

한편, 중국의 공산주의자들은 미국과의 관계 개선을 시도하고 있었다. 공산주의 지도자 저우언라이[23]는 한 미국 특사에게 중국의 민주주의는 "미국식 모델을 따라야 한다."고 믿는다고 말하며, "산업화, 자유 기업, 그리고 개인의 발전"을 지지하겠다고 약속했다. 중국 공산주의자들이 미국을 향한 것은 소련이 그들의 혁명적 노력에 대해 애매한 태도를 보였기 때문이었다. 1945년에 소련이 일본 점령 하의 만주를 침공했을 당시, 붉은 군대는 "일본군으로부터 해방된 만주의 도시들에서는 장제스가 임명한 행정 당국만이 중국 국기를 게양할 수 있다."는 명령을 받았다. 이는 소련이 이념적 동맹으로 여겼던 중국 공산군을 의도적으로 배제한 조치였다. 스탈린은 또한 침공 중에 국민당 측 대표가 붉은 군대와 함께 활동하는 것도 허용했다. 그러나 제2차 세계대전이 끝난 후, 스탈린은 특히 패전한 나

---

23) 周恩來(Zhou Enlai, 1898–1976). 중국의 혁명가이자 정치인. 1922년 중국공산당 파리지부를 창설하고 귀국하여 1924년 황푸군관학교 정치부 부주임이 되었다. 1927년 장제스가 일으킨 상하이 쿠데타에 대항해 민중 봉기를 조직하고 난창 봉기와 광저우 코뮌을 주도했다. 1934년 대장정에 참여하고 시안사건 때는 공산당 대표로 국공합작을 이루어냈다. 공산정권이 수립된 1949년부터 1976년 초까지 중화인민공화국의 초대 총리를 지냈다. 1949–1958년에는 외교부장을 지냈으며 1954년 9월부터는 마오쩌둥으로부터 중국공산당 주석직을 넘겨받아 1976년 1월 사망할 때까지 재임했다.

치 독일군으로부터 노획한 무기를 공급하는 방식으로 중국 공산주의자들을 더 적극적으로 지원하기 시작했다.[70]

그러나 스탈린의 애매한 태도도, 장제스의 군대도 중국 공산주의자들의 부상을 막을 수는 없었다. 만주에서의 10년에 걸친 일본 지배는 중국의 우익 세력을 약화시키고 좌익 세력을 강화시켰다. 공산주의자들은 일본군 휘하에서 복무했던 중국 병사들을 기꺼이 자신들의 대오에 받아들였고, 이는 공산군의 전력을 보강해 주었다. 반면 장제스는 지주와 농민 모두에게 호소력을 가질 수 있는 비전을 만들어내는 데 어려움을 겪었다. 마오쩌둥의 공산주의자들은 "전 중국을 해방하라!"라는 훨씬 더 명확한 구호를 내세웠고, 1946년 봄까지 공산군은 만주의 도시 지역을 장악했다. 이후 3년에 걸쳐 그들은 베이징과 톈진, 난징과 상하이 등 중국의 주요 도시들에서 경쟁 세력을 몰아냈고, 마침내 장제스는 타이완으로 도피할 수밖에 없었다. 마오쩌둥은 이렇게 선언했다. "중국이 일어섰다!"[71]

하지만 중국 내전의 최종 단계에 이르기까지, 스탈린은 마오쩌둥과 중국 공산주의자들에 대해 여전히 신중한 태도를 유지했다. 한 보좌관은 스탈린은 중국 업무를 직접 관리하며, "중국과 관련된 모든 사안을 자신의 손에 쥐고 있었다. 사소한 요청조차도… 스탈린에게만 전달되었다."라고 회고했다. 스탈린은 1920년대에 중국 공산주의자들과 함께했던 참담한 경험에 영향을 받아, 마오쩌둥에 대해서도 계속 회의적인 태도를 견지했다. 예를 들어 1948년 여름, 중국 공산주의자들이 장제스의 군대를 몰아내고 있었을 때조차 스탈린은 마오쩌둥이 여행을 위해 새 신발까지 마련해 두었음에도 불구하고 그의 소련 방문을 허락하지 않았다. 이유는 소련이 "곡물 수확기"를 맞아 "당의 최고 간부들이 지방으로 내려가야 했기 때문"이었다. 1949년 1월, 공산군이 국민당의 마지막 잔존 세력을 정리하는 와중에도 마오쩌둥은 다시 모스크바 방문을 요청했지만 또다시 거절당했다. 크렘린은 중국 측에 "성급해지지 말라"고 통보했다.[72]

스탈린은 중국 공산주의자들이 이념적으로 정통성을 갖추고 있지 못하다는 우려를 계속 품고 있었다. 그는 1948년 말에 이들이 국제 사회주의의 지도자 자리를 두고 자신에게 도전했던 유고슬라비아 공산주의 지도자 요시프 브로즈 티토[24)]의 편에 설 수도 있지 않을까 염려했다. 이와 동시에 스탈린은 중국인들이 지나치게 좌경적일지도 모른다는 두려움도 있었다. 스탈린은 1949년 3월에 중국에서 자신의 초기 노력을 좌절시킨 급진주의를 경계하면서, 그들에게 온건 정책을 채택해 "민족 부르주아계급"과 "협력하라"고 촉구했다. 그러나 무엇보다도, 그는 중국 공산주의자들이 끝내 승리하지 못할 것이라고 계속 의심했다. 1949년 4월, 중국 공산주의자들이 군사 투쟁의 마지막 단계에 접어들었을 때, 스탈린은 그들에게 대출을 제공할지를 두고 망설였다. 같은 해 7월에 스탈린은 인민해방군의 상태를 점검하면서 한 동료에게 이렇게 물었다. "조종사는 있나요? 선원은 있습니까?" 실제로 많지 않았다. 이는 소련이 그동안 중국 공산주의자들의 군사력 강화를 도와주기를 피했던 탓이기도 했다.[73]

하지만 스탈린 자신의 견해도 중국 내 세력 구도의 변화에 따라 달라졌

---

24) Josip Broz Tito(1892–1980). 유고슬라비아의 독립운동가, 노동운동가, 공산주의 혁명가. 제2차 세계대전 동안 유고슬라비아를 침공한 나치 독일에 맞서 파르티잔 운동을 이끌었다. 1953–1980년 유고슬라비아 사회주의공화국 연방의 초대 대통령으로 재임했으며, 비동맹운동의 의장을 지냈다.

다. 1949년이 되자 마오쩌둥의 눈부신 승리는 부인할 수 없게 되었다. 장제스의 부르주아 정권은 1920년대 미하일 보로딘의 음모와 1930년대 일본과의 전쟁 속에서도 살아남았지만, 마오쩌둥의 농민 군대는 그 정권을 송두리째 무너뜨리고 있었다. 어쩌면 다른 부르주아 정부들이 생각보다 더 약할지도 모른다고, 어쩌면 소련식 체제가 확장할 준비가 되어 있을지도 모른다고 스탈린은 점차 의문을 품기 시작했다.

1949년까지 폴란드에서 루마니아에 이르는 동유럽 전역에 '인민민주주의' 국가들이 세워졌다. 냉전이 유럽에서 격화하면서, 서방 열강은 공산주의자들에 맞서 단단히 방어태세를 갖추었고, 국내의 좌익 운동을 진압하는 한편 해외에서도 그들에 대항해 동원에 나섰다. 이미 1946년에 서방 고위 지도자들은 유럽 전역에 '철의 장막'이 존재함을 선언하며 소련 영향력의 확장을 막아야 한다고 촉구했다. 1948년에는 마셜플랜[25]이 유럽을 두 개의 경제 블록으로 분할하는 신호탄이 되었으며, 분단된 베를린의 지위 문제를 둘러싼 미국과 소련 간의 교착 상태가 심화되면서, 워싱턴이 유럽에서 자신의 입지를 지키기 위해 막대한 군사력을 투입할 의지가 있음을 보여주었다.[74]

하지만 아시아에서는 소련의 영향력이 차르 니콜라이 2세 제국의 옛 국경선까지가 아니라 그 너머까지 확장될 수 있는 가능성이 열려 있는 듯했다. 아시아는 또 공산당들이 팽창하기에 알맞은 환경처럼 보였다. 아시아

25) Marshall Plan. 정식 명칭은 유럽부흥계획이다. 제2차 세계대전 후 유럽의 황폐화된 동맹국을 위해 미국이 계획한 재건·원조 계획을 가리킨다. 미국의 국무장관 조지 마셜이 제창했기 때문에 마셜플랜이라고 불리며, 공산주의의 확산을 막는 것이 목적이었다. 플랜은 1947년 6월에 있었던 서유럽-미국 회의에서 조직되었다. 미국은 소련과 그 동맹국에게도 "정치적 개혁과 외부 감독을 받는 조건하에" 동일한 원조 계획을 제시했고, 당연히 소련은 이 제안을 거절했다.

전역에서 공산주의의 최대 적이었던 일본의 우익 세력은 1940년대 후반에 미국의 점령으로 무력화되고 있었고, 장제스의 반공 세력은 중국에서 쫓겨났다. 그리고 중국은 공산당이 있는 유일한 아시아 국가가 아니었다. 한반도와 베트남의 북반부에서도 공산당이 영향력을 키워가고 있었으며, 스탈린은 "견실하고 지적인" 공산주의자들이 이들을 이끌고 있다고 믿었다.[75] 1947년에 영국 제국으로부터 독립한 인도조차도 좌파 사상에 관심을 보이고 있었고, 이는 사회주의가 진출할 여지를 만들어주고 있었다.

1949년 여름, 여러 중국 지도자들이 모스크바를 방문했을 때, 스탈린은 그들을 위해 만찬을 열었다. 그는 이 자리에서 지구적인 변혁이 진행 중이라고 말했다. 일본 제국과 장제스의 중국이 동시에 몰락하면서, 저항할 수 없을 정도의 낙관주의, 야망, 심지어 혁명적 열기가 솟구쳤다는 것이었다. 소련은 1945년 이전까지 유지하던 아시아에서의 전략적 방어 정책을 점점 버리고, 이제는 전진 기어를 넣고 있었다. 지금은 공세적인 사고를 해야 할 때였다. 스탈린은 손님들에게 다음과 같이 말했다. "혁명의 중심이 서방에서 동방으로 옮겨갔고, 이제는 중국과 동아시아로 더 이동했습니다. 나는 여러분이 이미 중요한 역할을 하고 있다는 것을 알고 있지만,… 동시에 여러분의 책임도 훨씬 더 커졌다고 말씀드리겠습니다. 여러분은 자신의 책무를 다해야 합니다." 목표는? "동아시아 국가들에서의 혁명"이었다. 문제는 단지 중국의 미래만이 아니라, 아시아의 미래 그리고 세계의 미래였다. "중국의 인구 4억 7,500만 명에 인도, 버마, 인도네시아, 필리핀의 인구를 더해봅시다.… 아시아의 인민들이 여러분을 주목하고 있습니다."[76]

"혁명의 교사"

1949년 10월 1일, 마오쩌둥은 베이징의 톈안먼 광장에 모인 환호하는 군중들 앞에서 중화인민공화국의 수립을 선포했다. 두 달 뒤, 그는 마침내 스탈린의 허락을 받아 모스크바를 방문했다. 이론상으로는 두 나라는 혁명의 동맹국이었다. 실제로는 모스크바가 형이었다. 중국 대표단은 스탈린에게 이렇게 약속했다. "어떤 문제에서 견해 차이가 생길 경우," 중국공산당은 "자신의 입장을 밝힌 뒤, 소련공산당의 결정을 단호히 따르고 이행할 것입니다." 마오쩌둥은 국경에 대한 통제를 확고히 하고 산업 기반을 건설하는 과정에서 소련의 묵인이 필요했다. 그는 적어도 국내 혁명을 준비하는 동안만큼은, 원조를 얻기 위해 소련의 오만을 감수할 수밖에 없었다. 1950년 2월 17일, 모스크바 기차역에서의 환송 연설에서 마오쩌둥은 두 나라 사이의 "완전한 이해와 깊은 우의"를 언급하며 다음과 같이 선언했다. "전 세계 혁명의 교사이자, 중국 인민의 절친한 벗인 스탈린 동지 만세!"[77]

마오쩌둥은 스탈린에게 호의를 구한 유일한 소련의 피보호자가 아니었다. 소련이 한반도의 북쪽 절반에 지도자로 세운 김일성은 한반도를 자신의 통치 아래 통일하려는 거대한 야망을 품고 있었다. 그는 남침을 원했지만, 소련 보호자들의 지원 없이는 성공할 수 없었다. 김일성은 스탈린에게 침공을 허락해달라고 거듭 졸랐지만 — 한 집계에 따르면 이 문제와 관련된 전보만 48통에 달했다 — 거의 진척을 보지 못했다. 김일성이 북한 전역에서 성대하게 조직한 스탈린 70세 생일 축하 행사도 도움이 되지 못한 것처럼 보였다. 예컨대 1949년 9월에 김일성은 소련 대사에게 "남한을 상대로 군사작전을 개시하는 것을 허용"해달라고 요청하면서, "국제 정세가 허락된다면… 남쪽으로 더 진격할 준비가 되어 있다."고 말했다. 그러나 크렘린은 당시 국제 정세가 허락되지 않는다고 판단했다. 대신 북한군의 전투 역량을 더 정확히 평가하기 위한 긴 질문 목록을 보냈고, 이에 대한 답변은 김일성의 군대가 전쟁 준비가 되어 있지 않음을 입증했다. 1949년 가을, 김일성조차도 소련 대사관에 "북한이 먼저 전쟁을 시작하는 것은 정치적으로 불리할 수도 있다."고 인정했다. 소련의 분석은 이렇게 결론지었다. "북한은 필요한 군사력 우위를 갖추지 못했다. 전면적인 봉기를 위한 세력을 조직하기 위해… 이뤄진 것이 거의 없었다."[78]

그러나 중국에서 혁명이 진전됨에 따라 스탈린의 욕심도 커졌다. 1949년 말 중화인민공화국의 수립은 소련 지도자들로 하여금 아시아의 다른 사회주의 및 공산주의 정당들 역시 내전에서 경쟁 세력을 무찌를 수 있지 않을까 하는 생각을 품게 만들었다. 1945년 아시아의 전후 국경이 그어질 당시 스탈린이 거의 관심을 두지 않았던 한반도는 갑자기 팽창을 위한 매력적인 통로로 보이기 시작했다. 다 쓰러져가는 마오쩌둥의 농민 정당은 강대국들의 지원을 받은 정부를 몰아냈다. 다른 공산당들도 이런 성공을 반복할 수 있지 않을까?

스탈린은 마오쩌둥이 이제 방대한 군대를 보유하고 있고 "더는 국내 싸움으로 바쁘지 않다."며, 그러므로 이제 중국군을 한반도에 전개할 수 있다고 생각했다. 공산주의 혁명은 "심리적으로도 중요하다."고 스탈린은 지적했다. 이는 "아시아 혁명가들"의 힘을 보여주는 동시에, 미국이 주도하는 세력이 "새로운 중국 당국에 군사적으로 도전"할 의지가 없다는 점을 드러낸 것이기도 했다. 만약 미국이 중국에서 공산주의자들이 장제스 정부를 무너뜨리는 것을 방관했다면, 미국의 이해관계에서 보자면 훨씬 덜 중요한 지역인 한반도에서도 마찬가지로 방관하지 않겠는가? 그러나 더 놀라운 점은 한반도가 과연 갈등을 감수할 만한 가치가 있는지에 대한 소련의 인식 변화였다.[79]

1950년 1월 19일, 김일성은 소련 대사와의 술자리 오찬에서 이제 중국 혁명이 완수되었으니 분단된 조국이 공산주의 세력에 의해 통일될 "다음 차례"라고 선언했다. 그는 "[조선] 인민군은 며칠 안에 서울에 입성할 수 있다."고 장담했다. 스탈린은 동료들에게 이제는 중국에 공산주의 정권이 들어섰기 때문에 "국제 정세가 바뀌었다."고 말했다. 그는 이전까지는 김일성을 억제했지만, 이제는 평양의 남침을 승인했다. 스탈린은 마오쩌둥에게 전쟁 노력을 지지하라고 압박했다. 이미 새로운 냉전 국면에서 "한쪽으로 기울어야 한다."고 선언한 중국은 이에 동의했다.[80] 스탈린이 1945년에 곁다리로 취급했던 한반도는 이제 전쟁을 감수할 가치가 있는 곳으로 보였다.

1950년 6월, 북한군이 군사 분계선을 넘어 남한으로 물밀 듯 쳐들어갔다. 한 달 만에 그들은 남한의 민족주의 정권을 거의 붕괴시키고, 남한군을 해안가의 좁은 땅에 고립시켰다. 미국은 이전까지 남한을 방어하지 않겠다는 신호를 보낸 바 있었지만, 북한의 침공에 격렬하게 반응했다. 1950년 9월, 미국은 오스트레일리아, 튀르키예 등 동맹국들과 함께 수만 명의 병력을 남한에 상륙시키고 빠르게 북진했다. 10월이 되자, 미국이 주도하는 연합군은 전쟁 이전에 한반도를 나눴던 38도선을 넘어설 준비를 하고 있었다. 스탈린은 북한에게 더욱 강력히 맞서 싸우라고 독려하면서, 평양에 "모든 자원을 동원해 공격을 저지하라"고 말했다.[81]

곧 중국군이 전투에 뛰어들었다. 마오쩌둥은 국내에서 "미국 증오 운동"을 전개하며 자본주의 열강에 대한 반감을 부추겼다. 미국이 주도하는 연합군이 중국과 한반도의 경계인 압록강에 접근하자, 베이징은 인민해방군에 참전을 명령했다. 완전한 기습으로 중국군은 연합군에 돌진해 그들을 38도선 이남으로 밀어냈고, 1951년 1월에는 일시적으로 수도 서울을 점령했다.[82] 곧이어 전선은 대체로 전쟁 전의 경계선 부근에서 안정되었다.

전쟁이 교착 상태에 빠졌음에도 스탈린은 중국과 북한의 동맹국들에게 전투를 계속하라고 독려했다. 1952년 2월, 그는 마오쩌둥에게 보내는 서한에서 중국의 "확고한 입장"이 이미 "긍정적인 성과"를 낳았다."고 썼다. 몇 달 뒤 스탈린은 김일성에게 미국의 평화 제안은 "사기적인 도발"이며 거절해야 한다고 썼다. 8월에는 마오쩌둥의 부관 저우언라이에게 미국을 두려워할 필요가 없다고 말하며, "그들은 대규모 전쟁을 수행할 능력이 없습니다.… 미국 병사들은 하나같이… 사고파는 일에 몰두해 있습니다.… 그게 무슨 힘이겠습니까? 미국의 주된 무기는 스타킹, 담배, 그리고 기타 상품들입니다."라고 비꼬았다.[83]

미국에 맞선 전투에서 눈에 띄게 빠져 있었던 것은 바로 소련군이었다. 한반도에서의 팽창에 대한 스탈린의 열정은 그의 무력 사용 의지와 일치하지 않았다. 스탈린은 미국의 대응을 잘못 계산했고, 워싱턴이 수만 명의 병력을 한국에 보낼 의향을 보인 데 깜짝 놀랐다. 자신이 감당할 수 있는 위험의 수준은 물론 한반도가 자신에게 얼마나 중요한지를 제대로 파악하지 못했던 것이다. 스탈린은 소련 공군이 비밀리에 한반도 상공에 투입되는 것은 승인했지만, 그 이상의 군사 지원은 거부했다. 중국이 소련군을 한반도에 보낼 의향이 있는지를 묻자, 그는 "우리는 오래전에 한반도에서 자국 병력을 신속히 전면 철수시킨다고 발표한 바 있습니다."라고 마오쩌둥에게 쓰면서 난색을 표했다.[84]

히틀러와의 전쟁을 막 끝낸 스탈린은 비위가 약하거나 겁이 많은 인물로 알려져 있지 않았다. 그런데도 그는 한국전쟁에 공개적으로 개입하는 것을 생각만 해도 두려움에 "몸을 떨었다."고 동료 중 한 명은 회상했다. "그는 우리가 더 약하다는 걸 알고 있었다." 또한 스탈린은 한반도가 독일 점령이나 두 개의 진영으로 점점 나뉘어가는 유럽의 상황처럼 훨씬 더 중대한 소련의 이해관계에 비하면 결국 부차적인 사안이라는 점도 알고 있었다. 미국이 방관한 채 북한군이 남한의 경쟁자를 쓸어버릴 기세로 진격할 가능성이 있을 때만 해도, 한반도는 전쟁을 감수할 가치가 있었다. 그러나 미국이 개입하자, 스탈린의 팽창에 대한 열의는 식어버렸다. 3년에 걸친 전쟁 동안, 스탈린은 중국과 북한의 동맹국들에게 계속 전진할 것을 촉구했다. 한편 그의 자문관들은 전쟁에서 빠져나올 수 있는 길이 없을까 전전긍긍하며 사태를 지켜보았다. 중국과 북한 역시 스탈린의 조언이 반드시 자신들의 최선의 이익을 염두에 둔 것이 아니라는 사실을 점차 깨달아 갔다. 마오쩌둥은 몇 년 후 이렇게 회고했다. "나는 언제나 스탈린의 조언을 따랐다면, 벌써 죽었을 것이다."[85]

"도대체 누가 이 전쟁이 필요했단 말입니까?"

하지만 두 지도자 중 먼저 세상을 떠난 이는 스탈린이었다. 그는 1953년 3월 5일, 뇌졸중으로 쓰러졌다. 그의 후계자들은 즉시 대외정책의 방향을 전환해 한국에서의 평화를 위한 양보를 제안했다. 3월 9일 스탈린의 장례식에서, 잠시 전 독재자의 뒤를 이은 게오르기 말렌코프[26)]는 "자본주의와 사회주의 간의 장기적 공존과 평화적 경쟁의 가능성"을 선언했다. 엿새 뒤 그는 "서로의 이해를 바탕으로 평화적 방법으로 해결할 수 없는 문제는… 하나도 없다."는 전제 아래 '평화 구상'을 발표했다. 소련 지도부는 이

26) Georgy Maksimilianovich Malenkov(1902–1988). 소련의 정치인. 1939년 당 중앙위원에 선출되어 서기, 조직국원, 인사부장이 되었다. 1946년 정치국원으로 승진하여 당 중앙위원회 서기와 소련 각료회의 부의장(부총리)을 겸임했다. 1953년 3월 5일 스탈린의 사망 뒤 총리가 되었으나 1955년 2월 스탈린 비판에 직면하여 사임했다. 그 후 1957년 6월에 흐루쇼프 당 제1서기의 추방을 획책하려다 실패, 반당 분자로 비판받고 실각했다.

새로운 이론의 시험 무대가 한반도가 될 것이라고 판단했다.

스탈린이 사망한 지 14일 후, 소련 각료회의는 다음과 같이 합의했다. "최근까지 추구되어 온 [한반도] 문제에 대한 기존 노선을, 현 정치적 상황에 맞는 변경 없이 계속 유지하는 것은 옳지 않다. 이러한 변경은 평화의 공고화에 관심 있는 우리 국민들, 즉 소련 국민, 중국 국민, 한국 국민의 이익으로부터 비롯해야 한다." 새로운 목표는 "한국전쟁을 가능한 한 조속히 종결시키는 것"이었다. 후계자들은 이 사안에 대한 스탈린의 입장을 '기계적으로' 따를 수는 없다고 선언했다. 실제로 그의 입장은 즉시 폐기되었다.[86]

무엇이 정책의 이러한 급격한 변화를 설명해주는가? 스탈린과 마찬가지로, 그의 후계자들 또한 한국전쟁이 미국과의 더 광범위한 충돌, 어쩌면 핵전쟁으로까지 번져 자신들을 집어삼킬 수 있다는 두려움을 품고 있었다. 그보다 더 중요한 것은 그들이 이 갈등에서 아무런 목적도, 전쟁의 대가에 조금이라도 걸맞는 이익도 보지 못했다는 점이었다. 곧 권력의 공고화에 나설 니키타 흐루쇼프[27]는 반전 메시지를 소련 엘리트 내부의 정치적 반대자들을 공격하는 도구로 활용했다. 흐루쇼프는 처음부터 이 전쟁은 무의미한 일이었다고 주장했다. 이 전쟁은 미국이 아시아에서 군사적 입지를 강화하도록 만들었고, 일본의 반공주의를 되살리는 결과를 초래했다.[87] 흐루쇼프는 몰로토프를 향해 손가락질하며, 스탈린과 몰로토프의 대외정책이 "사람들을 우리에게 등을 돌리게 만들었다."고 단언했다. "우

27) Nikita Sergeyevich Khrushchev(1894–1971). 러시아의 혁명가이자 정치인. 1953년부터 1964년까지 소련 공산당 제1서기, 1958년부터는 소련 각료회의 의장을 역임했다. 스탈린주의를 비판했고 대외적으로는 미국을 비롯한 서방 국가와 공존을 모색했다.

리가 한국전쟁을 시작했어요"라고 흐루쇼프는 말을 이었다. "여하튼 지금 우리는 도무지 거기서 빠져나올 수가 없어요.… 도대체 누가 이 전쟁이 필요했단 말입니까?"

크렘린은 이제 베이징과 평양의 동맹자들에게 미국에 양보할 것을 촉구했다. 새 소련 지도부가 전쟁을 끝낼 준비가 되어 있다는 소식을 접한 김일성은 "매우 흥분했고" 또 "매우 기뻐했다."고 그 소식을 전달한 소련 특사들은 보고했다.[88] 소련과 그 동맹국들은 미국과의 주요 쟁점 대부분에서 양보를 제안했고, 양측은 빠르게 평화협정을 향해 나아갔다. 스탈린 사망 몇 달 만에 한국전쟁은 종결되었고, 양측 군대는 전쟁이 시작되었을 당시의 경계선과 거의 차이가 없는 비무장지대를 사이에 두고 갈라서게 되었다.

왜 한국전쟁은 이처럼 잘못된 방향으로 흘러갔을까? 1944년부터 스탈린은 나치에 군사적 승리를 거두면서 아시아에서의 소련의 입지를 재고하게 되었다. 자신의 군사력을 자각한 그는 소련이 이 지역을 순전히 방어라는 전략적 난제로만 간주하던 1930년대의 접근 방식을 버렸다. 일본의 공격으로부터 국경을 방어하고, 일본의 전복 활동으로부터 러시아 극동 지역을 보호하는 것이 스탈린의 최우선 과제였다. 특히 전략적으로 중요한 만주 지역에서 새로운 영토를 차지할 기회가 있었음에도, 그는 그렇게 하지 않으려 했다. 1929년 중국과의 전투에서 승리했을 때도, 1939년 일본을 물리쳤을 때도 마찬가지였다. 스탈린은 유럽에서의 안보는 세력권을 필요로 한다고 믿었지만, 아시아에서의 소련 대외정책은 국경 방어만으로 충분하다고 여겼던 것이다.

나치 독일에 대한 스탈린의 승리는 그의 가능성에 대한 인식과 야욕 모두를 키워주었다. 어쩌면 과거 만주 국경과 극동 지역에서의 정책은 지나치게 신중했는지도 모른다. 어쩌면 일본의 패배는 연합국이 소련에 넘겨주기로 합의한 태평양 연안의 작은 섬들 너머로까지 영토 확장을 꾀할 수 있는 기회를 열어준 것인지도 모른다. 어쩌면 중국 내전에서의 마오쩌둥의 승리는 1920년대의 참담한 실패와는 달리 이제 아시아의 농민 사회들이 공산주의를 받아들일 준비가 되어 있음을 보여주는 신호인지도 모른다. 1945년까지 스탈린은 아시아의 지도가 다시 그려질 때가 되었다고 판단하고 있었다.

1945년 이후 5년 동안 스탈린은 공세적 태세로 전환했다. 그는 중국 공산주의자들을 지원했고, 남한 침공을 허락했으며, 중국이 한국전쟁에 참전하도록 부추겼고, 수십만 명에 이르는 인민해방군 병사들을 훨씬 더 발전된 미국 군대에 맞서 싸우게 했다. 스탈린은 한국전쟁이 미국이 아시아 대륙에 본격적으로 개입할 의사가 없다는 점을 보여주고, 일본 점령지에서 미국 영향력을 약화시키기까지 하면서, 아시아 내 소련의 영향력 확대를 촉진하는 계기가 되기를 기대했다. 한국에서의 전쟁이 소련의 동맹국들에게 불리하게 전개된 이후에도 스탈린은 동맹국들이 전장에서 제국주의자들을 약화시키고 있다고 주장하면서 그들에게 계속 싸우라고 독려했다.

스탈린의 후계자들이 깨달았듯이, 이는 터무니없는 생각이었다. 전쟁은 피로 얼룩진 교착 상태였고, 그 결과 미국은 블라디보스토크에서 불과 수백 마일 떨어진 아시아 대륙에 병력을 주둔시키게 되었다. 붉은 군대는 나치 군대에 승리를 거두었을지라도, 스탈린이 이것을 무력 확장이 이제 아시아에서도 통할 것이라는 증거로 해석한 것은 오산이었다. 오히려 스탈린이 품었던 팽창의 꿈은 역효과를 낳았다. 얄타회담에서 그는 일본으로부터 사할린 남부와 쿠릴열도를 포함한 몇몇 근해 도서를 되찾는 데는 성공했다. 그러나 그는 또한 미국을 아시아에서의 군사적 경쟁자로 떠안게 되었다. 스탈린은 일본도 잃었다. 공산주의자들의 남한 침공은 일본의 우익 세력을 강화시켰고, 도쿄는 미국과의 동맹을 한층 더 공고히 했다. 중국과 북한의 공산당들과의 관계가 빠르게 악화됨에 따라, 스탈린이 아시아에서 거둔 성공조차 오래가지 못했다. 그러므로 스탈린 사후, 그의 후계자들은 이 옛 독재자의 팽창적 야망을 철회하고 대신 '평화 공존'을 말하기 시작했으며, 유엔 같은 지구적 포럼이나 제3세계에서 소련의 영향력을 확장하려고 했다. 아시아에서 소련의 이익을 확장하기 위해 전쟁을 벌이겠다는 구상은 조용히 폐기되었다.

7

“인류의 위대한 희망”

아시아에서의 소프트파워 사회주의

"우리가 인도에 대해 무엇을 알았던가?" 니키타 흐루쇼프는 은퇴 후, 소련 국가의 수장으로 있던 시절을 회상하며 이렇게 물었다. 당시 자신의 견해는 "피상적이고" "그저 원시적인 수준에 불과했다."라고 그는 기억했다.[1] 그럼에도 불구하고 흐루쇼프는 탈식민지화가 진행 중인 아시아를 대외정책의 중심에 놓으면서, 새로운 우방을 확보하고 소련의 지구적 영향력을 확대하기를 바랐다. 남아시아 국가들은 1947년과 1948년에 영국으로부터 독립을 얻었고, 이는 연쇄적인 탈식민지화 요구를 촉발시켰다. 동남아시아 대부분의 국가들 역시 독립을 향해 나아가기 시작했으며, 일부는 공산주의 게릴라 운동과 유혈 내전을 겪기도 했다. 중국 또한 제2차 세계대전 중 일본을 물리치고, 주요 항구 도시의 조계 구역에서 유럽인과 미국인을 몰아내며 제국주의의 멍에를 벗어던졌다. 마오쩌둥의 공산주의자들은 제국주의자들의 동맹이라 여겨졌던 지주계급과 부르주아계급의 정부, 장제스의 국민당 정권을 전복시켰다. 적어도 모스크바에서 보기에는 그런 것 같았다. 소련 지도자들이 아시아 어디를 둘러보든, 탈식민지화와 반제국주의의 물결이 아시아 전역을 덮치고 있는 듯했다.

따라서 흐루쇼프는 시간이 자신 편이라고 결론지었다. 역사의 흐름은 사회주의의 승리를 향해 굽어가고 있었다. 그는 스탈린의 어두운 비관주의와 말년에 아시아를 군사적 시각으로만 바라보던 옛 독재자의 접근 방식을 과감히 버렸다. 1930년대에 스탈린은 일본의 팽창주의에 맞서 소련의 국경을 방어했지만, 그 자신의 제국적 야망은 한반도에서 위험한 미국의 대응을 불러일으켰다. 스탈린 사망 당시, 아시아는 군사화되고 분열되어 있었으며, 소련은 태평양에서의 경쟁 상대였던 일본을 대신해, 훨씬 더 두려운 적수인 미국과 맞서게 되었다.

흐루쇼프는 스탈린이 세계 정치를 움직이는 동력들을 오해했다고 믿었다. 그는 다른 전략을 펼칠 수 있는 기회를 보았다. 군사력이 중요하기는 했지만, 흐루쇼프는 그것이 유일하게 중요한 것이라고는 생각하지 않았다. 또한 자본주의 국가들과의 전쟁도 필연적인 것이 아니라고 여겼다. 대신, 흐루쇼프는 '평화 공존'의 새 시대를 선언했다. 소련은 이제 수많은 병력이 아니라 경제적 성공과 이념적 활력으로 자본주의 경쟁자들을 '묻어버릴' 것이었다. 소련 대외정책은 전후에 스탈린이 보였던 국경 변경과 지도 재편에 대한 관심을 버렸다. 흐루쇼프는 세계의 국가들이 자신의 지도력을 인정하면서, 자연스럽게 소련 쪽으로 기울고 있다고 믿었다. 제2차 세계대전 종전 무렵에 스탈린이 아시아에서 추구했던 목표인 "우리 조국의 국경을 확장하는 것"은 새로운 전략으로 대체되었다. 새로운 우방을 찾고, 사회주의의 메시지를 전파하고, 유엔에서 지지를 확보하는 것, 이것이야말로 흐루쇼프가 아시아와 세계무대에서 소련을 강대국으로 만들기 위해 내세운 방법이었다.

스탈린이 사망하고 나서 권력을 확고히 한 직후인 1955년 11월, 흐루쇼프는 모스크바에서 두 개의 엔진을 단 일류신-14기를 타고 인도, 버마, 아프가니스탄으로 향한 여행길에 올랐다. 훗날 흐루쇼프는 이 여행이 "믿을 수 없는 인상"을 남겼다고 회상하며, 그들의 옷이 지닌 "풍부한 색채", "남자들의 모자(흰색이나 초록색)", 그리고 "작게 여러 갈래로 땋아 내린 턱수염"을 언급했다. "우리에게는 이 모든 게 한 편의 연극 공연처럼 환상적으로 보였다." 흐루쇼프는 몇 주 동안 이 지역을 여행하며 히말라야 산기슭을 둘러보고, 펀자브의 수틀레지강에 세워진 댐을 시찰했다. 또 인도-네팔 국경까지 이동하고, 봄베이, 캘커타, 케랄라, 마드라스를 방문했으며, 200년 된 칼을 선물로 받았다. 그는 타지마할 같은 역사 유적지도 찾아갔으며, 원숭이를 보고, 코끼리를 타기도 했다. 흐루쇼프는 "정말 이국적이었다."고 회상했다. "우리는 코끼리 없는 인도나 인도 없는 코끼리를 상상할 수조차 없다고 생각했다." 비록 흐루쇼프의 경우 차르 니콜라이 2세를 즐겁게 했던 호랑이 사냥이나 '무희들'은 생략된 듯하지만, 이 소련 총서기의 여정은 마치 차르가 '동방'의 땅을 향해 떠났던 여행을 반복하는 것처럼 보였다.[2]

차르 시대의 선대 통치자처럼, 흐루쇼프 방문의 주요 목적 역시 지정학적인 것이었다. 차르 니콜라이의 그랜드 투어는 니콜라이가 중국에서 자신의 권력을 확대하고 영국, 일본, 미국 등 아시아-태평양 지역의 다른 강대국들에 맞서려 하는 등 러시아가 아시아에서 영향력을 행사하려 준비하던 시기에 이루어졌다. 흐루쇼프는 이 같은 의제를 이어받되, 여기에 사회주의를 위한 이념적 권고라는 새로운 요소를 추가했다. 니콜라이는 아버지에게 보내는 사적인 편지에 경쟁 열강에 대한 비난을 담았다. 반면 흐루쇼프는 공개적으로 냉전을 수행하면서 "수십만, 아니 심지어 수백만 명"의 군중 앞에서 미국 대통령 드와이트 아이젠하워[1)]를 공격하고 소련의 경쟁국들을 규탄해 인도 주최자들을 당혹스럽게 만들었다. 흐루쇼프는 이 여행을 대성공이라고 여겼다.[3]

흐루쇼프는 인도를 방문한 이유에 대해 동료들에게 인도가 "케렌스키[2)] 같은" 나라라고 믿었기 때문이라고 말했다. 즉, 그는 인도가 1917년 중반 차르 니콜라이가 축출된 뒤 레닌이 권력을 잡기 전까지 몇 달 동안 러시아를 통치했던 알렉산드르 케렌스키의 임시정부와 유사하다고 본 것이다.[4] 흐루쇼프는 인도가 사회 개혁에 관심을 가진 부르주아 엘리트들에 의해 통치되고 있다는 점에서, 볼셰비키에게 축출되기 전의 케렌스키 정부와 다르지 않다고 판단했다. 그는 인도가 곧 제3세계로 불리게 될 신생 독립국들을 포함한 아시아 대부분이 사회주의를 받아들일 준비가 되어 있는 증거라고 생각했다. 흐루쇼프의 자문관들은 아프리카에서 라틴아메리카, 남아시아에서 중동에 이르기까지 새로운 사회 계급이 권력을 잡고 있다고

1) Dwight David Eisenhower(1890–1969). 미국의 군인이자 정치인. 1953–1961년에 미국의 34대 대통령을 지냈다. 제2차 세계대전 동안에는 유럽에서 연합군 최고사령관으로 직무를 수행했으며, 1951년에 나토 초대 사령관이 되었다. 전임인 민주당 트루먼 대통령 당시 발발한 한국전쟁을 종결시켰다.

2) Alexander Fyodorovich Kerensky(1881–1970). 러시아 제국의 정치인으로 러시아혁명 때 트루도비키의 수장이자 임시정부의 총리를 지냈다. 러시아 10월 혁명 후 핀란드와 영국을 거쳐 프랑스로 망명했고, 1939년 제2차 세계대전이 터지자 나치 독일을 피해 대서양을 건너 미국에 정착했다.

보고했다. 스탈린은 이들 지역의 정치를 외면했다. 이는 부분적으로 많은 국가들이 오랫동안 유럽 열강의 지배를 받아 왔기 때문이기도 하고, 부분적으로는 1920년대 중국에서의 경험을 통해 농민 사회는 공산주의 정부를 세울 수 없다고 여겼기 때문이기도 했다. 하지만 1940년대 후반 탈식민지화가 시작되자, 흐루쇼프는 많은 제3세계 통치자들이 보여준 외견상의 급진주의와 서방 세계의 뚜렷한 약점에 깊은 인상을 받았다.

스탈린의 마지막 10년 동안, 소련의 대외정책은 종종 사회주의라는 옷을 입은 러시아 제국주의처럼 보였다. 흐루쇼프와 그의 동료들은 다른 생각을 가지고 있었다. 1950년대에 아시아는 흐루쇼프가 구상한 소프트파워 사회주의 전략에 가장 적합한 지역으로 보였다. 소련 지도자는 스탈린의 식민지적 사고방식을 버리고, 옛 독재자의 영토 야망을 규탄함으로써 중국과의 관계를 개선할 수 있기를 희망했다. 흐루쇼프는 1956년 9월에 자신의 오른팔인 아나스타스 미코얀[3]을 중국에 파견했다. 미코얀은 방문 중에 한 연설에서 1920년대에 레닌이 러시아, 중국, 인도 간의 협력 관계를 구상했다고 언급하며, 지금도 아시아의 반제국주의 강대국들 사이에 이와 유사한 관계가 가능할 것이라고 시사했다.

1917년 볼셰비키가 권력을 장악한 뒤 처음 맞은 10년 동안, 그들이 예견했던 '동방'에서의 사회주의 물결은 실현되지 않았다. 1947년 인도의 독립과 1949년 마오쩌둥의 중화인민공화국 수립으로 이제 흐름은 결정적으로 바뀐 듯했다. 혁명이 마침내 결실을 맺으며 아시아의 세력 균형을 뒤흔

3) Anastas Ivanovich Mikoyan(1895–1978). 아르메니아 출신의 볼셰비키이자 소련의 정치인. 1920년대부터 주로 국내 상업과 해외 무역 관련 고위 관직을 역임했다. 1935–1966년 소련공산당 정치국원이었으며, 1964–1965년 소련 최고 소비에트간부회 의장을 지냈다.

들기 시작했다. 흐루쇼프와 미코얀 같은 그의 동료들은 사회주의가 아시아 대륙 전역에서 승리할 꿈을 꾸었고, 중국공산당과 같은 사회주의 동맹을 '영웅적'이라 일컬으며 쑨원과 같은 반식민주의 지도자들을 "인류의 위대한 희망"이라 묘사했다.[5]

소프트파워 사회주의

흐루쇼프는 진정한 사회주의 신봉자였다. 왜냐하면 그는 소련 사회주의의 가장 큰 수혜자였기 때문이었다. 레닌, 스탈린과 초기 볼셰비키 지도부 내 그들의 동료들은 차르 통치하에서 성년이 되었고, 레닌처럼 많은 이들이 중산층 출신이었다. 이들이 1920년대에 벼렸던 사회주의 국가는 니키타 흐루쇼프처럼 가난한 금속 노동자들의 삶을 개선하기 위해 건설된 것이었다. 1894년 러시아와 우크라이나 국경 인근의 가난한 집안에서 태어난 흐루쇼프는 볼셰비키 혁명이 일어났을 당시 20대 초반이었다. 산업화가 진행 중이던 돈바스 지역의 금속 공장에서 일한 그는 소련 사회주의가 봉사하기로 되어 있는 프롤레타리아트계급의 일원이었다.

흐루쇼프에게 소련 사회주의는 실현된 약속이었다. 새로운 사회주의 국가는 공산당을 이끌어갈 젊은 프롤레타리아가 필요했고, 노동자와 농민 가정 출신의 수많은 젊은이들에게 교육과 기회를 제공했다. 1930년대의 숙청과 연출재판[4)]에서 살아남은 흐루쇼프는 차르 통치하에서 그와 같

4) show trial. 사법 당국이 미리 피고의 유죄를 결정해 놓은 공개재판. 재판의 주된 목적은 일반인들에게

은 사회적 위치로 태어난 사람에게는 거의 상상할 수 없었던 지위와 권력을 중년에 이르러 얻게 되었다. 50세 생일 무렵에는 소련의 우크라이나에서 가장 유력한 관리가 되었고, 60세 생일쯤에는 이 전직 금속 노동자가 소련 전역에서 권력을 확고히 장악하고 있었다. 흐루쇼프가 사회주의는 작동하고 있다고 생각한 것은 전혀 놀랄 일이 아니었다.

흐루쇼프는 권력을 쌓는 데는 전문가였지만, 결코 교양을 갖출 수가 없었다. 영국 총리 해럴드 맥밀런[5]은 그를 "뚱뚱하고 상스러운 남자"라고 평했고, 영국 노동당 대표 휴 게이츠컬[6]은 "꽤 호감 가는 돼지"라고 생각했다. 미국의 소련 연구자들도 비슷한 의견이었다. 미국 외교관 찰스 '칩' 볼런[7]은 흐루쇼프가 "특별히 똑똑한 사람은 아니다."라고 보고했다. 소련 지도자들은 서방 열강, 특히 미국과의 협상에서 늘 열등감을 느꼈지만, 흐루쇼프는 대부분의 소련 지도자들보다 두 배는 더 예민했다. 그는 서방 사람들이 자신을 얕보는 이유가 자신이 소련 출신인 데다 교육도 제대로 받지 못한 무례한 촌놈이기 때문이라고 믿었다.[6]

흐루쇼프는 실제보다 더 세련된 사람인 척하지는 않았다. 하지만 그는 스탈린 숙청이 자신이 가담한 일이라기보다는 자신에게 일어난 일인 척했

피고의 혐의와 평결을 보여줌으로써 반체제의 가능성이 있는 사람들에게 사례를 제시하고 경고하는 데 있다. 연출재판은 교정보다는 보복의 성격을 띠는 경향이 있으며, 선전의 목적도 있다. 이 용어는 1930년대에 소련에서 처음 사용된 것으로 알려져 있다.

5) Maurice Harold Macmillan(1894–1986). 영국의 정치인. 제2차 세계대전 이후 영국 보수당 내각의 국방장관, 외무장관, 재무장관을 역임했고, 1957년부터 1963년까지 총리를 지냈다.

6) Hugh Todd Naylor Gaitskell(1906–1963). 영국의 정치인. 1950–1951년 영국의 재무장관, 1955–1963년 노동당 대표를 지냈다.

7) Charles 'Chip' Eustis Bohlen(1904–1974). 미국의 외교관으로서 소련 전문가였다. 1953–1957년 소련 주재, 1957–1959년 필리핀 주재, 1962–1968년 프랑스 주재 미국 대사를 역임했다.

다. 은퇴 후 그는 자신이 억압에 적극적으로 관여하지 않았다는 식의 이야기를 퍼뜨리려 했고, "스탈린에게는 확실히 어딘가 병든 구석이 있었다."며 책임을 돌렸다. 마치 그의 명령을 충실히 실행한 부관들은 아무 책임도 없는 것처럼 말이다.[7] 그럼에도 불구하고 흐루쇼프는 1956년 소련 공산당 간부들 앞에서 연설을 통해 스탈린을 비난한 소련 지도자였다. 그는 옛 독재자가 만들어낸 개인숭배를 규탄했다. 흐루쇼프는 권력 경쟁자 중 한 명이었던 라브렌티 베리야[8]를 이마에 총을 쏴 처형했지만, 다른 정치적 경쟁자들은 살려두었고 모스크바에서 멀리 떨어진 굴욕적인 직책으로 좌천하는 데 그쳤다. 소련 정치에서 폭력 사용은 급감했다.

소련의 대외정책에서도 무력 사용이 줄어들었는데, 이는 스탈린의 전략에서 벗어난 중대한 변화였다. 흐루쇼프 집권 시기는 두 가지 상반돼 보이는 흐름이 결합되어 나타난 시기였다. 하나는 '평화 공존'이라는 새로운 대외정책 교리였고, 다른 하나는 핵전쟁의 위험을 동반한 미국과의 일련의 대치 상황이었다. 분단된 베를린의 지위 문제에서 수에즈 위기,[9] 이라

---

8) Lavrenty Pavlovich Beria(1899–1953). 소련의 정치인. 1931년 그루지야(지금의 조지아) 공산당의 제1서기가 되었다가, 1938년 말 내무인민위원이 되어 대숙청 뒤의 치안기관을 맡았다. 1941년 인민위원회의 부의장이 되었고, 제2차 세계대전 중에는 원수로 임명되었다. 전쟁이 끝난 뒤 정치국원, 수용소의 최고 책임자가 되었으며, 군사기술, 특히 로켓과 핵폭탄 개발에 힘썼다. 또한 동유럽권 치안 조직까지도 장악했고, 1953년 스탈린이 죽은 뒤, 말렌코프, 몰로토프와 함께 집단 지도부를 구성했다. 일정한 자유화를 내세웠으나, 권력투쟁에 패해 1953년 6월 스탈린에 대한 지나친 '개인숭배'의 책임을 물어 체포되었으며, 같은 해 말 총살되었다.

9) Suez Crisis. 제2차 중동전쟁을 일컫는다. 수에즈운하를 둘러싸고 이집트와 이스라엘, 영국, 프랑스 사이에 일어난 전쟁이다. 1956년 7월 나세르가 수에즈운하회사와 운하 통행료의 국유화를 선언하자, 같은 해 10월 29일 이스라엘군이 시나이반도를 침공하면서 시작되었다. 1957년 5월까지 계속되었고, 영국과 프랑스는 전쟁에서 이겼으나 결과적으로 수에즈운하를 잃게 되었다.

크에서 쿠바 미사일 위기[10)]에 이르기까지, 흐루쇼프는 반복적으로 미국과 핵 대결을 벌였다. 그는 삶의 모든 면에서 충동적인 인물이었고, 때때로 대외정책 매파이기도 했다. 예컨대 1945년에는 정치국원 가운데 유일하게 일본 북단의 주요 섬인 홋카이도 침공을 지지하기도 했다.[8] 이런 이유로 일부 서방 관찰자들은 흐루쇼프의 핵 벼랑 끝 전술을 가능한 모든 수단을 동원해 있는 힘을 다해서 자본주의 열강에 압박을 가하려는 의지의 증거로 해석했다.

우리가 지금 알고 있지만, 흐루쇼프의 모든 핵 위협은 허세였다. 그는 결코 핵전쟁을 치를 의사가 없었다. 흐루쇼프는 자신의 회고록에서 "핵무기에 대한 모든 사실을 알게 된 후… 며칠 동안 잠을 이룰 수 없었다."고 썼는데, 이는 다소 과장된 것으로 보인다. 그의 정적인 게오르기 말렌코프가 처음으로 핵전쟁은 승리할 수 있는 전쟁이 아니라 "세계 문명의 파괴"를 의미한다고 주장했을 때, 흐루쇼프는 그가 소련의 교리를 무시하고 있다고 비판했다. 그러나 권력을 공고히 한 지 1–2년 만에 흐루쇼프는 많은 소련 지도자들과 함께 생각을 바꿨다. 클리멘트 보로실로프는 원자폭탄의 발명이 "몇 세대 안에 우리 모두가 죽게 될 것"을 의미한다고 불평했다. 흐루쇼프는 소련과 미국이 "전쟁을 불가능하지는 않더라도 생각조차 할 수 없게 만들 정도의 파괴 수단을 현재 보유하고 있다."고 역설했다.[9] 소련의 핵무기가 기습 공격으로부터 나라를 지켜줄 것이라 믿은 흐루쇼프는 일방적인 군 병력 감축을 자신 있게 추진했다.

10) Cuban Missile Crisis. 1962년 10월 14일 미국의 U–2 정찰기가 쿠바에 소련의 SS–4 준중거리 탄도 미사일 기지가 건설되는 것을 포착하면서 미국과 소련 양국이 1962년 10월 28일까지 군사적으로 대치한 사건을 말한다.

평화 공존 정책에 대한 소련 엘리트들의 지지를 얻기 위해, 흐루쇼프는 제2차 세계대전 당시 소련군을 통솔했던 전前 지휘관 게오르기 주코프 원수로 하여금 이 슬로건을 지지하게 했다. 주코프는 연설을 통해 "소련의 대외정책은 사회구조나 국가구조와 무관하게 국가 간 평화 공존과 경제적 경쟁이 가능하다는 위대한 레닌의 현명한 가르침에 기초하고 있습니다."라고 선언했다. 스탈린 사후 몇 년 동안, 놀라울 정도로 많은 외교 분쟁들이 소련의 양보를 통해 해결되었다. 여기에는 핀란드 및 튀르키예와의 국경 분쟁, 중립국으로서 오스트리아의 지위를 규정할 조약을 둘러싼 서방 열강과의 갈등, 그리고 사회주의 국가이지만 스탈린의 요구에 굴복하지 않아 그의 분노를 샀던 유고슬라비아와의 관계 등이 포함된다. 흐루쇼프에게 평화 공존이란 서방과 경쟁하되 전쟁은 하지 않는 것을 의미했다. 성공은 국내에서의 사회주의 발전과 해외에서 더 많은 국가들을 사회주의로 전환시키는 소련의 능력을 기준으로 평가될 것이었다.[10]

흐루쇼프는 사회주의가 가장 실현 가능성이 높은 지역으로 탈식민지화가 진행 중인 세계라고 믿었다. 1950년대 초까지는 영국과 프랑스 제국이 해체되고 있었고, 머지않아 수십 년 동안의 식민 지배에 분노한 사람들이 이끄는 수십 개의 새로운 국가들이 지구상에 등장할 것이 분명해졌다. 소련 지도자들은 기회를 보았다. 1920년대에 중국 혁명에 대해 과도한 낙관론을 가졌던 스탈린 시대 이후로 거의 30년이 흘렀다. 그리고 흐루쇼프와 그의 자문관들은 이제 옛 독재자가 죽은 만큼 사회주의를 좀 더 효과적이고 인간적인 방식으로 건설할 수 있다고 믿었다. 흐루쇼프의 자문관들은

"비자본주의적 경로"라는 이론을 고안했으며, 이를 통해 "콜호스 없는 사회주의"로 나아가는 길을 제시할 수 있기를 기대했다. 콜호스는 스탈린이 1920년대 말부터 1930년대 초 사이에 폭력적으로 농민들을 강제로 가입시킨 집단농장으로, 이 과정에서 수백만 명이 희생되었다.[11] 흐루쇼프 정부의 대외정책 자문관이었던 카렌 브루텐츠[11)]는 이 시기를 탈식민지화에 대한 '희열'의 시대로 기억했다.[12]

탈식민지화에 대한 소련의 열광은 아시아에서 먼저 나타났다. 이 지역에서는 이미 1940년대에 주요 국가들이 서방 열강으로부터 독립을 쟁취하고 있었다. 1946년에 필리핀이 미국으로부터 독립을 승인받았다. 이듬해에는 인도와 파키스탄이 독립했으며, 버마와 실론(현재의 스리랑카)이 그 뒤를 이었다. 인도네시아는 그 다음 해에 네덜란드로부터 독립을 인정받았다. 프랑스령 인도차이나 역시 길고도 피비린내 나는 길이었으나, 탈식민화를 향해 나아가고 있었다. 1950년대 초에 아프리카의 탈식민지화는 변화의 기운이 감돌고 있었지만 여전히 수년은 더 걸릴 것 같았다. 중동은 겉으로는 독립국가였지만 여전히 영국이나 프랑스의 간섭을 받는 나라들로 대부분 이루어져 있었다. 카리브해 지역을 제외하면, 라틴아메리카 국가들은 대부분 우익 정권의 통치를 받고 있었으나, 이미 100년 넘게 독립을 유지하고 있었다. 흐루쇼프가 처음 권력을 잡았던 1950년대 초에 가장 빠르게 변화하고 있는 것처럼 보인 지역은 아시아였다.

더욱이 잠시 동안은 레닌이 예견했던 러시아–중국–인도 동맹이 실현

11) Karen Nersesovich Brutents(1924–2017). 소련의 사회 · 정치 활동가. 1961–1969년 《세계와 사회주의의 문제들》(프라하 발행)의 민족해방 분과 과장으로 일했다. 또 1961년부터 소련공산당 중앙위원회 기구에서도 근무했으며, 마지막 직위는 국제부 제1부의장이었다.

될 수도 있을 것 같았다. 1954년, 인도와 중국의 지도자들은 양국 관계가 주권의 상호 존중과 평화 공존의 원칙을 바탕으로 해야 한다는 데 공식적으로 합의했다. 이듬해, 그들은 인도네시아에서 열린 제1차 아프리카-아시아회의에서 다시 만나 탈식민지화된 세계가 국제 문제에서 더 큰 목소리를 가져야 한다고 주장했다. 흐루쇼프는 이 협력 움직임을 강화하기 위해 온 힘을 기울였다. 예를 들어 그는 카슈미르 지역을 두고 인도와 파키스탄 사이에 벌어진 분쟁에서 인도를 지지했다. 그리고 크렘린은 인도를 경제 원조 정책의 중심에 놓았다. 당시 미코얀의 표현에 따르면, 원조만이 "미국과의 경쟁을 좀 더 본격적으로 시작할 수 있는" 유일한 방법이었기 때문이었다. 소련 전문가들이 인도에 대한 원조의 실효성에 의문을 제기했을 때도, 흐루쇼프는 자신이 구축해가고 있다고 믿었던 러시아-중국-인도 간의 파트너십을 공고히 할 수 있을 것이라고 기대하면서 이 정책을 고수했다.[13]

인도만이 사회주의에 이득을 가져다주고 소련의 영향력을 넓히는 데 기여한 유일한 지역이 아니었다. 프랑스는 자국 군대가 호찌민[12)]이 이끄는 공산주의 게릴라 세력의 공격을 받으면서 동남아시아의 식민지인 인도차이나에 대한 지배력을 잃어가고 있었다. 중국과 소련의 지원을 받은 베트남 반군은 프랑스를 협상 테이블로 끌어냈다. 1954년 제네바회담에서 프랑스는 베트남을 분단하는 데 동의했고, 사실상 북부 절반을 모스크바 및 베이징과 동맹을 맺은 게릴라 세력의 통제 아래 두기로 했다. 이곳

12) Ho Chi Minh(胡志明, 1890-1969). 베트남의 정치인. 민족해방 최고 지도자로서 베트남의 독립을 위해 일생을 바쳤다. 베트남공산당, 베트남독립동맹회 등을 창건했으며, 1945년 베트남민주공화국을 선포하고 초대 국가주석(1945-1969)을 지냈다.

에서도 사회주의가 전진하는 듯이 보였다. 아이젠하워 미국 대통령은 북베트남에 사회주의 국가가 들어서면 이 지역 전체에 반란이 확산되고, 서방의 지원을 받는 정권들이 마치 '도미노'처럼 차례로 무너질 것을 우려했다. 흐루쇼프는 아시아 전역을 휩쓰는 사회주의 물결과 함께 소련의 영향력이 확대됨에 따라 이 같은 전망이 현실화될 수 있다는 데 동의했다. 그는 1956년 서방 외교관들에게 "역사는 우리 편입니다. 우리는 여러분을 파묻을 것입니다!"라고 선언했다.[14]

"위대한 친선"에 금이 가다

1950년대 초반과 중반에 탈식민지화와 제3세계에 대한 모스크바의 정책은 중국에서 크렘린의 사회주의 동맹자들로부터 확고한 지지를 얻었다. 마오쩌둥은 소련 대사 파벨 유딘[13)]에게 베이징이 비동맹국인 인도와의 관계를 매우 중시한다고 밝히며, "아시아의 인민들을 우리 편으로 끌어들이는 것은 대단히 중요한 일"이라고 선언했다. 마오쩌둥은 흐루쇼프의 남아시아 방문이 사회주의라는 "공동의 대의"를 강화하는 데 있어 "매우 중요하다고 강조했다." 마오쩌둥은 또 다른 회담에서 유딘에게 중국 역시 "인도와 버마 같은 국가들에 원조"를 제공하고 있다고 말했으며, 소련이 "인도에 야금 시설을 건설하겠다."고 약속한 것이 "버마, 인도네시아를 비

13) Pavel Fyodorovich Yudin(1899–1968). 소련의 외교관, 철학자. 제2차 세계대전 후 독일의 소련 통제위원회 정치 자문관, 1953–1959년 중화인민공화국 주재 소련 대사를 지냈다.

롯한 아시아 국가들에 엄청난 인상을 남겼다."며 소련을 칭찬했다.[15]

하지만 아시아에서 소련 원조를 가장 많이 받은 국가는 중국이었다. 중국은 산업 경제를 건설할 수 있도록 소련에 지원을 요청했다. 1953년부터 1956년까지 소련은 중국에 20억 달러의 비용을 들여 205개의 공장을 건설했다. 이 원조의 절반은 중국의 군사력 증강에 투입된 것으로 추정되며, 여기에는 모스크바가 약속한 원자폭탄도 포함되어 있었다. 이 문제를 연구한 한 역사학자의 결론에 따르면, 이 노력은 "세계 역사상 가장 대규모로 이루어진 기술 이전"이었다. 중국은 적어도 처음에는 이 원조에 대해 감사한 마음을 가졌다. 마오쩌둥의 통역사는 중국 지도자가 이 원조를 "고맙게 여겼으며", 흐루쇼프의 새로운 접근법이 "스탈린이 남긴 상황을 크게 개선했다."고 회상했다. 마오쩌둥은 유딘에게 인도 총리 자와할랄 네루[14)]가 "소련의 원조 규모와 그 조건에 크게 놀랐다."고 전했다. 1950년 초에 마오쩌둥과 스탈린이 선언했던 "위대한 친선"이 마침내 실현되고 있었다.[16]

하지만 사회주의 형제애에 대한 구호 뒤에서는 소련이 아시아의 공산주의 파트너들과 점점 갈라서고 있었다. 마오쩌둥이 중국을 혼란스러운 급진주의로 더욱 깊이 몰아넣자, 소련 지도자들은 그의 지도력에 대해 점점 더 의구심을 품게 되었다. 스탈린 사후, 소련 지도자들은 대규모 억압의 시대를 뒤로하고, 위협과 폭력이 아니라 인민들의 지지를 기반으로 한 사회주의를 구축하기를 꿈꾸었다. 하지만 소련에서 억압의 규모가 줄어

---

14) Jawaharlal Nehru(1889–1964). 인도의 독립운동가이자 정치인. 사회주의 성향인 네루는 비폭력 평화주의자인 마하트마 간디와는 달리 적극적인 파업 등 투쟁적인 독립운동에 헌신했다. 1947–1964년 인도의 초대 총리를 지냈다.

드는 동안, 마오쩌둥이 점점 더 급진적인 혁명 노선으로 방향을 튼 중국에서는 오히려 확대되었다. 마오쩌둥은 토지를 몰수하고, 농민들을 공산당 주도의 농업 '협동조합'에 강제로 편입시켰으며, 상인, 지주, 사업주 부모를 둔 죄를 지은 중국인들을 괴롭히고 숙청하며, 많은 경우 살해하기까지 했다.

1955년 유딘과의 대화에서 마오쩌둥은 중국 지도자들이 협동조합을 설립하고 "적대 계급의 저항"을 극복하는 데 "여러 가지 어려움이 불가피할 것임을 예견하고 있다."고 언급했다. "올해만 60만 명이 체포되었습니다. 약 200만 명의 적대 분자들이 억압을 당할 것입니다.… 이 숫자에는 올해 도시 기관과 공공 조직들을 숙청하는 과정에서 드러난 반혁명 분자들은 포함되지 않습니다." 지주의 토지는 몰수되고, 사업주들의 기업은 국유화되었으며, 수십만 명이 위협과 폭력에 직면했다. 이는 스탈린 억압의 최악을 되풀이하는 것이었다. 소련 대사는 다음과 같이 보고했다. "마오쩌둥은 웃으며, 우리는 이것을 '평화적 전환'이라고 부른다고 말했다."[17]

소련 지도자들 중에 중국의 지주계급이나 부르주아계급의 친구는 거의 없었다. 그러나 마오쩌둥의 방식에 회의적인 인사들은 많았다. 그의 방식은 소련이 이제 막 벗어나려 하던 스탈린주의를 연상케 했기 때문이었다. 1950년대 후반에 마오쩌둥은 대약진운동[15)]이라는 캠페인을 시작했다. 농업을 집단화하고 산업을 건설하려는 시도였다. 이는 스탈린의 속성 산업화 프로그램을 더욱 빠른 일정으로 재현하는 데 목적이 있었다. 마오쩌둥

15) Great Leap Forward. 중화인민공화국에서 부강한 사회주의 국가의 건설을 목적으로 마오쩌둥의 지도하에 1958년부터 1961년 말-1962년 초까지 시행된, 농업과 공업의 대대적인 증산운동을 일컫는다.

은 인민공사[16]의 창설이 "광범위한 인민 대중 속에서 당의 지도력을 더욱 강화"하는 데 도움이 된다고 주장했다. 실제로는 사회주의로의 "더 빠르고, 더 좋고, 더 큰" 전환을 추구하는 과정이 고통과 혼란을 낳았다고 소련 분석가들은 보고했다. 이웃 공산주의 국가인 북한 역시 별로 나아 보이지 않았다. 경제는 엉망이었고, 대부분의 당 고위 간부들이 공산당과 정부의 급진 노선을 "잘못된 것"으로 간주했음에도 불구하고 정치 체제는 여전히 "복종과 굴종"으로 특징지어졌다.[18]

1956년 흐루쇼프가 공산당 관료들 앞에서 스탈린을 비판하는 연설을 한 후, 이러한 급진주의에 대한 소련 지도자들의 지지는 더욱 약화되었다. 스탈린은 "그와 어떤 식으로든 의견을 달리한 이들, 적대적 의도를 가졌다고 의심받은 이들, 평판이 나빴던 이들에게 혁명적 적법성의 모든 기준을 위반하고 가장 잔혹한 억압을 가한" 죄를 범했다. "혁명이 이미 승리했고, 소련 국가가 강화된 상황에서도 [스탈린은] 극단적인 방식과 대규모 억압을 사용했다.… [그의 통치는] 편협함, 잔인함, 권력 남용[으로 특징지어졌다]"고 흐루쇼프는 선언하며, 오랫동안 그들의 지도자였던 인물에 대해 이전에는 생각할 수 없던 비판을 가함으로써 청중들을 깜짝 놀라게 했다. 흐루쇼프는 이제 소련이 "개인숭배를 뿌리 뽑을 것"이라고 말하며, 그 숭배야말로 스탈린의 억압을 가능하게 했다고 주장했다.[19]

흐루쇼프는 자신의 연설에 중국 관리들을 초대하지 않았고, 연설에서 과거에 "혁명의 교사"라고 칭송되었던 인물을 비판할 계획이라는 사실도

16) 人民公社(People's Commune). 1958년 중화인민공화국에서 농업 집단화를 위해 만든 대규모 집단농장을 말한다.

사전에 알리지 않았다. 마오쩌둥은 이 연설 소식을 듣고, 흐루쇼프가 "일을 망쳐 놓았으며", 연설 내용이 서방에 유출됨으로써 "호랑이들에게 우리를 해칠 기회를 준 셈"이라고 불만을 토로했다. 중국의 공산주의자들은 스탈린을 "심각한 오류들"을 범했음에도 불구하고 "위대한 마르크스-레닌주의자"라고 여전히 칭송했다. 1956년 중반, 마오쩌둥은 유딘과 이 연설에 대해 이야기했을 때 스탈린의 억압이 아니라 중국에 대한 제국주의적 태도를 문제 삼았다. 마오쩌둥은 스탈린이 저질렀다고 여긴 중국 관련 오류들을 열거했는데, "중국의 장춘철도 공동 개발", "뤼순항의 해군기지", "중국에 설립된 네 개의 합작회사", 그리고 "스탈린의 주도로… 만주와 신장이 사실상 소련의 세력권이 된 점" 등이 그런 오류였다. 마오쩌둥의 눈에 스탈린의 가장 큰 오류는 개인숭배가 아니라 그의 제국주의적 성향이었다. 마오쩌둥은 유딘에게 "스탈린이 모든 점에서 실수를 한 건 아니고, 몇몇 특정한 사안에서 실수를 저질렀을 뿐"이라고 말했다.[20]

소련 지도자들은 중국을 방문했을 때, 소련이 스탈린의 개인숭배를 어떻게 극복했는지 중국 동료들에게 설명했다. 마오쩌둥은 별다른 인상을 받지 않았고 오히려 짜증을 냈는데, 부분적으로는 그 자신이 개인숭배를 구축하려 하고 있었기 때문이었다. 1958년에 마오쩌둥은 흐루쇼프에게 "스탈린의 실수를 비판하는 것은 정당합니다."라고 하면서도 "스탈린의 손가락 열 개 중 썩은 것은 세 개뿐이었소"라고 말하며, 스탈린이 한 일의 70퍼센트는 옳았다는 뜻을 내비쳤다. 이에 흐루쇼프는 "나는 더 많은 손가락이 썩었다고 봅니다."라고 반박했고, 마오쩌둥은 "틀렸소"라며 고집을

꺾지 않았다.[21]

이러한 의견 차이가 단지 이념 문제에 그쳤다면 무시할 수도 있었을 것이다. 그러나 스탈린을 둘러싼 논쟁은 위신, 즉 누가 사회주의 세계를 이끌 것인가의 문제이기도 했다. 마오쩌둥은 스탈린의 시절에는 온갖 굴욕도 참아낼 준비가 되어 있었다. 그때는 스탈린이 국제 공산주의 운동의 정통한 지도자로 여겨졌고, 1940년대 말과 1950년대 초에는 자신의 공격적인 대외정책 노선을 기꺼이 지지해주었기 때문이었다. 하지만 흐루쇼프가 스탈린의 폭정을 비난하고 평화 공존을 지지한다고 선언한 이후로는 소련과 중국 사이의 견해 차이가 점점 거슬리기 시작했다.

흐루쇼프는 자신을 탈식민지화의 강력한 옹호자라고 여겼으며, 이는 중국과의 관계에서도 마찬가지였다. 그는 자신을 스탈린과 차별화하려 했고, 전임자가 중국의 금광과 다이아몬드 광산을 차지하려 했던 것을 조롱하며, 소련이 중국과 맺은 불평등조약을 "실수이자… 중국 인민에 대한 모욕"이라고 표현했다. "수세기 동안 프랑스, 영국, 미국이 중국을 착취해 왔는데, 이제는 소련마저 그 대열에 합류하고 있다."는 것이었다. 흐루쇼프는 중국과의 문제를 해결하기 위해, 예컨대 1954년에 베이징이 제국주의의 유산으로 인식했던 합작회사들을 청산하는 등 실제 조치를 취하기도 했다. 그러나 소련은 우월의식을 떨쳐내는 데 어려움을 겪었고, 중국은 실제든 상상이든 모든 모욕에 여전히 극도로 민감하게 반응했다.[22]

흐루쇼프는 마오쩌둥에게 "자본주의 국가인 핀란드에서조차 우리는 군사기지를 철수시켰습니다."라며, 자신이 반제국주의자임을 강조하려

했다. 그는 이어 말했다. "우리 노선은 아주 명확합니다. 우리는 옛 식민지들을 지원하고 있으며, 우리가 지원하는 국가의 독립을 침해하는… 조항은 단 하나도 조약에 들어 있지 않습니다." 그러나 흐루쇼프가 중국에 소련과의 합동 잠수함 부대를 설치하자고 제안하자, 마오쩌둥은 그 제안에서 식민지 예속의 흔적을 느꼈다. 마오쩌둥은 "스탈린이라는 사람이 있었지요. 그는 뤼순항을 차지했고, 신장과 만주를 반半식민지로 만들었으며, 또 네 개의 합작회사를 설립했지요"라고 흐루쇼프에게 상기시켰다. "그게 다 그가 베푼 선행이었지요." 흐루쇼프는 답답함을 드러내며 되물었다. "우리를 정말로 붉은 제국주의자라고 생각하는 겁니까?" 흐루쇼프는 소련이 지지하는 지구적인 탈식민지화 비전이야말로 자신의 반제국주의 성향을 충분히 입증해준다고 생각했다.[23]

마오쩌둥은 이에 동의하지 않았다. 1958년 7월에 그는 소련이 보이는 식민주의적 태도에 분노해 유딘 소련 대사를 거칠게 비난했다. "당신네는 중국인을 절대 믿지 않아요! 러시아인만 믿지요! [당신네들에게] 러시아인은 일등 [국민]이고, 중국인은 멍청하고 부주의한 열등 국민이라는 거지요"라고 마오쩌둥은 쏘아붙였다. 중국 내에서 소련 기술로 건조한 잠수함 함대를 공동 운영하자는 모스크바의 제안은 계속된 분노를 불러일으켰다. "공동 소유와 공동 운영을 원한다면, 모조리 그렇게 하는 건 어때요. 우리의 육군, 해군, 공군, 산업, 농업, 문화, 교육까지 몽땅 다, 공동으로 소유하고 운영하자는 말이지요, 그게 가능하다고 봅니까? 아니면, 중국의 1만 여 킬로미터 해안선을 몽땅 [당신들이] 갖고 우리는 게릴라부대나 하나 유지하라는 건가요? 원자폭탄 몇 개 있다고 우리를 통제할 수 있을 거라 생각합니까?" 마오쩌둥은 이 제안을 과거 러시아가 달니와 뤼순항을 지배하던 상황에 비유했다. 그는 이렇게 마무리했다. "당신들은 유럽인들이 러시아인을 얕봤다고 자주 말했지요. 나는 어떤 러시아인들은 중국인을 얕본다고 믿습니다."[24]

"우리는 타이완을 두고 싸우지 않을 것이다"

이 분쟁들조차도 양국의 대외정책이 계속 일치했다면 관리할 수 있었을 것이다. 하지만 소련의 '붉은 제국주의'를 비난하는 마오쩌둥의 독설은 그가 소련의 지원이 가장 필요할 때 절정에 달했다. 1958년 8월, 마오쩌둥은 타이완이 통제하는 두 개의 연안 섬, 진먼과 마쭈에 대한 대규모 포격을 명령했다.[17] 이에 대응하여 미국은 베이징이 물러나지 않으면 핵전쟁까지도 불사하겠다고 위협했다. 평화 공존과 지구적 영향력 경쟁에 집중하는 흐루쇼프의 정책은 베이징의 지역 목표와 충돌하고 있었다.[25]

흐루쇼프는 미국과의 핵 대치 상황이 낯설지 않았다. 그러나 흐루쇼프 자신이 발사 버튼을 통제한다는 사실을 알고 직접 핵전쟁을 위협하는 것은 다른 문제였다. 타이완해협 상황은 흐루쇼프가 마오쩌둥을 통제하지 못했기 때문에 새롭고 당황스러운 것이었다. 오히려 소련 지도자들은 마

17) 1958년 8월 23일부터 10월 5일까지 진먼섬에 주둔하고 있던 중화민국군을 향해 중국 인민해방군이 포격을 가한 제2차 타이완해협 위기(Second Taiwan Strait Crisis)를 가리킨다. 진먼 포격전이라고도 한다.

오쩌둥이 핵전쟁 문제에 대해 광적이고 비이성적이라고 우려했다. 마오쩌둥은 핵무기의 중요성을 공개적으로 경시해 온 긴 역사가 있었다. 예를 들어, 1956년 제2차 타이완해협 위기 2년 전에 그는 "전쟁은 괜찮을 것입니다.… 우리는 전쟁을 두려워해서는 안 됩니다. 전쟁이 나면 죽는 사람도 있을 것입니다.… 나는 원자폭탄이 큰 칼보다 더 위험하지 않다고 믿습니다. 만약 이 전쟁에서 인류의 절반이 죽더라도 문제가 되지 않을 것입니다. 세계 인구의 3분의 1만 살아남아도 끔찍하지 않습니다."라고 단언했다.[26]

핵 대결은 지도자들이 일부러 미친 듯이 보이도록 행동하게 만드는 유인을 제공한다. 마오쩌둥의 적들이 그가 그런 무기를 사용할 의지가 있다고 믿는다면, 그에게 조심스럽게 접근할 것이기 때문이다. 따라서 마오쩌둥이 인류의 3분의 2를 희생해도 괜찮다고 한 발언은 단순한 허세였을 수도 있다. 그러나 마오쩌둥은 핵전쟁이 가져올 인명 피해에 무감각한 듯한 발언을 반복적으로 해왔다. 소련 지도자들은 마오쩌둥이 실제로 무엇을 믿고 있는지를 어떻게 확신할 수 있었을까? 마오쩌둥은 흐루쇼프에게 "최악의 경우 인류의 절반이 죽는다고 해도, 나머지 절반은 살아남을 것이고, 제국주의는 완전히 몰락하며, 세계는 사회주의화될 것입니다."라고 말했다. 흐루쇼프는 이렇게 회고했다. "나는 유심히 그를 바라보았다. 그가 농담을 하는 것인지 아닌지 얼굴만으로는 전혀 알 수 없었다."[27]

어쩌면 마오쩌둥은 사회주의 세계가 군사적 우위를 확보하기 위해 핵무기를 사용할 수 있다고 실제로 믿었는지도 모른다. 흐루쇼프가 베이징을 방문했을 때, 마오쩌둥은 소련 지도자를 수영장으로 데려가 정치 이야기를 나눴다. 흐루쇼프는 다음과 같이 회상했다. "수영복 차림으로 수영장 옆에 누워 있을 때, 마오쩌둥이 나에게 말했다. '흐루쇼프 동지, 어떻게 생각하십니까? 자본주의 세계와 사회주의 세계의 군사력을 비교해 보면, 우리가 명백히 적들보다 우위에 있다는 것을 알 수 있을 겁니다.'" 흐루쇼프는 이렇게 응수했다. "마오쩌둥 동지, 요즘은 그런 사고방식은 시대에 뒤떨어졌습니다. 이제는 누가 가장 많은 병력을 보유했느냐의 기준으로 세력의 구도를 따질 수 없습니다. 과거에는 주먹이나 총검으로 분쟁을 해결할 수 있었기 때문에 누가 가장 많은 병력을 보유했는지가 중요했습니다.… 원자폭탄이 있는 지금은 병력수가 실질적인 힘의 구도나 전쟁의 결과에 사실상 영향을 주지 않습니다." 이에 마오쩌둥은 놀란 흐루쇼프에게 "원자폭탄은 그 자체로 종이호랑이일 뿐"이라고 답했다. 흐루쇼프는 마오쩌둥이 "분명히 나를 겁쟁이로 여겼다."고 결론지었다.[28]

마오쩌둥은 미국과의 대립이 국내에서 자신의 권력을 공고히 하고 중국공산당을 급진적인 노선으로 이끄는 데 도움이 될 수 있다고 믿었다. 1958년에 그는 "불리한 면도 있지만, 긴장된 [국제적] 상황은 국민을 동원할 수 있고, 특히 후진적인 사람들과 중간층 사람들을 동원할 수 있으며, 따라서 경제 건설에서 대약진을 촉진할 수 있다."고 말했다. 게다가 마오쩌둥은 제2차 타이완해협 위기에 미국이 책임이 있다고 주장했다. 연해 섬들에 대한 포격은 "미국인들에게 교훈을 줄 것이다." "미국은 여러 해 동안 우리를 괴롭혀 왔고, 이제 기회가 왔으니 왜 그들을 혼을 내지 않겠는가?"

마오쩌둥은 타이완에 배치된 미 공군기지와 수천 명의 병력을 인질로 여겼다. 그는 "미국의 목이 중국의 쇠고랑에 걸려 있다."고 선언했다. "우리가 미국을 걷어찰 것이고, 미국은 도망칠 수 없다. 왜냐하면 우리 쇠고랑에 묶여 있기 때문이다."[29]

공개적으로는 소련은 베이징을 지지했다. 흐루쇼프는 마오쩌둥에게 "대외 선전을 위해 우리는 타이완 문제로 상황이 악화될 경우 소련은 중화인민공화국을 방어할 것이라고 언명합니다."라고 말했다. 흐루쇼프는 아이젠하워에게 "중화인민공화국을 향한 핵 위협은 우리도, 중화인민공화국도 결코 겁먹게 하지 않을 것"이라며 "만약 중화인민공화국이 [원자] 무기로 공격당한다면, 공격자는 즉각 유사한 수단으로 반격을 당할 것"이라고 덧붙였다. 그는 이어 "미국 해군은 타이완해협에서 철수해야 하며, 미군은 타이완을 떠나 본국으로 돌아가야 합니다."라고 말했다. "우리는 전적으로 중국 정부와 중국 인민의 편에 서 있습니다."[30]

비공식적으로는 소련의 메시지가 훨씬 더 혼재되어 있었다. 한편으로 소련 지도자들은 베이징에 "우리 입장에서 중국을 공격하는 것은 소련을 공격하는 것을 뜻한다고 말할 수 있다."고 전했다. 그러나 흐루쇼프는 마오쩌둥에게 그가 위험한 상황을 만들었다고 경고하면서, 아이젠하워가 미국은 "타이완을 방어할 것이다. 따라서 일종의 전쟁 직전 상황이 나타나는 것이다."라고 선언한 점을 지적했다. 마오쩌둥은 소련 외무장관 안드레이 그로미코[18]에게 중국은 "원자폭탄을 포함한 모든 강력한 공격을 감

18) Andrei Andreyevich Gromyko(1909–1989). 소련의 외교관이자 정치인. 1939년에 외무부에서 일을 시작한 이래 1943년 미국 주재 대사가 되었고, 이후 얄타회담 등 주요 국제회의에 출석했다. 1946년 국제연합 안전보장이사회의 소련 대표, 1952–1953년 영국 주재 대사로 지냈다. 1957–1985년 28년 동안 소련

수할 준비가 되어 있다."고 주장했고, 이는 미국과의 핵 대치를 감당하기에도 벅찼던 소련 지도부로 하여금 마오쩌둥이 의도적으로 소련을 전쟁에 끌어들이려는 것이 아닐까 두려워하게 만들었다. 흐루쇼프는 마오쩌둥과의 수영장 정상회담이 '역겨웠다'고 투덜거렸고, 마오쩌둥과 그의 동료들이 "믿을 수 없을 정도로 공손하고 아첨을 일삼았지만," 특히 핵 종말의 위협이 머리 위에 드리운 상황에서 "모든 것이 지나치게 느끼할 만큼 달콤했다."고 결론지었다. 흐루쇼프는 중국을 방어하겠다는 공개적인 소련의 약속에도 불구하고 마오쩌둥에게 이렇게 경고했다. "우리는 타이완 문제로 전쟁을 원치 않습니다. 당신들이 상황을 완화할 방법을 찾아야 한다고 생각합니다."[31]

소련은 미국과의 투쟁에서 시간이 자신들의 편이라고 믿으며 평화를 원했다. 마오쩌둥은 타이완을 원했고, 사회주의가 확산되기를 수동적으로 기다릴 생각이 없었다. 타이완해협을 둘러싼 의견 충돌은 중국의 다른 국경 분쟁으로까지 번졌다. 이듬해인 1959년, 티베트에서 봉기가 일어난 뒤[19] 그 지역의 종교 지도자인 달라이 라마[20]가 인도로 망명했다. 베이징은 인도가 티베트 반란을 지원했다고 비난했지만, 소련은 4년 전 흐루쇼프의 인도 방문 당시 그를 환대했던 네루 인도 총리를 옹호했다. 흐루쇼프는 마오쩌둥에게 다음과 같이 말했다. "우리는 네루가 부르주아 정치인이

의 외무장관, 1985–1988년 소련 최고 소비에트간부회 의장도 역임했다.

19) 1959년 3월 티베트인들이 중국의 지배에 반대하며 일으킨 반중국, 반공산주의 성향의 대규모 봉기를 일컫는다.

20) 현 제14대 달라이 라마인 텐진갸초(1935–)를 말한다. 1935년 7월 6일 티베트왕국의 아무르 지방에서 태어났으며, 1937년에 전대 달라이 라마의 환생으로 인정받아 1939년에 새로운 달라이 라마로 옹립되었다. 달라이 라마는 티베트 불교의 최고 수장을 가리키는 세습명이다.

라는 걸 알고 있습니다. 그러나 그건 우리가 이미 잘 알고 있는 사실입니다. 네루가 물러난다면, 그보다 나은 인물이 누가 있겠습니까?… 우리는 티베트 사태가 네루의 잘못이 아니라 중국공산당의 잘못이라고 봅니다." 이에 마오쩌둥은 "아닙니다, 이건 네루의 잘못입니다."라고 대꾸했다. 그러자 흐루쇼프는 "왜 인도 국경에서 사람들을 죽여야 했습니까? 피를 흘리지 않고도 분쟁 문제는 해결할 수 있습니다."라고 맞받아쳤다.[32]

두 나라의 관계는 급격히 악화되었다. "흐루쇼프는 아주 유치하다."라고 마오쩌둥은 선언했다. "그는 마르크스주의와 레닌주의를 이해하지 못한다.… 제국주의자들에게 쉽게 속는다." 한편 소련 지도자들은 미국과의 대립뿐 아니라, 버마, 인도네시아, 인도를 포함해 모스크바가 구애하고 있던 여러 탈식민지 국가들과의 갈등에 대해서도 베이징을 비난했다. 내부 회의에서 소련 지도자들은 중국의 도발이 사회주의 진영 내에 불필요한 분열을 초래하고 있다고 우려했다.[33]

1962년 마오쩌둥이 인도와의 영토 분쟁 지역인 히말라야 지역을 침공하기로 결정하자, 크렘린은 더욱 우려를 금치 못하게 되었다. 흐루쇼프는 1960년에 있었던 공산당들의 회의에서 "수십 년 전 레닌이 제국주의에 관해 말한 것을 기계적으로 반복하면서, 사회주의가 전 세계에 승리할 때까지 제국주의 전쟁은 불가피하다고 계속 주장할 수 없습니다."라고 선언했다. 그는 이어 "오늘날처럼 두 개의 세계 체제가 공존하는 상황에서는 전쟁이 일어날 가능성을 배제할 수 있는 방식으로 상호 관계를 구축하는 것이 필수적입니다."라고 덧붙였다. 그러나 마오쩌둥은 "두 개의 세계 체제"

가 있다는 논제에 점점 더 동의하지 않게 되었다. 그는 흐루쇼프가 스탈린의 유산을 배신하고 사회주의 노선을 포기했다고 생각했다. 소련이 "우리는 타이완을 두고 싸우지 않을 것"이라고 흐루쇼프가 마오쩌둥에게 말한 대로 입장을 분명히 하자, 베이징은 자립할 수밖에 없다고 결론지었다. 한편 모스크바는 중국을 변덕스럽고 신뢰할 수 없는 파트너라고 판단했다. 제2차 타이완해협 위기가 끝난 지 1년도 채 지나지 않아, 소련은 중국과의 핵 협력을 중단하고 중화인민공화국에 대한 원조 철회를 시작했다.[34] 흐루쇼프가 아시아와 탈식민지 세계에서 사회주의의 승리를 이끌기를 기대했던 중국과의 동맹은 더 이상 존재하지 않게 되었다.

중국과의 충돌

"수정주의자 흐루쇼프 일당은 사회주의와 공산주의를 배신한 무리에 불과하다." 마오쩌둥은 1964년 이렇게 선언하며, 소련 지도자가 "프롤레타리아독재를 모독하고 자본주의 복귀의 길을 열었다."고 비난했다.[35] 이러한 이념적 갈등은 1960년대 초반 내내 이어지며, 흐루쇼프가 기대했던 사회주의 물결의 기반인 단합을 위협했다. 대외정책에서도 모스크바와 베이징은 점점 더 많은 문제에서 충돌했다. 중국이 타이완 문제로 미국과의 전쟁을 감수할 의지를 보인 것은 흐루쇼프의 평화 공존 구상과 정면으로 배치되었다. 소련 지도자들이 마오쩌둥에게 "우리는 타이완을 두고 싸우지 않을 것"이라고 말했을 때, 그들은 자신들이 평화를 추구한다고 여겼지만, 마오쩌둥은 이를 반제국주의 의제를 배신한 행위로 간주했다. 마오쩌둥이 중국의 내정을 대약진운동과 문화대혁명[21)]을 통해 점점 더 급진적인 방향으로 이끌면서, 소련과의 타협은 더욱 더 불가능해졌다. 그 대신 흐루쇼프가 스탈린을 비판하고 제국주의 세력과의 평화적 경쟁을 원한 점은 베이징에서는 소련의 '수정주의', 달리 말해 크렘린이 더 이상 진정한 마르크스-레닌주의 정부가 아님을 입증하는 증거로 해석되었다.[36]

그 결과 1960년대에 이르러 두 공산주의 초강대국 사이의 관계는 완전히 냉각 상태에 빠졌다. 쿠바 미사일 위기 당시 흐루쇼프가 미국의 군사적 압력에 직면해 쿠바에서 핵미사일을 철수하자, 중국 신문들은 모스크바가 미국의 요구에 '굴복했다'고 비판했다. 이에 흐루쇼프는 다른 지역에서 제국주의를 그렇게나 강하게 비난하던 중국이 정작 자국의 뒷마당에 있는 홍콩과 마카오에서 영국과 포르투갈 제국주의자들을 쫓아내지도 못했다고 지적했다. 그러자 중국은 동북아시아에서 러시아 제국주의가 남긴 유산을 끄집어냈다. 뤼순항과 만주 철도를 둘러싼 니콜라이 2세와 스탈린의 식민지 정책에 대한 기억이 여전히 생생하다는 것이었다.[37]

국제 공산주의 운동의 주도권을 두고 양측이 충돌하고 반제국주의에 대한 헌신을 놓고 서로를 비난하는 가운데, 두 나라는 점차 상대를 단순히

---

21) Great Proletarian Cultural Revolution. 1966-1976년에 중화인민공화국에서 벌어졌던 사회적·문화적·정치적 소란을 일컫는다. 문화대혁명의 표면적인 목적은 "전근대적 문화와 자본주의 문화를 비판하고 새로운 사회주의 문화를 창출하는" 것이었다. 이 운동은 1966년 5월 16일 마오쩌둥이 부르주아계급의 자본주의와 봉건주의, 관료주의 요소가 공산당과 중국 사회 곳곳을 지배하고 있으니 이를 제거해야 한다고 주장하면서 시작되었으며, 이는 중국 전역에서 벌어진 홍위병의 움직임으로 구체화되었다. 1969년 마오쩌둥은 문화대혁명이 끝났다고 선언했으나, 사실상 1976년 마오쩌둥의 죽음과 4인방의 체포까지 벌어졌던 여러 혼돈과 변혁의 시기까지를 통틀어 문화대혁명 기간이라고 지칭하는 것이 일반적이다.

사회주의 단결에 대한 위협일 뿐만 아니라 자국의 안보에도 위협이 되는 존재로 보기 시작했다. 1964년, 소련 국방장관은 술에 취한 채 마오쩌둥의 부관인 저우언라이에게 상관을 축출하라고 부추겼다. 그해, 중국은 첫 핵폭탄을 폭발시켜 크렘린을 충격에 빠뜨렸으나, 베이징은 여전히 기술력과 화력 면에서 소련에 크게 뒤처져 있었다. 하지만 인민해방군은 엄청난 병력 규모로 이를 상쇄했다. 소련 관리들은 수십만 명의 중국군이 북쪽으로, 4,150마일에 달하는 양국의 국경을 넘어 북쪽으로 밀려올 악몽에 시달렸다.[38] 마오쩌둥이 반복해서 밝힌, 핵전쟁도 두렵지 않다, 수백만 명의 사상자도 감수할 수 있다는 발언은 이제 미국뿐만 아니라 소련을 겨냥한 것이기도 했고, 크렘린이 기대했던 기술 우위가 결정적이지 아닐 수 있다는 점을 시사했다.

1964년 말, 흐루쇼프는 크림반도에서 휴가를 보내던 중 모스크바로 즉시 복귀하라는 긴급한 요청을 동료들로부터 받았다. 크렘린에 도착한 그는 권좌에서 물러나야 한다는 통보를 받았다. 7년 전, 흐루쇼프는 중앙위원회 신임투표에서 가까스로 승리하고 반대파를 내부 유배지로 보내며 비슷한 쿠데타 시도를 겨우 물리친 바 있었다. 하지만 1964년까지 그는 거의 모든 소련 내 권력 집단과 사이가 틀어져 있었다. 이는 부분적으로는 흐루쇼프의 변덕스러운 국내 정책 때문이었고, 또 부분적으로는 미국과의 외교 위기를 반복적으로 초래한 점 때문이었다. 특히 1962년의 쿠바 미사일 위기는 핵전쟁 직전까지 세계를 몰고 갔고, 이는 자신이 했던 평화 공존의 약속과도 정면으로 배치되는 것이었다. 정치적으로 완전히 밀렸음을 깨

달은 흐루쇼프는 "건강상의 이유"를 들어 사임하는 데 동의했다.[39]

마오쩌둥이 "수정주의 흐루쇼프 일당"이라 부른 세력은 제거되었지만, 처음에는 아시아에서의 소련 대외정책에 실질적인 변화가 일어나지 않았다. 가장 큰 딜레마였던 중국과의 관계는 흐루쇼프가 실각했어도 영향을 받지 않았다. 신임 소련 지도자들인 총서기 레오니트 브레즈네프[22)]와 각료회의 의장 알렉세이 코시긴[23)]은 스탈린에 대한 비판을 완화하고 흐루쇼프의 실책을 기꺼이 공격했으며, 이는 마오쩌둥이 반기는 일이었다. 그러나 이들은 마오쩌둥이 암묵적으로 요구한 국제 사회주의의 지도자로서의 그의 지위를 인정하려 들지 않았고, 베이징이 세계대전에 자신들을 끌어들이는 것 역시 흐루쇼프 때와 마찬가지로 허용할 의사가 없었다. 한편 마오쩌둥은 국내의 광적인 열기를 끌어올리기 위해 계속 국제적 긴장에 의존했다.

1965년 2월, 알렉세이 코시긴은 베이징과의 관계를 수습하려는 최후의 시도로 베이징에 도착했다. 5년 전 흐루쇼프가 그랬던 것처럼, 코시긴도 타협안을 제시했지만 마오쩌둥은 이를 거부했다. 코시긴은 "우리가 최고위급 회담을 한다면, 평소 협상으로는 해결되지 않던 많은 문제들을 두 시간 안에 해결할 수 있을 것"이라고 제안했다. 마오쩌둥은 양국 간의 이견

---

22) Leonid Ilyich Brezhnev(1906–1982). 소련의 정치인. 1960–1982년 소련 최고 소비에트간부회 의장, 1964–1966년 소련공산당 제1서기, 1966–1982년 소련공산당 총서기를 역임하면서 소련의 최고 지도자로 활동했다.

23) Alexei Nikolayevich Kosygin(1904–1980). 소련의 정치인. 1943–1946년 러시아연방 인민위원회의 의장, 1953–1960년 소련 각료회의 부의장, 1960–1964년 소련 각료회의 제1부의장, 1964–1980년 소련 각료회의 의장을 역임했다. 각료회의 의장으로서 이윤방식의 도입에 의한 경제개혁과 소비물자 증산, 1966년 인도–파키스탄 분쟁 조정, 1967년 미국 존슨 대통령과의 회담, 1969년 저우언라이 중국 총리와의 회담 등에 의한 국제 긴장 완화에 노력했다.

을 다루기 위한 협상 제안을 거절했다. 그는 코시긴에게 다음과 같이 말했다. "나는 당신들의 방식에 동의하지 않습니다. 공개 논쟁이 계속되어도 어떤 끔찍한 일도 일어나지 않을 겁니다.… 하늘은 무너지지 않고, 나무는 이전처럼 여전히 자라며, 물고기는 헤엄치고, 여성들은 계속 아이를 낳을 겁니다.… 나는 공개 논쟁을 중단하는 데 반대합니다. 이 모든 것은 앞으로 만 년은 더 계속될 겁니다. 그보다 짧을 수는 없습니다."[40]

관계 개선이 '불가능'했던 이유는 무엇이었을까? 첫째, 마오쩌둥은 이렇게 선언했다. "나는 이 [소련공산당] 당 대회들의 노선에 동의하지 않습니다. 스탈린이 이미 그토록 나쁜 사람으로 평가된 점, 그리고 어떤 개인숭배가 있었다는 점에도 동의하지 않습니다. 그런데 이제 당신들은 흐루쇼프가 자신의 개인숭배를 조장했다고 하네요." 그런 다음 마오쩌둥은 소련에서 축출된 전 지도자 흐루쇼프를 베이징에 초청하고 싶다고 밝혔다. 이는 소련의 내정에 대한 모욕적인 개입이었다.[41]

이어 마오쩌둥은 대외정책으로 화제를 돌렸다. 그는 자본주의 열강에 맞서 싸우는 데 있어 모스크바가 보여주는 미온적인 태도를 비난했다. 마오쩌둥은 제국주의자들을 상대로 더욱 공격적인 정책을 원했다. 코시긴은 마오쩌둥에게 모순을 느낀다고 말했다. "한편으로 당신은 약 10–15년 동안 세계대전 없이 사는 것이 좋겠다고 하면서, 다른 한편으로는 전쟁을 촉구하고 있습니다.… 나는 실제로는 당신이 세계대전을 원하지 않는다고 확신합니다." 그러자 마오쩌둥은 "우리는 세계대전에 반대하지만, 제국주의를 타도하는 것이 목표인 혁명전쟁에는 찬성합니다."라고 반박했다. 마오쩌둥의 동료 중 한 명도 덧붙였다. "만약 제국주의자들이 우리에게 세계대전을 강요한다면, 싸워야 합니다."[42]

마오쩌둥이 중국을 통치하는 한, 중소 화해는 불가능했다. 스탈린 시절로 거슬러 올라가는 오랜 갈등의 역사도 마오쩌둥의 사고에 깊은 영향을 미쳤다. 그의 급진주의는 어떤 타협도 불가능하게 만들었다. 1960년대가 진행되면서, 소련 지도자들은 마오쩌둥이 중국을 문화대혁명 속으로 더욱 깊이 끌고 가는 모습을 보며 그를 점점 더 예측 불가능한 인물로 인식하게 되었다. 특히 1964년에 우수리강의 분쟁 섬들에 대한 양국의 영유권 주장이 맞서면서 국경 획정 협상이 결렬된 후, 모스크바는 중국과의 긴 국경선에 대한 안보 우려를 더욱 키워갔다.

같은 해, 마오쩌둥은 소련 극동 지역 전체에 의문을 제기하는 것 같았다. 그는 "소련이 점령한 지역이 너무 많다.… 중국은 약 100년 전에 러시아 영토가 되었던, 블라디보스토크, 하바롭스크, 캄차카, 그리고 바이칼호 동쪽의 다른 도시와 지역들에 대해 아직 소련에 따져 묻지 않았다."고 선언했다. 중국이 지배한 적 없는 캄차카에 대한 마오쩌둥의 주장은 실체가 거의 없었다. 그러나 니콜라이 무라비요프-아무르스키 총독이 청 제국의 영유권 주장을 무시하고 아무르 지역으로 군대를 진격시켜 무력으로 러시아의 통치를 확립한 것이 불과 한 세기 전이라는 그의 지적은 틀린 말이 아니었다. 소련 신문 《프라우다》는 "위험한 결과"를 초래할 수 있다고 위협하며 마오쩌둥의 발언에 대응했다.[43]

1969년 3월, 중국군은 우수리강의 한 섬에서 소련 국경 순찰대를 기습 공격해 소련군을 놀라게 했다. 양측은 몇 주간 교전을 벌였고, 최소한 수십 명이 각각 사망했다. 같은 해 말, 오늘날 카자흐스탄 지역인 양국의 중앙아시아 국경지대에서 두 번째 충돌이 발생했다. 소련은 도발 당하지도 않았고 군사적 목적도 없는 중국의 공격을 이해하기 어려웠다. 많은 소련 분석가들은 중국 문화대혁명의 광기 속에서 마오쩌둥이 현실 감각을 완전히 잃었다고 결론 내렸다. 문화대혁명이 중국 사회를 뒤흔드는 동안, 소련은 전쟁 준비에 나섰다. 소련 공군은 삼엄한 비상경계 태세에 돌입했고 폭격기들이 동유럽에서 극동 지역으로 재배치되었다. 중국과의 전쟁을 가상해 군사훈련이 실시되었다. 한편, 워싱턴에 있던 KGB[24] 요원은 소련이 중국의 핵 시설에 공습을 가할 경우 미국이 어떻게 대응할 것인지를 국무부 관리에게 물었다.[44]

러시아-중국-인도가 제국주의에 맞서 동맹을 이루려던 꿈은 10년에 걸친 갈등과 중국-소련 국경에서 벌어진 몇 주간의 무력 충돌로 종언을 고했다. 흐루쇼프 임기 초기에 인기를 끌었던 또 다른 구상, 즉 사회주의가 아시아 전역으로 확산될 것이라는 생각도 더는 유효하지 않았다. 사회주의가 확산된 유일한 주요 국가인 중국은 이제 소련의 경쟁자가 되어 있었다. 아시아에서의 소프트파워 사회주의는 사회주의를 거의 낳지 못했고, 소프트파워는 더더욱 창출하지도 못했다. 흐루쇼프가 인도와 중국 같은 국가들과의 관계에 주의를 기울였지만, 그 노력은 별다른 결실을 맺지 못했다. 인도와 중국은 곧 격렬한 국경 분쟁에 휘말려 1955년에 선언했던

24) Komitet gosudarstvennoy bezopasnosti(국가보안위원회)의 두문자어. 1954년부터 1991년까지 존속했던 소련의 정보기관을 일컫는다.

아프리카-아시아 단결은 와해되었다. 게다가 중국은 소련을 공격하기까지 하며, 무라비요프와 세르게이 비테 백작 시절부터 러시아의 영토였던 지역들에 대한 소련의 통제력을 문제 삼았다. "러시아 국기는 게양된 곳에서는 결코 내려와서는 안 된다."라고 차르 니콜라이 2세가 말했다고 전해진다. 소련 지도자들은 특히 마오쩌둥과 같은 인물에게 영토나 지위를 양보할 생각이 전혀 없었다.[45]

"미국 제국주의와 베이징 패권주의 사이의 협력 관계"

크렘린은 중국과의 대규모 전쟁에서 한발 물러섰다. 부분적으로는 마오쩌둥의 대응을 두려워했고, 또 부분적으로는 1969년 이후 중국이 국경 공격을 중단했기 때문이었다. 소련과 중국이 10년에 걸친 냉랭한 관계에 접어들면서, 소련 지도자들은 아시아에서 새로운 전략을 고안했다. 1970년대에 소련의 대외정책은 흐루쇼프 집권 초의 낙관적인 시기보다 훨씬 더 어려운 과제를 안고 있었다. 이제 모스크바는 예측 불가능한 남쪽 이웃을 상대하면서 동시에 미국과의 냉전을 계속 이어가야 했다. 소련 지도자 레오니트 브레즈네프는 이 상황을 블랙 유머로 버텼다. "나는 운이 좋은 편이야. 중국인들은 침공할 때 나를 총으로 쏠 계획이지만, 미코얀 동지는 산 채로 삶아버릴 거래." 또 다른 대응 방식은 원래 중국어나 몽골어에서 유래한 지명을 가지고 있었던 소련 극동 지역의 도시와 마을 이름을 바꾸는 캠페인이었다. 마오쩌둥의 영토 주장에 맞서, 대신 이들 마을에 고유한 러시아식 이름이 부여되었다.[46]

소프트파워가 더욱 강경한 방식으로 대체되면서, 극동 지역에서 소련은 훨씬 더 본격적으로 군사력 증강에 나섰다. 소련의 사상을 퍼뜨리는 것으로 우호국을 만들거나 영향력을 확대해 세력 균형을 의미 있게 바꿀 수 있다는 생각은 더 이상 존재하지 않았다. 브레즈네프를 비롯한 소련 지도자들은 여전히 마르크스-레닌주의에 충실했지만, 그 이념은 이제 크렘린의 전략적 이해관계를 기준으로 해석되고 반영되었다. 그들은 국제 정치를 소련에 유리하게 바꾸는 가장 효과적인 방법은 군사력의 상관관계를 자신들의 방향으로 움직이는 것이라고 믿었다.

1965년부터 1973년 사이에 소련의 극동 지역 병력은 세 배로 증가했다. 블라디보스토크에 주둔한 소련 해군의 규모도 이와 비슷한 수준으로 확대되었다. 이동식 미사일, 핵 탑재 가능 로켓, 전술 탄도미사일 등이 모두 이 지역에 배치되었다. 1980년대 중반까지 소련 태평양 함대에는 잠수함 103척, 대형 수상 전투함 86척, 항공모함 2척이 있었다. 한편 1974년에 브레즈네프는 시베리아와 극동을 연결하는 거대한 철도인 바이칼-아무르 간선철도를 건설하는 계획을 발표했다. 이 새 철도는 전쟁 발발 시 군수물자 수송을 용이하게 할 것이었다.[47]

하지만 소련에게 가장 큰 문제는 가장 강력한 경쟁국들이 모스크바를 희생시키며 서로 관계를 개선하고 있었다는 점이었다. 1969년 중소 국경 충돌 당시만 해도 베이징, 모스크바, 워싱턴은 서로를 군사적·정치적 위협으로 간주하고 있었다. 하지만 1970년대 초에 미국과 중국은 서서히 관계를 회복하기 시작했고, 소련이 양국 모두에게 가장 까다로운 상대라는 점을 인식하게 되었다. 1971년에 미국의 국가안보 보좌관 헨리 키신저[25)]가 베이징을 방문해 양국 관계 정상화를 위한 첫걸음을 내디뎠다. 이듬해에는 리처드 닉슨[26)] 대통령이 중국을 방문해 마오쩌둥과 회담을 가졌다. 워싱턴과 베이징은 1979년에 공식 외교 관계를 수립했고, 그보다 몇 년 앞서 일본도 중화인민공화국과 관계를 회복했다.[48]

이제 소련의 가장 강력한 자본주의와 사회주의 경쟁국들이 모스크바에 맞서 공개적으로 협력하고 있었다. 워싱턴과 베이징의 결합된 힘을 두려워한 크렘린은 미국과의 데탕트에 대해 조심스러운 논의를 시작했다. 그러나 크렘린은 과거 수십 년에 걸쳐 마오쩌둥이 협력할 수 있는 인물이 아니라는 점이 밝혀졌다는 이유로 중국과는 이와 유사한 어떤 협상도 오랫동안 거부했다. 실제로 소련 지도자들은 1970년대 내내 중국이 군사적 위협으로 남아 있을 것을 우려했다. 흐루쇼프 치하에서 이미 소프트파워 방식을 시도해본 소련 지도자들은 중국의 위협에 맞서기 위해서는 점점 더 군사력에 의존할 수밖에 없다고 믿었다. 1973년에 한 소련의 내부 분석 보

---

25) Henry Alfred Kissinger(1923–2023). 독일 태생의 미국 정치인이자 외교관. 1969년 닉슨 행정부가 출범하자 대통령 안보 자문관으로 합류하여 1977년까지 현실정치의 주창자로서 미국 외교 정책에 뚜렷한 족적을 남겼다. 1973–1976년 미국의 56대 국무장관을 지냈다.

26) Richard Milhous Nixon(1913–1994). 미국의 정치인. 1953년 1월 아이젠하워 정권의 부통령으로 취임, 1956년 재선되었다. 1960년의 대통령선거에 공화당 후보로 출마했으나 근소한 표차로 케네디에게 패했지만 1968년 선거에서 제37대 대통령으로 당선되어 정계에 복귀했다. 그러나 3대 공약인 베트남전쟁 조기 해결, 경제 회복, 국내 통일은 실현시키지 못했다. 중국 방문으로 실질적인 중국과의 국교회복을 이룩했고, 소련과의 데탕트를 추진했다. 1972년에 대통령에 재선되었으나 워터게이트사건으로 1974년 8월 사임했다.

고서는 "중화인민공화국의 대외정책이 대국주의, 민족주의, 패권주의 계획을 실행하는 방향으로 전개될 것으로 예상"되며, "소련 및 기타 사회주의 국가를 겨냥한 베이징의 적대 행위에 단호히 대응하고, 형제 국가들의 단결을 약화시키려는 마오주의자들의 노력을 폭로하는" 조치를 취할 것을 권고했다. 전략은 "중국 지도부의 진짜 의도를 폭로하고", "마오주의 활동에 대응할 수 있는 가능한 모든 조치를 취하며", 아시아 및 전 세계에서 "베이징의 패권 야망에 맞서 싸우는 것"이었다.[49]

"아시아에서의 집단안보 체제"

흐루쇼프는 아시아 국가들을 사회주의의 교두보이자 미국과의 냉전에서 잠재적 동맹국으로 보았다. 브레즈네프 역시 중국을 억제하는 데 필요한 자원을 확보하고자 워싱턴과의 관계를 개선하려 하면서, 아시아에서 동맹을 찾고자 했다. 1969년, 우수리강에서 중소 국경 충돌이 처음 발생한 지 몇 달 뒤, 브레즈네프는 "아시아에서의 집단안보 체제"를 촉구하는 연설을 했다.[50] 브레즈네프의 제안은 이 지역에 대한 새로운 전략을 뜻했다. 흐루쇼프처럼 브레즈네프도 아시아에서 우군을 찾고자 했지만 흐루쇼프와 달리 브레즈네프의 제안은 중국과의 동맹이 아니라 중국에 맞서는 동맹이었다.

브레즈네프가 구상한 것은 인도, 베트남, 북한, 아프가니스탄 같은 국가들, 나아가 잠재적으로는 일본과 같은 자본주의 국가들까지 포함해 중국의 영향력을 억제하기 위한 공동 노력으로 연결된 아시아 집단안보 체제였다. 소련은 1970년대 내내 아시아에서 외교적 에너지를 반反중국 연합을 구성하는 데 쏟아부었지만, 큰 성과를 거두지는 못했다. 반중국 의제에 분명히 동참했어야 할 국가 중 하나는 1947년 영국으로부터 독립한 이후 서방 열강과는 다른 대외정책 노선을 취한 인도였다. 인도와 중국의 관계는 지속적으로 문제가 되었다. 인도의 초대 총리 자와할랄 네루는 "나는 세계에서 소련보다 더 평화를 열망하는 나라도 없다고 생각하지만, 동시에 세계에서 중국만큼 평화에 아랑곳하지 않는… 나라가 또 있을까 의심스럽다."고 언명했다.[51] 1962년 중국이 일방적으로 이긴 중국과의 짧은 국경 전쟁에서 인도는 소련에 다가갈 수밖에 없었다. 예를 들어 인도는 소련의 가장 중요한 무기 수출 시장 중 하나가 되었고, 유엔과 같은 국제무대에서 소련을 지지했다.

하지만 뉴델리는 중국에 맞서 소련의 지원에 의존했음에도 불구하고, 1969년 이후 반중국 동맹을 구성하려는 크렘린의 시도에는 신중하게 반응했다. 인도는 소련 쪽으로 기울었지만 여전히 '비동맹' 대외정책을 고수한다고 주장했다. 반중국 진영에 가입하는 것은 이와 상충되는 일이었다. 인도는 1971년 소련과 우호 협력 조약을 체결했으나, 소련 외교관들의 갖은 노력에도 불구하고 중국을 겨냥한 더욱 강력한 조치에는 동의하기를 거부했다. 대신 1970년대 후반에 인도는 예를 들어 1978년에 소련제 미그-23 대신 영국-프랑스 합작 재규어 전투기를 구매하기로 결정하는 등 서방과

의 관계를 다시 활성화하기 시작했다.[52]

인도 같은 나라에게 이런 반응은 어찌 보면 당연한 일이었을지도 모른다. 인도는 그 정치인들이 사회주의 사상에 잠시 기울었음에도 불구하고, 분명 자본주의 국가였기 때문이다. 그러나 소련이 반중국 연합을 구성하려 할 때, 아시아의 사회주의 국가들도 못지않게 문제가 되었다. 예를 들어 조선민주주의인민공화국은 한국전쟁 때 받았던 소련의 지원에 그다지 고마움을 표시하지 않았다. 1960년대에 크렘린은 중소 분열에서 모스크바 편을 들게 하려는 의도로 북한에 대한 원조를 삭감했으나, 이는 양국 관계에 새로운 문제만 초래하는 결과를 낳았을 뿐이었다. 남한과의 지속적인 갈등, 그리고 여전히 남한에 주둔 중인 미군을 고려할 때, 평양은 베이징과 최소한 무난한 관계를 유지할 수밖에 없었다. 따라서 평양을 압박하려는 소련의 시도는 효과가 없었다.[53]

하지만 사회주의 국가인 북베트남은 중국에 맞서 훨씬 더 유순한 동맹의 모습을 보였다. 1960년대에 크렘린은 하노이의 "급진적인 시각"과 "친중국 성향"을 우려했다. 1975년 베트남 공산주의자들이 그들의 통치 아래 국가를 통일한 후 베이징과의 관계는 악화되었고, 그에 대한 대응으로 그들은 모스크바와의 관계를 강화했다. 1978년 11월, 소련과 베트남은 안보 위협에 직면해 협력을 약속하는 조약을 체결했다. 다음 해 봄에 중국이 북베트남을 침공하자, 소련은 남중국해에 14척의 군함을 파견했고, 수백 명의 소련 노동자들을 베트남 항구에 보내 하노이로 향하는 물자의 하역을 신속히 진행하게 했다. 크렘린은 또한 소련-중국 국경 지역에서 군사력을 과시하며, 중국이 북쪽과 남쪽 양방향에서 안보 위협에 직면해 있음을 베이징에 상기시켰다. 같은 해에 베트남은 다낭과 깜라인만에 있는 옛 미군기지를 모스크바에 제공했고, 소련은 그곳에 수십 척의 군함과 전투기, 폭격기, 정찰기를 배치했다. 크렘린은 베트남에 대한 경제 및 군사 원조도 대폭 강화했다.[54]

하지만 1979년은 또한 소련의 아프가니스탄 내 입지가 악화하기 시작한 해이기도 했다. 아프가니스탄은 소련의 세력권에 속한 적이 없었지만, 중국 및 미국과의 긴장이 고조되고 이란혁명[27)]이 이슬람주의 반反소련 방향으로 전개되면서 아프가니스탄이 더욱 중요성을 띠는 것 같았다. 아프가니스탄은 이란, 중국, 그리고 미국과 중국의 동맹국인 파키스탄과 접해 있을 뿐 아니라 소련의 중앙아시아 공화국들과도 국경을 맞대고 있었다. 소련이 이 지역에서 권력을 행사하기 시작한 초기부터 지금까지 소련-아프가니스탄 국경에서는 문제가 거의 없었으나, 아프가니스탄과 소련 중앙아시아 간에 공유된 인종적·종교적 유대는 모스크바 지도자들을 불안하게 했다. 또한 "서방과 중국"이 협력하여 아프가니스탄에서 소련의 영향력을 약화시키려 할 가능성도 소련 관리들의 우려를 불러일으켰다.[55]

1979년 아프가니스탄의 정치는 평소보다 훨씬 격동적이었고, 크렘린은 CIA[28)]의 책동이 작동하고 있음을 감지했다. KGB 국장 유리 안드로

27) 1979년 1월 이란에서 발생한 이슬람 혁명을 가리킨다. 이 혁명으로 입헌군주제인 팔라비왕조가 무너지고 이슬람 종교 지도자가 최고 권력을 가지는 정치체제가 수립되면서 시아파의 사이이드 호메이니가 최고 지도자로서 집권하게 되었다.

28) Central Intelligence Agency(중앙정보국)의 두문자어. 미국의 정보 부처 중 하나로서 외국 정부, 기업, 사이버 공간 등과 개인에 대한 정보를 수집, 분석하여 미국 정부의 여러 부처에 보고하는 임무를 가진다.

포프[29]는 12월에 브레즈네프에게 아프가니스탄 지도부가 "정치적으로 서방 진영으로 방향을 틀 가능성"이 있으며, 이는 "중립 정책" 또는 심지어 "반反소련 조치"로 이어질 수 있다고 썼다. 소련군 지도자들의 경고에도 불구하고 정치국은 소련군 파병을 결정했고, 안드로포프는 2개 여단이면 충분할 것으로 판단했다. 그는 브레즈네프에게 "[아프가니스탄의] 4월 혁명[30]의 성과를 지키고, 아프가니스탄의 당과 국가 지도부에 레닌주의 원칙을 확립하며, 아프가니스탄에서 우리 입지를 확보하는 것"이 목표라고 말했다.[56] 소련군이 대거 투입되었으나 평화를 확보하지 못하자 병력이 계속 증강되어 곧 전국에 수만 명의 소련군이 배치되었다. 흐루쇼프 시절 아프가니스탄에서 학교와 빵 공장을 세워 사회주의를 확산시키려던 정책은 완전히 사라졌다. 아시아의 이웃 국가들에게는 마치 한 세기 전 대영제국을 위협했던 "강인한 러시아 곰"이 다시 행진하는 것 같은 모습이었다.

소련이 아프가니스탄 문제를 군사적으로 해결하기로 결정한 것은 중국을 억제하려던 브레즈네프의 노력이 최종적으로 실패했음을 의미했다. 브레즈네프가 베이징에 맞서 '집단안보' 구상을 제안한 지 10년이 지났다. 이제 대부분의 국가들은 소련을 주요한 군사적 위협으로 간주했다. 아시

---

29) Yuri Vladimirovich Andropov(1914–1984). 소련의 정치인. 1982–1984년 제5대 소련 공산당 총서기를 지냈다. 1953–1975년 헝가리 주재 참사관과 대사, 1957–1962년 당 중앙위원회 연락부장, 이어 공산당 중앙위원을 역임했다. 1967년부터 국가보안위원회(KGB) 의장을 거쳐 정치국원이 되었고, 1982년 당 중앙위원회 서기로 선출되었으며, 같은 해 11월 레오니트 브레즈네프가 사망하자 그 후임으로 총서기가 되었다. 1983년 6월에는 최고회의간부회 의장으로도 선출되었으나, 이듬해 병으로 사망했다.

30) April Revolution. 1978년 4월 27일, 아프가니스탄의 공산주의 정당인 아프가니스탄 인민민주당(PDPA)이 당시 아프가니스탄공화국의 대통령 무함마드 다우드가 이끄는 정부를 전복하고 정권을 장악한 사건을 가리킨다. 이 사건은 아프가니스탄 달력으로 '사우르월'에 일어났기 때문에, 일반적으로 '사우르혁명' 또는 '사우르쿠데타'로 불린다. 이후 PDPA는 아프가니스탄민주공화국의 수립을 선언하고 사회주의 체제를 도입했다.

아에서 소련과 인접한 거의 모든 국가들은 대응 전략을 마련하기 시작했다. 이 지역에서 오랫동안 소련과 가장 가까운 우방이었던 인도조차 점점 더 중립적인 입장으로 움직였다. 중국과 역사적으로 경쟁 관계였던 일본 같은 나라들은 소련의 군사력 증강에 대응해 베이징과의 관계를 개선하고 워싱턴과의 유대를 강화했다. 한편 동남아시아 대부분의 국가들은 소련을 무엇보다도 먼저 두려운 군사적 위협으로 인식했다. 크렘린은 마치 자동 조종하듯 기계적으로 군사력 증강에 몰두한 나머지, 이 지역의 작은 국가들에게 영향을 미치기 위한 다른 수단들은 외면했다. 예를 들어 1980년대 중반에 아세안ASEAN[31] 6개국과 미국과의 무역 규모는 240억 달러, 일본과는 290억 달러에 달했지만, 소련과의 무역 규모는 약 5억 달러에 불과했다.[57] 외교적·경제적 지렛대를 거의 잃고 위험한 군사적 위협으로만 인식된 크렘린은 아시아에서 사실상 배제되고 말았다.

마오쩌둥 이후의 마오주의?

1970년대 말이 되자 중국을 억제하려는 노력은 실패로 돌아갔다. 다른 아시아 국가들은 베이징에 맞서 연합할 생각이 없었다. 소련의 공격적인 태도는 중국과 미국 사이에 싹트던 협력 분위기를 오히려 강화시켰고, 베

31) 동남아시아국가연합(Association of Southeast Asian Nations). 1967년 8월 8일, 말레이시아, 싱가포르, 인도네시아, 태국, 필리핀 등 5개국이 창설한 지역 협력 기구이다. 1984년 브루나이, 1995년 베트남, 1997년 라오스와 미얀마, 1999년 캄보디아가 차례로 가입해 현재는 10개국이 회원국이다. 정치, 경제, 안보, 사회, 문화 등 여러 분야에서 협력을 증진하고자 하며, 궁극적으로는 유럽연합(EU)과 유사한 지역 공동체로 발전하는 것을 목표로 삼는다.

이징은 더는 양보할 의사도 전혀 없었다. 1980년에 소련의 아시아 정책은 교착 상태에 빠져 있었으며, 마오주의를 비난하고 군사적 수단에만 집중하면서 이 지역의 다른 강국들을 소외시켰다. 흐루쇼프의 소프트파워 사회주의가 실효성이 없었던 것처럼, 브레즈네프의 군사화된 대안 역시 별로 효과적인 것 같지 않았다. 모스크바의 노선은 그 정책들이 목표를 달성하는 데 분명히 실패로 드러난 이후에도 지금까지 그대로 유지되었다. 모스크바는 해외 주재 대사들에게 "중국 대표자들"과 "제국주의 세력, 특히 미국과 그 정보기관들" 사이의 협력이 위험한 수준에 이르렀음을 상기시켰다. 몇 달 뒤에는 "미국 제국주의와 베이징 패권주의 사이의 협력 관계"가 "군사 영역으로 확산되고" 있으며, 이는 "세계 정치에서 새로운 부정적 현상"을 만들어내고 있다고 경고했다.

어떻게 해야 할까? 소련군이 아프가니스탄에 주둔하는 한, 크렘린은 이 지역 대부분 국가들의 적의에 직면할 것이었다. 하지만 1980년대 초에 들어서도 모스크바는 노선을 바꿀 이유를 찾지 못했다. 대신 크렘린은 미중 협력이 저절로 붕괴할 것이라는 데 내기를 걸었다. 소련의 저명한 한 중국 문제 전문가는 동료들에게 이렇게 말했다. 중국은 "서방의 기술 지원과 신용을 이용해" 현대화를 이루려 하지만, 이 도움에 대한 대가로 내놓을 수 있는 자본은 반反소련주의밖에 없다." 모스크바가 해야 할 일은 "중국은 결코 누구와도 오랫동안 친구로 지내지 않기" 때문에 기다리는 것뿐이었다.[58]

하지만 중국은 이미 미국과 친구가 되었고, 설령 그 우호 관계가 영원히 지속되지 않는다 하더라도, 지속되는 동안만큼은 소련을 크게 불편하게 만들었다. 게다가 1980년대 초에 이르러서도 소련의 반중국 연합 구축 시도는 아무 성과도 거두지 못했다. 한편 극동에서 군사적 입지를 강화하려는 소련의 노력은 주변국들을 위협했고 불신을 심화시켰다. 동시에 미국의 새 대통령 로널드 레이건[32)]은 초기 냉전 이래 볼 수 없었던 수준으로 소련에 대한 압박을 높였다. 워싱턴은 아프가니스탄 및 여타 대리전에서 반소련 반군을 무장시키고, 군비를 증강하며, 소련을 '악의 제국'이라고 비난했다. 브레즈네프는 동료에게 "미국에서 레이건 행정부만큼 방자하고 공격적인 행정부는 없었다."고 불평했다. 하지만 소련의 동유럽 위성국들은 중국의 군사력에서 별다른 안보 위협을 느끼지 못한 채, 소련이 '중국 패권주의자'들과 긴장을 고조시키는 데 불만을 품었다. 그러나 브레즈네프가 지금까지 베이징에 내놓은 유일한 양보는 중국 정치에 간섭하지 않겠다는 약속뿐이었다.[59]

하지만 중국 자체는 변하고 있었다. 문화대혁명은 1970년대 초에 접어들며 잦아들었고, 1976년 마오쩌둥이 사망했다. 소련의 일부 인사들, 특히 베이징에 대해 강경 노선을 유지하길 원했던 전문가들은 변화가 거의 없다고 주장했다. 그들은 1976년 이후의 중국 정치를 "마오쩌둥 없는 마오주의"라고 묘사하며, 반소련적 시각과 이념적 불안정성이 계속될 것이라

---

32) Ronald Wilson Reagan(1911–2004). 미국의 제40대 대통령(재임 1981–89). 1966년 이후 캘리포니아주 지사를 지냈으며, 1980년 카터 대통령을 누르고 당선되었다. 대소 강경노선으로 군비를 확대하는 한편, 사회복지 지출을 억제해 대폭적인 감세를 실시하는 등 '레이건 혁명'을 달성해, 1984년 압도적인 표차로 재선되었다. 그러나 국가재정에서 대규모 적자를 초래했고 국제수지의 역조로 미국은 '쌍둥이 적자'에 시달려 1985년에는 채무국으로 전락했다. 또 레바논 출병, 리비아 폭격, 그레나다 침공, 니카라과 반정부 세력의 지원 등 강경책을 펴서 제3세계의 불신을 초래했다. 1987년 말 소련의 고르바초프 총서기와 INF 중거리핵무기 폐기 조약을 조인했으며 1988년 미–소간의 긴장 완화 노선을 확정했다.

고 보았다. 한 소련 분석가는 1977년 동독의 동료들에게 중국의 새 지도자들은 변한 것이 거의 없다며 "기본적으로는 마오주의 정책의 연속일 뿐"이라고 말했다.[60]

공산당 최고위 관리인 올레크 라흐마닌[33]과 1982년 외무차관에 임명된 미하일 카피차[34] 같은 소련의 중국 전문가들은 변화가 겉치레에 불과하다고 주장했다. 이 지역에 관한 소련의 주요 잡지인 《극동 문제》Far Eastern Affairs도 비슷한 입장을 고수했다. "현 중국 지도부는… 국가의 군사화를 가속화하고, 반소련주의를 조장하고, 국제 긴장을 악화시키고, 제국주의와 결탁하는, 마오쩌둥이 남긴 패권주의 정책을 계속 추진하고 있다." 새 지도자 덩샤오핑[35]은 국가를 현대화하기를 원했지만, 이것이 반소련 노선의 완화를 뜻하는 것은 아니었다. 소련 외무부는 관리들에게 "베이징이 이른바 '현대화 프로그램'을 채택했다고 해서 일부에서 주장하듯이 새로운 정치 노선으로 전환했다고 결론짓는 것은 전혀 근거가 없다.… '현대화'란 전쟁 준비를 위한 최선의 수단일 뿐이다."라고 상기시켰다. 이러한 분석이 사실이라면, 중소 관계가 개선될 여지는 거의 없었다.[61]

하지만 모든 소련 분석가들이 이러한 견해에 동의한 것은 아니었다. 일부는 새로운 중국 지도부가 "중국공산당에 큰 희생을 안겨준… 문화대혁명"을 거부한다고 지적했다. 소련 지도자들은 선전전을 다소 누그러뜨리

33) Oleg Borisovich Rakhmanin(1924–2010). 소련의 공산당 관료. 국제관계 분야에서 주로 근무했다.

34) Mikhail Stepanovich Kapitsa(1921–1995). 소련의 외교관.

35) 鄧小平(1904–1997). 중화인민공화국의 최고 지도자. 1945년 중국공산당 중앙위원이 된 후, 정무원 부총리, 재정부장, 당 정치국 상무위원 겸 중앙서기처 총서기 등을 역임했다. 1968년 문화대혁명 이래 여러 번 마오쩌둥의 박해를 받았으나 이를 극복하고 1978–1983년에는 중국 인민정치협상회의 주석, 1981–1989년 중화인민공화국 중앙군사위원회 주석을 지냈다.

기 시작했다. 1981년에는 브레즈네프의 연설에서 더 이상 덩샤오핑이 맹목적으로 마오쩌둥의 노선을 따르고 있다고 주장하지 않고, "변화가 일어나고 있다."면서 "어느 정도 중국 지도부가 마오주의 유산을 극복하고 있다."고 인정했다. 1982년 소련은 두 명의 중국 전문가를 베이징에 파견해 회담을 가졌으나, 대화는 어떤 성과도 거두지 못했다.

그해 후반, 브레즈네프는 소련의 타슈켄트시를 방문해 대중국 정책에 관한 연설을 했다. 브레즈네프는 "우리는 결코 중화인민공화국의 내정에 간섭하려 한 적이 없습니다."라고 선언했다. "우리는 중국에 사회주의 체제가 존재함을 부인하지 않았으며 지금도 부인하지 않습니다.… 우리는 이른바 '두 개의 중국 개념'[즉, 타이완의 독립]을 어떤 형태로도 지지한 적이 없고 지금도 지지하지 않습니다.… 중화인민공화국에 대한 소련의 위협은 과거에도 없었고 지금도 없습니다." 브레즈네프의 논리는 그의 연설문 작성자 중 한 명의 설명에 따르면, 간단했다. "마오쩌둥은 사라졌다.… 그러니 뭔가 변화가 틀림없이 있을 것이고, 그것도 나쁜 쪽으로는 아닐 것이다."[62]

"우리 두 나라는 지정학적 적국입니다"

베이징은 브레즈네프의 어조 변화를 주목했으며, 중국 언론은 그의 타슈켄트 연설을 평소의 '중상'이라는 표현보다 좀 더 순한 '공격'이라는 용어로 가득하다고 묘사했다. 그러나 중국은 말이 아닌 행동을 원했다. 베이징의 세 가지 주요 요구는 소련의 아프가니스탄 철수, 베트남의 캄보디아 침공에 대한 지원 중단, 그리고 극동 지역, 즉 중국 북부 국경 인근에서의 소련 군사력 축소였다. 1980년대 초에 이르러 소련의 아프가니스탄 전쟁은 빠져나오기 힘든 수렁으로 변했다. 모스크바는 동남아시아에 구체적인 이익이 거의 없었고, 캄보디아에서의 베트남 전쟁을 지원한 주된 이유는 하노이가 중국 억제를 위한 소련의 노력에 협력하는 파트너였기 때문이었다.[63]

게다가 많은 소련 분석가들은 극동 지역에서의 자국 군비 증강이 안보 딜레마를 초래했음을 깨달았다. 한 영향력 있는 소련 분석가는 모스크바가 "중국으로부터의 위협을 잘못 평가한 탓에 극동에 막대한 군사력을 집중할 수밖에 없었다."라고 지적했다. "중국은" 이를 "위협으로 해석하여 핵무기와 재래식 군비를 늘리고, 서방과의 정치적·군사적 협력을 강화해야 했다." 한편, 모스크바가 가장 두려워했던 미중 관계의 개선은 1980년대 초에 타이완 문제와 미국의 첨단 기술 이전 거부 문제를 둘러싸고 워싱턴과 베이징이 충돌하면서 새로운 어려움에 직면했다.[64] 이러한 모든 요인들은 소련이 대외정책을 조정하고 베이징과의 관계를 개선할 여지가 있음을 시사하는 것이었다.

1980년대 초에 소련 최고 지도자들은 모두 중국과의 관계 개선 의사를 표명했으나, 하나같이 건강이 좋지 않아 변화를 추진하지 못했다. 브레즈네프는 1982년의 타슈켄트 연설이 베이징으로 하여금 좀 더 온건한 입장을 취하도록 만들었다고 믿었다. 그러나 가시적인 성과는 거의 없었고 연설 직후 세상을 떠났다. 그의 후임인 유리 안드로포프는 오랫동안 중국과의 타협을 주장하며 정보에 밝은 많은 대외정책 자문관들을 곁에 두었다. 하지만 안드로포프 역시 건강이 좋지 않아 재임 1년 반 만에 사망했다. 후임자 콘스탄틴 체르넨코[36] 또한 중국과의 관계 개선을 촉구하는 성명을 냈으나, 취임한 지 채 1년도 되지 않아 눈을 감았다.[65] 그러므로 최고위층에서 정책 노선을 바꾸려는 압력은 거의 없었다.

한편 소련 관료 조직은 마오주의자들이 여전히 중국을 통치하고 있다고 믿으면서 이들에 대해 강경 노선을 고수하려는 관리들이 지배하고 있었다. 외무부 고위층, 주요 아시아 전문 연구기관들, 그리고 공산당은 군산복합체와 연계된 반중국 매파들이 장악하고 있었다. 국방장관 드미트리 우스티노프[37]는 극동 지역에서의 군사 배치를 변경하는 데 대해 완강하게 반대해 온 인물이었다. 1980년대 초에 우스티노프는 소련은 중국의 불만에도 불구하고 중국을 두렵게 하는 몽골 주둔 병력을 철수할 수 없다고 주장했다. 그러한 조치는 극동에서 "아주 좋은 거점"을 잃는 것을 의미하기 때문이었다. 실제로 브레즈네프의 타슈켄트 연설에도 불구하고, 1980년대 초에 극동에서 소련의 군비 증강은 자동 조종 장치처럼 계속되었다. 새로운 SS-20 중거리 핵미사일이 이 지역에 배치되어 베이징을 불안하게

36) Konstantin Ustinovich Chernenko(1911–1985). 소련의 정치인. 1984년 2월, 안드로포프가 사망한 후 총서기로 선출되었다. 재임 중 노동조합을 지원하고, 교육제도를 개편했으며, 관료정치를 개선했다. 또한 중화인민공화국과 무역협정을 위해 교섭했지만 에리히 호네커가 서독을 방문하는 것을 방해하는 등 냉전의 완화에는 크게 기여하지 못했다. 1985년 3월 건강이 악화되어 사망했다.

37) Dmitry Fyodorovich Ustinov(1908–1984). 소련의 정치인. 1963–1965년 각료회의 제1부의장, 1976–1984년 국방장관을 지냈다.

했다. 또 1981년에 46개 사단이었던 이 지역의 소련 군대가 1985년에 53개 사단으로 확대되는 등 더욱 많은 병력이 극동에 투입되었다.[66]

중국과의 대화를 제안하는 이는 누구든 변화에 저항하는 이 관리들의 공격을 받았다. 반反중국파 집단은 내부의 적들에 대한 자료를 모았는데, 한 경우에는 베이징과의 관계 개선을 주장하는 소련 인사를 "중화인민공화국의 자본주의적 경향을 찬양하려는 시온주의[38)] 음모"와 연계시키려 하기도 했다. 양국 관계가 개선될 가능성이 있다는 한 소련 외교관의 제안은 그의 상관에게 즉각 거부당했다. "당신 제정신이오? 우리 두 나라는 지정학적 적국이며, 이 요인은 결코 사라지지 않을 것이오."[67] 이 외교관은 베이징이 "소련이 점령한 곳이 너무 많다."는 마오쩌둥의 주장을 더는 반복하지 않고 있었음에도 불구하고, 1980년대에 중국의 대對소련 영유권 주장을 비판하는 글을 작성하라는 지시를 받았다. 그는 상관들을 달래기 위해 문서에 날짜만 바꿔 넣는 등, 1960년대에 소련이 사용했던 반중국 선전 자료를 재활용했다.[68]

이 내부 반대파는 브레즈네프의 미온적인 대對중국 접촉마저 방해했다. 1980년대 전반 소련의 외교는 대체로 20년 전의 격렬한 반反마오쩌둥 비판을 단순히 반복하면서 군사적 입지를 계속 강화하는 듯한 모습이었다. 소련의 대외정책 전문가 중에서 가장 강경한 대중국 반대론자였던 올레크 라흐마닌은 1985년 2월 동료들에게 이렇게 말했다. "중국의 현 대외·대내 정책의 방향은 매우 부정적[입니다]. 중화인민공화국은 소련과의

38) Zionism. 팔레스타인 지역에 유대인 국가를 건설하는 것이 목적인 민족주의 운동. 19세기 말에 시작되어 1948년 세계에서 유일한 현대 유대인 국가인 이스라엘을 건국하는 데 성공했다.

관계를 진정으로 정상화하려 하지 않습니다. 중국은… 소련에 영토적 요구를 제기하고… 지구적 차원에서 제국주의 열강과 협력하고 있습니다.” 그는 덧붙였다. “중국은 미국과 마찬가지로, 전후 정치 현실을 규제하는 국경과 협정을 수정하는 것을 선호합니다.”[69] 따라서, 베이징에 대한 양보는 브레즈네프가 이미 내놓았던 다소 완화된 수사修辭를 넘어설 여지가 전혀 없었다. 아시아에서 소련의 영향력이 계속 하락하고 있었음에도, 라흐마닌을 비롯해 아시아 대외정책을 완전히 지배하고 있던 관리들에게는 군비 증강이 여전히 최우선적으로 중요했다.

소련 국경은 아시아에 대규모 군사력이 주둔함으로써 방어될 수 있었지만, 이러한 군사력은 소련의 이익 증진에는 거의 도움이 되지 않았다. 수년간의 군비 증강에도 불구하고 1980년에 아시아에서 소련의 영향력은 대부분의 지표에서 흐루쇼프가 축출된 1964년 당시보다 오히려 줄어들었다. 흐루쇼프를 비판하는 것은 물론 쉬운 일이었다. 그의 국내 정책은 불안정하고 종종 효과적이지 못했으며, 외교 역시 못지않게 충동적이었다. ‘평화 공존’을 약속했음에도 불구하고 그는 반복적으로 소련을 미국과의 전쟁 직전까지 몰아넣었다. 흐루쇼프의 소프트파워 전술—사회주의 사상을 수용하고 좌파 동맹국에 원조를 제공하는 것—은 결국 소련의 이익을 크게 향상시키지 못했다.

그러나 더욱 대립적인 브레즈네프의 정책 역시 별다른 개선을 이루지 못했다. 마오쩌둥 중국의 공격에 직면한 브레즈네프는 소련의 군사적 입지를 강화하고 아시아에서 반중국 연합을 구성하려 했다. 그러나 브레즈네프는 지역 국가들에게 제공할 수 있는 것이 거의 없었으며, 워싱턴과 베이징 사이에 강화된 협력 관계를 약화시키는 데 어려움을 겪었다. 공산당 최고 지도자로서 임기 말기에 성급하게 결정한 아프가니스탄 침공은 아시아에서 그의 전략이 궁극적으로 실패했음을 보여주었다. 1980년대 초까지 이 지역은 결국 브레즈네프가 원했던 '집단안보' 체제를 구축했다. 그러나 이 집단안보는 아시아의 강대국들이 소련과 연합한 것이 아니라 소련에 대항하는 형태로 나타났다.

8

페레스트로이카와 태평양

미하일 고르바초프의 아시아 개방

1986년 여름, 북태평양의 차가운 바다에서 소련 태평양 함대는 수년 만에 가장 큰 군사훈련 중 하나를 실시했다. 여러 척의 수상함이 오호츠크해, 쿠릴열도, 소련의 잠수함기지가 위치한 캄차카에서 멀지 않은 일본 북쪽 해역에서 기동했다. 전투기들이 상공을 날았고, 잠수함들은 해저에 숨어 있었다. 중국, 일본, 미국 등 외국 군사 관찰자들이 조심스럽게 이를 지켜보았다. 러시아 해군은 니콜라이 레자노프에서 겐나디 네벨스코이까지 이어지는 항해가와 탐험가들의 유산이 증명하듯이 오랜 세월 이 해역을 누벼온 역사가 있었다. 러시아의 지도자들은 1800년대 초부터 북태평양의 섬들을 전략적으로 중요한 영토로 여겼으며, 냉전 기간 동안 이 관심은 더욱 강화되었다. 레오니트 브레즈네프와 그의 후계자들 시절에, 극동에서 소련 군사력은 크게 확대되어 미국과 그들의 파트너인 일본뿐 아니라 중국에 대한 방어 책임도 수행하게 되었다.[1]

소련 해군이 태평양에서 사용한 핵심 전략 가운데 하나는 '성역방어'聖域防禦, bastion defense였다. 즉, 탄도미사일 잠수함들을 오호츠크해에 집결시키고, 1986년 중반의 군사훈련에서 과시된 위력적인 군사력으로 이 지역을 둘러싸는 방식이었다. 소련의 탄도미사일 잠수함은 미국에 대한 국가의 핵 보복, 즉 '제2격'second strike 능력의 핵심이었고, 따라서 거의 어떤 대가를 치르더라도 방어되어야 했다. 그러나 이 잠수함들은 미 잠수함보다 소음이 크기 때문에 공해상에서는 탐지에 취약했다.[2] 그러므로 오호츠크해와 같은 연안의 '성역'에 배치되어 보호되었다. 소련 극동 지역 전체도 하나의 성역으로 취급되었는데, 전략적으로 중요한 이 지역은 군사시설로 둘러싸여 있었고 핵무기로 방어되었다. 네벨스코이가 '군영'이 될 것이라고 예견했던 이곳은 소련 시기 대부분 동안 소련군과 군산복합체가 지배했다. 이 지역 주민들 가운데 상당수는 스탈린 시절의 굴라그로 이송되었다가 석방 후에도 남아 정착한 사람들이었다. 쿠릴열도나 캄차카와 같은 이 지역 일부 영토는 특별 허가를 받은 소련 시민만 접근할 수 있었다. 러시아 극동에서 가장 중요한 도시인 블라디보스토크는 외국인 출입이 전면 금지되어 있었다.

1980년대 중반에 이르러 소련 태평양 함대는 약 800척의 함정을 보유하고 있었는데, 이는 태평양에 배치된 미 해군 함정 230척과 비교되는 규모였다. 그러나 소련이 경계한 경쟁자는 미 해군만이 아니었다. 워싱턴의 지원을 받은 일본은 재무장에 나서 상당한 군사력을 갖춘 국가로 부상했다. 도쿄는 국내총생산GDP의 1퍼센트를 사실상의 국방비 상한으로 설정했지만, 냉전 기간 일본 경제가 호황을 누리면서 군사 예산도 함께 증가했다. 그러나 소련 극동 지역 군사 기획자들을 가장 걱정하게 만든 것은 역시 두

렵기는 하지만 자본주의 열강이 아니었다. 1964년 베이징은 첫 핵무기 시험에 성공하고, 1969년에는 양국의 만주와 중앙아시아 접경지역에서 소련 방어선을 공격했다. 이곳은 니콜라이 무라비요프나 세르게이 비테 백작과 같은 차르 시절 정치인들이 다투었던 바로 그 영토였다.[3] 중국의 군사력은 '제국주의' 미국과 그 아시아 동맹국들보다 열세였다. 그러나 베이징이 전쟁을 시작할 가능성이 더 높아 보였다.

따라서 1980년대에 이르러 소련군은 아시아에서의 입지를 확실히 강화했다. 이는 소련 국경의 안전을 지켜주었지만, 동시에 아시아에서의 소련 영향력을 약화시켰다. 가공할 만한 소련의 군사력은 거의 모든 이웃 국가들을 두렵게 만들었다. 그들은 소련의 요구에 굴복하기보다는 소련에 맞서 연대했다. 심지어 워싱턴과 베이징처럼 과거의 숙적들조차 소련에 맞서 협력하기 시작했다. 그럼에도 크렘린은 10년이 넘도록 노선을 바꾸기를 완강히 거부했다.[4] 소련공산당의 강경파는 중국과의 관계 개선이나 극동에서의 군사 배치를 축소하려는 시도를 가로막았다. 대신 그들은 새로운 군사 모험에 나서 베트남의 캄보디아 침공을 지원하고, 아프가니스탄을 직접 침공했다. 그러나 소련 지도자들은 군사력에 더욱 의존할수록 다른 역내 강국들로부터 고립되었고, 아시아에서 배제되고 말았다.

구세력이 브레즈네프 시대의 현상 유지를 고수했음에도, 소련공산당 최고위층에서는 새로운 구상이 움트고 있었다. 소련 관료조직 내에서 관리들은 대외정책을 어떻게 재구성해 아시아에서의 영향력을 회복할 수 있을지를 묻고 있었다. 이러한 새로운 사고는 부분적으로 세대교체에서 비롯되었다. 한 분석가의 표현대로, 젊은 간부들은 노쇠한 소련 지도부를 "교양 없고, 평범하며, 교육 수준이 낮다."고 보았다. 변화의 두 번째 동인은 기존 정책이 효과를 내지 못했다는 점이었다. 중국과 미국은 이념적 차이에도 불구하고 서로 외교관계를 수립했으며, 브레즈네프 시절 제안된 반중국 아시아 강국들의 '집단안보' 구상은 무산되었다. 세 번째 요인은 일본의 군사주의 정부나 남한의 억압적 정권을 비난하는 소련의 선전이 점점 시대착오적으로 보이기 시작했다는 점이었다. 소련을 제외한 아시아의 경제는 호황을 누리고 있었다. 자본주의 국가인 한국, 타이완, 필리핀 등 냉전 시절 크렘린의 비난 대상이었던 나라들조차 1980년대에 들어와 독재를 몰아내고, 새로운 민주주의를 수립하며, 경제를 외부 세계와 연결하고 있었다. 소련이 아시아 전략을 갱신하지 않는다면 훨씬 더 뒤처질 것이 분명해 보였다.[5]

크렘린의 군사화된 반反중국 봉쇄 전략에 대한 가장 명백한 비판은 그 전략이 실패했다는 사실이었다. 이 정책은 소련을 강화하기보다는 크렘린을 적은 많고 친구는 적은 처지로 만들었다. 극동에서 20년에 걸친 군사 증강의 대가는 컸으며, 이는 국내 소비나 기술혁신을 희생시키면서 소련의 거대한 군산복합체로 자원을 쏠리게 했다. 과도한 군사비 지출은 소련 경제가 침체에 빠진 중요한 원인이었다. 에두아르트 셰바르드나제[1] 외무장관은 훗날 "중국과의 대결이 우리에게 2,000억 루블의 비용을 안겼다."고 추산했다. 소련 대외정책의 비용에 대한 불만은 무기를 공급하고 자금을 지원한 베트남과 같은 피보호 아시아 국가들과의 관계에서도 드러났다. 1980년대 동안 하노이의 지원 요청은 소련 정책 결정자들 사이에서 점점 더 많은 회의론에 부딪혔다. 정책 결정자들은 소련의 보조금이 아니라 '세계시장 가격'에 따른 '태환 통화'로 "무역수지를 완전히 맞출 것"을 요구했다.[6]

몇몇 유력한 분석가와 공산당 관계자들은 이제 소련이 이념적 동맹국인 소규모 국가들에 대한 강조를 줄이고, 대신 더 크고 영향력 있는 국가들과 관계를 개선할 때라고 주장했다. 작은 나라들은 소련 구호를 앵무새처럼 따라 하면 현금과 무기를 받을 수 있다는 것을 배웠다. 베트남공산당이 브레즈네프를 칭찬하는 보도자료를 발표하면 소련 지도부는 세계 무대에서 중요한 존재처럼 느꼈지만, 그러한 이념적 선언이 소련에 어떤 다른 이익을 주었는가? 그 비용은 막대했으며, 이는 단지 이념적 동맹국들을 지원하는 데 든 루블뿐만 아니라 이들 '동맹국'이 소련을 끌어들인 지역 분쟁에서도 나타났다.

소련 대외정책의 재조정은 모스크바가 몇 안 되는 작은 우방국과 여러

1) Eduard Ambrosis dze Shevardnadze(1918-2014). 소련과 조지아(소련 시절의 그루지야)의 정치인. 1985-1990년 소련의 외무장관직을 수행하고 후에 독립국가연합(CIS)의 일원인 조지아공화국에서 1995년부터 2003년 장미혁명으로 물러날 때까지 대통령을 역임했다.

강력한 경쟁국이 공존하는 아시아에서의 정책을 재설정하는 것을 필요로 했다. 한 유력한 소련학자는 '다극 전략'이 더 나은 대외정책 성과를 낼 수 있다고 제안했다. 소련은 어떤 열강과 더 나은 관계를 추구할 수 있을까? 1980년대 중반, 로널드 레이건의 미국은 화해할 수 없는 적수로 보였지만, 영향력 있는 대외정책 전문가 게오르기 아르바토프[2)]는 소련 지도자들에게 소련은 "중국과의 평화를 촉진해야 하고", 일본과의 관계를 재활성화할 수 있다고 조언했다. 1980년대 후반 소련 지도부에 중요한 자문 역할을 했던 알렉산드르 야코블레프[3)]는 일본 및 중국과의 "관계 발전에 새로운 조치"를 취할 것을 촉구했다.[7]

아시아에서의 대외정책에 대해 소련의 사고 변화를 불러일으킨 또 다른 요인은 사회주의 이념 자체에 대한 회의감이 커지고 있다는 점이었다.[8] 마르크스-레닌주의 사상은 레닌과 브레즈네프 시기 사이에 여러 차례 재해석되었는데, 때로는 전 세계 사회주의 운동을 지원하는 데 초점을 맞춘 렌즈를 통하기도 했고, 때로는 소련 내 사회주의 수호를 강조하는 렌즈를 통하기도 했다. 일부 시기, 특히 스탈린 말기에는 '사회주의'의 성공이 소련 지도자들의 눈에 러시아의 영토 확장과 거의 동등한 것처럼 여겨지기도 했다. 대외정책 차원에서 "사회주의 승리"의 정의가 무엇이든, 사회주의 개념 자체는 소련의 깊은 경제 침체가 국가 사회주의가 제대로 작동하고 있다는 주장을 더 이상 신뢰할 수 없게 만들었기 때문에 모스크바의 많

2) Georgy Arkadyevich Arbatov(1923–2010). 소련과 러시아의 정치학자. 역대 소련공산당 총서기의 자문관으로 일했으며, 1965–1995년 미국 · 캐나다 연구소 소장을 지냈다.

3) Alexander Nikolayevich Yakovlev(1923–2005). 러시아의 경제학자이자 정치인. 1973–1983년 캐나다 주재 특별전권 대사, 1983–1985년 세계 경제와 국제관계 연구소 소장, 1987–1990년 정치국원을 지냈으며, 고르바초프의 글라스노스트와 페레스트로이카의 이론적 배경을 제공했다.

은 이들에게 시대에 뒤떨어진 것으로 보이기 시작했다. 1950년대에는 일반 소련 시민들은 가난했으나 소련 경제가 빠르게 성장하고 생활수준이 향상되고 있었다. 당시 미국 경제 교과서조차도 소련이 경제적으로 미국을 추월할 것이라 예측했다.[9] 30년 후, 흐루쇼프 시대의 낙관주의는 깊은 침체로 대체되었다. 소련 경제는 성장이 멈추었고, 이전에 훨씬 뒤처졌던 자본주의 국가들에 추월당하고 있었다. 한편 소련의 정치와 사회는 깊은 동면에 빠졌으며, 브레즈네프의 노쇠함은 전반적으로 지쳐버린 소련 체제를 상징하는 은유가 되었다.

따라서 '사회주의'는 적어도 전통적으로 해석되어 온 대외정책의 목표로서는 설득력이 떨어지게 되었다. 야코블레프는 "비정통적인 접근"과 "낡은 고정관념을 없앨" 때가 왔다고 선언했다. 그는 새로운 관점을 채택했다. 그가 쓴 바에 따르면, '적대 계급'은 "상호 이익을 바탕으로 지구적 문제를 해결하는 파트너"이다. 자본주의는 자체 모순의 무게에 짓눌려 붕괴하기보다는 '무기한' 지속될 가능성이 높으며, '평화 공존'은 "일종의 일시적 유예가… [아니라] 유일하게 존재 가능한 방식"이었다. 게다가 야코블레프는 "현대 세계에서의 안보는 보편적이고 평등할 때에만 진정한 것일 수 있다.… 상대방이 자국 안보에 대한 위협으로 간주할 수 있는 어떤 행동도 해서는 안 된다."고 주장했다.[10]

소련 지도부 내 구세력은 이러한 생각들을 이단으로 여겼다. 그러나 점점 더 많은 소련 관리들은 이 생각들이 현실적이고 신선하다고 느꼈다. 아시아에 적용하면, 이는 이 지역 외교에 새로운 급진적 접근법을 제안하는 것이었다. 소련과 공식 관계가 없는 자본주의 국가인 한국 및 타이완과의 관계를 탐색할 여지가 있을까? 수십 년간 냉각 상태에 있던 일본과의 관계를 재활성화할 수 있을까? 중국과의 안보 딜레마를 해결하여 양측이 국경 경비 병력을 감축할 수 있을까? 지적 분위기는 아시아에 대한 이념적이고 군사화된 접근에서 점차 벗어나기 시작했다.

아시아에서 소련의 대외정책을 재고하는 일은 이 지역이 세계 경제와 정치 체제의 미래에서 결정적인 역할을 할 것으로 보였기 때문에 더욱 절실한 것 같았다. 1980년대는 전 세계적으로 많은 분석가들이 서방이 쇠퇴하고 아시아가 부상하고 있다고 인식한 시기였다. 일본이 그 분위기를 주도하는 듯했다. 일본의 기술은 미국의 기술을 따라잡았다. 예를 들어 일본은 GDP에서 연구 개발에 차지하는 비중이 더 컸는데, 이는 빠른 미래 성장을 예고하는 것이기도 했다. 1980년대 동안 소련 분석가들은 첨단 기술 제조업, 저렴한 생산 비용, 그리고 우수한 경영 관행에 힘입어 경제 기적을 이룬 일본을 면밀히 관찰했다. 일본의 국가 주도 자본주의 모델은 더 효율적인 것으로 보였고, 이것이 미국에 첨단 기술 공산품을 수출하고 있는 이유였다. 소련학자들은 찰머스 존슨[4]의 《MITI와 일본의 기적》MITI and the Japanese Miracle, 에즈라 보걸[5]의 《세계 최고의 일본》Japan as Number One과 같은 영향력 있는 저서들을 읽었다. 한 소련 잡지는 폴 케네디[6]의 《강대국의 흥망》Rise and Fall of the Great Powers 마지막 장을 번역했는데, 그 장은 미국이 일본에 비해 뒤처지고 있는지에 대해 질문했다. 많은 소련 분석가들은 그

4) Chalmers Ashby Johnson(1931–2010). 미국의 정치학자.

5) Ezra Feivel Vogel(1930–2020). 미국의 사회학자.

6) Paul Michael Kennedy(1945–). 영국의 역사학자.

답이 그렇다고 믿었다.[11]

세계 경제의 미래가 서방 대신 아시아 쪽으로 이동하는 듯이 보였다. 미국 자본주의와 일본 자본주의 사이의 경쟁에서 소련 학자들은 도쿄가 승리할 것이라고 주장했다. 소련이 오랫동안 해왔던 것처럼 일본을 군사주의와 연관 짓는 것은 더 이상 타당하지 않았다. 일본은 자원을 경제 성장에 집중했고, 눈부신 성과를 거두었다. 냉전 초기에는 소련 학자들이 일본의 경제 기적을 논하거나 심지어 그 표현을 회의적인 따옴표와 함께 사용하는 것조차 권장되지 않았다. 그러나 그것을 부인하는 것은 불가능했다. 소련 자체의 경제 전망은 1980년대에 일본이 5퍼센트 성장할 것으로 예측했는데, 이는 서방이나 소련 어느 쪽보다 훨씬 빨랐다.[12]

일본의 급속한 성장은 아시아 이웃 나라들의 성장세와도 맞물려 있었다. 한 러시아 역사학자는 "아시아 국가에서 이처럼 비약적인 발전이 나타나리라고는 전혀 예상하지 못했다."고 말했다.[13] 동아시아 전역에서, 남한에서 싱가포르, 대만에서 홍콩에 이르기까지 과거 빈곤했던 국가들이 빠르게 산업화되고 있었다. 서방에서 이들 국가를 "아시아의 네 호랑이들"이라 불렀지만, 소련 학자들은 그 표현을 쓰지는 않았다. 그러나 그들은 이 국가들의 놀라운 성장률을 인정했다. 이 국가들은 모두 일반적으로 공산주의, 특히 소련의 반대자였다. 모스크바는 타이베이나 서울과 외교 관계가 없었다. 특히 모스크바가 베트남 깜라인만에 군사기지를 세운 뒤에는 싱가포르와의 관계도 순탄치 않았다. 그리고 홍콩은 여전히 영국의 식민지로 남아 있었으며, 이는 적어도 이론적으로는 소련이 비난하는 제국주의의 상징이었다.

그럼에도 불구하고, 이들 국가의 경제적 성공은 소련 관찰자들에게 깊은 인상을 남겼다. 소련 분석가들은 아시아의 네 호랑이들이 섬유와 신발을 수출하고, 새로운 기술을 도입하며, 새로운 시장에 진출하는 모습을 지켜보았다. 이는 일본식 수출 주도형 성장 모델이었고, 아시아의 네 호랑이들에게도 동일한 눈부신 성과를 가져와 그 과정에서 세계 경제를 재편할 것 같았다. "태평양 지역은 세계 발전의 중심이 되었다."고 학자 예브게니 프리마코프[7]가 언급하면서, 1세기 전 세르게이 비테가 아시아 시장 진출에 대해 품었던 낙관론을 연상시키는 장밋빛 시각으로 아시아의 경제적 미래를 바라보았다. 또 다른 소련 경제학자는 "아시아-태평양 지역이 주도권을 쥐게 될" "세계 자본주의 경제의 근본적인 재편"을 보았다. 세 번째 소련 분석가는 "21세기는 태평양의 세기가 될 것 같다."고 썼다.[14]

"우리는 이런 식으로 더는 살아갈 수 없어요"

소련 외교를 새롭게 재편하기를 꿈꾸던 대외정책 분석가들과 공산당 기관원들 가운데 상당수는 브레즈네프와 보수적인 후계자들 아래에서 고위직을 역임했다. 그러나 그들은 소련 외교에 대한 비판을 주로 마음속에

7) Yevgeny Maksimovich Primakov(1929–2015). 러시아의 정치인, 외교관. 1962–1985년 세계 경제와 국제관계 연구소에서 연구원, 차장, 이사를 지냈다. 1989–1990년 소련 최고 소비에트연방회의 의장, 1990–1991년 고르바초프 대통령 위원회 위원, 1991년 국가보안위원회(KGB) 제1부의장, 1996–1998년 러시아 외무장관, 1998–1999년 러시아 총리를 지냈다.

담아두었으며, 소련 체제 자체에 대한 믿음이 점차 약해지고 있다는 사실을 공개적으로 드러내지 않았다. 대부분의 외부인들에게 소련 엘리트층은 국내외 정치에서 보수적인 접근을 취하고, 굳어버린 현상 유지를 고집하는 하나의 집단처럼 보였다. 1985년 소련 지도자 콘스탄틴 체르넨코가 사망한 뒤, 정치국은 미하일 고르바초프[8]를 후계자로 선출했는데, 이는 일반적으로 변화를 지지하는 선택으로 해석되지 않았다. 고르바초프는 체제의 산물로서, 전 총서기 유리 안드로포프의 피후견인으로 널리 여겨졌다. 그를 구별 짓는 특징적인 모습은 특별한 신념이나 능력—어느 것도 주목할 만하지 않았다—이 아니라 오히려 그의 나이였다. 아마도 이것이 그의 동료 소련 지도자들이 그를 선택한 이유였을 것이다. 그들은 고르바초프가 브레즈네프-안드로포프-체르넨코 시대의 정책을 그대로 이어가되, 젊은 활력으로 이를 실행할 것이라고 믿었다.

우크라이나와 남부 러시아의 농민들을 부모로 둔 고르바초프는 소련 내 어느 지점만큼이나 태평양에서 멀리 떨어진 농업 지역인 스타브로폴 크라이[9] 출신이었다. 1950년대 초에 대학에 진학한 후, 그는 공산당 내 고위직으로 차근차근 승진했다. 스탈린 사망 무렵에 당 경력을 시작한 고르바초프는 부모가 스탈린의 농업 집단화와 농민 탄압으로 고통을 받기는 했지만 숙청의 잔혹함을 직접 겪지는 않았다. 고르바초프는 권력 상승 과

8) Mikhail Sergeyevich Gorbachev(1931–2022). 소련의 정치인. 1985년부터 1991년까지 소련공산당 총서기, 1988–1990년 소련 최고회의 의장, 1990–1991년 소련 대통령을 역임했다. 소련 최고 지도자로 재임 중 페레스트로이카와 글라스노스트를 추진했고, 이는 소련을 비롯한 중부 유럽과 동유럽 공산주의 국가들의 개혁과 개방에 큰 영향을 주었다. 소련 붕괴 이후 일반적으로 냉전을 종식시킨 인물로 평가받는다.

9) Krai. 러시아에서 변경 지역을 가리키는 행정 구역 단위.

정에서 많은 도덕적 타협을 했음에도 불구하고, 소련 사회주의의 좀 더 인도주의적인 주장들을 여전히 진정으로 믿은 점에서 소련 지도자들 중 다소 특이한 인물이었다. 순진하게도 그는 세계에서 가장 강력한 독재 체제 중 하나를 이끌면서도 거의 모든 동료들에 비해 비교적 자유주의적 성향을 유지했다는, 자신의 경력에 내재한 모순을 보지 못했다.[15]

1985년 총서기가 되자마자 곧 고르바초프는 딜레마에 직면했다. 침체감은 부인할 수 없는 현실이었다. 그를 임명한 노인 정치인들과 달리, 고르바초프는 현상 유지를 받아들일 수 없었다. 그러나 정치체제는 변화를 거부하는 구세대 간부들이 여전히 지배하고 있었다. 경제는 성장을 멈추고 기술면에서도 뒤처지고 있었다. 마르크스-레닌주의 이념은 소련 현실과 닮은 점이 점점 없어져 갔다. 최소한 레닌과 스탈린은 사회주의의 미래에 대한 낙관적인 이야기를 할 수 있었다. 고르바초프가 권력을 잡았을 때 소련 사람들은 러시아를 거의 70년간 통치해 왔다. 미래에 나아질 것이라고 약속하는 것만으로는 더는 충분하지 않았다. 지금 당장 삶이 개선되지 않으면, 국가는 정당성 위기에 직면할 것이었다. "우리는 이런 식으로 더는 살아갈 수 없어요"라고 고르바초프는 부인에게 말했다. "우리는 변해야 해요."[16]

소련 내에서는 변화 요구가 광범위했지만, 무엇을 해야 할지에 대해서는 의견 일치가 없었다. 모두가 경제를 활성화해야 한다는 데는 동의했으나, 어떻게 활성화할지에 대해서는 논란이었다. 경제의 가장 비효율적인 부분—중공업, 제철소, 거대한 공장, 집단 농장 등—중 많은 것은 스탈린 시대 이래 사회주의 성공의 본보기로 제시되어 왔다. 크렘린은 이것들이 문제의 일부가 되었다고 단순히 선언할 수 없었는데, 이는 소련 사회주의의 토대를 훼손하는 일이었기 때문이었다. 소련의 국방 산업 복합체는 국내 총생산의 약 15퍼센트에 달하는 막대한 비중을 차지했지만, 미국 및 중화인민공화국과 동시에 냉전을 치르려면 높은 군사비 지출이 필수적이었다. 미국에서는 골수 보수주의자인 로널드 레이건이 맹렬한 반공산주의 의제를 내세워 1984년 재선에 성공했다. 그는 잘 알려져 있듯이 소련을 '악의 제국'이라고 규정했으며 해군을 대대적으로 확장하고 우주 공간에서 운용할 차세대 무기를 개발하는 데 수십억 달러를 투자하고 있었다. 미국과의 관계가 좋아지기보다는 악화될 것으로 상상하는 것이 훨씬 쉬웠다.

그러므로 고르바초프는 아시아로 눈을 돌렸다. 그는 이 지역에 대해 피상적으로만 알고 있었고 일본이나 중국 같은 나라를 연구하는 데 시간을 거의 들이지 않았다. 그러나 그가 주변에 두고 있던 자문관들은 1980년대 초에 이미 이 지역에 대해 새로운 대외정책을 주장했던 인물들이었다. 카렌 브루텐츠와 예브게니 프리마코프 같은 일부 인사는 대외정책을 이념이 아니라 힘의 정치라는 관점에서 바라보기를 원했다. 그들은 국가는 경쟁자들을 서로 맞붙게 함으로써 더욱 다극적인 세계를 만들어 가는 법을 배워야 한다고 믿었다. 알렉산드르 야코블레프 같은 일부 인사들은 좀 더 이상주의적이어서, 군사주의를 소련 대외정책의 주된 원인으로 보았고, 그 해결책으로 군축을 주장했다. 이들 자문관 모두는 소련 선전이 레이건을 뿌리 깊은 반공주의자로 묘사한 것은 옳았지만, 일본을 군사주의 국가로 보거나 중국이 소련 영토를 탐내고 있다고 주장하는 것은 잘못이라고 고르바초프에게 말했다.[17] 이 측근들의 영향으로 고르바초프는 아시아에서 일부 소련의 분쟁을 해결할 수 있을 뿐 아니라, 이 지역이 비이념적 판단, 상호 군축, 협상, 평화에 초점을 맞춘 새로운 외교의 중심 무대가 될 수 있다고 믿게 되었다.

서방과의 관계를 개선하고자 하는 고르바초프의 노력은 널리 알려져 있다. 하지만 그와 동시에 아시아에서 소련의 영향력을 회복하려 한 사실은 상대적으로 덜 부각되었다. 고르바초프는 이 지역에서 소련의 전략을 전환하여 군사력의 중요성을 축소하고, 대신 외교적·경제적 영향력의 확대에 주력했다. 소련식 소프트파워로의 회귀였다. 그가 이런 기회를 처음 감지한 러시아 통치자는 아니었다. 에스페르 우흐톰스키 공작은 아시아 민족들이 러시아를 지배자로 바라본다고 믿었고, 흐루쇼프는 대륙이 소련의 사회주의 이상에 적합하다고 여겼다. 고르바초프는 아시아-태평양 지역이 자신의 대외정책 밑바탕에 깔린 '신사고'[10)]에 호의적일 것이라 믿었으며, 소련을 위해 군축과 우호, 무역을 약속하는 새로운 아시아 의제를 수립했다. 그는 이런 전술이 아시아에서 소련의 영향력을 확대하고 모스크바를 다시 이 지역의 주요 세력으로 만들 수 있다고 믿었다.

돌이켜 보면, 많은 역사학자들은 고르바초프의 대외정책을 주로 '축소 정책'으로 본다. 즉, 소련 제국이 과도하게 팽창했음을 인식한 조치라는 것이다.[18] 크렘린은 실제로 너무 많은 적을 만들었다. 그러나 고르바초

10) New Thinking. 미하일 고르바초프가 페레스트로이카의 일환으로 제시한 대외정책 교리. 국제정치의 탈이념화, 계급투쟁 개념 포기, 어떤 계급의 이익보다 보편적 인간 이익의 우선, 세계의 상호 의존성 증가, 군사적 수단이 아닌 정치적 수단에 기반을 둔 상호 안보 등이 주요 요소였다.

프의 대외정책을 단지 소련의 약속을 철회하려는 시도로만 보는 것은 잘못이다. 고르바초프는 특히 아시아에서 소련의 국제적 영향력을 증대시킬 정책을 추구했다. 그는 평화와 군축을 약속하고, 이념을 거부하며, 안보 딜레마를 해결하려는 이상주의적 희망이라는 긍정적인 비전을 내놓았다. 그의 '유럽 공동의 집'Common European Home 제안은 서방의 큰 관심을 끌었다. 그러나 고르바초프는 자신의 정책들이 아시아에서도 똑같이 강력한 효과를 낼 수 있다고 믿었다. 1986년 여름, 그는 자신의 비전을 설명하기 위해 극동 도시인 블라디보스토크로 떠났다.

"문명이 태평양 쪽으로 이동하고 있습니다"

물론 고르바초프가 블라디보스토크를 방문한 첫 번째 러시아 지도자는 아니었다. 젊은 니콜라이 2세가 왕위에 오르기 전에 시베리아 횡단철도 건설 기공식에 참석하기 위해서 이 도시를 방문한 바 있었다. 흐루쇼프가 1959년 블라디보스토크를 방문했을 때는 "동방의 샌프란시스코"라고 선언하며 도시 현대화를 위한 자금을 지원했다.[19] 그러나 대규모 군사시설과 뿌리 깊은 소련의 피해망상 때문에 이 도시는 외국인 방문객에게 폐쇄되었고 외부 세계와 단절된 상태로 남아 있었다. 지리적으로는 베이징에서 훨씬 동쪽에 위치했지만, 아시아와의 주요 연결 수단은 블라디보스토크 항구에 본부를 두고 중국, 미국, 일본 등 소련의 경쟁자들을 견제하는 태평양 함대뿐이었다.

따라서 아시아에서 자국의 역할을 재확립하고자 했던 총서기에게 블라디보스토크는 기회의 땅이었다. 브레즈네프는 집권 14년째인 1978년이 되어서야 소련 극동 지역을 방문했다.[20] 고르바초프는 총서기로 선출된 직후 거의 바로 이 도시를 방문하기로 결정했는데, 이는 그가 이 지역에 부여한 중요성을 강조하는 행동이었다. 고르바초프는 전략의 변화가 필요한 시점이라고 믿었다. 군비 증강을 계속하기보다는 군축 협정을 원했다. 소련의 호전성 때문에 양자 관계가 냉각된 곳에서는 화해를 통해 관계를 다시 구축하고자 했다. 새로운 무역, 투자, 문화 교류가 국가 간 유대를 강화할 수 있을 것이었다. 소련 사회와 정치를 개편하는 고르바초프의 페레스트로이카[11] 정책은 아시아적 시각을 포함해야 했다. 그는 극동 인접국들과의 분쟁을 해결하고 급성장하는 이 지역에서 소련의 영향력을 확대할 수 있다고 믿었다. 고르바초프는 1985년 집권한 지 몇 달 만에 최측근들에게 이렇게 말했다. "이 대륙에서는 모든 것이 움직이고 있어요. 문명은 태평양 쪽으로 이동하고 있습니다." 이제 소련이 이 움직임을 이용할 때였다.[21]

고르바초프는 블라디보스토크 방문을 계기로 아시아와의 새로운 교류 정책을 개괄하고, 소련의 군사화로 위협을 느껴온 모든 이웃 국가들에게 화해의 손길을 내밀며, 소련을 급성장하는 아시아 경제들과 연결할 구상

11) perestroika. '재건', '재편'의 뜻을 가진 러시아어로, 미하일 고르바초프가 1985년 3월 소련공산당 서기장에 취임한 후 실시한 개혁정책을 가리킨다. 글라스노스트와 문화면에서의 자유화, 복수정당제, 공산당과 소비에트의 기능 분리 및 복수입후보제 선거 등 정치체제의 민주화, 공산당으로부터 소비에트로의 권력 이양과 대통령 권력의 강화, 시장화에 의한 경제 재건, 군축 및 동서의 긴장 완화와 상호의존 체제 확립 등을 그 특징으로 한다.

을 제안하는 연설을 준비했다. 논리는 간단했다. 소련과 서방의 관계는 얼어붙었지만, 세계 경제의 미래를 형성할 동아시아와의 관계는 다시 열 수 있으리라는 것이었다. 따라서 아시아에서 소련의 위상을 되살리는 것이 핵심 과제가 되었다. 고르바초프는 1986년 4월 이 연설을 준비하면서 동료들에게 다음과 같이 설명했다. "문명의 발전이 그 방향으로 가고 있습니다. 시베리아와 소련 극동에서도 우리는 그 방향으로 가고 있습니다. 아시아-태평양 협력 문제에는 객관적인 관심이 존재합니다.… 아시아-태평양 지역은 우리에게 가장 중요한 지향점 중 하나입니다." 그는 또 다른 자리에서 소련이 "가장 위대한 아시아 열강 중 하나"라고 선언하며, 모스크바의 "아시아 및 태평양 지향의 중요성이 커지고 있다."고 말했다.

고르바초프는 블라디보스토크에서의 연설을 계획하면서, 이러한 거대한 포부를 품고 있었다. 1986년 7월, 연설문이 작성되는 과정에서 고르바초프는 그 작성자들에게 이렇게 말했다. "블라디보스토크 연설은 포괄적이어야 합니다." 연설은 "나라를 위한 것이고, 세계를 위한 것이지, 단지 지역 문제만 다루는 것이 아닙니다." 그는 아시아를 "수십 개의 새로운 정부가 무대에 등장한 거대한 대륙"이라고 표현하며, "그들은 자신들의 길을 찾고 있습니다. 이러한 과정이 특히 대국들에서 어떻게 전개되느냐가… 세계의 운명을 좌우할 것입니다."라고 지적했다. 연설은 "소련이 유럽 국가이자 동시에 아시아 국가이기 때문에 아시아 문제에 더 가까이 있다."는 점을 반드시 강조해야 한다.[22]

고르바초프의 블라디보스토크 연설은 서서히 진행되는 외교 혁명의 서

막을 열었다. 소련은 군사 강국이었으나, 이제 더 이상 아시아 외교의 중심에 무력 위협을 두지 않을 것이었다. 고르바초프는 연설에서 "나는 군산복합체가 전능하다고 믿는 성향이 없습니다."라고 선언했다. 대신 그는 소련 극동 지역이 아시아로 수출을 시작하고, 이 지역의 급성장하는 경제와 통합해 나갈 것이라고 밝혔다. "소련, 미국, 인도, 중국, 일본, 베트남, 멕시코, 인도네시아를 비롯한 세계의 많은 주요 국가들"이 태평양에 접해 있다. "유럽의 기준으로는 상당히 큰 편에 속하는 중간 규모의 국가들도 여기에 있습니다. 캐나다, 필리핀, 오스트레일리아, 뉴질랜드가 그들입니다.… 이 거대한 인적·사회-정치적 집합체는 긴밀한 관심과 연구, 존중을 요구합니다."[23]

아시아의 경제적 활력이 소련의 주목을 끌었다. 고르바초프는 아시아는 "20세기에 새로운 삶을 맞이했습니다."라고 선언하며, "사회적·과학적·기술적 변화의 소용돌이,… 세계사의 르네상스"를 언급했다. 소련의 경제적 미래 역시 아시아에 있는 듯 보였다. 그는 "상호의존성 성장의 법칙과 경제통합의 필요성은 국가 간의 합의와 개방적 유대의 수립으로 나아가는 길을 모색하게 합니다."라고 말했다. 아시아와의 교역을 확대하고, 고르바초프가 바람직하고 필연적이라고 본 상호의존성을 구축하기 위해서는 소련이 전시체제에서 평화 지향으로 전환해야 했다. 그는 연설에서 "서로 지지해야 하지 않을까요? 협력해야 하지 않을까요?"라고 물었다. "협력의 주요 과제 중 일부는 이미 말 그대로 우리 문을 두드리고 있습니다."[24]

아프가니스탄

고르바초프가 아시아와의 관계 개선을 촉구한 것은 노령의 전임자들 역시 각기 다른 진정성을 갖고 해왔던 일이었다. 그러나 실제로 소련 정책을 바꾸려면 실질적인 조치가 필요했다. 블라디보스토크 연설은 소련 관료들에게 변화가 불가피하며, 아시아에서 소련 외교의 군사화를 보장해 온 기존의 대외정책 노선은 더 이상 용납될 수 없다는 신호를 보냈다. 구세력은 물러나거나 밀려나야 했다. 오랫동안 베이징과의 관계 개선을 막아온 매파 국방장관 드미트리 우스티노프가 1984년 12월, 고르바초프가 집권하기 직전에 사망하면서 해당 부서에 변화의 여지가 생겼다. 고르바초프는 1985년에 오랫동안 외무장관으로 근무한 안드레이 그로미코를 비롯해 영향력 있는 외교관 안드레이 알렉산드로프-아겐토프[12)]와 공산당 관료들인 보리스 포노마료프,[13)] 콘스탄틴 루사코프[14)]를 배제했는데, 이들은 모두 중국에 대해 강경한 정책과 아시아 전역에 걸쳐 공격적이고 이념적이며 군사화된 정책을 옹호하던 인물들이었다.[25]

이들 구세력 관리들은 대부분 반半세대 정도 젊은 자문관들로 교체되었다. 이 새로운 대외정책 전문가 집단은 국제정치에 대한 고르바초프의

---

12) Andrei Mikhailovich Alexandrov-Agentov(1918-1993). 소련의 당 관료이자 외교관. 1940-1942년 스톡홀름 주재 타스통신 특파원을 지내고 1942-1947년 스웨덴에서 소련 외교관으로 활동했다. 1947년 귀국하여 외무부에서 일했으며, 1966-1986년 중앙위원회 총서기 국제문제 보좌관을 지냈다.

13) Boris Nikolayevich Ponomarev(1905-1995). 소련의 정치인. 1955-1986년 소련공산당 중앙위원회 국제부 부장, 1961-1986년 소련공산당 중앙위원회 서기를 지냈다.

14) Konstantin Viktorovich Rusakov(1909-1993). 러시아의 정치인, 외교관. 1962-1964년 몽골 주재 소련 대사, 1972-1977년 소련공산당 중앙위원회 총서기 보좌관 등을 역임하고 1977년 중앙위원회 서기가 되었다.

사고를 형성했으며, 아시아에서 소련이 새로운 역할이 필요하다고 주장했다. 그들은 소련의 대외정책이 지나치게 군사화되어 위협을 과장하고 불필요한 적을 만들었다고 믿었다. 희망 없는 수렁이 된 아프가니스탄으로부터의 철수는 우선 과제였다. 고르바초프의 측근 중 한 명은 "우리의 아프가니스탄 군사 주둔은 소련에 막대한 재정 부담을 지우고… 무슬림 세계에서 우리의 평판을 훼손하며, 우리를 고갈시킬 완벽한 기회를 미국에게 제공한다.… 우리는 이 쥐덫에서 빨리 벗어날수록 좋다."라고 주장했다.[26]

고르바초프는 취임 초부터 아프가니스탄 문제를 해결해야 한다는 것을 깨달았다. 소련의 아프가니스탄 침공은 아시아 전역의 국가들과 긴장을 불러일으켰으며, 심지어 북한조차도 이 침공에 반대했다. 일본은 미국과의 관계를 강화하며 이를 '군사동맹'이라고 규정하고, 블라디보스토크에서 타이완까지 태평양의 해상교통로 방어를 위해 미국을 지원하겠다고 약속했다.[27] 아시아–태평양 지역에서 소련의 아프가니스탄 군사 주둔을 환영한 국가는 거의 없었다.

더군다나 1980년대 중반에 이르러 아프가니스탄 침공은 수천 명의 소련 병사들이 사망하거나 부상당했음에도 전혀 승리의 기미가 보이지 않는 수렁이 되었다. 고르바초프의 한 측근은 소련의 가장 저명한 신문인《프라우다》에 "아프가니스탄에 관한 편지들이 말 그대로 폭포수처럼 쏟아졌다."고 일기에 기록했다. "이전과 달리, 익명으로 된 반反소련 편지는 거의 없다. 거의 모든 편지에 서명이 되어 있다. 주요 메시지는 '도대체 왜 우리가 이 일을 해야 하며, 언제 끝날 것인가?!'이다." 전쟁이 시작된 지 5년이 넘었지만, 크렘린은 여전히 뚜렷한 답을 내놓지 못했다. 핵심 대외정책 결정에 대한 분노의 분출은 소련 역사에서 거의 전례가 없었다. 이 고르바초프 측근은 "여성들이 글을 써서, 그곳에서 죽어가고 정신적으로 고통받는 젊은이들을 안타까워하고 있다. 그들은 '정말 그렇게 필요하다면' 자원병을 보내라.… 신병은 안 된다. 왜냐하면 거기에 가서 그들이 해야 할 일을 하는 것은 그들의 영혼을 훼손하기 때문이다'라고 쓰고 있다."고 적었다.[28]

심지어 군부—그 최고 지도자들은 처음에 아프가니스탄 개입에 반대했다—조차도 전쟁에 대해 불만을 토로했다. "군인들이 진심 어린 목소리로 솔직하게 '우리가 왜 여기 있는지' 이해하지 못하겠다고 보고하고 있다. 장교들, 심지어 자신의 이름을 밝힌 한 장군도 부하들에게 '그들이 왜 여기 있는지' 설명할 수 없으며, 외부에서는 '국제적 의무를 다하고' 있는 것처럼 보일 수 있지만, 현장에 있으면 믿을 수가 없다고 쓰고 있다."[29] 고르바초프와 그의 측근들도 "우리가 왜 여기 있는가?"를 설명하는 데 어려움을 겪었다. 이 전쟁은 아무런 목적도 없는 것처럼 보였고, 소련 군대에 끔찍한 피해를 입혔으며, 소련의 이웃 국가들과의 관계를 악화시켰다. 분명히 패배할 것이 확실했으며, 유일하게 남은 문제는 '언제'였을 뿐이었다.

이미 1985년에 고르바초프는 소련은 아프가니스탄을 떠나야 한다고 결심했다. 그는 집권 한 달 후 열린 회의에서 아프가니스탄에서 병력을 축소할 것을 권유한 자문관에게 "고민 중"이라고 말했다. 그로부터 두 달 후, 고르바초프는 소련의 대외정책을 재조정하는 노력에서 아프가니스탄 문제가 "최우선 과제"라고 반복했다.[30] 그해 가을 아프가니스탄 대통령 바브라크 카르말[15)]을 만났을 때, 그는 "아프가니스탄인들이 스스로를 방어하는 법을 배워야 한다."면서 아프가니스탄 정부가 혁명적 목표에서 물러날 것을 요구했다. 고르바초프는 카르말에게 "국민적 기반이 없다."고 질책했다. "그것 없이는 어떤 혁명도 가능성이 없다." 그는 아프가니스탄 정부가 "자유 자본주의 쪽으로, 아프가니스탄 및 이슬람 가치 쪽으로, 반대파 및 심지어 현재 적대적인 세력과도 권력을 공유하는 쪽으로 급격히 방향을 틀어야" 한다고 선언했다. 심지어 그는 "반군 지도자들"—소련군을 상대로 게릴라전을 벌이고 있던 바로 그 반군들—"과도 타협을 모색하라"는 조언도 받았다.

고르바초프는 소련 동료들에게 아프가니스탄을 떠날 때가 되었다고 말했다. 그는 "카르말이 있든 없든, 우리는 이 노선을 확고히 따를 것"이라며 "이 노선이 최소한 가능한 짧은 기간 내에 아프가니스탄에서 철수하는 결과로 이어져야 한다."고 선언했다.[31] 결국 철수는 시행하는 데 5년이 걸렸는데, 이는 부분적으로는 고르바초프가 다른 현안들에 마음을 빼앗겼고, 부분적으로는 대부분의 동료들이 완전한 패배처럼 보이지 않는 방식으로 철수하기를 원했기 때문이었다. 그러나 1985년까지는 필요하다면 굴욕적인 방식으로라도 소련이 결국 철수할 것이라는 점이 분명해졌다. 아시아

15) Babrak Karmal(1929–1996). 아프가니스탄의 정치인. 1964년 공산당을 창당하고 1965–1972년 하원의원을 지냈다. 1973년 무함마드 다우드에 의한 쿠데타로 아프가니스탄왕국이 전복당하고 탈소련 정책을 펴자 1978년 4월 하피줄라 아민, 누르 무함마드 타라키 등과 함께 다시 쿠데타를 일으켜 다우드를 암살하고 아프가니스탄인민공화국을 수립했다. 혁명평의회 의장(대통령)의 자리는 타라키에게 양보하고 부의장이 되었으나 2개월만에 타라키에게 해임 당했다. 그 후 소련의 보호로 체코슬로바키아에 체류하다 1979년 12월 소련에 의한 쿠데타로 하피줄라 아민이 암살당하면서 4대 대통령으로 취임했다.

에서 소련 대외정책의 군사화—이 지역에서 소련의 이익을 주장하기 위한 브레즈네프 전략의 핵심—가 서서히 와해되고 있었다.

고르바초프의 '삼각' 외교

아프가니스탄에서 철수하기로 한 결정은 중국과의 관계 개선도 가능하게 만들었다. 마오쩌둥은 세상을 떠났지만, 소련이 아프가니스탄에서 철수하고, 베트남의 캄보디아 침공 지원을 줄이며, 극동 지역의 소련 군사력을 감축하라는 베이징의 요구는 계속되었다. 크렘린이 대부분의 다른 열강으로부터 고립된 상황에서 중국 지도자들은 자신들이 우위를 점하고 있다고 믿었다. 베이징은 한 발도 물러설 생각이 없었고, 기다릴 준비가 되어 있었다. 중국과의 관계 개선은 소련이 아시아에서의 전략을 바꾸고 베이징에 양보할 때에만 가능할 뿐이었다.

고르바초프는 블라디보스토크 연설의 중심에 중국을 두어, 자신이 노선을 전환하고 있다는 신호를 베이징에 보내고자 했다. 그것은 아프가니스탄 문제에만 국한된 변화가 아니었다. 베트남의 캄보디아 전쟁 역시 소련의 명백한 이익에 부합하지 않았다. 극동 지역의 소련 군사력을 축소하는 것은 군사 수단에서 경제적·외교적 수단으로 강조점을 옮기려는 새로운 외교 목표에도 맞아떨어졌다. 고르바초프의 새로운 자문관들은 구세력이 중국에 대한 '양보'로 본 것을 소련 자체의 이익에 들어맞는 조치로 보았다. 이런 대외정책 변화가 베이징과의 관계도 개선한다면, 금상첨화였다.

고르바초프가 블라디보스토크 연설에서 내세운 가장 중요한 약속은 "몽골에 주둔 중인 소련군의 상당 부분을 철수하는 문제를 검토하고 있다."는 것이었다. 극동 지역에서 소련의 군사 태세에 어떤 변화가 생긴다면, 그것은 스탈린 시절 이래 아시아에서의 소련 정책을 뒤집는 중대한 전략 변화가 될 것이었다. 고르바초프가 연설 전에 정치국 동료들에게 설명한 대로, 그의 논리는 몽골 주둔 소련군 "두 개 사단"은 "소련을 지켜주는 게" 아닙니다! "차라리 본국으로 돌려보내는 편이 낫습니다."였다. 그들은 '베이징에서' 불과 '이틀거리'에 있는 '인질'이었다. "군대를 몽골에 보냈을 때의 생각은 중국, 일본, 미국을 우리와 몽골에게 적으로 보이게 하려는 것이었습니다." 군대가 철수한다면, 이제는 이 국가들이 친구가 될 수도 있을 것이라고 그는 암시했다.[32]

고르바초프는 군 병력 감축 준비를 발표하면서, 중국이 느끼는 소련의 긴박한 군사적 위협을 줄이는 한편 외교 전략도 변경해 중국 봉쇄 노력을 끝냈다. 아프가니스탄에서의 철군도 이러한 변화의 일환이었으며, 이는 소련이 아시아에서 무력 사용에 기꺼이 나서던 기존 태도의 변화를 상징했다. 더 중요한 것은 인도였다. 인도는 냉전에서 오랫동안 소련 편에 기울었고, 중국을 주요 안보 위협으로 보았으며, 소련의 아프가니스탄 침공에도 비교적 관대했다. 인도에는 1984년에 라지브 간디[16)]라는 신임 총리가 집권했다. 젊은 간디는 고르바초프처럼 활력 있는 신세대의 정치 지도

16) Rajiv Gandhi(1944–1991). 인도의 정치인, 제6대 인도 총리를 지냈다(재임 1984–1989).

자를 대표하는 인물로 여겨졌다. 간디는 고르바초프와의 회담에서 "우리가 얼마나 많은 공통점을 가지고 있는지 놀랍습니다."라고 감탄했다. 고르바초프는 전임자들처럼 인도에 첨단 군사 장비를 제공하며 원조를 아끼지 않았다. 1986년 인도를 방문한 뒤, 그는 정치국 동료들에게 "인도를 '동맹'이라고 세계에 큰 소리로 말할 수는 없지만, 그렇게 될 수 있도록 방향을 잡아야 한다."고 밝혔다.[33]

하지만 고르바초프는 간디와의 관계를 이용해 반중국 노선을 밀어붙이지는 않았다. 브레즈네프가 인도에게 중국에 맞서기 위한 '집단안보' 체제에 참여하라고 압박했던 반면, 고르바초프는 다른 접근법을 택했다. 그는 중국을 봉쇄하려는 노력을 접었다. 중국에 맞선 집단안보는 "아시아 전체 포럼" 제안으로 대체되었다. 이 포럼은 "아시아 정부들의 공동 노력을 통해 아시아 안보에 대한 포괄적 접근법을 개발하는 것"을 촉진하려는 목적이었으며, 중국도 포함시키려는 의도를 담고 있었다. 고르바초프는 소련, 인도, 중국이 "아시아 내 삼각 협력체"를 형성해 대륙의 정치를 함께 주도하고 안보를 보장할 수 있다고 선언했다.[34]

고르바초프의 새로운 대對베이징 외교 전략은 소련에서 중국 관련 논쟁의 어조 변화와 함께 이루어졌다. 브레즈네프 시대를 특징짓던 마오주의에 대한 신랄한 공격은 점차 사라지기 시작했는데, 이는 부분적으로는 크렘린이 공격을 억제했기 때문이고, 부분적으로는 중국이 점점 더 마오쩌둥의 급진주의에서 멀어지면서 현실과 점차 어긋났기 때문이었다. 고르바초프의 많은 주요 대외정책 측근들은 마르크스-레닌주의의 의미를 놓고 논쟁하기보다는 사회주의 공동체 내에서의 '다양성'을 긍정적으로 평가했다. 고르바초프의 자문관 바딤 메드베데프[17)]는 "그러한 다양성을 교조적이고 분파적인 의심의 눈초리로 바라보던 시대는… 이제 지났다." 고 주장했다. 외무차관 아나톨리 아다미신[18)]은 "이념을 외교에 주입하는 것"은 '위험'하다며, "이는 자신의 견해, 가치와 이상의 기준을 강요하는 직접적인 길이며, 결국 자신의 신념을 무력으로 강제하는 한 걸음"이기 때문이라고 언명했다.[35]

고르바초프의 대외정책 측근들은 이념에 기반을 둔 대외정책이 브레즈네프 시대의 무모한 외교 모험들의 근본 원인이라고 보고 이를 공격할 국내적 이유를 가지고 있었다. 이러한 접근법은 또 마르크스와 엥겔스를 해석하는 데 있어서 어떤 사회주의 강국이 주도적 역할을 할 것인지에 대한 문제를 제쳐둠으로써 베이징과의 관계도 부드럽게 만들었다. 더욱이 중국의 '사회주의'가 고르바초프가 소련 정치에서 추진하던 바로 그 방향으로 극적으로 바뀌고 있음이 분명했다. 중앙집권적 계획과 국가소유는 경제성장을 촉진한다는 명목하에 서서히 사실상의 사유재산으로 대체되고 있었다. 한 소련학자는 중국을 개혁 사회주의의 '실험실'이라고 표현했다. 또 다른 소련 분석가는 중국의 개혁을 "우리 자신의 문제"인 것처럼 바라보고 있다고 말했다. 당시 한 소련 언론인은 모스크바 거리를 걷다가 사람들에게 중국을 언급했을 때 무슨 생각이 떠오르는지를 물었다. "사람들은

17) Vadim Andreyevich Medvedev(1929–2025). 소련의 경제학자, 공산당 관료. 1986–1990년 소련공산당 서기를 지냈으며, 고르바초프의 측근 그룹의 일원이었다.

18) Anatoly Leonidovich Adamishin(1934–2025). 러시아의 정치인, 외교관, 사업가. 1990–1992년 이탈리아 주재 소련/러시아 대사, 1992–1994년 러시아 제1 외무차관, 1994–1997년 영국 주재 대사, 1997–1998년 CIS와의 협력장관을 역임했다.

만리장성과 중국의 수도 베이징을 생각했다. 잘 알려진 중국 상품들도 언급했다.… 하지만 거의 모든 응답자가 '개혁'이라는 단어를 말했다."[36] 소련과 중국이 모두 사회주의 개념을 변화시키면서 마르크스주의의 의미에 대한 옛 논쟁들은 서서히 사라져 갔다.

이러한 변화의 결과, 중국은 곧 고르바초프가 브레즈네프와 그 후임자들이 제시했던 것과는 실질적으로 다른 것을 약속하고 있음을 깨달았다. 아프가니스탄에서 철군을 약속하고, 극동 지역에서 병력을 감축하며, 인도에게 반反베이징 동맹에 참여하도록 압박하는 노력을 끝낸 것, 이 모든 것이 소련의 중대한 양보였다. 1989년까지 중국은 고르바초프의 정책 전환을 인정하며 그를 베이징에 초청할 준비가 되었다.

고르바초프는 시위대가 정부의 정치 개방 지연과 각종 경제 문제에 분노하며 톈안먼 광장에 모이기 시작하던 1989년 5월 15일 중국 수도에 도착했다. 고르바초프처럼 자유주의 성향을 지닌 중국의 공산당 총서기 자오쯔양[19]도 변화를 반대하는 강경파 당 간부들의 강한 반대에 직면해 있었다. 고르바초프는 베이징에서 "사회주의 형제애"를 기념할 것으로 기대했으나, 방문하는 동안 오히려 사회주의 사상 자체에 대한 논쟁이 벌어지고 있음을 알았다. 중국 학생들은 그들이 몰아내고 싶어 하는 강경한 권위주의자 덩샤오핑을 가리키며 "덩샤오핑을 고르바초프로 바꾸자"라고 구호를 거듭 외쳤다. 시위대는 "우리는 민주주의의 대사에게 경의를 표한다."고 적힌 고르바초프 환영 플래카드를 들고 있었다. 중국 학생들은 소련 지

19) 趙紫陽(1919–2005). 중화인민공화국의 정치인. 1980–1987년 중화인민공화국 국무원 총리, 1987–1989년 중국공산당 중앙위원회 총서기를 역임했다.

도자를 보기 위해 지방에서 기차를 타고 베이징까지 왔으며, 시위대는 그의 저서《페레스트로이카: 우리나라와 세계를 위한 신사고》를 공부하기도 했다.[37]

톈안먼 광장에 모인 20만 명의 시위대는 고르바초프의 방문을 크게 방해하지는 않았지만, 중국 주최 측은 총서기와 중국 관리들 사이의 회의 일정을 일부 조정할 수밖에 없었다. 그러나 소련 지도자는 반동적인 중국 지도자들과 새로운 관계를 구축해야 하는 필요성과 자신이 대표한다고 믿는 새롭고 자유화된 사회주의를 홍보하고자 하는 욕구 사이에서 균형을 잡기 위해 고군분투했다. 고르바초프와 덩샤오핑의 회담은 지정학적 문제에 집중되었으며, 양측은 '강대국으로서의' 관계의 중요성을 강조했다. 양측은 수십 년간의 격렬한 갈등 이후 사실상 중소 분열을 종식시키는 공동성명에 합의했다. 그러나 고르바초프는 베이징에서 한 공개 연설에서 "경제개혁은 정치체제의 급진적 변혁 없이는 작동할 수 없을 것"이라고 선언했다. 중국은 이 발언을 국민에게 방송하지 않았다. 그리고 덩샤오핑은 고르바초프 방문 하루 뒤, 미국 군함 세 척이 상하이항을 방문하도록 초청했다.[38] 덩샤오핑은 소련에게 중국이 여러 선택지를 가지고 있음을 상기시키며, 고르바초프가 언행에 신중을 기하기를 바랐다.

고르바초프가 중국을 떠난 직후, 덩샤오핑은 총서기 자오쯔양을 축출하고 탱크를 동원해 톈안먼 광장의 시위대를 진압했다. 소련 사회의 많은 이들은 덩샤오핑과 그의 중국 내 동료 반동 세력을 규탄했다. 영향력 있는 소련 대외정책 전문가들은 대학살을 비난하는 글을 썼다. 이후 한 중국공산당 고위 관리가 상트페테르부르크를 방문하려 했으나, 새로 선출된 시장은 그와의 면담을 거부했다. 그러나 고르바초프는 중국 지도자들과 긴밀한 관계를 유지했다. 그는 베이징에 대한 반발이나 자신에 대한 국내의 반발과 상관없이 중국과 소련의 관계 개선을 위태롭게 하지 않았다. 소련 의회에서 유명한 반체제 인사 안드레이 사하로프[20]는 중국 지도부를 규탄하며, "중국 당국의 비인간적인 잔혹 행위에 항의하고 연대를 표명합니다.… 우리는 중국 정부에 즉각… 처형과 반체제 인사 박해를 중단할 것을… 호소합니다."라고 말했다. 그러나 사하로프가 중국공산당을 비난하기 위해 연단에 섰을 때, 고르바초프는 사하로프의 마이크를 껐다.[39]

고르바초프는 결국 중국의 학살에 대해 비판을 거부했다. 톈안먼 참사 발생 두 달 후, 그는 인도 총리 라지브 간디와 만나 중국의 강경한 대응을 비난하는 것은 "한 나라의 내정에 간섭하는 것"이라고 말했다. 고르바초프는 간디에게 파리 방문 중 프랑스 지식인들이 자신에게 "인구가 10억이 넘는 나라인 중국을 규탄하라고 요구했습니다."라고 불만을 토로했다. 그는 "그것은 완전한 하나의 문명입니다!"라고 간디에게 말했다. 고르바초프는 아마 수천 명에 달할 시위대가 희생된 일로 중국과의 관계를 위험에 빠뜨릴 생각이 없었다. 대신 그는 모스크바, 베이징, 뉴델리가 아시아의 국제정치를 공동으로 관리하기 위해 '삼각' 협력 관계를 구축해야 한다

---

20) Andrei Dmitriyevich Sakharov(1921–1989). 소련의 반체제 물리학자. 1942년 모스크바대학교를 졸업한 뒤 1945년 레베데프 물리연구소에 들어가 수소폭탄 개발에 이바지했다. 그러나 1958년 핵실험에 의한 방사능 오염 등을 이유로 흐루쇼프에게 핵실험의 중지를 요청함으로써, 소련 체제에 대한 비판적 활동을 시작했다. 1968년 소련의 민주화와 인권확립 등을 주장한 논문 때문에 당국으로부터 반소련적이라는 격렬한 비난을 받았으며, 1980년 소련의 아프가니스탄 침공 항의와 관련되어 고리키로 강제 유배되었다. 1986년 12월 고르바초프에 의해 유배 생활이 끝났지만 모스크바로 돌아온 뒤에도 고르바초프에게 개혁을 촉구하고 인권 활동을 계속했다.

는 견해를 간디에게 반복했다.[40] 아시아에서 소련의 입지를 재조정하고, 모스크바를 아시아 외교의 중심에 두려는 것이 여전히 고르바초프의 주요 초점이었다. 마오쩌둥 시기의 과격함이나 덩샤오핑 시기의 권위주의를 이유로 중국을 비판하는 것은 비생산적이고 심지어 위험한 일로 여겨졌다. 브레즈네프 시대는 베이징과 갈등을 빚는 것이 얼마나 위험한지를 보여주었다. 대신 고르바초프는 중국 정부와 우호 관계를 구축하는 데 끊임없이 집중했다.

한반도에서의 타협

중국만이 고르바초프가 복잡하고 갈등이 얽힌 관계의 역사를 물려받은 유일한 명목상의 사회주의 동맹국은 아니었다. 마오쩌둥과 달리 북한 지도자 김일성은 소련이라는 큰 형과 싸우기 위해 국경을 넘어 군대를 보낸 적이 없었다. 그러나 평양은 결코 완전히 유순한 피보호국도 아니었다. 냉전 시기인 1960년대에 중소 관계가 붕괴했을 때, 북한은 두 공산주의 초강대국을 교묘하게 경쟁시키며 베이징과 모스크바 모두로부터 양보를 이끌어 냈다. 두 사회주의 초강대국이 각자 평양이 상대 진영으로 기울 것이라는 두려움을 품고 있었기 때문이었다. 한편 북한이 품은 최대의 두려움은 여전히 남한의 라이벌과 이를 지원하는 미군이었다. 한 소련 외교관의 회고에 따르면, 브레즈네프 시대의 상당 기간 동안 크렘린은 "[북한을]" 중국과 미국 모두에 맞선 투쟁에서 결정적으로 중요한 "전략적 동맹, 극동의 전초기지로 인식했다."[41]

하지만 고르바초프가 권력을 잡았을 무렵, 1960년대와 1970년대의 소련 외교는 많은 소련 분석가들에게 값비싼 실패로 보였다. 이러한 대외정책 전문가들은 중국에 대해 새로운 노선을 주장한 것과 마찬가지로 북한에 대해서도 새로운 접근법을 촉구했다. 그러나 베이징과 소련의 관계와 마찬가지로 구세력은 오랫동안 변화의 시도를 가로막았다. 예를 들어 1984년 소련 국제부 회의에서 한 전문가는 서울과의 관계 개선을 제안했다. 당시 소련은 남한과 외교 관계가 전혀 없었다. 이 분석가는 "꼬리가 정말 개에게 무엇을 해야 하는지 지시하는 일을 멈출 때가 됐다."라고 말했다. "왜 우리가 평양의 시선으로 남한을 바라봐야 하는가? 남한은 우리의 친구가 되는 데 진정으로 관심을 가진, 성공적이고 존경받는 나라라는 것이 분명하다."

강경파들은 오랫동안 이러한 접근 방식을 거부해 왔다. 한 관계자는 "남한의 움직임을 수용하는 것은 우리의 동맹국인 조선민주주의인민공화국[DPRK]과의 협력을 약화시킬 뿐만 아니라, 전체 사회주의 연방의 단합을 훼손할 것"이라고 반박했다. 또 다른 관리는 북한이 "미국과 일본 제국주의, 중국 수정주의에 맞선 우리 투쟁의 극동 전초기지"라며 "완전히 친미적이고 억압적인 남한 정권을 위해 소련 동맹을 배신하자고 주장하는 것은 정치적으로 무책임하다."고 지적했다. 게다가 당시 외무장관이었던 안드레이 그로미코가 다른 자리에서 언급했듯이, 남한은 "거대한 [미국] 기지, 더 정확히는 핵무기 기지 단지"에 불과했다. 다시 말해 고르바초프가 권력을 잡기 전에 소련 대외정책의 흐름은 평양과의 관계를 강화하는 쪽으로 기울어져 있었으며, 1984년에 모스크바에서 열린 김일성과의 정상회담은 이를 상징했다. 이 정상회담은 17년 만에 이뤄진 북한 지도자의 모스크바 방문이었다.[42]

1985년 고르바초프가 집권하자 이러한 흐름에 변화가 나타나기 시작했다. 그는 평양과의 관계를 위태롭게 할 의도는 없었다. 북한 지도자들과의 회담에서 고르바초프는 "워싱턴-도쿄-서울 군사 블록… 일종의 동방판 나토[21)]를 만들려는 불길한 계획"에 대한 소련의 오랜 경고를 되풀이했다. 그러나 대對중국 대외정책을 구상하던 바로 그 외교 자문관들은 한반도 정책에도 그들의 새로운 사고를 적용했고, 몇 가지 결론에 도달했다. 첫째, 모스크바는 소련 관리 카렌 브루텐츠가 표현했듯이, 서울과 정상적인 관계를 맺는 것을 두려워하는 평양의 '인질' 신세가 되었다. 둘째, 남한은 정치국이 1986년 5월의 한 논의에서 결론지었듯이, 단순히 워싱턴의 도구가 아니라 "지구적인 군사-전략적 균형의 한 요인"이었다. 셋째, 야코블레프가 썼듯이, 소련이 대외정책에서 이념을 덜 강조하면서 "사회주의 국가들과 남한 사이의 접촉과 교류"를 위한 새로운 공간이 생겼다. 마지막으로, 1988년 8월에 있었던 회의에서 한 관리가 말한 대로, 소련이 경제를 재활성화하려 할 때 서울은 "극동에서 가장 유망한 파트너"였다. 이러한 견해는 금융에서 석유와 가스에 이르는 각 산업 분야의 관리들 사이에서도

---

21) NATO(North Atlantic Treaty Organization, 북대서양조약기구). 1949년, 북대서양조약에 따라 창설된 유럽과 북아메리카 국가들의 집단 방위 기구.

널리 공유되었으며, 그들 모두는 남한과의 교역 기회를 엿보고 있었다.[43]

남한 역시 새롭게 소련과의 관계에 관심을 보였다. 이미 1970년대에 서울은 소련의 대북 지원 전면 중단과 같은 비현실적인 조건을 달긴 했지만 소련과의 관계를 열 용의가 있다고 밝혔다. 1988년 크렘린이 서울올림픽대회에 선수단을 파견하기로 결정한 후, 소련과 남한 사이의 외교적 노력이 가속화되었다. 소련에서 언론 자유가 확대되자, 평양은 전체주의적이고 억압적이며 경제적으로 실패했다는 비판의 홍수에 직면했으며, 그 결과 북한의 평판이 실추했다. 1980년대 말 북한 외교관들이 친페레스트로이카 언론인인 알렉산드르 보빈[22)]에게 그의 비판 기사에 대해 항의하자, 그는 "지옥에나 가라"라고 받아쳤다. 이는 이전까지 소련 언론인에게서는 찾아보기 힘든 태도였다.[44]

소련 언론인들은 또 다른 차원의 비판을 제기했다. 평양과의 관계가 소련에 불리한 거래로 드러났다는 것이었다. 1989년 9월, 《이즈베스티야》 신문은 "오랫동안 우리는 독자적인 정책이 없었고, 그저 동맹국의 노선을 자동적으로 지지했을 뿐이다.… [그리고] 소련에 이익이 되는 남한과의 경제적 접촉을 고집스럽게 거부했다."고 선언했다. 반면 소련의 공론장에서 남한에 관한 논의는 점점 더 낙관적으로 변해갔다. 고르바초프의 한 측근은 "세상 그 어디에서도 소련인을 이렇게 진심으로 환영하는 곳은 없습니다."며, 서울과의 관계에서 "엄청난 기회"를 기대하라고 그에게 말했다. 소련 지도자들이 본 핵심 기회는 무역과 투자였다. 남한 측의 주된 관심사

22) Alexandr Yevgenyevich Bovin(1930–2004). 소련과 러시아의 언론인, 정치학자, 외교관. 1963–1972년 소련 공산당 중앙위원회의 정치 자문관, 1972–1991년 《이즈베스티야》의 정치 평론가, 1991–1997년 이스라엘 주재 러시아 대사를 지냈다.

는 모스크바와의 관계를 여는 것이었지만, 크렘린의 한 주요 대외정책 결정자는 남한 담당자에게 "경제 교류에 우선순위를 두는 것이 소련의 방침"이라고 말했다.[45]

이론적으로 두 나라 사이의 경제 교류를 확대할 여지는 충분했다. 남한은 기술과 소비재를 보유하고 있었고, 소련은 원자재를 갖고 있었다. 예를 들어, 남한 기업들은 목재와 천연가스에 관심을 보였으며, 삼성은 소련 내에 컬러 TV 공장의 건설을 고려했다. 그러나 남한은 이미 미국, 일본, 유럽 등 세계 최대 시장에 접근하고 있었다. 남한은 소련과의 관계를 주로 정치적 문제로 인식했고, 크렘린이 외교 관계를 개설하는 데 동의하면 30억 달러의 차관을 공여하겠다고 제안했다. 모스크바는 즉시 이를 수락했다. 고르바초프와 남한 대통령 노태우는 1990년 중반에 비밀 회담을 계획하고 차관 조건에 합의했다. 3개월 뒤 두 나라 사이에 공식 외교 관계가 수립되었는데, 이는 스탈린 시절 이래의 소련의 대對남한 정책을 이전에는 상상할 수 없을 정도로 완전히 부인하는 것이었다.[46]

상호의존의 법칙

1990년 고르바초프가 집권 5주년을 맞았을 때, 태평양 지역에서 페레스트로이카 정치 의제는 순조롭게 진전되고 있었다. 소련은 국제적으로 버림받은 자의 지위를 벗고, 이 지역의 주요 국가 대부분과 관계를 재개했다. 물론 베트남과 북한은 고르바초프가 그들의 경쟁국들과 관계 개선에 나선 데 대해 실망감을 감추지 못했다. 그러나 1990년에 아시아-태평양 지역의 가장 강력한 국가들과 크렘린의 관계는 5년 전에 비해 크게 개선되었다. 베트남의 캄보디아 점령과 마찬가지로 아프가니스탄 전쟁도 마침내 종식되었다. 가장 중요한 것은 소련이 극동 지역에서 병력을 철수하기 시작하면서 자신들이 더 이상 군사적 위협이 아니라는 신호를 보냈다는 점이었다. 1988년 말에 고르바초프는 몽골에서 소련군의 4분의 3을 철수시킬 계획을 발표했다. 이는 약 5만 명을 병력을 감축하는 것이었다. 또한 크렘린은 깜라인만의 베트남 군사기지에 있던 비행기들을 소련으로 재배치하기 시작했다.[47] 소련 내부에서는 군수공장을 민수용 생산으로 전환하는 문제에 대한 논의가 이루어졌는데, 이는 소련 경제 침체의 원인이 된 군사화 문제를 극복하기 위한 노력이었다. 이러한 관계 개선의 분위기 속에서 유일한 예외는 일본과의 관계였다. 1990년까지도 소련과 일본의 관계는 상대적으로 경직된 상태를 유지했으며, 이는 서울에서 베이징에 이르는 다른 지역 강국들과의 관계 변화와 비교할 때 특히 두드러졌다.

하지만 아시아에서 소련의 영향력을 변화시키는 과정에서, 고르바초프는 자신의 전임자들이 군사적 수단을 지나치게 강조했던 이유가 부분적으로는 군사력이 크렘린이 확실하게 사용할 수 있는 몇 안 되는 지렛대 중 하나였기 때문임을 깨닫게 되었다. 1986년 블라디보스토크 연설에서 고르바초프는 "증가하는 상호의존"을 '법칙'이라고 선언하며 '경제통합'을 옹호했다. 그러나 그의 연설에도 불구하고, 소련은 거의 새로운 상호의존 관계를 형성하지 못했고, 경제통합은 더욱 미미했다. 고르바초프가 가정한 상호 연결성의 자연법칙은 그가 기대했던 만큼 필연적이지 않았다. 아시아의 나머지 국가들은 서울에서 싱가포르, 선전에 이르는 지역을 종횡으로 가로지르는 새로운 공급망에 연결되고 있었다. 그러나 이러한 통합은 거의 대부분 소련을 비껴갔다.

소련과 인접국들 사이의 교역은 다소 증가했다. 중국과의 교역액은 1988년 18억 달러에서 2년 뒤 52억 달러로 늘어나 유망한 추세를 보였다. 그러나 소련이 필요로 하던 규모나 일본과 아시아의 네 마리 호랑이, 그리고 점점 더 중국까지 연결하던 깊은 교역 수준에 비하면, 이는 고르바초프가 기대했던 것보다 훨씬 작았다. 남한과의 교역도 늘었지만, 남한의 주요 기업들이 소련에 투자한 금액은 중국에 투자한 금액의 8분의 1에 불과했다.[48]

소련은 중국이 제조업 부문에 막대한 자금을 끌어들이는 데 활용했던 것과 같은 형태의 외국인 투자자들을 위한 경제특구를 설치해 교역을 장려하려 했다. 1988년의 한 연설에서 고르바초프는 "중국-소련-일본 3자간 경제 활동을 발전시킬 가능성"을 언급하면서 "극동에 특별 합작기업 지구를 설립"하는 것을 지지했다. 중국과 북한 국경에서 멀지 않은 항구 도시 나홋카에는 자유기업구가 조성되었다. 이 항구는 이미 소련이 아시아와 해상으로 주고받는 교역의 대부분을 처리하고 있었다. 그러나 이 경제특구는 결국 활성화되지 못했고, 현지 관리들은 모스크바가 지원 입법을 갖추고 있었음에도 실패의 책임을 크렘린에 돌렸다. 한 일본 관리의 말처럼, 외국인들은 "기업가가 적극적인 역할을 하려면 최소 두 가지 요건이 필요하다. 양호한 기반시설과 안정된 법률 체계다. 현재 이 두 가지 모두 존재하지 않는다."라고 불만을 계속 표했다.[49]

더 근본적인 문제는 고르바초프가 그 이전의 많은 러시아 지도자들처럼, 러시아를 동아시아 경제와 통합할 수 있는 범위를 과대평가했다는 점이었다. 그는 1988년에 "우리는 세계의 위대한 아시아와 태평양 지역의 미래를 향한 길의 출발점에 이제 막 서 있다."고 선언했지만, 이 아시아–태평양의 미래에 소련이 포함될 것이라고 가정한 것은 잘못이었다. 소련과 아시아 이웃 국가들 사이에는 뚜렷한 접점이 없었다. 1988년에 한 일본 대사관 관계자가 여러 소련 경제학자들에게 "극동 개발의 가장 중요한 목표는 무엇인가?"라고 물었다. "태평양과의 연계를 발전시키기 위한 거대한 기술 기반을 만드는 것"인가, 아니면 어업이나 목재와 같은 '전통 부문'에 주력하는 것인가? 소련 관리는 "천연자원 중심의 방향은 옳지 않다."고 선언했다. "우리는 기계 제작을 포함한 현대적 생산으로의 전환을 위해 노력하고 있다."[50]

그러나 그러한 생산에 투자할 외국인을 어디에서 찾을 수 있는지 아는 사람은 아무도 없었다. 남한은 막 소련에 30억 달러를 빌려주었지만, 극동 지역에서 소련 산업 기반을 개조하는 데 필요한 자금을 댈 의지도 역량도 없었다. 막 마오주의의 참화를 벗어난 중국은 자금이 전혀 없었다. 고르바초프의 열정만으로는 국제적 기업들을 설득해 사업장을 세우게 만들 수 없었다. 페레스트로이카 5년은 아시아–태평양 지역의 경제 통합에 대한 고르바초프의 낙관이 잘못된 것이었음을 입증했다.

“정치적 자살”

1991년까지 페레스트로이카의 아시아 의제는 고르바초프를 강하게 만들기는커녕 오히려 약화시켰다. 그는 이 지역에서의 소련 대외정책을 변화시키는 데는 성공하여, 군사력에 대한 소련의 의존도를 줄였다. 아프가니스탄 철군은 전사자 귀환 행렬을 끝내고 비용도 절감했다. 극동 지역에서의 병력 감축도 적어도 장기적으로는 소련 경제에 유익했을 가능성이 크다. 그러나 고르바초프가 기대했던 긍정적 변화는 거의 실현되지 않았다. 중국과의 관계는 유지되었지만, 톈안먼사건 이후의 “베이징의 도살자들”은 페레스트로이카 시대의 자유주의자들에게 훨씬 덜 매력적인 파트너로 보였다. 크렘린은 남한과 관계는 수립했지만—이는 결코 작은 성취가 아니었다—그 이후의 관계 발전을 위한 의제는 없었고, 다만 남한 기업들이 러시아 극동에 공장을 세워주기를 바랐을 뿐이었다. 이는 끝내 현실화되지 않았다.

한편 인도 같은 오랜 파트너들은 곧 페레스트로이카에 대한 관심을 잃었다. 인도 총리 라지브 간디는 고르바초프에게서 자신과 비슷하게 젊고 활기차며 개혁적인 지도자의 모습을 보고 처음에는 그와 긴밀한 관계를 형성했다. 그러나 고르바초프가 “소련, 인도, 중국” 사이의 관계에 “엄청난 잠재력"이 있다고 본 것은 뉴델리에게는 오판으로 여겨졌다. 고르바초프는 한번은 미국인들이 "중국-소련 관계 개선과 소련-인도 화해의 조짐에 문자 그대로 떨고 있다."고 주장했다. 그러나 뉴델리는 소련이 인도의 최대 적수인 베이징과 관계를 개선하는 것을 조심스럽게 지켜보았다. 고르바초프는 인도가 "강대국 정책"을 추구한다며 불만을 표시했는데, 이는 이 정책이 아시아에서 주도적 역할을 하려는 자신의 희망과 어울리지 않았기 때문이었다. 한편, 고르바초프와 견고한 협력 관계를 맺었던 간디는 1989년에 암살당했다. 인도와 소련과의 무역이 증가하지 않고 오히려 줄어들면서, 페레스트로이카가 약속한 경제적 연계는 인도에서도 실망을 안겼다.[51]

하지만 1990년이 되어서야 페레스트로이카는 이제껏 간과해온 또 다른 아시아 강대국에 관심을 돌렸다. 고르바초프는 마침내 일본을 주목하고 1991년에 방문을 준비했다. 도쿄와 모스크바 사이의 관계는 제2차 세계대전 이후 소련이 점령했지만 일본이 계속 자국 영토라고 주장하는 쿠릴열도 남쪽 끝 4개 섬을 둘러싼 영유권 분쟁으로 오랫동안 가로막혀 있었다. 이 섬들은 크기가 작고 인구도 적었지만, 소련 군부는 이 섬들이 오호츠크해 입구를 통제하는 데 중요하고 그러므로 극동 방어에 결정적이라고 주장했다. 냉전 기간 동안 일본은 이 도서 분쟁의 해결을 소련과의 관계 조건으로 삼았다. 진전이 거의 없었기 때문에 양국 간 관계는 여전히 냉각된 상태로 남아 있었다.

페레스트로이카가 시작되자 일부 소련 대외정책 전문가들은 도서 문제에 대한 노선을 바꿀 것을 촉구했다. 중국과의 긴장을 완화하라고 고르바초프에게 조언했던 게오르기 아르바토프는 1985년에도 그에게 "네 개 전부는 아니더라도 두 개 섬은 일본에 넘길" 것을 강력히 권고하면서 "그렇지 않으면 아무 성과도 얻지 못할 것"이라고 말했다. 고르바초프는 처음에는 일본에 섬들을 넘겨주는 이 발상을 거부했다. 그러나 다른 지역에서의 시도가 실패하고 소련 경제가 둔화되자 그는 다시 생각하기 시작했다. 일본은 최대 220억 달러를 약속했는데, 이는 서울과의 외교관계를 재수립하는 대가로 소련이 받은 변변찮은 30억 달러를 훨씬 웃도는 금액이었다.[52] 1991년 4월, 도쿄에서 벚꽃이 한창일 때 일본을 방문한 고르바초프는 적어도 그러한 거래를 검토할 의향이 있었다.

하지만 고르바초프는 국내에서 인기가 하락하면서, 해외에서 새로운 구상을 추진하기가 힘들어졌다. 한편 일본이 요구한 영토 반환은 굴욕적인 양보라고밖에 할 수 없었다. 쓸모없는 전쟁을 끝내거나 국방비를 국내 생산으로 돌려 소련 국민에게 이익을 주는 등, '윈-윈' 사안처럼 보일 때 고르바초프가 소련의 정책을 바꿀 수 있었다. 그러나 영토를 넘기는 일은 전혀 다른 문제였다. 1991년 초, KGB 수장과 국방부 장관은 섬들이 군사적으로 너무 중요해 양도할 수 없으며, 소련 국민도 그런 조치를 지지하지 않을 것이라고 경고하는 간결한 1쪽짜리 서한을 고르바초프에게 보냈다.

한편 고르바초프는 소련 내 러시아공화국의 지도자 보리스 옐친[23)]에게

23) Boris Nikolayevich Yeltsin(1931–2007). 러시아연방 초대 대통령(재임 1991–1999). 1986년부터 1988년까지 소련공산당 정치국 후보국원을 역임했으며, 1990년 러시아소비에트 사회주의연방공화국 최고회의 의장이 되었고, 그해 7월 12일 소련공산당에서 탈당했다. 1991년 6월 12일에 러시아공화국 대통령에 당선되었고, 그해 8월에 보수파 공산주의자들이 일으킨 쿠데타를 저지했으며, 12월에는 벨라루스, 우크라이나의 지도자와 만나 소련의 해체와 독립국가연합(CIS)의 결성을 선언했다. 1996년에 대통령에

영향력을 빼앗기고 있었다. 1990년 1월, 옐친은 일본을 방문해 분쟁 해결 방안을 모색했다. 그러나 그해 8월, 옐친은 정국의 흐름이 바뀌고 있음을 감지했다. 분쟁 지역인 쿠나시르섬을 방문한 그는 고르바초프의 "러시아 영토 매각" 계획에 반대 입장을 표명했다. 당시 여론조사에서 러시아 극동 주민의 대부분, 일부 지역에서는 최대 90퍼센트가 일본에 대한 영토 양보에 반대했다. 한 소련 주지사는 영토를 현금과 맞바꾸는 일본과의 타협은 "정치적 자살"이라 선언했다. 다른 이들은 심지어 군사 쿠데타로 이어질지도 모른다고 우려했다.[53]

1991년이 되자 태평양 지역에서 페레스트로이카가 실패한 대상은 일본뿐이 아니었다. 소련 극동 지역 전역에서 반중국 감정이 고조되었고, 한 소련 신문은 1991년 4월에 "중국에 대한 호감은 식었다."고 단언했다. 경제적 상호 연계에 대한 꿈은 실현되지 않았다. 고르바초프의 태평양 전략은 그의 인기를 높이기보다는 러시아의 경쟁국들에게 곤란한 양보를 요구하는 것으로 여겨졌다. 아시아 전역에서 고르바초프는 소련을 덜 위협적으로 보이게 만드는 데 성공했으나, 더 매력적으로 만드는 데는 실패했다. 그가 간절히 원했던 지도자 역할은 달성할 수 없는 것으로 드러났다. 페레스트로이카는 태평양 지역에서 일본과 같은 외세가 수십 년간 소련이 지배해온 영토를 양도하도록 크렘린을 압박하기까지 하는 등 보상만큼이나 많은 위험을 초래했다.

1980년대 후반, 태평양 지역에서 페레스트로이카 전략의 낙관적 비전

재선되어 8년간 대통령직을 맡고 있다가 1999년 12월 31일 블라디미르 푸틴에게 대통령 자리를 물려주었다.

이 효과를 발휘하는 듯한 순간이 있었다. 소련은 중국 및 남한과의 오랜 갈등과 이념적 충돌을 해결했다. 무역과 투자는 비록 미미했지만 증가했다. 그러나 고르바초프의 아시아 정책이 가져온 전반적인 효과는 그가 기대했던 것보다 훨씬 제한적이었다. 남한과의 외교 관계 재수립과 중국과의 국경 분쟁 최종 해결은 아시아를 중심축으로 삼은 고르바초프의 정책이 남긴 두 가지 지속적인 유산이었다. 그러나 군비 축소, 경제 교류, 상호 안보라는 더 광범위한 의제들은 곧 소멸되었다. 소련의 아시아 이웃들은 양보를 챙기는 데는 적극적이었지만, 자신들의 양보는 전혀 내놓으려 하지 않았다.

한반도에서 쿠릴열도에 이르기까지 이 지역의 가장 다루기 힘든 분쟁들은 여전히 미해결 상태로 남아 있었다. 블라디보스토크나 나홋카항 같은 러시아 도시들이 아시아의 대도시로 성장할 것이라는 약속은 실현되지 않았다. 고르바초프가 예견한 대로 아시아는 호황을 누렸지만, 러시아는 뒤처졌다. 무역은 거의 증가하지 않았고, 러시아 극동에 대한 외국인 투자는 여전히 제한적이었다. 고르바초프의 페레스트로이카 프로그램은 러시아 지도자들이 태평양 연안을 따라 "새로운 가나안"을 건설할 기회로 인식한 첫 번째 시도가 아니었다. 그가 "문명이 태평양 쪽으로 이동하고 있다."고 생각한 것은 옳았다. 그러나 고르바초프의 촉구에도 불구하고 소련은 그 방향으로 움직이지 않았다.

곧 고르바초프 자신은 처음에는 그에 대한 강경파 쿠데타에 의해, 그 다음은 소련을 해체하고 새로운 러시아 국가의 지도자가 된 옐친에 의해

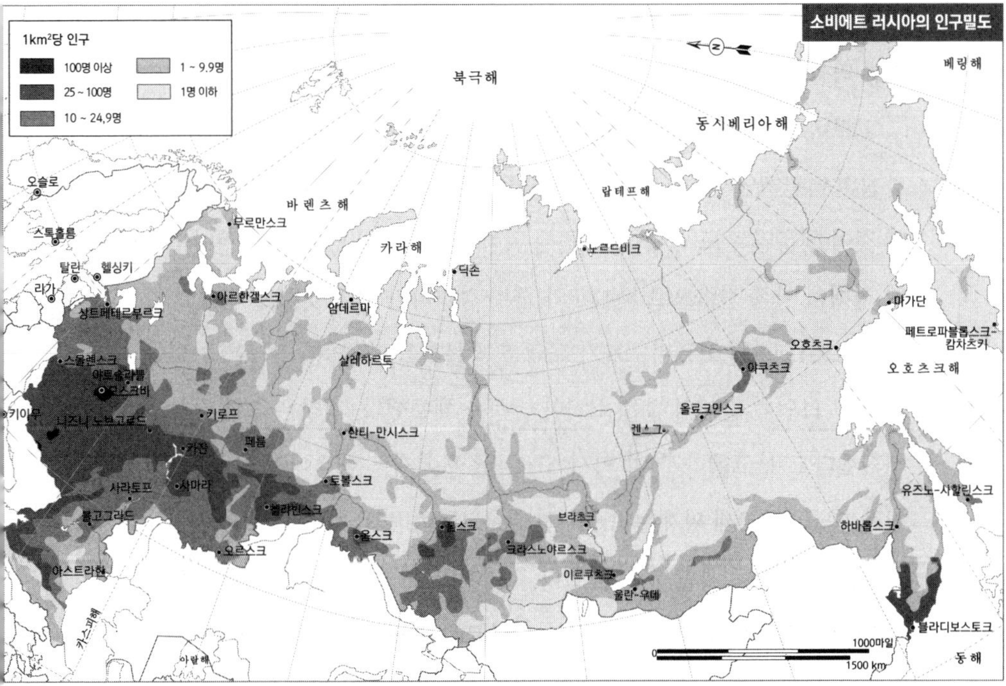

권좌에서 축출되었다. 옐친은 페레스트로이카 시절 아시아 문제에 잠시 관심을 보였는데, 특히 일본과의 협상을 지지했다가 돌연 입장을 번복하기도 했다. 그러나 1990년대 러시아 대통령이 된 후에는 아시아를 우선순위에 두지 않았다. 그는 아시아 지도자들과 가끔 정상회담을 개최했으나, 긍정적인 의제를 명확히 제시하지는 못했다. 그의 초점은 서방 열강으로부터 원조와 인정을 받는 데 있었다. 한편 러시아 극동 지역은 군수산업 공장이 문을 닫고 인구가 감소하는 고통스러운 쇠퇴를 겪었으며, 지역 주

민의 9퍼센트가 더 나은 생활을 찾아 서쪽으로 이동했다.[54] 페레스트로이카는 막을 내렸다.

고르바초프는 1991년 말 러시아 극동 지역이 고통스러운 쇠퇴를 겪고 자신의 낙관적인 아시아 비전이 최종적으로 무산되기 전에 권좌에서 쫓겨난 것이 행운일 수도 있었다. 곳곳에 위험이 도사리고 있었다. 고르바초프의 정책을 항복 전략으로 본 KGB와 군부 강경파가 그에 맞서 결집하고 있었다. 1991년 4월 고르바초프가 도쿄를 방문했을 때, 일본 경찰은 기모노를 입고 11인치 길이의 칼을 소지한 남성을 체포했다. 경찰은 그가 자살을 계획했다고 보고했다.[55] 이 역시 고르바초프에게는 행운이었다. 그의 전임자 니콜라이 2세 황제는 100년 전 같은 4월의 벚꽃 시즌에 일본에서 칼 공격을 가까스로 피한 적이 있었다. 니콜라이처럼 고르바초프도 아시아를 기회의 땅으로 상상했으나, 그중 대부분은 실현되지 않았다. 하지만 니콜라이 시대의 아시아 팽창주의와 달리 고르바초프의 페레스트로이카는 피비린내 나는 전쟁이 아닌 서서히 사그라지는 것으로 마무리되었다.

결어

"칭기즈칸 제국의 상속자"

블라디미르 푸틴의 아시아로의 전환

"안녕하세요, 친구들, 신사 숙녀 여러분. 블라디보스토크에 오신 것을 환영합니다." 2015년 9월, 러시아 대통령 블라디미르 푸틴[1)]이 러시아 정부가 주최한 극동 경제포럼에서 한 연설은 이렇게 시작되었다. 푸틴은 극동 지역의 '큰 관심', '큰 잠재력', 그리고 '급격한 변화'를 부각시키기 위해 러시아 극동을 방문했다. 그는 러시아가 극동 지역에서 '고속 개발' 정책을 추진하고 있다고 선언했다. 왜일까? 아시아가 지구적 경제의 미래, "엔지니어링 센터와 첨단 기술 생산 시설을 [갖추고 있는]… 주요 생산기지이자 확고한 세계의 공장"이기 때문이었다.[1]

푸틴은 아시아의 경제성장 덕분에 러시아 정부가 그 어느 때보다 아시아를 우선시하고 있다고 선언했다. 그는 "국가 당국이 기반시설 개발에 138억 루블을 투자할 것이며," 이를 통해 "1,265억 루블에 달하는 민간투자를 유치할 수 있을 것"이라고 약속했다. 새로운 다리, 새로운 투자 기금, 세금 우대, 블라디보스토크의 자유항, 보조금 대출, 비자 간소화, 활력을

1) Vladimir Vladimirovich Putin(1952–). 러시아연방의 정치인. 1999년 당시 러시아 대통령 보리스 옐친에 의해 총리로 지명되었으며 그해 12월 31일 옐친이 사임하면서 총리로서 대통령직을 대행했다. 이듬해 3월 26일 열린 정식 대선에서 러시아의 대통령으로 당선되어 2008년까지 제2대 대통령직을 맡았다. 대통령에서 물러난 뒤 드미트리 메드베데프 정권하에서 총리를 지냈고, 2012년 3월 대통령선거에서 3선에 성공하여 다시 대통령직을 수행하게 되었다.

되찾은 철도도 마련될 것이다. 푸틴은 "아시아 태평양 국가들이 분명히 지구적 경제의 견인차 역할을 계속할 것이라고 확신한다."라며, "막대한 자원을 가진 러시아가 아시아-태평양 지역 경제의 성장 가속화를 보장할 수 있다."고 덧붙였다.[2]

푸틴은 지난 20년 동안 러시아의 최고 지도자로서 여러 도시들에 많은 약속을 해왔다. 다리, 철도, 세금 우대, 이 모든 것이 기본적인 정책 수단이었다. 그러나 푸틴의 블라디보스토크 방문은 단순히 항만 기반시설이나 보조금 대출을 위한 것이 아니었다. 그것은 러시아가 아시아에서 주요 강국으로서의 지위를 다시 확립하는 동시에, 러시아인들에게 미래가 서방이 아니라 동방에 있음을 설득하는 데 목적이 있었다.

푸틴이 블라디보스토크에서 연설하기 전의 12개월은 러시아 지도자들에게 매우 충격적인 시기였다. 2014년 키이우에서 발생한 정치적 위기[2)] 속에서 크렘린은 우크라이나를 침공하기로 결정했고, 먼저 크림반도를 점령한 뒤 동부 우크라이나 일부에 꼭두각시 정부를 세웠다. 러시아 군대는 전장에서 우크라이나군을 물리쳤으나, 유럽과 미국이 고통스러운 경제 제재를 가하면서 러시아에 대한 외국인 투자가 크게 감소했다. 동시에 러시아의 주요 수출품인 석유 가격은 배럴당 100달러 이상에서 50달러 이하로 반 토막 나면서 러시아 경제를 끌어내렸다. 갑자기 러시아와 유럽 사이의 깊은 경제적·정치적 유대는 기회라기보다 서방 열강이 러시아를 공

---

2) 2013년 11월 21일부터 2014년 2월 22일까지 우크라이나에서 발생한 유로마이단 혁명을 가리킨다. 빅토르 야누코비치의 축출과 2014년 크림 위기, 돈바스 전쟁, 그리고 2022년 러시아의 우크라이나 침공까지 이어지는, 21세기 우크라이나 역사의 매우 중요한 분기점이 된 혁명이다. 시위 과정에서 총 121명이 사망하고 2,050-2,200명이 부상을 입었으며 166-300명이 실종되었다고 추산한다.

격하는 무기처럼 보이게 되었다. 이에 2015년 푸틴은 블라디보스토크를 방문해 러시아 극동 지방에 대한 새로운 투자를 약속하는 한편, 아시아-태평양 국가들과의 '관계 강화'가 "러시아에 전략적으로 중요한" 문제라고 선언했다. 크렘린이 서방으로부터 배제되자 대신 동쪽을 향하기로 결심했던 것이다.[3] 2014년 이후 러시아는 중국과의 관계를 심화시키고 대외정책의 초점을 '대유라시아' 지역에 맞추겠다고 밝혔다.

옐친과 중국

푸틴이 지난 10년간 추진한 아시아로의 전환은 아시아가 러시아 대외정책에서 사소한 역할밖에 하지 못했던 그 전 20년 이후에 시작되었다. 1991년 말에 미하일 고르바초프를 제치고 소련을 해체한 후 러시아 대통령에 취임한 보리스 옐친은 대체로 아시아를 무시했다. 수십 년 동안 소련 통치의 실패로 무너진 국가를 물려받은 옐친 정부는 러시아가 국내 위기로 휘청대는 가운데 대외정책을 고려할 여력이 거의 없었다. 1990년대 대부분 기간 동안 경제는 깊은 침체에 빠져 있었다. 소련은 독립한 러시아에게 파산 위기에 몰린 낙후된 산업 부문을 물려주었다. 급격한 인플레이션으로 거의 모든 러시아 가정이 평생 모은 저축을 잃었다. 또한 소련으로부터 물려받은 러시아 관료 기구는 세금 징수나 법 집행과 같은 기본적인 정부 기능조차 수행하지 못했다.

고르바초프 통치 말기에 소련 국가는 해체되었으나, 소련 시절의 공산당 엘리트들은 종종 민족주의자나 보수주의자로 이름만 바꾼 채 남아 있었다. 지역 지도자들, 대기업 경영자들, 법 집행 인력, 그리고 정부 관료들, 이 모든 간부 집단은 소련 붕괴의 이미지가 시사하는 것만큼 크게 변하지 않았다. 다시 말해, 옐친이 물려받은 상황은 상상할 수 있는 한 가장 어려운 것이었는데, 국가는 붕괴했지만 소련공산당의 병폐는 여전히 지속되고 있었다.

정치적 내분, 지역 분리주의, 초인플레이션, 그리고 매우 짧은 내전이 그 결과로 나타났다. 정치적 충돌은 옐친과 러시아연방 공산당이 장악한 두마 사이에서뿐만 아니라, 크렘린과 지역 엘리트들 사이에서도 일어났다. 옐친은 두고두고 회자되듯이 지역 지도자들에게 "감당할 수 있을 만큼만 주권을 가져라"고 말했으며, 러시아의 주지사들은 곧 세금 납부를 선택 사항으로 여기기 시작했다. 국영 가스 독점기업 가스프롬 같은 대기업들도 마찬가지였다. 세수를 제대로 걷지 못한 정부는 1990년대 내내 막대한 재정 적자를 기록했고, 주로 화폐 발행으로 이를 충당하면서 초인플레이션이 일어났다. 1993년 옐친과 두마 사이에 대치 상황이 발생하면서 사회불안이 폭발했다. 옐친은 군대를 동원해 의회에 발포하라는 명령을 내렸고, 양측은 내전 직전에야 물러나는 데 합의했다. 수백 명이 목숨을 잃었다. 한층 더 피비린내 나는 내전은 러시아 남부 국경에 위치한 체첸공화국에서 벌어졌다. 그들은 1990년대부터 2000년대 초까지 모스크바로부터 독립하기 위해 치열하게 전쟁을 벌였지만 끝내 실패했다.

이러한 위기 속에서 대외정책을 깊이 고민할 여지는 별로 없었다. 크렘린의 주요 목표는 옛 냉전 상대국인 미국과의 관계를 관리하는 것이었다. 집권 후 옐친과 안드레이 코지레프[3] 외무장관은 서방에 맞서는 것이 아니라 서방 열강으로부터 지원을 이끌어내는 것을 우선 목표로 삼았다. 코지레프는 고르바초프 시절 페레스트로이카 자유주의자였으며, 국제정치에서의 마르크스-레닌주의적 계급투쟁 이론을 비판하고 더욱 협력적인 서방과의 관계를 주장했다. 옐친은 다른 대안이 없었기에 코지레프의 유화정책을 지지했다. 러시아는 경제를 안정시키기 위해 서방의 자금이 필요했고, 자국 기업을 재건하기 위해 서방의 투자가 필요했으며, 군사비 감축을 정당화하기 위해 미국과의 군비 제한이 필요했다. 또한 광활한 각 지역을 분리시키려는 원심력을 막으려면 영토 보전에 대한 서방의 지지가 필수적이었다. 모스크바는 미국의 요구를 감수할 수밖에 없었다.[4]

코지레프는 미국에 대한 유화 정책 때문에 모스크바에서 많은 적을 두게 되었다. 그들은 코지레프가 서방과의 협력을 위해 러시아의 핵심 이익을 희생하고 있다고 주장했다. 그러나 러시아의 정부가 무너지고 파산한 상황에서 다른 대안이 있었을까? 아시아에서도 옐친의 대외정책은 유화와 문제 해결로 특징지어졌다. 그는 중국과의 관계 회복을 위한 고르바초프의 노력을 이어갔고 1992년 12월 베이징을 방문해 중국공산당 지도자들과 일련의 협정을 체결했다. 옐친은 소련의 공산당 해체에 일정 부분 책임이 있었지만, 중국 공산주의자들과는 좋은 관계를 유지하며 첨단 무기를 판매했고, 그 대가로 곡물과 땅콩을 포함한 식료품을 중국에서 사들일 수

3) Andrei Vladimirovich Kozyrev(1951-). 러시아의 정치인. 1990-1996년 러시아 외무장관을 지냈다.

있는 신용공여를 받았다. 양국은 "서로를 우방으로 간주"하고 상대방을 겨냥한 동맹을 거부하겠다고 약속했다. "나는 예전에는 중국인들이 [공산]당의 굴레 아래 극도로 통제된 채 아침에는 노래를 부르며 행진하듯 출근하고, 저녁에는 말없이 줄지어 귀가하는 사람들일 것이라고 생각했습니다."라고 옐친은 기자들에게 말했다. "무엇보다도 이제 그런 획일적인 통제가 전혀 없다는 것을 확신하게 되었습니다."[5]

옐친의 중국 사회 분석이 어떤 수준이었든 간에, 베이징과 모스크바는 계속해서 관계를 개선해 나갔다. 1992년 옐친의 베이징 방문 2년 뒤, 장쩌민[4)] 중국 국가주석이 러시아를 찾았다. 이는 1957년에 마오쩌둥이 흐루쇼프를 만난 이후 처음 있는 중국 지도자의 러시아 방문이었다. 두 지도자는 마침내 1969년에 무력 충돌을 빚었던 우수리강의 섬 소유권 문제를 비롯해 양국 간의 오랜 국경 분쟁을 해결했다. 중국과 러시아의 관계는 "건설적 동반자 관계"라고 그들은 선언했다. 2년 뒤 양측은 이 관계를 "전략적 동반자 관계"로 격상하기로 합의했다.[6]

이는 실제로 무엇을 의미했는가? 1996년 초 외무장관으로 임명된 예브게니 프리마코프는 러중 관계에 실질적 내용을 부여하는 임무를 맡았다. 프리마코프는 옐친 정치가 보수적으로 바뀌고, 서방과의 화해에 대한 국내 반대가 커지는 가운데 코지레프가 해임된 후 외무장관으로 지명되었다. 1996년 당시 러시아는 1991년과 비교해 거의 강해지지 않았으며, 체첸 분쟁, 러시아 각 지역과의 불안정한 관계, 지속되는 경제 위기에 직면해

4) 江澤民(1926–2022). 중화인민공화국의 정치인. 1989–2002년, 중국공산당 중앙위원회 총서기, 1993–2003년 중화인민공화국 국가주석을 지냈다.

있었다. 그럼에도 러시아 국민들은 코지레프의 양보에 지쳐 있었고, 러시아가 세계 무대에서 정당하게 차지해야 할 위상에 걸맞은 좀 더 단호한 대외정책을 원했다. 미국과 서유럽 강대국들은 모스크바의 동의 없이 유럽 지도를 다시 그리며, 동유럽 국가들의 나토 가입을 허용하고, 동유럽은 포함하되 러시아는 배제한, 경제적·정치적 통합을 심화시키고 있었다.

1980년대 중반, 고르바초프의 자문관이었던 예브게니 프리마코프는 크렘린에 브레즈네프 시대의 이념 중심적 對중국·對미국 대결을 포기하고 '다극 전략'을 채택할 것을 촉구했다. 1990년대 중반 외무장관이 된 그는 코지레프의 과도한 서방 신뢰를 버리고, 고르바초프 시대처럼 미국과 균형을 이루기 위해 중국과의 관계를 개선하는 '다극 전략'을 시행하고자 했다. 1997년 4월, 옐친과 중국공산당 총서기 장쩌민은 '다극 세계' 건설을 약속하며, 미국이 추구한다고 비난한 '냉전 사고'와 '블록 정책'을 규탄했다. 옐친은 "우리는 다극 체제를 원한다."고 선언했다. "현재의 세계 질서는 여러 기둥 위에 서 있어야 한다." 한 러시아 분석가는 옐친의 발언을 "러시아가 고립되지 않았고,… 동방에서 항상 몇몇 파트너를 찾을 수 있음을 어떻게든 서방에 보여주려는" 노력으로 설명했다.[7]

프리마코프의 거창한 구상에도 불구하고, 중국과 서방을 서로 견제하게 해서 이익을 얻으려는 노력은 실질적인 내용이 거의 없었고, 영향력은 더욱 미미했다. 전반적으로 옐친의 동아시아 관계는 크렘린이 국내 문제에 집중할 수밖에 없는 절박한 필요 속에서 할 수 있는 사업이 거의 없는 현실 때문에 제약을 받았다. 옐친은 일본 지도자들과 일련의 정상회담을 가졌지만, 일본 기업들은 특히 사할린섬의 가스 개발과 같은 소수의 국가 지원 프로젝트를 제외하고는 러시아에 대한 투자를 꺼렸다. 한편 일본 정부는 양국 간에 분쟁 중인 섬들에 대한 통제권 문제의 해결로 이어질 수 있는 투자에만 관심을 보였으나, 어떤 진전도 없었다.[8] 남한이 투자 자금의 주요 공급처가 될 것이라는 기대도 계속 있었지만, 실제로 실현된 것은 거의 없었다. 1992년 옐친이 선언했듯이, 두 나라는 "이제 서로를 갈라놓는 아무것도 없었다."[9] 그러나 두 나라를 결속시키는 요소도 거의 없었다. 옐친은 서울과 우호조약을 체결하고, 1983년 소련군이 격추한 대한항공 KAL 007 여객기사건[5)]을 조사하기로 합의했다.[10] 러시아가 남한과의 관계를 강화하기 위해 북한과 거리를 두었음에도, 평양의 핵 프로그램은 서울로 하여금 안보의 주요 제공국인 미국에 더욱 의존하게 만들었다. 이에 비해 러시아가 줄 수 있는 것은 거의 없었다.

따라서 크렘린은 다른 나라의 의도만큼이나 자신의 영향력과 집중력의 부족 때문에 아시아 문제에서 대체로 배제되었다. 미국은 여전히 아시아에서 세계 초강대국으로 군림했고, 중국은 끊임없이 내부 경제 발전에 집중했다. 러시아는 경제 위기에 시달려 이를 해결하기 위해 서방의 금융 지원이 필요했다. 1998년, 러시아와 중국 지도자들이 다극화를 요구한 바로 이듬해에 러시아 통화가치는 폭락했고 국가는 채무불이행 직전까지 내몰리면서 국제통화기금의 구제금융과 서방의 추가 지원을 받아야 했다. 외무장관 프리마코프는 원한다면 얼마든지 베이징을 방문하고 다극화를 옹호하

5) 1983년 9월 1일, 뉴욕에서 김포로 향하던 대한항공 007편이 사할린 인근 상공에서 소련 전투기에 피격돼 추락한 사건을 말한다. 승객 269명이 전원 사망했다.

는 성명을 발표할 수 있었지만, 러시아가 지불능력을 유지하기 위해 정기적으로 서방 자금에 의존하는 한 아시아는 여전히 뒷전일 수밖에 없었다.

중국은 부상하고 러시아의 극동은 정체되다

1990년대에 러시아가 아시아–태평양 지역과 관계를 맺는 데 어려움을 겪는 동안에도, 러시아는 동아시아 경제의 놀라운 성장으로부터 큰 혜택을 누렸다. 중국 경제는 1990년대와 2000년대 대부분 기간 동안 연 10퍼센트씩 성장했고, 원자재 소비도 급격히 증가했다. 중국과 아시아 다른 지역에서 저비용, 고효율 제조업이 성장하면서 1990년대에 러시아의 고비용 산업부문은 붕괴했지만, 아시아의 폭발적인 원자재 수요는 러시아 기업에 호재가 되었다. 석유와 가스, 철과 강철, 알루미늄과 구리, 목재와 수산물, 이 모든 자원의 가격이 아시아 수요로 인해 상승했다. 달러가 러시아 자원 부문으로 유입되었고, 원자재는 중국으로 다시 쏟아져 들어갔다. 러시아 제조업에서 국제적으로 경쟁력을 유지한 소수 부문도 혜택을 받았는데, 원자력과 군용 항공기 산업이 그 예로, 두 분야 모두 중국에서 고객을 확보했다.

중국의 수요는 러시아에 호재였다. 그러나 이 원자재가 러시아 극동에서 생산되더라도 대부분의 이익은 기업 본사와 모스크바 중앙정부의 금고로 흘러 들어갔다. 러시아 극동에게 소련 붕괴 후 20년은 장기적인 쇠퇴의 시기였다. 소련 시기에는 생활비가 러시아의 다른 지역보다 높았기 때문에 극동 지역에는 대규모 보조금이 지원되었다. 그러나 소련의 해체로 이러한 보조금의 많은 부분이 삭감되었다. 가장 믿을 만한 추정치에 따르면 1990년대 동안 물가상승을 반영한 실질임금은 30퍼센트나 감소했다. 수십 년 동안 러시아 극동 산업 기반의 중추였던 군수산업은 심각한 예산 삭감, 공장 폐쇄, 감원에 직면했다. 일자리 감소와 임금 하락으로 러시아 극동 인구의 4분의 1에 해당하는 200만 명 이상이 다른 지역으로 떠났다.[11]

태평양 연안의 러시아 영토 내 인구가 감소하면서, 남아 있는 러시아인들은 중국과 맞닿은 긴 국경을 걱정스러운 눈으로 바라보았다. 중국에 대한 두려움이 갑자기 되살아났는데, 이는 지역 지도자들에 의해 부추겨졌고, 러시아 극동 주민들 사이에 러시아의 영토 장악력이 겉보기보다 약하다는 깊은 인식 때문에 악화되었다. 러시아인들은 다시 북중국과 러시아 극동의 인구 격차를 걱정하며, 중국인의 러시아 이주에 관한 일화들에 주목했다. 차르 시대 후기에 러시아 극동 정치에 영향을 미쳤던 '황화론'의 망령이 되살아났다. 하바롭스크 주지사 빅토르 이샤예프[6]는 1994년에 "러시아 극동에서 중국의 은밀한 팽창"을 경고했고, 몇 년 후에는 "러시아 극동의 모든 땅이 중국인에게 매입될 것"이라고 예측했다. 극동 지역 주지사 예브게니 나즈드라텐코[7]는 1999년에 중국인의 이주 때문에 러시아 영토가 "아시아의 발칸"이 될 위험이 있다고 경고했다. 실제로는 러시아 극동

---

6) Viktor Ivanovich Ishaev(1948–). 러시아의 정치인이자 경제학자. 2001–2009년 하바롭스크 주지사, 2009–2012년 극동 연방 관구 대통령 전권 대표, 2012–2013년 극동 개발 장관 겸 대통령 전권 대표 등을 역임했다.

7) Yevgeny Ivanovich Nazdratenko(1949–). 러시아의 정치인. 1993–2001년 프리모르스키 주지사를 지냈다.

의 심각한 경제 위기 때문에 중국인이 극동으로 이주하는 사례는 거의 없었지만, 이 문제는 정치적으로 매우 민감해 다뤄져 1990년대와 2000년대 내내 자주 논의되었다.[12]

부분적으로는 이러한 이유 때문에, 러시아 극동 지역에서 가장 큰 투자자들은 아시아 국가가 아니라 주로 원자재 부문에 투자한 서방 국가들이었다. 일본은 세계에서 두 번째로 큰 경제 대국이자 러시아와 해상 국경을 공유함에도 불구하고, 2000년 현재 러시아에서 열 번째로 큰 투자국에 불과했다. 남한은 러시아에 대한 투자를 계속 약속했지만, 보도자료에서 주장한 것만큼 실질적인 성과는 거의 없었다. 대신 서울은 러시아의 지지를 받아 북한을 압박하려는 노력에 집중했으나, 러시아는 이에 거의 관심을 두지 않았다.[13]

러시아 극동 자체와 관련해서, 크렘린은 이 지역을 부흥시키기 위해 수많은 계획을 내놓았다. 2006년에는 극동 개발을 지원하기 위해 극동 국가위원회를 설치했고, 이듬해에는 극동과 자바이칼리예 지역에 5,670억 루블의 투입을 약속하는 프로그램을 시작하여 경제 활성화를 꾀했다. 2009년에 정부는 이 지역 개발을 위한 새로운 전략을 발표했다. 그 후 2012년에는 내각 수준의 극동·북극 개발부가 신설되었으며, 푸틴은 이 지역의 개발을 러시아의 "가장 중요한 지정학적 과제"라고 강조했다.[14] 그러나 러시아 극동의 인구 유출이 멈추고, 이 지역에 대한 중앙정부의 지출이 늘었음에도 불구하고, 러시아 태평양 연안의 지방들은 여전히 다른 지역보다 훨씬 가난하며 경제적 활력이 부족하고 모스크바의 지원에 의존하고 있다.

"우리는 서방으로부터 필요한 모든 것을 얻었다"

2014년 우크라이나와의 전쟁[8)] 이전에도 일부 러시아 분석가들은 "러시아의 지구화"를 위해 러시아가 외교 관계의 중심을 유럽에서 아시아로 재조정할 필요가 있다고 제안했다.[15] 그러나 크렘린의 관점을 바꾸는 데에는 전쟁이 필요했다. 2014년 이후, 우크라이나 문제를 둘러싼 대립으로 서방은 더 이상 신뢰할 만한 파트너로 여겨지지 않았다. 또한 유럽과 미국이 러시아에 대한 투자를 제한하고 있었기 때문에 서방과의 경제적 관계에 기대를 거는 것도 합리적이지 않았다. 정치적·경제적으로 서방에서 배제된 상황에서, 러시아가 동쪽 이웃을 고려하는 것은 자연스러운 선택이었다. 러시아는 유럽에서 강대국이 될 수 없었기에, 지정학적 목표를 달성하기 위해 아시아로 눈을 돌렸다.

그러나 과거 러시아가 아시아에 관심을 가졌던 시기들과 마찬가지로, 푸틴의 전환은 실제적인 문제만을 겨냥한 것이 아니었다. 이 구상은 더욱 추상적인 차원에서도 이루어졌다. 한 러시아 분석가는 이 움직임을 "실용적 경제"가 아니라 "지정학적·문명적 특성을 띠게 된 결정"이라고 묘사했다. 크렘린과 가까운 인사들이 작성한 또 다른 보고서는 러시아의 아시아 회귀가 "서방으로부터의 도덕적·정치적 독립과 서방과의 관계에서 입지의 강화를 뜻한다."고 선언했다. 러시아의 지향 전환은 실제적 관점에서 보이는 것만큼이나 도덕적·이념적 관점에서도 자주 해석되어왔다.

---

8) 2014년 2월 말 러시아가 크림반도를 점령하면서 시작된 러시아-우크라이나 전쟁을 말한다. 같은 해 3월, 러시아는 크림반도에서 주민투표를 실시한 뒤 자국 영토로 편입했다. 이후 전투는 우크라이나 동부 돈바스 지역까지 확산하게 된다.

우선 실제적인 측면부터 살펴보자. 러시아의 아시아 관계에서 새롭게 나타난 점은 무엇일까? 에너지 다변화가 그중 하나다. 러시아는 시베리아 가스전을 중국과 연결하는 "시베리아의 힘"이라는 새로운 가스관을 건설했다. 러시아는 또한 이전 어느 때보다도 많은 석유를 아시아로 수출하며 중국의 최대 석유 공급국 중 하나가 되었다. 좀 더 최근에는 아시아 투자자들이 북극과 시베리아의 석유 및 가스 생산 개발에 자금을 대기 시작했다. 예를 들어 인도 기업들은 광대한 시베리아 반코르 유전 개발에 투자했다. 한편 중국과 일본은 꽤 오랫동안 가스를 생산해온 사할린과 북극의 신규 가스전에서 액화 천연가스 생산에 주요 투자자로 참여하고 있다. 러시아 에너지 부문의 아시아 쏠림은 아시아 시장의 수요 증가에 따라 자연스럽게 어느 정도 진행되었을 것이지만, 정치적 요인도 이를 가속시켰다. 크렘린이 러시아 에너지 회사들에 중국·일본·인도 기업과의 거래를 체결하라고 압박했기 때문이다.[16]

러시아의 새로운 아시아 전환에서 두 번째 측면은 부분적으로 중국과 공조하여 군사적·정치적 존재감을 강화한 것이다. 예를 들어 2019년에 러시아와 중국은 일본과 남한 사이의 공역空域에서 합동 공중초계비행을 실시했다. 이에 도쿄와 서울은 러시아와 중국의 항공기가 자국 영공을 침범했다고 주장하며 양국 전투기를 긴급 발진시켰고, 한국 전투기는 수백 발의 경고 사격을 가했다. 이는 2018년 보스토크 군사훈련의 일환으로 러시아 영토와 남중국해의 분쟁 수역에서 실시된 러시아–중국 합동 군사 초계 및 훈련 시리즈 중 하나일 뿐이다. 러시아는 급속히 향상되는 중국의 군사 장비에 대해 기술적 우위를 잃어가고 있지만, 여전히 방공 미사일 체계에서 첨단 제트엔진, 군용 헬리콥터에 이르기까지 자국의 최첨단 장비를 베이징에 판매하고 있다. 2000년대에 러시아는 무기 판매 욕구와 중국의 군 현대화를 제한하려는 이해관계 사이에서 균형을 맞추려고 했지만, 지금은 중국 시장에 전적으로 매달리고 있다. 베이징은 실제로 기쁘게 화답하거나, 최소한 그렇게 보이는 데 만족해하고 있다. 시진핑[9] 중국 국가주석은 "러시아는 가장 많이 방문한 나라이고, 푸틴은 가장 친한 친구"라고 자랑스럽게 선언했다.[17]

2014년 이후 러시아의 아시아 전환에서 세 번째 특징은 중국을 넘어 다른 국가들과의 관계를 심화하려는 노력이었다. 러시아, 벨라루스, 아르메니아, 카자흐스탄, 키르기스스탄을 묶는 유라시아경제연합Eurasian Economic Union은 원래 유럽연합European Union과 경쟁하기 위해 구상되었다. 하지만 2014년 이후에는 중국의 투자와 정치적 활동이 늘어나는 가운데, 러시아가 중앙아시아에서의 역할을 공고히 할 수 있는 수단으로 용도가 변경되었다. 이 블록은 베트남에서 이란에 이르는 국가들과 무역협정을 체결했다.[18] 유라시아경제연합 외에도 러시아는 중국, 러시아를 비롯한 이 지역의 여러 국가들을 포함하는 상하이협력기구Shanghai Cooperation Organization에 참여했으며, 인도의 가입도 지지했다. 많은 분석가들은 인도의 가입을 중국의 지배에 균형을 맞추려는 노력의 일환으로 해석했다.

아시아에서 이러한 외교적·경제적·군사적 활동의 급증이 가져온 결과

9) 習近平(1953-). 중화인민공화국의 최고 지도자. 2012년부터 중국공산당 총서기 및 중앙군사위원회 주석, 2013년부터는 중화인민공화국의 국가주석 직책을 맡고 있다.

는 무엇일까? 많은 러시아 분석가들, 특히 정부와 가까운 인사들은 이 동쪽으로의 전환이 성공적이었다고 평가한다. 러시아 분석가 세르게이 카라가노프[10]는 크렘린이 "유럽 위기로부터의 유라시아적 탈출구"를 찾았다고 썼다. 러시아는 더 이상 서방과의 관계에서 보조적 역할을 받아들이지 않을 것이며, 더 이상 유럽으로부터 배울 필요도 없었다. "우리는 이미 서방으로부터 필요한 모든 것을 얻었다.… 긴 '표트르 대제 시대' 동안 기술과 군사 조직을 받았고, 웅장한 고급문화를 창조했다."라고 카라가노프는 말했다. "현 밀레니엄 초까지 우리는 유럽으로부터 취할 수 있고 취해야 할 모든 것을 거의 다 취했다." 그 결과, 러시아의 아시아 지향을 받아들일 때가 왔다. 카라가노프는 "러시아는 칭기즈칸 제국의 상속자"로서 아시아와의 연결이라는 유산을 이어받고 있다고 덧붙였다. 서방과의 관계 위기와 중국의 경제적 부상 역시 "지금 우리를 더욱 동방으로 밀어가고" 있었다.[19]

푸틴 전환의 한계

러시아가 현재 추진하고 있는 전환은 앞으로도 지속될 수 있을까? 러시아는 경제적 위험과 지정학적 위험이라는 두 가지 위험에 직면해 있다.[20] 러시아가 과거에 시도했던 아시아로의 회귀는 종종 풍부한 아시아 시장이

10) Sergei Alexandrovich Karaganov(1952–). 러시아의 정치학자. 예브게니 프리마코프의 측근으로 보리스 옐친과 블라디미르 푸틴 두 대통령의 자문관을 역임했다. 푸틴 대통령 및 세르게이 라브로프 외무장관과도 친분이 있는 것으로 알려져 있다.

라는 약속에 의해 촉발되었지만, 이러한 상업 활동은 지지자들이 약속한 이익을 거의 가져오지 못했다. 러시아가 직면한 한 가지 문제는 아시아와의 무역이 먼 거리로 인해 항상 비용이 많이 들고 복잡했으며, 막대한 투자를 필요로 했다는 점이다. 게다가 이러한 투자는 종종 비용을 회수하지도 못했다. 과거에는 러시아가 아시아에 주목함으로써 얻을 수 있는 경제적 이익을 과대평가했다는 인식이 나라의 아시아 역할을 재평가하게 만드는 계기가 되곤 했다.

러시아가 현재 추진 중인 아시아로의 전환은 더 탄탄한 경제적 기반 위에 서 있는가? 러시아는 중국에서 석유와 가스의 거대한 시장을 확보했지만, 베이징은 다른 잠재적 에너지 공급국이 많아 러시아에만 의존하지는 않을 것이다. 한편 러시아는 일본과 한국, 두 경제 강국과의 근접성을 제대로 활용하지 못했다. 또한 특히 에너지를 제외한 분야에서 다른 아시아 국가들과의 무역이 성장할 가능성이 큰지도 분명하지 않다. 러시아의 액화 천연가스 투자는 일부 아시아 시장에 더 많은 가스를 판매할 수 있게 해줄 것이다. 이미 사할린섬의 기존 액화 천연가스 기반시설은 일본에 가스를 공급하고 있다.[21] 그러나 액화 시설에 더 많은 투자를 하는 것은 비용이 많이 들며, 특히 파이프라인을 통해 이미 유럽으로 가스를 수송할 수 있는 상황에서는 더욱 그렇다. 한편 오스트레일리아, 카타르, 미국은 계속해서 가스 공급을 늘려 아시아 가격을 낮추고 있다. 그리하여 아시아의 가스 수요가 증가하더라도, 새로운 공급이 가격 상승을 억제할 것이다.

지난 20년 동안 러시아 경제 발전에 중국보다 더 중요한 나라는 없었다. 러시아의 남쪽 이웃인 중국은 러시아가 풍부하게 생산하는 석유, 가스, 광물을 왕성하게 소비해왔으며, 중국의 소비는 지난 사반세기 동안 원자재 가격을 지탱해왔다. 그러나 중국의 경제성장이 러시아에 도움을 주었음에도 불구하고, 유라시아 두 거대 국가 간의 직접무역은 놀라울 정도로 여전히 작고 일방적이다. 중국은 러시아 수출의 약 11퍼센트만을 차지할 뿐이다. 반면 러시아의 해외 판매 중 절반은 유럽으로 향한다. 러시아 수입의 절반이 유럽에서 들어오기 때문에 유럽과의 무역은 좀 더 균형적이다. 하지만 러시아-중국 무역은 여전히 상당한 불균형과 러시아의 무역 적자로 특징지어진다. 게다가 러시아는 중국과의 무역이 증가함에 따라, 잠재적인 중국 경제 둔화에 노출되는 정도도 커지고 있다.

중국의 원자재 소비 증가가 느려지더라도, 일부 러시아 정책 결정자들은 베이징이 새로 축적한 자본을 러시아 기업에 투자하도록 유도함으로써 러시아의 성장을 촉진할 수 있기를 희망한다. 하지만 지금까지 중국의 러시아 투자 규모는 크렘린의 기대를 충족시키지 못했다. 에너지 분야의 주요 거래를 제외하면, 중국 투자자들은 러시아에 신중하게 접근하고 있는데, 그 이유는 일본과 러시아 사이의 관계가 개선되었음에도 일본 자본 유입이 크게 늘지 않은 이유와 거의 같다. 즉, 외국 기업들은 러시아의 사업 환경 때문에 수익을 내기 어렵다고 판단한다. 한편 러시아는 아시아 인프라 투자은행[11]이나 일대일로[12]와 같은 중국 주도의 프로젝트와 협력하려

11) Asian Infrastructure Investment Bank(AIIB). 아시아 태평양 지역의 경제적 · 사회적 성과를 공동으로 개선하는 것을 목표로 하는 다자 개발은행이자 국제 금융기구. 중국 베이징에 본부를 두고 있으며, 현재 전 세계 110개국을 회원국으로 보유하고 있다.

12) 一帶一路(Belt and Road Initiative). 2013년 시진핑 중국 국가주석이 제안한 대규모 국제 개발 · 투자 전략으로, 2014년 11월 중국 베이징에서 열린 APEC 정상회의에서 본격적으로 국제사회에 부각되기 시작

는 시도가 중국 자금의 새로운 대규모 유입으로 이어지지 않은 것에 점점 실망하고 있다. 오늘날 러시아의 아시아 전환을 뒷받침하는 경제적 토대는 역사적으로 종종 그랬던 것처럼 취약해 보인다. 만약 중국의 성장세가 예상보다 더 빠르게 둔화된다면, 이러한 토대는 한층 더 약화될 것이다. 아시아 시장에 대한 지나치게 낙관적인 기대가 실망으로 끝난 것은 이번이 처음이 아닐 것이다.

푸틴이 추진하는 아시아 회귀의 지속 가능성을 어렵게 만드는 두 번째 난제는 지정학적 요인이다. 러시아의 대외정책 목표와 지정학적 위치가 앞으로도 아시아 지향을 계속 뒷받침할 수 있을까? 러시아의 아시아 관심을 이끄는 핵심 동인은 크렘린이 유럽에서 고립된다는 사실이다. 현재 러시아는 크림반도 병합과 우크라이나에 대한 폭넓은 전쟁으로 스스로 유럽에서 발을 뺐다. 러시아의 유일한 유럽 내 파트너는 헝가리의 오르반 빅토르[13]나 벨라루스의 알렉산드르 루카셴코[14]처럼 3류 수준의 인물들뿐이다. 러시아는 G7[15]과 같은 강력한 포럼에서 배제되었고, 대외정책 문제로 유럽인들의 광범위한 비난을 받고 있다. 이런 이유로 러시아는 아시아로 방향을

했다. 중앙아시아 · 동남아시아 · 서아시아 · 아프리카 · 유럽을 연결하는 육상 실크로드 경제 벨트와 21세기 해상 실크로드를 축으로, 기반시설 건설 · 무역 · 금융 · 문화 교류를 촉진하는 것을 목표로 한다. 일반적으로 중국의 경제권 확장과 지정학적 영향력 강화 전략으로 평가된다.

13) Orbán Viktor Mihály(1963−). 헝가리 정치인이자 법률가. 보수 정당인 피데스(Fidesz, Fiatal Demokraták Szövetsége, 청년민주주의자동맹)의 당 대표이다. 1998−2002년, 2010년부터 지금까지 헝가리의 총리직을 맡고 있다.

14) Alexander Grigoryevich Lukashenko(1954−). 1994년부터 집권하고 있는 벨라루스의 현직 대통령.

15) Group of Seven. 보통 약자로 G7이라고 한다. 국제통화기금이 보고하는 7대 주요 선진 경제국인 프랑스, 미국, 영국, 독일, 캐나다, 이탈리아, 일본으로 이루어진다. G7 국가들은 전 세계 순 국부의 60% 이상을 차지하는 것으로 알려져 있다.

틀었다. 이는 2014년 이전에도 크렘린이 부분적으로 시도했던 정책이지만, 서방과의 관계가 악화하면서 본격적으로 속도가 붙었다.

여러 가지 요인이 러시아와 중국이 유라시아 전역에서 추구하는 현재의 정치적 비전을 결합시키고 있다. 그중 하나는 권위주의 통치를 위한 안전한 공간을 만들고자 하는 욕구다. 오늘날 러시아는 민주주의와 인권에 대한 반대를 포함한 일련의 정치적 사상을 확산시키기 위해 중국과 손을 잡고 있다. 양국은 정치적 변화를 요구하는 움직임에 위협을 느끼며, 국제 질서는 정치적 성향에 상관없이 기존 정권을 강화해야 한다고 믿는다. 이러한 신념을 공유하기에 두 나라는 국제기구에서 보편적 권리와 규범의 인정을 반대하고, 인터넷 검열 기술을 공유하며, 유라시아 전역에서 정치적 반체제 인사의 송환을 지원하는 데 협력해 왔다.

이념적 유사성이라는 접착제가 앞으로도 계속 러시아의 관심을 베이징 및 중앙아시아의 다른 독재자들과의 관계에 집중하게 만들까? 아마도 그럴 수 있을 것이다. 그러나 러시아는 역사적으로 개방기와 반동기를 오가며 진자처럼 움직여 왔다. 최근 몇 년 동안 푸틴은 강력한 탄압을 주도해 왔지만, 그의 후계자는 충분히 반대 방향으로 선회할 수도 있다. 마찬가지로 시진핑이 권력을 공고히 하고 연임 제한을 폐지했지만, 향후 수십 년간 중국 정치의 향방을 예측하기는 어렵다. 양국의 권위주의적 공조가 무기한 지속된다는 보장은 없다. 러시아의 아시아 전환에 내포된 더 큰 위험은 러시아가 결국 유럽과의 관계 개선을 선택해 아시아로의 회귀라는 주요 목적을 스스로 약화시키는 것이다.

거창한 계획들의 역사

푸틴은 블라디보스토크를 방문하거나 아시아에서 러시아의 역할을 확대하기 위해 거창한 계획을 세운 첫 번째 러시아 지도자가 결코 아니다. 오늘날 러시아의 아시아 국경 분쟁은 대부분 해결되었지만, 일본과 러시아는 여전히 쿠릴열도의 몇몇 작은 섬들의 소유권을 두고 의견이 엇갈린다. 한편 핵무기의 등장과 중국과 북한으로의 확산, 그리고 남한과 일본을 방어하는 미국의 핵우산은 동아시아에서 국경 변경을 상상하기 어렵게 만든다. 그러나 러시아가 아시아에서 강대국이 될 수 있다는 푸틴의 구상은 새로운 것이 아니다. 아시아에서 러시아의 영향력을 투사해 세계 무대에서 러시아의 위상을 높이려는 희망 또한 마찬가지다.

결국 2015년 푸틴의 블라디보스토크 연설은 그가 가장 혐오하는 소련 지도자의 발언과 놀라울 만큼 비슷하게 들렸다. 푸틴은 소련 붕괴를 "20세기 최대의 지정학적 비극"이라고 묘사했고, 러시아 국영 언론은 그 해체를 주도한 미하일 고르바초프를 정기적으로 깎아내린다.[22] 그러나 고르바초프 또한 블라디보스토크를 찾아 러시아와 아시아의 관계에 새로운 여명이 밝았음을 선언하고, 해당 지역에서 러시아의 영향력을 확립하기 위한 새로운 전술을 발표했다. 그는 중국과 일본과의 협력을 수용했고, '경제외교'와 합작 사업, 심지어 새로운 철도 건설의 중요성을 언급했다. 아시아는 "사회적·과학적·기술적 변화의 소용돌이,… 즉 세계사의 르네상스" 덕분에 "새로운 삶을 맞이했다." 그 결과는 "증대하는 상호의존의 법칙과 경제통합의 필요성"에 의해 추진되는, 아시아에서의 소련 영향력 확대가 될 것이라고 고르바초프는 약속했다.[23]

무역 확대와 비군사화 약속에 기반을 둔, 러시아의 아시아 역할에 대한 고르바초프의 낙관적 구상은 그의 기대대로 실현되지 않았다. 그렇다고 해서 고르바초프의 전술을 탓하기는 어렵다. 정반대의 방법 역시 결코 나은 실적을 보이지 못했기 때문이다. 예를 들어 1970년대에 브레즈네프가 중국을 상대로 취했던 군사적 봉쇄정책이 소련의 거의 모든 이웃 국가를 소원하게 한 사실을 생각해보라. 혹은 제2차 세계대전 후 10년 동안 아시아에서 소련의 존재감을 강화하려 했던 스탈린의 노력을 보라. 스탈린의 1945년 이후 목표는 1904–1905년 러일전쟁의 유산을 되돌리는 것이었다. 그는 1945년에 이렇게 선언했다. "러일전쟁에서의 러시아의 패배는 아픈 기억[과]… 우리의 역사에 치욕의 오점을 남겼다.… 우리 구세대는 이 오점을 지우기 위해 40년을 기다렸다."[24]

그러나 일본 제국의 패배와 중국에서 장제스의 정부 붕괴로 생긴 기회에도 불구하고, 팽창주의적 이념과 군사력을 결합한 스탈린의 정책은 무역과 군비 축소를 약속한 고르바초프의 정책만큼이나 아시아에서 소련의 영향력을 확대시키는 데 효과적이지 않았다. 스탈린이 남긴 유산은 표면적으로 이념적 동맹국이었던 평양 및 베이징과의 제대로 기능하지 않는 관계와 그의 팽창주의가 촉발한 태평양 연안의 가공할 만한 미군의 존재였다. 스탈린의 전후 전략을 성공이라고 말하기는 어려웠으며, 바로 이것이 그의 사후 후계자들이 곧바로 노선을 바꾼 이유다.

스탈린이 아시아에서 군사력에 의존하게 된 이유 중 하나는 이전에 아시아 국가들에서 공산주의 혁명이 집권하기를 기다리는 전략이 실패했기 때문이다. 1920년대에 스탈린은 이 지역을 혁명에 적합한 곳으로 보면서 중국에서의 사회주의 진전에 아시아에서의 소련 위상을 걸었다. 스탈린은 소련을 이끌며 러시아의 아시아 역할에 관한 수사를 공산주의적 색채로 포장했다. '동방' 국가 연구를 위해 창간한 한 볼셰비키 잡지는 소비에트러시아는 단지 "아시아 국가들의 운명을 결정하는 데 참여할 권리만 있는 것이 아니라… 아시아 국민들의 정치적 발전과 교육을 돕는… 도덕적 의무"도 가지고 있다고 선언했다.[25] 소련은 중국 대중에게 공산주의를 가르치고, 중국 사회의 계급구조를 연구하며, 우한의 혁명 파트너들에게 무기를 보내고, 광저우 혁명 세력의 가구 예산까지 조직하려 했다. 그러나 아무리 지원을 퍼붓고 이념 교육을 해도 중국인들을 모스크바에 복종하게 만들 수는 없었다. 장제스는 권력을 잡자마자 소련의 자문관들을 축출하고, 모스크바를 다른 유럽 제국주의 세력과 다를 바 없는 존재로 취급했다.

어느 누구도 볼셰비키의 전임자들을 평범한 유럽 제국주의자가 아닌 다른 것으로 오인하지는 않았을 것이다. 차르 니콜라이 2세의 아시아 계획은 특히 다른 유럽 열강이 항구만을 원했던 것과 달리 지역 전체를 노리는 영토적 야망으로 두드러졌다. 니콜라이의 재무장관 세르게이 비테 백작은 경제적 이해관계와 전술을 우선시하며, 철도와 무역을 이용해 정치적 영향력을 위한 길을 닦으려 했다. 니콜라이는 이를 충분치 않다고 여겼으며, 제국을 상업회사가 아니라 강력한 군사 강국으로서 영국·프랑스·

독일 제국과 경쟁하는 존재로 상상했다. 시장 접근, 상업적 이익, 은행 네트워크의 약속만으로는 니콜라이가 제국이 마땅히 누려야 한다고 믿었던 영광을 얻을 수 없을 것이었다. 차르는 성공을 영토와 동일시했다. 먼저 뤼순항 해군기지를 장악하고, 이어 만주를 사실상 지배하며, 궁극적으로는 조선에서 우위를 점하는 것을 꿈꿨다. 하지만 경솔하게 러시아를 일본과의 전쟁으로 몰아넣으면서 니콜라이는 자국의 위상을 낭비했고, 굴욕적인 후퇴를 강요당했다.

러시아의 지도자들은 30년 전, 성급한 탐험가 니콜라이 프르제발스키가 상트페테르부르크에 러시아와 중국 제국 국경의 작은 일리 유역을 두고 중국과 전쟁을 벌일 것을 촉구했을 때 훨씬 신중한 태도를 취했다. 당시에는 중앙아시아가 제국적 성공의 핵심이고, 파미르고원의 고개들과 티베트로 향하는 교역로가 아시아와 세계 권력의 미래를 결정할 것처럼 보였다. 프르제발스키는 이 지역에서 러시아의 팽창을 선도했으며, 중국인에 대해 니콜라이 2세가 이후 일본인에게 보였던 만큼의 존중심을 가지고 있었다. 그는 상관들에게 "장교들조차 거의 대부분"—평범한 중국 병사들은 말할 것도 없이—"총을 쏘는 법조차 모른다."고 보고했다.[26]

일리 유역을 둘러싼 위기 속에서, 전쟁만이 러시아가 중앙아시아에서 공세를 이어갈 수 있는 유일한 방법이자 모험적인 군 장교들이 차르를 위해 더 많은 영토를 확보할 수 있는 유일한 수단이었다. 그러나 상트페테르부르크의 관리들은 당시 니콜라이가 1904년에야 깨닫게 될 사실을 이미 이해하고 있었다. 즉, 아시아는 러시아에 거의 실질적 이익이 없는 대신 막대한 비용을 초래할 수 있다는 점이었다. 프르제발스키가 전쟁을 촉구했던 일리 유역은 "전략적 가치가 없다."고 한 외교관은 선언했다. 한 영향력 있는 러시아 평론가는 "우리의 역사는 아시아가 아니라 유럽에서 펼쳐진다."고 결론지었는데, 이 주장은 러시아의 아시아 변경 지역에서 큰 위험을 감수하자고 주장하는 이들을 반박하는 데 사용되었다.[27] 중국의 중앙아시아 국경 지역을 따라 러시아가 급속히 팽창하던 시기는 짧았고 곧 잊혔지만, 상트페테르부르크는 참혹한 전쟁에 휘말리기 전에 용케 철수할 수 있었다.

프르제발스키는 중앙아시아가 아니라 태평양 연안을 탐험하며 자신의 경력을 시작했다. 그가 1850년대에 도착하기 전 2세기 동안, 아무르강과 우수리강, 그리고 먼 태평양 연안은 가장 모험적인 러시아 모피 사냥꾼들을 제외하면 거의 알려지지 않은 땅이었다. 철도가 세계 대륙을 가로지르기 시작하고 증기선이 거대한 강을 오르내리면서, 러시아인들은 또 다른 제국이 아무르강과 태평양 연안을 탐험하고 심지어 정착지로 만들지도 모른다는 걱정을 하기 시작했다. 니콜라이 1세와 알렉산드르 2세 치하에서 동시베리아를 통치한 총독 니콜라이 무라비요프에게 자문한 한 학자는 "신성한 땅이 빈 채로 남아 있지는 않을 것입니다. 사람들이 거주하게 되면 금세 번영할 것이며… 두 제국에서 온 근면하고 유능하며 건전한 사람들이 동시베리아 전역으로 흘러 들어갈 수밖에 없을 것입니다."라고 경고했다. 이에 무라비요프는 러시아 제국의 극동 확장을 추진했고, 청나라와의 전쟁 위험을 감수하며 태평양 연안을 따라 광활한 토지를 획득했다. 이

토지는 신성한 땅이었을지언정 번영하지는 못했다. 철도와 아무르강에서의 증기선 항행이라는 무라비요프의 예측은 수십 년 동안 현실화되지 않았다. 그가 꿈꾸던 번영도 아직 찾아오지 않았다. 이 지역은 여전히 부유한 지방의 지원에 의존하고 있다. 오히려 더 정확했던 것은 무라비요프와 협력했던 선장 겐나디 네벨스코이의 예측이었다. 그는 이 지역이 "군영처럼 살아갈 운명"이라고 내다봤다. 정복된 이후, 19세기 내내 이 지역은 방치되었고, 외국인, 군관, 죄수들이 잡다하게 뒤섞여 드문드문 거주했다.[28]

러시아의 다른 태평양 식민지들—알래스카, 캘리포니아, 그리고 카우아이섬—은 결국 러시아령으로 남지 못했다. 귀족이자 탐험가였던 니콜라이 레자노프는 태평양 연안의 러시아 영토들을 연결하려 시도하며, 차르 알렉산드르 1세에게 캘리포니아는 포도주, 초콜릿, 곡물이 풍부하여 괴혈병으로 고통받는 알래스카 정착민들을 먹여 살릴 수 있는 땅이라고 장담했다. 한편 게오르크 셰퍼는 상트페테르부르크의 관리들에게 약간의 군사적 지원, 아마도 프리깃함이 제공되어 하와이 왕과 전쟁을 벌일 수만 있다면, 하와이가 "러시아의 서인도 제도이자 두 번째 지브롤터"가 될 수 있다고 말했다. 그러나 식민지를 먹여 살릴 능력조차 없었던 러시아에게 실질적인 군사 지원을 기대하는 것은 불가능했다. 그렇다고 해서 레자노프의 태평양횡단 구상이 논리적 근거가 없었던 것은 아니었다. 19세기 말까지 하와이, 샌프란시스코, 알래스카는 일본 및 중국과 교역하는 태평양 제국으로 묶였다. 그러나 이 새로운 제국의 본부는 상트페테르부르크가 아니라 워싱턴DC에 있었다.

“공중누각 짓기”?

니콜라이 레자노프의 동시대인들은 그의 캘리포니아 꿈을 “성급한 성격”과 “공중누각을 짓는” 경향 때문이라고 여겼다.[29] 그러나 레자노프는 자국의 아시아 진출에 대해 거창한 계획을 세운 유일한 러시아인이 아니었다. 무라비요프의 자문관 알렉산드르 발라소글로가 보기에, 이곳은 “신성한 땅”이었다. 예스페르 우흐톰스키 공작은 “개념으로서 러시아와 오리엔트는 하나다.”라고 선언했다. 이는 오늘날, 영향력 있는 대외정책 분석가인 세르게이 카라가노프가 푸틴의 아시아 전환을 통해 러시아가 “익숙한 강국의 역할로 돌아가 자신감을 회복했다.”고 선언한 것과 크게 다르지 않다. 거의 3세기 동안 러시아 지도자들은 아시아와의 관계를 신비주의적으로 선언하는 것을 특별히 좋아해 왔다.

러시아의 통치자들이 왜 반복해서 아시아에서 기회를 찾으려 했을까? 그 이유로는 중국과 일본의 거대한 시장, 시베리아의 풍부한 자원에 대한 접근, 태평양으로의 출구, 자주 그렇게 여겨져 왔듯이 지정학적 팽창과 영토 확장을 위한 공간, 그리고 아마도 가장 중요한 것으로 오늘날 카라가노프가 러시아의 아시아 전환을 설명하며 말했듯이, “유럽 위기”에서 벗어날 수 있는 “유라시아적 출구”를 찾으려는 희망 등을 들 수 있다. 수세기 동안 러시아의 아시아 국경은 온갖 거창한 계획을 펼칠 수 있는 열린 문을 제공하는 것 같았다.

이것이 바로 러시아의 ‘유라시아적’ 정체성 개념이 그렇게 지속적으로 유지되어 온 원인을 설명한다. 두 대륙 사이에서 갈라진 나라, 한 발은 유럽에, 다른 한 발은 아시아에 놓인 나라, 유럽 문명과 몽골의 유산 모두에 영향을 받은 나라. 이러한 수사는 자원을 동원하거나 아시아에 집중하기 위해 지지를 모으려는 사람들에게 유용하다. 그러나 러시아가 비유적인 발 하나를 아시아에 내디딜 때마다, 다른 발은 여전히 유럽에 단단히 자리 잡고 있었다. '유라시아주의'는 러시아 국내 정치에서 유럽 열강에 대한 불만을 자극하려는 세력에게 유용한 주제였다. 러시아가 고유한 유라시아적 정체성을 가지고 있다고 주장하는 것은 논평 기사 면에 글을 싣거나 심지어 크렘린에서 청중을 얻는, 오랫동안 검증되어 온 방식이다. 그러나 유라시아 정체성에 대한 주장은 러시아 대외정책의 아시아 관여만큼이나 순환적이다. 이는 유리할 때는 내세워지고, 유리하지 않을 때는 내려놓는 수사적 장치에 불과하다.

우흐톰스키가 러시아의 "창조적 에너지"를 발산하는 통로라고 부른 아시아는 신성한 땅이라기보다 거창한 야망들의 묘지였다. 극동에서의 진보를 약속하거나, 만주, 몽골 지역, 한반도, 혹은 태평양 연안에서의 팽창적 계획을 내세우는 아시아로의 전환 패턴은 반복적이고, 심지어 기계적이기까지 하다. 대략 한 세대에 한 번씩 어떤 러시아 지도자가 아시아 구상을 꺼내 들고 중국과의 관계나 광활한 태평양 연안에서의 큰 성공을 약속한다. 그러나 이러한 아시아 전환은 반복적으로 실망을 안겼고, 종종 대폭발로 끝났으며, 몇 년 이상 지속되는 경우는 드물었다. 지속적인 딜레마 중 하나는 러시아 극동 지역에 러시아인들이 거의 살지 않는다는 점이다.

역사적으로 이 지역은 차르 시대에는 죄수들의 유배로, 스탈린 시기에는 거대한 굴라그 창설에 의해 자발적 정착만큼이나 강제 노동으로 인구가 채워졌다. 심지어 소련 후기에도 사람들을 설득해 이 지역으로 이동시키는 데 어려움을 겪었다. 1991년 이후 인구는 급격히 감소했다. 유럽 국경에 밀집해 사는 대부분의 러시아인들에게 멀리 떨어진 아시아가 큰 의미가 있다는 것을 설득하는 일은 쉽지 않다.

극동으로 물자를 보내는 일은 훨씬 더 어려웠고, 특히 위기 상황에서는 더더욱 그랬다. 괴혈병에 시달리던 태평양 전초기지가 존재하던 시절은 지났지만, 운송 딜레마는 여전히 남아 있다. 오늘날에도 캄차카는 바다나 항공으로만 보급이 가능하며, 도로나 철도 연결은 전혀 없다. 시베리아의 도로 상태는 레자노프가 말에서 떨어져 얼음같이 차가운 강에 빠졌던 시절 이후로 다소 개선되었지만, 이 지역의 주요 간선도로조차도 예고 없이 자갈길로 바뀌곤 한다. 러시아가 대륙 횡단철도를 완공한 것은 미국과 캐나다가 북아메리카 대륙을 가로지르는 철도를 건설한 지 거의 반세기가 지난 후였다. 1980년대까지도 시베리아와 태평양 연안을 연결하는 두 번째 철도인 바이칼-아무르 간선 건설은 어렵고 혼란스러운 작업이었다. 2015년 블라디보스토크 연설에서 푸틴이 극동에 도로와 다리를 건설하겠다는 의지를 강조한 것은 우연이 아니다. 최근 수십 년 동안 중국이 광대한 영토 곳곳에 기반시설을 끊임없이 건설해 온 것과 비교하면, 오늘날 러시아 극동의 열악한 운송 상황이 더욱 뼈아프게 드러난다.

러시아 인구가 서부 국경에 집중되어 있고, 이 지역과 아시아를 연결하는 기반시설이 오랫동안 제대로 기능하지 못했기 때문에, 아시아와의 무역은 반복적으로 실망을 안겨주었다. 중국과 일본의 거대한 시장에 대한 이야기는 수세기 동안 러시아 논의의 단골 주제였다. 동아시아는 항상 방대한 인구를 지녔고 러시아는 그와 거의 교역하지 않았기에 성장 가능성은 항상 이론적으로 존재했다. 그러나 아무르 정복이나 시베리아 횡단철도 건설에도 불구하고, 이러한 무역은 거의 실현되지 않았다. 오늘날 중국의 경제성장은 러시아와 중국 사이의 무역이 주기적으로 상승세를 타고 있음을 의미한다. 그러나 아시아 시장에 대한 지켜지지 않은 약속의 오랜 역사는 신중해야 할 이유를 시사한다.

일부 역사학자들은 러시아의 아시아 정책을 움직이게 한 "총체적 구상"을 인식하기도 했다.[30] 그러나 러시아의 아시아 접근 방식을 지배한 주요 요인은 "지속적인 이해관계"라기보다는 열광의 발작적 충동이었다. 때로 러시아는 아시아 팽창에 엄청난 자원을 투입했지만, 단 몇 년 만에 등을 돌리기도 했다. 이것이 바로 역사학자 로바노프-로스톱스키[16]가 인식한 "영원히 흔들리는 진자"이다.[31] 그러나 그것은 시계 장치나 물리 법칙이 아니라 감정, 이념, 그리고 낙관주의에 의해 움직인다.

중국의 시진핑 주석은 최근 블라디미르 푸틴을 "가장 친한 친구"라고 선언했다. 그러나 러시아 지도자들은 현재의 아시아 전환이 불안정한 기반 위에 서 있다는 것을 감지하고 있다.[32] 2015년 블라디보스토크 연설에서 푸틴은 자신의 아시아 구상을 "세르게이 비테 같은 정치가들"과 "시베

16) Aleksei Borisovich Lobanov-Rostovsky(1824-1896). 러시아의 정치인. 1895-1896년 러시아 외무장관을 지냈다. 《러시아 계보서》(전 2권)의 저자로 알려져 있다.

리아 횡단철도와 바이칼-아무르 간선" 같은 "극동 개발을 위한 거창한 계획을 세운 소련 지도자들"의 구상에 비유했다. 크렘린 주변의 많은 인사들은 푸틴이 블라디보스토크 연설에서 주장한 것처럼, 이러한 프로젝트들이 "극동 지역뿐 아니라 사실상 전국을 발전시켰다."고 역설한다. 그러나 비테 체제나 소련 사회주의가 극동에서 큰 성공을 거두었다고 평가하기는 어렵다. 훨씬 더 명백한 실패는 미하일 고르바초프의 아시아 전환이다. 현재 크렘린의 아시아에 대한 무역 확대와 외교적 관심의 약속은 고르바초프의 이 전환과 매우 닮아 있다.

푸틴이 무엇보다도 바라는 것은, 자신이 가장 존경한다고 말하는 지도자인 표트르 대제와 비교되는 것이다.[34] 그 비교는 적절하다. 표트르 대제는 수수께끼의 포로 덴베에를 처음 만난 순간부터 동방의 땅에 매료되었고, 유럽의 저명한 아시아 지리 전문가들과 친교를 맺었다. 표트르 자문관 중의 한 명은 캄차카를 일본과 인도에 영향력을 뻗치기 위한 발판으로 삼을 것을 거듭 권고했다. 심지어 임종을 앞두고도 표트르는 중국의 바다로 이어지는 새로운 북극항로를 구상했다. 그러나 표트르는 암스테르담 및 런던과의 관계, 흑해와 발트해에서의 전쟁, 유럽 문화의 수용, 서구 정치의 모방으로 기억된다. 반면, 임종의 자리에서 꾸었던 아시아 영향력에 대한 그의 꿈은 오늘날 거의 잊혔다.

| 약어 |

CWIHP	*Cold War International History Project Bulletin*
DVP	*Dokumenty Vneshnei Politiki SSSR* (Moscow: Izdatelstvo Politicheskoi Literaturoi), 다권본
FRUS	*Foreign Relations of the United States* (Washington, DC: Government Printing Office), 다권본 (https://history.state.gov/historicaldocuments)
GARF	State Archive of the Russian Federation(러시아 연방 국가 문서보관소), Moscow
KA	*Krasny Arkhiv*, 다권본
KiK	*VKP(b), Komintern, i Natsional'no Revoliutsionnoe Dvizhenie v Kitae: Dokumenty* (Moscow: AO Buklet), 다권본
LOC	Library of Congress, Washington, DC
OS	1918년 이전 러시아에서 사용된 달력에 따른 구양식 일자
PRO FO	British Foreign Office Papers, National Archives, Kew
RGANI	Russian State Archive of Contemporary History(러시아 현대사 국가 문서보관소), Moscow
RKO	*Russko-Kitaiskie Otnosheniia v XX Veke* (Moscow: Pamiatni Istoricheskoi Mysli), 다권본
SDFP	Jane Degras, ed., *Soviet Documents on Foreign Policy*, 3 vols. (London: Oxford University Press, 1951 – 1953)
SRE	Xenia Joukoff Eudin and Robert C. North, eds., *Soviet Russia and the East, 1920–1927: A Documentary Survey* (Stanford, CA: Stanford University Press, 1957)
VPR	*Vneshniaia Politika Rossii XIX i Nachala XX Veka: Dokumenty Rossiiskogo Ministerstva Innostrannikh Del* (Moscow: Gos. Izd-vo polit. lit-ry), 다권본
WP CUA	Witte Papers, Columbia University Archive, New York

| 미주 |

서언

1 George Alexander Lensen, *The Russian Push toward Japan* (London: Forgotten Books, 2017), 26–30; W. Bruce Lincoln, *The Conquest of a Continent: Siberia and the Russians* (Ithaca, NY: Cornell University Press, 1994), 100–102.

2 Arthur MacGregor, "The Tsar in England: Peter the Great's Visit to London in 1698," *The Seventeenth Century* 19, no. 1 (January 2013): 118.

3 Ian Grey, *Peter the Great* (Boston: New Word City, 2015), 99; Vladimir Matveev, "Summit Diplomacy of the Seventeenth Century: William III and Peter I in Utrecht and London, 1697–98," *Diplomacy & Statecraft* 11, no. 3 (2000): 29–48; Robert K. Massie, *Peter the Great: His Life and World* (New York: Random House, 2011), 211.

4 담배에 관해서는 Massie, *Peter the Great*, 211을 보라.

5 K. E. Cherevko, *Rossiia na Rubezhakh Iaponii, Kitai i SShA* (Moscow: Institut Russkoi Tsivilizatsii, 2010), 86.

6 Marion Peters, *De wijze koopman: Het wereldwijde onderzoek van Nicolaes Witsen (1641-1717), burgemeester en VOC-bewindhebber van Amsterdam* (Amsterdam: Bert Bakker, 2010), 99–127.

7 표트르의 부인에 관해서는 Massie, *Peter the Great*, 372를 보라. 표트르의 정치에 관해서는 Paul Bushkovitch, *Peter the Great: The Struggle for Power, 1671–1725* (Cambridge: Cambridge University Press, 2001)를 보라.

8 Lensen, *The Russian Push toward Japan*, 26–30.

9 Gaston Cahen, *Histoire des relations de la Russie avec la Chine sous Pierre le Grand* (Paris: Librairie Felix Alcan, 1912), 205.

10 표트르의 아시아 정책에 관해서는 Cahen, *Histoire des relations de la Russie avec la Chine*, 189–226을 보라. 프레오브라젠스코예에 관해서는 James Cracraft, *The Petrine Revolution*

in Russian Architecture (Chicago: University of Chicago Press, 1988), 114–115; Earnest A. Zitser, *The Transfigured Kingdom: Sacred Parody and Charismatic Authority at the Court of Peter the Great* (Ithaca, NY: Cornell University Press, 2004), 51–53, 143; Massie, *Peter the Great*, 67–69를 보라.

11 Cherevko, *Rossiia na Rubezhakh Iaponii*, 86–88; Lincoln, *The Conquest of a Continent*, 101–102.

12 팽창과 봉쇄의 주기에 관해서는 John P. LeDonne, *The Russian Empire and the World, 1700–1917: The Geopolitics of Expansion and Containment* (New York: Oxford University Press, 1997)를 보라.

13 William C. Fuller Jr., *Strategy and Power in Russia, 1600–1914* (New York: Free Press, 1992); Patricia Kennedy Grimsted, *The Foreign Ministers of Alexander I: Political Attitudes and the Conduct of Russian Diplomacy, 1801–1825* (Berkeley: University of California Press, 1969); Barbara Jelavich, *St. Petersburg and Moscow: Tsarist and Russian Foreign Policy, 1814-1974* (Bloomington: Indiana University Press, 1974).

14 Johannes Keuning Nicolaas, "Witsen as a Cartographer," *Imago Mundi* 11 (1954): 103.

15 G. F. Kim and P. M. Shastitko, *Istoriia Otechestvennogo Vostokovedeniia do serediny XIX Veka* (Moscow: Nauka, 1990), 151–152; Aida Ipatova, "Deyetel'nost' Rossiiskoi Dukhovnoi Missii v Kitae," *Otechestvennye Zapiski* 42, no. 3 (2008): 320–331.

16 Fyodor Dostoyevsky, "Geok-Tepe: What Does Asia Mean to Us?," in *A Writer's Diary*, vol. 2, 1877–1881, trans. Kenneth Lantz (Evanston, IL: Northwestern University Press, 1994).

17 "바다를 향한 충동"에 관해서는 Stephen Kotkin, "Robert Kerner and the Northeast Asia Seminar," *Acta Slavica Iaponica* 15 (1993): 100을 보라. 태평양에 대한 러시아 정책의 "지속적인 관심"에 관해서는 David J. Dallin, *The Rise of Russia in Asia* (Hamden, CT: Archon Books, 1971), v–viii; Barbara Jelavich, *A Century of Russian Foreign Policy, 1814–1914* (Philadelphia: Lippincott, 1964), v–vii; John Le Donne, "Russia's Eastern Theater, 1650-1850: Springboard or Strategic Backyard?," *Cahiers du Monde Russe* 49, no. 1 (2008): 17–45를 보라.

18 Alfred Thayer Mahan, *The Problem of Asia: Its Effect upon International Politics* (New York: Routledge, 2017), 55–56, 117.

19 Dostoyevsky, *A Writer's Diary*, 2:1374.

20 Andrei Lobanov Rostovsky, "Russia at the Crossroads: Europe or Asia," *Slavonic and East European Review* 6, no. 18 (March 1928): 496–504.

21 Gerald Brown, "Andrei A Lobanov Rostovsky," Faculty History Project, University of Michigan, http://faculty-history.dc.umich.edu/faculty/andrei-lobanov- rostovsky/memorial.

22 Lobanov Rostovsky, "Russia at the Crossroads," 496.

23 John Le Donne, "Building an Infrastructure of Empire in Russia's Eastern Theater 1650s–1840s," *Cahiers du Monde Russe* 47, no. 3 (2006): 586.

1장 알래스카의 영주

1 I. G. Kokh (commandant of Okhotsk) to Baranov, August 14, 1790, in Petr A. Tikhmenev, *A History of the Russian American Company*, vol. 2, Documents, ed. and trans. Richard A. Pierce and Alton S. Donnelly (Kingston, ON: Limestone Press, 1979), 23–24 (이후 Tikhmenev, *Documents*로 표기).

2 알래스카의 러시아에 관한 주요 학술 역사서로는 다음과 같은 저술들이 있다. Andrei Val'terovich Grinëv, *Russian Colonization of Alaska: Preconditions, Discovery, and Initial evelopment, 1741-1799*, trans. Richard L. Bland (Lincoln: University of Nebraska Press, 2018); Grinëv, *Russian Colonization of Alaska: Baranov's Era, 1799–1818*, trans. Richard L. Bland (Lincoln: University of Nebraska Press, 2020); Ilya Vinkovetsky, *Russian America: An Overseas Colony of a Continental Empire, 1804–1867* (Oxford: Oxford University Press, 2011); Alexander Yu. Petrov, *Obrazovanie Rossiisko-Amerikansoi Kompanii* (Moscow: Nauka, 2000); Kenneth N. Owens with Alexander Yu. Petrov, *Empire Maker: Aleksandr Baranov and Russian Colonial Expansion into Alaska and Northern California* (Seattle: University of Washington Press, 2015); Alexander Iu. Petrov, *Rossiisko-amerikanskaia Kompaniia: Deiatelnost' na otechestvennom i zarubezhnom rynkakh* (Moscow: Russian Academy of Sciences, 2006).

3 Richard Pierce, "Shelikhov, Grigorii Ivanovich," *American National Biography*, https://doi.org/10.1093/anb/9780198606697.article 0200286.

4 Owens, *Empire Maker*, 21, 32, 38; "Dogovor mezhdu G. I. Shelikhovym i A. A. Baranovym," August 15, 1790, in Alexander Iu. Petrov, *Natalia Shelikhova i istokov Russkoi Ameriki* (Moscow: Ves Mir, 2012), 227–232. 느슨해진 도덕관념에 관해서는 Hubert Howe Bancroft, *History of Alaska, 1730–1885* (San Francisco: A. L. Bancroft and Company, 1886), 316을 보

라.

5 Ryan Tucker Jones, *Empire of Extinction: Russians and the North Pacific's Strange Beasts of the Sea, 1741–1867* (New York: Oxford University Press, 2014), 72.

6 Owen Matthews, *Glorious Misadventures: Nikolai Rezanov and the Dream of a Russian America* (London: Bloomsbury, 2014), 59; Semen B. Okun, *The Russian- American Company, trans. Carl Ginsberg* (Cambridge, MA: Harvard University Press, 1951), 22; Richard A. Pierce, "Introduction," in Grigorii I. Shelikhov, *A Voyage to America, 1783–1786*, trans. Marina Ramsay (Kingston, ON: Limestone Press, 1981), 10, 12, 15. 셸리호프의 항해에서 보이는 사람들의 수는 그의 선박 항해일지에서 나왔다.

7 Shelikhov, *A Voyage to America*, 52–53.

8 Shelikhov, *A Voyage to America*, 53–56.

9 W. Michael Mathes, *The Russian Mexican Frontier: Mexican Documents regarding the Russian Establishments in California 1808–1842* (Jenner, CA: Fort Ross Interpretive Association, 2008), 12; Warren L. Cook, "The Clash at Nootka, 1789," and "To the Brink of War," in *Flood Tide of Empire: Spain and the Pacific Northwest 1543–1819* (New Haven, CT: Yale University Press, 1973), 146–250.

10 Svetlana G. Fedorova, *The Russian Population in Alaska and California, Late 18th Century–1867*, trans. and ed. Richard A. Pierce and Anton S. Donnelly (Kingston, ON: Limestone Press, 1973), 108; "Ukaz of Catherine the Great," December 22, 1786, in *To Siberia and Russian America: Three Centuries of Russian Eastward Expansion*, ed. and trans. Basil Dmytryshyn, E. A. P. Crownhart-Vaughan, and Thomas Vaughan, vol. 2, *Russian Penetration of the North Pacific Ocean, 1700–1797* (Portland: Oregon Historical Society Press, 1988), 325 (이후 Dmytryshyn et al., *Russian Penetration*으로 표기); Okun, *The Russian-American Company*, 13–14.

11 Yakoby to Shelikhov, Samoilov, and Delarov, June 21, 1787, in Dmytryshyn et al., *Russian Penetration*, 334; Okun, *The Russian-American Company*, 22–25.

12 Okun, *The Russian-American Company*, 26, 28–29; Nikolai N. Bolkhovitinov, *The Beginnings of Russian-American Relations, 1775–1815*, trans. Elena Levin (Cambridge, MA: Harvard University Press, 1975), 165; 번역을 일부 수정.

13 Owens, *Empire Maker*, 55, 59, 63.

14 Okun, *The Russian-American Company*, 53; Petr A. Tikhmenev, *A History of the Russia-*

American Company, trans. Richard A. Pierce and Alton S. Donnelly (Seattle: University of Washington Press, 1978), 61, 68 (이후 Tikhmenev, *History*로 표기).

15 "보스턴 사람들"에 관해서는 Mary E. Wheeler, "Empires in Conflict and Cooperation: The 'Bostonians' and the Russian-American Company," *Pacific Historical Review* 40, no. 4 (November 1971): 421을 보라.

16 Ilya Vinkovetsky, *Russian America: An Overseas Colony of a Continental Empire, 1804–1867* (New York: Oxford University Press, 2011), 82; Tikhmenev, *History*, 63.

17 직원들의 수에 관해서는 Tikhmenev, *History*, 82; James R. Gibson, *Feeding the Russian Fur Trade: Provisionment of the Okhotsk Seaboard and the Kamchatka Peninsula 1639–1856* (Madison: University of Wisconsin Press, 1969)을 보라. 여행 시간에 관해서는 Gavriil I. Davydov, *Two Voyages to Russian America, 1802–1807*, ed. and trans. Richard A. Pierce (Kingston, ON: Limestone Press, 1979), chaps. 1–2; Nikoklai A. Khvostov, "Report by Imperial Russian Navy Lieutenant Nikoklai A. Khvostov," 1804, in *To Siberia and Russian America: Three Centuries of Russian Eastward Expansion*, ed. and trans. Basil Dmytryshyn, E. A. P. Crownhart-Vaughan, and Thomas Vaughan, vol. 3, *The Russian American Colonies, 1798–1867* (Portland: Oregon Historical Society Press, 1989), 52 (이후 Dmytryshyn et al., *The Russian American Colonies*로 표기)를 보라.

18 조수에 관해서는 "Report by Imperial Russian Navy Lieutenant Nikoklai A. Khvostov," 1804, in Dmytryshyn et al., *The Russian American Colonies*, 52; Owens, *Empire Maker*, 56을 보라. 오호츠크에 관해서는 G. A. Sarychev to N. S. Mordvinov, February 18, 1802 (OS), in A. E. Ioffe and L. I. Spiridonova, comps., *Rossiisko-Amerikanskaia Kompaniia i izuchenie Tikhookeanskogo Severa, 1799–1815* (Moscow: Nauka, 1994), 33을 보라. 러시아령 아메리카의 가격에 관해서는 Pavel N. Golovin, "Last Report," in *The End of Russian America: Captain P. N. Golovin's Last Report, 1862*, trans. Basil Dmytryshyn and E. A. P. Crownhart-Vaughan (Portland: Oregon Historical Society Press, 1979), 35를 보라; 모스크바와 상트페테르부르크의 가격에 관해서는 Global Price and Income History Group, "Prices and Wages in Russia, 1590s–1871," http://gpih.ucdavis.edu/files/Russia_p_w_1590s-1871.xls and "Silver and Gold Content of the Russian Ruble, 1535-1913," http://gpih.ucdavis.edu/files/Russia_Ag_content_ruble_1535-1913. xls; and Thomas C. Owen, "A Standard Ruble of Account for Russian Business History, 1769–1914: A Note," *Journal of Economic History* 49, no. 3 (September 1989): 699–706을 보라.

19 엔터프라이즈 호에 관해서는 Kiril T. Khlebnikov, *Baranov: Chief Manager of the Russian Colonies in America*, ed. Richard A. Pierce and trans. Colin Bearne (Kingston, ON: Limestone Press, 1973), 35; Tikhmenev, *History*, 64를 보라.

20 Kuskov to Baranov, July 1, 1802, in Tikhmenev, *Documents*, 139–140; Tikhmenev, *History*, 61; Vinkovetsky, *Russian America*, 82.

21 Vinkovetsky, *Russian America*, 82; Okun, *The Russian-American Company*, 53; Tikhmenev, History, 68–69, 95, 110.

22 Tikhmenev, *History*, 111–112.

23 Jennifer Milam, "Toying with China: Cosmopolitanism and Chinoiserie in Russian Garden Design and Building Projects under Catherine the Great," *Eighteenth-Century Fiction* 25, no. 1 (Fall 2012): 115–138.

24 John P. LeDonne, "Proconsular Ambitions on the Chinese Border: Governor General Iakobi's Proposal of War on China," *Cahiers de Monde Russe* 45, nos. 1–2 (2004): 31–60.

25 Clifford M. Foust, *Muscovite and Mandarin: Russia's Trade with China and Its Setting, 1727–1805* (Chapel Hill: University of North Carolina Press, 1969), 323.

26 Okun, *The Russian-American Company*, 46.

27 "Dokladnaia zapiska glavnogo pravleniia rossiisko-amerikanskoi kompanii Aleksandru I," August 10, 1802, *VPR*, 1:266–269; Rumiantsev to Rezanov, July 22, 1803, *VPR*, 1:491; Rumiantsev to A. R. Vorontsov, November 15, 1803, *VPR*, 1:544; "Dokladnaia Zapiska Ministra Kommertsii N. P. Rumiantsev Aleksandru I," March 4, 1803, *VPR*, 1:386–387; Rumiantsev to Alexander, April 1, 1803, *VPR*, 1:403–405; Alexander I to the Emperor of Japan, July 12, 1803, *VPR*, 1:474–475; Rumiantsev to Alexander, January 28, 1805, *VPR*, 1:297; *VPR*, 2:472, 476, 480. 일본과의 무역을 위한 로비 활동에 관해서는 G. A. Sarychev to N. S. Mordvinov, February 18, 1802 (OS), in Ioffe and Spiridonova, *Rossiisko-Amerikanskaia Kompaniia*, 34를 보라. 리슐리외에 관해서는 Jean Potocki quoted in Daniel Beauvois, "Le 'System Asiatique' de Jean Potocki ou le reve oriental dans les Empires d'Alexandre I et de Napoleon, 1806–1808," *Cahiers du Monde Russe et Sovietique* 20, no. 3 (July– December 1979): 467을 보라.

28 Matthews, *Glorious Misadventures*, 1.

29 Urey Lisiansky, *A Voyage Round the World, in the Years 1803, 4, 5, & 6* (London: John Booth, 1814), 24.

30 Matthews, *Glorious Misadventures*, 115; Okun, *The Russian-American Company*, 15–16; Vinkovetsky, *Russian America*, 60.

31 Okun, *The Russian-American Company*, 51.

32 Okun, *The Russian-American Company*, 51, 66–67.

33 Lisiansky, *A Voyage Round the World*, 24, 128; Tikhmenev, *History*, 73.

34 Tikhmenev, *History*, 74–75, 89.

35 "A Report to the Holy Governing Synod of the Russian Orthodox Church from Missionaries in Russian America Detailing Complaints against Aleksandr A. Baranov," August 1, 1804, and Rezanov to the Directors of the Russian-American Company, November 6, 1805, in Dmytryshyn et al, *The Russian American Colonies*, 63–64, 102.

36 "Letter from Rezanov to the Directors of the Russian-American Company," November 6, 1805, in Dmytryshyn et al., *The Russian American Colonies*, 105, 108.

37 Rezanov to Alexander I, August 16, 1804, in Dmytryshyn et al., *The Russian American Colonies*, 70; Rezanov to the Emperor, from Unalashka Island, July 18, 1805, and Rezanov to the Directors of the Russian-American Company from New Archangel, November 6, 1805, in Tikhmenev, *Documents*, 149–150, 157.

38 Okun, *The Russian-American Company*, 119.

39 Georg Heinrich von Langsdorff, *Langsdorff's Narrative of the Rezanov Voyage to Nueva California in 1806*, trans. Thomas C. Russell (San Francisco: Private Press of T. C. Russell, 1927), 17–18; Tikhmenev, *History*, 96.

40 Conversation of Portola "con un amigo," Madrid, September 4, 1773, in *Documentos secretos de la expedicion de Portola a California: Juntas de Guerra*, ed. Fernando Boneu Companys (Lleida: Instituto de Estudios Ilerdenses de la Excma. Diputación Provincial de Lérida, 1973), 163; Okun, *The Russian-American Company*, 118.

41 Matthews, *Glorious Misadventures*, 256–258.

42 Rezanov to N. P. Rumyantsev, June 17, 1806, in *Rezanov Reconnoiters California, 1806*, ed. Richard A. Pierce (San Francisco: The Book Club of California, 1972), 2–3; Okun, *The Russian-American Company*, 120.

43 Rezanov to N. P. Rumyantsev, June 17, 1806, in Pierce, *Rezanov Reconnoiters California*, 7; Langsdorff, *Langsdorff's Narrative of the Rezanov Voyage*, 53, 84–85; James R. Gibson, ed. and trans., *California through Russian Eyes, 1806–1848* (Norman, OK: Arthur H. Clark,

2013), 30; James R. Gibson and Alexei A. Istomin, eds., *Russian California, 1806–1860: A History in Documents*, 2 vols. (London: Published by Ashgate for the Hakluyt Society, 2014), 1:185.

44 Rezanov to N. P. Rumyantsev, June 17, 1806, in Pierce, *Rezanov Reconnoiters California*, 16; Matthews, *Glorious Misadventures*, 136.

45 Langsdorff, *Langsdorff's Narrative of the Rezanov Voyage*, 85; Rezanov to N. P. Rumyantsev, June 17, 1806, in Pierce, *Rezanov Reconnoiters California*, 16.

46 Langsdorff, *Langsdorff's Narrative of the Rezanov Voyage*, 53, 86, 88; Rezanov to Rumyantsev, June 17, 1806, in Gibson and Istomin, *Russian California*, 1:196; Tikhmenev, *History*, 96–99.

47 Tikhmenev, *History*, 99.

48 Rezanov, "Report about a Voyage to Alta California," 1806, in Gibson, *California through Russian Eyes*, 39.

49 Rezanov, "Report about a Voyage to Alta California," 55–56; 번역을 일부 수정.

50 무역에 관해서는 Langsdorff, *Langsdorff's Narrative of the Rezanov Voyage*, 53, 87–88 (인용문을 명확하게 하기 위해 수정); Rezanov to Alexander I, May 5, 1806, in Gibson and Istomin, *Russian California*, 1:179를 보라.

51 레자노프의 마음에 관해서는 Rezanov to Mikhail Buldakov, January 24, 1807, in *Komandor: Stranytsy Zhizni I deitalnosti Dvora ego imperatorskogo velichestva deistvitelnogo kamergera, ruovoditelia pervoi russkoi krugosvetnoi ekspeditsii Nikolaia Petrovicha Rezanova,* ed. Yuri P. Avdyukhov et al. (Krasnoyarsk: Ofset, 1995), 646을 보라. Baranov to Commandant Arguello, no later than May 1808, in Gibson and Istomin, *Russian California*, 1:255; Owens, *Empire Maker*, 216; Tikhmenev, *History*, 106; Dawn Lea Black and Alexander Yu. Petrov, eds. and trans., *Natalia Shelikhova: Russian Oligarch of Alaska Commerce* (Fairbanks: University of Alaska, 2010), xlviii.

52 Baranov to Kuskov, October 14, 1808, in Dmtryshyn et al., *The Russian American Colonies*, 166; Okun, *The Russian-American Company*, 121.

53 Okun, *The Russian-American Company*, 124.

54 Jose Manuel Ruiz to Arrillaga, March 16, 1813, in Mathes, *The Russian-Mexican Frontier*, 66; Okun, *The Russian-American Company*, 135.

55 "Report from Mikhail M. Buldakov, Principal Director of the Russian American Company, to Emperor Alexander I," January 28, 1808, and "Instructions from N. P. Rumiantsev, Minister

of Commerce and Foreign Affairs, to G. A. Stroganov, Russian Minister in Madrid," April 20, 1808, in Dmytryshyn et al., *The Russian American Colonies*, 153, 157.

56 "Report to Emperor Alexander I from the Russian American Company Council, concerning Trade with California and the Establishment of Fort Ross," after December 16, 1813, in Dmytryshyn et al., *The Russian American Colonies*, 207–208.

57 Georg Heinrich von Langsdorff, *Voyages and Travels in Various Parts of the World, during the Years 1803, 1804, 1805, 1806, and 1807* (London: H. Colburn, 1813), 163–164; Klaus Mehnert, *The Russians in Hawaii: 1804–1819* (Honolulu: University of Hawaii Press, 1939), 4.

58 Gavan Daws, *Shoal of Time: A History of the Hawaiian Islands* (Honolulu: University of Hawaii Press, 1968), 7, chaps. 2–3.

59 La Harpe to Alexander, December 31, 1801, in *Correspondance de Frederic-Cesar de la Harpe et Alexandre 1er: Suivie de la correspondence de F.-C. de La Harpe avec les membres de la famille imperiale de Russie,* vol. 1, ed. Jean Charles Biaudet and Francoise Nicod (Neuchatel: Editions de la Baconniere, 1978), 386; Rezanov to Rumiantsev, July 29, 1806, *VPR*, 3:209.

60 Interior Minister O. P. Kozodavlev to the Council of Ministers, October 25, 1814, *VPR*, 8:119. 농업에 관해서는 "Report from Count Nikolai P. Rumiantsev, Foreign Minister, to Emperor Alexander I," November 12, 1809, in Dmytryshyn et al., *The Russian American Colonies*, 186–187을 보라.

61 카메하메하의 편지에 관해서는 Dymytryshyn et al., *The Russian American Colonies*, 44–45를 보라.

62 셰퍼에 관해서는 N. Bolkhovitinov, "Avantyura Doktora Sheffera na Gavayyakh v 1815–1819 Godakh," *Novaya i Noveyshaya Istoriya*, no. 1 (1972): 121–137; 영어 번역: Igor V. Vorobyoff, trans., "Adventures of Doctor Schäffer in Hawaii, 1815–1819," *Hawaiian Journal of History* 7 (1973): 55–78; Tikhmenev, *History*, 109; Leo Tolstoy, *War and Peace*, trans. Constance Garnett (New York: Random House, 2002), 858; Alexander Tarsaidze, "The Air Blitz of 1812," *The Russian Review* 2, no. 1 (Autumn 1942): 93, 98; Okun, *The Russian-American Company*, 156을 보라.

63 Baranov to Schaffer, October 1, 1815; Baranov to Kamehameha, October 1, 1816; Schaffer to Russian-American Company Main Office, January 1, 1816, in Richard A. Pierce, *Russia's Hawaiian Adventure* (Berkeley: University of California Press, 1965), 41–44, 45, 60;

Bolkhovitinov, "Avantyura Doktora Sheffera," 59; Richard A. Pierce, "Georg Anton Schaffer, Russia's Man in Hawaii, 1815–1817," *Pacific Historical Review* 32, no. 4 (November 1963): 398–399.

64 Baranov to I. A. Podushkin, February 15, 1816; "Act of Allegiance of King Kaumuali'i to Emperor Alexander I of Russia," May, 21 1816; "Award of Honorary Naval Rank to King Kaumuali'i," May 21, 1816; "Contract between King Kaumuali'i and Schaffer," May 21, 1816; Georg A. Schaffer, "Award of Medal to Prince Kaukari Tautuno of Kauai," May 21, 1816; "Secret Treaty between King Kaumuali'i and Schaffer," July 1, 1816, in Pierce, *Russia's Hawaiian Adventure*, 49, 63–65, 72; Bolkhovitinov, "Avantyura Doktora Sheffera," 59–60.

65 "Report, Schaffer to Main Office," August 1816, in Pierce, *Russia's Hawaiian Adventure*, 74; Bolkhovitinov, "Avantyura Doktora Sheffera," 61.

66 Mehnert, *The Russians in Hawaii*, 28–29.

67 Russian-American Company to Minister of Foreign Affairs Nesselrode, August 17, 1817, in Dmytryshyn et al., *The Russian American Colonies*, 291; Bolkhovitinov, "Avantyura Doktora Sheffera," 63–64.

68 Shaffer to Alexander I, February 1, 1819, and Shaffer to Alexander I, March 2, 1819, in "Tsarskaia Rossiia i Gavaiskie ostrova," *KA* 78, no. 5 (1936): 176, 182; Pierce, "Russia's Man in Hawaii," 402; Bolkhovitinov, "Avantyura," 62; Okun, *The Russian-American Company*, 163.

69. "Report from the Main Administration of Russian American Company to Nesselrode," January 19, 1818, in Dmytryshyn et al., *The Russian American Colonies*, 299; Nesselrolde to Osip P. Kozodavlev, Minister of Internal Affairs, February 24, 1818, in Dmytryshyn et al., *The Russian American Colonies*, 303; Bolkhovitinov, "Avantyura Doktora Sheffera," 64–65.

70 Ministry of Interior to the Main Office of the Russian-American Company (네셀로데의 서신을 인용하고 있는), July 15, 1819, in Pierce, *Russia's Hawaiian Adventure*, 139–141; Hagemeister to the Main Office, April 6, 1818, in *The Russian-American Company: Correspondence of the Governors, Communications Sent, 1818*, ed. and trans. Richard A. Pierce (Kingston, ON: Limestone Press, 1984), 72–73; Russian-American Company to Chief Administrator Leontii A Hagemeister, August 12, 1819, in Dmytryshyn et al., *The Russian American Colonies*, 311–312; "Board of Directors of the RAC to Governor Muravev," February 28, 1822, in Gibson and Istomin, *Russian California*, 1:481; Bolkhovitinov,

"Avantyura," 63; Pierce, "Russia's Man in Hawaii," 402.

71 Angela de Castro Gomes, ed., *Historias de Imigrantes e de Imigracao no Rio de Janeiro* (Rio de Janeiro: 7 Letras, 2000), 20. 다음은 셰퍼 책의 독일어 판본과 네덜란드어 판본이다. Georg Anton von Schäffer, *Brasilien als unabhängiges Reich in historischer, mercantilistischer und politischer Beziehung* (Altona: Hammerich, 1824); Georg Anton Schäffer, *Brazilië, als onaf hankelijk rijk, uit een geschied-koop-handel-en staatkundig oogpunt* (Amsterdam: C. L. Schleijer, 1825). Pierce, *Russia's Hawaiian Adventure*, 32; Enrico Schaeffer, "De Velhas Cronicas de Familias: Cavalheiro George Antonio de Schaeffer (1779–1836)," *Revista Genealogica Latina* 11 (1959): 157–160.

72 Mathes, *The Russian-Mexican Frontier*, 98, 108; Okun, *The Russian-American Company*, 135; Tatishchev to Nesselrode, March 14, 1817, in Gibson and Istomin, *Russian California*, 1:311–312; Cea Bermudez, Spanish Minister in St. Petersburg, to Nesselrode, April 15/27, 1817 and "Explanatory Note from the Board of Directors of the RAC to Minister of Foreign Affairs Nesselrode," August 13, 1817, in Gibson and Istomin, *Russian California*, 1:314, 318, 320.

73 Okun, *The Russian-American Company*, 128–129.

74 "A Report from the Board of Directors of the RAC to Minister of Foreign Affairs Nesselrode," January 29, 1820, in Gibson and Istomin, *Russian California*, 1:410–411.

75 돼지와 럼주에 관해서는 Hagemeister to Baranov, January 17, 1818; Hagemeister to Baranov, April 18, 1818; Hagemeister to Kuskov, July 8, 1818, in Pierce, *The Russian-American Company*, 3, 83, 118을 보라. 바라노프의 눈물에 관해서는 Owens, *Empire Maker*, 257, 267–268을 보라. Cf. Pierce, *The Russian-American Company*, x. 바라노프의 죽음에 관해서는 K. T. Khlebnikov, *Baranov: Chief Manager of the Russian Colonies in America*, ed. Richard A. Pierce and trans. Colin Bearne (Kingston, ON: Limestone Press, 1973), 99를 보라.

76 "Statement from the Directors of the Russian American Company," April 21, 1808과 "A Report from the Main Administration of the RAC," December 23, 1816, in Dmytryshyn et al., *The Russian American Colonies*, 160, 223.

77 Romanzoff [Foreign Minister Rumiantsev] to Harris, May 17, 1808, in *American State Papers: Foreign Relations*, vol. 5 (Washington, DC: Gales & Seaton, 1858), 439; "Report from Count Nikolai P. Rumiantsev, Foreign Minister, to Emperor Alexander I," November 12, 1809, in Dmytryshyn et al., *The Russian American Colonies*, 188.

78 "Report by Lieutenant Nikolai Khvostov," likely early 1804, in Dmytryshyn et al., *The Russian*

American Colonies, 49; Gibson, *California through Russian Eyes*, 220.

79 Adams (St. Petersburg) to Smith (Secretary of State), September 5, 1810, in *American State Papers*, 442.

80 Dashkov to Smith, January 4, 1810, in *American State Papers*, 439; Howard I. Kushner, *Conflict on the Northwest Coast: American-Russian Rivalry in the Pacific Northwest, 1790–1867* (Westport, CT: Greenwood Press, 1975), 12–13, 16–17.

81 Kushner, *Conflict on the Northwest Coast*, 29–31, 34–35.

82 "Imperial Ukaz Prohibiting Ships," September 4, 1821, in Dmytryshyn et al., *The Russian American Colonies*, 342; Okun, *The Russian-American Company*, 68.

83 Directors of the Russian-America Company to Count Mordvinov, May 5, 1824, in *Arkhiv Grafov Mordvinovikh*, ed. V. A. Bil'bassov, vol. 6 (St. Petersburg: Tipografiia I. N. Skorokhodov, 1902), 660, Wheeler, "Empires in Conflict and Cooperation," 436; Okun, *The Russian-American Company*, 68–69.

84 Kushner, *Conflict on the Northwest Coast*, 31, 35, 37, 39–40.

85 Adams to Middleton, July 22, 1823, in *American State Papers*, 436–437 (강조는 원문); Kushner, *Conflict on the Northwest Coast*, 48–51.

86 Nesselrode to Tuyll, September 1, 1823, *VPR*, 13:206–207; Nesselrode to Middleton, April 6, 1824, *VPR*, 13:403; Kushner, *Conflict on the Northwest Coast*, 51–52; Charles Frances Adams, ed., *The Memoirs of John Quincy Adams*, vol. 6 (Philadelphia: Lippincott, 1874–1877).

87 "Convention between the United States and Russia," in *American State Papers*, 433-434; James Monroe, "Seventh Annual Message," December 2, 1823, in The American Presidency Project, ed. Gerhard Peters and John T. Woolley, http://www.presidency.ucsb.edu/ws/?pid=29465; Kushner, *Conflict on the Northwest Coast*, 59; Ernest May, *Making of the Monroe Doctrine* (Cambridge, MA: Harvard University Press, 1975); Vinkovetsky, *Russian America*, 85.

88 "Protocol of the Talks between Governor De Sola of Alta California and Manager Kuskov and Lieutenant Kotzebue about the Demand of the Spanish Authorities to Abandon the Russian Settlement in California," October 28, 1816, in Gibson and Istomin, *Russian California*, 1:310–311; "Board of Directors of the RAC to Governor Kupreyanov," March 24, 1838, in Gibson and Istomin, *Russian California*, 2:434; Okun, *The Russian-American Company*, 134.

89 Nesselrode to Minister of Finance Kankrin, January 3, 1838; Nesselrode to Wrangel, late 1834; Governor Tebenkov to Novo-Arkhangelsk, December 20, 1848; Nesslerode to Minister of Finance Kankrin, April 17, 1839; Minutes of a Meeting of the Board of Directors of the Russia America Company, November 16, 1838; "Anonymous Survey of the Activities of the Managers of Ross Counter," no earlier than 1839, in Gibson and Istomin, *Russian California*, 2:304–305, 429, 471, 475, 481, 553. 파기된 확장 구상에 관해서는 Anatole G. Mazour, "Dimitry Zavalishin: Dreamer of a Russian-American Empire," *Pacific Historical Review* 5, no. 1 (March 1936): 26–37; Okun, *The Russian-American Company*, 145를 보라.

90 A. Rotchev, Letter of November 10, 1851, in Frederick C. Cordes and A. Rotchev, "Letters of A. Rotchev, Last Commandant at Fort Ross: And the Resume of the Report of the Russian-American Company for the Year 1850–51," *California Historical Society Quarterly* 39, no. 2 (June 1960): 102. F. P. Wrangell, *Russian America: Statistical and Ethnographic Information*, ed. Richard A. Pierce (Kingston, ON: Limestone Press, 1980), 5.

91 무라비요프에 관해서는 Oleh W. Gerus, "Russian Withdrawal from Alaska: The Decision to Sell," *Revista de Historia de América* 75/76 (January–December 1973): 162를 보라. James Gibson, "The Sale of Russian America to the United States," in *Russia's American Colony*, ed. Frederick Starr (Durham, NC: Duke University Press, 1987), 271–285; Nikolay N. Bolkhovitinov, "The Crimean War and the Emergence of Proposals for the Sale of Russian America, 1853–1861," *Pacific Historical Review* 59, no. 1 (February 1990): 4.

2장 "러시아의 지배는 영원히 보장될 것이다"

1 Muravev to the Interior Minister, September 14, 1848, in *Nikolai Nikolaevich Muravev-Amurskii po ego pismam, offitsialnym dokumentam, razkazam sovremnnikov i pechatnym istochnikam*, ed. Ivan Barsukov, vol. 2 (Moscow: Sinodalnaya Tipografiya, 1891), 35; 자유롭게 번역. 이 장의 제목은 S. C. M. Paine, *Imperial Rivals: China, Russia, and Their Disputed Frontier* (London: Routledge, 2015), 37에서 인용한 무라비요프의 말이다. 아무르의 어원에 관해서는 Jerry Norman, "The Manchus and Their Language," *Journal of the American Oriental Society* 123, no. 3 (2003): 484를 보라.

2 James R. Gibson, *Feeding the Russian Fur Trade: Provisionment of the Okhotsk Seaboard and*

the Kamchatka Peninsula, 1636–1856 (Madison: University of Wisconsin Press, 1969).

3 이 탐험가들은 바실리 포야르코프(Vasili Poiarkov)와 예로페이 하바로프(Yerofey Khabarov)이다. Peter Simon Pallas, "Puteshestviye po sibiri k vostoku lezhashchey dazhe i do samoy daurii 1772 goda," in *Puteshestviye po raznym provintsiyam rossiyskogo gosudarstva*, trans. Vasili Zuev (St. Petersburg, 1788), 259. 식량 공급과 식인 혐의에 관해서는 W. Bruce Lincoln, *The Conquest of a Continent: Siberia and the Russians* (Ithaca, NY: Cornell University Press, 1994), 64–65; Mark Mancall, "War along the Amur" and "The Treaty of Nerchinsk," in *Russia and China: Their Diplomatic Relations to 1728* (Cambridge, MA: Harvard University Press, 1971)을 보라.

4 John P. LeDonne, "Proconsular Ambitions on the Chinese Border: Governor General Iakobi's Proposal of War on China," *Cahiers du Monde Russe* 45, nos. 1–2 (January–July 2004): 47–48.

5 러시아의 아무르 지역 진출에 관한 중요한 저술은 다음과 같다: Paine, *Imperial Rivals; Mark Bassin, Imperial Visions: Nationalist Imagination and Geographical Expansion in the Russian Far East, 1840–1865* (Cambridge: Cambridge University Press, 1999), 52; R. K. I. Quested, *The Expansion of Russia in East Asia, 1857–1860* (Kuala Lumpur: University of Malaya Press, 1968); Gregory Afinogenov, *Spies and Scholars: Chinese Secrets and Imperial Russia's Quest for World Power* (Cambridge, MA: Harvard University Press, 2020).

6 무라비요프는 베이징에 주재한 러시아 정교회의 선교단(사실상의 대사관)으로부터 중국 내 영국 상품에 관한 소식을 접했다; Arkhimandrite Palladia to Muravev, June 1, 1850 (OS), in "Perepiska nachal'nika Pekinskoi missii arkhimandrita Palladiia s Generalom-Gubernatorom Vostochnoi Sibiri Gr. N. N. Murav'evym- Amurskim," ed. V. Kryzhanovskii, *Russkii Arkhiv*, no. 8 (1914): 493–494; Peter Ivanovich Kabanov, *Amurskii Vopros* (Blagoveshchensk: Amurskoye Knizhnoye Izdatelstvo, 1959), 64–65를 보라.

7 캬흐타에 관해서는 Berngard Vasilyevich Struve, *Vospominaniya o Sibiri 1848–1854* (St. Petersburg: Obshchestvennaia pol'za, 1889), 11; Paine, *Imperial Rivals*, 33–34를 보라.

8 Gennady Nevelskoy, *Podvigi russkikh morskikh ofitserov na krainem vostoke Rossii, 1849–55* (St. Petersburg, 1878), 44–45; George Alexander Lensen, *The Russian Push toward Japan* (London: Forgotten Books, 2017), 263–264. 네셀로데와 브론첸코(Vronchenko)의 동방 팽창에 대한 회의론에 관해서는 Struve, *Vospominaniya o Sibiri 1848–1854*, 8–10; Mark Bassin, "A Russian Mississippi? A Political-Geographical Inquiry into the Vision of Russia

on the Pacific, 1840–1865" (PhD diss., University of California, Berkley, 1983), 80, 112; P. V. Schumaker, "K istorii priobreteniya Amura: Nashi snosheniya s Kitayem (1848–1860), po neizdannym istochnikam," *Russkii Arkhiv*, no. 11 (1878): 267을 보라.

9 Bassin, "A Russian Mississippi?," 15, 92, 185.

10 Perry McDonough Collins, *Siberian Journey down the Amur to the Pacific 1856–1857*, ed. Charles Vevier (Madison: University of Wisconsin Press, 2011), 93; Bassin, "A Russian Mississippi?," 78. 무라비요프가 "시베리아 합중국을 창설하여 태평양을 가로질러 미합중국과 연방을 이룰 가능성에 대해 논의했다."는 이야기가 전해진다; Joseph Lewis Sullivan, "Count N. N. Muraviev-Amursky" (PhD diss., Harvard University, 1955), 300을 보라.

11 Galen Blaine Ritchie, "The Asiatic Department during the Reign of Alexander II, 1855–1881," (PhD diss., Columbia University, 1970), 27.

12 Ritchie, "The Asiatic Department," 27; Patricia Kennedy Grimsted, *The Foreign Ministers of Alexander I* (Berkeley: University of California Press, 1969), chaps. 6 and 8. 네셀로데에 관해서는 Grimsted, *The Foreign Ministers of Alexander I*, 194–226, 269–286을 보라.

13 Karl Nesselrode, *Lettres et Papiers du Chancelier Comte de Nesselrode 1760–1850*, 10 vols. (Paris: Lahure, 1904), 9:63, 81, 92, 104, 237, 284; Nesselrode, *Lettres et Papiers*, 10:5. 중국은 Nesselrode, *Lettres et Papiers*, 10:121; Bassin, "A Russian Mississippi?," 110에서 간략하게 언급된다; 번역을 일부 수정.

14 Paine, *Imperial Rivals*, 36–37; Sullivan, "Count N. N. Muraviev-Amursky," chaps. 1–3.

15 Sullivan, "Count N. N. Muraviev-Amursky," 11, 102–107, 293, and chap. 8; Alfred J. Rieber, *Merchants and Entrepreneurs in Imperial Russia* (Chapel Hill: University of Carolina Press, 1982), 71–73.

16 Nicholas I, "Vysochayshiy Manifest," March 14, 1848, in Boris Tarasov, *Nikolay Pervyy: Rytsar samoderzhaviya* (Moscow: Olma Press, 2006), 143.

17 Bassin, *Imperial Visions*, 91. 이 문단과 이어지는 단락들은 이 저작에 크게 의존하고 있다.

18 Bassin, *Imperial Visions*, 52.

19 Bassin, *Imperial Visions*, 89.

20 A. P. Balasoglo, "Ispoved," in P. E. Shchegeleva, *Petrashevtsy: Sbornik Materialov* (Moscow: Gosudarstvennoe Izdatelstvo, 1927), 251; Aleksandr P. Balasoglo, "Vostochnaia Sibir: Zapiska c kommandirovke na ostrov Sakhalin kapitan-leitenanta Posdushkina," *Chteniia v imp. obshchestve istorii i drevnostei Rossiiskikh pri Moskovskom Universitete* 2 (April–June 1875):

183–184; Bassin, *Imperial Visions*, 86, 90.

21 Lensen, *The Russian Push toward Japan*, 289; Barsukov, *Nikolai Nikolaevich Muravev-Amurskii*, 51.

22 Muravev to Tsar Nicholas I, March 18, 1850 (OS), in Barsukov, *Nikolai Nikolaevich Muravev-Amurskii*, 56; Bassin, "A Russian Mississippi?," 141–143; Quested, *The Expansion of Russia in East Asia*, 42.

23 Sullivan, "Count N. N. Muraviev-Amursky," 246, 250, 260; Barsukov, *Nikolai Nikolaevich Muravev-Amurskii*, 23.

24 Muravev to Vronchenko, May 19, 1848 (OS), April 27, 1849 (OS), and July 25, 1848 (OS). 전부 Barsukov, *Nikolai Nikolaevich Muravev-Amurskii*, 28–29, 44; Sullivan, "Count N. N. Muraviev-Amursky," 245에서 볼 수 있다.

25 Muravev to the Minister of Internal Affairs, September 14, 1848 (OS), in Barsukov, *Nikolai Nikolaevich Muravev-Amurskii*, 35–36; Paine, Imperial Rivals, 37.

26 Nevelskoy, *Podvigi russkikh morskikh ofitserov*, 51–52, 57. 그의 말에 따르면, 인용된 문서는 Ministry of Foreign Affairs Archive에 소장되어 있다.

27 Nevelskoy, *Podvigi russkikh morskikh ofitserov*, 40.

28 Nevelskoy, *Podvigi russkikh morskikh ofitserov*, 36, 40, 98; Instructions to Nevelskoy, November 12, 1848 (OS), in Barsukov, *Nikolai Nikolaevich Muravev-Amurskii,* 36–38. 이 설명은 Afinogenov, *Spies and Scholars*, 234–256을 따른다. 중국과의 충돌을 피하고자 했던 네셀로데의 강한 바람에 관해서는 Schumaker, "K istorii priobreteniya Amura," 258을 보라.

29 Lensen, *The Russian Push toward Japan*, 275; Schumaker, "K istorii priobreteniya Amura," 260. 네셀로데에 관해서는 Nevelskoy, *Podvigi russkikh morskikh ofitserov*, 66, 79, 111을 보라.

30 Nevelskoy, *Podvigi russkikh morskikh ofitserov*, 109–110, 120. Afinogenov, *Spies and Scholars*, 235–256도 보라.

31 Nevelskoy, *Podvigi russkikh morskikh ofitserov*, 106; Schumaker, "K istorii priobreteniya Amura," 260–261, 263.

32 Nevelskoy, *Podvigi russkikh morskikh ofitserov*, 111, 166; Barsukov, *Nikolai Nikolaevich Muravev-Amurskii,* 73, 78. 허위 정보에 관해서는 Afinogenov, *Spies and Scholars*, 234–256을 보라.

33 Barsukov, *Nikolai Nikolaevich Muravev-Amurskii*, 47–49.

34 Schumaker "K istorii priobreteniya Amura," 273; Sullivan, "Count N. N. Muraviev-

Amursky," 223; Muravev to the Emperor, November 27, 1850 (OS), in Barsukov, *Nikolai Nikolaevich Muravev-Amurskii*, 70; Nevelskoy, *Podvigi russkikh morskikh ofitserov*, 114.

35 Archmandrite Palladia to Muravev, June 6, 1852 (OS), in Kryzhanovskii, "Perepiska nachal'nika Pekinskoi missii," 510–511; Paine, *Imperial Rivals*, 39; T. C. Lin, "The Amur Frontier Question between China and Russia, 1850–1860," *Pacific Historical Review* 3, no. 1 (March 1934): 8; Schumaker "K istorii priobreteniya Amura," 272; Nevelskoy, *Podvigi russkikh morskikh ofitserov*, 115, 161–162, 184.

36 Archmandrite Palladia to Muravev, June 6, 1852 (OS), in Kryzhanovskii, "Perepiska nachal'nika Pekinskoi missii," 502; Muravev to Lev Grigorievich Seniavin, July 27, 1850 (OS), in Barsukov, *Nikolai Nikolaevich Muravev-Amurskii*, 61; Sullivan, "Count N. N. Muraviev-Amursky," 177; Jonathan D. Spence, "The Crisis Within: The Taiping," in *The Search for Modern China* (New York: Norton, 1990), 165–193.

37 Lensen, *The Russian Push toward Japan*, 300.

38 Copy of Report from a Special Committee on the Expedition of the United States to Japan, May 7, 1852 (OS), in Russian State Archives of the Navy, St. Petersburg, 296 f. 75a, l. 12. 나는 Edgar Franz, *Philipp Franz von Siebold and Russian Policy and Action on Opening Japan to the West in the Middle of the Nineteenth Century* (Munich: Indicium, 2005)에서 이 문서들을 알게 되었다.

39 페리 사절단에 대한 러시아의 대응에 관해서는 Russian State Archives of the Navy, St. Petersburg, 296 f. 75 a, ll. 1–270; Nevelskoy, *Podvigi russkikh morskikh ofitserov*, 210; Lensen, *The Russian Push toward Japan*, 279–280을 보라.

40 Lensen, *The Russian Push toward Japan*, 3, 8.

41 Lensen, *The Russian Push toward Japan*, 252.

42 Lensen, *The Russian Push toward Japan*, 263; Franz, *Philipp Franz von Siebold*, 75.

43 Lensen, *The Russian Push toward Japan*, 280, 289, 299–300.

44 Lensen, *The Russian Push toward Japan*, 280; Francis L. Hawks, *Narrative of the Expedition to the China Seas and Japan Performed in the Years 1852, 1853, and 1854, under the Command of Commodore M. C. Perry, United States Navy* (Washington, DC: A. O. P. Nicholson, 1856), 44–45, 75.

45 Untitled Report, Warsaw, May 18, 1852 (OS), in Russian State Archives of the Navy, St. Petersburg, 296 f. 75a, ll. 21–22.

46 "Instructions from the Russian Ministry of Foreign Affairs to Vice-Admiral Putiatin," August 23, 1852 (OS); Nesselrode to Senior Council of Japan, February 27, 1853 (OS); 둘 다 Franz, *Philipp Franz von Siebold*, 147–148, 206–207, 219에서 볼 수 있다.

47 Lensen, *The Russian Push toward Japan*, 312–314; William McOmie, *The Opening of Japan*, 1853–1855 (Folkestone, UK: Global Oriental, 2006), 139.

48 Ivan Goncharov, *The Frigate Pallada*, trans. Klaus Goetze (New York: St. Martin's Press, 1987), 265, 303; McOmie, *The Opening of Japan*, 143–144에 인용된 보인 안드레예비치 림스키-코르사코프(Voin Andreevich Rimsky-Korsakov)의 말.

49 Lensen, *The Russian Push toward Japan*, 323–329; McOmie, *The Opening of Japan*, 154.

50 Lensen, *The Russian Push toward Japan*, 329–330.

51 Andrew C. Rath, "The Global Dimensions of Britain and France's Crimean War Naval Campaigns against Russia, 1854–1856" (PhD diss., McGill University, 2011), 201; John Stephan, "The Crimean War in the Far East," *Modern Asian Studies* 3, no. 3 (1969): 257–277; Bassin, "A Russian Mississippi?," 157.

52 Petition from Military Governor of Kirin Province to the Chinese Government, July 1854, in Ian Nish, *The History of Manchuria, 1840–1948: A Sino-Russo-Japanese Triangle*, vol. 2 (Folkestone, UK: Renaissance, 2016), 1; Schumaker, "K istorii priobreteniya Amura," 277–279; Quested, *The Expansion of Russia in East Asia*, 45; Lensen, *The Russian Push toward Japan*, 330.

53 Governor of Kamchatka, R. K. Villie, to the Hawaiian King, June 12, 1854, in "Arkhivnie materialiy k istorii sobytii na Dalnem Vostoke Rossii s 1847 po 1855 god, izvelchennie iz del Vladivostokoskogo portovogo arkhiva," ed A. P. Silnitskii, *Voprosy Istorii Kamchatki* 4 (2009): 36, 73; Stephan, "The Crimean War in the Far East."

54 Lensen, *The Russian Push toward Japan*, 330–331, 337. 영국-일본 회담에 관해서는 W. G. Beasley, *Great Britain and the Opening of Japan 1834–1858* (New York: Routledge, 1995)을 보라.

55 W. Bruce Lincoln, *The Great Reforms: Autocracy, Bureaucracy, and the Politics of Change in Imperial Russia* (DeKalb: Northern Illinois University Press, 1990).

56 Bassin, "A Russian Mississippi?," 96, 160. 아무르 지역의 러시아군에 관해서는 Nevelskoy, *Podvigi russkikh morskikh ofitserov*, 324를 보라.

57 Steve Tsang, *A Modern History of Hong Kong* (London: I. B. Tauris, 2007), 32; Paine, *Imperial*

Rivals, 41–42; Quested, *The Expansion of Russia in East Asia*, 65.

58 N. P. Ignatiev, *Materialy, otnosyashchiyesya do prebyvaniya v Kitaye N. P. Ignat'yeva v 1859–60 godakh* (St. Petersburg: Tipografiia V. V. Komarova, 1895), 8; A. N. Khokhlov, "Voennaia pomoshch rossii kitaiiu v kontse 50-x–nachale 60-x godov XIX v.," in *Strany dal'nego vostoka v iugo-vostochnoi azii*, ed. I. S. Kazakevich (Moscow: Izdatelstvo Nauka, 1967), 121–130; Schumaker, "K istorii priobreteniya Amura," 301; Quested, *The Expansion of Russia in East Asia*, 80; Lin, "The Amur Frontier Question," 15.

59 Schumaker, "K istorii priobreteniya Amura," 281; Paine, *Imperial Rivals*, 60; Nevelskoy, *Podvigi russkikh morskikh ofitserov*, 384; Lin, "The Amur Frontier Question," 12–13; Quested, *The Expansion of Russia in East Asia*, 60–61.

60 Ignatiev, Materialy otnosyashchiyesya do prebyvaniya v Kitaye N. P. Ignat'yeva, 3; Charles Vevier, "Introduction," in Collins, *Siberian Journey down the Amur*, 27; Collins, *Siberian Journey down the Amur*, 216.

61 Paine, *Imperial Rivals*, 42, 58, 67–68; Nevelskoy, *Podvigi russkikh morskikh ofitserov*, 402, 420; Lin, "The Amur Frontier Question," 18–19. 미래의 운명에 관해서는 Tsar Alexander to Bariatinsky, August 30, 1858 (OS), in *Politics of Autocracy: Letters of Alexander II to Prince A. I. Bariatinskii, 1857–1864*, ed. Alfred Rieber (Paris: Mouton & Co., 1966), 121–122를 보라.

62 Paine, *Imperial Rivals*, 65, 79–80.

63 Mark Mancall, "Major-General Ignatiev's Mission to Peking 1859–1860," Papers on China 10 (1956): 60; Paine, *Imperial Rivals*, 58; Humphrey Marshall to the Secretary of State, July 10, 1853, in *FRUS*, 40:204.

64 Ignatiev to Father, May 9, 1859 (OS), and Ignatiev to Father, June 26, 1859 (OS), both in Ignatiev, *Materialy otnosyashchiyesya do prebyvaniya v Kitaye N. P. Ignat'yeva*, 29, 46, 51, 53, 212–213; Schumaker, "K istorii priobreteniya Amura," 321; Paine, *Imperial Rivals*, 100n34.

65 Ignatiev, *Materialy otnosyashchiyesya do prebyvaniya v Kitaye N. P. Ignat'yeva*, 104; Lin, "The Amur Frontier Question," 25; Schumaker, "K istorii priobreteniya Amura," 307, 313–314.

66 Paine, *Imperial Rivals*, 88–89; Schumaker, "K istorii priobreteniya Amura," 341.

67 Bassin, "A Russian Mississippi?," 167–168; Collins to Secretary of State Lewis Cass, March 6, 1858 quoted in Collins; *Siberian Journey down the Amur*, 301.

68 Frederick Engels, "Russia's Successes in the Far East," *New-York Daily Tribune*, November 18, 1858, http://marxengels.public-archive.net/en/ME1094en.html.

69 Takahiro Yamamoto, "The End of the 'Dual Possession' of Sakhalin as Multilateral Diplomacy, 1867–73," *Institute of Historical Research* 89, no. 244 (March 2016): 340, 346; Sharyl Corrado, "The 'End of the Earth': Sakhalin Island in the Russian Imperial Imagination, 1849–1906," (PhD diss., University of Illinois at Urbana- Champaign, 2010), 34–36; Yamamoto, "The End of the 'Dual Possession,'" 340. 1860년대와 1870년대를 "잃어버린 20년"으로 보는 비판적 견해에 관해서는 Kimitaka Matsuzato, "The Creation of the Priamur Governor-Generalship in 1884 and the Reconfiguration of Asiatic Russia," *Russian Review* 71, no. 3 (July 2012): 365–367을 보라.

70 Rosemary Neering, *Continental Dash: The Russian-American Telegraph* (Ganges, BC: Horsdal and Schubart, 1989), 196.

71 S. Maksimov, *Na Vostoke: Poezdka na Amur* (St. Petersburg: Izdanie Knigoprodavtsa, 1871), 180–181. Dietrich Geyer, *Russian Imperialism: The Interaction of Domestic and Foreign Policy, 1860–1914,* trans. Bruce Little (New Haven, CT: Yale University Press, 1987), 37의 데이터.

72 Bassin, "A Russian Mississippi?," 275; Steven G. Marks, *Road to Power: The Trans-Siberian Railroad and the Colonization of Asian Russia, 1850–1917* (Ithaca, NY: Cornell University Press, 1991), 17. 여기서 "군인과 군 관계자"에는 카자크 정착민도 포함된다.

73 Nikolai Przhevalsky, "Ussuriiskii Krai: Novaia territoria rossii," *Vestnik Evropy* 6 (1870): 551, 553, 556–571, 576; Bassin, "A Russian Mississippi?," 279.

74 Corrado, "The 'End of the Earth,'" 41; Bassin, "A Russian Mississippi?," 285; Anton P. Chekhov, *Ostrov Sakhalin: Iz putevykh zapisk* (Moscow: Russkaia mysl, 1895), chap. 18.

75 Sullivan, "Count N. N. Muraviev-Amursky," 305–320; Nevelskoy, *Podvigi russkikh morskikh ofitserov*, 357; Bassin, "A Russian Mississippi?," 286.

3장 "우리는 코르테스처럼 위대한 업적을 세울 수 있다"

1 Mark Bassin, "A Russian Mississippi? A Political-Geographical Inquiry into the Vision of Russia on the Pacific 1840–1865" (PhD diss., University of California, Berkley, 1983), 279; Alexandre Andreyev, Mikhail Baskhanov, and Tatiana Yusupova, *The Quest for Forbidden Lands: Nikolai Przhevalskii and His Followers on Inner Asian Tracks* (London: Brill, 2018), 77.

2 "정복자 제국주의"(conquistador imperialism)를 옹호한 인물로서 니콜라이 프르제발스키에 대한 선구적 연구를 위해서는 David Schimmelpenninck van der Oye, *Toward the Rising Sun: Russian Ideologies of Empire and the Path to War with Japan* (DeKalb: Northern Illinois University Press, 2006), 24–41을 보라. 러시아의 중국 중앙아시아 국경 지역 진출에 관한 중요한 역사 연구로는 다음이 있다. Evgeny Sergeev, *The Great Game, 1856–1907: Russo-British Relations in Central and East Asia* (Washington, DC: Woodrow Wilson Center Press, 2014); Alexander Morrison, *Russian Rule in Samarkand* (Oxford: Oxford University Press, 2008); 이 주제에 관한 모리슨의 뛰어난 논문으로는 "Killing the Cotton Canard and Getting Rid of the Great Game: Rewriting the Russian Conquest of Central Asia, 1814–1895," *Central Asia Survey* 33, no. 2 (2014): 131–142 and "Camels and Colonial Armies: The Logistics of Warfare in Central Asia in the Early 19th Century," *Journal of the Economic and Social History of the Orient* 57, no. 4 (2014): 443–485가 있다; Svetlana Gorshenina, *Asie Centrale: L'invention des Frontières et l'Héritage Russo-Soviétique* (Paris: CNRS Editions, 2012); S. C. M. Paine, *Imperial Rivals: China, Russia, and Their Disputed Frontier* (London: Routledge, 2015); Immanuel Hsu, *The Ili Crisis: A Study of Sino-Russian Diplomacy, 1871–1881* (Oxford: Clarendon Press, 1965); Hodong Kim, *Holy War in China: The Muslim Rebellion and State in Chinese Central Asia, 1864–1877* (Stanford, CA: Stanford University Press, 2004); and Alex Marshall, *The Russian General Staff and Asia, 1860–1917* (New York: Routledge, 2006).

3 Paine, *Imperial Rivals*, 112, 123.

4 Paine, *Imperial Rivals*, 112.

5 Ian W. Campell, "Information Revolution and Administrative Reform, ca. 1845-1868," in *Knowledge and the Ends of Empire* (Ithaca, NY: Cornell University Press, 2017), chap. 2; Willard Sunderland, *Taming the Wild Field* (Ithaca, NY: Cornell University Press, 2004); Michael Khodarkovsky, *Russia's Steppe Frontier* (Bloomington: Indiana University Press, 2002).

6 Andreyev, Baskhanov, and Yusupova, *The Quest for Forbidden Lands*, 87; Marshall, *The Russian General Staff and Asia*, 3; David Mackenzie, "Expansion in Central Asia: St. Petersburg vs. the Turkestan Generals (1863–1866)," *Canadian-American Slavic Studies* 3, no. 2 (1969): 299; Sergeev, *The Great Game*, 34.

7 Victor Dubovitskii with Khaydarbek Bababekov, "The Rise and Fall of the Kokand

Khanate," in *Ferghana Valley: The Heart of Central Asia, ed. Frederick Starr* (Armonk, NY: M. E. Sharpe, 2011), 29–68; Morrison, *Russian Rule in Samarkand*, 13–15; "realm of civilized peoples": Daniel Brower, *Turkestan and the Fate of the Russian Empire* (London: Routledge, 2003), 50에서 인용된 프르제발스키의 말.

8 Morrison, *Russian Rule in Samarkand*, 12–13.

9 Dubovitskii, "The Rise and Fall of the Kokand Khanate," 29–68; Morrison, *Russian Rule in Samarkand*, 13–15.

10 Paine, I*mperial Rivals*, 118.

11 Sergeev, *The Great Game*, 16, 63, 78–79.

12 Paine, *Imperial Rivals*, 113, 118; Hsu, *The Ili Crisis*, 21, 26. 보호와 과세에 관해서는 Mikhail Terentev, *Russia and England in Central Asia*, vol. 1, trans. F. C. Daukes (Calcutta: Foreign Department Press, 1876), 229를 보라. 칭의 통치에 관해서는 L. J. Newby, *The Empire and the Khanate: A Political History of Qing Relations with Khoqand c. 1760–1860* (Leiden: Brill, 2005), esp. chap. 5; James Millward, *Beyond the Pass:* Economy, *Ethnicity, and Empire in Qing Central Asia, 1759–1864* (Stanford, CA: Stanford University Press, 1998), 235–241; Kim, *Holy War in China*, 3을 보라.

13 V. C. Kadnikov, "Iz istorii kuldzhinskogo voprosa," *Istoricheskii Vestnik*, no. 6 (1911): 894; Terentev, *Russia and England*, 233, 237–238; Paine, *Imperial Rivals*, 119–120.

14 Kim, *Holy War in China*, 79–81.

15 "Zhurnal voen: Proischestvii na pogranichnom prostranstve, prilegaiushchem k zapadnomu kitaiu, za iul mesiats 1866 g.," in *Turkestanskii Krai: Sbornik Materialov dlia istorii ego zavoevaniia 1866*, pt. 2 (St. Petersburg, 1915), 3–8, 50–56; Hsu, *The Ili Crisis*, 30; Valeriy Tumaikin, "Osnovnyye napravleniya voyenno-politicheskoy i administrativnoy deyatel'nosti G.A. Kolpakovskogo" (PhD diss., Altai University, 2010), 78–79, 94; Terentev, *Russia and England*, 230–231, 242; Paine, *Imperial Rivals*, 119; Aleksandr K. Geins, "O vosstanii musul'manskogo naseleniya ili dungeney v zapadnom Kitaye," *Voennyi Sbornik*, no. 1 (August 1866): 208.

16 Gerasim A. Kolpakovskii, "Doneseniye Kolpakovskogo o zanyatii Kul'dzhinskom rayone v 1871," *Russkii Turkestan*, no. 3 (1872): 218, in *Turkestanskii Sbornik*, vol. 58; "O nastoiashem polozhenii musulmanskoi insurrektsii v Kitae," and "Otnosheniia nashi k dunganam, Kashgaru, i Kuldzhe," in *Turkestanskii Sbornik*, vol. 60, 165, 170, 173; Dinara V.

Dubrovskaya, *Sudba Sintszyana* (Moscow: IVRAN, 1998), 144.

17 Kadnikov, "Iz istorii kuldzhinskogo voprosa," 894; Sergei Tikhvinskii, *Dokumenty Oprovergayut: Protiv falsifikatsii istorii russko-kitayskikh otnosheniy* (Moscow: Mysl, 1982), 436; Eugene Schuyler, *Turkistan: Notes of a Journey in Russian Turkistan, Kokand, Bukhara, Kuldja*, vol. 2 (London: Sampson Low, Marston, Searle, and Rivington, 1876), 157. 세미레친스크 크라이(Semirechinsk Krai)에 대한 위협 인식에 관해서는 Dubrovskaya, *Sudba Sintszyana*, 139를 보라.

18 Dmitry Miliutin, "Zapiska Voen. Ministra," December 12, 1866 (OS), and "Ministr Finansov Voennomu Ministru," December 29, 1866 (OS), in *Turkestanskii Krai,* 230–231, 244-245. 전쟁부에 관해서는 Peter Morris, "The Russians in Central Asia, 1870–1887," *Slavonic and East European Review* 53, no. 133 (October 1975): 521–538; Mackenzie, "Expansion in Central Asia," 298–290, 299; Alexander Morrison, "'Nechto eroticheskoe', 'courir après l'ombre'? Logistical Imperatives and the Fall of Tashkent," *Central Asian Survey* 33, no. 2 (2014): 163–165를 보라.

19 V. A. Moiseev, *Rossiia i Kitai v Tsentralnoi Azii* (Barnaul: Az Buka, 2003), 105; Dubrovsky, *Sudba Sintszyana*, 144–147; Terentev, *Russia and England*, 251; Paine, *Imperial Rivals*, 121.

20 Kadnikov, "Iz istorii kuldzhinskogo voprosa," 897; N. N. Pantusov, *Svedeniia o Kul'djinskom Raione za 1871–1877 gody* (Kazan: Universitetskaia Tipografiia, 1881); Terentev, *Russia and England*, 235; Marshall, *The Russian General Staff and Asia*, 58; Paine, *Imperial Rivals*, 114.

21 Andreyev, Baskhanov, and Yusupova, *The Quest for Forbidden Lands*, 34; Terentev, *Russia and England*, 253; Paine, *Imperial Rivals*, 121–122; Hsu, *The Ili Crisis*, 33; Dubrovskaya, *Sudba Sintszyana*, 147; Schuyler, *Turkistan*, 198.

22 Marshall, *The Russian General Staff and Asia*, 75.

23 Donald Rayfield, *The Dream of Lhasa* (London: Faber and Faber, 2013), 150.

24 Schimmelpenninck van der Oye, *Toward the Rising Sun*, 25, 39.

25 프르제발스키의 교육에 관해서는 Andreyev, Baskhanov, and Yusupova, *The Quest for Forbidden Lands*, 22를 보라. 전쟁부에 관해서는 Peter Morris, "The Russians in Central Asia," *The Slavonic and East European Review* 53, no. 133 (October 1975): 521–538; Dmitry Miliutin, "Zapiska Voen. Ministra," December 12, 1866 (OS), in *Turkestanskii Krai*, 230–231; Rayfield, *The Dream of Lhasa*, 111–112. 총독 콘스탄틴 폰 카우프만(Konstantin von Kaufman)이 종종 자제를 촉구하는 등 러시아의 모든 군 지도자가 팽창에 열의를 가진 것

은 아니었다.

26 "O nastoiashem polozhenii musulmanskoi insurrektsii v kitae," November 4, 1870, in *Turkestanskii Sbornik*, 60:158, 161.

27 Andreyev, Baskhanov, and Yusupova, *The Quest for Forbidden Lands*, 131.

28 *Turkestanskii Vedomosti*, 1872, no. 28, 3.

29 Kemal Karpat, "Yakub Beg's Relations with the Ottoman Sultans: A Reinterpretation," *Cahiers du Monde russe et sovietique* 32, no. 1 (January–March 1991): 20, 24; Sergeev, *The Great Game*, 141; *Turkestanskii Vedomosti*, 1872, no. 28, 3; Kim, *Holy War in China*, 144–145, 152. 영국 상품의 공급에 관해서는 Wellesley (in St. Petersburg) to Loftus (London), September 22, 1876, PRO FO 65/940, no. 22를 보라.

30 야쿱 벡의 제국 외교에 관해서는 Fedor Radetsky to General von Kaufman, 1878, in Kadnikov, "Iz istorii kuldzhinskogo voprosa," 901; Dubrovskaya, *Sudba Sintszyana*, 149, "Otnosheniia nashi k dunganam, Kashgaru, i Kuldje," in *Turkestanskii Sbornik*, 60:181; Sergeev, *The Great Game*, 141–142를 보라. 야쿱 벡의 '엄청난' 추종 세력에 대한 러시아인들의 두려움에 관해서는 *Journal de St Petersbourg*, no. 219, August 19/31, 1876, PRO FO 65/940; *Russkii Mir*, July 17, 1877을 인용하고 있는 Ram Lakhan Shukha, *Britain, India, and the Turkish Empire, 1853–1882* (New Delhi: People's Publishing House, 1973), 131; *Turkestanskii Sbornik*, 60: 260–268을 보라.

31 March 8, 1974 (OS), in *D. A. Miliutin: Dnevnik, 1873–1875* (Moscow: Rosspen, 2008), 107.

32 Przhevalsky to Main Staff, June 6, 1877, in Nikolai F. Dubrovin, *Nikolai Mikhailovich Przhevalskii: Biograficheskii ocherk* (St. Petersburg: Voennaia Tipografiia, 1890), 571–573; Sergeev, *The Great Game*, 48.

33 Sergeev, *The Great Game*, 162.

34 Przhevalsky to Main Staff, June 6, 1877, and Przhevalsky to the Imperial Russian Geographic Society, January 14, 1876, in Dubrovin, *Nikolai Mikhailovich Przhevalskii*, 560, 573. 국제법학자 표도르 마르텐스(Fedor Martens) 역시 "국제법은 미개인에게는 적용되지 않는다."라고 주장했다; Schimmelpenninck van der Oye, *Toward the Rising Sun*, 34; Sergeev, *The Great Game*, 48을 보라.

35 Kuropatkin to Przhevalsky, January 15, 1877, in Dubrovin, *Nikolai Mikhailovich Przhevalskii*, 566; Nikolai M. Przhevalsky, *From Kulja, across the Tian Shan to Lob Nor*, trans.

E. Delmar Morgan (London: Sampson Low, Marston, Searle, & Rivington, 1879), 126–129; Immanuel Hsu, "British Mediation of China's War with Yakub Beg," *Central Asiatic Journal* 9, no. 2 (June 1964): 147; Kim, *Holy War in China*, 168.

36 Przhevalsky to Main Staff, June 6, 1877, in Dubrovin, *Nikolai Mikhailovich Przhevalskii*, 575–576.

37 Barbara Jelavich, *A Century of Russian Foreign Policy* (Philadelphia: Lippincott, 1964), 181; Byron Farwell, *The Encyclopedia of Nineteenth-Century Land Warfare* (New York: W. W. Norton, 2001), 714; Quintin Barry, *War in the East: A Military History of the Russo-Turkish War 1877–78* (West Midlands, UK: Helion and Com pany, 2012), 9, 415; Timothy C. Dowling, ed., *Russia at War* (Santa Barbara, CA: ABC- CLIO, 2015), 643, 750.

38 V. A. Frankini to Sviatpolk Mirskii, March 26, 1878 (OS), and A. K. Geins memo, April 3, 1878, in *"Bolshaia Igra" v Tsentralnoi Azii*, ed. T. N. Zagorodnikova (Moscow: IVRAN, 2005), 45, 70.

39 June 20, 1878, in *Dnevnik D. A. Miliutina, 1878–1880*, vol. 3, ed. P. A. Zaionchkovskii (Moscow: Biblioteka SSSR imeni V. I. Lenina, 1950), 73; Hsu, *The Ili Crisis*, 154. 러시아의 후퇴에 관해서는 Telegram from the War Ministry to Kaufman, July 18, 1878 (OS), in Zagorodnikova, *"Bolshaia Igra,"* 129를 보라.

40 Paine, *Imperial Rivals*, 123, 135; Hsu, *The Ili Crisis*, 44.

41 Kaufman, March 10, 1878 (OS), in Kadnikov, "Iz istorii kuldzhinskogo voprosa," 902–903.

42 Meeting of Giers, Greig, Zhomini, Biutzov, Melnikov, Miliutin, Gens. Geiden, Obruchev, Kaznakov (Governor-General of Western Siberia), Colonels Kuropatkin and Kaulbars, March 4, 1879 (OS), in Zaionchkovskii, *Dnevnik D. A. Miliutina*, 124; Zhomini to Giers, August 21 and August 31, 1879 (OS), in *Russia in the East 1876–1880: The Russo-Turkish War and the Kuldja Crisis as Seen through the Letters of A. G. Jomini to N. K. Giers*, ed. Charles Jelavich and Barbara Jelavich (Leiden: E. J. Brill, 1959), 92, 94.

43 Hsu, *The Ili Crisis*, 58; Paine, *Imperial Rivals*, 133–135.

44 Sergeev, *The Great Game*, 195.

45 Graf Geiden to Alexander II, "Iz doklada glavnogo shtaba aleksandru II o prisoedinenii akhal-teke k Rossii i Administrativnogo ustroistva Zakaspiia," April 23, 1881 (OS), in *Prisoedinenii Turkmenii k Rossii*, ed. A. Ilyasov (Ashgabat: Izdatelsctvo akademicheski nauk Turkmenskoi SSR, 1960), 496; Fyodor Dostoyevsky, *A Writer's Diary*, vol. 2, *1877–1881*,

trans. Kenneth Lantz (Evanston, IL: Northwestern University Press, 1994), 1374–1375.

46 Paine, *Imperial Rivals*, 141; Hsu, *The Ili Crisis*, 49.

47 Paine, *Imperial Rivals*, 141–144, 151; Hsu, *The Ili Crisis*, 49, 71.

48 Paine, *Imperial Rivals*, 155; Hsu, *The Ili Crisis*, 95–96, 98.

49 Roman Romanovic Baron Rosen, *Forty Years of Diplomacy*, vol. 1 (Abingdon: Routledge, 2018), 45; Michael Share, "The Bear Yawns? Russian and Soviet Relations with Macao," *Journal of the Royal Asiatic Society* 16, 3rd ser., no. 1 (April 2006): 45; Hsu, *The Ili Crisis*, 95–96, 98, 110–111, 122; Immanuel C. Y. Hsu, "Gordon in China, 1880," *Pacific Historical Review* 33, no. 2 (May 1964): 147–166; Sergeev, *The Great Game*, 166.

50 Nikolai Przhevalsky, "O vozmozhnoi voine c Kitaem," *Sbornik geograficheskikh, topograficheskikh, i statisticheskikh materialov po azii*, no. 1 (1883): 293–303.

51 Don C. Price, *Russia and the Roots of the Chinese Revolution, 1896–1911* (Cambridge, MA: Harvard University Press, 1974), 172.

52 Przhevalsky, "O vozmozhnoi voine c Kitaem," 294.

53 "Veroiatna li voina Kitaia c Rosiiei," *Golos*, nos. 198 and 200 (1889), in *Turkestanskii Sbornik*, vol. 319; Mikhail Veniukov, "Pozemelynye priobreteniya i ustupki Rossii za poslednie tridsaty let," *Russkaia Mysl* (January 1880), 20, 22–23; Marshall, *The Russian General Staff and Asia*, 68–70.

54 Hsu, *The Ili Crisis*, 100, 157; Marshall, *The Russian General Staff and Asia*, 75, 78. 러시아의 계산 속에서 중국에 대한 영국의 지원에 관해서는 Aleksei Voskresenskii, *Diplomaticheskaya istoriia russko-kitaiskogo Sankt-Peterburgskogo dogovora 1881 goda* (Moscow: Pamiatniki istoricheskoi mysli, 1995), 272를 보라.

55 이 점을 지적해 준 둥옌(Dong Yan)에게 감사한다.

56 October 18 (OS), 1880, in Zaionchkovskii, *Dnevnik D. A. Miliutina*, 276; Marshall, *The Russian General Staff and Asia*, 75, 78–79; Edwin Bilof, "China in Imperial Russian Military Planning, 1881–1887," *Military Affairs* 42, no. 2 (April 1982): 71. 비록 위기 후 약간의 시차를 두고 작성되었지만, 참모본부의 사고방식에 관해서는 G. Butakov, *Sbornik Geograficheskikh, Topograficheskikh, i Statisticheskikh Materialov po Azii* (St. Peterburg: Voen. tp., 1888), 24를 보라.

57 Miliutin Diary, April 4, August 13, October 18 and 25, and December 1, 1880 (OS), in Zaionchkovskii, *Dnevnik D. A. Miliutina*, 239, 267, 276, 280, 283; Zhomini to Giers, August

27 and 29, and September 22, 1880 (OS), in Jelavich and Jelavich, *Russia in the East*, 102–103, 111; Paine, *Imperial Rivals*, 160.

58 Zhomini to Giers, September 22, 1880 (OS), in Jelavich and Jelavich, *Russia in the East,* 111.

59 December 1 and 9, 1880, in Zaionchkovskii, *Dnevnik D. A. Miliutina*, 283, 285; Zhomini to Giers, September 22, October 1, 3, 12, 21, and 22, 1880 (OS), in Jelavich and Jelavich, *Russia in the East*, 112–128.

60 Giers to Zhomini, September 6, 23, 25, and 27, 1880 (OS), in Jelavich and Jelavich, *Russia in the East*, 138, 149–151; Hsu, *The Ili Crisis*, 187; Paine, *Imperial Rivals*, 161–162, 171; January 10, 1881 (OS), in Dmitry A. Miliutin, *Dnevnik, 1879–1881* (Moscow: Rossiiskaia politicheskaia entsiklopediia, 2010), 257.

61 Katkov in *Russkie Vedomosti*, March 2, 1865 (OS), in Geyer, *Russian Imperialism*, 94; Charles Marvin, *Russian Advance toward India* (London: Sampson Low, Marston, Searle, and Rivington, 1882), 306–307; Peter A. Zaionchkovsky, *The Russian Autocracy in Crisis*, ed. and trans. Gary M. Hamburg (Gulf Breeze, FL: Academic International Press, 1979), chap. 5.

62 March 27, 1895 (OS), in A. Polovtsov, *Dnevnik Gosudarstvennogo Sekretarya A.A. Polovtsova,* vol. 1 (Moscow: Nauka, 1966), 304–305; Sergeev, *The Great Game*, 206–207; Morris, "The Russians in Central Asia," 529.

63 세르게예프는 *The Great Game*에서 "동튀르키스탄은 일리 위기가 끝난 후 더 이상 그레이트 게임의 주요 '경기장' 중 하나가 아니게 되었다."고 주장한다. 이후의 공방에 관해서는 Jennifer Siegel, *Endgame: Britain, Russia and the Final Struggle for Central Asia* (London: I. B. Tauris, 2002)를 보라.

64 N. M. Przhevalsky, *Ot Kiakhti na istoki Zheltyi Reki* (Moscow: OGIS, Gosudarstvennoe izdatelstvo geograficheskoi literatury, 1948), 328; Andreyev, Baskhanov, and Yusupova, *The Quest for Forbidden Lands*, 139; Rayfield, *The Dream of Lhasa*, 203–204.

65 Price, *Russia and the Roots of the Chinese Revolution*, 31.

66 Hsu, *The Ili Crisis*, 55; Dostoyevsky, *A Writer's Diary*, 1374.

4장 "우리 사이의 유대를 강화하고"

1 Esper Ukhtomsky, *Travels in the East of Nicholas II, Emperor of Russia when Cesarewitch 1890–1891*, vol. 1, ed. G. Birdwood, trans. R. Goodlet (London: A. Constable & Com pany,

1896), 1–8, 293, 369; Ukhtomsky, *Travels in the East of Nicholas II, Emperor of Russia when Cesarewitch 1890–1891*, vol. 2, ed. G. Birdwood, trans. R. Goodlet (London: A. Constable & Company, 1900), 329; Grand Duke Alexander of Russia, *Once a Grand Duke* (New York: Farrar & Rinehart, 1932), 167. 니콜라이는 우흐톰스키의 원고를 출판 전에 "직접 수정했다."; V. I. Gurko, *Features and Figures of the Past*, ed. J. E. Sterling, Xenia Eudin, and H. Fisher, trans. Laura Matveev (New York: Russell & Russell, 1970), 257을 보라. 유럽 그랜드 투어로서의 니콜라이의 아시아 여행에 관해서는 David Schimmelpenninck van der Oye, *Toward the Rising Sun: Russian Ideologies of Empire and the Path to War with Japan* (DeKalb: Northern Illinois University Press, 2006), chap. 1을 보라, 이 장은 니콜라이의 아시아 비전에 대한 나의 생각을 형성하는 데 큰 영향을 주었다.

2 Schimmelpenninck van der Oye, *Toward the Rising Sun*, 17.

3 Schimmelpenninck van der Oye, *Toward the Rising Sun*, 50–51.

4 러시아의 대일 전쟁으로 가는 과정을 서술함에 있어, 이 장은 Schimmelpenninck van der Oye, *Toward the Rising Sun*에 크게 의존하고 있다. 시베리아 횡단철도에 관해서는 Steven G. Marks, *Road to Power: The Trans-Siberian Railroad and the Colonization of Asian Russia, 1850–1917* (Ithaca, NY: Cornell University Press, 1991)을 주로 참고했다. 더욱 폭넓은 동아시아 국제 정치에 관해서는 George A. Lensen, *Balance of Intrigue: International Rivalry in Korea & Manchuria, 1884–1899*, vol. 2 (Tallassee: University Presses of Florida, 1982); David MacLaren McDonald, *United Government and Foreign Policy in Russia, 1900–1914* (Cambridge, MA: Harvard University Press, 1992); Alex Marshall, *The Russian General Staff and Asia, 1860–1917* (New York: Routledge, 2006)을 보라. 좀 오래됐지만 여전히 유용한 저작으로는 Andrew Malozemoff, *Russian Far Eastern Policy: 1881–1904* (Berkeley: University of California Press, 1958); B. A. Romanov, *Russia in Manchuria, 1892–1906*, trans. Susan Wilbur Jones (New York: Octagon Books, 1974)가 있다.

5 Stephen R. Halsey, *Quest for Power* (Cambridge, MA: Harvard University Press, 2015); Schimmelpenninck van der Oye, *Toward the Rising Sun*, 50.

6 Clarence B. Davis, Kenneth E. Wilburn, and Ronald E. Robinson, eds., *Railway Imperialism* (Westport, CT: Greenwood Press, 1991).

7 Roman R. Rosen, *Forty Years of Diplomacy*, vol. 1 (New York: A. A. Knopf, 1922), 190. '군주 권력'에 관해서는 Don C. Price, *Russia and the Roots of the Chinese Revolution, 1896-1911* (Cambridge, MA: Harvard University Press, 1974), 33을 보라.

8 Schimmelpenninck van der Oye, *Toward the Rising Sun*, 44.

9 600만에서 1,000만 명이라는 수치는 R. K. I. Quested, *"Matey" Imperialists: The Tsarist Russians in Manchuria 1895–1917* (Hong Kong: University of Hong Kong, 1982), 8–9에서 볼 수 있다. Marks, *Road to Power*, 37은 러시아 연해주의 인구를 "10만 명 미만"으로 제시한다. Malozemoff, *Russian Far Eastern Policy*, 22에 따르면, 이 지역의 중국인 수는 러시아인의 수보다 30배 더 많았다. Seung Kwon Synn, *Russo-Japanese Rivalry over Korea, 1876–1904* (Seoul: Yuk Phub Sa, 1981), 43.

10 Malozemoff, *Russian Far Eastern Policy*, 43에서 인용된 저명한 사회학자 V. P. 바실리예프(V. P. Vasilev)의 말.

11 Ukhtomsky, *Travels in the East*, 2:451–455. S. C. M. Paine, *The Sino-Japanese War of 1894–1895* (Cambridge: Cambridge University Press, 2002), 62에서 인용된 비테의 말.

12 Gurko, *Features and Figures of the Past*, 256; Ukhtomsky, *Travels in the East*, 2:474.

13 Chekhov to A. S. Suvorin, May 20, 1890, in Anton Chekhov, *A Journey to the End of the Russian Empire*, trans. Rosamund Bartlett, Anthony Phillips, Luba Terpak, and Michael Terpak (New York: Penguin, 2007), 1–5.

14 Captain P. H. Colomb, "Memorandum on the Russian Settlement of Vladivostok," August 14, 1875, in *British Documents on Foreign Affairs: Reports and Papers from the Foreign Office Confidential Print*, vol. 1, pt. 1, ser. A, ed. Kenneth Bourne and D. Cameron Watt (Frederick, MD: University Publications of America, 1983), 27; Schimmelpenninck van der Oye, *Toward the Rising Sun*, 48; Malozemoff, *Russian Far Eastern Policy*, 3.

15 Colomb, "Memorandum on the Russian Settlement," 271; Marks, *Road to Power*, 13–14, 30; Schimmelpenninck van der Oye, *Toward the Rising Sun*, 48.

16 Malozemoff, *Russian Far Eastern Policy*, 15, 33; Synn, *Russo-Japanese Rivalry over Korea*, 46.

17 Aleksei Kuropatkin, *The Russian Army and the Japanese War*, vol. 1, ed. E. D. Swinton, trans. A. B. Lindsay (New York: E. P. Dutton, 1909), 71.

18 T. H. Von Laue, "A Secret Memorandum of Sergei Witte on the Industrialization of Imperial Russia," *Journal of Modern History* 26, no. 1 (March 1954): 72; Marks, *Road to Power*, 52, 154; Victor Zatsepine, *Beyond the Amur* (Vancouver: UBC Press, 2017), 85; Malozemoff, *Russian Far Eastern Policy*, 24; Synn, *Russo-Japanese Rivalry over Korea*, 6.

19 Romanov, *Russia in Manchuria*, 39; Marshall, *The Russian General Staff and Asia*, 44; Marks, Road to Power, 38, 41–42; Malozemoff, *Russian Far Eastern Policy*, 48.

20 Donald W. Treadgold, *The Great Siberian Migration* (Prince ton, NJ: Princeton University Press, 2015), 107; Romanov, *Russia in Manchuria*, 39–40.

21 Sergei Witte, "Vsepoddanneishii doklad upravliaiushchego ministerstvom finansov o sposobakh sooruzheniia velikogo sibirskogo zheleznodorozhnogo puti i o naznachenii soveshchaniia dlia obsuzhdeniia sego dela," November 6, 1892, in Witte, *Sobranie Sochinenii i Dokumentalnikh Materialov*, vol. 1, bk. 2, pt. 1 (Moscow: Nauka, 2006), 159.

22 Frank Wcislo, *Tales of Imperial Russia: The Life and Times of Sergei Witte, 1849–1915* (Oxford: Oxford University Press, 2011), 25; Sidney Harcave, *Count Sergei Witte and the Twilight of Imperial Russia* (Armonk, NY: M. E. Sharpe, 2004), 15, 21.

23 Sergei Witte, *The Memoirs of Count Witte*, ed. and trans. Abraham Yarmolinksy (Garden City, NY: Double, Page, & Company, 1921), 142, 224.

24 Witte, *The Memoirs of Count Witte*, 209–210.

25 Alexander Izvolsky, *Recollections of a Foreign Minister*, trans. Charles L. Seeger (Garden City, NY: Doubleday, Page, & Company, 1921), 114. 비테의 결혼에 관해서는 Wcislo, *Tales of Imperial Russia*; Harcave, *Count Sergei Witte*, 46–47을 보라.

26 Izvolsky, *Recollections of a Foreign Minister*, 118; Gurko, *Features and Figures of the Past*, 52.

27 E. J. Dillon, *The Eclipse of Russia* (New York: George H. Doran, 1918), 187.

28 Witte, "Po povodu natsionalizma," in *Sobranie Sochinenii i Dokumentalnikh Materialov*, 41, 42, 46, 48, 51, 53, 54, 67; Witte, *The Memoirs of Count Witte*, 41. 러시아 산업가들의 생각에 관해서는 Thomas Owen, *Capitalism and Politics in Russia* (Cambridge: Cambridge University Press, 1981), 34–35를 보라.

29 Witte, "Vsepoddanneishii doklad upravliaiushchego ministerstvom finansov," 169; Malozemoff, *Russian Far Eastern Policy*, 47; Izvolsky, *Recollections of a Foreign Minister*, 123; Treadgold, *The Great Siberian Migration*, 128; Romanov, *Russia in Manchuria*, 43; Marks, *Road to Power*, 126.

30 Romanov, *Russia in Manchuria*, 39–40; Gurko, *Features and Figures of the Past,* 256; Ukhtomsky, *Travels in the East*, 2:474; K. Korol'kov, *Zhizn' i tsarstvovanie Imperatora Aleksandra III, 1881–1894* (Kiev: I. I. Chokolov, 1901), 193–196.

31 "평화적 침투"에 관해서는 Shimmelpennick van der Oye, *Toward the Rising Sun*, 61–81을 보라.

32 Malozemoff, *Russian Far Eastern Policy*, 47; Romanov, *Russia in Manchuria*, 38, 41. 비테의

전략인 "평화적 침투"(pénétration pacifique)에 관해서는 Schimmelpennick van Der Oye, *Toward the Rising Sun*, chap. 4를 보라.

33 Marks, *Road to Power*, 172; Romanov, *Russia in Manchuria*, 40, 48, 62; Rosen, *Forty Years of Diplomacy*, 135; Paine, *The Sino-Japanese War of 1894–1895*, 127.

34 Romanov, *Russia in Manchuria*, 50; K. I. Vogak, "Iz raporta Polkovnika Vogaka upravliaiushchemu voenno-uchenogo komiteta Glavnogo shtaba," February 14, 1897, in *Port-Artur i Dalnii, 1894–1904 gg: Poslednii Kolonialnii proekt Rossiiskoi imperii; Sbornik Dokumentov*, ed. Igor Lukoyanov and Dmitry Pavlov (Moscow: Institut rossiiskoi istorii RAN, 2018), 53–54; Paine, *The Sino-Japanese War of 1894–1895*, 104; Yoshihisa Tak Matsusaka, *The Making of Japanese Manchuria, 1904–1932* (Cambridge, MA: Harvard University Press, 2003), 24.

35. Frank W. Ikle, "The Triple Intervention: Japan's Lesson in the Diplomacy of Imperialism," *Monumenta Nipponica* 22, nos. 1/2 (1967): 122–130; R. K. I. Quested, *The Russo-Chinese Bank: A Multinational Financial Base of Tsarism in China* (Birmingham: University of Birmingham, 1977); Romanov, *Russia in Manchuria*, 50–51, 67–68.

36 러시아 사상에서의 '황화론'에 관해서는 Schimmelpenninck van der Oye, *Toward the Rising Sun*, chap. 5를 보라.

37 Tsar Nicholas to his mother, Marie, August 7, 1896, in *Letters of Tsar Nicholas and Empress Marie*, ed. Edward J. Bing (London: Nicholson and Watson, 1937), 116–117; Witte, *The Memoirs of Count Witte*, 189; Grand Duke Alexander of Russia, *Once a Grand Duke*, 169, 177; Zachary Adam Hoffman, "Orienting the Empire: Russian Identity and East Asian Imperialism in the Conservative Press, 1894–1905" (PhD diss., University of Virginia, 2017), 122.

38 Paine, *The Sino-Japanese War of 1894–1895*, 282.

39 "Kopia Doklada kn. Lobanov, ot 25 Marta 1895," WP CUA, d. 22, in folder "Dokumenty Kasaiushchiesa Vziatiia Port Artura"; cf. "Zhurnal osobago soveshchaniia 30 Marta 1895," in "Dokumenty Kasaiushchiesa Vziatiia Port Artura"; Malozemoff, *Russian Far Eastern Policy*, 60; Paine, *The Sino-Japanese War of 1894–1895*, 283.

40 "Zhurnal osobago soveshchaniia 30 Marta 1895." "Versts" translated as "kilometers." 41. Dominic C. B. Lieven, *Nicholas II: The Emperor of All the Russias* (London: John Murray, 1993), 65; Richard Wortman, *Scenarios of Power: From Alexander II to the Abdication of*

Nicholas II, vol. 2 (Prince ton, NJ: Princeton University Press, 1995), 345–351.

42 Witte, *The Memoirs of Count Witte*, 85–88.

43 Witte, *The Memoirs of Count Witte*, 86.

44 Russia-China Treaty of 1896, Article I; "Doklad Ministra Finansov, o zakliuchenii Kitaiskim Pravitelstvom i Russko-Kitaiskim Bankom dogovora na postroiku dorogi v Manchzhurii," WP CUA, d. 22, in "Dokumenty Kasaiushchiesa vziatiia Port Artura," 2, 3; Witte, *The Memoirs of Count Witte*, 89, 190.

45 Witte, *The Memoirs of Count Witte*, 91; Romanov, *Russia in Manchuria*, 83–84; Paine, *The Sino-Japanese War of 1894–1895*, 308.

46 Lensen, *Balance of Intrigue*, 531, 538–541.

47 "Protokol po Koreiskim Delam, Podpisannii v Moskve 28-go Maia 1896 mezhdu Russkim i Iaponskim Pravitelstvami," in *Recueil de traités et documents diplomatiques concernant l'Extrême Orient, 1895–1905* (St. Petersburg: Impr. A. Mendelewitch, 1906), 159–160; Lensen, *Balance of Intrigue*, 634; Romanov, *Russia in Manchuria*, 113, 116. 분할선이 어디에 설정될지라는 중요한 문제에 대해서는 자료마다 견해가 다르다. 일본 측 자료에 따르면, 분할선은 압록강을 따라 그어졌다고 한다; Yosaburo Takekoshi, *Prince Saionji* (Kyoto: Ritsumeikan University, 1933), 142를 보라. 반면 로마노프는 야마가타가 38선 설정을 제안했다고 주장한다: Romanov, *Russia in Manchuria*, 104.

48 Romanov, *Russia in Manchuria*, 132–138.

49 Sergei Witte, "Zapiska ministra finansov o zasedanii po povodu zapiski M-ra Inostr. Del. o zaniatii Talianvania," WP CUA, d. 22, in "Dokumenty Kasaiushchiesa vziatiia Port Artura," 2; Romanov, *Russia in Manchuria*, 137.

50 Witte, "Zapiska ministra finansov," 3–5; Rosen, *Forty Years of Diplomacy*, 156–157.

51 George F. Kennan, *The Fateful Alliance: France, Russia, and the Coming of the First World War* (New York: Pantheon Books, 1985); Izvolsky, *Recollections of a Foreign Minister*, 44–45; William II, *Letters from the Kaiser to the Czar* (New York: Frederick A. Stokes, 1920), 10–13.

52 "Kopia telegramma nadv. sov. Pokotilova," March 16, 1898, and "Vypiska iz Pravitelstvennago Vestnika," March 17, 1898, WP CUA, d. 22, in "Dokumenty Kasaiushchiesa vziatiia Port Artura," 4; Kuropatkin to Muravev, March 10, 1898, in *Port-Artur i Dalnii*, 96; William II, *Letters from the Kaiser to the Czar*, 52.

53 "Kopia pisma Ministra Inostrannikh Del k Ministru Finansov, ot 13 Ianvaria 1898 g, c

telegrammoiu d. t. s. Staalia iz Londona," January 12, 1898, WP CUA, d. 22, in "Dokumenty Kasaiushchiesa vziatiia Port Artura"; Rosen, *Forty Years of Diplomacy*, 156–157.

54 Lensen, *Balance of Intrigue*, 627, 807; Rosen, *Forty Years of Diplomacy*, 158–159.

55 Quested, *"Matey" Imperialists*, 24.

56 Izvolsky, *Recollections of a Foreign Minister*, 125; Paine, *The Sino-Japanese War of 1894-1895*, 9.

57 Kerbedz to I. P. Shipov, May 30, 1899, and Witte to Kuropatkin, September 1, 1899, in *Port-Artur i Dalnii*, 281–282, 284–286; Kuropatkin to Witte, April 24, 1898; "Vypiska iz Zhurnala Komiteta Sibirskoi zheleznoi dorogi," January 27, 1899; and "Pechatnaia Zapiska," March 1–7, 1899; in WP CUA, d. 22. 종교에 관해서는 Witte to Pobedonostsev, 1897, in *KA*, vol. 30 (1928): 99를 보라.

58 "Telegramma Suboticha Nachalniku Glavnogo Shtaba," February 8, 1899, in *Port-Artur i Dalnii*, 322–323, 388–389; Quested, *"Matey" Imperialists*, 39, 101, 110–111.

59 Marks, *Road to Power*, 155; Zatsepine, *Beyond the Amur*, 43; Quested, *"Matey" Imperialists*, 26; David Wolff, *To the Harbin Station* (Stanford, CA: Stanford University Press, 1999), 33.

60 "Kopia pisma M-ra Finansov na imia Grafa V. N. Lamzdorfa," October 30, 1898, WP CUA, d. 22, 457–458; Wolff, *To the Harbin Station*, 9, 43–44; 철자를 수정; Gurko, *Features and Figures of the Past*, 259; Quested, *"Matey" Imperialists*, 81–82, 112.

61 "Depesha poslannika v Pekine," April 18, 1900, Giers to St. Petersburg, June 7, 1900, and Lamsdorf Memo, July 13, 1900, in *KA*, vol. 14 (1926): 8, 12, 18; Witte, *The Memoirs of Count Witte*, 107–108.

62 Lamzdorf memo, July 13, 1900, and Lamzdorf to Alekseev, June 28, 1900, in *KA*, vol. 14 (1926): 16, 19.

63 Tsar Nicholas to his mother, Marie, August 11, 1900, in *The Letters of Tsar Nicholas and Empress Marie*, ed. Edward J. Bing (London: Nicholson and Watson, 1937), 144; Giers to Beijing, October 11, 1900, and Lamzdorf to Kuropatkin, December 16, 1900, in *KA*, vol. 14 (1926), 37, 41; Witte, *The Memoirs of Count Witte*, 113–114; Schimmelpenninck van der Oye, *Toward the Rising Sun*, chap. 11.

64 Grand Duke Alexander of Russia, *Once a Grand Duke*, 211.

65 Tsar Nicholas to his mother, Marie, July 23, 1897, in Bing, *The Letters of Tsar Nicholas and Empress Marie*, 128; Kaiser to Tsar, September 2, 1902, September 19, 1903, and December

4, 1903, in Isaac Don Levine, ed. *Letters from the Kaiser to the Tsar* (New York: Stokes, 1920), 86, 93, 96; 철자 수정; A. Savinsky, *Recollections of a Russian Diplomat* (London: Hutchinson & Co., 1992), 73.

66 Gurko, *Features and Figures of the Past*, 276; Marshall, *The Russian General Staff and Asia*, 86–87, 93; Lieven, *Nicholas II*, 95; Mikhail Alekseev, *Voennaia razvedka Rossii*, vol. 1 (Moscow: Izdatelskii Dom "Russkaia Razvedka," 1998), 77.

67 비테에 대한 반발에 관해서는 Memo to Landsdowne, March 14, 1903, PRO FO, 65/1659, 141–142; "Extract from Novoe Vremya," March 5, 1903, PRO FO, 65/1659, 20; Memo to Landsdowne on Russian Budget, March 17, 1903, PRO FO, 65/1659, 209; Gurko, *Features and Figures of the Past*, 270; Schimmelpenninck van der Oye, *Toward the Rising Sun*, 101, 205; McDonald, *United Government and Foreign Policy in Russia*, 173–175; Malozemoff, *Russian Far Eastern Policy*, 189를 보라.

68 Cecil Spring Rice to Lansdowne, October 29, 1903, PRO FO, 65/1662, 31; Gurko, *Features and Figures of the Past*, 264; Lieven, *Nicholas II*, 98; Igor V. Lukoianov, "The Bezobrazovtsy," in *The Russo-Japanese War in Global Perspective: World War Zero*, ed. David Wolff et al. (Leiden: Brill, 2005), 67.

69 Gurko, *Features and Figures of the Past*, 274; Kuropatkin, *The Russian Army and the Japanese War*, 181–182; A. M. Bezobrazov, "Les premières causes de l'effondrement de la Russie: Le conflit russo-japonais," *Le Correspondant*, May 25, 1923, 585; Vonliarliarskii, "Why Russia Went to War with Japan: The Story of the Yalu Concession," *Fortnightly Review* 86 (June 1910): 1033.

70 A. Savinsky, *Recollections of a Russian Diplomat*, 45; McDonald, *United Government and Foreign Policy in Russia*, 31.

71 Scott to Lansdowne, August 20, 1903, and Memo to Lansdowne, September 3, 1903, in PRO FO, 65/1661, 87, 130; McDonald, *United Government and Foreign Policy in Russia*, 35 and passim; Savinsky, *Recollections of a Russian Diplomat*, 44; Vasili Vonliarliarskii, *Moi Vospominaniia, 1852–1939 gg.* (Berlin: Russkoe natsionalnoye izdatelstvo, 1939), 13; Evgeny Sergeev, *Russian Military Intelligence in the War with Japan, 1904–05* (London: Routledge, 2007), 35; Schimmelpenninck van der Oye, *Toward the Rising Sun*, 199; Wolff, *To the Harbin Station*, 54. "유대인과 폴란드인들"에 관해서는 Lukoianov, "The Bezobrazovtsy," 65–86, esp. 75 (번역을 일부 수정)를 보라.

72 Memo to Lansdowne, August 20, 1903, PRO FO, 65/1661, 83; Memo to Lansdowne, December 9, 1903, PRO FO, 65/1662, 298; Scott to Lansdowne, January 6, 1904, PRO FO, 65/1678, 16; Savinsky, *Recollections of a Russian Diplomat*, 79; Wolff, *To the Harbin Station*, 7.

73 McDonald, *United Government and Foreign Policy in Russia*, 72; Dillon, *The Eclipse of Russia*, 284; Lukoianov, "The Bezobrazovtsy," 85; Gurko, *Features and Figures of the Past*, 285–286.

74 Felix Patrikeeff and Harold Shukman, *Railways and the Russo-Japanese War* (New York: Routledge, 2007), 1–2; Abraham Ascher, *Revolution of 1905: A Short History* (Stanford, CA: Stanford University Press, 2004), 15; Sergeev, *Russian Military Intelligence*, 33–34.

75 Marks, *Road to Power*, 205; Sergeev, *Russian Military Intelligence*, 46; Patrikeeff and Shukman, *Railways and the Russo-Japanese War*, 80; Peter Gatrell, *Government Industry and Rearmament in Russia* (Cambridge: Cambridge University Press, 2010), 67–68; Zatsepine, *Beyond the Amur*, 131.

76 Ascher, *Revolution of 1905*, 48, 88; John Bushnell, *Mutiny amid Repression* (Bloomington: Indiana University Press, 1985).

77 Dillon, *The Eclipse of Russia*, 294–295; W. Bruce Lincoln, *The Great Reforms: Autocracy, Bureaucracy, and the Politics of Change in Imperial Russia* (DeKalb: Northern Illinois University Press, 1990), 199; Lieven, *Nicholas II*, 89.

78 Peter Berton, *Russo-Japanese Relations, 1905–1917: From Enemies to Allies* (London: Routledge, 2012), 2; John Albert White, *The Diplomacy of the Russo-Japanese War* (Princeton, NJ: Princeton University Press, 1964).

79 Olga Crisp, "The Russian Liberals and the 1906 Anglo-French Loan to Russia," *The Slavonic and East European Review* 39, no. 92 (June 1961): 497–511.

80 Tsar Nicholas to his mother, Marie, January 12, 1906, in *The Secret Letters of the Last Tsar*, ed. Edward J. Bing (New York: Longmans, 1938), 211.

81 Witte, *The Memoirs of Count Witte*, 83, 183.

82 Witte to Kuropatkin, May 26, 1905 (OS), in *KA*, vol. 19 (1926), 80; Donald W. Mitchell, *A History of Russian and Soviet Seapower* (New York: Macmillan, 1974), 269.

83 Bronevskii to Sazonov, March 3, 1912, in *Mezhdunarodnie Otnosheniia v Epokhu Imperializma*, vol. 19, pt. 2, ed. L.A. Telesheva (Moscow: Gosudarstvennoe izdatelstvo politicheskoi literatury, 1939), 227–229; Izvolsky, November 21, 1909, in Edward H. Zabriskie, *American-Russian Rivalry in the Far East* (Philadelphia: University of Pennsylvania

Press, 1946), 155–157, 160; Berton, *Russo-Japanese Relations*, 4–5.

84 Neratov to Korostovts, November 22, 1911, and Sazanov to Nicholas II, January 23, 1912, in *Mezhdunarodnie Otnosheniia v Epokhu Imperializma*, vol. 19, pt. 1, ed. L.A. Telesheva (Moscow: Gosudarstvennoe izdatelstvo politicheskoi literatury, 1939), 56, 84; Michael M. Walker, *The 1929 Sino-Soviet War: The War Nobody Knew* (Lawrence: University Press of Kansas, 2017), 41–42.

85 Peter S. H. Tang, *Russian and Soviet Policy in Manchuria and Outer Mongolia, 1911–1931* (Durham, NC: Duke University Press, 1959), 291–292, 357–358; Thomas E. Ewing, "Russia, China, and the Origins of the Mongolian People's Republic, 1911–1921: A Reappraisal," *The Slavonic and East European Review* 58, no. 3 (July 1980): 399–421.

86 "Notes by Lieutenant Binstead on the Position and Policy of Russia in Northern Manchuria, April 3, 1914," in Ian Nish, *The History of Manchuria, 1840–1948: A Sino-Russo-Japanese Triangle*, vol. 2 (Folkestone, UK: Renaissance, 2016), 67–69.

87 Kuropatkin, *The Russian Army and the Japanese War*, 185–186; Marshall, *The Russian General Staff and Asia*, 91; Dietrich Geyer, *Russian Imperialism: The Interaction of Domestic and Foreign Policy, 1860–1914*, trans. Bruce Little (New Haven, CT: Yale University Press, 1987), 202–203; Berton, *Russo-Japanese Relations*, 6.

88 Izvolskii to Beckendorff, January 9, 1907, Izvolskii to Beckendorff, August 21, 1906, and Izvolskii to Giers, February 9, 1907, in Alexandre Iswolsky, *Au ser vice de la Russie: Alexandre Iswolsky, Correspondance Diplomatique* (Paris: Les Éditions Internationales, 1937), 226, 352, 418.

5장 "동방의 새로운 메카"

1 Karl Marx and Friedrich Engels, "Karl Marx and Friedrich Engels: Preface to the Second Russian edition of the Manifesto of the Communist Party," in *Late Marx and the Russian Road: Marx and the "Peripheries of Capitalism,"* ed. Teodor Shanin (New York: Monthly Review Press, 1983), 139; "Draft of an Article on Friedrich List's book: Das Nationale System der Politischen Oekonomie," https://marxists.catbull.com/archive/marx/works/1845/03/list.htm; Xenia Joukoff Eudin and Robert C. North, *Soviet Russia and the East* (Stanford, CA: Stanford University Press, 1957), 155.

2 Theodore H. von Laue, *Sergei Witte and the Industrialization of Russia* (New York: Columbia University Press, 1965); Abraham Ascher, *P. A. Stolypin: The Search for Stability in Late Imperial Russia* (Stanford, CA: Stanford University Press, 2002); Dominic Lieven, *Russia and the Origins of the First World War* (London: Palgrave Macmillan, 1983).

3 Jonathan Haslam, *Near and Distant Neighbors* (New York: Farrar, Straus and Giroux, 2015), 9.

4 Robert C. Tucker, *Stalin in Power: The Revolution from Above, 1928–1941* (New York: Norton, 1990), 89; 번역을 일부 수정; Edvard Radzinsky, *The Last Tsar: The Life and Death of Nicholas II* (New York: Anchor Books, 1993), 1–2.

5 Charles S. Maier, *Recasting Bourgeois Europe* (Princeton, NJ: Princeton University Press, 1975); Karl Marx and Frederick Engels, *Manifesto of the Communist Party*, Marxists Internet Archive, https://www.marxists.org/archive/marx/works/download/pdf/ Manifesto.pdf.

6 "Greetings from the All-Russian Central Executive Committee," April 9, 1919, in *SDFP*, 1:150; "Radiograma Narodnogo Komisariata inostrannikh del RSFSR," January 10, 1919, in *DVP*, 2:20, 39; "Radiogramma Narodnogo Kmissara inostrannikh del RSFSR," March 30, 1919, in *DVP*, 2:109; "Nota narodnogo komissara inostrannikh del RSFSR," May 25, 1919, in *DVP*, 2:173; Georgy Chicherin, "Obrashenia narodnogo komissariata inostrannikh del RSFSR," July 17, 1919, in *DVP*, 2:208.

7 Erez Manela, *The Wilsonian Moment* (Oxford: Oxford University Press, 2009); Arno J. Mayer, *Wilson vs. Lenin* (New York: Meridian Books, 1969); "Wilson's War Message to Congress," April 2, 1917, World War I Document Archive, https://wwi.lib.byu.edu/ index.php/ Wilson%27s_War_Message_to_Congress.

8 Haslam, *Near and Distant Neighbors*, 9.

9 Zara Steiner, *The Lights That Failed: European International History, 1919–1933* (New York: Oxford University Press, 2005), 131.

10 영국의 포위에 관해서는 Chicherin to Karakhan, December 21, 1924, in *Perepiska I. V. Stalina i G. V. Chicherina s polpredom SSSR v Kitae L. M. Karakhanom*, ed. A. I. Kartunov (Moscow: Natalis, 2008), 401 (이후 Kartunov, *Perepiska*로 표기)을 보라.

11 *SRE*, 51, 66; Lars-Erik Nyman, *Great Britain and Chinese, Russia, and Japanese Interests in Sinkiang, 1918–1934* (Stockholm: Esselte Stadium, 1977), 42. 원자재에 관해서는 Robert C. North, *Moscow and Chinese Communists* (Stanford, CA: Stanford University Press, 1953), 80을 보라.

12 Stephen White, "Communism and the East: The Baku Congress, 1920," *Slavic Review* 33, no. 3 (September 1974): 492.

13 "Appeal of the Council of People's Commissars to the Moslems of Russia and the East," December 1917, in *SDFP*, 1:16; White, "Communism and the East," 492; Grigory Zinoviev, "Manifesto the Peoples of the East," *Komunisticheskii Internatsional*, no. 15 (December 1920); *To See the Dawn: Baku, 1920; First Congress of the Peoples of the East, ed. John Riddell* (New York: Pathfinder Press, 1993), 231.

14 *SRE*, 41에서 인용된 마링(Maring); Jon Jacobson, *When the Soviet Union Entered World Politics* (Berkeley: University of California Press, 1994), 116.

15 "Declaration Signed by Karakhan to the Chinese People," July 25, 1919, in *SDFP*, 1:158; Alexander Pantsov, *The Bolsheviks and the Chinese Revolution, 1919–1927* (New York: Routledge, 2000), 27, 33; James E. Sheridan, *Chinese Warlord. The Career of Feng Yu-Hsiang* (Stanford, CA: Stanford University Press, 1966), 142; Paul V. Reilly, "Lev Karakhan and the Development of Early Soviet Foreign Policy" (PhD diss., New York University, 1980), 44.

16 Jeremy Friedman, *Shadow Cold War* (Chapel Hill: University of North Carolina Press, 2015); Bruce A. Elleman, *Diplomacy and Deception: The Secret History of Sino-Soviet Diplomatic Relations, 1917–1927* (Armonk, NY: M. E. Sharpe, 1997), chap. 2; Don C. Price, *Russia and the Roots of the Chinese Revolution, 1896–1911* (Cambridge, MA: Harvard University Press, 1974), 88. 보로딘과 쑨원의 시카고 만남에 대한 증거는 전적으로 보로딘의 진술에만 근거한다. 쑨원은 이에 대해 한 번도 언급하지 않았다. 따라서 보로딘이 자신과 쑨원의 친밀함을 과장했을 가능성을 배제할 수는 없다; Dan Jacobs, *Borodin: Stalin's Man in China* (Cambridge, MA: Harvard University Press, 1981), 113을 보라.

17 Jacobs, *Borodin*, 3, 24; Chicherin to Sun Yat-Sen, August 1, 1918, in *SDFP*, 1:92.

18 "Doklad M. M. Borodina," February 15–17, 1926, in *KiK*, vol. 2, pt. 1, 1926–1927, 85; A. C. Potapov to Chicherin, December 12, 1920; "Doklad K. N. Sokolova-Strakhova," April 21, 1921; Lenin to Chicherin, November 7, 1921; and Ioffe to Sun Yat-sen, August 1922, in *KiK*, vol. 1, 1920–1925, 46, 56, 65, 98; Izvestiya, March 9, 1919, in SRE, 141.

19 Pantsov, *The Bolsheviks and the Chinese Revolution*, 62; "Soobrazheniia A. A. Ioffe," Shanghai, January 26, 1923, in *KiK*, vol. 1, 1920–1925, 199; "First Congress of the Toilers of the Far East," January 21, 1922, in *Congress of Toilers of Far East* (London: The Hammersmith Bookshop, 1970), 4, 7; *SRE*, 226. 중국 혁명가들에게 미친 러시아의 영향에

관해서는 Price, *Russia and the Roots of the Chinese Revolution*을 보라.

20 North, *Moscow and Chinese Communists*, 76; Marie-Claire Bergere, *Sun Yat-Sen* (Stanford, CA: Stanford University Press, 1998), 315. 중국에서의 보로딘에 관해서는, N. L. Mamaeva, *Komintern i Gomindan, 1919–1929* (Moscow: Rosspen, 1999), 153–171을 보라. 광저우의 소련인들에 관해서는 Viktor Usov, *Sovetskaia Razvedka v Kitae: 20-e gody XX Veka* (Moscow: Olma, 2002), 207–230을 보라. 둥옌은 보로딘이 국민당에 끼친 영향에 대해 나에게 지적해 주었다.

21 Yueh Sheng, *Sun Yat-sen University in Moscow and the Chinese Revolution: A Personal Account* (Lawrence: Center for East Asian Studies, University of Kansas, 1971). 소비에트 러시아에 대한 중국 혁명가들의 열광에 관해서는 Elizabeth McGuire, *Red at Heart: How Chinese Communists Fell in Love with the Russian Revolution* (New York: Oxford University Press, 2017); North, *Moscow and Chinese Communists*, 76; James C. Bowden, "Soviet Military Aid to Nationalist China, 1923–1941," in *Sino-Soviet Relations*, ed. Raymond L. Garthoff (New York: Praeger, 1966), 46, 50; A. V. Blagodatov, *Zapiski o Kitaiskoi Revoliutsii, 1925–1927 gg.* (Moscow: Nauka, 1979); "Zapiski M. M. Borodina," December 10, 1923, in *KiK*, vol. 1, 1920–1925, 341을 보라; 쑨원의 재정적 어려움에 관해서는 Maring to Comintern, May 31, 1923, and Maring, "Schemes for Reorganization of the KMT," in Tony Saich, *The Origins of the First United Front in China*, 2 vols. (Leiden: Brill, 1991), 2:535, 561을 보라.

22 "Extracts from Lenin's Speech," March 7, 1918, in *SDFP*, 1:57.

23 Viacheslav Nikonov, *Molotov: Molodost'* (Moscow: Vagrius, 2005), 704–705를 인용하고 있는 Haslam, *Near and Distant Neighbors*, 8. 나는 니코노프가 인용한 출처에서 그 인용문을 찾을 수 없었다.

24 Stephen Kotkin, *Stalin*, vol. 1, *Paradoxes of Power, 1878–1928* (New York: Penguin, 2014), 509–511, 514–517, 525–526. 전후의 안정에 관해서는 Maier, *Recasting Bourgeois Europe*을 보라.

25 "Doklad L. M. Karakhana," Beijing, February 11, 1926, in *KiK*, vol. 2, pt. 1, *1926–1927*, 75; Jonathan Haslam, *The Soviet Union and the Threat from the East, 1933–41: Moscow, Tokyo, and the Prelude to the Pacific War* (Pittsburgh: University of Pittsburgh Press, 1992), 1, 3.

26 "Rech V I Lenina," November 20, 1922, in *DVP*, 6:9; Sergey Grishachev and Vladimir Datsyshen, "Allied Intervention in Russian Civil War and Japanese Troops in Russia's Far East, 1918–1922," in *A History of Russo-Japanese Relations: Over Two Centuries of*

Cooperation and Competition, ed. Dmitry Streltsov and Nobuo Shimotomai (London: Brill, 2019), 137–154.

27 "Extracts from a Report by Chicherin," March 4, 1925, in *SDFP*, 2:16; Ian Nish, *Japanese Foreign Policy in the Interwar Period* (Westport, CT: Praeger, 2002), 49; Chicherin to Karakhan, April 20, 1925, in Kartunov, *Perepiska*, 495. 일본 정치에 대한 소련의 분석에 관해서는 "Otvety G. N. Voitinskogo na Voprosy I. V. Stalina," Moscow, February 16, 1926, in *KiK*, vol. 2, pt. 1, *1926–1927*, 83을 보라.

28 Stalin to Karakhan, June 16, 1924, in Kartunov, *Perepiska*, 237. 아시아에서의 소비에트 권력에 대한 위협에 관해서는 Haslam, *The Soviet Union and the Threat from the East*를 보라.

29 Reilly, "Lev Karakhan," 66.

30 Sheridan, *Chinese Warlord*, 10.

31 "Declaration signed by Karakhan," July 25, 1919, in *SDFP*, 1:159–160. 이 약속을 철회함: "Nota predstavitelia RSFSR [Ioffe] v Kitae," September 19, 1923, in *DVP*, 5:587; "Note from Chicherin to the Foreign Ministers," December 8, 1921, in *SDFP*, 1:283; "Notes from Joffe to the Chinese government," September 21, 1922, in *SDFP*, 1:333. 카라한은 상관인 치체린에게 1919년의 원래 선언은 동료 중 한 명의 실수였다고 주장했다; Karakhan to Chicherin, October 13, 1923, in Kartunov, *Perepiska*, 88; Elleman, *Diplomacy and Deception*, chap. 4; A. A. Ioffe to Politburo, July 22, 1922, in A. V. Kvashonkin, *Bolshevistskoe rukovodostvo: Perepiska, 1912–1927* (Moscow: Rosspen, 1996), 260–262; Sun Yat-sen to Lenin, December 6, 1922, in *KiK*, vol. 1, *1920–1925*, 151을 보라. 소련의 홍보 활동에 관해서는 "Extracts from an interview by Chicherin," October 25, 1922, in *SDFP*, 1:342를 보라.

32 Stalin to Karakhan, January 29, 1924, in Kartunov, *Perepiska*, 165–166; Peter S. H. Tang, *Russian and Soviet Policy in Manchuria and Outer Mongolia, 1911–1931* (Durham, NC: Duke University Press, 1959), 149, 152–153.

33 Chicherin to Karakhan, April 20, 1925, in Kartunov, *Perepiska*, 495; Bruce A. Elleman, *Moscow and the Emergence of Communist Power in China* (London: Routledge, 2009), 21; Tang, *Russian and Soviet Policy in Manchuria*, 187, 194.

34 Sheridan, *Chinese Warlord*, 13; Michael M. Walker, *The 1929 Sino-Soviet War: The War Nobody Knew* (Lawrence: University Press of Kansas, 2017), 104–105.

35 Chicherin, December 6, 1926, in Elleman, *Moscow and the Emergence of Communist Power*, 55. "Guomin dang" changed to "Nationalist Party."

36 Stalin to Karakhan, March 6, 1925, in Kartunov, *Perepiska*, 474.

37 Stalin in Izvestiia, February 22, 1919, in *SRE*, 45; Jacobs, Borodin, 170. 양 진영론에 관해서는 *SRE*, 59를 보라.

38 "Joint Statement by Sun- Yat Sen and Joffe," January 26, 1923, in *SDFP*, 1:370; Saich, *The Origins of the First United Front in China*, 1:82.

39 Stalin to Karakhan, June 16, 1924, in Kartunov, *Perepiska*, 237; Lenin, "Dve taktiki sotsial-demoratii v demo cratkicheskoi revoliutsii," 1905, in *SRE*, 36–38; Maring, Report to Comintern, July 11, 1922, and Karl Radek, "The Tasks of the Chinese Communist Party," probably late 1922, in Saich, *The Origins of the First United Front in China*, 1:308, 377.

40 "Dokladnaia Zapiska M. M. Borodina," April 6, 1925, in *KiK*, vol. 1, 1920–1925, 544; Pantsov, *The Bolsheviks and the Chinese Revolution*, 93; 번역 일부 수정; Elleman, *Moscow and the Emergence of Communist Power*, 17; 문장 부호 수정.

41 Zinoviev, "Stenograficheskii otchet o zasedanii ispolkoma," November 26, 1923, in *KiK*, vol. 1, 1920–1925, 303; "Directive of Policy to the Third Congress," May 1923, and " Theses on the Chinese Question," February 17– March 25, 1926, in *SRE*, 344, 349; Chen Duxiu, "The Immediate Tactics of the Communist Party of China," November 1922, in Saich, *The Origins of the First United Front in China*, 1:363; Pantsov, *The Bolsheviks and the Chinese Revolution*, 54, 104; Alexander Pantsov and Gregor Benton, "Did Trotsky Oppose Entering the Guomin dang 'From the First?,'" *Republican China* 19, no. 2 (1994): 52–66; Elleman, *Moscow and the Emergence of Communist Power*, 16. '궈민당'(Guomindang)을 '국민당'(Nationalist Party)으로 변경.

42 Elleman, *Moscow and the Emergence of Communist Power*, 17; Pantsov, *The Bolsheviks and the Chinese Revolution*, 86–87. 상하이의 사망자수에 관해서는 Hung-Ting Su, "Urban Mass Movement: The May Thirtieth Movement in Shanghai," *Modern Asian Studies* 13, no. 2 (1979): 208; Phoebe Chow, *Britain's Imperial Retreat from China, 1900–1931* (London: Routledge, 2016), 148을 보라. 만주에서의 파업에 관해서는 Chong-Sik Lee, *Revolutionary Struggle in Manchuria* (Berkeley: University of California Press, 1983)를 보라, 44. 홍콩에서의 파업에 관해서는 Ming K. Chan, "Hong Kong in Sino-British Conflict: Mass Mobilization and the Crisis of Legitimacy, 1912–1926," in *Precarious Balance: Hong Kong between China and Britain, 1842–1992*, ed. Ming K. Chan and John D. Young (Armonk, NY: M. E. Sharpe, 1994), 49; David J. Dallin, *The Rise of Russia in Asia* (New Haven, CT: Yale University

Press, 1949), 201을 보라.

43 Gill Bennett, *The Zinoviev Letter: The Conspiracy That Never Dies* (Oxford: Oxford University Press, 2018); Jacobson, *When the Soviet Union Entered World Politics*, 174.

44 Jacobson, *When the Soviet Union Entered World Politics*, 175.

45 "Extract from a Speech by Stalin," January 19, 1925, in *SDFP*, 2:1–2.

46 "Extracts from a Press Interview by Chicherin," January 22, 1925; "Extracts from a Speech by Chicherin," May 14, 1925; "Article by Stalin on the International Situation," March 22, 1925; and "Extracts from a Report by Stalin," May 9, 1925, in *SDFP*, 2:5–6, 20, 25–28, 43. 경제적 변화에 관해서는 Dmitry Manuilsky, "Excerpts from a Report to the Seventh Enlarged Plenum, November 22–December 16, 1925," in *SRE*, 389를 보라.

47 "Extracts from an Address by Stalin," May 18, 1925, in *SDFP*, 2:49; Futse, correspondent of the *Nichi-Nichi* newspaper, interview with Stalin, June or July 1925, in *SRE*, 336; J. V. Stalin, "The October Revolution and the National Question," November 6 and 19, 1918, Marxists Internet Archive, https://www.marxists.org/reference/archive/stalin/works/1918/11/19.htm.

48 D. Anuchin, "Aziia kak prarodina i uchitelnitsa chelovechestva; ee nastoiashchee i budushchee," *Novy Vostok*, no. 1 (1922), 249; *SRE*, 89.

49 Jacobs, *Borodin*, 186; "Zapiski M. M. Borodina," December 10, 1923, in *KiK*, vol. 1, *1920–1925*, 329; Tang Leang-li, *The Foundations of Modern China* (London: Noel Douglas, 1928), 168; "Report on the National Revolutionary Army and the Guomin dang," early 1926, in C. Martin Wilbur and Julie Lien-ying *How, Missionaries of Revolution: Soviet Advisers and Nationalist China, 1920–1927* (Cambridge, MA: Harvard University Press, 1989), 614. '궈민당'(Guomindang)을 '국민당'(Nationalist Party)으로 변경.

50 "Pismo N. V. Kuibysheva i I. Ia. Razgona v TsIK KPK," Canton, January 13, 1926; Tovarish Semar, responding to "Doklad Tov. Voitinskogo Na Zasedanii Presidiuma IKKI," February 10, 1926; and "Doklad L. M. Karakhana," Beijing, February 11, 1926, in *KiK*, vol. 2, pt. 1, 1926–1927, 21, 43, 51, 61; North, *Moscow and Chinese Communists*, 85.

51 "Iz protokola No 5 (Osoby no 3) zasedaniia politbiuro TsK VKP(b)," Moscow, January 21, 1926, in *KiK*, vol. 2, pt. 1, 1926–1927, 25–26; Chicherin to Karakhan, March 23, 1926, in Kartunov, *Perepiska*, 615–616.

52 Jay Taylor, *The Generalissimo: Chiang Kai-shek and the Struggle for Modern China*

(Cambridge, MA: Harvard University Press, 2009); North, *Moscow and Chinese Communists*, 86.

53 Stalin to Molotov, June 3, 1926, in *Stalin's Letters to Molotov*, ed. Lars T. Lih, Oleg V. Naumov, and Oleg V. Khlevniuk (New Haven, CT: Yale University Press, 1995), 111; Taylor, *The Generalissimo*, 57; Bowden, "Soviet Military Aid to Nationalist China," 52; "Tezisy K. B. Radeka 'ob osnovakh kommuniisticheskoi politiki v kitae,'" Moscow, June 22, 1926, in *KiK*, vol. 2, pt. 1, 1926–1927, 262; Elleman, 1926년과 1927년의 트로츠키를 인용하고 있는 *Moscow and the Emergence of Communist Power*, 43, 88,; M. N. Roy, *My Experience in China* (Calcutta: Renaissance Publishers, 1945), 69–70; "Iz protokola no 18 (osoby no 13) Zasedaniia politbiuro TsK VKP(b)," Moscow, April 1, 1926, and "Itogi i vyvody komissii dalbiuro," Shanghai, September 12, 1926, in *KiK*, vol. 2, pt. 1, *1926–1927*, 166, 401–402, 408; North, *Moscow and Chinese Communists*, 104, 109에 인용된 M. N. 로이. 트로츠키 자신이 말을 얼버무렸다; Trotsky, "Problems of Our Policy with Respect to China and Japan," March 25, 1926; Trotsky to Radek, August 30, 1926; "The Chinese Communist Party and the Guomindang," September 27, 1926, in Peng Shu-tse, ed., *Leon Trotsky on China* (New York: Monad Press, 1976), 102–120을 보라.

54 Stalin to Molotov, September 23, 1926, in *KiK*, vol. 2, pt. 1, *1926–1927*, 445; S. A. Dalin, *Kitaiskie Memuary, 1921–1927* (Moscow: Nauka, 1975), 311–317; Walter E. Weyl, "The Chicago of China," *Harper's*, October 1918.

55 Chow, *Britain's Imperial Retreat from China*, 150; *North China Herald*, January 11, 1927; Elleman, *Moscow and the Emergence of Communist Power*, 87; Pantsov, *The Bolsheviks and the Chinese Revolution*, 127.

56 "Dokladnaia zapiska T. G. Mandalian, A. E. Albrekht, N. M. Nasonov i N. A. Fokin o vtorom shankhaiskom vostannii," March 4, 1927, in *KiK*, vol. 2, pt. 1, *1926–1927*, 634–635; Elleman, *Moscow and the Emergence of Communist Power*, 55.

57 "Doklad N. I. Bukharina," March 30, 1927, in *KiK*, vol. 2, pt. 1, *1926–1927*, 65; Stalin to Radek, April 6, 1927, in Elleman, *Moscow and the Emergence of Communist Power*, 73; Kotkin, *Stalin*, 1:629.

58 S. A. Smith, *A Road Is Made: Communism in Shanghai, 1920–1927* (Honolulu: University of Hawaii Press, 2000), 190–205; Elleman, *Moscow and the Emergence of Communist Power in China*, 75–76; Patricia Stranahan, *Underground: The Shanghai Communist Party and the*

Politics of Survival (Lanham, MD: Rowman & Littlefield, 1998), 11.

59 "Peking Gets Proof Reds Incited Mobs," *New York Times*, April 9, 1927; Elleman, *Moscow and the Emergence of Communist Power in China*, 75; N. Mitarevsky, *World Wide Soviet Plots* (Tientsin: Tientsin Press, 1927).

60 Sir Austen Chamberlain to M. Rosengolz, May 26, 1927, in *Russia No. 3 (1927): A Selection of Papers Dealing with the Relations between His Majesty's Government and the Soviet Government, 1921–1927* (London: His Majesty's Stationery Office, 1927); *Russia No. 2 (1927): Documents Illustrating the Hostile Activities of the Soviet Government and Third International against Great Britain* (London: His Majesty's Stationery Office, 1927), 69–70; Elleman, *Moscow and the Emergence of Communist Power*, 95; Anglo-Russian Parliamentary Committee, *Raid on Arcos Ltd. and the Trade Delegation of the U.S.S.R.: Facts and Documents* (London: Anglo-Russian Parliamentary Committee, 1927), 31.

61 "Soobshchenie M. M. Borodina," Hankou, early May 1927, in *KiK*, vol. 2, pt. 1, *1926-1927*, 703; Stalin to Molotov, June 27, 1927, in Lih, Naumov, and Khlevniuk, *Stalin's Letters to Molotov*, 137; Pravda, April 15, 1927; *SRE*, 365. 대사관 습격 사건에 관해서는 William J. Oudendyck, *Ways and By-ways in Diplomacy* (London: Peter Davies, 1939), 350–351을 보라.

62 Comintern, "Resolution on the Chinese Question," May 8–30, 1927, in *SRE*, 369–371. 붉은 광장에 관해서는 Kotkin, *Stalin*, 1:631을 보라.

63 Stalin to Molotov, June 27, 1927, in Lih, Naumov, and Khlevniuk, *Stalin's Letters to Molotov*, 137; Kotkin, *Stalin*, 1:633; Stalin to Molotov, July 11, 1927, in Pantsov, *The Bolsheviks and the Chinese Revolution*, 152.

64 Jacobs, *Borodin*, 287–305; Stalin in *Pravda*, July 29, 1927, in *SRE*, 305.

65 "Telegramma G Noimana v Politbiuro Ts VKP(b)," Canton, November 29, 1927, in *KiK*, vol. 3, pt. 1, 1927–1931, 164–165.

66 "Extracts from Stalin's Report," December 3, 1927, in *SDFP*, 2:287; Stalin, Speech at the Fifteenth Congress of the Russian Communist Party, December 3, 1927, in *SRE*, 396; "Telegramma O. Iu. Pliche L. M. Karakhanu," Hankou, December 3, 1927; "Pismo O. A. Mitkevich v IKKI," Shanghai, no earlier than December 5, 1927; Stalin, "Iz protokola no 139," December 10, 1927, in *KiK*, vol. 3, pt. 1, *1927–1931*, 174, 180, 181, 191.

67 *SRE*, 309; Tang, *Russian and Soviet Policy in Manchuria*, 199; "Rech i zakliuchitelnoe slovo N I Bukharina," January 31, 1928, in *KiK*, vol. 3, pt. 1, *1927–1931*, 252.

68 Pantsov, *The Bolsheviks and the Chinese Revolution*, 81–82.

69 Ante Ciliga, *The Russian Enigma* (London: Routledge, 1940), 85; Haslam, *Near and Distant Neighbors*, 9. 이 인용문은 1929년경에 있었던 몰로토프의 발언으로 보인다. 몽골에 관해서는 R. W. Davies, *Soviet History in the Gorbachev Revolution* (Bloomington: Indiana University Press, 1989), 60을 보라; 번역 일부 수정.

70 Willard Sunderland, *The Baron's Cloak: A History of the Russian Empire in War and Revolution* (Ithaca, NY: Cornell University Press, 2014); Tang, *Russian and Soviet Policy in Manchuria*.

71 Bruce A. Elleman, "Sino-Soviet Relations on Outer Mongolia, 1918–1925," *Pacific Affairs* 66, no. 4 (Winter 1993): 559–560.

72 James Forsyth, *A History of the Peoples of Siberia: Russia's North Asian Colony, 1581-1990* (Cambridge: Cambridge University Press, 1992), 281; Alfred J. Rieber, *Stalin and the Struggle for Supremacy in Eurasia* (Cambridge: Cambridge University Press, 2015), 143–148.

73 Forsyth, *A History of the Peoples of Siberia*, 281; Rieber, *Stalin and the Struggle for Supremacy in Eurasia*, 143–148.

74 장쭤린 암살은 전통적으로 일본인의 소행으로 여겨지지만, 새로운 증거는 소련의 공모를 시사한다; Hiroaki Kuromiya, "The Battle of Lake Khasan Reconsidered," *Journal of Slavic Military Studies* 24, no. 2 (2011): 99n2를 보라. 장쉐량의 비행에 관해서는 Taylor, *The Generalissimo*, 100을 보라.

75 소련 난로에 관해서는 "Stoves in the Summer," in *Documents with Reference to the Sino-Russian Dispute* (Nanking: Far Eastern Information Bureau, 1929), 18; Ian Nish, *The History of Manchuria, 1840–1948: A Sino-Russo-Japanese Triangle*, vol. 1 (Folkestone, UK: Renaissance Publishers, 2016), 129–131; "Nota upravliaiushchego generalnym konsulstvom SSSR," February 2, 1929; Karakhan to A. A. Troianovksy, January 31, 1929; and "Nota generalnogo konsula SSSR," February 19, 1929, in *DVP*, 7:54–55, 58, 85; Tang, *Russian and Soviet Policy in Manchuria*, 195, 201, 218, 243; Walker, *The 1929 Sino-Soviet War*를 보라.

76 Karakhan to Voroshilov, August 10, 1929, in *Sovetskoe rukovodstvo: Perepiska, 1928-1941*, comp. A. V. Kvashonkin (Moscow: Political Encyclopedia Publishers, 1999), 87; Stalin to Molotov, August 29 and October 7, 1929, in Lih, Naumov, and Khlevniuk, *Stalin's Letters to Molotov*, 174, 182; Tang, *Russian and Soviet Policy in Manchuria*, 232; Nish, *The History of Manchuria*, 1: 131.

77 Kotkin, *Stalin*, 1:661–740; Stalin to Molotov, probably late August 1930, in Lih, Naumov, and Khlevniuk, *Stalin's Letters to Molotov*, 203; Jonathan Haslam, *Soviet Foreign Policy 1930–33: The Impact of the Depression* (London: Macmillan, 1983), 4–9.

78 Stalin to Molotov, September 1, 1930, in Lih, Naumov, and Khlevniuk, *Stalin's Letters to Molotov*, 208; Haslam, *Soviet Foreign Policy*, 29.

79 Walker, *The 1929 Sino-Soviet War*, 290–291; Haslam, *Soviet Foreign Policy*, 22.

80 Kaganovich to Stalin, August 20, 1931, and Stalin to Kaganovich, September 14, 1931, in *Stalin-Kaganovich Correspondence, 1931–36*, ed. R. W. Davies et. al., trans. Steven Shabad (New Haven, CT: Yale University Press, 2003), 61, 89; Elleman, *Moscow and the Emergence of Communist Power*, 200–203.

81 "Statement by Karakhan," April 16, 1933; "Extracts from a Speech by Molotov," November 6, 1933; and "Statement by the Vice-Commissar for Foreign Affairs," May 31, 1933, in *SDFP*, 3:12–14, 19, 35; Lee, *Revolutionary Struggle in Manchuria*, 93.

82 항의에 관해서는 Karakhan to Yenukidze, June 4, 1932, in *Sovetskoe rukovdostvo*, 235; Haslam, *The Soviet Union and the Threat from the East*, 18–19, 31; "Extracts from a Speech by Molotov," December 28, 1933, in *SDFP*, 3:47을 보라.

6장 "우리는 자유롭게 행동할 수 있어야 한다."

1 "Extracts from a Speech by Molotov at a Conference of Collective Farm Workers," February 18, 1933, in *SDFP*, 3:5–7에서 인용된 몰로토프의 말.

2 일본 측 성명에 관해서는 Ben David Dorfman, "The Manchurian 'Incident' of 1931," *Harper's*, September 1934를 보라.

3 Robert H. Ferrell, "The Mukden Incident: September 18–19, 1931," *Journal of Modern History* 27, no. 1 (March 1955): 67.

4 "Manchuria: What This Is All About," *Popular Mechanics*, February 1932, 210–215.

5 Ferrell, "The Mukden Incident," 66.

6 Sha Qingqing, "Reinterpreting the Soviet Policy toward Japan before and after the Mukden Incident," *Social Sciences in China* 36, no. 4 (2015): 197.

7 Ferrell, "The Mukden Incident," 67; Dorfman, "The Manchurian 'Incident' of 1931."

8 소련 개입에 대한 중국의 기대와 소련의 위협에 관해서는 Sha, "Reinterpreting the Soviet

Policy toward Japan," 194, 204를 보라. 스탈린은 개입을 배제했다: Stalin to Kaganovich and Molotov, September 23, 1931, in *KiK*, vol. 4, pt. 1, *1931–1937*, 70. '신중한' 조치: "TASS Statement on Soviet-Japanese Negotiations," January 17, 1933, in *SDFP*, 2:552; "Extracts from a Report by Molotov," January 23, 1933, in *SDFP*, 3:5.

9 "몇 시간 안에": Aitchen Wu, *China and the Soviet Union* (London: Methuen & Co., 1950), 224. 국제법에 관해서는: Arthur K. Kuhn, "The Lytton Report on the Manchurian Crisis," *American Journal of International Law* 27, no. 1 (January 1933): 96–100; Ferrell, "The Mukden Incident," 67.

10 Stalin to Voroshilov, November 27, 1931, in *Sovetskoe rukovodstvo: Perepiska, 1928-1941*, comp. A. V. Kvashonkin (Moscow: Political Encyclopedia Publishers, 1999), 162–163; "Postanovlenie PB TsK VKP(b) o Kitae," September 20, 1931, and Stalin to Kaganovich and Molotov, September 23, 1931, in *RKO*, vol. 3, *1931–1937*, 31, 34; Voroshilov to J. B. Gamarnik, January 13, 1932, in *Sovetskoe rukovodstvo*, 168. 1931년부터 1933년까지 모스크바는 극동 방어에 집중적으로 투자했다. 1931년 말에는 극동 해군을 창설하고, 1933년 4월에는 소련 태평양 함대를 창설했으며, 그 직후 잠수함도 시험했다; Jonathan Haslam, *Soviet Foreign Policy 1930–33: The Impact of the Depression* (London: Macmillan, 1983), 83을 보라.

11 Kaganovich to Stalin, June 2, 1932, and Stalin to Kaganovich, sometime before June 12, 1932, in *Stalin-Kaganovich Correspondence, 1931–36*, ed. R. W. Davies et al., trans. Steven Shabad (New Haven, CT: Yale University Press, 2003), 114, 125–126.

12 Ferrell, "The Mukden Incident," 67.

13 "Extracts from Molotov's Report," December 22, 1931, in *SDFP*, 2:519, 529, 532; "Extracts from a Report by Molotov."

14 예를 들어 Steven Levine, *Anvil of Victory: The Communist Revolution in Manchuria, 1945–1948* (New York: Columbia University Press, 1987), 28을 보라.

15 "Extracts from a Speech by Molotov at a Conference of Collective Farm Workers."

16 소련의 군사적 지원에 관해서는 곧 출간될 노터데임 대학교 이언 존슨(Ian Johnson)의 연구를 보라.

17 Ivan Maisky to Moscow, October 2, 1938, in *God Krizisa, 1938–1939: Dokumenty i Materialy v Dvukh Tomakh*, 2 vols. (Moscow: Politizdat, 1990), 1:41.

18 Stephen Kotkin, *Stalin*, vol. 2, *Waiting for Hitler, 1929–1941* (New York: Penguin, 2017), 590, 601.

19 "Extracts from a Speech by Molotov at a Conference of Collective Farm Workers."

20 Jonathan Haslam, "On the Popular Front: The Comintern and the Origins of the Popular Front, 1934–1935," *The Historical Journal* 22, no. 3 (September 1979): 673–691.

21 히로아키 구로미야와 같은 학자들은 1920년대와 1930년대 중국에서 시행된 소련 특수 작전을 규명하기 시작했으며, 이 작전들은 당시 알려진 것보다 훨씬 광범위한 것으로 밝혀졌다; Hiroaki Kuromiya, "The Battle of Lake Khasan Reconsidered," *Journal of Slavic Military Studies* 24, no. 2 (2011): 659–677을 보라.

22 네벨스코이의 인용문에 관해서는 Mark Bassin, "A Russian Mississippi? A Political-Geographical Inquiry into the Vision of Russia on the Pacific, 1840–1865" (PhD diss., University of California, Berkley, 1983), 285를 보라; cf. David R. Stone, *Hammer and Rifle: The Militarization of the Soviet Union, 1926–1933* (Lawrence: University Press of Kansas, 2000), 187 188; Jonathan Haslam, *The Soviet Union and the Threat from the East, 1933–41: Moscow, Tokyo, and the Prelude to the Pacific War* (Pittsburgh: University of Pittsburgh Press, 1992), 112.

23 Haslam, *The Soviet Union and the Threat from the East*, 112.

24 Beckmann and Okubo, *The Japanese Communist Party, 1922–1945* (Stanford, CA: Stanford University Press, 1969), 215, 219, 253, 275. 전후 일본 공산당의 약세에 관해서는 A. Rozanov, "Raskol Profsoiuznovo Dvizheniia v Iaponii," April 11, 1950, RGANI, f. 17, o. 37, d. 412, esp. l. 53을 보라. 중국 공산주의자들에 대한 압박에 관해서는 Dieter Heinzig, *The Soviet Union and Communist China, 1945–1950: The Arduous Road to the Alliance* (Armonk, NY: M. E. Sharpe, 2004), 21을 보라. 한 가지 예외는 중국의 신장 지역이었다. 소련은 그 지역을 지배하던 군벌을 지원하며 군대를 파견했다. 그러나 스탈린은 영토를 추가로 획득하지 않았고 신장 지도부가 급격히 공산주의를 채택하는 것도 억제했다. 대신 크렘린은 신장에서 감지된 일본 위협에 초점을 맞췄다. 신장에서의 일본 영향력에 대한 소련 정보기관의 보고에 관해서는 "Dokladnaia Zapiska Nachalnika Piatogo Upravleniia RKKA…" July 31, 1939, in *Voennaia Razvedka Informiruet: Dokumenty Razvedupravleniia Krasnoi Armii* (Moscow: Mezdunarodnoi Fond Demokratii, 2008), 162를 보라. 소련 정책에 대한 훌륭한 개괄로는 Jamil Gasanli, *Sintszian v Orbite Sovetskoi Politike: Stalin i Musulmanskoe Dvizhenie v Vostochnom Turkestane* (Moscow: Nauka, 2015)가 있다.

25 Vinogradov to Voroshilov, 1933, in *Pisma vo Vlast, 1928–1939* (Moscow: Rosspen, 2002), 228–230; John J. Stephan, "'Cleansing' the Soviet Far East, 1937–1938," *Acta Slavica Iaponica*

10 (1992): 47; M. Gelb, "An Early Soviet Ethnic Deportation: The Far Eastern Koreans," *Russian Review* 54, no. 3 (July 1995): 390–391; Jon Chang, *Burnt by the Sun: The Koreans of the Russian Far East* (Honolulu: University of Hawai'i Press, 2018).

26 Haslam, *Soviet Foreign Policy 1930–33*, 72, 77; John J. Stephan, *The Russian Fascists: Tragedy and Farce in Exile, 1925–1945* (New York: Harper and Row, 1978), 60–90. 만주의 백계 러시아인들과 일본에 관해서는 N. E. Ablova, *KVZhD i Rossiiskaia Emigratsiia v Kitae* (Moscow: Russkaia Panorama, 2005), 295–305; Stephan, "'Cleansing' the Soviet Far East," 44, 50을 보라.

27 Lavrentiy Beria to Stalin, August 16, 1941, Volkogonov Papers, LOC, container 6, reel 4.

28 *The Maisky Diaries: Red Ambassador to the Court of St James, 1932–1943*, ed. Gabriel Gorodetsky, trans. Tatiana Sorokina and Oliver Ready (New Haven, CT: Yale University Press, 2015), March 15, 1935, and March 23, 1938, 1:102, 282. 1935년 7월-8월에 열린 코민테른 제17차 대회는 일본을 공식적으로 적으로 규정했다; H. Ikuhiko, "The Japanese-Soviet Confrontation, 1935–1939," in *Deterrent Diplomacy: Japan, Germany, and the USSR*, ed. J. W. Morley (New York: Columbia University Press, 1976), 132를 보라.

29 "Protest against the Violation of the Soviet Frontier by Japanese-Manchurian Forces," November 4, 1935, in *SDFP*, 3:147; "Extracts from a Report by Molotov to the Central Executive Committee," January 10, 1936, in *SDFP*, 3:152, 155–156; "Note from Litvinov to the Chinese Charge in Moscow," April 8, 1936, in *SDFP*, 3:187; Alvin D. Coox, *Nomonhan: Japan against Russia, 1939* (Stanford, CA: Stanford University Press, 1985), 93–95; Ikuhiko, "The Japanese Soviet Confrontation," 135–137; *Pogranichnye Voiska SSSR, 1939–1941: Sbornik Dokymentov i Materialov*, ed. P. I. Zyrianov (Moscow: Nauka, 1970), 563–748.

30 Coox, *Nomonhan*, 100; Haslam, *Soviet Foreign Policy 1930–33*, 79.

31 Doc. 1.4, January 21, 1939, and Doc. 1.6, January 25, 1939, in *Voennaia Razvedka Informiruet*, 25, 59.

32 Litvinov to the Peoples Commissariat of Foreign Affairs, October 2, 1938, in *God Krizisa, 1938–1939*, 1:39–40; Kotkin, *Stalin*, 2:621.

33 Kotkin, *Stalin*, 2:657.

34 Kotkin, *Stalin*, 2:695.

35 Coox, *Nomonhan*, 136 and chaps. 9–10; "Prikaz Narodnogo Komissara Oborony Soiuza SSR," September 4, 1938, Volkogonov Papers, LOC, container 6, reel 4.

36 Alvin D. Coox, *The Anatomy of a Small War: The Soviet-Japanese Struggle for Changkufeng-Khasan, 1938* (Westport, CT: Greenwood Press, 1977), xix. 전통적으로 일본이 침략자로 여겨져 왔지만, 소련이 전투를 도발했을 가능성도 있다. 어느 쪽이든 모스크바의 전략적 목표는 방어적이었다. 수정주의 견해를 위해서는 Hiroaki Kuromiya, "The Mystery of Nomonhan, 1939," *Journal of Slavic Military Studies* 24, no. 4 (2011): 659–677; Pravda, September 1, 1939, in *God Krizisa*, 1938–1939, 2:355–356을 보라. 일본군의 손실에 관해서는 Boris Slavinsky, *The Japanese-Soviet Neutrality Pact: A Diplomatic History, 1941–1945* (New York: Routledge, 2004), 18을 보라. 일본의 "극심한 공포"에 관해서는 Doc. 2.33, October 26, 1939, in *Voennaia Razvedka Informiruet*, 170; David Stone, *A Military History of Russia* (Westport, CT: Praeger, 2006), 190; Coox, *Nomonhan*, 993, 1000을 보라.

37 Coox, *Nomonhan*, 986.

38 중국의 전쟁에 관해서는 Rana Mitter, *China's War with Japan, 1937–1945* (London: Penguin, 2013)를 보라. 소련 정보에 관해서는 Docs. 2.9 and 5.32, October 2, 1940, in *Voennaia Razvedka Informiruet*, 393; I. T. Luganets-Orelskii to People's Commissariat for Foreign Affairs (이후 NKID로 표기), January 2 and 16, 1939, in *RKO*, vol. 4, no. 1, *1937–1944*, 378–380, 389를 보라.

39 Doc. 2.21, July 31, 1939, and Doc. 2.25, September 1, 1939, in *Voennaia Razvedka Informiruet*, 161, 165; "Narodnomu Kommisaru Oboronu SSSR Marshalu Sovietskogo Soiuza tov. Voroshilovu," May 4, 1936, Volkogonov Papers, LOC, container 6, reel 4.

40 균형의 변화에 관해서는 Kotkin, *Stalin*, 2:698을 보라. 폴란드와 핀란드에서 붉은 군대가 처한 어려움에 관해서는 Mary Habeck, "Dress Rehearsals, 1937–1941," in *The Military History of the Soviet Union*, ed. Robin Higham and Frederick Kagan (New York: Palgrave, 2002), 102–107을 보라.

41 Kotkin, *Stalin*, 2:793.

42 일본에 대한 존중을 표하는 것에 관해서는 *Molotov Remembers: Inside Kremlin Politics; Conversations with Felix Chuev*, ed. Albert Resis (Chicago: Ivan R. Dee, 1993), 21을 보라.

43 Slavinsky, *The Japanese-Soviet Neutrality Pact*, 76–77.

44 Solomon Lozovsky to Stalin, December 26, 1941, in *Istochnik*, no. 4 (1995): 114–115.

45 미국 공군기지 요청에 관해서는 "Poslanie Prededatelia Soveta Ministrov SSSR Presidentu SShA," January 5, 1943, in *Russkii Arkhiv: Velikaia Otechestvennaia*, vol. 18, no. 7, part 1, ed. V. A. Zolotarev (Moscow: Terra, 1997), 283을 보라. 스탈린은 결국 1944년에 미국에 기지

를 제공했다; Averill Harriman to Franklin D. Roosevelt, October 17, 1944, in *FRUS: The Conferences at Malta and Yalta, 1945*, 370–374; George Lensen, *The Strange Neutrality: Soviet-Japanese Relations during the Second World War, 1941–1945* (Tallahassee, FL: The Diplomatic Press, 1972), 14, 19, 30, 33, 41, 45, 50, 57, 79; Slavinsky, *The Japanese-Soviet Neutrality Pact*, 71–73을 보라.

46 Jenifer Van Vleck, *Empire of the Air: Aviation and the American Ascendancy* (Cambridge, MA: Harvard University Press, 2013), 135.

47 초상화에 관해서는 Milovan Djilas, *Conversations with Stalin* (New York: Harcourt, Brace and World, 1962), 60을 보라. 알렉산드르 1세에 관해서는 Vladislav Zubok and Constantine Pleshakov, *Inside the Kremlin's Cold War: From Stalin to Krushchev* (Cambridge, MA: Harvard University Press, 1996), 27을 보라.

48 사할린의 석유 산업에 관해서는 John J. Stephan, *Sakhalin: A History* (Oxford: Oxford University Press, 1971), 131–141을 보라.

49 David Dallin, *The Rise of Russia in Asia* (New Haven, CT: Yale University Press, 1949), 137.

50 아시아에서의 종전에 관해서는 C. A. Bayly and Tim Harper, *Forgotten Wars: The End of Britain's Asian Empire* (London: Allen Lane, 2007)를 보라.

51 Zubok and Pleshakov, *Inside the Kremlin's Cold War*, 38.

52 Maiskii to Molotov, January 11, 1944, in *Istochnik* 4 (1995): 125, 133; Slavinsky, *The Japanese-Soviet Neutrality Pact*, 136–137; Averill Harriman to Franklin D. Roosevelt, December 15, 1944, in *FRUS: The Conferences at Malta and Yalta,* 1945, 378. 세력권에 관해서는 Voitech Mastny, *The Cold War and Soviet Insecurity* (New York: Oxford University Press, 1996), 16을 보라.

53 Djilas, *Conversations with Stalin*, 114.

54 "Bohlen Minutes: Voice of Smaller Powers in Postwar Peace Organization," Yalta, February 4, 1945, Office of the Historian, https://history.state.gov/historicaldocuments/frus1945Malta/d331.

55 "Bohlen Minutes: Voice of Smaller Powers in Postwar Peace Organization."

56 "Bohlen Minutes: Air Bases in the Far East," Leningrad, February 8, 1948, Office of the Historian, https://history.state.gov/historicaldocuments/frus1945Malta/d393; S. M. Plokhy, *Yalta: The Price of Peace* (New York: Viking, 2010), 216–228.

57 Y. A. Malik to NKID, June 7, 1945, in *Vestnik Ministerstva Innostrannikh Del* 19, no. 77

(October 15, 1990): 49.

58 Y. A. Malik to NKID, June 28, 1945, in *Vestnik Ministerstva Innostrannikh Del* 19, no. 77 (October 15, 1990): 49–50; Harriman to Franklin D. Roosevelt, October 17, 1944, and Deane to the Joint Chiefs of Staff, October 17, 1944, in *FRUS: The Conferences at Malta and Yalta, 1945*, 370–375; Tsuyoshi Hasegawa, *Racing the Enemy: Stalin, Truman, and the Surrender of Japan* (Cambridge, MA: Harvard University Press, 2005), 29; Slavinsky, *The Japanese-Soviet Neutrality Pact*, 150.

59 "Prikaz Komanduiushchego Voiskami 2-go dalnevostochnogoo fronta…," August 10, 1945, and "Prikaz glavnokomanduiushchego sovetskimi voiskami…," August 18, 1945, in *Russkii Arkhiv: Velikaia Otechestvennaia*, vol. 18, no. 7, part 2, ed. V. A. Zolotarev (Moscow: Terra, 2000), 7, 35; Slavinsky, *The Japanese-Soviet Neutrality Pact*, 181; Hasegawa, *Racing the Enemy*, 45–48, 187–190; Odd Arne Westad, *Cold War and Revolution: Soviet-American Rivalry and the Origins of the Chinese Civil War, 1944–1946* (New York: Columbia University Press, 1993), 78.

60 "Prikaz glavnokomanduiushchego sovetskimi voiskami…," 7, 35; Slavinsky, *The Japanese-Soviet Neutrality Pact*, 153–154, 181; Hasegawa, *Racing the Enemy*, 46, 187–190, 289; Boris Slavinsky and Ljubica Erickson, "The Soviet Occupation of the Kuril Islands and Plans for the Capture of Northern Hokkaido," *Japan Forum* 5, no. 1 (1993): 98; Westad, *Cold War and Revolution*, 78. 해군 기지에 관해서는 "Donesenie komanduiushchego voiskami 2-go dalnevostochnogo fronta…," August 24, 1945, in *Russkii Arkhiv: Velikaia Otechestvennaia*, vol. 18, no. 7, part 2, 145–146을 보라. 한반도 분할에 관해서는 William Stueck, *Rethinking the Korean War: A New Diplomatic and Strategic History* (Prince ton, NJ: Prince ton University Press, 2004), 22–23을 보라.

61. "Donesenie zamestitelia nachalnika shtaba tikhookeanskogo flota," September 5, 1945, in *Russkii Arkhiv: Velikaia Otechesvennaia*, vol. 18, no. 7, part 2, 249.

62 이 주장의 대표적 논저는 Gar Alperowitz, *Atomic Diplomacy: Hiroshima and Potsdam* (New York: Simon and Schuster, 1965)이다.

63 Hasegawa, *Racing the Enemy*, 286.

64 Hasegawa, *Racing the Enemy*, 115–116; I. V. Shikin to Molotov, February 21, 1964, in *RKO*, vol. 5, no. 1, *1946–1948*, 65; "Vopros Mid'a SSSR," November 1947, GARF, f. 5446, o. 48a, d. 3346, l. 1; "Rasopriazhenie no. 4483pc," GARF, f. 5446, o. 48a, d. 2218, l. 7–8; "Ob

utverzhdenie otchetov…," May 1947, GARF, f. 5446, o. 49a, d. 558, l. 41; Stalin memo of November 1948, GARF, f. 5446, o. 50, d. 618, l. 8; GARF, f. 5446, o. 48a, d. 408. 일부 역사학자들은 스탈린이 단지 니콜라이 시대의 세력권을 재확립하려 했기 때문에 그의 아시아 목표가 제한적이었고 주장한다; Ilya Gaiduk, "The Second Front of the Cold War: Asia in the System of Moscow's Foreign Policy Priorities," in *Cold War in East Asia*, ed. Tsuyoshi Hasegawa (Washington, DC: Woodrow Wilson Center Press, 2011), 63–80을 보라. 그러나 크렘린의 목표는 10년 전 스탈린 자신의 목표와 비교해볼 때 훨씬 더 확장적이었다. 중국 학생들에 관해서는 *Posledniye pisma Stalinu: 1952–1953 gg*, ed. G. V. Gorskaia (Moscow: Rosspen, 2015), 32를 보라.

65 Feliks Chuev, *Sto Sorok Besed s Molotvym: Iz dnevnika F. Chueva* (Moscow: Terra, 1991), entries for May 1 and June 3, 1981.

66 Zubok and Pleshakov, *Inside the Kremlin's Cold War*, 38; Resis, *Molotov Remembers*, 8.

67 Westad, *Cold War and Revolution*, 4, 37–38, 53; Hasegawa, *Racing the Enemy*, 129. "어떠한 모순도 보이지 않는다."에 관해서는 A. A. Petrov and Chen Lifu, "Zapis Besedy," June 14, 1946, in *RKO*, vol. 5, no. 1, *1946–1948*, 120을 보라.

68 몰로토프의 견해에 관해서는 George Kennan, *Memoirs: 1925–1950* (New York: Pantheon Books, 1983), 236; Heinzig, *The Soviet Union and Communist China,* 23, 33, 34를 보라. 무에 관해서는 Sergei Radchenko, *Two Suns in the Heavens: The Sino-Soviet Struggle for Supremacy, 1962–1967* (Washington, DC: Woodrow Wilson Center Press, 2009), 5를 보라.

69 Henzig, *The Soviet Union and Communist China*, 21, 27, 53; Westad, *Cold War and Revolution*, 62.

70 Stalin to Antonov, August 18, 1945, Volkogonov Papers, LOC, container 8, reel 5; Westad, *Cold War and Revolution*, 38; Steven I. Levine, *Anvil of Victory: The Communist Revolution in Manchuria, 1945–1948* (New York: Columbia University Press, 1987), 62. 나치의 무기에 관해서는 Yevgen Sautin, "China's Last Warlord: Gao Gang and the Northeast People's Government, 1948–1954" (PhD diss., University of Cambridge, 2020), 45를 보라.

71 Westad, *Cold War and Revolution*, 169; Levine, *Anvil of Victory*, 90, 104; Heinzig, *The Soviet Union and Communist China,* 121. 마오쩌둥의 "중국이 일어섰다."는 발언에 대한 논쟁에 관해서는: "The Famous Mao Slogan, That He Never Even Used," *South China Morning Post*, September 25, 2009.

72 성급함의 위험에 관해서는 Sergei Goncharov, "The Stalin-Mao Dialogue," *Far Eastern*

Affairs, no. 1 (1992): 102, 105; Li Haiwan and Wang Xi, "A Distortion of History: An Interview with Shi Zhe," *Chinese Historians* 5 (Fall 1992): 61을 보라. 마오쩌둥의 신발과 곡물 수확에 관해서는 Andrei Ledovsky, "Mikoyan's Secret Mission to China," *Far Eastern Affairs*, no. 2 (1995): 76, 77을 보라.

73 티토에 관해서는 Heinzig, *The Soviet Union and Communist China*, 123을 보라. 스탈린의 온건 노선 지지에 관해서는 Stalin to Chen Yun, March 15, 1949, in Goncharov, "The Stalin-Mao Dialogue," 99–100을 보라. 스탈린의 원조 지원 주저에 관해서는 Stalin to Mao, April 1994, in Sergei N. Goncharov, John W. Lewis, and Litai Xue, *Uncertain Partners: Stalin, Mao, and the Korean War* (Stanford, CA: Stanford University Press, 1993), 231을 보라. 소련 핵 정책에 관해서는 Viktor M. Gobarev, "Soviet Policy toward China: Developing Nuclear Weapons 19491969," *Journal of Slavic Military Studies* 12, no. 4 (1999): 2–3; Goncharov, "The Stalin-Mao Dialogue," 97, 103을 보라. 소련의 군사 원조 제공 기부에 관해서는 Heinzig, *The Soviet Union and Communist China*, 119를 보라.

74 David Holloway, *Stalin and the Bomb: The Soviet Union and Atomic Energy*, 1939–1956 (New Haven, CT: Yale University Press, 1994), 268.

75 "Solid and intelligent communists": Heinzig, *The Soviet Union and Communist China*, 306.

76 "Countries of East Asia": Goncharov, "The Stalin-Mao Dialogue," 95; "peoples of Asia": Goncharov, Lewis, and Xue, *Uncertain Partners*, 71.

77 Heinzig, *The Soviet Union and Communist China*, 268–307; Sergey Radchenko and David Wolff, "To the Summit via Proxy-Summits: New Evidence from Soviet and Chinese Archives on Mao's Long March to Moscow, 1949," *CWIHP*, no. 16 (Fall 2007–Winter 2008): 111. 소련 공산당에 대한 중국 공산당의 종속 문제에 관해서는 Andrei Ledovsky, ed., "Report of the CPC Central Committee Delegation," July 4, 1949, in "The Moscow Visit of a Delegation of the Communist Party of China in June to August 1949," *Far Eastern Affairs*, no. 4 (1996): 84를 보라. Mao's Farewell Speech at the Moscow Railway Station, February 17, 1950: Goncharov, Lewis, and Xue, *Uncertain Partners*, 267–268; Heinzig, *The Soviet Union and Communist China*, 320–322, 341–342.

78 48통의 전보: Kathryn Weathersby, "New Findings on the Korean War," *CWIHP*, no. 3 (Fall 1993): 14. 스탈린의 생일에 관해서는 Shtykov to Grigorian, February 4, 1950, Russian State Archive of Social and Political History, Moscow, f. 17, o. 37, d. 409, ll. 4–18을 보라. Shtykov to Vyshinsky, September 3, 1949; Gromyko to Tunkin, September 11, 1949; Tunkin to

Moscow, September 14, 1949; and "Politburo Decision to Confirm the Following Directive to the Soviet Ambassador in Korea, September 24, 1949, in Kathryn Weathersby, "Korea, 1949–1950: To Attack, or Not to Attack?," *CWIHP*, no. 5 (Spring 1995): 6–8.

79 Stueck, *Rethinking the Korean War*, 73. 미국의 한국 개입 위험에 대한 소련의 평가에 관해서는 Kathryn Weathersby, "'Should We Fear This?' Stalin and the Danger of War with America," Cold War International History Project, working paper no. 39, July 2002; Haruki Wada, *The Korean War: An International History* (Lanham, MD: Rowman & Littlefield, 2018), 71을 보라.

80 Shtykov to Vyshinsky, January 19, 1950, *CWIHP*, no. 5 (Spring 1995): vi; Stueck, *Rethinking the Korean War*, 29; Chen Jian, *China's Road to the Korean War: The Making of the Sino-American Confrontation* (New York: Columbia University Press, 1994), 64, 86, 112; Stalin to Mao, May 1950, in Kathryn Weathersby, "The Soviet Role in the Early Phase of the Korean War," *Journal of American-East Asian Relations* 2, no. 4 (1993): 430.

81 Fyn Si to Shtykov, October 1, 1950, in Wada, *The Korean War*, 119.

82 Katheryn Weathersby, "Stalin, Mao, and the End of the Korean War," in *Brothers in Arms: The Rise and Fall of the Sino-Soviet Alliance, 1945–1963*, ed. Odd Arne Westad (Washington, DC: Woodrow Wilson Center Press, 1998), 94; William Stueck, *The Korean War: An International History* (Prince ton, NJ: Prince ton University Press, 1997), 65.

83 Kathryn Weathersby, "Stalin, Mao, and the End of the Korean War," in Westad, *Brothers in Arms*, 103–105; 번역 일부 수정.

84 Wada, *The Korean War*, 133.

85 Mastny, *The Cold War and Soviet Insecurity*, 151; Odd Arne Westad, "Introduction," in Westad, *Brothers in Arms*, 14.

86 A. V. Torkunov, *Zagadochnaia Voina: Koreiskii Konflikt 1950–1953 godov* (Moscow: Rosspen, 2000), 272–273; Elizabeth A. Stanley, "Ending the Korean War," *International Security* 34, no. 1 (2009): 76.

87 Khrushchev, Speech to Factory No. 23, August 11, 1955, in *Nikita Sergeevich Khrushchev: Dva Tsveta Vremeni*, vol. 1 (Moscow: Mezhdunarodny Fond Demokratii, 2009), 549-551; Elizabeth A. Stanley, *Paths to Peace: Domestic Coalition Shifts, War Termination and the Korean War* (Stanford, CA: Stanford University Press, 2009), 113; Zubok and Pleshakov, *Inside the Kremlin's Cold War*, 155. 일본의 반공주의에 관해서는 "Kratkii Obzor Raboty

8-I Vneocherednoi Sessii Parlamenta," Russian State Archive of Social and Political History, Moscow, f. 17, o. 137, d. 412, ll. 158–161, 179–181을 보라.

88 흐루쇼프의 몰로토프 비판에 관해서는 Benjamin Aldrich-Moodie's translation of the July 1955 Plenum of the Communist Party of the Soviet Union in *CWIPH*, no. 10 (March 1998): 6을 보라. 이 인용문은 전쟁을 끝내기로 한 결정 이후에 나온 것이지만, 소련 대외정책의 광범한 변화를 나타낸다. 김일성에 관해서는 Wada, *The Korean War*, 260을 보라.

7장 "인류의 위대한 희망"

1 Vojtech Mastny, "The Soviet Union's Partnership with India," *Journal of Cold War Studies* 12, no. 3 (Summer 2010): 54.

2 Nikita Khrushchev, *The Memoirs of Nikita Khrushchev*, vol. 3, *Statesman, 1953–1964*, ed. Sergei Khrushchev (University Park: Pennsylvania State University Press, 2007), 728.

3 "Information on Khrushchev and Bulganin's November–December 1955 trip to India, Burma, and Afghanistan," January 11, 1956, obtained by David Wolff, trans. Stephan Kieninger, Wilson Center History and Public Policy Program Digital Archive, https://digitalarchive.wilsoncenter.org/document/119273; transcript of a Meeting between Soviet Prime Minister (Nikolai Bulganin) and Indian Prime Minister (Jawaharlal Nehru), June 8, 1955, RGANI, f. 5, o. 30, d. 116, l. 73–84, http://www.php.isn.ethz.ch/lory1.ethz.ch/collections/colltopic5de3.html?lng=en&id=93135&navinfo=56154; Welles Hangen, "Khrushchev Attacks Eisenhower, Rejects His Air Inspection Plan," *New York Times*, December 30, 1955; "Soviet Chieftains Off to South Asia," *New York Times*, November 17, 1955; A. M. Rosenthal, "American Argues with Soviet Chief," *New York Times*, November 22, 1955; "Khrushchev Talks Held Irking Nehru," *New York Times*, December 23, 1955; Nikita Khrushchev, *Khrushchev Remembers* (Boston: Little, Brown, 1970), 561; David C. Engerman, "Learning from the East: Soviet Experts and India in the Era of Competitive Coexistence," *Comparative Studies of South Asia, Africa, and the Middle East* 33, no. 2 (2013): 228; Khrushchev, *The Memoirs of Nikita Khrushchev*, 3:729, 738.

4 Aleksandr Fursenko and Timothy Naftali, *Khrushchev's Cold War: The Inside Story of an American Adversary* (New York: Norton, 2006), 81.

5 Mikoyan speech in GARF, f. 5446, o. 120, d. 1249, l. 2, 14, 16, 18.

6 맥밀런과 게이츠컬에 관해서는 William Taubman, *Khrushchev: The Man and His Era* (New York: W. W. Norton, 2003), 352, 357; Furskeno and Naftali, *Khrushchev's Cold War*, 25에서 인용된 볼런을 보라.

7 Khrushchev, *Khrushchev Remembers*, 1.

8 Taubman, *Khrushchev*, 332.

9 Taubman, *Khrushchev*, 347. 핵에 대한 인식의 변화에 관해서는 Campbell Craig and Sergey Radchenko, "MAD, Not Marx: Khrushchev and the Nuclear Revolution," *Journal of Strategic Studies* 41, nos. 1–2 (2018): 212–215를 보라.

10 Fursenko and Naftali, *Khrushchev's Cold War*, 28–29. 평화 공존의 정의에 관해서는 Taubman, Khrushchev, 348을 보라.

11 "콜호스 없는 사회주의"에 관해서는 Chris Miller, "Georgii Mirskii and Soviet Theories of Authoritarian Modernization," *International History Review* 41, no. 2 (2019): 304–322를 보라.

12 브루텐츠에 관해서는 Engerman, "Learning from the East," 234를 보라.

13 Andreas Hilger, "The Soviet Union and India: The Khrushchev Era and Its Aftermath until 1966," Parallel History Project on Cooperative Security, February 2009, http://www.php.isn.ethz.ch/lory1.ethz.ch/collections/coll_india/documents/IntroII_final_001.pdf, 2, 5, 7.

14 "Khrushchev's 'We Will Bury You,'" n.d., CIA CREST Archive, https://www.cia.gov/library/readingroom/docs/CIA-RDP73B00296R000200040087-1.pdf.

15 "From the Journal of Pavel F. Yudin: Rec ord of Conversation with Mao Zedong," December 21, 1955, Wilson Center History and Public Policy Program Digital Archive, Archive of Foreign Policy of the Russian Federation (AVPRF), f. 0100, o. 49, p. 410, d. 9, ll. 11–19, trans. Gary Goldberg, http://digitalarchive.wilsoncenter.org/document/117834; "From the Journal of Ambassador Pavel Yudin: Memorandum of Conversation with Mao Zedong," May 30, 1955, Wilson Center History and Public Policy Program Digital Archive, AVPRF, f. 0100 o. 48, p. 393, d. 9, obtained by Paul Wingrove, trans. Gary Goldberg, http://digitalarchive.wilsoncenter.org/document/111373.

16 Odd Arne Westad, "The Sino-Soviet Alliance and the United States," in *Brothers in Arms: The Rise and Fall of the Sino-Soviet Alliance, 1945–1963*, ed. Odd Arne Westad (Washington, DC: Woodrow Wilson Center Press, 1998), 152. 기술 이전에 관해서는 Taubman,

Khrushchev, 337에서 인용된 윌리엄 커비(William Kirby). 마오쩌둥의 통역관과 203개 공장에 관해서는 Taubman, *Khrushchev*, 336–337을 보라; Mao to Yudin에 관해서는 "From the Journal of Ambassador Pavel Yudin: Memorandum of Conversation with Mao Zedong," May 30, 1955를 보라; 번역 일부 수정. "위대한 친선"에 관해서는 Austin Jersild, *The Sino-Soviet Alliance: An International History* (Chapel Hill: University of North Carolina Press, 2014), ix를 보라.

17 "From the Journal of Pavel F. Yudin: Record of Conversation with Mao Zedong," December 21, 1955.

18 "Zamechaniia Gosplana… po proektu pervogo piatiletnego plana razvitiia narodnogo khoziastva KNR," no later than May 19, 1955, in *Prezidium TsK KPSS 1954–1964: Chernovyye protokolnyye zapisi zasedaniy. Stenogrammy*, vol. 2 (Moscow: Rosspen, 2003), 71; Zhihua Shen and Yafeng Xia, "The Great Leap Forward, the People's Commune and the Sino-Soviet Split," *Journal of Contemporary China* 20, no. 72 (2011): 861–880; B. Ponomarev, "Spravka o Polozhenii v KNDR," April 1955, RGANI, f. 5, o. 28, d. 314, ll. 35–59; Ponomarev, Memo on North Korea, RGANI, f. 5, o. 28, d. 314, ll. 212–214. 중소 분열에 관해서는 Lorenz Luthi, *The Sino-Soviet Split: Cold War in the Communist World* (Prince ton, NJ: Prince ton University Press, 2008); Sergey Radchenko, *Two Suns in the Heavens: The Sino-Soviet Struggle for Supremacy, 1962–1967* (Washington, DC: Woodrow Wilson Center, 2009)을 보라.

19 "Khrushchev's Secret Speech, 'On the Cult of Personality and Its Consequences,' Delivered at the Twentieth Party Congress of the Communist Party of the Soviet Union," February 25, 1956, Wilson Center History and Public Policy Program Digital Archive, from the Congressional Record: Proceedings and Debates of the 84th Congress, 2nd Session (May 22, 1956– June 11, 1956), C11, Part 7 (June 4, 1956), 9389–9403, http://digitalarchive.wilsoncenter.org/document/115995.

20 Odd Arne Westad, "Introduction," in Westad, *Brothers in Arms*, 18; Taubman, *Khrushchev*, 338–339; "From the Journal of Ambassador P. F. Yudin, Record of Conversation with Mao Zedong, 31 March 1956," April 5, 1956, Wilson Center History and Public Policy Program Digital Archive, AVPRF, f. 0100, o. 49, p. 410, d. 9, ll. 87–98; 또 RGANI, f. 5, o. 30, d. 163, ll. 88–99, trans. Mark Doctoroff, http://digitalarchive.wilsoncenter.org/document/116977.

21 Mikoyan speech in GARF, f. 5446, o. 120, d. 1249, l. 26; "Zapis Besedy," March 8 and

October 2, 1958, RGANI, f. 5, o. 49, d. 128, ll. 22, 241; "First Conversation between N.S. Khrushchev and Mao Zedong, Hall of Huaizhentan [Beijing]," July 31, 1958, Wilson Center History and Public Policy Program Digital Archive, Archive of the President of the Russian Federation (APRF), f. 52, o. 1, d. 498, ll. 44–477, copy in Dmitry Volkogonov Collection, Manuscript Division, LOC, Washington, DC, trans. Vladislav M. Zubok, http://digitalarchive.wilsoncenter.org/document/112080.

22 Heinzig, 393; Khrushchev, *Khrushchev Remembers*, 513.

23 Vladislav M. Zubok, "First Conversation of N.S. Khrushchev with Mao Zedong, Hall of Huaizhentan [Beijing]," July 31, 1958, *CWIHP*, no. 12–13 (Fall/Winter 2001): 251, 254; Charles Kraus, "Creating a Soviet 'Semi-Colony'? Sino-Soviet Cooperation and Its Demise in Xinjiang, 1949–1955," *Chinese Historical Review* 17, no. 2 (2010): 132.

24. "Minutes of Conversation, Mao Zedong and Ambassador Yudin," July 22, 1958, in Wilson Center History and Public Policy Program Digital Archive, *Mao Zedong waijiao wenxuan* [Selected works of Mao Zedong on diplomacy] (Beijing: Zhongyang wenxian chubanshe, 1994), 322–333, trans. Zhang Shu Guang and Chen Jian, http://digitalarchive.wilsoncenter.org/document/116982.

25 흐루쇼프의 정책 방향 전환에 관해서는 Radchenko, *Two Suns in the Heavens*, 80을 보라.

26 Westad, "The Sino-Soviet Alliance," 158.

27 "Conversation of Mao Zedong with Soviet Ambassador Pavel Yudin," March 28, 1958, Wilson Center History and Public Policy Program Digital Archive, *Dang de wenxian* [Party historical documents], no. 3 (1994): 15, trans. Neil Silver, http://digitalarchive.wilsoncenter.org/document/114342; "인류의 절반": Taubman, *Khrushchev*, 341.

28 Khrushchev, *Khrushchev Remembers*, 518–519.

29 Chen Jian, *Mao's China and the Cold War* (Chapel Hill: University of North Carolina Press, 2001), 163, 183, 187.

30 "Discussion between N.S. Khrushchev and Mao Zedong," October 2, 1959, Wilson Center History and Public Policy Program Digital Archive, APRF, f. 52, o. 1, d. 499, ll. 1–33, copy in Volkogonov Collection, LOC, trans. Vladislav M. Zubok, http://digitalarchive.wilsoncenter.org/document/112088; Westad, "The Sino-Soviet Alliance," 150–151.

31 "Attacking China means attacking the Soviet Union": Westad, "The Sino-Soviet Alliance," 151; "Discussion between N.S. Khrushchev and Mao Zedong," October 2, 1959, Wilson

Center History and Public Policy Program Digital Archive, APRF, f. 52, o. 1, d. 499, ll. 1–33, copy in Volkogonov Collection, LOC, Washington, DC, trans. Vladislav M. Zubok, http://digitalarchive.wilsoncenter.org/document/112088; Chen, *Mao's China and the Cold War*, 189. 수영장 정상회담에 관해서는 Khrushchev, *Khrushchev Remembers*, 518; *CWIHP*, no. 12–13 (Fall/Winter 2001): 263–264를 보라.

32 Mastny, "The Soviet Union's Partnership with India," 58.

33 Westad, "The Sino-Soviet Alliance," 177; "Otchet Posolstva SSSR v Kitaiskoi Narodnoi Respublike za 1958 god," RGANI, f. 5, o. 49, d. 134, l. 237.

34 "기계적으로 반복할 수는 없습니다.": Westad, "The Sino-Soviet Alliance," 25; Vladimir M. Zubok, *A Failed Empire: The Soviet Union in the Cold War from Stalin to Gorbachev* (Chapel Hill: University of North Carolina Press, 2007), 137.

35 Mao Zedong, "On Khrushchov's Phoney Communism and Its Historical Lessons for the World," Marxists Internet Archive, July 1964, https://www.marxists.org/reference/archive/mao/works/1964/phnycom.htm.

36 중국–소련 우호관계의 파탄에 관해서는 Chen, *Mao's China and the Cold War*, 49–84; Luthi, *The Sino-Soviet Split*; Radchenko, *Two Suns in the Heavens*를 보라.

37 쿠바 미사일 위기에 관해서는 Enrico Maria Fardella, "Mao Zedong and the 1962 Cuban Missile Crisis," *Cold War History* 15, no. 1 (2015): 81을 보라. 홍콩과 러시아 제국주의에 관해서는 Elizabeth Wishnick, *Mending Fences: The Evolution of Moscow's China Policy from Brezhnev to Yeltsin* (Seattle: University of Washington Press, 2001), 28을 보라.

38 Wishnick, *Mending Fences*, 24, 31.

39 Paul Du Quenoy, "The Role of Foreign Affairs in the Fall of Nikita Khrushchev in October 1964," *International History Review* 25, no. 2 (June 2003): 335.

40 "Minutes from a Conversation between A.N. Kosygin and Mao Zedong," February 11, 1965, Wilson Center History and Public Policy Program Digital Archive, AAN, KC PZPR, XI A/10, 517, 524, obtained by Douglas Selvage, trans. Malgorzata Gnoinska, http://digitalarchive.wilsoncenter.org/document/118039.

41 "Minutes from a Conversation between A.N. Kosygin and Mao Zedong," February 11, 1965.

42 "Minutes from a Conversation between A.N. Kosygin and Mao Zedong," February 11, 1965.

43 Wishnick, *Mending Fences*, 28.

44 미소간의 논의에 관해서는 William Stearman, Memcon, August 18, 1969, National

Security Archive, https://nsarchive2.gwu.edu/NSAEBB/NSAEBB49/sino.sov.10.pdf; Y. Kuisong, "The Sino-Soviet Border Clash of 1969: From Zhenbao Island to Sino-American Rapprochement," *Cold War History* 1, no. 1 (2000): 21–52; Lyle Goldstein, "Return to Zhenbao Island: Who Started Shooting and Why It Matters," *China Quarterly* 168 (December 2001): 985–997을 보라. 중국의 비합리적 행동에 대한 소련의 두려움에 관해서는 Wishnick, Mending Fences, 30, 35를 보라.

45 Gennady Nevelskoy, *Podvigi russkikh morskikh ofitserov na krainem vostoke Rossii, 1849–55* (St. Petersburg, 1878), 114.

46 브레즈네프의 유머에 관해서는 Sergey Radchenko, *Unwanted Visionaries: The Soviet Failure in Asia at the End of the Cold War* (Oxford: Oxford University Press, 2013), 13을 보라. 지명 변경에 관해서는 Wishnick, *Mending Fences*, 55을 보라.

47 *The Military Balance, 1984–1985* (London: International Institute for Strategic Studies, 1985), 21; Charles E. Ziegler, *Foreign Policy and East Asia: Learning and Adaptation in the Gorbachev Era* (Cambridge: Cambridge University Press, 1993), 131; Donald S. Zagoria, "The Soviet Quandary in Asia," *Foreign Affairs* 56, no. 2 (January 1978), 318; Henry Gelman, "Andropov's Policy toward Asia," *Journal of Northeast Asian Studies* 2 (June 1983): 3–11; Wishnick, *Mending Fences*, 24, 30, 43.

48 Ezra Vogel, *China and Japan: Facing History* (Cambridge, MA: Harvard University Press, 2019), 327–355.

49 Excerpts from the "Protocol Transcript of the Moscow Meeting," May 16–18, 1973, trans. Malgorzata K. Gnoiska, in James Hershberg, Sergey Radchenko, Péter Vámos, and David Wolff, "The Interkit Story: A Window into the Final Decades of the Sino-Soviet Relationship," Cold War International History Project, working paper no. 63, February 2011, 92–94.

50 Arnold L. Horelick, "The Soviet Union's Asian Collective Security Proposal: A Club in Search of Members," *Pacific Affairs* 47, no. 3 (Autumn 1974): 269.

51 Ramesh Thacker and Carlyle Thayer, *Soviet Relations with India and Vietnam* (Houndmills, UK: Macmillan, 1992), 34, 64; Wishnick, *Mending Fences*, 51에 인용된 네루.

52 Thacker and Thayer, *Soviet Relations with India and Vietnam*, 36, 95; Radchenko, *Unwanted Visionaries*, 100.

53 소련의 북한 지원에 관해서는 Zagoria, "The Soviet Quandary in Asia," 313을 보라; '전례

없는' 알력에 관해서는 Balazs Szalontai, *Kim Il Sung in the Khrushchev Era: Soviet-DPRK Relations and the Roots of North Korean Despotism, 1953–1964* (Washington, DC: Woodrow Wilson Center Press, 2005), 174를 보라.

54 하노이의 급진적 시각과 친중국 성향에 관해서는, Ilya Gaiduk, "The Vietnam War and Soviet-American Relations, 1964–1973," *CWIHP*, nos. 6–7 (Winter 1995): 250; Nicholas Khoo, *Collateral Damage: Sino-Soviet Rivalry and the Termination of the Sino-Vietnamese Alliance* (New York: Columbia University Press, 2011)를 보라. 1979년 소련의 베트남 지원에 관해서는 Radchenko, *Unwanted Visionaries*, 126; Gelman, "Andropov's Policy toward Asia," 4–5를 보라. 베트남의 소련 기지에 관해서는 Robert Horn, "Soviet Policy in Southeast Asia in the Gorbachev Era," in *The Soviet Union and the Asia-Pacific Region*, ed. Pushpa Thambipillai and Daniel C. Matuszewski (New York: Praeger, 1989) 63을 보라. 소련의 베트남 지원을 둘러싼 논의에 관해서는 Balazs Szalontai, "The Diplomacy of Economic Reform in Vietnam: The Genesis of Doi Moi, 1986–1989," *Journal of Asiatic Studies* 51, no. 2 (2008): 199–252; Thacker and Thayer, *Soviet Relations with India and Vietnam*, 125를 보라.

55 "CPSU CC Politburo Decision," January 28, 1980, trans. Mark Kramer, CWIHP, nos. 8–9 (Winter 1996): 163.

56 "Personal Memorandum, Andropov to Brezhnev," early December 1979, obtained by Odd Arne Westad, trans. Daniel Rozas, *CWIHP*, nos. 8–9 (Winter 1996): 159.

57 Thacker and Thayer, *Soviet Relations with India and Vietnam*, 3; Gelman, "Andropov's Policy toward Asia," 6; Zagoria, "The Soviet Quandary," 315.

58 "제국주의 세력"에 관해서는 "CPSU CC Directive to Soviet Ambassadors," March 4, 1980, trans. Elizabeth Wishnick, *CWIHP*, nos. 6–7 (Winter 1995): 201–202를 보라. 미국 제국주의에 관해서는 "CPSU CC Politburo Directive to Soviet Ambassadors," October 2, 1980, *CWIHP*, nos. 6–7 (Winter 1995): 203–204를 보라; cf. Ponomarev, "Polish Record of Soviet Alliance Meeting in Moscow," February 1980, trans. Malgorzata Gnoiska, in Hershberg et al., "The Interkit Story," 110. in Radchenko, *Unwanted Visionaries*, 14; Wishnick, *Mending Fences*, 60에서 인용된 '반소련주의'.

59 "방자하고 공격적인": Radchenko, *Unwanted Visionaries*, 24. 동유럽에 관해서는 Radchenko, *Unwanted Visionaries*, 18, 20; Wishnick, *Mending Fences*, 41을 보라.

60 East German record of talk with Soviet Communist Party official Boris Kulik, January 26, 1977, in Hershberg et al., "The Interkit Story," 100.

61 전쟁 준비에 관해서는 "Directive to Soviet Ambassadors and Representatives," October 2, 1980, RGANI, f. 89, per. 34, doc. 10, in Elizabeth Wishnick, "Sino-Soviet Tensions, 1980," *CWIHP*, nos. 6–7 (Winter 1995): 202; Alexander Lukin, *The Bear Watches the Dragon: Russia's Perceptions of China and the Evolution of Russian-Chinese Relations since the Eighteenth Century* (Armonk, NY: M. E. Sharpe, 2003), 144; Mikhail Kapitsa, *Na Raznykh Paralleliakh: Zapiski Diplomala* (Moscow: AO Kniga I biznes, 1996); Anatoly Chernayev Diary, May 29, 1982, http://www2.gwu.edu/~nsarchiv/rus/text_files/Chernyaev/1982.pdf를 보라. Evgeny Bazhanov quoted in Lukin, *The Bear Watches the Dragon*, 145; Gil Rozman, "Moscow's China-Watchers in the Post-Mao Era: The Response to a Changing China," *China Quarterly* 94 (June 1983): 215–241; R. Neronov and G. Stepanova, "CPC: Certain Tendencies of Development," *Far Eastern Affairs*, no. 2 (1982): 44; Alexander Lukin, "Kitaievedenie i Politika," *Vostok*, no. 2 (1991): 218.

62 Brezhnev in "President Brezhnev's Speech, Tashkent 24 Mar 1982," *Survival* 24, no. 4 (1982): 186. 문화대혁명에 관해서는 Fedor Burlatsky, "Nasledniki Mao," *Novy Mir* 9 (1978): 217을 보라. 선전전에 관해서는 Ziegler, *Foreign Policy and East Asia*, 62를 보라. 브레즈네프의 정책 변화에 관해서는 Rozman, "Moscow's China-Watchers in the Post-Mao Era," 215, 217; Radchenko, *Unwanted Visionaries*, 17을 보라.

63 동남아시아에 관해서는 Khoo, *Collateral Damage*를 보라. 중국의 요구에 관해서는 Wishnick, *Mending Fences*, 99를 보라. 브레즈네프의 타슈켄트 연설에 대한 베이징의 해석에 관해서는 Radchenko, *Unwanted Visionaries*, 25를 보라.

64 "잘못 평가": Wishnick, *Mending Fences*, 40에 인용된 게오르기 아르바토프. 미중간의 어려움에 관해서는 Radchenko, *Unwanted Visionaries*, 30–33을 보라.

65 브레즈네프에 관해서는 Hershberg et al., "The Interkit Story," 29; Wishnick, *Mending Fences*, 75, 77, 82를 보라.

66 중국 매파에 관해서는 Lukin, *The Bear Watches the Dragon*, 144–145; Wishnick, *Mending Fences*, 85를 보라. 우스티노프에 관해서는 Radchenko, *Unwanted Visionaries*, 38을 보라. 소련의 군사 배치에 관해서는 Wishnick, *Mending Fences*, 79를 보라.

67 시온주의 음모에 관해서는 Evgeny Bazhanov, *Aktualnye Problemy Mezhdunarodnikh Otnoshenii* (Moscow: Nauchniaia Kniga, 2002), 313; Lukin, *The Bear Watches the Dragon*, 150을 보라. 지정학적 적에 관해서는 Eugene Bazhanov, "Policy by Fiat," *Far Eastern Economic Review*, June 11, 1992, 16을 보라.

68 Bazhanov, "Policy by Fiat," 16.

69 "Polish Report on Meeting in Moscow with Oleg Rakhmanin," February 1985, trans. Malgorzata Gnoinska, in Hershberg et al., "The Interkit Story," 135.

8장 페레스트로이카와 태평양

1 고르바초프의 아시아 외교에 대한 탁월한 개설서로는 세르게이 랏첸코(Sergey Radchenko)의 *Unwanted Visionaries: The Soviet Failure in Asia at the End of the Cold War* (Oxford: Oxford University Press, 2013)가 있으며, 이 장은 이 책에 크게 의존하고 있다. 중소 화해에 대한 매우 훌륭한 개관으로는 Vladislav Zubok, "The Soviet Union and China in the 1980s: Reconciliation and Divorce," *Cold War History* 17, no. 2 (2017): 121–141이 있다. 아시아에 대한 견해가 어떻게 변하는지를 알려면 Chris Miller, *The Struggle to Save the Soviet Economy: Mikhail Gorbachev and the Collapse of the USSR* (Chapel Hill: University of North Carolina Press, 2016)을 보라. 고르바초프의 정치와 서방과의 관계에 관해서는 William Taubman, *Gorbachev: His Life and Times* (New York: Norton, 2017); Archie Brown, *The Gorbachev Factor* (Oxford: Oxford University Press, 1996)를 보라.

2 1986년 군사훈련에 관해서는 Clyde Haberman, "Challenge in the Pacific," *New York Times*, September 7, 1986을 보라. '성역방어'에 관해서는 Narushige Michishita, Peter M. Swartz, and David F. Winkler, "Lessons of the Cold War in the Pacific: U.S. Maritime Strategy, Crisis Prevention, and Japan's Role" (Washington, DC: Woodrow Wilson Center, 2016), https://www.wilsoncenter.org/sites/default/files/lessons_of_the_cold_war_in_the_pacific_one_page.pdf를 보라; 수중 탄도 핵 잠수함의 취약점에 관해서는 Eugene Miasnikov, "Can Russian Strategic Submarines Survive at Sea? The Fundamental Limits of Passive Acoustics," *Science & Global Security* 4, no. 2 (1994): 213–251을 보라.

3 함선 수에 관해서는 Clyde Haberman, "Challenge in the Pacific," *New York Times*, September 7, 1986을 보라.

4 세르게이 랏첸코(Sergey Radchenko)와 블라디미르 루킨(Vladimir Lukin) 같은 역사학자들은 중국과의 관계 개선 노력이 1980년대 초기에 시작되었다고 언급했다. 그러나 이러한 노력은 고르바초프의 등장으로 내부 균형이 화해 쪽으로 기울기 전까지는 매파에 의해 방해받았다.

5 '교양 없음'에 관해서는 Evgeny Bazhanov's judgment of Boris Ponomarev in Bazhanov, "Soviet Policy towards South Korea under Gorbachev," in *Korea and Russia: Toward the 21st Century*, ed. Il Yung Chung (Seoul: Sejong Institute, 1992), 67을 보라.

6 Charles E. Ziegler, *Foreign Policy and East Asia: Learning and Adaptation in the Gorbachev Era* (Cambridge: Cambridge University Press, 1993), 58에 인용된 셰바르드나제. "균형 잡힌 무역"에 관해서는 "Spravka ob Ekonomicheskom Sotrudnichestve SSSR c Sotsialisticheskoi Respublike Vietnam," n.d., Hoover Institution Library and Archives, Stanford, CA, Kataev Papers, box 12, p. 8을 보라. 베트남 원조 비용에 관해서는 M. S. Krapivin and D. V. Mosiakov, "Otnosheniia Sovetskogo Soiuza s Vetnamom (60–90-e gg. XX veka)," *Vostok*, no. 3 (2006): 45; Radchenko, *Unwanted Visionaries*, 133; Balazs Szalontai, "The Diplomacy of Economic Reform in Vietnam: The Genesis of Doi Moi, 1986–1989," *Journal of Asiatic Studies* 51, no. 2 (2008): 229–230을 보라.

7 프리마코프도 서유럽을 '다극 전략'의 후보라고 언급했다; Viktor Kuzminov and Viktor Pavlyatenko, "Soviet-Japanese Relations from 1960–1985: An Era of Ups and Downs," in *A History of Russo-Japanese Relations: Over Two Centuries of Cooperation and Competition*, ed. Dmitry Streltsov and Nobuo Shimotomai (London: Brill, 2019), 460; '다극 전략': Seung-Ho Joo, *Gorbachev's Foreign Policy toward the Korean Peninsula, 1985–1991* (Lewiston, NY: Edwin Mellen Press, 2000), 25에 인용된 야코블레프를 보라. 야코블레프에 관해서는 "Tezisy k Vystupleniiu A. N. Iakovleva na Soveshchaniii v TsK KPSS," December 6, 1985, in Aleksandr Iakovlev: *Perestroika, 1985–1991; Dokumenty* (Moscow: Mezhdunarodnii Fond Demokratiia, 2008), 19를 보라.

8 소련 대외정책에서의 이념에 관해서는 Vladislav Zubok and Constantine Pleshakov, *Inside the Kremlin's Cold War: From Stalin to Krushchev* (Cambridge, MA: Harvard University Press, 1996)를 보라.

9 David M. Levy and Sandra J. Peart, "Soviet Growth and American Textbooks," *Journal of Economic Behavior and Organization* 78, no. 1–2 (2001): 110–125.

10 Aleksandr Yakovlev, "Keystones of the New Thinking," *Far Eastern Affairs*, no. 1 (1989): 75.

11 다음 단락들은 Miller, *The Struggle to Save the Soviet Economy*, chap. 2에서 발췌했다. 일본 자본주의에 관해서는 A. I. Bykova, "SShA I ikh konkurenty na mirovkh rynkakh naukoemokoi produktsii," 1985, data annex, Archive of the Academy of Sciences, Moscow, f. 2021, o. 2, d. 16, ll. 44–59; "Amerikansko-iaponskoe ekonomicheskoe protivorechie," 1986,

Archive of the Academy of Sciences, Moscow, f. 2021, o. 2, d. 19, ll. 2–17을 보라.

12 Gilbert Rozman, "Moscow's Japan-Watchers in the First Years of the Gorbachev Era: The Struggle for Realism and Respect in Foreign Affairs," *Pacific Review* 1 (1988): 261, 269; V. Khlynov, "Iaponskie plany i prognozy razvitiia na 80-e gody," *Mirovaya ekonomika i mezhdunarodnyye otnosheniya* (1981): 128.

13 S. I. Verbitskii, "Evoliutsia vzgliadov na iaponiu v period perestroika," in *Znakomtes Iaponiia: K visitu B.N. Eltsina*, ed. V. B. Ramzes (Moscow: Nauka, 1992), 38–39.

14 Scott Atkinson, "The USSR and the Pacific Century," *Asian Survey* 30, no. 7 (July 1990): 636에 인용된 프리마코프; "The USSR and the Pacific Century," 636에 인용된 I. Tselishchev, "High Technologies and the Economics of the Asian-Pacific Region," *Mirovaya ekonomika i mezhdunarodnyye otnosheniya* (1989): 91; Atkinson, "The USSR and the Pacific Century," 629에 인용된 Vladimir Klyuchnikov, "How Do We Answer the Call? The Soviet Far East on the World Map," *Sotsialisticheskaya Industriya*, September 11, 1988, 1.

15 고르바초프에 관해서는 Taubman, Gorbachev; Brown, *The Gorbachev Factor*를 보라.

16 Brown, *The Gorbachev Factor*, 336.

17 Miller, *The Struggle to Save the Soviet Economy*, chaps. 1–2.

18 고르바초프의 아시아 축소 정책에 관해서는 William Wohlforth, "Defying Expectations: Russia's Missing Asian Revisionism," in *The United States and Northeast Asia: Debates, Issues, and New Order*, ed. G. John Ikenberry and Chung-in Moon (Lanham, MD: Rowman & Littlefield, 2008), 99를 보라. 고르바초프는 소련군을 축소했을지 모르지만, 크렘린의 정치적 영향력을 확대하려고 했다. 그러나 이것이 실패하자, 1990년대 중반 아시아에서 모스크바의 중요성은 1980년대 중반 수준으로 돌아갔다. 모스크바는 많은 핵무기를 보유하고 있었지만, 다른 영향력 행사 수단은 거의 없었다.

19 블라디보스토크에 관해서는 William Richardson, "Vladivostok: City of Three Eras," *Planning Perspectives* 10, no. 1 (1995): 43–65를 보라.

20 브레즈네프의 극동 방문에 관해서는 "Zasedanii Politbiuro TsK KPSS," April 13, 1978, Volkogonov Papers, LOC, reel 16; Joachim Glaubitz, *Between Tokyo and Moscow: The History of an Uneasy Relationship* (Honolulu: University of Hawaii Press, 1995), 174–175를 보라.

21 "Na soveshchanii u Gorbacheva v svyazi s poesdkoi na Dalnii Vostok," July 16, 1986, in *Otvechaia na Vyzov Vremeni: Veshniaia Politika Perestroiki: Dokumentalnie Svidetel'stva*

(Moscow: Ves Mir, 2010), 799.

22 "Iz Zaiavleniia Generalnogo Sekretaria TsK KPSS," January 15, 1986; "Na politburo. O mezhdunarodnyi situatsii," April 3, 1986; "Iz Politicheskogo Doklada TsK KPSS XXVII sezdu KPSS," February 25, 1986; and "Na soveshchanii u Gorbacheva v svyazi s poesdkoi na Dalnii Vostok," July 16, 1986, in *Otvechaia na Vyzov Veku Vremeni,* 795–799.

23 "Gorbachev Accents Soviet Role in Asia," *Current Digest of the Soviet Press* 38, no. 30 (August 27, 1986): 5; Mikhail Gorbachev, *Speech by Mikhail Gorbachev in Vladivostok, July 28, 1986* (Moscow: Novosti Press Agency Publishing House, 1986), 9.

24 Gorbachev, *Speech by Mikhail Gorbachev in Vladivostok*, 24, 26, 29.

25 David Wolff, "Interkit: Soviet Sinology and the Sino-Soviet Rift," *Russian History* 30, no. 4 (Winter 2003): 453; Elizabeth Wishnick, *Mending Fences: The Evolution of Moscow's China Policy from Brezhnev to Yeltsin* (Seattle: University of Washington Press, 2001), 99–100; Alexander Lukin, *The Bear Watches the Dragon: Russia's Perceptions of China and the Evolution of Russian-Chinese Relations since the Eighteenth Century* (Armonk, NY: M. E. Sharpe, 2003), 150.

26 세대 변화에 관해서는 Lukin, *The Bear Watches the Dragon*, 150–151을 보라. 아프가니스탄 철수에 관한 가장 뛰어난 설명은 Artemy Kalinovsky, *The Long Goodbye: The Soviet Withdrawal from Afghanistan* (Cambridge, MA: Harvard University Press, 2011), 178이다.

27 북한에 관해서는 Joo, *Gorbachev's Foreign Policy toward the Korean Peninsula*, 99-100을 보라. 일본에 관해서는 Tsuyoshi Hasegawa, *The Northern Territories Dispute and Russo-Japanese Relations*, 2 vols. (Berkeley: University of California Press, 1998), 1:167을 보라.

28 *The Diary of Anatoly Chernyaev*, 1985, ed. Svetlana Savranskaya, trans. Anna Melyakova, April 4, 1985, National Security Archive, https://nsarchive2.gwu.edu/NSAEBB/NSAEBB192/Chernyaev_Diary_translation_1985.pdf.

29 *The Diary of Anatoly Chernyaev*, April 4, 1985.

30 *The Diary of Anatoly Chernyaev*, April 11 and June 20, 1985.

31 *The Diary of Anatoly Chernyaev*, October 16–17, 1985.

32 몽골에 대한 고르바초프에 관해서는 "Gorbachev Accents Soviet Role in Asia," 6을 보라. 캄보디아에 관해서는 Leszek Buszynski, *Gorbachev and Southeast Asia* (London: Routledge, 1992), 121–146을 보라. 몽골 철수에 관해서는 "Notes from Politburo Meeting on July 24, 1986," in *V Politburo TsK KPSS: Po zapisyam Anatoliya Chernyaeva, Vadima Medvedeva,*

Georgiya Shakhnazarova (1985–1991), ed. Anatoly Chernyaev, Vadim Medvedev, and Georgy Shakhnazarov (Moscow: Gorbachev Foundation, 2008), 75를 보라. 가장 뛰어난 분석으로는 Sergey Radchenko, "Soviet Withdrawal from Mongolia, 1986–1992: A Reassessment," *Journal of Slavic Military Studies* 25, no. 2 (2012): 183–203이 있다.

33 "우리가 얼마나 많은 공통점을 가지고 있는지": Vojtech Mastny, "The Soviet Union's Partnership with India," *Journal of Cold War Studies* 12, no. 3 (Summer 2010): 77; "우리는 큰 소리로 말할 수는 없다.": Radchenko, *Unwanted Visionaries*, 95, 98; 번역 일부 수정.

34 Mastny, "The Soviet Union's Partnership with India," 78; Buszynski, *Gorbachev and Southeast Asia*, 60. 고르바초프의 삼각 협력체 개념에 관해서는 Radchenko, *Unwanted Visionaries*, 100–102를 보라.

35 Wishnick, *Mending Fences*, 113–114.

36 "Personal business": Mark D'Anastasio, "Soviets Now Hail China as a Source of Ideas for Reviving Socialism," *Wall Street Journal*, September 18, 1987; I. Nekrasov, "Open Windows — the Future of Soviet-Chinese Relations," *Sovietskaya Rossiya*, July 9, 1988, trans. in Joint Publications Research Service: Soviet Union, International Affairs, September 15, 1988, 74.

37 사회주의 형제애에 관해서는 Lukin, *The Bear Watches the Dragon*, 153, 154를 보라. 고르바초프의 방문에 관해서는 Ezra F. Vogel, *Deng Xiaoping and the Transformation of China* (Cambridge, MA: Harvard University Press, 2011), 612; Andrew J. Nathan and Perry Link, eds., *The Tiananmen Papers* (New York: PublicAffairs, 2001), 144; "Other Reports on Early Part of Visit; Reactions from People in Peking," *BBC Summary of World Broadcasts*, May 17, 1989를 보라.

38 "Iz Vystupleniia Gorbacheva na Vstreche s Kitaiskoi Obshchestvennostiu," May 17, 1989, in *Otvechaia na Vyzov Vremeni*, 882–883; Andrew Higgins and Rupert Cornwell, "Students Spoil Gorbachev's Party," *Independent*, May 16, 1989, 16; Michael Dobbs, "Gorbachev, in China, Calls for Democracy," *Washington Post*, May 17, 1989, A1; Wishnick, *Mending Fences*, 104.

39 Lukin, *The Bear Watches the Dragon*, 156–162.

40 "Excerpts from the Conversation between Mikhail Gorbachev and Rajiv Gandhi," July 15, 1989, Wilson Center History and Public Policy Program Digital Archive and Archive of the Gorbachev Foundation, trans. Sergey Radchenko, https://digitalarchive.wilsoncenter.org/

document/119291.pdf?v=6a44a2603e0ef9559df45d0b2d1d461a; Radchenko, *Unwanted Visionaries*, 101.

41 Joo, *Gorbachev's Foreign Policy toward the Korean Peninsula*, 97; Bazhanov, "Soviet Policy towards South Korea under Gorbachev," 63.

42 Bazhanov, "Soviet Policy towards South Korea under Gorbachev," 65; Joo, *Gorbachev's Foreign Policy toward the Korean Peninsula*, 94에 인용된 그로미코. 1984년 정상회담에 관해서는 Mikhail Kapitsa, *Na Raznikh Parallelakh: Zapiski Diplomala* (Moscow: AO Kniga I biznes, 1996), 240–243; Ziegler, *Foreign Policy and East Asia*, 112–113을 보라.

43 "동방판 나토"에 관해서는 Bazhanov, "Soviet Policy towards South Korea under Gorbachev," 71을 보라. '인질'로서의 모스크바에 관해서는 Karen Brutents, *Nesbyvsheesya: Neravnodushnye zametki o perestroike* (Moscow: Mezhdunarodnye otnosheniya, 1995), 217을 보라. 정치국의 생각에 관해서는 Evgeny Bazhanov, "Soviet Policy toward the Asia-Pacific Region: The 1980s," in *Russian Strategic Thought toward Asia*, ed. Gibert Rozman, Kazuhiko Togo, and J. Ferguson (New York: Palgrave, 2006), 48을 보라. 남한에 대한 시각이 어떻게 변하는지를 알려면 Oleg Davydov, "Seoul: In Search of New Horizons," *Far Eastern Affairs*, no. 3 (1990): 35–49를 보라. Joo, *Gorbachev's Foreign Policy toward the Korean Peninsula*, 112에 인용된 야코블레프. 야코블레프와 남한에 관해서는 Brutents, *Nesbyvsheesya*, 216을 보라. 유망한 파트너로서의 서울에 관해서는 Bazhanov, "Soviet Policy towards South Korea under Gorbachev," 94를 보라.

44 Joo, *Gorbachev's Foreign Policy toward the Korean Peninsula*, 60, 71–72, 142–143. 올림픽 게임에 관해서는 Radchenko, *Unwanted Visionaries*, 198–248의 국제 올림픽 위원회 문서들을 바탕으로 한 매우 흥미로운 연구를 보라. 보빈에 관해서는 Bazhanov, "Soviet Policy towards South Korea under Gorbachev," 87을 보라.

45 *Izvestiya* in Joo, *Gorbachev's Foreign Policy toward the Korean Peninsula*, 144. "엄청난 기회"에 관해서는 Bazhanov, "Soviet Policy towards South Korea under Gorbachev," 96을 보라. 경제를 우선시하는 것에 관해서는 Radchenko, *Unwanted Visionaries*, 199, 219; Joo, *Gorbachev's Foreign Policy toward the Korean Peninsula*, 154를 보라.

46 Joo, *Gorbachev's Foreign Policy toward the Korean Peninsula*, 67, 73, 115, 191, 194, 196; Brutents, *Nesbyvsheesia*, 219; Kim Hakjoon, "The Process Leading to the Establishment of Diplomatic Relations between South Korea and the Soviet Union," *Asian Survey* 37, no. 7 (July 1997): 650.

47 Xiaoming Zhang, *Deng Xiaoping's Long War* (Chapel Hill: University of North Carolina Press, 2015), 198.

48 Wishnick, *Mending Fences*, 103; Joo, *Gorbachev's Foreign Policy toward the Korean Peninsula*, 69.

49 Gorbachev, Speech in Krasnoyarsk, September 19, 1988, Foreign Broadcast Information Service: Soviet Union, FBIS-SOV-88-191; 법률 체계에 관해서는 "Postanovlenie Verkhovnogo Soveta RSFSR…," July 14, 1990, GARF, f. 10026, o. 4, d. 2637, ll. 1–3을 보라. 경제 특구에 관해서는 Miller, *The Struggle to Save the Soviet Economy*, chap. 5; I. Latyshev, in *Pravda*, January 24, 1991, trans. in Joint Publications Research Service: Soviet Union, International Affairs, February 5, 1991, 2를 보라.

50 Gorbachev, Speech in Krasnoyarsk, September 19, 1988; Meeting of Iamada E. and F. V. Diakonov, November 30, 1988, in Russian State Archive of the Economy, Moscow, f. 399, o. 1, d. 2205, ll. 85–86.

51 Radchenko, *Unwanted Visionaries*, 100, 117, 121.

52 일본의 220억 달러 약속에 관해서는, Yakovlev and H. Kumagi, "Zapis Besedy," January 9, 1991, in *Aleksandr Iakovlev*, 596을 보라. 아르바토프에 관해서는 Radchenko, *Unwanted Visionaries*, 71을 보라.

53 Lisbeth Tarlow Bernstein, "On the Rocks: Gorbachev and the Kurile Islands" (PhD diss., The Fletcher School, 1997), 250 (군의 반대를 언급하고 있음), 259, 271; Tsuyoshi Hasegawa, "Gorbachev's Visit to Japan and Soviet-Japanese Relations," *Acta Slavica Iaponica* 10 (1992): 74; Hasegawa, *The Northern Territories Dispute and Russo-Japanese Relations*, 2:358.

54. 인구 감소에 관해서는 Vladimir Kontorovich, "Can Russia Resettle the Far East?," *Post-Communist Economies* 12, no. 3 (2000): 365를 보라.

55 반중국 감정에 관해서는 Lukin, *The Bear Watches the Dragon*, 165–166을 보라. 칼을 소지한 남자에 관해서는 Radchenko, *Unwanted Visionaries*, 294를 보라.

결어

1 Vladimir Putin, speech at the First Far Eastern Economic Forum, September 4, 2015, http://en.kremlin.ru/events/president/news/50232.

2 Putin, speech at the First Far Eastern Economic Forum.

3 Putin, speech at the First Far Eastern Economic Forum.

4 옐친 초기 아시아 대외정책에 관해서는 Alexey Bogaturov, "Russia's Strategic Thought toward Asia: The Early Yeltsin Years," in *Russian Strategic Thought toward Asia*, ed. Gilbert Rozman, Kazuhito Togo, and Joseph P. Ferguson (New York: Palgrave, 2006), 57–74를 보라.

5 Lena H. Sun, "Russia, China Set Closest Ties in Years," *Washington Post*, December 19, 1992; Elizabeth Wishnick, "Russia and China," *Asian Survey* 41, no. 5 (September–October 2001): 799.

6 Richard Boudreaux, "China, Russia Settle Final Land Border," *Los Angeles Times*, September 4, 1994.

7 '다극 전략'에 관해서는 Viktor Kuzminov and Viktor Pavlyatenko, "Soviet-Japanese Relations from 1960–1985: An Era of Ups and Downs," in *A History of Russo-Japanese Relations: Over Two Centuries of Cooperation and Competition*, ed. Dmitry V. Streltsov and Shimotomai Nobuo (Leiden: Brill, 2019), 460; Wishnick, "Russia and China"; "Russia: Chinese President Jiang Zemin Meets President Boris Yeltsin," Associated Press, April 23, 1997을 보라.

8 Alexey Zagorsky, "Russian-Japan Relations: Back to the Deadlock," in *Russia and Asia: The Emerging Security Agenda, ed. Gennady Chufrin* (Oxford: Oxford University Press, 1999), 337–352.

9 "Yeltsin v Iuzhnoi Koree," *Kommersant*, November 21, 1992, https://www.kommersant.ru/doc/30695.

10 James Kim, "Yeltsin Ends Three Day Visit to South Korea," UPI, November 20, 1992, https://www.upi.com/Archives/1992/11/20/Yeltsin-ends-three-day-visit-to-South-Korea/8897722235600/.

11 1990년대 임금 하락에 관해서는 Viktor B. Supian and Mikhail G. Nosov, "Reintegration of an Abandoned Fortress: Economic Security of the Russian Far East," in *Russia and East Asia: The 21st Century Security Environment*, ed. Gilbert Rozman, Mikhail B. Nosov, and Koji Watanabe (Armonk, NY: M. E. Sharpe, 1999), 76을 보라; cf. Rensselaer Lee, "The Far East between Russia, China, and America," Foreign Policy Research Institute E-note, July 27, 2012, https://www.fpri.org/article/2012/07/the-far-east-between-russia-china-and-america/.

12 이사예프에 관해서는 Yin Jian Ping, "Kitaitsy na Rossiiskom Dalnom Vostoke," Hokkaido

University, http://src-h.slav.hokudai.ac.jp/pdf_seminar/050228yin.pdf, 3; Harley Balzer and Maria Repnikova, "Chinese Migration to Russia: Missed Opportunities," Kennan Institute and Comparative Urban Studies Eurasian Migration Paper no. 3 (Washington, DC: Woodrow Wilson International Center for Scholars, 2009), 9를 보라. "아시아의 발칸"에 관해서는 Mikhail Alekseev, "Chinese Migration in the Russian Far East: Security Threats and Incentives for Cooperation in Primorskii Krai," in *Russia's Far East: A Region at Risk*, ed. Judith Thornton and Charles E. Ziegler (Seattle: University of Washington Press, 2002), 319를 보라. 이주 데이터에 관해서는 Harley Balzer and Maria Repnikova, "Migration between China and Russia," *Post-Soviet Affairs* 26, no. 1 (2010): 1–37을 보라.

13 일본의 해외 투자에 관해서는 Kunio Okada, "The Japanese Economic Presence in the Russian Far East," in Thornton and Ziegler, *Russia's Far East*, 430; Lee, "The Far East between Russia, China, and America"를 보라. 남한에 관해서는 Andrew Salmon, "4-Day Meeting Begins with Closed Visit at Russian's Dacha," *New York Times*, September 22, 2004를 보라.

14 이 단락은 Lee, "The Far East between Russia, China, and America"에 광범하게 의존하다.

15 Anton Barabashin and Alexander Graef, "Thinking Foreign Policy in Russia: Think Tanks and Grand Narratives," Atlantic Council, November 12, 2019, https://www.atlanticcouncil.org/in-depth-research-reports/report/thinking-foreign-policy-in-russia-think-tanks-and-grand-narratives, chap. 6.

16 Erica Downs et al., "The Emerging Russia-Asia Energy Nexus" (Washington, DC: National Bureau of Asian Research, Special Report no. 74, December 2018), esp. 10; Nicholas Trickett, *Russia's Long Pivot East* (Philadelphia: Foreign Policy Research Institute, 2019).

17 "The Junior Partner: How Vladimir Putin's Embrace of China Weakens Russia," *Economist*, July 25, 2019, https://www.economist.com/briefing/2019/07/25/how-vladimir-putins-embrace-of-china-weakens-russia.

18 Rilka Dragneva, *The Eurasian Economic Union: Putin's Geopolitical Project* (Philadelphia: Foreign Policy Research Institute, 2018).

19 David Lewis, "The Evolution of Greater Eurasia," *Europe-Asia Studies* 70, no. 10 (2018): 1617; Barabashin and Graef, "Thinking Foreign Policy in Russia," chap. 6; Sergey Karaganov, "Avtoritarizm Rossii ne Naviazan Sverhu," Russian Council on International Affairs, October 12, 2018, https://russiancouncil.ru/analytics-and-comments/comments/avtoritarizm-rossii-

ne-navyazan-sverkhu/?sphrase_id=32847771.

20 이 절은 Chris Miller, " Will Russia's Pivot to Asia Last?," *Orbis* 64, no. 1 (2020): 43–57에 광범하게 의존하고 있다.

21 유용한 개관으로는 James Henderson, *Energy Relations between Russia and China: Playing Chess with the Dragon* (Oxford: Oxford Institute for Energy Studies, 2016), https://www.oxfordenergy.org/wpcms/wp-content/uploads/2016/08/Energy-Relations-between-Russia-and-China-Playing-Chess-with-the-Dragon-WPM-67.pdf가 있다.

22 소련 붕괴의 도구화에 관해서는 Shaun Walker, *The Long Hangover: Putin's New Russia and the Ghosts of the Past* (Oxford: Oxford University Press), chap. 1을 보라.

23 Mikhail Gorbachev, *Speech by Mikhail Gorbachev in Vladivostok, July 28, 1986* (Moscow: Novosti Press Agency Publishing House, 1986), 26.

24 Tsuyoshi Hasegawa, *Racing the Enemy: Stalin, Truman, and the Surrender of Japan* (Cambridge, MA: Harvard University Press, 2005), 286.

25 D. Anuchin, "Aziia kak prarodina i uchitelnitsa chelovechestva; ee nastoiashchee i budushchee," *Novy Vostok*, no. 1 (1922), 249; *SRE*, 89.

26 Nikolai Przhevalsky, "O vozmozhnoi voine c Kitaem," *Sbornik geograficheskikh, topograficheskikh, i statisticheskikh materialov po azii*, no. 1 (1883): 293–303.

27 Katkov in *Russkie Vedomosti*, March 2, 1865 (OS), in Dietrich Geyer, *Russian Imperialism: The Interaction of Domestic and Foreign Policy, 1860–1914*, trans. Bruce Little (New Haven, CT: Yale University Press, 1987), 94; Charles Marvin, *Russian Advance toward India* (London: Sampson Low, Marston, Searle, and Rivington, 1882), 306–307; Peter A. Zaionchkovsky, *The Russian Autocracy in Crisis*, ed. and trans. Gary M. Hamburg (Gulf Breeze, FL: Academic International Press, 1979), chap. 5.

28 Mark Bassin, *Imperial Visions: Nationalist Imagination and Geographical Expansion in the Russian Far East, 1840–1865* (Cambridge: Cambridge University Press, 1999), 86, 90; A. P. Balasoglo, "Ispoved," in *Petrashevtsy: Sbornik Materialov*, ed. P. E. Shchegelev (Moscow: Gosudarstvennoe Izdatelstvo, 1927), 251; Aleksandr P. Balasoglo, "Vostochnaia Sibir. Zapiska c kommandirovke na ostrov Sakhalin kapitan-leitenanta Posdushkina," *Chteniia v imp. obshchestve istorii i drevnostei Rossiiskikh pri Moskovskom Universitete* 2 (April–June 1875): 183–184; Mark Bassin, "A Russia Mississippi? A Political-Geographical Inquiry into the Vision of Russia on the Pacific, 1840–1865" (PhD diss., University of California, Berkeley,

1983), 87, 284.

29 Owen Matthews, *Glorious Misadventures: Nikolai Rezanov and the Dream of a Russian America* (New York: Bloomsbury, 2013), 1.

30 John Le Donne, "Russia's Eastern Theater, 1650–1850: Springboard or Strategic Backyard?," *Cahiers du Monde Russe* 49, no. 1 (2008): 17–46; Barbara Jelavich, *A Century of Russian Foreign Policy, 1814–1914* (Philadelphia: Lippincott, 1964), v–vii.

31 Andrei Lobanov Rostovsky, "Russia at the Crossroads: Europe or Asia," *Slavonic and East European Review* 6, no. 18 (March 1928).

32 "China's Xi Praises 'Best Friend' Putin during Russia Visit," BBC, June 6, 2019, https://www.bbc.com/news/world-europe-48537663.

33 Putin, "Speech at the First Far Eastern Forum," 번역 일부 수정.

34 Lionel Barber and Henry Foy, "Transcript of Interview with Vladimir Putin," *Financial Times*, June 27, 2019, https://www.ft.com/content/878d2344-98f0-11e9-9573-ee5cbb98ed36.

| 감사의 말 |

이 책은 5년에 걸친 연구와 집필 과정에서 많은 동료들의 도움으로 완성되었다. 300년이 넘는 역사를 다루는 어떤 책이든 다른 학자들의 발견에 크게 의존할 수밖에 없다. 내가 읽고 인용한 역사학자들의 연구는 미주에서 언급했지만, 여러 학자들과 의견을 교환할 수 있었던 경험 또한 큰 자양분이 되었다. 세르게이 랏첸코Sergey Radchenko와 리스 타를로Lis Tarlow는 고르바초프의 아시아 정책, 특히 일본에 대한 정책을 이해하는 데 길잡이가 되어 주었다. 술만 칸Sulmaan Khan은 중국 대외정책에 대한 많은 오해로부터 나를 구해주었다. 둥옌Dong Yan은 청나라 역사와 하얼빈에 남은 러시아 건축 유산을 이해하는 데 도움을 주었다. 그레크 아피노게노프Greg Afinogenov는 러시아의 태평양 연안 장악 과정을 명확히 해주었다. 아르네 베스타Arne Westad와 예브겐 사우틴Yevgen Sautin은 중국 내전과 관련한 소련의 접근법에 대한 내 사고를 정립하는 데 기여했다. 스티븐 코트킨Stephen Kotkin은 스탈린의 외교를 해석하기 위한 좋은 논의 상대가 되어 주었다. 존 개디스John Gaddis는 이홍장과 시베리아 횡단철도의 세계사적 중요성을 보게 해주었다. 히로아키 구로미야Hiroaki Kuromiya는 장쭤린 암살의 배후에 대한 불확실성을 지적해주었다. 이언 존슨Ian Johnson이 조직한 예일대학교 러시아 대외정책 워크숍은 내 주장을 형성하는 데 결정적이었으며, 그 토론을 자극적으로 이끌어준 워크숍의 모든 참가자들에게도 감사한다.

이 책을 집필하기 위해 러시아, 미국, 영국의 여러 문서 보관소에서 연구를 수행했다. 러시아에서는 러시아연방 대외정책 문서보관소, 고르바초프 재단 문서보관소, 러시아 학술원 문서보관소, 러시아 현대사 국가 문서보관소, 러시아 경제 국가 문서보관소, 러시아 해군 국가 문서보관소, 러시아 사회정치사 국가 문서보관소, 그리고 러시아연방 국가 문서보관소의 기록관리 담당관들에게 깊이 감사드린다. 미국에서는 컬럼비아대학교 도서관의 바흐메테프 문서보관소와 후버 연구소의 기록관리 담당관들에게, 영국에서는 국립 문서보관소의 기록관리 담당관들에게 감사를 표한다.

스테파니 페트렐라Stephanie Petrella는 지난 몇 년 동안 뛰어난 동료로서, 이 책에서 다루는 역사를 이해하는 내 시각을 형성해 주었고 여러 대륙에 걸쳐 자료를 찾는 데도 도움을 주었다. 제이콥 클레멘테Jacob Clemente는 원고 전체를 읽고 의견을 주었으며, 신장 지역에 대한 소련 정책을 이해하는 데에도 중요한 통찰을 제공했다. 아나스타시야 포스노바Anastasiia Posnova와 록사나 가비둘리나Roksana Gabidullina는 관련 자료 수집에 기여했다.

플레처 스쿨의 동료와 학생들은 수업, 학회, 대화 속에서 제가 이 책에 담을 아이디어를 다듬는 과정에 늘 든든한 청중이 되어 주었다. 특히 플레처 스쿨의 러시아·유라시아 프로그램 동료인 댄 드레즈너Dan Drezner와 아리크 부라콥스키Arik Burakovsky에게는 연구 안식년 동안 저의 부재를 이해해 준 데 대해 특별한 감사를 전한다. 한편, 플레처 스쿨과 국립 모스크바 국제관계 대학교 간의 교류는 오늘날 러시아 대외정책에 대한 내 생각을 형성하는 데 큰 영향을 주었다. 또한 플레처 스쿨의 사서들은 끝없이 이어지는 희귀 도서와 마이크로필름 요청을 인내심 있게 처리해 주었다.

대외정책연구소(FPRI)의 앨런 럭센버그Alan Luxenberg는 이 프로젝트와 나를 일찍이 믿어 준 분으로, 그의 도움이 없었다면 이 책은 시작조차 할 수 없었을 것이다. 또한 마이아 오타라슈빌리Maia Otarashvili와 FPRI의 모든 팀원들에게도, 현대 러시아 대외정책과 그 역사적 뿌리를 이해하는 데 도움이 된 광범위한 연구 의제를 구성하는 과정에서 보여준 지원에 감사드린다. 알 송Al Song은 초기 단계에서 책의 틀을 다듬는 데 중요한 역할을 했으며, 그의 조언 없이는 이 책은 지금보다 훨씬 달랐고 흥미롭지 못했을 것이다. 하버드대학교 출판부의 캐슬린 맥더모트Kathleen McDermott는 함께 작업하는 것이 즐거웠고, 많은 도움을 준 길잡이였다.

리아(Liya)와 안톤Anton은 아침, 저녁, 주말, 휴일 등 모든 가족생활의 순간에 역사 연구가 끼어드는 것을 참아주었다. 이 책을 그들에게 바친다.

길게는 동서로 9,000킬로미터에 이르고, 남북으로는 4,000킬로미터에 걸쳐서 유라시아 대륙의 거의 3분의 1, 전 지구 지표 면적의 11퍼센트를 차지하고 있는 세계에서 가장 넓은 나라 러시아. 이 광활한 나라는 지리적으로 우랄산맥을 경계로 유럽과 아시아를 하나의 공간에 아우르고, 역사적으로도 유럽 문명과 아시아 문명의 요소들이 혼재되어 있는 까닭에 유럽적 정체성과 아시아적 정체성을 동시에 지니고 있다고 흔히 이야기되곤 한다. 심지어 20세기 들어서서는 러시아가 유럽도 아시아도 아닌 독자적인 제3의 문명권이라고 주장하는 유라시아주의가 등장해 지금도 여전히 러시아의 정체성을 설명하는 중요한 사상으로 여겨지고 있다.

그럼에도 불구하고, 일반인들은 물론 전문 학자들 사이에서도 러시아에 대한 이해는 주로 우랄산맥 서쪽의 '유럽 러시아' 지역을 중심으로 이루어져 온 것이 사실이다. 역사학자들은 유럽 지역을 중심으로 9세기 후반부터 전개된 러시아의 장구한 역사를 해석하려 하며, 정치학자를 비롯한 사회과학자들 또한 러시아의 아시아 지역보다는 유럽 지역에 더욱 폭넓은 관심을 기울이는 경우가 대부분이다. 나아가 아시아 지역을 다룰 때에도 개별 주제는 심도 있게 탐구하나, 그 주제들의 연구가 러시아의 아시아 지역 전체와 함께, 중앙아시아·서아시아·동아시아 등 러시아 외부의 아시아 지역과 관련해 어떤 의미를 갖는지를 종합적으로 제시하는 데는 여전히 미흡한 점이 많다.

2021년에 출간된 *We Shall Be Masters*를 완역한 이 책《우리는 주인이 될 것이다》는 러시아가 지난 300년 동안 아시아, 특히 동아시아와 맺어온 관계를 대외정책의 측면에서 포괄적으로 분석함으로써, 단편적으로 이해되어 온 러시아의 대아시아 정책사를 체계적으로 이해하려는 과감한 시도라 할 수 있을 것이다.

저자 크리스 밀러Chris Miller는 현재 미국 터프츠대학교 플레처 스쿨에서 국제사를 강의하고 있는 중견 역사학자이다. 그의 연구 관심사는 러시아의 역사, 정치, 경제, 대외정책을 비롯해 냉전사, 외교사, 그리고 기술과 지정학, 반도체 등 폭넓은 분야에 걸쳐 있다. 2015년에 박사학위를 취득한 비교적 젊은 학자이지만, 이 책 외에도 이미 여러 저서를 집필한 매우 유능한 연구자로 평가받고 있다. 우리나라에서도 2023년 그의 저서 *Chip War: The Fight for the World's Most Critical Technology*가 번역·출간되어, 반도체 개발의 역사와 반도체를 둘러싼 글로벌 패권 경쟁의 전개 과정을 한국 독자들에게 일목요연하게 소개한 바 있다.

표트르 대제 시대부터 현재의 푸틴 시대에 이르기까지 러시아의 아시아 진출 노력을 탐구하는 《우리는 주인이 될 것이다》에서 저자가 역설하고자 하는 바는 분명하다. 그것은 러시아의 아시아 접근이 부동항 확보, 새로운 무역로 장악, 아시아 시장에 대한 갈망, 영토 확대 욕구, 유럽에서의 열등감 극복 같은 지정학적 필요나 상업적 이해관계, 아시아적 정체성 강조 등에 의해 추동되기는 하지만 이러한 것들은 그때그때 일시적으로만 작동할 뿐, 모든 시기를 관통하는 영속적인 요인들은 아니라는 것이다. 다시 말해 유럽 러시아에 위치한 모스크바 중앙 정부는 아시아 지역을 공략하기 위해 미리 계획한 지속적이고 총체적인 비전을 갖고 있지 못했으며, 이런 맥락에서 러시아의 대외정책은 언제나 단편적이고 일정하지 않은 성격을 띠고 있었다. 저자의 표현을 빌려 말한다면, 러시아가 주기적으로 아시아로 시선을 돌린 것은 감정이나 이념, 근거 없는 낙관주의에 바탕을 둔 "발작적 충동" 때문이었다.

저자 크리스 밀러의 이러한 흥미로운 주장은 8개 장으로 이루어진 책의 본문 곳곳에서 잘 드러난다. 예를 들어, 19세기 초 알렉산드르 1세 시대의 '태평양 제국' 건설 노력은 태평양 시장을 새로 개척하고 싶어 하는 외무장관 니콜라이 루먄체프와 귀족 니콜라이 레자노프의 경제적 욕구가 일차적 동기이며, 소련 시대 말기 고르바초프의 아시아 개방 정책도 급속히 성장하는 일본 및 한국과의 협력을 통해 침체한 소련 경제를 부흥시키려는 노력의 일환이었다. 19세기 후반에 있었던 니콜라이 무리비요프의 아무르 유역 정복이나 세르게이 비테의 시베리아 횡단 철도 건설도 아시아에서 상업적 이익을 확대할 수 있는 최고의 방법이 바로 수로 및 그 인근 지역의 확보와 철도망의 확대에 있다고 그들이 믿었기 때문이었다.

반면에 러시아혁명 이후 스탈린 시대의 대아시아 정책은 초기에는 볼셰비키 혁명을 아시아로 확산시키고자 하는 이념적 욕망이, 후기에는 아시아에서 국가 안보를 확보하기 위한 지정학적 요인이 컸다. 스탈린 격하에 앞장섰던 흐루쇼프의 경우에는 평화공존이라는 새로운 대외정책 교리를 통해 "소프트파워 사회주의"를 행사함으로써 전임자가 추구했던 목표를 달성하려 했던, 역설적인 노력이 두드러졌던 시기로 정리할 수 있을 것이다.

끝으로, 21세기 초 이후 푸틴이 아시아에 특별히 공을 들이고 있는 것은 유럽에서 러시아의 역할이 줄어들면서 아시아에서 다시 러시아의 정체성을 확인하고자 하는 희망의 표현이라고도 볼 수 있을 것이다. 즉 푸틴 시대에 러시아가 아시아로 회귀한 것은 경제적 이익을 위해서뿐 아니라 러시아 고유의 "문명적 특성"이 또 다시 발현되었기 때문이기도 하다는 것이다.

저자가 결론적으로 보여주고 있듯이, 문제는 특히 알렉산드르 1세 시대 이후 지금까지 유럽과 아시아를 주기적으로 오가며 "진자 운동"처럼 계속되어 온 러시아의 대아시아 정책은 거의 모두 실패로 끝났다는 사실이다. 그런 점에서 러시아에게 아시아는 "거창한 야망들의 묘지"였다. 알렉산드르 1세의 태평양 제국은 주로 물자 보급의 어려움 때문에 결국 무산되었고, 아무르 유역의 정복이나 비테의 시베리아 횡단철도는 기대한 만큼 러시아의 아시아 지역에 경제적 부흥을 가져다주지 못했으며, 고르바초프가 추구한 소련-인도-중국의 "아시아 내 삼각 협력체"도 이해관계의 충돌 때문에 실현되지 않았다. 오늘날 푸틴이 추진하는 극동 지역의 "고속 개발" 시도도 중국과 일본, 한국 등 동아시아 주요 경제 강국들의 협력 부족으로 지지부진하긴 마찬가지이다. 그 결과 러시아의 아시아 지역은 지금도 여전히 도로와 철도, 항공 등 교통망이 제대로 발달되어 있지 않으며, 그곳에 정주하는 인구 또한 턱없이 부족하다.

만일 푸틴 정부가 다리와 도로를 더 건설하고 주변국으로부터 더 많은 투자를 끌어내 천연자원도 개발하고 제조업도 활성화시키는 노력을 계속한다면 러시아의 아시아 전환은 과연 성공할 것인가? 지난 300년 동안 단속적으로 이어져왔던 아시아의 개척과 개발 노력을 살펴본 이 책은 유감스럽게도 지금의 시도 또한 실패로 돌아갈 가능성이 큼을 시사한다. 18세기 이후 러시아의 역사는 아무리 아시아의 중요성이 강조되더라도 러시아인들에게는 그 아시아가 유럽처럼 지속적이고 항구적인 관심의 대상이 아니었음을 여실히 보여주고 있기 때문이다.

전문 연구자들은 물론이고 러시아에 관심 있는 일반 독자들의 일독을 권한다.

2025년 12월

옮긴이

| 찾아보기 |

[ㄷ]

[ㅂ]

[ㅅ]

[ㅇ]

[ㅈ]

[ㅊ]

[ㅋ]

[ㅌ]